Microsoft®
Windows 2000 Netzwerkinfrastruktur-Administration – Original Microsoft Training

Microsoft®*Press*

Dieses Buch ist die deutsche Übersetzung von:
Microsoft Corporation, MCSE Training Kit – Microsoft Windows 2000 Network Infrastructure Administration
Microsoft Press, Redmond, Washington 98052-6399
Copyright 2000 by Microsoft Corporation

Das in diesem Buch enthaltene Programmmaterial ist mit keiner Verpflichtung oder Garantie irgendeiner Art verbunden. Autor, Übersetzer und der Verlag übernehmen folglich keine Verantwortung und werden keine daraus folgende oder sonstige Haftung übernehmen, die auf irgendeine Art aus der Benutzung dieses Programmmaterials oder Teilen davon entsteht.

Das Werk einschließlich aller Teile ist urheberrechtlich geschützt. Jede Verwertung außerhalb der engen Grenzen des Urheberrechtsgesetzes ist ohne Zustimmung des Verlags unzulässig und strafbar. Das gilt insbesondere für Vervielfältigungen, Übersetzungen, Mikroverfilmungen und die Einspeicherung und Verarbeitung in elektronischen Systemen.

15 14 13 12 11 10 9 8 7 6 5 4 3 2
02 01

ISBN: 3-86063-277-9
© Microsoft Press Deutschland
(ein Unternehmensbereich der Microsoft GmbH)
Edisonstraße 1, D-85716 Unterschleißheim
Alle Rechte vorbehalten

Übersetzung & Grafik: Atlas Gesellschaft für internationale Kommunikation mbH, München
Satz: Jan Carthaus, Allensbach (www.carthaus.com)
Umschlaggestaltung: HommerDesign, Haar (www.HommerDesign.com)
Herstellung, Druck und Bindung: Kösel, Kempten (www.KoeselBuch.de)

Inhaltsverzeichnis

Über dieses Buch xvii
    Zielgruppe xviii
    Voraussetzungen xviii
    Referenzmaterial xviii
    Informationen über die CD-ROM xviii
    Aufbau des Buches xix
        Hinweise xix
        Konventionen xix
    Überblick über die Kapitel und den Anhang xxi
        Ermittlung des geeigneten Einstiegspunktes xxiii
        Auffinden spezifischer Informationen zu den geprüften
        Fähigkeiten xxiii
    Erste Schritte xxvii
        Hardwareanforderungen xxvii
        Softwareanforderungen xxviii
        Installationsanleitung xxviii
    Das Microsoft Certified Professional-Programm xxxviii
        Vorteile der Microsoft-Zertifizierung xl
        Voraussetzungen für den Erhalt eines Microsoft Certified
        Professional-Zertifikats xlii
        Technische Schulung für Computerspezialisten xliii
    Technischer Support xliv

Kapitel 1 Entwerfen eines Windows 2000-Netzwerks 1
    Über dieses Kapitel 1
    Bevor Sie beginnen 1

Lektion 1: Netzwerkdienste – Überblick 2
    TCP/IP 2
    DNS (Domain Name System) 3
    DHCP (Dynamic Host Configuration Protocol) 3
    WINS (Windows Internet Name Service) 4
    RAS – Überblick 5
    Übersetzer für Netzwerkadressen 7
    Zertifikatsdienste 8
    Zusammenfassung der Lektion 9
Lektion 2: Entwickeln eines Netzwerk-Implementierungsplans 10
    Überlegungen zum Betriebssystem 10
    Einrichtungsphasen 12
    Überlegungen zur Hardware 13
    Interaktion mit Legacysystemen 14
    Überlegungen zum Netzwerkprotokoll 14
    Zusammenfassung der Lektion 14
Lektion 3: Von Windows 2000 unterstützte gängige Protokolle 15
    TCP/IP (Transmission Control Protocol/Internet Protocol) 15
    NWLink 19
    NetBEUI 20
    AppleTalk 20
    Data Link Control 21
    IrDA (Infrared Data Association) 21
    Zusammenfassung der Lektion 21
Lernzielkontrolle 22

Kapitel 2 Implementieren von TCP/IP **23**
    Über dieses Kapitel 23
    Bevor Sie beginnen 23
Lektion 1: Überblick über TCP/IP 24
    Vorteile von TCP/IP 24
    Überblick über die Architektur der TCP/IP-Protokollgruppe 26
    TCP (Transmission Control Protocol) 30
    IP (Internet Protocol) 30
    UDP (User Datagram Protocol) 31
    Zusammenfassung der Lektion 31

Lektion 2: Internetprotokolladressierung 32
    Die IP-Adresse 32
    Punktierte Dezimalschreibweise 34
    IP-Adresskonvertierung aus dem binären in das Dezimalformat 35
    Adressklassen 36
    Richtlinien für IP-Adressen 37
    Zusammenfassung der Lektion 38
Lektion 3: Installation und Konfiguration von Microsoft TCP/IP 39
    Installation von TCP/IP 39
    Übung: Installieren des TCP/IP-Protokolls 39
    Konfigurieren von TCP/IP 40
    Testen von TCP/IP mit Ipconfig und PING 44
    Konfigurieren von Paketfiltern 46
    Übung: Implementieren von IP-Paketfiltern 47
    Zusammenfassung der Lektion 48
Lektion 4: Grundkonzepte des IP-Routings 49
    Übersicht über das Routing 49
    Statisches und dynamisches IP-Routing 51
    Übung: Aktualisieren einer Windows 2000-basierten Routingtabelle ... 52
    Zusammenfassung der Lektion 55
Lernzielkontrolle 56

Kapitel 3   Implementieren von NWLink 59
Über dieses Kapitel 59
Bevor Sie beginnen 59
Lektion 1: Einführung in NWLink 60
    Interoperabilität mit NetWare 60
    NWLink und Windows 2000 62
    NWLink-Architektur 62
    Zusammenfassung der Lektion 67
Lektion 2: Verwenden von Gateway Service für NetWare 68
    Gateway Service für NetWare im Überblick 68
    Wissenswertes über Gateway Service für NetWare und Gateways 68
    Installieren des Gateway Service für NetWare 69
    Erstellen eines Gateways 72
    Direktes Zugreifen auf NetWare-Ressourcen 74
    Zusammenfassung der Lektion 75

Lektion 3: Verwenden von Client Service für NetWare 76
    NetWare-Konnektivität 76
    Wählen zwischen Client Service für NetWare und
    Gateway Service für NetWare 77
    Konfigurieren von Client Service für NetWare 78
    Zusammenfassung der Lektion 78
Lektion 4: Installieren und Konfigurieren von NWLink 79
    Windows 2000 Professional und NetWare-Konnektivität 79
    Interne Netzwerknummer 81
    Rahmentyp und Netzwerknummer 82
    Konfigurieren von NWLink 84
    Übung: Installieren und Konfigurieren von NWLink 85
    Zusammenfassung der Lektion 86
Lernzielkontrolle 88

Kapitel 4   Überwachen der Netzwerkaktivität 89
    Über dieses Kapitel 89
    Bevor Sie beginnen 89
Lektion 1: Einführung in Netzwerkmonitor 90
    Grundlegendes zu Netzwerkmonitor 90
    Übung: Installieren von Netzwerkmonitor 90
    Zusammenfassung der Lektion 93
Lektion 2: Verwenden von Netzwerkmonitor 94
    Prüfen von Rahmen 94
    Anzeigen von Daten 95
    Verwenden von Anzeigefiltern 98
    Überprüfen gesammelter Daten 99
    Übung: Sammeln von Rahmen mit Netzwerkmonitor 101
    Leistungsprobleme von Netzwerkmonitor 101
    Erkennen von Netzwerkmonitor 102
    Zusammenfassung der Lektion 102
Lektion 3: Verwaltungstools von Windows 2000 103
    Verwaltungsfähigkeiten von Windows 2000 103
    Terminaldienste 103
    SNMP (Simple Network Management Protocol) 108
    Zusammenfassung der Lektion 110
Lernzielkontrolle 111

Kapitel 5   Implementieren von IPSec **113**
   Über dieses Kapitel 113
   Bevor Sie beginnen 113
   Lektion 1: Einführung in und Aktivieren von IPSec 114
      Internetprotokollsicherheit 114
      Schutz vor unberechtigten Zugriffen im Detail 115
      Vorteile von IPSec 116
      IP-Sicherheitsprozess 118
      IPSec-Architektur 119
      Überlegungen zu IPSec 122
      Zusammenfassung der Lektion 124
   Lektion 2: Konfigurieren von IPSec 125
      Voraussetzungen für das Implementieren von IPSec 125
      Implementieren von IPSec 125
      Konfigurieren von IPSec-Richtlinien 126
      Verbindungstypen 127
      Authentifizierungsmethode 128
      IP-Paketfilterung 129
      Filteraktionen 133
      Zusätzliche IPSec-Aufgaben 134
      Übung: Testen von IPSec 135
      Zusammenfassung der Lektion 137
   Lektion 3: Anpassen von IPSec-Richtlinien und -Regeln 138
      Richtlinienbasierte Sicherheit 138
      IP-Filter und Filterspezifikationen 140
      Sicherheitsmethoden und Richtlinien für die Aushandlung 140
      IPSec durch eine Firewall 141
      IPSec durch NAT und Proxies 142
      Weitere IPSec-Überlegungen 143
      TCP/IP-Eigenschaften 145
      Übung: Erstellen einer benutzerdefinierten IPSec-Richtlinie 146
      Zusammenfassung der Lektion 150
   Lektion 4: Überwachen von IPSec 151
      IPSec-Verwaltung und Tools zur Problembehandlung 151
      Verwenden von Netzwerkmonitor 154
      Übung: Verwenden von Netzwerkmonitor zum Anzeigen
      von Datenverkehr im Klartext 154

Übung: Verwenden von Netzwerkmonitor zum Anzeigen
von verschlüsseltem Datenverkehr 155
Übung: Verwenden von Diagnosetools 156
Zusammenfassung der Lektion 157
Lernzielkontrolle 158

Kapitel 6 Auflösen von Netzwerk-Hostnamen 159
Über dieses Kapitel 159
Bevor Sie beginnen 159
Lektion 1: TCP/IP-Namensschemas 160
   Windows 2000-Namensschemas 160
   Zusammenfassung der Lektion 161
Lektion 2: Hostnamen 162
   Wissenswertes über Hostnamen 162
   Zweck von Hostnamen 162
   Auflösung der Hostnamen 163
   Zusammenfassung der Lektion 168
Lektion 3: Die Datei HOSTS 169
   Wissenswertes über die Datei HOSTS 169
   Vorteile einer HOSTS-Datei 170
   Übung: Arbeiten mit der HOSTS-Datei und DNS 171
   Zusammenfassung der Lektion 172
Lernzielkontrolle 173

Kapitel 7 Implementieren von DNS 175
Über dieses Kapitel 175
Bevor Sie beginnen 175
Lektion 1: Einführung in DNS 176
   DNS-Ursprünge 176
   DNS und Windows 2000 177
   Funktionsweise von DNS 177
   Die DNS-Struktur 178
   Zonen 179
   Namenserverfunktionen 180
   Zusammenfassung der Lektion 182

Lektion 2: Namensauflösung und DNS-Dateien 183
    Rekursive Abfragen 183
    Iterative Abfragen 183
    Inverse Abfragen 184
    Zwischenspeicherung und Gültigkeitsdauer 185
    DNS-Konfigurationsdateien 185
    Die Reverse-Lookupdatei 187
    Die Cachedatei 188
    Die Startdatei 188
    Zusammenfassung der Lektion 189
Lektion 3: Planung einer DNS-Implementierung 191
    Überlegungen zu DNS 191
    Registrieren bei der übergeordneten Domäne 192
    Übung: Implementieren von DNS 192
    Zusammenfassung der Lektion 199
Lektion 4: Installieren von DNS 200
    Übung: Installieren des DNS-Serverdienstes 200
    Problembehandlung von DNS mit NSLOOKUP 202
    Zusammenfassung der Lektion 205
Lektion 5: Konfigurieren von DNS 206
    Konfigurieren von DNS-Servereigenschaften 206
    Hinzufügen von DNS-Zonen und Domänen 208
    Übung: Konfigurieren eines DNS-Servers 210
    Hinzufügen von Ressourceneinträgen 211
    Konfigurieren von Reverse-Lookup 213
    Zusammenfassung der Lektion 213
Lernzielkontrolle 214

Kapitel 8   Der DNS-Dienst von Windows 2000 217
    Über dieses Kapitel 217
    Bevor Sie beginnen 217
Lektion 1: Arbeiten mit Zonen 218
    Delegieren von Zonen 218
    Konfigurieren der Zonen für dynamische Aktualisierungen 221
    Übung: Aktivieren dynamischer Aktualisierungen 223
    Zusammenfassung der Lektion 224

Lektion 2: Arbeiten mit Servern 225
 DNS-Server und Zwischenspeicherung – Überblick 225
 Konfigurieren eines Servers für Zwischenspeicherungen 226
 Überwachen der DNS-Serverleistung 227
 Übung: Testen einer einfachen Abfrage auf einem DNS-Server 227
 Zusammenfassung der Lektion 230
Lernzielkontrolle 231

Kapitel 9   Implementieren von WINS (Windows Internet Name Service) 233
 Über dieses Kapitel 233
 Bevor Sie beginnen 233
Lektion 1: Einführung in WINS 234
 Namensauflösung mit NetBIOS 234
 WINS im Überblick 238
 WINS und Windows 2000 239
 Zusammenfassung der Lektion 240
Lektion 2: Der WINS-Namensauflösungsprozess 241
 Auflösen von NetBIOS-Namen mit WINS 241
 Namensregistrierung 242
 Namenserneuerung 244
 Namensfreigabe 245
 Namensabfrage und Antwort auf Namensabfrage 246
 Zusammenfassung der Lektion 247
Lektion 3: Implementieren von WINS 248
 Wann soll WINS eingesetzt werden? 248
 Überlegungen zu WINS-Servern 249
 Anforderungen für WINS 249
 Verwenden von statischen Zuordnungen 250
 Übung: Konfigurieren eines WINS-Clients 253
 Problembehandlung für WINS 254
 Verwalten und Überwachen von WINS 256
 Zusammenfassung der Lektion 257
Lektion 4: Konfigurieren der WINS-Replikation 258
 Die Replikation im Überblick 258
 Konfigurieren eines WINS-Servers als Push-Partner
 oder Pull-Partner 259

Konfigurieren der Datenbankreplikation 260
Übung: Die WINS-Datenbankreplikation durchführen 261
Sichern der WINS-Datenbank 263
Zusammenfassung der Lektion 264
Lernzielkontrolle 265

**Kapitel 10   Implementieren von DHCP
(Dynamic Host Configuration Protocol) 267**
Über dieses Kapitel 267
Bevor Sie beginnen 267
Lektion 1: Einführung in und Installieren von DHCP 268
DHCP im Überblick 268
Funktionsweise von DHCP 270
Installieren eines DHCP-Servers 274
Ipconfig 275
DHCP-Relay-Agent 277
Zusammenfassung der Lektion 278
Lektion 2: Konfigurieren von DHCP 279
Verwenden von DHCP in einem Netzwerk 279
Installieren und Konfigurieren eines DHCP-Servers 281
Implementieren von mehreren DHCP-Servern 286
Zusammenfassung der Lektion 287
Lektion 3: Integrieren von DHCP mit Namensdiensten 288
DNS und DHCP 288
Zusammenfassung der Lektion 292
Lektion 4: Verwenden von DHCP mit Active Directory 293
Integrierte IP-Verwaltung von Windows 2000 293
Rogue-DHCP-Servererkennung 294
Zusammenfassung der Lektion 294
Lektion 5: Problembehandlung bei DHCP 295
Verhindern von DHCP-Problemen 295
Problembehandlung bei DHCP-Clients 297
Problembehandlung bei DHCP-Servern 300
Verschieben der DHCP-Serverdatenbank 303
Zusammenfassung der Lektion 304
Lernzielkontrolle 305

Kapitel 11 Bereitstellen des RAS-Dienstes für Clients ... 307

Über dieses Kapitel ... 307
Bevor Sie beginnen ... 307
Lektion 1: Einführung in RAS ... 308
    RAS – Überblick ... 308
    Routing- und RAS-Funktionen ... 309
    Aktivieren von Routing und RAS ... 311
    Übung: Installieren eines Routing- und RAS-Servers ... 312
    Remotezugriff (RAS) und Remotesteuerung ... 314
    Zusammenfassung der Lektion ... 316
Lektion 2: Konfigurieren eines Routing- und RAS-Servers ... 317
    Zulassen von eingehenden Verbindungen ... 317
    Erstellen einer RAS-Richtlinie ... 318
    Übung: Erstellen einer neuen RAS-Richtlinie (RAP) ... 322
    Konfigurieren eines RAS-Profils ... 322
    Übung: Erstellen eines Richtlinienfilters ... 324
    Konfigurieren von BAP (Bandwidth Allocation Protocol) ... 324
    Zusammenfassung der Lektion ... 326
Lektion 3: Implementieren von IP-Routing auf einem RAS-Server ... 327
    Installieren von IP-Routing ... 327
    Übung: Aktivieren und Konfigurieren eines Routing- und RAS-Servers ... 327
    Aktualisieren von Routingtabellen ... 328
    Implementieren von Routing für Wählen bei Bedarf ... 330
    Zusammenfassung der Lektion ... 334
Lektion 4: Unterstützen von virtuellen privaten Netzwerken ... 335
    Implementieren eines VPN ... 335
    Integrieren von VPNs in einer gerouteten Umgebung ... 337
    Integrieren von VPN-Servern mit dem Internet ... 338
    Übung: Erstellen von VPN-Schnittstellen ... 339
    Zusammenfassung der Lektion ... 341
Lektion 5: Unterstützen von Mehrfachverbindungen ... 342
    Point-to-Point Protocol (PPP) ... 342
    Multilink PPP ... 342
    Zusammenfassung der Lektion ... 343

Lektion 6: Routing und RAS mit DHCP 344
   Routing und RAS und DHCP 344
   DHCP-Relay-Agent 344
   Übung: Konfigurieren des DHCP-Relay-Agenten
   für Routing und RAS 345
   Zusammenfassung der Lektion 345
Lektion 7: Verwalten und Überwachen von RAS 346
   Protokollieren von Benutzerauthentifizierungen und
   Kontoführungsanforderungen 346
   Kontoführung 349
   Das befehlszeilenorientierte Dienstprogramm Netsh 349
   Netzwerkmonitor 350
   Tools der technischen Referenz zu Windows 2000 Server 350
   Zusammenfassung der Lektion 352
Lernzielkontrolle 353

Kapitel 12   Unterstützen der Netzwerkadressübersetzung (NAT) 355
   Über dieses Kapitel 355
   Bevor Sie beginnen 355
Lektion 1: Einführung in NAT 356
   Netzwerkadressübersetzung 356
   Öffentliche und private Adressen 358
   Funktionsweise von NAT 359
   NAT-Prozesse in Windows 2000 Routing und RAS 362
   Weitere Komponenten des NAT-Routingprotokolls 365
   Zusammenfassung der Lektion 366
Lektion 2: Installieren der gemeinsamen Nutzung der
Internetverbindung 367
   Gemeinsame Nutzung der Internetverbindung 367
   Gemeinsame Nutzung der Internetverbindung und NAT 370
   Problembehandlung bei der gemeinsamen
   Verbindungsnutzung (NAT) 372
   Zusammenfassung der Lektion 373
Lektion 3: Installieren und Konfigurieren von NAT 374
   Überlegungen zum Entwurf der Netzwerkadressübersetzung 374
   Virtuelle private Netzwerke und NAT 379
   Zusammenfassung der Lektion 380
Lernzielkontrolle 381

Kapitel 13 Implementieren der Zertifikatsdienste ... 383

- Über dieses Kapitel ... 383
- Bevor Sie beginnen ... 383
- Lektion 1: Einführung in Zertifikate ... 384
  - Zertifikate im Überblick ... 384
  - Organisationszertifizierungsstellen und eigenständige Zertifizierungsstellen ... 387
  - Typen von Zertifizierungsstellen ... 388
  - Zusammenfassung der Lektion ... 389
- Lektion 2: Installieren und Konfigurieren der Zertifizierungsstelle ... 390
  - Einrichten einer Zertifizierungsstelle ... 390
  - Schützen einer Zertifizierungsstelle ... 391
  - Zertifikatsregistrierung ... 392
  - Übung: Installieren einer eigenständigen Stammzertifizierungsstelle ... 394
  - Zertifikatserneuerung ... 397
  - Wiederherstellung von Zertifikaten und Schlüsseln ... 398
  - Zusammenfassung der Lektion ... 400
- Lektion 3: Verwalten von Zertifikaten ... 401
  - Gesperrte Zertifikate ... 401
  - Ausgestellte Zertifikate ... 401
  - Ausstehende Anforderungen ... 401
  - Fehlgeschlagene Anforderungen ... 401
  - Wie ein Zertifikat ausgestellt wird ... 402
  - Zertifikatssperre ... 402
  - Übung: Sperren eines Zertifikats ... 403
  - EFS-Wiederherstellungsrichtlinie ... 404
  - Übung: Ändern einer Wiederherstellungsrichtlinie ... 404
  - Zusammenfassung der Lektion ... 406
- Lernzielkontrolle ... 407

Kapitel 14 Implementieren unternehmensweiter Netzwerksicherheit ... 409

- Über dieses Kapitel ... 409
- Bevor Sie beginnen ... 409

Lektion 1: Implementieren der Netzwerksicherheit 410
  Planen der Netzwerksicherheit 410
  Planen der verteilten Netzwerksicherheit 414
  Überlegungen zur Internetverbindung 415
  Microsoft Proxy Server 417
  Zusammenfassung der Lektion 417
Lektion 2: Konfigurieren der Routing- und RAS-Sicherheit 418
  RAS – Überblick 418
  Konfigurieren der Protokollsicherheit 419
  Übung: Verwenden von Sicherheitsprotokollen für
  VPN-Verbindungen 420
  Erstellen von RAS-Richtlinien 421
  Verwenden von Verschlüsselungsprotokollen 422
  Zusammenfassung der Lektion 424
Lektion 3: Überwachen von Sicherheitsereignissen 425
  Überwachen der Netzwerksicherheit 425
  Verwenden der Ereignisanzeige zur Sicherheitsüberwachung 426
  Übung: Aufzeichnen fehlgeschlagener Anmeldeversuche 427
  Übung: Anzeigen des Sicherheitsprotokolls 429
  Systemmonitor 430
  IP-Sicherheitsüberwachung 431
  Überwachen der Sicherheitsleistung 432
  Zusammenfassung der Lektion 433
Lernzielkontrolle 434

Anhang A Fragen und Antworten **437**
  Kapitel 1 437
  Kapitel 2 438
  Kapitel 3 438
  Kapitel 4 439
  Kapitel 5 440
  Kapitel 6 441
  Kapitel 7 442
  Kapitel 8 446
  Kapitel 9 447
  Kapitel 10 447

Kapitel 11	448
Kapitel 12	449
Kapitel 13	450
Kapitel 14	451
Glossar	**453**
Index	**485**

Über dieses Buch

Willkommen zu *Microsoft Windows 2000 Netzwerkinfrastruktur-Administration – Original Microsoft Training*. In diesem Buch lernen Sie, wie Sie die Infrastruktur Ihres Netzwerks mit Hilfe der von Windows 2000 unterstützten Funktionen planen. Unter anderem werden Netzwerkprotokolle und Dienste vorgestellt und auf Grundlage der Anforderungen Ihrer Organisation miteinander verglichen. Hierzu zählt das IPX/SPX-kompatible Protokoll (Internetwork Packet Exchange/ Sequenced Packet Exchange) für die Integration mit Novell NetWare. Hinsichtlich der Netzwerkprotokolle liegt das Hauptaugenmerk in diesem Buch auf dem TCP/IP-Protokoll (Transmission Control Protocol/Internet Protocol), da dieses sowohl das Standard-Internetprotokoll als auch die beste Wahl für Unternehmensnetzwerke ist. Sie erfahren, wie Sie das TCP/IP-Protokoll einsetzen, verwalten und konfigurieren und Funktionen wie NetBIOS, WINS, DHCP und DNS nutzen können. Darüber hinaus wird beschrieben, wie Sie das Routing und den Remotezugriff konfigurieren, verwalten und die damit verbundenen Probleme behandeln können. Hierzu zählt auch das Einrichten virtueller privater Netzwerke (VPNs).

Hinweis Weitere Informationen zur Ausbildung als Microsoft Certified Systems Engineer finden Sie im Abschnitt „Das Microsoft Certified Professional-Programm" weiter unten in diesem Kapitel.

Jedes Kapitel des Buches ist in Lektionen aufgeteilt. Die meisten Lektionen enthalten praktische Vorgehensweisen, um wichtige Verfahren und Fertigkeiten zu üben oder zu demonstrieren. Am Ende eines jeden Kapitels werden alle Lektionen des Kapitels nochmal zusammengefasst, und es werden einige Fragen zur Lernzielkontrolle gestellt.

Im Abschnitt „Erste Schritte" sind wichtige Setupanweisungen enthalten, in denen die für die Vorgehensweisen in diesem Kurs erforderlichen Hardware- und Softwarevoraussetzungen beschrieben sind. Zudem sind Informationen zur Netzwerkkonfiguration enthalten, die für einige der praktischen Vorgehensweisen erforderlich sind. Lesen Sie diesen Abschnitt sorgfältig durch, bevor Sie mit den Lektionen beginnen.

Zielgruppe

Dieses Buch wurde für Fachleute der Informationstechnologie entwickelt, die Microsoft Windows 2000 in Unternehmensnetzwerken entwerfen, planen, implementieren und unterstützen müssen und die beabsichtigen, auch die entsprechende Microsoft Certified Professional-Prüfung 70-216 abzulegen.

Voraussetzungen

Für diesen Kurs müssen Teilnehmer folgende Voraussetzungen erfüllen:

- Kenntnisse der Grundkonzepte der aktuellen Netzwerktechnologie sind erforderlich.
- Kenntnisse und Erfahrung in der Verwaltung von Windows NT 4.0 werden empfohlen.
- Erfolgreicher Abschluss von *Microsoft Windows 2000 Server – Original Microsoft Training: MCSE 70-215 (Microsoft Press, ISBN 3-86063-278-7)* wird empfohlen.

Referenzmaterial

Das folgende Referenzmaterial ist für Sie möglicherweise von Nutzen:

- *Microsoft Windows 2000 Server – Die technische Referenz* (Microsoft Press)
- Windows 2000 Server-Hilfe
- Whitepapers und Fallstudien zu Windows 2000 sind online verfügbar unter: **http://www.microsoft.com/windows2000/**

Informationen über die CD-ROM

Die Kursmaterialien-CD, die dieses Buch begleitet, enthält eine Vielzahl von Informationen, die im gesamten Buch verwendet werden können. Dazu gehören eine englischsprachige Onlineversion des Buches, Internet Explorer 5 sowie Mediadateien, die die in den Kursen behandelten Themen veranschaulichen. Weitere Informationen zum Inhalt dieser CD-ROM finden Sie im Abschnitt „Erste Schritte" weiter unten in dieser Einführung sowie in der im Stammverzeichnis dieser CD-ROM enthaltenen Datei **README.TXT**.

Die Multimediapräsentationen – ebenfalls in englischer Sprache – ergänzen einige der in dem Buch behandelten Schlüsselkonzepte. Sie sollten sich diese Präsentationen ansehen, wenn dies empfohlen wird, und sie dann beim Durcharbeiten des Materials als Hilfsmittel verwenden. Eine vollständige Version dieses Buches ist zudem online mit einer Vielzahl von Anzeigeoptionen verfügbar. Informationen zur Verwendung des Onlinebuches finden Sie im Abschnitt „Informationen zum Onlinebuch" weiter unten in dieser Einführung.

Aufbau des Buches

Jedes Kapitel wird mit dem Abschnitt „Bevor Sie beginnen" eingeleitet, in dem die zur Bearbeitung des Kapitels erforderlichen Informationen bereitgestellt werden.

▶ Die Kapitel sind in Lektionen unterteilt. Die Lektionen enthalten nach Möglichkeit Übungen, mit denen Sie die erworbenen Fähigkeiten umsetzen oder die jeweils behandelten Aspekte besser kennen lernen können. In allen Übungen sind die Vorgehensweisen schrittweise beschrieben und mit einem Listensymbol wie dem auf der linken Seite dieses Absatzes gekennzeichnet.

Am Ende der Kapitel finden Sie jeweils den Abschnitt „Lernzielkontrolle", anhand dessen Sie Ihre in den Lektionen erworbenen Kenntnisse überprüfen können.

Der Anhang A, „Fragen und Antworten", enthält sämtliche Fragen aus dem Buch und die entsprechenden Antworten.

Hinweise

Verschiedene Hinweistypen sind in den Lektionen enthalten.

- Hinweise mit der Einleitung **Tipp** enthalten Erläuterungen zu möglichen Ergebnissen oder alternativen Methoden.
- Hinweise mit der Einleitung **Wichtig** enthalten Informationen, die für das Ausführen der Aufgabe erforderlich sind.
- Hinweise mit der Einleitung **Anmerkung** enthalten ergänzende Informationen.
- Hinweise mit der Einleitung **Vorsicht** weisen auf einen möglichen Datenverlust hin.

Konventionen

Folgende Konventionen werden in diesem Buch verwendet.

Typografische Konventionen

- Schriftzeichen oder Befehle, die eingegeben werden sollen, sind in Kleinbuchstaben und **fett** dargestellt.
- *Kursivschrift* in Syntaxanweisungen kennzeichnet Platzhalter für variable Informationen. *Kursivschrift* wird auch für Buchtitel verwendet.
- Datei- und Ordnernamen sind **fett** dargestellt. Wenn Sie einen Ordner- oder Dateinamen in einem Dialogfeld oder einer Befehlszeile eingeben, müssen Sie die Groß- bzw. Kleinschreibung nur berücksichtigen, wenn dies angegeben ist.
- Dateinamenerweiterungen werden in Kleinbuchstaben geschrieben.
- Akronyme sind in Großbuchstaben dargestellt.

- Code-Beispiele, Beispiele für Bildschirmausgaben oder Eingaben in eine Befehlszeile oder Initialisierungsdateien werden in `nichtproportionaler` Schrift dargestellt.
- Eckige Klammern [ ] in Syntaxanweisungen enthalten optionale Elemente. [*Dateiname*] in einer Befehlssyntax gibt an, dass zusammen mit dem Befehl wahlweise ein Dateiname eingegeben werden kann. Geben Sie nur die Informationen innerhalb der eckigen Klammern ein, nicht die Klammern selbst.
- Geschweifte Klammern { } in Syntaxanweisungen enthalten notwendige Elemente. Geben Sie nur die Informationen innerhalb der geschweiften Klammern ein, nicht die Klammern selbst.
- Bestimmte Abschnitte im Buch werden wie folgt durch Symbole dargestellt:

Symbol	Stellt dar
	Eine Multimediapräsentation. Sie finden die jeweilige Multimediapräsentation auf der Kurs-CD.
	Eine praktische Vorgehensweise. Diese Übung gibt Ihnen die Gelegenheit, die in der Lektion vermittelten Fähigkeiten einzusetzen.
	Fragen zur Lernzielkontrolle. Anhand dieser Fragen am Ende jedes Kapitels können Sie überprüfen, ob Sie die Inhalte der Lektionen verstanden haben. Sie finden die Antworten zu diesen Fragen im Abschnitt „Fragen und Antworten" am Ende des Buches.

Tastaturkonventionen

- Ein Pluszeichen (+) zwischen zwei Tastenbezeichnungen bedeutet, dass Sie beide Tasten gleichzeitig drücken müssen. Beispielsweise bedeutet „Drücken Sie ALT+TAB", dass Sie die ALT-TASTE gedrückt halten, während Sie die TAB-TASTE drücken.
- Ein Komma (,) zwischen zwei oder mehr Tastenbezeichnungen bedeutet, dass Sie die einzelnen Tasten nacheinander (nicht gleichzeitig) betätigen müssen. Beispielsweise bedeutet „Drücken Sie ALT, F, X", dass Sie jede Taste nacheinander drücken und wieder loslassen. „Drücken Sie ALT+W, L" bedeutet, dass Sie zunächst die ALT-TASTE und W gleichzeitig drücken, dann beide loslassen und schließlich L drücken.
- Sie können Menübefehle auch über die Tastatur auswählen. Drücken Sie die ALT-TASTE, um die Menüleiste zu aktivieren, und drücken Sie anschließend nacheinander die Tasten, die den jeweils hervorgehobenen oder unterstrichenen Buchstaben in dem Menü- oder Befehlsnamen entsprechen. Für einige Befehle können Sie auch die im Menü angegebene Tastenkombination drücken.

- Sie können mit Hilfe der Tastatur Kontrollkästchen oder Optionsfelder in Dialogfeldern aktivieren bzw. deaktivieren. Drücken Sie die ALT-TASTE, und drücken Sie anschließend die Taste, die dem unterstrichenen Buchstaben des Optionsnamens entspricht. Sie können auch wiederholt die TAB-TASTE drücken, bis die gewünschte Option markiert ist, und anschließend die Leertaste, um das Kontrollkästchen oder das Optionsfeld zu aktivieren bzw. deaktivieren.
- Sie können ein Dialogfeld durch Drücken der Taste ESC schließen.

Überblick über die Kapitel und den Anhang

Dieser Kurs für das Selbststudium enthält Hinweise, praktische Vorgehensweisen, Multimediapräsentationen und Fragen zur Lernzielkontrolle, mit denen Sie das Entwerfen, Implementieren, Verwalten, Konfigurieren und die Problembehandlung von Windows 2000-basierten Netzwerken erlernen. Das Buch ist so ausgelegt, dass es von vorne nach hinten durchgearbeitet wird. Sie können jedoch das Studium auch selbst gestalten und nur die für Sie interessanten Abschnitte durcharbeiten. (Weitere Informationen hierzu finden Sie im nächsten Abschnitt, „Ermittlung des geeigneten Einstiegspunktes".) Wenn Sie das Studium selbst gestalten, lesen Sie den Abschnitt „Bevor Sie beginnen" in jedem Kapitel. Bei sämtlichen praktischen Vorgehensweisen, für die das Durcharbeiten der vorigen Kapitel erforderlich ist, wird auf die entsprechenden Kapitel verwiesen.

Das Buch ist in folgende Kapitel unterteilt:

- Der Abschnitt „Bevor Sie beginnen" enthält einen Überblick über das Selbststudium sowie eine Einführung in die Komponenten dieses Trainings. Lesen Sie diesen Abschnitt sorgfältig durch, um den maximalen Nutzen aus diesem Selbststudium zu ziehen und zu planen, welche Lektionen Sie durcharbeiten möchten.
- In Kapitel 1, „Entwerfen eines Windows 2000-Netzwerks", erhalten Sie eine Einführung in die primären Netzwerkprotokolle und -dienste, die für die Planung einer Netzwerkinfrastruktur erforderlich sind.
- In Kapitel 2, „Implementieren von TCP/IP", wird erläutert, wie das TCP/IP-Netzwerkprotokoll installiert und konfiguriert wird.
- In Kapitel 3, „Implementieren von NWLink", wird erläutert, wie das IPX/SPX-kompatible Netzwerkprotokoll NWLink installiert und konfiguriert wird. IPX/SPX wird in der Regel in einem Novell NetWare-LAN (lokales Netzwerk) eingesetzt, und NWLink bietet Ihnen eine Möglichkeit, mit NetWare-Netzwerken zusammenzuarbeiten.
- In Kapitel 4, „Überwachen der Netzwerkaktivität", wird die Funktionsweise des in Windows 2000 enthaltenen Netzwerkmonitors erläutert.
- In Kapitel 5, „Implementieren von IPSec", wird erläutert, wie IPSec aktiviert, konfiguriert und überwacht wird und wie IPSec-Richtlinien und -Regeln angepasst werden.

- In Kapitel 6, „Auflösen von Netzwerk-Hostnamen", wird ein Überblick über die verschiedenen Methoden der in TCP/IP enthaltenen Namensauswertung gegeben.
- In Kapitel 7, „Implementieren von DNS (Domain Name Service)", wird erläutert, wie Hostnamen im Netzwerk und über das öffentliche Internet mit DNS ausgewertet werden. In Microsoft Windows 2000 ist eine erweiterte Version von DNS enthalten.
- In Kapitel 8, „Der DNS-Dienst von Windows 2000", wird erläutert, wie mit DNS-Zonen gearbeitet wird. Dazu zählen das Implementieren einer delegierten Zone und das Konfigurieren von Zonen für dynamische Aktualisierungen. Darüber hinaus erfahren Sie, wie ein DNS-Server als Nur-Cache-Server konfiguriert und die Leistung des DNS-Servers überwacht wird.
- In Kapitel 9, „Implementieren von WINS (Windows Internet Name Service)", wird erläutert, wie mit WINS Hostnamen im Netzwerk ausgewertet werden. Darüber hinaus erfahren Sie, wie die Hauptkomponenten von WINS erkannt, WINS installiert und konfiguriert und Probleme mit WINS in Windows 2000 behandelt werden.
- In Kapitel 10, „Implementieren von DHCP (Dynamic Host Configuration Protocol)", wird erläutert, wie mit DHCP Clientcomputer im Netzwerk von einem zentralen Windows 2000-Server verwaltet und konfiguriert werden. Darüber hinaus erfahren Sie, wie die Hauptkomponenten von DHCP erkannt, DHCP sowohl auf einem Client als auch auf einem Server installiert und konfiguriert und Probleme mit DHCP behandelt werden.
- In Kapitel 11, „Bereitstellen des RAS-Dienstes für Clients", wird erläutert, wie durch die Implementierung der RAS-Dienste Clients der Zugriff auf Netzwerkressourcen von unterwegs oder zu Hause aus ermöglicht wird. Darüber hinaus erfahren Sie, wie Sie sichere Verbindungen mit Techniken wie VPNs implementieren.
- In Kapitel 12, „Unterstützen der Netzwerkadressübersetzung (NAT)", wird das NAT-Protokoll (Network Address Translation) beschrieben, mit dem ein Netzwerk mit privaten Adressen über einen IP-Übersetzungsprozess auf Informationen im Internet zugreifen kann. Darüber hinaus erfahren Sie, wie private Netzwerke oder Netzwerke in kleineren Firmen so konfiguriert werden können, dass mit dem NAT-Protokoll eine einzelne Verbindung zum Internet gemeinsam genutzt werden kann.
- In Kapitel 13, „Implementieren der Zertifikatsdienste", werden die Konzepte von Zertifikaten erläutert, den wichtigsten Bestandteilen der Microsoft PKI (Public Key Infrastructure). Darüber hinaus erfahren Sie, wie Zertifikate installiert und konfiguriert werden.
- In Kapitel 14, „Implementieren unternehmensweiter Netzwerksicherheit", werden die Sicherheitsfunktionen von Windows 2000 beschrieben und wie ein Netzwerk so sicher wie möglich eingerichtet wird.

- In Anhang A, „Fragen und Antworten", werden alle Fragen zur Lernzielkontrolle aus dem Buch zusammen mit der vorgeschlagenen Antwort aufgelistet.
- Im Glossar sind die Begriffe aufgeführt und definiert, die mit dem Implementieren und Verwalten einer Windows 2000-Infrastruktur im Zusammenhang stehen.

Ermittlung des geeigneten Einstiegspunktes

Da dieses Buch für das Selbststudium konzipiert ist, können Sie einige Lektionen auslassen und sie zu einem späteren Zeitpunkt durchnehmen. Beachten Sie aber, dass Sie die Setupanweisungen in diesem Kapitel abschließen müssen, bevor Sie in die anderen Kapitel Schritt für Schritt durchnehmen können. In der folgenden Tabelle finden Sie Hinweise auf den für Sie am besten geeigneten Einstiegspunkt.

Zweck	Folgen Sie diesem Lernpfad
Vorbereitung auf die Microsoft Certified Professional-Prüfung 70-216, „Implementing and Administering a Microsoft Windows 2000 Network Infrastructure"	Lesen Sie den Abschnitt „Erste Schritte", und führen Sie die Setupanweisungen im Abschnitt „Installationsanleitung" aus. Arbeiten Sie dann Kapitel 1 bis 14 in der vorgegebenen Reihenfolge durch.
Lernzielkontrolle von Informationen zu bestimmten Prüfungsthemen	Lesen Sie den Abschnitt „Auffinden spezifischer Informationen zu den geprüften Fähigkeiten" im Anschluss an diese Tabelle.

Auffinden spezifischer Informationen zu den geprüften Fähigkeiten

Die folgenden Tabellen enthalten Listen der Fähigkeiten, die für die Zertifizierungsprüfung 70-216 „Implementing and Administering a Microsoft Windows 2000 Network Infrastructure" erforderlich sind. In der Tabelle finden Sie die Fertigkeit sowie die entsprechenden Lektionen in diesem Buch.

Hinweis Prüfungsthemen liegen im Ermessen von Microsoft und können ohne vorherige Ankündigung geändert werden.

Installieren, Konfigurieren, Verwalten, Überwachen und Problembehandlung von DNS in einer Windows 2000-Netzwerkinfrastruktur

Geprüfte Fähigkeiten	Kapitel
Installieren, Konfigurieren und Problembehandlung von DNS	
Installieren des DHCP-Serverdienstes	Kapitel 7, Lektion 4
Konfigurieren eines Stammnamenservers	Kapitel 7, Lektion 2

(Fortsetzung)

Geprüfte Fähigkeiten	Kapitel
Konfigurieren von Zonen	Kapitel 8, Lektion 1
Konfigurieren eines Nur-Cache-Servers	Kapitel 8, Lektion 2
Konfigurieren eines DNS-Clients	Kapitel 7, Lektion 2
Konfigurieren von Zonen für dynamische Aktualisierungen	Kapitel 8, Lektion 1
Testen des DHCP-Serverdienstes	Kapitel 8, Lektion 2
Implementieren einer delegierten Zone für DNS	Kapitel 8, Lektion 1
Manuelles Erstellen von DNS-Ressourcendatensätzen	Kapitel 7, Lektion 5
Verwalten und Überwachen von DNS	**Kapitel 8, Lektion 2**

Installieren, Konfigurieren, Verwalten, Überwachen und Problembehandlung von DHCP in einer Windows 2000-Netzwerkinfrastruktur

Geprüfte Fähigkeiten	Kapitel
Installieren, Konfigurieren und Problembehandlung von DHCP	
Installieren des DHCP-Serverdienstes	Kapitel 10, Lektion 1
Erstellen und Verwalten von DHCP-Bereichen, Bereichsgruppierungen	Kapitel 10, Lektion 2 und Multicastbereiche
Konfigurieren von DHCP für die DNS-Integration	Kapitel 10, Lektion 3
Autorisieren eines DHCP-Servers in Active Directory	Kapitel 10, Lektion 4
Verwalten und Überwachen von DHCP	**Kapitel 10, Lektion 5**

Installieren, Konfigurieren, Verwalten, Überwachen und Problembehandlung von RAS in einer Windows 2000-Netzwerkinfrastruktur

Geprüfte Fähigkeiten	Kapitel
Konfigurieren und Problembehandlung von RAS	
Konfigurieren von eingehenden Verbindungen	Kapitel 11, Lektion 2
Erstellen von RAS-Richtlinien	Kapitel 11, Lektion 2
Konfigurieren eines RAS-Profils	Kapitel 11, Lektion 2
Konfigurieren eines VPNs	Kapitel 11, Lektion 4
Konfigurieren von Mehrfachverbindungen	Kapitel 11, Lektion 5
Konfigurieren von Routing und RAS für die DHCP-Integration	Kapitel 11, Lektion 6

(Fortsetzung)

Geprüfte Fähigkeiten	Kapitel
Verwalten und Überwachen von RAS	Kapitel 11, Lektion 7, Kapitel 14, Lektion 1
Konfigurieren der RAS-Sicherheit	
Konfigurieren von Authentifizierungsprotokollen	Kapitel 14, Lektion 2
Konfigurieren von Verschlüsselungsprotokollen	Kapitel 4, Lektion 3, Kapitel 14, Lektion 2
Erstellen von RAS-Richtlinien	Kapitel 11, Lektion 2, Kapitel 14, Lektion 2

Installieren, Konfigurieren, Verwalten, Überwachen und Problembehandlung von Netzwerkprotokollen in einer Windows 2000-Netzwerkinfrastruktur

Geprüfte Fähigkeiten	Kapitel
Installieren, Konfigurieren und Problembehandlung von Netzwerkprotokollen	
Installieren und Konfigurieren von TCP/IP	Kapitel 2, Lektion 3
Installieren des NWLink-Protokolls	Kapitel 3, Lektion 4
Konfigurieren der Netzwerkbindungen	Kapitel 3, Lektion 4
Konfigurieren von TCP/IP-Paketfiltern	**Kapitel 2, Lektion 3**
Konfigurieren und Problembehandlung der Netzwerkprotokollsicherheit	**Kapitel 5, Lektion 2, Kapitel 14, Lektion 2**
Verwalten und Überwachen des Netzwerkverkehrs	**Kapitel 4, Lektion 2, Kapitel 14, Lektion 3**
Konfigurieren und Problembehandlung von IPSec	
Aktivieren von IPSec	Kapitel 5, Lektion 1 und 2
Konfigurieren von IPSec für den Übertragungsmodus	Kapitel 5, Lektion 3
Konfigurieren von IPSec für den Tunnelmodus	Kapitel 5, Lektion 3
Anpassen von IPSec-Richtlinien und -Regeln	Kapitel 5, Lektion 3
Verwalten und Überwachen von IPSec	Kapitel 5, Lektion 4

Installieren, Konfigurieren, Verwalten, Überwachen und Problembehandlung von WINS in einer Windows 2000-Netzwerkinfrastruktur

Geprüfte Fähigkeiten	Kapitel
Installieren, Konfigurieren und Problembehandlung von WINS	Kapitel 9, Lektion 1-4
Konfigurieren der WINS-Replikation	Kapitel 9, Lektion 4
Konfigurieren der NetBIOS-Namensauswertung	Kapitel 9, Lektion 1, Kapitel 9, Lektion 2
Verwalten und Überwachen von WINS	Kapitel 9, Lektion 3, Kapitel 9, Lektion 4

Installieren, Konfigurieren, Verwalten, Überwachen und Problembehandlung von IP-Routing in einer Windows 2000-Netzwerkinfrastruktur

Geprüfte Fähigkeiten	Kapitel
Installieren, Konfigurieren und Problembehandlung von IP-Routingprotokollen	
Aktualisieren einer Windows 2000-basierten Routingtabelle mit statischen Routen	Kapitel 2, Lektion 4, Kapitel 11, Lektion 4
Implementieren von Routing für Wählen bei Bedarf	Kapitel 11, Lektion 2
Verwalten und Überwachen von IP-Routing	
Verwalten und Überwachen von Grenzrouting	Kapitel 2, Lektion 4, Kapitel 11, Lektion 1 und 7
Verwalten und Überwachen von internem Routing	Kapitel 2, Lektion 4, Kapitel 11, Lektion 6
Verwalten und Überwachen von IP-Routingprotokollen	Kapitel 2, Lektion 4, Kapitel 11, Lektion 1 und 7

Installieren, Konfigurieren und Problembehandlung von NAT

Geprüfte Fähigkeiten	Kapitel
Installieren der gemeinsamen Nutzung der Internetverbindung	Kapitel 12, Lektion 2
Installieren von NAT	Kapitel 12, Lektion 2 und 3
Konfigurieren von NAT-Eigenschaften	Kapitel 12, Lektion 3
Konfigurieren von NAT-Schnittstellen	Kapitel 12, Lektion 3

Installieren, Konfigurieren, Verwalten, Überwachen und Problembehandlung der Zertifikatsdienste	
Geprüfte Fähigkeiten	Kapitel
Installieren und Konfigurieren der Zertifizierungsstelle	Kapitel 13, Lektion 2
Erstellen von Zertifikaten	Kapitel 13, Lektion 2
Ausstellen von Zertifikaten	Kapitel 13, Lektion 2
Widerrufen von Zertifikaten	Kapitel 13, Lektion 3
Entfernen der EFS-Wiederherstellungsschlüssel	Kapitel 13, Lektion 3

Erste Schritte

Dieser Kurs für das Selbststudium enthält praktische Vorgehensweisen, mit denen sich das Implementieren und Verwalten einer Windows 2000-Netzwerkinfrastruktur erlernen lässt. Um diese Übungen durchführen zu können, müssen folgende Voraussetzungen erfüllt sein:

- Ein Computer, auf dem Windows 2000 Server ausgeführt wird

Bei einigen Übungen in diesem Buch sind zwei Computer erforderlich. Der zweite Computer ist eine Voraussetzung für das Erreichen der Lernziele. Wenn Sie nur einen Computer haben, machen Sie sich so gut wie möglich mit den Vorgehensweisen vertraut, indem Sie nachlesen, wie Schritt für Schritt zu verfahren ist.

Es wird empfohlen, dass Sie den Server in einem separaten Netzwerk einrichten, damit Sie nicht das Produktionsnetzwerk oder andere Benutzer in der vorhandenen Domäne beeinträchtigen. Es ist jedoch möglich, das vorhandene Netzwerk mit dem Übungs-Server zu verwenden.

Vorsicht Für einige Übungen müssen Sie unter Umständen Änderungen an Ihren Servern vornehmen. Dies kann zu ungewünschten Ergebnissen führen, wenn Sie mit einem großen Netzwerk verbunden sind. Wenden Sie sich an Ihren Netzwerkadministrator, bevor Sie sich an diese Übungen wagen.

Hardwareanforderungen

Jeder Computer sollte über die folgende Mindestkonfiguration verfügen. Sämtliche Hardwarekomponenten müssen in der Microsoft-Hardwarekompatibilitätsliste (HCL) für Windows 2000 enthalten sein.

Die aktuellste Version der HCL kann von der HCL-Webseite http://www.microsoft.com/hcl/default.asp heruntergeladen werden.

- 32-Bit 166 MHz Pentium-Prozessor
- 64 MB Speicher für das Netzwerk mit einem bis fünf Clientcomputern. Ein Minimum von 128 MB wird für die meisten Netzwerkumgebungen empfohlen.
- 2 GB Festplatte
- 12fach-CD-ROM-Laufwerk oder schneller
- SVGA-Monitor mit einer Mindestauflösung von 800 × 600 (1024 × 768 empfohlen)
- 3,5-Zoll-HD-Laufwerk, wenn das CD-ROM-Laufwerk nicht bootfähig ist und den Start des Setupprogramms von CD-ROM nicht unterstützt
- Microsoft Maus oder kompatibles Zeigegerät

Softwareanforderungen

Sie benötigen eine Kopie der Microsoft Windows 2000 Server-Software.

Installationsanleitung

Nachfolgend finden Sie eine Checkliste aller Aufgaben, die Sie durchführen müssen, um Ihren Computer auf die Bearbeitung der Lektionen in diesem Buch vorzubereiten. Wenn Sie nicht über die nötigen Erfahrungen in der Installation von Windows 2000 oder anderen Netzwerkbetriebssystemen verfügen, sollten Sie die Hilfe eines erfahrenen Netzwerkadministrators in Anspruch nehmen. Die Kästchen können Sie verwenden, um einen Arbeitsschritt nach dessen Durchführung abzuhaken. Die Arbeitsschritte werden nachfolgend im Einzelnen erläutert.

- ❏ Erstellen der Windows 2000 Server-Setupdisketten
- ❏ Starten des Textmodus des Windows 2000 Server-Setups
- ❏ Starten des Grafikmodus und der Informationssammelphase des Windows 2000 Server-Setups
- ❏ Abschließen der Installationsphase der Windows-Netzwerkkomponenten des Windows 2000 Server-Setups
- ❏ Abschließen der Hardwareinstallationsphase des Windows 2000 Server-Setups

Hinweis Die hier aufgeführten Installationsanweisungen dienen dazu, einen Computer für die Verwendung mit diesem Buch vorzubereiten. Der Installationsvorgang ist jedoch nicht Bestandteil der Lerninhalte dieses Buches. Detaillierte Informationen zur Installation von Windows 2000 Server finden Sie im Schulungskurs für das Selbststudium *Microsoft Windows 2000 Server – Original Microsoft Training: MCSE 70-215 (Microsoft Press, ISBN 3-86063-278-7)*.

Installieren von Windows 2000 Server

Damit Sie die Lektionen in diesem Kapitel bearbeiten können, sollten Sie Windows 2000 Server auf einem Computer ohne formatierte Partitionen installieren. Während der Installation können Sie mit dem Windows 2000 Server-Setupprogramm eine Partition auf der Festplatte erstellen, auf der Sie Windows 2000 Server als eigenständigen Server in einer Arbeitsgruppe installieren.

Führen Sie die folgenden Schritte auf einem Computer aus, auf dem MS-DOS oder eine andere Windows-Version mit Zugriff auf das Verzeichnis **Bootdisk** auf der Windows 2000 Server-Installations-CD ausgeführt wird. Wenn Ihr Computer mit einem bootfähigen CD-ROM-Laufwerk konfiguriert ist, können Sie Windows 2000 ohne die Setupdisketten installieren. Um diese Übung wie beschrieben durchzuführen, muss die Unterstützung von Boot-CDs im BIOS deaktiviert sein.

Wichtig Für diese Vorgehensweise sind vier formatierte 1,44-MB-Disketten erforderlich. Wenn Sie Disketten verwenden, die Daten enthalten, werden diese Daten ohne Warnung überschrieben.

▶ **So erstellen Sie Windows 2000 Server-Setupdisketten**

1. Beschriften Sie die vier leeren, formatierten 1,44-MB-Disketten wie folgt:
   - Windows 2000 Server-Setupdiskette 1
   - Windows 2000 Server-Setupdiskette 2
   - Windows 2000 Server-Setupdiskette 3
   - Windows 2000 Server-Setupdiskette 4

2. Legen Sie die Microsoft Windows 2000 Server-CD in das CD-ROM-Laufwerk ein.

3. Wird das Dialogfeld **Windows 2000-CD** mit der Aufforderung, Windows 2000 zu installieren oder zu aktualisieren, angezeigt, klicken Sie auf **Nein**.

4. Öffnen Sie eine Eingabeaufforderung.

5. Wechseln Sie in der Eingabeaufforderung zum CD-ROM-Laufwerk. Wenn Sie dem CD-ROM-Laufwerk beispielsweise den Buchstaben E zugeordnet haben, geben Sie **e:** ein, und drücken Sie die Eingabetaste.

6. Wechseln Sie in der Eingabeaufforderung zum Verzeichnis **Bootdisk**, indem Sie **cd bootdisk** eingeben und die Eingabetaste drücken.

7. Wenn Sie die Setupbootdisketten auf einem Computer unter MS-DOS, einem Windows-16-Bit-Betriebssystem, Windows 95 oder Windows 98 erstellen, geben Sie **makeboot a:** ein (wobei A: der Name des Diskettenlaufwerks ist), und drücken Sie dann die Eingabetaste. Wenn Sie die Setupbootdisketten auf einem Computer unter Windows NT oder Windows 2000 erstellen, geben Sie **makebt32 a:** ein (wobei A: der Name des Diskettenlaufwerks ist), und drücken Sie dann die Eingabetaste. Windows 2000 meldet, dass vier Setupdisketten für die Installation von Windows 2000 erstellt werden. Darüber hinaus wird gemeldet, dass vier leere, formatierte HD-Disketten benötigt werden.

8. Drücken Sie eine beliebige Taste, um fortzufahren. Windows 2000 fordert Sie mit einer Meldung auf, die Diskette einzulegen, die als Windows 2000-Setupbootdiskette eingesetzt werden soll.

9. Legen Sie die leere, formatierte Diskette mit der Bezeichnung „Windows 2000 Server-Setupdiskette 1" in das Diskettenlaufwerk ein, und drücken Sie eine beliebige Taste, um fortzufahren. Nachdem Windows 2000 das Disketten-Image erstellt hat, werden Sie durch eine Meldung aufgefordert, die Diskette mit der Bezeichnung „Windows 2000-Setupdiskette 2" einzulegen.

10. Entfernen Sie Diskette 1, legen Sie die leere, formatierte Diskette mit der Bezeichnung „Windows 2000 Server-Setupdiskette 2" in das Diskettenlaufwerk ein, und drücken Sie eine beliebige Taste, um fortzufahren. Nachdem Windows 2000 das Disketten-Image erstellt hat, werden Sie durch eine Meldung aufgefordert, die Diskette mit der Bezeichnung „Windows 2000-Setupdiskette 3" einzulegen.

11. Entfernen Sie Diskette 2, legen Sie die leere, formatierte Diskette mit der Bezeichnung „Windows 2000 Server-Setupdiskette 3" in das Diskettenlaufwerk ein, und drücken Sie eine beliebige Taste, um fortzufahren. Nachdem Windows 2000 das Disketten-Image erstellt hat, werden Sie durch eine Meldung aufgefordert, die Diskette mit der Bezeichnung „Windows 2000-Setupdiskette 4" einzulegen.

12. Entfernen Sie Diskette 3, legen Sie die leere, formatierte Diskette mit der Bezeichnung „Windows 2000 Server-Setupdiskette 4" in das Diskettenlaufwerk ein, und drücken Sie eine beliebige Taste, um fortzufahren. Nachdem Windows 2000 das Disketten-Image erstellt hat, wird gemeldet, dass der Imaging-Prozess abgeschlossen ist.

13. Geben Sie in der Eingabeaufforderung **exit** ein, und drücken Sie dann die Eingabetaste.

    Entfernen Sie die Diskette aus dem Diskettenlaufwerk und die CD aus dem CD-ROM-Laufwerk.

▶ **So starten Sie den Textmodus des Windows 2000 Server-Setups**

Hinweis Bei dieser Vorgehensweise wird davon ausgegangen, dass auf dem Computer kein Betriebssystem installiert ist, die Festplatte nicht partitioniert ist und die Unterstützung für Boot-CDs, falls vorhanden, nicht aktiviert ist.

1. Legen Sie die Diskette mit der Bezeichnung „Windows 2000-Setupdiskette 1" in das Diskettenlaufwerk und die Windows 2000 Server-CD in das CD-ROM-Laufwerk ein, und starten Sie den Computer neu.

   Nach dem Start des Computers zeigt das Windows 2000-Setup eine kurze Meldung an, dass die Systemkonfiguration überprüft wird, dann wird der Windows 2000 Setup-Bildschirm eingeblendet.

   Beachten Sie, dass die graue Leiste am unteren Rand des Bildschirms anzeigt, dass der Computer untersucht wird und das Windows 2000 Executive, eine Minimalversion des Windows 2000-Kernels, geladen wird.

2. Wenn Sie dazu aufgefordert werden, legen Sie die Setupdiskette 2 in das Diskettenlaufwerk, und drücken Sie die Eingabetaste.

   Beachten Sie, dass das Setup anzeigt, dass die HAL (Hardware Abstraction Layer), Schriftarten, gebietsspezifische Daten, Bustreiber und andere Softwarekomponenten für die Unterstützung des Motherboards, des Busses und der anderen Hardware des Computers geladen werden. Das Setup lädt auch die Windows 2000-Setupprogrammdateien.

3. Wenn Sie dazu aufgefordert werden, legen Sie die Setupdiskette 3 in das Diskettenlaufwerk, und drücken Sie die Eingabetaste.

   Beachten Sie, dass das Setup anzeigt, dass die Treiber des Festplattenlaufwerkcontrollers geladen werden. Nachdem die Laufwerkcontroller geladen sind, initialisiert das Setupprogramm die Treiber, die für den Zugriff auf die Laufwerke erforderlich sind. Das Setup kann während dieses Prozesses einige Male anhalten.

4. Wenn Sie dazu aufgefordert werden, legen Sie die Setupdiskette 4 in das Diskettenlaufwerk, und drücken Sie die Eingabetaste.

   Das Setup lädt die Treiber für die Peripherieunterstützung, z. B. Diskettenlaufwerktreiber und Dateisystem, initialisiert dann die Windows 2000 Executive und lädt den restlichen Teil des Windows 2000-Setupprogramms.

   Wenn Sie die Evaluationsversion von Windows 2000 installieren, wird Ihnen in einer Setupmeldung mitgeteilt, dass Sie im Begriff sind, eine Evaluationsversion von Windows 2000 zu installieren.

5. Lesen Sie die Setupmeldung, und drücken Sie die Eingabetaste, um fortzufahren.

Das Setup zeigt den Bildschirm **Willkommen bei Setup** an. Beachten Sie, dass Sie neben der Erstinstallation von Windows 2000 mit dem Windows 2000-Setup eine beschädigte Windows 2000-Installation reparieren oder wiederherstellen können.

6. Lesen Sie die Meldung **Willkommen bei Setup**, und drücken Sie die Eingabetaste, um die Installationsphase des Windows 2000-Setups zu starten. Der Bildschirm **Lizenzvertrag** wird eingeblendet.

7. Lesen Sie den Lizenzvertrag, und drücken Sie die Bild-ab-Taste, um weiteren Text im Bildschirm anzuzeigen.

8. Wählen Sie die Option **Ich stimme dem Lizenzvertrag zu** aus, indem Sie F8 drücken.

   Der Bildschirm **Windows 2000 Server Setup** wird eingeblendet, in dem Sie aufgefordert werden, einen freien Speicherbereich oder eine vorhandene Partition auszuwählen, auf der Windows 2000 installiert werden soll. An dieser Stelle des Setups haben Sie die Möglichkeit, Partitionen auf der Festplatte zu erstellen und zu löschen.

   Wenn der Computer keine Festplattenpartitionen enthält (wie für diese Übung vorgesehen), sehen Sie, dass die auf dem Bildschirm aufgeführte Festplatte eine vorhandene unformatierte Partition enthält.

9. Stellen Sie sicher, dass die Partition **Unpartitionierter Bereich** markiert ist, und geben Sie dann **c** ein.

   Der Bildschirm **Windows 2000 Setup** wird eingeblendet, in dem bestätigt wird, dass Sie eine neue Partition in dem unpartitionierten Bereich erstellen möchten, und in dem Sie über die Minimal- und Maximalgrößen der zu erstellenden Partition informiert werden.

10. Geben Sie die Größe der Partition an, die Sie erstellen möchten (mindestens 2 GB), und drücken Sie die Eingabetaste, um fortzufahren.

    Im Bildschirm **Windows 2000 Setup** wird die neue Partition als **C: Neu (Unformatiert)** angezeigt.

> **Hinweis** Obwohl Sie beim Setup zusätzliche Partitionen aus dem verbleibenden unpartitionierten Bereich erstellen können, wird empfohlen, dass Sie dies erst nach der Installation von Windows 2000 vornehmen. Dazu verwenden Sie die Datenträgerverwaltungs-Konsole.

11. Stellen Sie sicher, dass die neue Partition markiert ist, und drücken Sie die Eingabetaste.

    Sie werden aufgefordert, ein Dateisystem für die Partition auszuwählen.

12. Wählen Sie mit den Pfeiltasten **Partition mit dem NTFS-Dateisystem formatieren** aus, und drücken Sie die Eingabetaste.

    Das Setupprogramm formatiert die Partition mit NTFS. Nach der Formatierung der Partition untersucht das Setup die Festplatte auf physikalische Fehler, die ein Fehlschlagen des Setups zur Folge haben könnten, und kopiert dann die Dateien auf die Festplatte. Dieser Prozess nimmt einige Minuten in Anspruch.

    Schließlich wird der Bildschirm **Windows 2000 Server** angezeigt. Eine rote Statusleiste zählt 15 Sekunden herunter, bevor das Setup den Computer neu startet.

13. Entfernen Sie die Setupdiskette aus dem Diskettenlaufwerk.

Wichtig Wenn der Computer das Booten vom CD-ROM-Laufwerk unterstützt und diese Funktion nicht im BIOS deaktiviert ist, bootet der Computer von der Windows 2000 Server-Installations-CD, nachdem das Windows 2000 Setup neu gestartet wurde. Hierdurch wird der Setupprozess von vorne gestartet. Falls dies geschieht, entfernen Sie die CD-ROM, und starten Sie den Computer neu.

---

14. Das Setup kopiert zusätzliche Dateien, startet dann den Computer neu und lädt den Installations-Assistenten von Windows 2000.

▶ **So starten Sie den Grafikmodus und die Informationssammelphase des Windows 2000 Server-Setups**

Hinweis Mit dieser Prozedur beginnt der grafische Teil des Setups auf dem Computer.

---

1. Klicken Sie auf der Seite **Willkommen** auf **Weiter**, um mit dem Sammeln von Informationen zum Computer zu beginnen.

    Das Setup konfiguriert NTFS-Ordner- und Dateiberechtigungen für die Betriebssystemdateien, erkennt die Hardwaregeräte im Computer und installiert und konfiguriert Gerätetreiber für die Unterstützung der erkannten Hardware. Dieser Prozess nimmt einige Minuten in Anspruch.

2. Stellen Sie auf der Seite **Gebietsschema** sicher, dass das Gebietsschema für System und Benutzer sowie das Tastaturlayout für Ihre Sprache und Ihren Standort richtig eingestellt sind, und klicken Sie auf **Weiter**.

Hinweis Sie können die Ländereinstellung nach der Installation von Windows 2000 über die Option **Ländereinstellungen** in der Systemsteuerung ändern.

Die Seite **Benutzerinformationen** wird eingeblendet, in der Sie nach Ihrem Namen und dem Namen Ihrer Organisation gefragt werden. Das Setup erstellt anhand des Organisationsnamens den Standardnamen für den Computer. Viele Anwendungen, die Sie zu einem späteren Zeitpunkt installieren, nutzen diese Informationen für die Produktregistrierung und Dokumentenidentifizierung.

3. Geben Sie im Feld **Name** Ihren Namen und im Feld **Organisation** den Namen der Organisation ein, und klicken Sie dann auf **Weiter**.

Hinweis Wenn der Bildschirm **Product ID** eingeblendet wird, geben Sie die Product ID ein, die sich auf dem Aufkleber auf der Windows 2000 Server CD-Hülle befindet.

Die Seite **Lizenzierungsmodi** wird eingeblendet, in der Sie aufgefordert werden, einen Lizenzierungsmodus auszuwählen. Standardmäßig ist der Lizenzierungsmodus **Pro Server** ausgewählt. Sie werden aufgefordert, die Anzahl der Lizenzen einzugeben, die Sie für diesen Server erworben haben.

4. Wählen Sie die Option **Pro Server. Anzahl der gleichzeitigen Verbindungen** aus, geben Sie **5** für die Anzahl der gleichzeitigen Verbindungen ein, und klicken Sie auf **Weiter**.

Wichtig **Pro Server. Anzahl der gleichzeitigen Verbindungen** und 5 gleichzeitige Verbindungen sind Vorschläge, die Sie für das Selbststudium verwenden können. Sie sollten eine legale Anzahl der gleichzeitigen Verbindungen auf Grundlage der tatsächlich von Ihnen erworbenen Lizenzen angeben. Anstelle von **Pro Server** können Sie auch **Pro Arbeitsplatz** auswählen.

Die Seite **Computername und Administratorkennwort** wird eingeblendet. Beachten Sie, dass das Setup anhand des Organisationsnamens einen Vorschlag für den Computernamen erzeugt.

5. Geben Sie im Feld **Computername** als Name **server1** ein.

Windows 2000 zeigt den Computernamen in Großbuchstaben an, unabhängig davon, wie Sie ihn eingegeben haben.

Vorsicht Befindet sich der Computer in einem Netzwerk, wenden Sie sich an Ihren Netzwerkadministrator, bevor Sie dem Computer einen Namen zuweisen.

Ab diesem Punkt des Selbsstudiums wird bei den Vorgehensweisen und in den Übungen auf „Server1" verwiesen. Wenn Sie dem Computer nicht den Namen „Server1" geben, müssen Sie an den Stellen, an denen auf „Server1" verwiesen wird, den Namen des Servers ändern.

6. Geben Sie im Feld **Administratorkennwort** und im Feld **Kennwortbestätigung** als Kennwort **password** (in Kleinbuchstaben) ein, und klicken Sie auf **Weiter**. Bei Kennwörtern wird die Groß-/Kleinschreibung berücksichtigt, deshalb müssen Sie **password** in Kleinbuchstaben eingeben.

   Für die Übungen in diesem Selbststudium verwenden Sie **password** für das Administratorkonto. In einer Produktionsumgebung müssen Sie immer ein komplexes Kennwort für das Administratorkonto nehmen (eines, das von anderen nicht erraten werden kann). Microsoft empfiehlt, eine Kombination aus Groß- und Kleinbuchstaben, Zahlen und Symbolen zu verwenden (z. B. Lp6*g9).

   Die Seite **Windows 2000-Komponenten** wird eingeblendet, in dem angezeigt wird, welche Windows 2000-Systemkomponenten vom Setup installiert werden.

7. Klicken Sie auf der Seite **Windows 2000-Komponenten** auf **Weiter**.

   Sie können zusätzliche Komponenten nach der Installation von Windows 2000 über die Option **Software** in der Systemsteuerung installieren. Stellen Sie sicher, dass Sie nur die Komponenten installieren, die standardmäßig beim Setup ausgewählt sind. Sie werden zu einem späteren Zeitpunkt des Trainings weitere Komponenten installieren.

   Wird während des Setups ein Modem im Computer erkannt, wird die Seite **Modemwählinformationen** eingeblendet.

8. Geben Sie in diesem Fall eine Ortskennzahl ein, und klicken Sie auf **Weiter**.

   Die Seite **Datum- und Uhrzeiteinstellungen** wird eingeblendet.

Wichtig Windows 2000-Dienste übernehmen viele Tasks, deren erfolgreiche Ausführung von den Datum- und Uhrzeiteinstellungen des Computers abhängt. Stellen Sie sicher, dass Sie die richtige Zeitzone für Ihren Standort auswählen, um Probleme bei späteren Übungen zu vermeiden.

---

9. Geben Sie die richtigen Datum- und Uhrzeiteinstellungen ein, und klicken Sie auf **Weiter**.

   Die Seite **Netzwerkeinstellungen** wird eingeblendet, und das Setup installiert die Netzwerkkomponenten.

▶ **So schließen Sie die Installationsphase der Windows-Netzwerkkomponenten des Windows 2000 Server-Setups ab**

Das Netzwerk ist ein wichtiger Teil von Windows 2000 Server. Es stehen viele Auswahlmöglichkeiten und Konfigurationen zur Verfügung. In dieser Vorgehensweise wird ein grundlegendes Netzwerk konfiguriert. Sie werden in einer späteren Übung weitere Netzwerkkomponenten installieren.

1. Stellen Sie auf der Seite **Netzwerkeinstellungen** sicher, dass **Standardeinstellungen** ausgewählt ist, und klicken Sie dann auf **Weiter**, um mit der Installation der Windows-Netzwerkkomponenten zu beginnen.

   Hierbei werden die Netzwerkkomponenten installiert, mit denen der Zugriff auf und die gemeinsame Nutzung von Ressourcen in einem Netzwerk ermöglicht wird, sowie TCP/IP so konfiguriert wird, dass eine IP-Adresse automatisch von einem DHCP-Server im Netzwerk bezogen wird.

   Die Seite **Arbeitsgruppen- und Computerdomäne** wird eingeblendet, in der Sie aufgefordert werden, entweder einer Arbeitsgruppe oder einer Domäne beizutreten.

2. Stellen Sie auf der Seite **Arbeitsgruppen- und Computerdomäne** sicher, dass die Option **Nein, dieser Computer ist entweder nicht im Netzwerk oder ist im Netzwerk ohne Domäne** ausgewählt ist und dass der Name der Arbeitsgruppe ARBEITSGRUPPE lautet. Klicken Sie dann auf **Weiter**.

   Die Seite **Komponenten installieren** wird eingeblendet, in der der Status angezeigt wird, während Setup die restlichen Betriebssystemkomponenten gemäß den von Ihnen angegebenen Optionen installiert und konfiguriert. Dieser Prozess nimmt einige Minuten in Anspruch.

   Die Seite **Abschließende Vorgänge durchführen** wird anschließend eingeblendet, in der der Status angezeigt wird, während das Setup die restlichen Dateien kopiert, Änderungen vornimmt und speichert und temporäre Dateien löscht. Computer mit der minimalen Hardwareausstattung benötigen mindestens 30 Minuten, um diese Installationsphase abzuschließen.

   Anschließend wird die Seite **Fertigstellen des Assistenten** angezeigt.

3. Entfernen Sie die Windows 2000 Server-CD aus dem CD-ROM-Laufwerk, und klicken Sie dann auf **Fertig stellen**.

Wichtig Wenn der Computer das Booten vom CD-ROM-Laufwerk unterstützt und diese Funktion nicht im BIOS deaktiviert war, bootet der Computer von der Windows 2000 Server-Installations-CD nach dem Neustart des Windows 2000-Setups, wenn diese nicht entfernt wurde. Falls dies geschieht, entfernen Sie die CD-ROM, und starten Sie den Computer neu.

Windows 2000 wird neu gestartet und führt die neu installierte Version von Windows 2000 Server aus.

▶ **So schließen Sie die Hardwareinstallationsphase des Windows 2000 Server-Setups ab**

Während dieser abschließenden Installationsphase werden die Plug & Play-Geräte erkannt, die in den vorangegangenen Setupphasen nicht erkannt wurden.

1. Melden Sie sich nach Abschluss der Startphase an, indem Sie Strg+Alt+Entf drücken.
2. Geben Sie im Dialogfeld **Kennwort eingeben** im Feld **Benutzername** als Name **administrator** und im Feld **Kennwort** das Kennwort **password** ein.
3. Klicken Sie auf **OK**.
4. Wenn Windows 2000 Geräte erkennt, die während des Setups nicht erkannt wurden, wird der Bildschirm **Assistent für das Suchen neuer Hardware** eingeblendet, in dem angezeigt wird, dass **Windows 2000** die geeigneten Treiber installiert.

   Stellen Sie in diesem Fall sicher, dass das Kontrollkästchen **Computer beim Klicken auf "Fertig stellen" neu starten** deaktiviert ist, und klicken Sie auf **Fertig stellen**, um den Assistenten für das Suchen neuer Hardware zu beenden.

   Windows 2000 zeigt das Microsoft Windows 2000-Dialogfeld **Server konfigurieren** an. In diesem Dialogfeld können Sie eine Vielzahl an erweiterten Optionen und Diensten konfigurieren.
5. Wählen Sie **Diesen Server später konfigurieren** aus, und klicken Sie dann auf **Weiter**.
6. Deaktivieren Sie im nächsten Bildschirm das Kontrollkästchen **Diesen Dialog beim Start anzeigen**.
7. Schließen Sie den Bildschirm **Server konfigurieren**.

   Sie haben jetzt die Windows 2000 Server-Installation abgeschlossen und sind als Administrator angemeldet.

Anmerkung Um Windows 2000 Server ordnungsgemäß herunterzufahren, klicken Sie auf **Start**, wählen Sie **Herunterfahren** aus, und befolgen Sie die angezeigten Anweisungen.

Bei den Übungen, für die vernetzte Computer erforderlich sind, müssen Sie sicherstellen, dass die Computer miteinander kommunizieren können. Der erste Computer wird als Domänencontroller konfiguriert, und ihm wird der Computerkontenname „Server1" und der Domänenname „Domain1" zugewiesen.

Dieser Computer fungiert als Domänencontroller in „Domain1". Der zweite Computer wird als Client oder sekundärer Server für die meisten Vorgehensweisen in diesem Kurs eingesetzt.

Vorsicht Falls die Computer Teil eines größeren Netzwerks sind, müssen Sie sich mit dem Netzwerkadministrator absprechen, um sicherstellen, dass die Computernamen, der Domänenname sowie die anderen für das Setup in diesem Kapitel verwendeten Informationen nicht im Konflikt mit Netzwerkkonfigurationen stehen. Sollte ein Konflikt vorliegen, bitten Sie den Netzwerkadministrator, Alternativwerte anzugeben, die Sie für alle Übungen dieses Buches verwenden können.

Ausführen der Mediendateien

Die Kursmaterialien-CD, die dieses Buch begleitet, enthält eine Vielzahl von Multimedia-Demonstrationsdateien (in englischer Sprache), die Sie durch Ausführen der Dateien von der CD aus anzeigen können. In diesem Buch finden Sie Hinweise, wann die Demonstrationen ausgeführt werden sollten.

▶ **So zeigen Sie die Demonstrationen an**

1. Legen Sie die Kursmaterialien-CD in das CD-ROM-Laufwerk ein.
2. Wählen Sie aus dem Menü **Start** auf dem Desktop den Befehl **Ausführen**, und geben Sie **D:\Media***Dateiname_Demonstration* ein (wobei D für den Namen des CD-ROM-Laufwerks steht).

Hiermit wird die entsprechende Demonstration ausgeführt.

Installieren des Onlinebuches

Die Kursmaterialien-CD enthält eine englischsprachige Onlineversion des Buches, die Sie mit Microsoft Internet Explorer 5 oder höher anzeigen können.

▶ **So verwenden Sie die Onlineversion dieses Buches**

1. Legen Sie die Kursmaterialien-CD in das CD-ROM-Laufwerk ein.
2. Wählen Sie aus dem Menü **Start** auf dem Desktop den Befehl **Ausführen**, und geben Sie **D:\Ebook\Netadmin.chm** ein (wobei D für den Namen des CD-ROM-Laufwerks steht).

Hinweis Die Kursmaterialien-CD muss im CD-ROM-Laufwerk eingelegt sein, damit das Onlinebuch ausgeführt werden kann.

Das Microsoft Certified Professional-Programm

Das Microsoft Certified Professional-Programm (MCP) bietet Ihnen die Möglichkeit, Ihre Kenntnisse über aktuelle Microsoft-Produkte und -Technologien zu testen und zu vertiefen. Microsoft ist marktführend im Hinblick auf Zertifikate und fortschrittliche Testmethoden. Die Prüfungen und entsprechenden Zertifikate dienen als Nachweis Ihrer Kompetenz in Bezug auf das Entwerfen, Entwickeln, Implementieren und Unterstützen von Lösungen mit Hilfe von Microsoft-Produkten und -Technologien. Computerspezialisten, die über Microsoft-Zertifikate verfügen, sind als Experten anerkannt und in der gesamten Branche äußerst gefragt.

Im Rahmen des Microsoft Certified Professional-Programms werden acht Zertifikate angeboten, die verschiedene Spezialgebiete technischen Wissens abdecken:

- **Microsoft Certified Professional (MCP)**   MCPs verfügen über umfangreiche Kenntnisse mindestens eines Microsoft-Betriebssystems. Auf Wunsch können Kandidaten, die sich zusätzlich auf dem Gebiet der Microsoft BackOffice-Produkte, Entwicklungstools und Desktopanwendungen qualifizieren möchten, weitere Zertifikatsprüfungen von Microsoft belegen.

- **Microsoft Certified Systems Engineer (MCSE)**   MCSEs sind qualifiziert, Informationssysteme in einem breiten Feld von Computerumgebungen mit Microsoft Windows NT Server und Microsoft Windows 2000 Server sowie der in Microsoft BackOffice integrierten Familie von Serversoftware effektiv zu planen, zu implementieren, zu pflegen und zu unterstützen.

- **Microsoft Certified Database Administrator (MCDBA)**   Diese Spezialisten leiten physische Datenbankentwürfe ab, entwickeln logische Datenmodelle, erstellen physische Datenbanken, erstellen Datendienste mit Transact-SQL, verwalten und pflegen Datenbanken, konfigurieren und verwalten Sicherheit, überwachen und optimieren Datenbanken und installieren und konfigurieren Microsoft SQL Server.

- **Microsoft Certified Solution Developer (MCSD)**   MCSDs sind qualifiziert, kundenspezifische Geschäftslösungen mit den Entwicklungstools, Technologien und Plattformen von Microsoft, einschließlich Microsoft Office und Microsoft BackOffice, zu entwerfen und zu entwickeln.

- **Microsoft Certified Trainer (MCT)**   MCTs verfügen über die didaktischen und technischen Kenntnisse, um den Lehrstoff des Microsoft Official Curriculum über ein CTEC (Microsoft Certified Technical Education Center) zu vermitteln.

Vorteile der Microsoft-Zertifizierung

Die Microsoft-Zertifizierung ist eines der umfassendsten Zertifizierungsprogramme für die Beurteilung und Vertiefung von Kenntnissen im Softwarebereich und stellt darüber hinaus einen zuverlässigen Maßstab für technische Fähigkeiten und Fachwissen dar. Um ein Microsoft-Zertifikat zu erhalten, muss der Bewerber anspruchsvolle Zertifizierungsprüfungen bestehen, in denen die Fähigkeit, mit Hilfe von Microsoft-Produkten bestimmte Aufgaben auszuführen und Lösungen zu entwickeln, unter Beweis zu stellen ist. Auf diese Weise wird nicht nur ein objektiver Maßstab für Arbeitgeber bereitgestellt, sondern es werden auch gewisse Richtlinien in Bezug auf die Kenntnisse festgelegt, über die ein Fachmann verfügen muss. Die Zertifizierung bringt wie bei allen anderen Beurteilungs- und Benchmarkingmethoden somit zahlreiche Vorteile für Bewerber, Arbeitgeber und Unternehmen mit sich.

Vorteile der Microsoft-Zertifizierung für den Einzelnen

Als MCP genießen Sie eine Reihe von Vorteilen:

- Branchenweite Anerkennung Ihrer Kenntnisse und Fähigkeiten im Umgang mit Microsoft-Produkten und -Technologien.

- Zugriff auf direkt von Microsoft bereitgestellte technische Informationen und Produktinformationen über den abgesicherten Bereich der MCP-Website.

- Logos, mit denen Sie sich gegenüber Kollegen oder Kunden als Microsoft Certified Professional ausweisen können.

- Einladungen zu Microsoft-Konferenzen, technischen Schulungen und speziellen Veranstaltungen.

- Ein Microsoft Certified Professional-Zertifikat.

Abhängig von Ihrem Zertifikat und Wohnort bieten sich noch weitere Vorteile:

- Microsoft TechNet und TechNet Plus: Falls Sie die CD-Version von TechNet bevorzugen, erhalten Sie im ersten Jahr nach der MCSE-Zertifizierung einen Rabatt von 50% auf den herkömmlichen Preis eines Ein-Jahres-Abonnements. (Die jeweiligen Lieferbedingungen entnehmen Sie bitte dem Begrüßungskit.)

Vorteile der Microsoft-Zertifizierung für Arbeitgeber und Unternehmen

Durch den Erhalt eines Zertifikats wird die Investitionsrentabilität der Microsoft-Technologie erhöht. Die Vorteile für Unternehmen werden durch Forschungsergebnisse bestätigt:

- Ausgezeichnete Rentabilität der Investitionen in Schulungen und Zertifizierungen durch Bereitstellen eines Standardverfahrens für die Ermittlung von Schulungsanforderungen und die Bewertung von Ergebnissen.
- Zufriedenere Kunden und geringere Supportkosten durch verbesserten Service, gesteigerte Produktivität und größere technische Unabhängigkeit.
- Verlässliche Bewertungsmaßstäbe für Einstellung, Beförderung und Karriereplanung.
- Anerkennung und Belohnung von produktiven Mitarbeitern durch Bestätigung ihres Fachwissens.
- Weiterbildungsmöglichkeiten für bereits im Unternehmen tätige Mitarbeiter, damit diese den effektiven Einsatz neuer Technologien erlernen.
- Qualitätssicherung beim Auslagern von Computerdiensten.

Unter **http://www.microsoft.com/mcp/mktg/bus_bene.htm** erhalten Sie über die Whitepapers, Hintergrund- und Fallstudien weitere Informationen zu den Vorteilen der Zertifizierungsprogramme für Ihr Unternehmen:

- Financial Benefits to Supporters of Microsoft Professional Certification, IDC Whitepaper (1998WPIDC.DOC, 1.608 KB)
- Prudential Case Study (PRUDENTL.EXE, 70 KB, selbstextrahierende Datei)
- Microsoft Certified Professional Program Corporate Backgrounder (MCPBACK.EXE, 50 KB)
- Ein Whitepaper (MCSDWP.DOC, 158 KB) mit der Bewertung des Zertifikats Microsoft Certified Solution Developer (MCSD).
- Ein Whitepaper (MCSESTUD.DOC, 161 KB) mit der Bewertung des Zertifikats Microsoft Certified Systems Engineer (MCSE).
- Jackson Hole High School Case Study (JHHS.DOC, 180 KB)
- Lyondel Case Study (LYONDEL.DOC, 21 KB)
- Stellcom Case Study (STELLCOM.DOC, 132 KB)

Voraussetzungen für den Erhalt eines Microsoft Certified Professional-Zertifikats

Die Zertifizierungsvoraussetzungen unterscheiden sich je nach Zertifikat und wurden auf die spezifischen Produkte und die jeweiligen Zielgruppen abgestimmt.

Der Erhalt eines Microsoft Certified Professional-Zertifikats setzt das Bestehen zahlreicher anspruchsvoller Prüfungen voraus, mit denen die technische Kompetenz und das Fachwissen zuverlässig eingeschätzt werden können. Diese Prüfungen sollen das Fachwissen und die Fähigkeit zum Ausführen einer Funktion oder Aufgabe mit einem Produkt testen und werden mit Hilfe von Fachleuten aus der Industrie entwickelt. Die Fragen in den Prüfungen spiegeln den Einsatz von Microsoft-Produkten in echten Organisationen wider, wodurch Realitätsnähe gewährleistet wird.

Microsoft Certified Product Specialists müssen eine Prüfung zu einem Betriebssystem bestehen. Kandidaten, die ihre Fähigkeiten im Umgang mit Microsoft BackOffice-Produkten, Entwicklungstools oder Desktopprogrammen nachweisen möchten, können zusätzlich die entsprechende Prüfung zu einem Programm ihrer Wahl absolvieren.

Microsoft Certified Professionals + Internet müssen die vorgeschriebene Prüfungsreihe zu Microsoft Windows NT Server 4.0, TCP/IP und Microsoft Internet Information System absolvieren.

Microsoft Certified Professionals mit dem Spezialgebiet Site Building müssen zwei Prüfungen zu Microsoft FrontPage-, Microsoft Site Server- und Microsoft Visual InterDev-Technologie absolvieren, um die technische Kompetenz und das Fachwissen zuverlässig einschätzen zu können.

Microsoft Certified Systems Engineers müssen eine Reihe von Prüfungen zu den wichtigsten Betriebs- und Netzwerksystemen von Microsoft Windows sowie zu einer Auswahl an verschiedenen BackOffice-Themen bestehen.

Microsoft Certified Systems Engineers mit dem Spezialgebiet Internet müssen alle sieben Prüfungen zu den Betriebssystemen sowie zwei Prüfungen in Wahlfächern absolvieren, mit denen die technische Kompetenz und das Fachwissen zuverlässig eingeschätzt werden können.

Microsoft Certified Database Administrators müssen drei Pflichtprüfungen und eine Prüfung in einem Wahlfach bestehen, mit denen die technische Kompetenz und das Fachwissen zuverlässig eingeschätzt werden können.

Microsoft Certified Solution Developers müssen zwei Pflichtprüfungen zu Technologien der Microsoft Windows-Betriebssysteme sowie zwei Prüfungen in Wahlfächern zu BackOffice-Technologien bestehen.

Microsoft Certified Trainers müssen die didaktischen und technischen Voraussetzungen erfüllen, die für die Leitung des entsprechenden Kurses aus dem Microsoft Official Curriculum erforderlich sind. Weitere Informationen zum Ablegen einer Prüfung zum Microsoft Certified Trainer erhalten Sie von ihrer lokalen Microsoft-Niederlassung.

Technische Schulung für Computerspezialisten

Die technische Schulung wird auf verschiedene Arten durchgeführt – durch von Ausbildern geleitete Kurse, Onlineschulungen oder Kurse zum Selbststudium, die weltweit besucht werden können.

Kurs zum Selbststudium

Für Wissensdurstige, die sich gerne Herausforderungen stellen, ist das Selbststudium der flexibelste, kostengünstigste Weg zur Aneignung von Kenntnissen und Fähigkeiten.

Ein umfassendes Angebot an Schulungsmaterialien für das Selbststudium steht sowohl in Buchform als auch als Onlinekurs direkt von Microsoft Press zur Verfügung. Die Kurspakete des Microsoft Official Curriculum von Microsoft Press werden für Computerspezialisten entworfen und sind von Microsoft Press und der Microsoft Developer Division verfügbar. Die Kurse zum Selbststudium von Microsoft Press bestehen aus gedrucktem Lehrmaterial verbunden mit Produktsoftware auf CD-ROM, Multimediapräsentationen, Übungseinheiten und Übungsdateien. Die Mastering Series bietet auf CD-ROM eine tief greifende, interaktive Schulung für erfahrene Entwickler. Beide Unterrichtsformen stellen effektive Vorbereitungsmöglichkeiten für die MCP-Prüfungen dar.

Onlineschulung

Onlineschulungen stellen eine flexible Alternative zu Schulungen durch Kursleiter dar. Sie werden über das Internet abgehalten und sind somit jederzeit verfügbar. Sie arbeiten in einem virtuellen Klassenzimmer, stellen einen eigenen Lehrplan auf und bestimmen das Tempo der Schulung selbst. Häufig können Sie noch auf einen Onlineausbilder zugreifen. Sie können sich also das gewünschte Fachwissen aneignen, ohne Ihren Schreibtisch zu verlassen. In der Onlineschulung werden zahlreiche Microsoft-Produkte und -Technologien abgedeckt. Sie enthält Optionen aus dem Bereich des Microsoft Official Curriculum bis hin zu Optionen, die nirgendwo sonst verfügbar sind. Die Schulung kann bei Bedarf in Anspruch genommen werden und steht rund um die Uhr zur Verfügung. Die Onlineschulungen werden über Microsoft Certified Technical Education Centers bereitgestellt.

Microsoft Certified Technical Education Centers

In CTECs (Microsoft Certified Technical Education Centers) werden die Schulungen von Kursleitern durchgeführt, die Sie bei der Ausbildung zum Microsoft Certified Professional unterstützen.

Das Microsoft CTEC-Programm ist ein weltweites Netzwerk technisch qualifizierter Schulungsorganisationen, in denen offiziell Kurse aus dem Microsoft Official Curriculum unter Leitung von Microsoft Certified Trainers für Computerspezialisten veranstaltet werden.

Weitere Informationen zu den CTEC-Standorten in Ihrer Nähe erhalten Sie unter **http://www.microsoft.com/germany/training/** oder bei Ihrer lokalen Microsoft-Niederlassung.

Technischer Support

Microsoft Press bemüht sich um die Richtigkeit der in diesem Buch sowie der auf der Begleit-CD enthaltenen Informationen.

Wenn Sie Fragen, Kommentare oder Vorschläge zu diesem Buch haben, senden Sie diese bitte per E-Mail an Microsoft Press:

E-Mail:
PRESSCD@MICROSOFT.COM

Korrekturen und zusätzliche Hinweise zu den Büchern von Microsoft Press finden Sie im World Wide Web unter der folgenden Adresse:

http://www.microsoft.com/germany/mspress

Beachten Sie bitte, dass Sie unter den obigen Adressen keinen Produktsupport erhalten. Informationen zum Softwaresupport erhalten Sie unter der Adresse **http://www.microsoft.com/germany/support/**

Informationen zum Bestellen der Vollversion einer beliebigen Microsoft-Software erhalten Sie unter der Adresse **http://www.microsoft.com/germany/**

KAPITEL 1

Entwerfen eines Windows 2000-Netzwerks

Lektion 1: Netzwerkdienste – Überblick ... 2

Lektion 2: Entwickeln eines Netzwerk-Implementierungsplans ... 10

Lektion 3: Von Windows 2000 unterstützte gängige Protokolle ... 15

Lernzielkontrolle ... 22

Über dieses Kapitel

In diesem Kapitel erfahren Sie, wie Sie ein Windows 2000-Netzwerk planen und welche Gesichtspunkte bei der Entwicklung eines Implementationsplans zu berücksichtigen sind. Die verschiedenen, von Microsoft Windows 2000 verwendeten Netzwerkprotokolle und deren Beziehung zu Netzwerkdiensten sind ebenfalls Gegenstand dieses Kapitels.

Bevor Sie beginnen

Für die Bearbeitung dieses Kapitels gelten folgende Voraussetzungen.

- Es gibt keine Voraussetzungen für dieses Kapitel.

Lektion 1: Netzwerkdienste – Überblick

Microsoft Windows 2000 stellt viele Netzwerkfunktionen und -dienste zur Verfügung, die Sie zur Erfüllung Ihrer Unternehmensziele einsetzen können. Windows 2000 enthält Schlüsseltechnologien, die sowohl neue als auch bestehende Netzwerke aufwerten. Einige Technologien müssen im Netzwerk implementiert werden, damit bestimmte Dienste genutzt werden können. Um den Windows 2000 Active Directory-Dienst einsetzen zu können, müssen Sie beispielsweise das TCP/IP-Protokoll (Transmission Control Protocol/Internet Protocol) installieren.

In dieser Lektion werden die folgenden Netzwerkdienste von Windows 2000 vorgestellt:

- DNS (Domain Name System)
- DHCP (Dynamic Host Configuration Protocol)
- WINS (Windows Internet Name Service)

Die für Remotenetzwerke eingesetzte Routing- und RAS-Funktion von Windows 2000 wird ebenfalls behandelt. Dazu gehören Funktionen wie die Übersetzung von Netzwerkadressen (NAT, Network Address Translation). Darüber hinaus lernen Sie, Sicherheit mit Hilfe der Microsoft Zertifikatsdienste zu implementieren.

Am Ende dieser Lektion werden Sie in der Lage sein, die folgenden Aufgaben durchzuführen:

- Beschreiben des Zwecks von DNS, DHCP und WINS
- Beschreiben des Routing- und RAS-Dienstes
- Beschreiben der Vorteile eines Übersetzers für Netzwerkadressen (NAT)
- Erläutern der Funktionen der Microsoft Zertifikatsdienste

Veranschlagte Zeit für die Lektion: 40 Minuten

TCP/IP

Es gibt viele Netzwerkprotokolle, die von Windows 2000 unterstützt werden, wobei TCP/IP das in Windows 2000 verwendete Kernprotokoll darstellt und beim Windows 2000-Setup als Standardprotokoll installiert wird. Viele Netzwerkdienste in Windows 2000 verwenden TCP/IP, und einige Dienste, wie z. B. Internet-Informationsdienste (IIS) und Active Directory, setzen dieses Protokoll voraus. TCP/IP ist ein routbares Protokoll, das in vielen Weitbereichsnetzen (WANs) und im Internet verwendet wird. Andere Protokolle, z. B. NetBEUI (NetBIOS Enhanced User Interface), sind nur für lokale Netzwerke (LANs) konzipiert und unterstützen keine Internetverbindungen. Diesen Aspekt sollten Sie bei der Planung Ihres Netzwerks berücksichtigen.

DNS (Domain Name System)

TCP/IP verwendet für die Suche nach Hosts (Computern und anderen TCP/IP-basierten Netzwerkgeräten) und die Herstellung von Verbindungen IP-Adressen, während Benutzer aussagekräftige Namen bevorzugen. Beispielsweise ziehen Benutzer den Namen **ftp.microsoft.com** der IP-Adresse 172.16.23.55 vor. DNS ermöglicht die Verwendung hierarchischer, benutzerfreundlicher Namen, um Computer und andere Ressourcen in einem IP-Netzwerk zu ermitteln.

DNS wird im Internet zur Bereitstellung einer standardmäßigen Benennungskonvention für die Suche nach IP-basierten Computern verwendet. Vor der Implementierung von DNS wurde eine statische Hosts-Datei für die Suche nach Ressourcen in TCP/IP-Netzwerken und im Internet verwendet. Netzwerkadministratoren gaben Namen und IP-Adressen in die Hosts-Datei ein, die dann von Computern für die Namensauflösung herangezogen wurde.

DHCP (Dynamic Host Configuration Protocol)

Das DHCP-Protokoll vereinfacht die Administration und Verwaltung von IP-Adressen in einem TCP/IP-Netzwerk durch die automatische Konfiguration der Netzwerkclients. Als DHCP-Server wird jeder Computer bezeichnet, auf dem der DHCP-Dienst ausgeführt wird. Windows 2000 Server stellt den DHCP-Dienst zur Verfügung, mit dessen Hilfe Sie einen Computer als DHCP-Server einsetzen und DHCP-fähige Clientcomputer im Netzwerk konfigurieren können. Die Architektur wird in Abbildung 1.1 dargestellt.

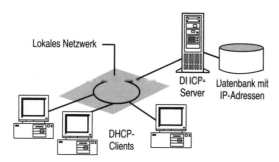

Abbildung 1.1 Das DHCP-Basismodell

Der DHCP-Serverdienst für Windows 2000 stellt auch die folgenden Funktionen zur Verfügung:

- Integration mit dem Verzeichnisdienst Microsoft Active Directory und DNS
- Erweiterte Überwachung und Aufzeichnung statistischer Berichte
- Herstellerspezifische Optionen und Unterstützung für Benutzerklassen
- Zuweisung von Multicastadressen
- Erkennung von Rogue-DHCP-Servern

Jeder Computer in einem TCP/IP-basierten Netzwerk muss über eine eindeutige IP-Adresse verfügen, um auf das Netzwerk und seine Ressourcen zugreifen zu können. Wenn DHCP nicht eingesetzt wird, muss die IP-Konfiguration für neue Computer, für Computer, die von einem Subnetz zu einem anderen verschoben werden sowie für aus dem Netzwerk entfernte Computer manuell durchgeführt werden. Durch die Einrichtung von DHCP in einem Netzwerk wird der gesamte Prozess automatisiert und zentral verwaltet.

Die DHCP-Implementierung steht in so engem Bezug zu WINS und DNS, dass es für Netzwerkadministratoren von Vorteil ist, wenn sie alle drei Dienste bei der Einsatzplanung kombinieren. Bei Verwendung von DHCP-Servern für Microsoft-Netzwerkclients muss ein Dienst für die Namensauflösung verwendet werden. In Windows 2000-Netzwerken wird zusätzlich zur allgemeinen Namensauflösung der DNS-Dienst für die Unterstützung von Active Directory verwendet. In Netzwerken, die Windows NT 4.0 und ältere Clients unterstützen, müssen WINS-Server eingesetzt werden. In Netzwerken, die eine Kombination aus Windows 2000- und Windows NT 4.0-Clients unterstützen, sollten WINS und DNS implementiert werden.

WINS (Windows Internet Name Service)

Bei WINS handelt es sich um das Namensauflösungssystem, das für Windows NT Server 4.0 und frühere Betriebssysteme verwendet wird. WINS stellt zur Zuordnung von IP-Adressen in einer gerouteten Netzwerkumgebung eine verteilte Datenbank zur Registrierung und Abfrage eines Computernamens (der dem NetBIOS-Namen entspricht) zur Verfügung. Für die Administration eines gerouteten Netzwerks stellt WINS die beste Wahl zur Auflösung von NetBIOS-Namen dar. WINS reduziert den Einsatz lokaler Broadcasts und ermöglicht es Benutzern, Systeme in Remotenetzwerken zu ermitteln. In einer dynamischen DHCP-Umgebung, in der sich die IP-Adressen der Hosts häufig ändern, stellt WINS einen Weg dar, Änderungen in der Zuordnung von Computernamen zu IP-Adressen dynamisch zu registrieren. Diese Funktion ist zur korrekten Auflösung von Namen in IP-Adressen in einer DHCP-Umgebung erforderlich.

Namensauflösung

Unabhängig davon, ob in Ihrem Netzwerk DNS oder WINS verwendet wird, die Namensauflösung ist immer ein wichtiger Teil der Netzwerkverwaltung. Obwohl Windows 2000 bei der Zuordnung von Hostnamen zu IP-Adressen vorrangig DNS einsetzt, wird auch WINS für diesen Zweck noch unterstützt.

Mit der Namensauflösung müssen Sie sich nicht mehr die IP-Adresse eines Hosts merken, sondern können Ihr Netzwerk durchsuchen und eine Verbindung zu Ressourcen herstellen, die beispielsweise als „Drucker1" oder „Dateiserver1" bezeichnet sind.

Bei Adresszuweisung mit DHCP ist es wenig sinnvoll, sich die IP-Adressen zu merken, weil sich unter Umständen die Zuordnungen im Laufe der Zeit ändern. WINS arbeitet eng mit den DHCP-Diensten zusammen. Wenn dem von Ihnen als „Dateiserver1" bezeichneten Computer dynamisch eine neue IP-Adresse zugewiesen wird, ist die Änderung aufgrund dieser engen Kooperation transparent. Wenn Sie von einem anderen Knoten eine Verbindung zu „Dateiserver1" herstellen, können Sie den Namen anstelle der neuen IP-Adresse verwenden, weil WINS Änderungen an den IP-Adressen überwacht, die mit diesem Namen verbunden sind.

RAS – Überblick

Mit Hilfe der Routing- und RAS-Funktion von Windows 2000 sind die Verbindungen von Remoteclients zum Remoteserver transparent; diese werden auch als Punkt-zu-Punkt-RAS-Verbindungen bezeichnet. Clients können auch transparente Verbindungen zu dem Netzwerk herstellen, dem der Routing- und RAS-Server angehört. Diese Art der Verbindung wird als Punkt-zu-LAN-RAS-Verbindung bezeichnet. Durch diese transparente Verbindung können sich Clients von Remotestandorten aus einwählen und auf Ressourcen zugreifen, als ob sie physikalisch mit dem Netzwerk verbunden wären. Die Windows 2000 RAS-Dienste ermöglichen zwei verschiedene Arten von RAS-Verbindungen:

- **DFÜ-RAS-Verbindung** Bei der DFÜ-RAS-Verbindung nutzt ein RAS-Client die Infrastruktur für die Datenübertragung, um an einem Anschluss eines RAS-Servers eine temporäre physikalische Verbindung oder einen Virtual Circuit (VC) zu erstellen. Sobald eine temporäre physikalische Verbindung oder ein VC erstellt worden ist, können die restlichen Verbindungsparameter ausgehandelt werden.

- **RAS-Zugriff über virtuelles privates Netzwerk (VPN)** Beim RAS-Zugriff über ein virtuelles privates Netzwerk nutzt ein VPN-Client ein IP-Netzwerk zum Erstellen einer virtuellen Punkt-zu-Punkt-Verbindung mit einem RAS-Server, der als VPN-Server fungiert. Sobald die virtuelle Punkt-zu-Punkt-Verbindung hergestellt ist, können die restlichen Verbindungsparameter ausgehandelt werden.

Elemente einer DFÜ-RAS-Verbindung

Der Windows 2000 Routing- und RAS-Dienst akzeptiert DFÜ-Verbindungen und überträgt Pakete zwischen RAS-Clients und dem Netzwerk, mit dem der RAS-Server verbunden ist. Wie in Abbildung 1.2 dargestellt, besteht eine Remoteverbindung aus einem RAS-Client, einem RAS-Server und einer WAN-Infrastruktur.

Abbildung 1.2 Komponenten einer DFÜ-RAS-Verbindung

RAS-Protokolle

RAS-Protokolle steuern den Verbindungsaufbau und die Übertragung von Daten über WAN-Verbindungen. Die auf den RAS-Clients und RAS-Servern verwendeten Betriebssysteme und LAN-Protokolle bestimmen, welches RAS-Protokoll ein Client verwenden kann.

Der Routing- und RAS-Dienst von Windows 2000 unterstützt drei verschiedene RAS-Protokolle:

1. Das PPP-Protokoll (Point-to-Point Protocol) ist eine standardisierte Protokollgruppe, die größte Sicherheit, Multiprotokollunterstützung und Interoperabilität bietet.
2. Legacy-RAS-Server verwenden das SLIP-Protokoll (Serial Line Internet Protocol).
3. Das Microsoft RAS-Protokoll – auch Asynchrones NetBEUI oder AsyBEUI genannt – ist ein RAS-Protokoll, das von Legacy-RAS-Clients verwendet wird, die mit Betriebssystemen von Microsoft (z. B. Microsoft Windows NT 3.1, Windows für Workgroups, MS-DOS und LAN Manager) arbeiten.

LAN-Protokolle sind die Protokolle, die der RAS-Client verwendet, um auf Netzwerkressourcen zuzugreifen, die mit dem RAS-Server verbunden sind. Die RAS-Dienste von Windows 2000 unterstützen TCP/IP, IPX, AppleTalk und NetBEUI.

▶ **So konfigurieren Sie den Routing- und RAS-Server**

1. Klicken Sie auf **Start**, zeigen Sie auf **Programme**, dann auf **Verwaltung**, und klicken Sie anschließend auf **Routing und RAS**.

   Die Routing- und RAS-Verwaltungswerkzeuge werden in der Microsoft Management Console angezeigt.

2. Klicken Sie mit der rechten Maustaste auf den Server im linken Fensterausschnitt, und klicken Sie dann auf **Routing und RAS konfigurieren und aktivieren**, wie in Abbildung 1.3 gezeigt.

   Der Setup-Assistent für den Routing- und RAS-Server wird angezeigt; hier können Sie die Informationen zur Serverkonfiguration eingeben.

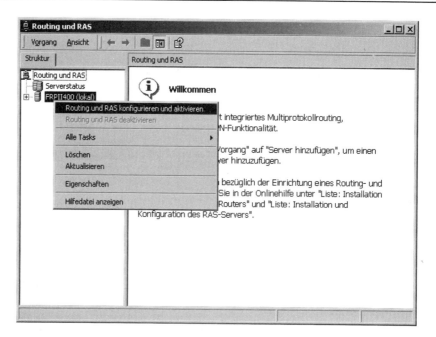

Abbildung 1.3 Erstellen eines Routing- und RAS-Servers

Übersetzer für Netzwerkadressen

Es gibt zwei Typen von IP-Adressen, öffentliche und private. Öffentliche Adressen erhalten Sie von dem Internetdienstanbieter (ISP), über den Sie die Verbindung zum Internet herstellen. Für Hosts im Unternehmen, die keinen direkten Zugang zum Internet benötigen, sind IP-Adressen erforderlich, die keine bereits zugeordneten öffentlichen Adressen wiederholen. Um dieses Adressierungsproblem zu lösen, wurde durch die Architekten des Internets ein Bestandteil des IP-Adressbereichs reserviert, der als *privater Adressbereich* bezeichnet wird. Eine IP-Adresse im privaten Adressbereich wird niemals als öffentliche Adresse zugeordnet. IP-Adressen im privaten Adressbereich werden als *private Adressen* bezeichnet. Durch die Verwendung privater IP-Adressen können Sie sich vor Netzwerkangriffen schützen.

Da das InterNIC (Internet Network Information Center) die IP-Adressen im privaten Adressbereich niemals als öffentliche Adressen vergibt, haben Internetrouter keine Routen zu privaten Adressen. Private Adressen sind also über das Internet nicht zugänglich. Wenn Sie private IP-Adressen verwenden, benötigen Sie irgendeine Art von Proxy oder Server, der die IP-Adressen aus dem privaten Bereich in Ihrem lokalen Netzwerk in eine öffentliche IP-Adresse übersetzt, die geroutet werden kann. Eine weitere Option stellt der Übersetzer für Netzwerkadressen (NAT) dar, der private Adressen in gültige öffentliche Adressen übersetzt, bevor sie ins Internet gelangen.

Die Unterstützung für Netzwerkadressübersetzung für private und öffentliche Adressen, die Verbindungen von SOHO-Netzwerken (Small Office/Home Office) in das Internet ermöglichen, ist in Abbildung 1.4 dargestellt.

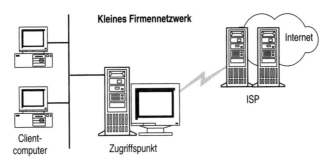

Abbildung 1.4 Verbinden eines SOHO-Netzwerks mit dem Internet

Ein NAT verbirgt intern verwaltete IP-Adressen vor externen Netzwerken, indem die private interne Adresse in eine öffentliche externe Adresse übersetzt wird. Diese Vorgehensweise reduziert die Kosten für die IP-Adressregistrierung, da Kunden intern unregistrierte IP-Adressen verwenden können, die in eine kleine Anzahl registrierter externer IP-Adressen umgesetzt werden. Darüber hinaus wird die interne Netzwerkstruktur nach außen nicht sichtbar, so dass die Risiken von Denial-of-Service-Attacken auf das interne System ebenfalls reduziert werden.

Zertifikatsdienste

Die Einrichtung eines angemessenen Sicherheitssystems zum Schutz vertraulicher und unternehmenseigener Daten setzt die Entwicklung geeigneter Lösungen für bestimmte Risikoszenarios voraus. Windows 2000 bietet eine Reihe von Technologien, die Sie bei der Entwicklung Ihres Sicherheitsplans wahlweise einsetzen können. Die Microsoft Zertifikatsdienste stellen eine dieser Technologien dar. Mit Hilfe der Microsoft Zertifikatsdienste können Sie Zertifizierungsstellen (CAs, Certificate Authorities) erstellen und verwalten, die digitale Zertifikate ausstellen.

Digitale Zertifikate sind elektronische Identitätsnachweise, die die Onlineidentität von Benutzern, Organisationen und Computern bestätigen. Zertifikate sind insofern mit Ausweispapieren wie Pass oder Führerschein zu vergleichen. Anhand der Ausweispapiere, die anderen vorgelegt werden, lässt sich die Identität des Inhabers verifizieren, da der Ausweis die folgenden Sicherheitsvorteile bietet:

- Er enthält persönliche Informationen, die eine Identifizierung und Überprüfung des Inhabers ermöglichen.
- Er enthält die Unterschrift des rechtmäßigen Inhabers, um eine eindeutige Identifizierung zu ermöglichen.
- Er enthält die Informationen, die zur Identifizierung und Kontaktaufnahme mit der ausstellenden Behörde erforderlich sind.

- Er ist bis zu einem gewissen Grad gegen Manipulationen und Fälschungen geschützt.
- Er wird von einer Behörde ausgestellt, die den Ausweis jederzeit für ungültig erklären kann (z. B. bei Missbrauch oder Diebstahl).
- Er kann durch Anfrage bei der ausstellenden Behörde auf Gültigkeit überprüft werden.

Digitale Zertifikate bieten ebenso wie Ausweispapiere eine Reihe von Sicherheitsfunktionen. Üblicherweise enthalten digitale Zertifikate die folgenden Sicherheitsfunktionen:

- Sichere E-Mail
- Sichere Kommunikation zwischen Webclients und Webservern
- Codesignaturen für ausführbaren Code, die über öffentliche Netzwerke verteilt werden
- Anmeldeauthentifizierung in lokalen Netzwerken und bei Remotezugriffen
- IPSec-Authentifizierung

Die Zertifikatsdienste stellen für Unternehmen eine einfache Methode zur Verfügung, die dem jeweiligen Unternehmensbedarf angemessenen Zertifizierungsstellen einzurichten. Zertifikatsdienste enthalten Standardrichtlinien, die zur Ausstellung von Zertifikaten für Unternehmenseinheiten wie Benutzer, Computer oder Dienste geeignet sind.

Zusammenfassung der Lektion

Windows 2000 enthält Schlüsseltechnologien, die sowohl für neue als auch für bestehende TCP/IP-basierte Netzwerke von Nutzen sind. TCP/IP verwendet für die Suche nach Hosts und die Herstellung von Verbindungen IP-Adressen, während Benutzer aussagekräftige Namen bevorzugen. DNS ermöglicht die Verwendung hierarchischer, benutzerfreundlicher Namen, um Computer und andere Ressourcen in einem IP-Netzwerk zu ermitteln. DHCP vereinfacht die Administration und Verwaltung von IP-Adressen in einem TCP/IP-Netzwerk durch die automatische Konfiguration der Netzwerkclients. WINS stellt zur Zuordnung von IP-Adressen in einer gerouteten Netzwerkumgebung eine verteilte Datenbank zur Registrierung und Abfrage eines Computernamens (der dem NetBIOS-Namen entspricht) zur Verfügung. Der Routing- und RAS-Dienst von Windows 2000 macht die Clientverbindungen zum RAS-Server transparent. Clients können auch transparente Verbindungen zu dem Netzwerk herstellen, dem der Routing- und RAS-Server angehört.

Lektion 2: Entwickeln eines Netzwerk-Implementierungsplans

Die Implementierung neuer Technologien in einem Unternehmensnetzwerk setzt die Schritte Analyse, Planung, Genehmigung und Bereitstellung von Mitteln voraus. Damit Sie Windows 2000 optimal nutzen können, müssen Sie die Einrichtung sorgfältig planen. Bevor Sie mit der Einsatzplanung von Windows 2000 beginnen, sollten Sie sich mit den einzelnen Betriebssystemfunktionen vertraut machen, um sie zu Ihrem Vorteil zu nutzen. Auf diese Weise tragen Sie dazu bei, die Produktivität der Mitarbeiter in Ihrem Unternehmen zu erhöhen und die Gesamtbetriebskosten (TCO, Total Cost of Ownership) zu reduzieren. In dieser Lektion erfahren Sie, wie Sie Ihre Windows 2000-Netzwerkimplementation planen.

Am Ende dieser Lektion werden Sie in der Lage sein, die folgenden Aufgaben durchzuführen:
- Beschreiben der verschiedenen Windows 2000-Betriebssysteme
- Beschreiben der Ablaufphasen eines Netzwerkeinrichtungsprojekts
- Ermitteln der Hard- und Softwareaspekte bei der Netzwerkkonzeption
- Ermitteln von Problemen in Bezug auf Netzwerkprotokolle und die Integration von Legacysystemen im Netzwerk

Veranschlagte Zeit für diese Lektion: 40 Minuten

Überlegungen zum Betriebssystem

Die Planung eines Windows 2000-Netzwerks schließt auch Überlegungen zur Wahl eines Betriebssystems ein, das den Anforderungen der Benutzer und des Gesamtunternehmens entspricht. Werden auf den Netzwerkservern z. B. speicher- und prozessorintensive Anwendungen ausgeführt, stellt die Implementation von Windows 2000 Advanced Server die beste Wahl dar. Überprüfen Sie einzelne Funktionen von Windows 2000 daraufhin, welchen Technologien mit Blick auf die kurz-, mittel- und langfristigen Zielsetzungen in Ihrem Unternehmen die größte Bedeutung zukommt. In den folgenden Abschnitten werden die verschiedenen Windows 2000-Betriebssysteme erläutert.

Windows 2000 Professional

Windows 2000 Professional ist ein Desktopbetriebssystem, das fortgeschrittene Funktionen von Windows NT, einschließlich Sicherheit und Fehlertoleranz, mit den benutzerfreundlichen Funktionen von Windows 98, wie Plug & Play und Geräteunterstützung, kombiniert. Eine Aktualisierung auf Windows 2000 Professional kann von Windows NT Workstation 3.51 und höher oder von Windows 95, 98 und Me erfolgen.

Für den Betrieb von Windows 2000 Professional gelten die folgenden Mindestsystemanforderungen:

- **Pentium-kompatible CPU mit 133 MHz oder höher**   Windows 2000 Professional unterstützt Ein- und Mehrprozessorsysteme.
- **64 MB RAM**   Mehr Arbeitsspeicher verbessert in der Regel die Reaktionszeiten.
- **2 GB Festplattenspeicher**   Bei der Installation von Windows 2000 Professional müssen mindestens 650 MB freier Speicher auf der Festplatte zur Verfügung stehen.

Windows 2000 Server

Windows 2000 Server basiert auf den leistungsfähigen Funktionen des Betriebssystems Windows NT Server. Windows 2000 Server vereint standardbasierte Verzeichnis-, Web-, Anwendungs-, Kommunikations-, Datei- und Druckdienste mit hoher Zuverlässigkeit und effizienterer Verwaltung und Unterstützung für die neuesten Entwicklungen in der Netzwerkhardware. Das Betriebssystem stellt damit das beste Fundament für die Integration Ihres Unternehmens in das Internet dar. Zu diesen Funktionen gehören:

- Internet-Informationsdienste 5.0 (IIS)
- ASP-Programmierumgebung (Active Server Pages)
- XML-Parser
- Windows DNA 2000
- COM (Component Object Model)
- Multimediaplattform
- Verzeichnisfähige Anwendungen
- Webordner
- Drucken über das Internet

Windows 2000 Server stellt folgende Mindestanforderungen an die Hardware:

- **Pentium-kompatible CPU mit 133 MHz oder höher**   Windows 2000 Server unterstützt bis zu vier CPUs pro Computer.
- **128 MB RAM**   256 MB RAM wird empfohlen. Ein größerer Arbeitsspeicher verbessert in der Regel die Reaktionszeit. Windows 2000 Server unterstützt maximal 4 GB RAM.
- **2 GB Festplattenspeicher**   Bei der Installation von Windows 2000 Server muss mindestens 1 GB freier Speicher auf der Festplatte zur Verfügung stehen. Zusätzlicher freier Festplattenspeicher ist bei der Installation über ein Netzwerk erforderlich.

Windows 2000 Advanced Server

Windows 2000 Advanced Server ist die neue Version von Windows NT Server 4.0, Enterprise Edition. Windows 2000 Advanced Server stellt die ideale Plattform für Unternehmens- und E-Commerce-Anwendungen dar, bei denen Skalierbarkeit und hohe Verfügbarkeit von entscheidender Bedeutung sind. Advanced Server enthält die folgenden Funktionen:

- Alle Windows 2000 Server-Funktionen
- Netzwerklastenausgleich (bei TCP/IP-Netzwerken)
- Bis zu 8 GB Hauptspeicher auf Intel-PAE-Systemen (Page Address Extension)
- Unterstützung für bis zu acht Prozessoren

Anmerkung Planen Sie genügend Zeit für die Installation von Windows 2000 Server ein; sie kann mehrere Stunden in Anspruch nehmen.

Windows 2000 Datacenter Server

Windows 2000 Datacenter Server ist ein weiteres Windows 2000-Betriebssystem, das auf den Merkmalen von Windows 2000 Advanced Server aufbaut und 32 Prozessoren und mehr Arbeitsspeicher unterstützt als die anderen Windows 2000 Server-Betriebssysteme. Die Unterstützung für physikalischen Speicher umfasst 64 GB RAM auf Intel-basierten Computern.

Sie sollten Windows 2000 Datacenter Server installieren, wenn Sie intensive OLTP-Anwendungen (OLTP – Online Transaction Processing), umfangreiche Datawarehouses und große Internet- und Anwendungsdienstanbieter (ISPs und ASPs) unterstützen müssen.

Einrichtungsphasen

Der Zweck Ihres Windows 2000 Netzwerkplanungsprozesses besteht darin, sicherzustellen, dass Ihr Netzwerk die gestellten Anforderungen erfüllt. Bei der Planung der Windows 2000-Netzwerkeinrichtung sollten Sie einem Prozess oder Zyklus folgen. Dieser Projektzyklus sollte die folgenden Phasen enthalten:

1. **Analyse** Während der Analysephase legen Sie die IT-Zielsetzungen fest. Damit sind Sie in der Lage, ein Netzwerk zu entwerfen, das die Bandbreite unterstützt, die Sicherheitsanforderungen erfüllt, das Kosten/Nutzenverhältnis berücksichtigt und Ihrem Unternehmen angemessene Lösungen zur Verfügung stellt.

2. **Entwurf** Während der Entwurfsphase bewerten Sie Ihr Windows 2000-Infrastrukturkonzept. Dazu gehören Funktionen wie DNS, WINS, DHCP und Netzwerkprotokolle. Ihr Entwurf basiert auf Ihrer Analyse, Interoperabilitätsfragen und den angestrebten Funktionen.

3. **Testen** Während der Testphase führen Sie ein Pilotprojekt durch und testen das konzipierte Windows 2000-Netzwerk in einer produktiven Umgebung mit einer geringen Anzahl von Benutzern. Die Ergebnisse des Pilottests zeigen, ob Sie Ihren Entwurf korrigieren müssen, um eine vollständig funktionale und stabile Netzwerkumgebung zu schaffen.

4. **Produktion** Die Produktionsphase ist die letzte Phase der Windows 2000-Einrichtung. Nachdem das auf Ihrem Entwurf basierende Netzwerk in der Pilotphase getestet wurde, können Sie Windows 2000 im gesamten Unternehmen einrichten. Während dieser Phase erstellen Sie einen Notfallplan und stellen Schulungsmaterialien für Benutzer und das Helpdeskpersonal zur Verfügung.

Überlegungen zur Hardware

Kompatibilitätsprobleme mit Geräten und Programmen können die Zuverlässigkeit und Qualität beeinflussen. Sie können die Hardware- und Softwarekompatibilität mit Windows 2000 auf der Webseite **http://www.microsoft.com/windows2000/default.asp** überprüfen.

Bevor Sie Windows 2000 einrichten, sollten Sie den Hardware- und Softwarebestand aller im Netzwerk eingesetzten Server und Clients aufzeichnen und auch die grundlegenden BIOS-Einstellungen aufnehmen. Notieren Sie auch die Konfiguration von Peripheriegeräten, Treiberversionen, Servicepacks und andere Software- und Firmwareinformationen. Legen Sie darüber hinaus Standardkonfigurationen für Clients und Server fest. Dazu zählen Richtlinien mit Mindestanforderungen und empfohlenen Werten für CPU, RAM und Festplatten sowie für Zubehör wie CD-ROM-Laufwerke und unterbrechungsfreie Stromversorgung.

Stellen Sie sicher, dass Netzwerkgeräte, z. B. Hubs und Verkabelung, für Ihre Zwecke schnell genug sind. Wenn Ihre Organisation z. B. plant, Sprache und Video über das Netzwerk zu übertragen, müssen Verkabelung und Switches in der Lage sein, die Bandbreitenanforderungen dieser Dienste zu erfüllen. Einige Remotebenutzer erzeugen nur wenig Netzwerkverkehr. Ein Remotebenutzer, der z. B. mit Microsoft Word- oder Microsoft Excel-Dateien arbeitet, erzeugt nicht so viel Netzwerkverkehr für einen Routing- und RAS-Server wie Datenbanken und Buchhaltungssysteme. Deshalb könnte ein 10-Mbps-Kabel der Kategorie 3 in Verbindung mit Hubs, die für dieselbe Geschwindigkeit vorgesehen sind, in einigen Situationen durchaus angemessen sein, während u. U. 100-Mbps-Geräte und -Verkabelung für Anwendungen erforderlich sind, die beträchtlich mehr Netzwerkverkehr verursachen. Versuchen Sie, die verfügbare Bandbreite während niedriger, normaler und hoher Netzwerkauslastung aufzuzeichnen.

Interaktion mit Legacysystemen

Viele Netzwerke sind heterogen, d. h. sie arbeiten mit verschiedenen Betriebssystemen und Netzwerkprotokollen. Ihre Windows 2000-Computer könnten beispielsweise mit Großrechnern, UNIX-Systemen oder anderen Netzwerkbetriebssystemen interagieren. Sie sollten sich während der Planungsphase auf die Interoperabilitätsfragen konzentrieren, die in Ihrem Unternehmen von größter Bedeutung sind.

Außerdem stellt Windows 2000 Server Gatewaydienste zu anderen Betriebssystemen zur Verfügung und ermöglicht so den Zugriff auf Netzwerkressourcen. Gateway Service für NetWare z. B. ermöglicht es den Windows 2000-Netzwerkclients in NDS-Hierarchien (Novell-Verzeichnisdienste) zu navigieren, Anmeldeskripts für Novell 4.2 oder höher zu verwenden und sich bei einem Novell-Server zu authentifizieren.

Überlegungen zum Netzwerkprotokoll

In einigen Netzwerken werden je nach den Erfordernissen verschiedene Protokolle verwendet. Ein kleines Ethernetnetzwerk könnte z. B. NetBEUI als LAN-Protokoll einsetzen, während TCP/IP für Internetverbindungen verwendet wird. Netzwerke, bei denen Novell NetWare- und Windows NT-Server im Einsatz sind, könnten sowohl IPX/SPX als auch TCP/IP verwenden. Ermitteln Sie zunächst, welche Protokolle in Ihrem derzeitigen Netzwerk eingesetzt werden, und stellen Sie fest, ob ein Teil dieser Protokolle durch Windows 2000 ersetzt oder eliminiert werden kann. Wenn Sie z. B. Clients, die IPX/SPX verwenden, auf Windows 2000 Professional aktualisieren, wird der Einsatz von IPX/SPX in Ihrem Netzwerk überflüssig.

Windows 2000 enthält eine TCP/IP-Protokollsuite mit weitreichenderer Funktionalität als die vorhergehenden Versionen von Windows. Möchten Sie Active Directory und die erweiterten Funktionen von Windows 2000 nutzen, müssen Sie TCP/IP einsetzen. Deshalb sollten Sie versuchen, Ihr Netzwerk durch die ausschließliche Verwendung von TCP/IP zu vereinfachen.

Sie können Netzwerkeinstellungen und Protokollinformationen in Windows NT einsehen, indem Sie mit der rechten Maustaste auf das Desktopsymbol **Netzwerkumgebung** klicken und dann **Eigenschaften** wählen.

Zusammenfassung der Lektion

Sie sollten die Einrichtung sorgfältig planen, um den größtmöglichen Nutzen aus Windows 2000 zu ziehen, und sich der Unterschiede der einzelnen Windows 2000-Betriebssysteme bewusst sein. Die Einrichtung eines Unternehmensnetzwerks besteht aus einem Projektzyklus mit verschiedenen Phasen: Analyse, Entwurf, Test und Produktion. Bevor Sie Windows 2000 einrichten, sollten Sie den Hardware- und Softwarebestand aller im Netzwerk eingesetzten Server und Clients aufzeichnen. Berücksichtigen Sie außerdem Interoperabilitätsfragen, und entscheiden Sie, welche Protokolle Ihren Anforderungen am besten gerecht werden.

Lektion 3: Von Windows 2000 unterstützte gängige Protokolle

Berücksichtigen Sie bei der Planung Ihres Netzwerks die Verbindungsanforderungen der Benutzer. Netzwerkprotokolle sind in gewissem Sinne mit Sprachen vergleichbar, die unterschiedliche Wörter, Wortmuster und Satzzeichen aufweisen. Ein Netzwerkprotokoll spielt eine ähnliche Rolle in der Computerkommunikation. Das im Netzwerk verwendete Protokoll bestimmt, wie Pakete (Dateneinheiten) konfiguriert und über das Netzwerkkabel übertragen werden. Bedenken Sie folgende Fragen:

- **Stellen Netzwerkbenutzer Verbindungen zu Novell NetWare-Servern her?** Clients, die mit NetWare-Servern verbunden werden, müssen das NWLink-Protokoll verwenden. Auch wenn die NetWare-Server für die Verwendung von TCP/IP konfiguriert sind, müssen Windows-basierte Clients zur Kommunikation NWLink einsetzen.
- **Ist das Netzwerk über Router verbunden?** NetBEUI ist nicht routbar. Computer, die über Router miteinander kommunizieren, müssen ein routbares Netzwerkprotokoll wie TCP/IP oder NWLink verwenden.
- **Sind Sie mit dem Internet verbunden?** Clients, die Verbindung zum Internet herstellen, müssen das TCP/IP-Protokoll verwenden.

Darüber hinaus setzen einige Funktionen bestimmte Protokolle voraus. Wenn Sie Active Directory implementieren, IIS einsetzen oder Clients mit Zugang zum Internet ausstatten möchten, müssen Sie TCP/IP installieren. In dieser Lektion werden TCP/IP und andere Protokolle beschrieben, die Sie mit Windows 2000 einsetzen können.

Am Ende dieser Lektion werden Sie in der Lage sein, die folgenden Aufgaben auszuführen:

- Identifizieren unterschiedlicher Netzwerkarchitekturen
- Identifizieren verschiedener, in Windows 2000 verwendeter Netzwerkprotokolle

Veranschlagte Zeit für diese Lektion: 30 Minuten

TCP/IP (Transmission Control Protocol/Internet Protocol)

TCP/IP ist eine standardisierte Protokollfamilie, die für große Netzwerke entwickelt wurde. TCP/IP kann gerouted werden: Dies bedeutet, dass Datenpakete über die Zieladresse des Pakets an ein anderes Subnetz weitergeleitet werden können. Diese Fähigkeit gewährleistet Fehlertoleranz, d. h. die Fähigkeit von Computern oder Betriebssystemen, auf Katastrophen und Fehler wie Stromausfall oder defekte Hardware zu reagieren und sicherzustellen, dass Daten nicht verloren gehen oder beschädigt werden. Bei einem Netzwerkfehler werden die TCP/IP-Pakete über eine andere Route umgeleitet.

Ursprünglich sollte TCP/IP Verbindungen zwischen unterschiedlichen Netzwerken herstellen, wird nun aber für Hochgeschwindigkeitsverbindungen bei der Netzwerkkommunikation eingesetzt. Microsoft implementiert TCP/IP als Standard für die Netzwerkübertragung in Windows 2000. Weitere Informationen zur Architektur, Installation und Konfiguration von TCP/IP finden Sie in Kapitel 2, „Implementieren von TCP/IP".

Vorteile beim Einsatz von TCP/IP

Das in Windows 2000 integrierte TCP/IP enthält viele Verbesserungen für Netzwerke mit hoher Bandbreite. Diese Funktionen werden in den folgenden Abschnitten beschrieben.

Unterstützung großer Empfangsfenster

Bei der TCP-basierten Kommunikation ist die Fenstergröße die maximale Anzahl der Pakete, die gesendet werden kann, bevor das erste Paket bestätigt werden muss. Die Fenstergröße wird in der Regel zu Beginn einer Sitzung zwischen dem sendenden und dem empfangenden Host festgelegt und eingerichtet. Bei der Unterstützung für große Empfangsfenster wird die Fenstergröße dynamisch neu berechnet und heraufgesetzt, falls während einer längeren Sitzung eine große Anzahl von Paketen übertragen wird. Dies erhöht die Bandbreite und ermöglicht, dass mehr Datenpakete gleichzeitig an das Netzwerk übertragen werden können.

Selektive Bestätigungen

Durch selektive Bestätigungen kann der Empfänger den Absender verständigen und bestimmte Pakete anfordern, die im Verlauf der eigentlichen Zustellung beschädigt wurden oder verloren gegangen sind. Dank dieser Option können sich Netzwerke bei temporärer Überlastung oder zu starker Beanspruchung sehr schnell regenerieren, da lediglich die beschädigten Pakete erneut gesendet werden. Ging dagegen bei älteren TCP/IP-Implementierungen ein einzelnes TCP-Paket bei einem Empfängerhost nicht ein, war der Absender gezwungen, alle nachfolgenden Pakete erneut zu übertragen. Dank der selektiven Bestätigung werden weniger Pakete erneut gesendet, was zu einer besseren Netzwerknutzung und Systemleistung führt.

Schätzung der Umlaufzeiten

Die Umlaufzeit (Round Trip Time, RTT) ist der Zeitaufwand, den eine Kommunikation zwischen einem Absender und einem Empfänger bei einer TCP-basierten Verbindung für den Durchlauf in beide Richtungen benötigt. Die Schätzung der Umlaufzeit ist eine Technik für die Prognose der Umlaufzeiten von Paketen und für die Angleichung der optimalen erneuten Übertragung von Paketen. Da die Leistungsstärke davon abhängt, wie lange auf ein fehlendes Paket gewartet werden muss, führt eine größere Treffsicherheit bei der Schätzung zu einem genaueren Wert für die pro Host festgelegte Zeitüberschreitung. Der Host kann die erneute Übertragung eines Pakets erst dann anfordern, wenn diese Zeit abgelaufen ist.

Ein besseres „Timing" erhöht die Geschwindigkeit bei Netzwerkverbindungen mit einem hohen Umlauf, beispielsweise bei WANs, die große Entfernungen (z. B. zwischen Kontinenten) überbrücken, sowie bei drahtlosen Verbindungen oder Verbindungen über Satellit.

Unterstützung für IP-Sicherheit (IPSec)

IPSec stellt die ideale Plattform für sichere Intranet- und Internetkommunikation dar. IPSec kann Pfade zwischen zwei Computern, zwei Sicherheitsgateways oder zwischen Hosts und Sicherheitsgateways sichern. Windows 2000 Server integriert IPSec fest in die Systemrichtlinienverwaltung, um Verschlüsselung zwischen Systemen zu erzwingen. Kunden können durch Verschlüsselung gesicherte Kommunikation mittels Gruppenrichtlinien verwalten – eine Sicherheitsmaßnahme, die über Netzwerke übertragene Informationen schützt. Die Integration von IPSec in das Betriebssystem macht die Konfiguration und Verwaltung einfacher als bei Add-On-Lösungen.

Die verfügbaren und für den Datenverkehr erforderlichen Dienste werden mit Hilfe der IPSec-Richtlinie konfiguriert. Die IPSec-Richtlinie lässt sich lokal auf einem Computer konfigurieren oder, wie in Abbildung 1.5 dargestellt, über Mechanismen der Windows 2000-Gruppenrichtlinie mit Active Directory zuweisen. Bei der Verwendung von Active Directory erkennen die Hosts die Richtlinienzuweisung beim Start, rufen die Richtlinie ab und prüfen regelmäßig, ob Updates der Richtlinie vorliegen. Die IPSec-Richtlinie legt das Vertrauensverhältnis zwischen Computern fest. Am einfachsten ist die Windows 2000-Domänenvertrauensstellung zu verwenden, die auf dem Kerberos-Protokoll, Version 5, basiert. Vordefinierte IPSec-Richtlinien sind so konfiguriert, dass sie Computern in derselben oder in anderen vertrauten Windows 2000-Domänen vertrauen.

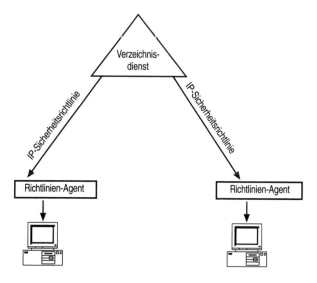

Abbildung 1.5 Windows 2000-Gruppenrichtlinie mit Active Directory

In der IP-Schicht (Netzwerkschicht) wird jedes ein- oder ausgehende Paket als Datagramm bezeichnet. Jedes IP-Datagramm enthält die Quell-IP-Adresse des Absenders und die Ziel-IP-Adresse des vorgesehenen Empfängers. Jedes auf der IP-Schicht verarbeitete IP-Datagramm wird mit einer Gruppe von Filtern verglichen, die von der Sicherheitsrichtlinie stammen. Die Sicherheitsrichtlinie wird von einem Administrator für einen Computer, einen Benutzer, eine Gruppe oder eine ganze Domäne verwaltet. Die IP-Schicht kann eine der folgenden Aktionen mit einem Datagramm durchführen:

- IPSec-Dienste für das Datagramm zur Verfügung stellen.
- Es unverändert passieren lassen.
- Das Datagramm verwerfen.

Da IPSec normalerweise das gesamte IP-Paket verschlüsselt, kann durch Abfangen eines IPSec-Datagramms nach Aufbau der Sicherheitszuordnung (SA – Security Association) nur sehr wenig über den tatsächlichen Inhalt des Datagramms herausgefunden werden. Die einzigen Bestandteile des Pakets, die von Netzwerksniffern wie dem Netzwerkmonitor analysiert werden können, sind Ethernet- und IP-Header. Dies führt zu größerer Sicherheit bei IP-Transaktionen. Weitere Informationen zu IPSec finden Sie in Kapitel 5, „Implementieren von IPSec".

GQoS (Generic Quality of Service)

GQoS ist ein Verfahren, über das ein TCP/IP-Netzwerk QoS für Multimediaanwendungen gewährleisten kann. Generic QoS teilt jeder Verbindung verschiedene Bandbreiten nach dem jeweiligen Bedarf zu.

QoS versetzt Netzwerkadministratoren in die Lage, die vorhandenen Ressourcen effizient zu nutzen und sicherzustellen, dass kritische Anwendungen optimale QoS erhalten, ohne das Netzwerk im selben Maße erweitern oder aktualisieren zu müssen. Der Einsatz von QoS bedeutet, dass Netzwerkadministratoren mehr Kontrolle über ihr Netzwerk haben, Kosten reduzieren und größere Kundenzufriedenheit erzielen. Die Gruppe der in Windows 2000 integrierten QoS-Komponenten arbeitet mit den verschiedenen QoS-Mechanismen von Netzwerkkomponenten wie Routern und Switches zusammen. Anhand dieser Hostmechanismen können Administratoren erkennen, welche Anwendungen benutzt werden und welcher Ressourcenbedarf vorliegt, ohne die Zuordnungen zwischen aktuellen Benutzern, Netzwerkanschlüssen und Adressen berechnen zu müssen. Wenn Host und Netzwerk zusammenarbeiten, können Ressourcen besser und intelligenter genutzt werden.

Windows 2000 enthält die folgenden QoS-Komponenten:

- **GQoS-API** Die GQoS-API ist eine Teilmenge der WinSock 2-API, die es Anwendungen ermöglicht, die QoS-Dienste des Betriebssystems aufzurufen, ohne die zugrunde liegenden Mechanismen zu kennen.

- **QoS-Dienstanbieter**   Der QoS-Dienstanbieter reagiert auf Anforderungen der GQoS-API. Er stellt RSVP-Signalisierung (RSVP – Resource Reservation Protocol) und Unterstützung für QoS-Richtlinien mit Kerberos zur Verfügung. Darüber hinaus ruft er die Netzwerkverkehr-Steuerungsmechanismen auf.

- **Zugangssteuerungsdienst (ACS – Admission Control Service) und SBM-Protokoll (Subnetz-Bandbreitenverwaltung)**   Diese Komponenten dienen der Verwaltung freigegebener Netzwerkressourcen über ein standardisiertes Signalisierungsprotokoll.

- **Infrastruktur für Netzwerkverkehrsteuerung**   Diese Infrastruktur umfasst einen Paketplaner und Paketkennzeichner, die Treibern und Netzwerkkarten, die keine eigenen Paketplanerfunktionen besitzen, Steuerungsmechanismen zur Verfügung stellen. Außerdem kennzeichnet sie Pakete für die Verwendung in diffserv und 802.1p. Die Windows 2000-Netzwerkverkehrsteuerung enthält zusätzliche Mechanismen wie ISSLOW (Integrated Services over Slow Links – Integrated Services über langsame Verbindungen) und ATM (Asynchronous Transfer Mode).

Microsoft arbeitet bei der Bereitstellung hochwertiger QoS-Dienste eng mit Cisco zusammen und beteiligt sich in Kooperation mit Cisco, Extreme Networks, Intel, Sun, 3Com und Anderen an der kontinuierlichen Entwicklung des IETF-Standards für RSVP.

NWLink

NWLink ist ein Microsoft-kompatibles IPX/SPX-Protokoll für Windows 2000. Der Einsatz des Microsoft-kompatiblen IPX/SPX-Protokolls NWLink empfiehlt sich, wenn NetWare Client/Server-Anwendungen ausgeführt werden, die Winsock-Protokolle oder Protokolle für NetBIOS über IPX/SPX verwenden. Winsock ist eine API, über die Windows-basierte Anwendungen auf Übertragungsprotokolle zugreifen können. NWLink kann auf einem Computer unter Windows 2000 Server oder Windows 2000 Professional ausgeführt werden, um Zugriffe auf einen NetWare-Server zu ermöglichen.

NWLink alleine genügt nicht, damit Computer unter Windows 2000 auf Dateien oder Drucker eines NetWare-Servers zugreifen bzw. als Datei- oder Druckserver für NetWare-Clients agieren können. Um auf Dateien oder Druckern auf einem NetWare-Server zugreifen zu können, ist ein Redirector erforderlich. Beispiele für Redirectordienste sind der Client Service für NetWare von Microsoft Windows 2000 Professional oder der Gateway Service für NetWare von Microsoft Windows 2000 Server. NWLink ist sowohl in Windows 2000 Server als auch in Windows 2000 Professional enthalten und wird bei der Installation von Client Service für NetWare oder Gateway Service für NetWare automatisch installiert. Client Service für NetWare und Gateway Service für NetWare setzen das Protokoll NWLink voraus. NWLink wird in Kapitel 3, „Implementieren von NWLink", ausführlich behandelt.

Gateway Service für NetWare

Gateway Service für NetWare bietet über das Protokoll NWLink Zugriff auf NetWare-Datei-, Druck- und Verzeichnisdienste, indem es als Gateway arbeitet, über das mehrere Clients auf NetWare-Ressourcen zugreifen können. Mit Gateway Service für NetWare können Sie einen Computer, auf dem Windows 2000 Server ausgeführt wird, mit Bindery-basierten NetWare-Servern und NDS-NetWare-Servern verbinden. Mehrere Windows-basierte Clients können anschließend Gateway Service für NetWare als ein gemeinsames Gateway für den Zugriff auf NetWare-Datei-, Druck- und Verzeichnisdienste verwenden und benötigen dazu keine spezifische Clientsoftware.

Außerdem unterstützt Gateway Service für NetWare den direkten Zugriff auf NetWare-Dienste von dem Computer aus, auf dem Windows 2000 Server ausgeführt wird, in der gleichen Weise, wie Client Service für NetWare den direkten Zugriff vom Clientcomputer unterstützt. Zusätzlich unterstützt Gateway Service für NetWare Anmeldeskripts von NetWare.

Anmerkung Gateway Service für NetWare ist nur im Lieferumfang von Windows 2000 Server und Windows 2000 Advanced Server enthalten.

Client Service für NetWare

Ebenso wie Gateway Service für NetWare ermöglicht Client Service für NetWare über das Protokoll NWLink den Zugriff auf NetWare-Datei-, Druck- und Verzeichnisdienste. Client Service für NetWare fungiert jedoch nicht als Gateway für Clients, sondern erlaubt Clients direkte Verbindungen zu Datei- und Druckerdiensten auf Bindery-basierten NetWare-Servern sowie auf NetWare-Servern herzustellen, auf denen NDS ausgeführt wird. Zusätzlich unterstützt Client Service für NetWare Anmeldeskripts von NetWare. Client Service für NetWare ist nur im Lieferumfang von Windows 2000 Professional enthalten.

NetBEUI

NetBEUI (NetBIOS Enhanced User Interface) wurde ursprünglich als Protokoll für kleine LANs mit 20 bis 200 Computern entwickelt. NetBEUI lässt sich nicht routen, weil dieses Protokoll keine Netzwerkschicht hat. NetBEUI ist in Windows 2000 Server und Windows 2000 Professional enthalten. Es handelt sich in erster Linie um ein Legacyprotokoll für Arbeitsstationen, die noch nicht auf Windows 2000 aktualisiert wurden.

AppleTalk

AppleTalk ist ein Protokollstapel der Apple Computer Corporation für die Kommunikation zwischen Macintosh-Computern. Windows 2000 enthält Unterstützung für AppleTalk und kann als Router sowie als DFÜ-Server verwendet werden.

Die Unterstützung wird als systemeigener Dienst für die Datei- und Druckerfreigabe zur Verfügung gestellt.

Windows 2000 unterstützt einen AppleTalk-Protokollstapel und AppleTalk-Routingsoftware, damit der Windows 2000-basierte Server die Verbindung zu AppleTalk-basierten Macintosh-Netzwerken herstellen und für diese Routing ermöglichen kann.

Data Link Control

DLC (Data Link Control) wurde ursprünglich für die Kommunikation von IBM-Großrechnern entwickelt. Das Protokoll war nicht als primäres Protokoll für die Netzwerkkommunikation zwischen PCs gedacht. DLC wird auch für Drucker der Firma Hewlett-Packard verwendet, die direkt an ein Netzwerk angeschlossen sind. Netzwerkdrucker verwenden das DLC-Protokoll, weil empfangene Rahmen problemlos disassembliert und die DLC-Funktionalität in das ROM codiert werden können. Der Nutzen von DLC ist begrenzt, weil keine direkte Schnittstelle zur TDI-Schicht hergestellt wird. DLC muss nur auf solchen Netzwerkcomputern installiert werden, die für diese beiden Aufgaben vorgesehen sind, beispielsweise auf einem Druckserver, der Daten an einen HP-Netzwerkdrucker überträgt. Clients, die Druckaufträge an einen Netzwerkdrucker senden, benötigen das DLC-Protokoll nicht. Das DLC-Protokoll muss nur auf dem Druckserver installiert werden, der direkt mit dem Drucker kommuniziert.

IrDA (Infrared Data Association)

Die *Infrared Data Association* hat eine Gruppe von Protokollen für drahtlose, bidirektionale Infrarotübertragung mit Hochgeschwindigkeit über kurze Entfernungen definiert. Diese Gruppe wird *IrDA* genannt. IrDA ermöglicht unterschiedlichen Geräten die Kommunikation miteinander. Dank dieser Technologie können Kameras, Drucker, tragbare Computer, Desktopcomputer und PDAs (Personal Digital Assistants) mit kompatiblen Geräten kommunizieren.

Zusammenfassung der Lektion

TCP/IP ist eine standardisierte Protokollgruppe, die für große Netzwerke entwickelt wurde. Das Protokoll kann geroutet werden: Dies bedeutet, dass Datenpakete über die Zieladresse des Pakets an ein anderes Subnetz weitergeleitet werden können. Dadurch wird die Fehlertoleranz erhöht. Windows 2000 unterstützt darüber hinaus die folgenden Protokolle:

- NWLink
- NetBEUI
- AppleTalk
- DLC
- IrDA

Lernzielkontrolle

Mit den folgenden Fragen können Sie überprüfen, ob Sie die in diesem Kapitel vermittelten Lehrinhalte verstanden haben. Die Antworten zu den Fragen finden Sie in Anhang A, „Fragen und Antworten".

1. Sie sind dabei, TCP/IP auf neuen Computern und auf Computern, die in ein anderes Subnetz verlagert werden, manuell zu konfigurieren. Sie möchten die Verwaltung der TCP/IP-Adressen durch automatische Zuweisung vereinfachen. Welchen Windows 2000-Netzwerkdienst sollten Sie verwenden?

   _____
   _____

2. Sie haben einen Intel-kompatiblen Server mit 8 GB RAM und 8 CPUs. Sie möchten mehr als 400 Personen in Ihrem Unternehmen Dateidienste zur Verfügung stellen. Welches Windows 2000-Betriebssystem eignet sich hier am besten und warum?

   _____
   _____

3. Sie möchten in AppleTalk-basierten Macintosh-Netzwerken Verbindungen und Routing über einen Windows 2000-Server ermöglichen. Welches Protokoll sollten Sie installieren?

   _____
   _____

KAPITEL 2

Implementieren von TCP/IP

Lektion 1: Überblick über TCP/IP ... 24

Lektion 2: Internetprotokolladressierung ... 32

Lektion 3: Installation und Konfiguration von Microsoft TCP/IP ... 39

Lektion 4: Grundkonzepte des IP-Routings ... 49

Lernzielkontrolle ... 56

Über dieses Kapitel

In diesem Kapitel erhalten Sie einen Überblick über TCP/IP (Transmission Control Protocol/Internet Protocol). Die Lektionen enthalten eine kurze Geschichte von TCP/IP, erläutern den Vorgang der Bildung von Internet-Standards und geben eine Übersicht über TCP/IP Dienstprogramme. Sie erfahren, wie IP-Adressen mehreren TCP/IP-Netzwerken über eine Netzwerkkennung zugeordnet werden. In den Lektionen werden die Grundbegriffe und -verfahren für die Implementierung von Subnetzen und Supernetting erläutert. Im Laufe der Lektionen erfahren Sie, wann Subnetze eingerichtet werden müssen, wie und wann eine Standard-Subnetzmaske verwendet werden muss, wie Sie eine benutzerdefinierte Subnetzmaske und für jedes Subnetz eine Reihe gültiger IP-Adressen erstellen.

Bevor Sie beginnen

Für die Bearbeitung der Lektionen in diesem Kapitel gilt folgende Voraussetzung:

- Sie müssen Microsoft Windows 2000 Server installiert haben.

Lektion 1: Überblick über TCP/IP

TCP/IP (Transmission Control Protocol/Internet Protocol) ist eine Protokollfamilie nach Industriestandard, die ursprünglich für WANs (Wide Area Networks, Weitverkehrsnetze) konzipiert wurde. Microsoft Windows 2000 enthält eine umfassende Unterstützung für TCP/IP als Protokollgruppe sowie als Dienstgruppe für die Konnektivität und Verwaltung von IP-Netzwerken. Diese Lektion gibt einen Überblick über die TCP/IP-Konzepte, die Terminologie und die Erstellung von Internet-Standards. Zusätzlich lernen Sie die Integration von Windows 2000 und TCP/IP kennen.

Am Ende dieser Lektion werden Sie in der Lage sein, die folgenden Aufgaben auszuführen:

- Definieren von TCP/IP und Beschreiben seiner Vorteile unter Windows 2000
- Darstellen der TCP/IP-Protokollgruppe als Vierschichtenmodell
- Beschreiben der Datenübertragung mit TCP (Transmission Control Protocol) und UDP (User Datagram Protocol)

Veranschlagte Zeit für die Lektion: 45 Minuten

Vorteile von TCP/IP

Alle modernen Betriebssysteme unterstützen TCP/IP. Außerdem verwenden die meisten großen Netzwerke hauptsächlich TCP/IP für die Bewältigung des Netzwerkverkehrs. TCP/IP ist außerdem das Standardprotokoll für das Internet. Zusätzlich gibt es zahlreiche Standardverbindungsprogramme für den Zugriff auf Daten und die Datenübertragung zwischen unterschiedlichen Systemen. Einige dieser Standarddienstprogramme, beispielsweise File Transfer Protocol (FTP) und Telnet, sind im Lieferumfang von Windows 2000 Server enthalten. TCP/IP-Netzwerke können problemlos in das Internet integriert werden. TCP/IP ist aufgrund seiner Popularität ein ausgereiftes Produkt und bietet viele Dienstprogramme, die Bedienung, Leistung und Sicherheit verbessern. Netzwerke, die mit anderen Übertragungsprotokollen arbeiten, beispielsweise mit ATM oder AppleTalk, können über einen so genannten Gateway Verbindungen mit TCP/IP-Netzwerken herstellen. Wenn Sie Windows 2000 mit TCP/IP konfigurieren, genießen Sie folgende Vorteile:

- Es bietet eine Technologie zum Verbinden von unterschiedlichen Systemen. TCP/IP kann geroutet und über Gateways mit unterschiedlichen Netzwerken verbunden werden.

- Es ermöglicht ein robustes, skalierbares und plattformübergreifendes Client/Server-Gerüst. Microsoft TCP/IP enthält die WinSock-Schnittstelle, die sich ideal zum Entwickeln von Client/Server-Anwendungen eignet, die auf WinSock-kompatiblen Stapeln von anderen Anbietern ausgeführt werden können.

- Es bietet Möglichkeiten für den Zugriff auf das Internet. Durch Herstellen einer Verbindung mit dem Internet kann ein virtuelles privates Netzwerk (VPN) oder Extranet mit kostengünstigem Remotezugriff eingerichtet werden.

Zusätzlich können Macintosh-Clients jetzt über das TCP/IP-Protokoll auf Freigaben eines Windows 2000-Servers zugreifen, auf dem Dateidienste für Macintosh (AFP [AppleShare File Server] über IP) ausgeführt werden. Die Herstellung von Netzwerkverbindungen mit Macintosh-Computern wird damit erleichtert.

TCP/IP-Kommunikationsprotokolle von Windows 2000

Eine wichtige Funktion von Windows 2000 ist die Fähigkeit, Verbindungen mit dem Internet und unterschiedlichen Systemen aufzunehmen. Darüber hinaus enthält Windows 2000 erweiterte Sicherheitsfunktionen, die bei Netzwerkverbindungen mit anderen Systemen implementiert werden können. Zur Unterstützung all dieser Funktionen verfügt TCP/IP von Windows 2000 über neue und erweiterte Leistungsmerkmale. Hierzu gehören:

- **IP-Sicherheit** IP-Sicherheit (IPSec) ist ein Verfahren zur Verschlüsselung des TCP/IP-Netzwerkverkehrs. IPSec ermöglicht eine sichere Datenübertragung zwischen Remoteclients und privaten Unternehmensservern über ein virtuelles privates Netzwerk (VPN).

- **Point-to-Point Tunneling Protocol** PPTP verfügt über eine vergleichbare VPN-Funktionalität wie IPSec. PPTP unterstützt ebenfalls mehrere Netzwerkprotokolle wie IP, IPX (Internetwork Packet Exchange) und NetBEUI (NetBIOS Enhanced User Interface).

- **Layer Two Tunneling Protocol** Das Protokoll L2TP ist eine Kombination von PPTP und L2F (Layer 2 Forwarding). L2F ist ein Übertragungsprotokoll, das es DFÜ-Zugangsservern ermöglicht, DFÜ-Verkehr in PPP (Point-to-Point-Protocol) einzubetten und über WAN-Verbindungen an einen L2F-Server (einen Router) zu übertragen.

Schließlich unterstützt Microsoft weiterhin Legacysysteme und -protokolle, um frühere Investitionen seiner Kunden zu schützen und die Risiken sowie die finanziellen Lasten der Verwaltung heterogener Umgebungen zu verringern. Aus diesem Grund unterstützt Windows 2000

- AppleTalk
- IPX/SPX (Internetwork Packet Exchange/Sequenced Packet Exchange)
- NetBEUI

Diese Protokolle unterstützen die Wartung heterogener Umgebungen und erleichtern die Migration zu einer leistungsfähigeren, flexibleren Windows 2000-basierten TCP/IP-Plattform.

Erweiterungen des TCP/IP-Stapels

Windows 2000 enthält mehrere Erweiterungen des TCP/IP-Stapels. Dazu gehören:

- Unterstützung großer Empfangsfenster, wodurch sich die Leistung verbessert, wenn zahlreiche Pakete über längere Zeit übertragen werden.

- Selektive Bestätigungen, die es ermöglichen, dass Datenstaus in einem System schnell beseitigt werden. Der Absender muss nur die Pakete erneut übertragen, die nicht empfangen wurden.

- Die Möglichkeit, die Umlaufzeit (Round Trip Time) besser einzuschätzen.

- Die Möglichkeit, den Netzwerkverkehr für anspruchsvolle Anwendungen besser nach Prioritäten zu ordnen.

TCP/IP-Dienstprogramme

Zu den TCP/IP-Dienstprogrammen von Windows 2000 gehören:

- **Datenübertragungsdienstprogramme** Windows 2000 unterstützt verschiedene IP-basierte Datenübertragungsprotokolle. Dazu gehören FTP (File Transfer Protocol), HTTP (HyperText Transfer Protocol) und CIFS (Common Internet File System).

- **Telnet** UNIX-Hosts wurden üblicherweise mit Telnet verwaltet – einer Textschnittstelle, die einer Befehlszeile ähnelt und auf die über ein IP-Netzwerk zugegriffen werden kann. Windows 2000 enthält sowohl einen Telnet-Client als auch einen Telnet-Server.

- **Druckdienstprogramme** Windows 2000 kann direkt auf IP-basierten Druckern drucken. Darüber hinaus bieten zwei TCP/IP-Dienstprogramme die Möglichkeit, auf einem TCP/IP-Drucker zu drucken und dessen Druckstatus abzurufen. Mit LPR (Line Printer Remote) werden Dateien auf einem Host gedruckt, auf dem der LPD-Dienst (Line Printing Daemon) ausgeführt wird. Mit LPQ (Line Printer Queue) wird der Status einer Druckwarteschlange auf einem Host abgerufen, auf dem der LPD-Dienst ausgeführt wird.

- **Diagnosedienstprogramme** Windows 2000 enthält mehrere Dienstprogramme zur Diagnose von TCP/IP-bezogenen Problemen. Dazu gehören PING, Ipconfig, Nslookup und Tracert.

Überblick über die Architektur der TCP/IP-Protokollgruppe

TCP/IP-Protokolle verfügen über Netzwerkunterstützung, so dass sich alle Hosts und Standorte miteinander verbinden lassen, und richten sich nach einer Reihe von Standards für die Kommunikation von Computern und die Verbindungen zwischen Netzwerken. TCP/IP-Protokolle sind nach einem Vierschichtenmodell aufgebaut, das als DoD-Modell (Department of Defense, das amerikanische Verteidigungsministerium) bezeichnet wird: Anwendung, Transport, Internet und Netzwerkschnittstelle (vgl. Abbildung 2.1).

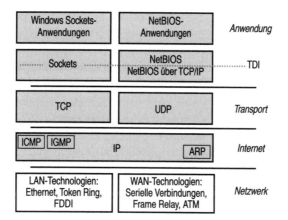

Abbildung 2.1 Vierschichtenmodell

Anwendungsschicht

Die Anwendungsschicht ist in der Hierarchie des TCP/IP-Vierschichtenmodells oben angesiedelt. Über diese Schicht erhalten Softwareprogramme Zugriff auf das Netzwerk. Diese Schicht entspricht grob den Schichten Sitzung, Präsentation und Anwendung des OSI-Modells. Auf der Anwendungsschicht werden einige TCP/IP-Dienstprogramme und -Dienste ausgeführt. Dazu gehören:

- **HyperText Transfer Protocol (HTTP)**   HTTP ist das im World Wide Web für die Datenübertragung hauptsächlich verwendete Protokoll. Windows 2000 enthält Internet Explorer als HTTP-Client und Internet Information Server (IIS) als HTTP-Server.

- **File Transfer Protocol (FTP)**   FTP ist ein Internet-Dienst, mit dem Dateien von einem Computer zum nächsten übertragen werden. Internet Explorer und das befehlszeilenorientierte Dienstprogramm FTP fungieren als FTP-Clients. IIS umfasst auch einen FTP-Server.

- **Simple Mail Transfer Protocol (SMTP)**   Mit diesem Protokoll übertragen Mailserver E-Mail-Nachrichten. IIS kann Nachrichten mit dem SMTP-Protokoll senden.

- **Telnet**   Telnet ist ein Terminalemulationsprotokoll, das für die Anmeldung an Remote-Netzwerkhosts verwendet werden kann. Telnet bietet die Möglichkeit, Programme remote auszuführen und erleichtert die Remoteverwaltung. Telnet steht für praktisch alle Betriebssysteme zur Verfügung und vereinfacht die Integration in heterogene Netzwerkumgebungen. Windows 2000 enthält sowohl einen Telnet-Client als auch einen Telnet-Server.

- **Domain Name System (DNS)**   DNS ist eine Gruppe von Protokollen und Diensten in einem TCP/IP-Netzwerk, das es den Benutzern des Netzwerks ermöglicht, Hosts über deren hierarchische benutzerfreundliche Namen anzugeben.

Es ist dann nicht mehr erforderlich, die IP-Adressen der Hosts zu kennen und zu verwenden. DNS wird heute umfassend im Internet und in zahlreichen privaten Unternehmen eingesetzt. Wenn Sie über einen Webbrowser, eine Telnet-Anwendung, ein FTP-Dienstprogramm oder ähnliche TCP/IP-Dienstprogramme auf das Internet zugreifen, verwenden Sie wahrscheinlich einen DNS-Server. Windows 2000 enthält auch einen DNS-Server.

- **Simple Network Management Protocol (SNMP)**   SNMP ermöglicht die Verwaltung von Netzwerkknoten wie Servern, Arbeitsstationen, Routern, Bridges und Hubs von einem zentralen Host aus. SNMP dient auch dazu, Remotegeräte zu konfigurieren, die Netzwerkleistung zu überwachen, Netzwerkfehler oder nicht berechtigte Zugriffe zu erkennen und die Netzwerkauslastung zu überwachen.

APIs für Netzwerkanwendungen

Microsoft TCP/IP enthält zwei Schnittstellen, über die Netzwerkanwendungen die Dienste des TCP/IP-Protokollstapels in Anspruch nehmen können.

- **WinSock**   Die Windows 2000-Implementierung der weit verbreiteten Sockets-API (Application Programming Interface). Die Sockets-API wird standardmäßig verwendet, um über TCP/IP auf Datagramm- und Sitzungsdienste zuzugreifen.

- **NetBIOS**   Eine Standard-API, die in der Windows-Umgebung als IPC-Mechanismus (Inter-Process Communication) verwendet wird. Zwar kann mit NetBIOS eine Standardverbindung mit Protokollen hergestellt werden, welche die Namens- und Messaging-Dienste von NetBIOS unterstützen, beispielsweise TCP/IP und NetBEUI, in Windows 2000 ist es jedoch hauptsächlich enthalten, um Legacyanwendungen zu unterstützen.

Transportschicht

Transportprotokolle stellen Datenübertragungssitzungen zwischen Computern her und legen fest, ob der Transportdienst eher verbindungsorientiert (TCP) oder verbindungslos und datagrammorientiert (UDP) ist. TCP bietet eine verbindungsorientierte, zuverlässige Datenübertragung für Anwendungen, mit denen normalerweise große Datenmengen auf einmal übertragen werden. Es wird auch für Anwendungen verwendet, die eine Bestätigung der empfangenen Daten verlangen. UDP dagegen ermöglicht eine verbindungslose Datenübertragung, wobei die Übermittlung von Datenpaketen nicht garantiert wird. Anwendungen, die mit UDP arbeiten, übertragen in der Regel immer nur kleine Datenmengen. Die zuverlässige Übermittlung der Daten ist Aufgabe der Anwendung. Die Transportschicht im DoD-Modell entspricht etwa der Transportschicht im OSI-Modell.

Internetschicht

Internetprotokolle kapseln Pakete in Internet-Datagramme und führen alle erforderlichen Routingalgorithmen aus. Die Routingfunktionen der Internetschicht geben Hosts die Möglichkeit, mit anderen Netzwerken zu kommunizieren. Die Internetschicht entspricht etwa der Netzwerkschicht des OSI-Modells. Auf dieser Schicht sind fünf Protokolle implementiert:

- Address Resolution Protocol (ARP), das die Hardwareadresse der Hosts ermittelt.
- Reverse Address Resolution Protocol (RARP), das eine umgekehrte Adressauflösung beim empfangenden Host ermöglicht. (Microsoft implementiert das RARP-Protokoll nicht, da es jedoch in den Systemen anderer Hersteller enthalten ist, wird es hier der Vollständigkeit halber erwähnt.)
- Internet Control Message Protocol (ICMP), das Fehlermeldungen an das IP sendet, wenn Probleme auftreten.
- Internet Group Management Protocol (IGMP), das Router darüber informiert, ob die Mitglieder von Multicastgruppen verfügbar sind.
- Internetprotokoll (IP), das Pakete adressiert und weiterleitet.

Netzwerkschnittstellenschicht

Die unterste Schicht des Modells ist die Netzwerkschnittstellenschicht. Jeder der LAN-, MAN- (Metropolitan Area Network), WAN- und DFÜ-Typen wie Ethernet, Token Ring, FDDI (Fiber Distributed Data Interface) und ARCnet haben unterschiedliche Anforderungen in Bezug auf Kabel, Signalisierung und Datencodierung. Die Netzwerkschnittstellenschicht gibt die Anforderungen an, die den Schichten für die Datenübermittlung sowie die physikalischen Schichten des OSI-Modells entsprechen. Aufgabe der Netzwerkschnittstellenschicht ist das Senden und Empfangen von Rahmen, den Datenpaketen, die in einem Netzwerk als einzelne Einheit übertragen werden. Die Netzwerkschnittstellenschicht sendet Rahmen in das Netzwerk und ruft Rahmen aus dem Netzwerk ab.

TCP/IP-WAN-Technologien

Es gibt zwei Hauptkategorien von WAN-Technologien, die von TCP/IP unterstützt werden:

1. Serielle Verbindungen, zu denen analoge DFÜ-Verbindungen, digitale Verbindungen und Standleitungen gehören.

    TCP/IP wird in der Regel über eine serielle Verbindung übertragen, bei der entweder das SLIP- (Serial Line Internet Protocol) oder das PPP-Protokoll verwendet wird. Windows 2000 unterstützt beide Protokolle mit dem Routing- und RAS-Dienst. Da PPP eine größere Sicherheit, bessere Konfigurationsverwaltung und Fehlererkennung als SLIP bietet, wird dieses Protokoll für die Datenübertragung über serielle Verbindungen empfohlen.

2. Paketvermittelte Netzwerke, zu denen X.25-, Frame Relay- und ATM-Netzwerke (Asynchronous Transfer Mode) gehören.

Anmerkung Windows 2000 unterstützt nur die Funktionalität von SLIP-Clients, nicht von SLIP-Servern. Der Routing- und RAS-Dienst von Windows 2000 akzeptiert keine SLIP-Clientverbindungen.

TCP (Transmission Control Protocol)

TCP ist ein zuverlässiges, verbindungsorientiertes Zustellungsprotokoll. Die TCP-Daten werden segmentweise übertragen, und bevor Hosts Daten austauschen können, muss eine Sitzung eingerichtet werden. TCP verwendet die Technik der Bytestromkommunikation. Dabei werden die Daten als Bytesequenz behandelt.

Die Zuverlässigkeit wird dadurch gewährleistet, dass jedes übertragene Segment eine Sequenznummer erhält. Wenn ein Segment in kleinere Teile zerlegt wird, erkennt der empfangende Host, ob alle Teile empfangen wurden. Eine Bestätigung gibt an, ob der andere Host die Daten empfangen hat. Der Empfängerhost muss für jedes gesendete Segment innerhalb eines angegebenen Zeitraums eine Bestätigung (ACK) senden. Wenn der Absender keine Bestätigung erhält, werden die Daten erneut übertragen. Wird das Segment beschädigt empfangen, wird es vom Empfängerhost verworfen. Da in diesem Fall keine Bestätigung gesendet wird, überträgt der Absender das Segment erneut.

IP (Internet Protocol)

TCP zerlegt die Daten zwar in einzelne Pakete und hat die Aufgabe, die Übermittlung zu gewährleisten, die eigentliche Übermittlung erfolgt jedoch über IP. In der IP-Schicht wird jedes ein- oder ausgehende Paket als Datagramm bezeichnet. Die in der folgenden Tabelle aufgeführten IP-Datagrammfelder werden zum Header hinzugefügt, wenn ein Paket von der Netzwerkschnittstellenschicht weitergeleitet wird.

Feld	Funktion
Quell-IP-Adresse	Identifiziert den Absender des Datagramms anhand der IP-Adresse.
Ziel-IP-Adresse	Identifiziert das Ziel des Datagramms anhand der IP-Adresse.
Protokoll	Informiert das IP am Zielhost darüber, ob das Paket an TCP oder UDP weitergeleitet wird.
Prüfsumme	Eine einfache mathematische Berechnung, mit der geprüft wird, ob das Paket vollständig angekommen ist.

(Fortsetzung)

Feld	Funktion
Gültigkeitsdauer (TTL = Time-to-Live)	Gibt die Anzahl der Sekunden an, die das Datagramm in der Übertragungsphase verbringen kann, bevor es verworfen wird. Dadurch wird verhindert, dass Pakete unaufhörlich in einem Netzwerk kreisen. Für jeden erkannten Router, der das Paket weiterleitet, wird die TTL um eins reduziert. In Windows 2000 beträgt der Standardwert für die TTL 128 Sekunden.

UDP (User Datagram Protocol)

UDP enthält einen verbindungslosen Datagrammdienst. Dieser Dienst kann weder die Zustellung noch die korrekte Sequenzierung der zugestellten Pakete garantieren. UDP-Datenprüfsummen sind optional und bieten eine Möglichkeit, Daten über sehr zuverlässige Netzwerke auszutauschen, ohne Netzwerkressourcen oder Verarbeitungszeit unnötig in Anspruch zu nehmen. UDP wird von Anwendungen verwendet, die keine Bestätigung der empfangenen Daten verlangen. Diese Anwendungen übertragen in der Regel immer nur kleine Datenmengen. Für Broadcastpakete muss UDP verwendet werden. Beispiele für Dienste und Anwendungen, die mit UDP arbeiten, sind DNS, RIP und SNMP.

Zusammenfassung der Lektion

TCP/IP ist eine Protokollgruppe nach Industriestandard für WANs. Wenn Sie Windows 2000 mit TCP/IP konfigurieren, genießen Sie mehrere Vorteile, z. B. hohe Interoperabilität, Zuverlässigkeit, Skalierbarkeit und Sicherheit. Windows 2000 unterstützt eine Reihe von Dienstprogrammen, die Ihnen helfen können, Verbindungen mit anderen TCP/IP-basierten Hosts aufzunehmen oder TCP/IP-Verbindungsprobleme zu beheben.

TCP/IP-Protokolle verwenden ein Vierschichtenmodell: „Anwendung", „Transport", „Internet" und „Netzwerkschnittstelle". IP arbeitet auf der Internetebene und unterstützt praktisch alle LAN- und WAN-Schnittstellentechnologien wie Ethernet, Token Ring, Frame Relay und ATM. IP ist ein verbindungsloses Protokoll, das Pakete zwischen Hosts adressiert und weiterleitet. IP ist unzuverlässig, weil die Zustellung nicht gewährleistet ist.

Auf der Transportschicht ergänzt TCP das IP um ein zuverlässige, verbindungsorientierte Zustellung. Sobald eine Sitzung eingerichtet ist, übermittelt TCP die Daten über eindeutige Portnummern an die Anwendungen. UDP, eine Alternative zum Übertragungsprotokoll TCP, ist ein verbindungsloses Datagrammprotokoll, das die Zustellung von Paketen nicht gewährleistet. Es wird von Anwendungen verwendet, die keine Bestätigung der empfangenen Daten verlangen.

Lektion 2: Internetprotokolladressierung

Eine eindeutige IP-Adresse wird für jede Host- und Netzwerkkomponente benötigt, die über TCP/IP kommuniziert. TCP/IP-Netzwerke werden in der Regel in drei Hauptklassen jeweils vordefinierter Größe eingeteilt. Systemadministratoren können jedes Netzwerk mit einer Subnetzmaske, die eine IP-Adresse in zwei Teile spaltet, in kleinere Subnetze gliedern. Ein Teil bezeichnet den Host (Computer), der andere Teil das Netzwerk, dem dieser angehört. Jeder TCP/IP-Host wird durch eine logische IP-Adresse gekennzeichnet. Die IP-Adresse ist eine Netzwerkschichtadresse und von der Datensicherungsschichtadresse (beispielsweise einer MAC-Adresse einer Netzwerkkarte) unabhängig. In dieser Lektion erfahren Sie, wie die IP-Adressierung in einem TCP/IP-Netzwerk funktioniert.

Am Ende dieser Lektion werden Sie in der Lage sein, die folgenden Aufgaben auszuführen:

- Beschreiben des Zwecks einer IP-Adresse
- Konvertieren von IP-Adressen aus dem binären Format in das Dezimalformat
- Identifizieren unterschiedlicher Klassen von IP-Adressen

Veranschlagte Zeit für die Lektion: 30 Minuten

Die IP-Adresse

Eine IP-Adresse ist eine 32-Bit-Zahl, die einen Host (einen Computer oder ein anderes Gerät, z. B. einen Drucker oder Router) in einem TCP/IP-Netzwerk eindeutig kennzeichnet. IP-Adressen werden normalerweise im punktierten Dezimalformat angegeben. Die vier Zahlen werden dabei durch Punkte getrennt, beispielsweise 192.168.123.132.

Damit ein TCP/IP-WAN als Sammlung von Netzwerken oder Netzwerkverbund effektiv funktioniert, müssen die Router, welche die Datenpakete zwischen den Netzwerken weiterleiten, den genauen Standort eines Hosts, für den ein Datenpaket bestimmt ist, nicht kennen. Die Router müssen lediglich wissen, welchem Netzwerk der Host angehört, und anhand der Informationen in der Routingtabelle feststellen, wie das Paket an das Netzwerk des Zielhosts übermittelt wird. Nachdem das Paket in das Zielnetzwerk übermittelt wurde, wird es dem entsprechenden Host zugestellt. Damit dieser Vorgang funktioniert, besteht die IP-Adresse aus zwei Teilen: einer Netzwerkkennung und einer Hostkennung.

Die Netzwerkkennung

Die Netzwerkkennung bezeichnet die TCP/IP-Hosts auf dem gleichen physikalischen Netzwerk. Allen Hosts auf dem gleichen physikalischen Netzwerk muss die gleiche Netzwerkkennung zugeordnet werden. Andernfalls können die Hosts nicht miteinander kommunizieren. Wenn Router Ihre Netzwerke miteinander verbinden, wie in Abbildung 2.2 dargestellt ist, wird für jede WAN-Verbindung eine eindeutige Netzwerkkennung benötigt. In der folgenden Abbildung gilt z. B. Folgendes:

- Die Netzwerke 1 und 3 stellen zwei geroutete Netzwerke dar.
- Netzwerk 2 ist die WAN-Verbindung zwischen den Routern.
- Netzwerk 3 benötigt eine Netzwerkkennung, damit den Schnittstellen zwischen den beiden Routern eindeutige Hostkennungen zugewiesen werden können.

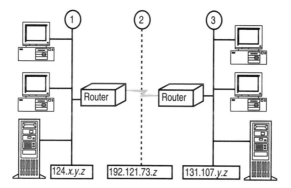

Abbildung 2.2 Router, die Netzwerke verbinden

Anmerkung Wenn Sie beabsichtigen, Ihr Netzwerk mit dem Internet zu verbinden, müssen Sie die Netzwerkkennung in der IP-Adresse kennen. So wird garantiert, dass die Kennung des IP-Netzwerks eindeutig ist. Wenden Sie sich zur Registrierung des Domänennamens und zur Zuweisung einer IP-Netzwerknummer an Ihren Internetdienstanbieter.

Die Hostkennung

Die Hostkennung bezeichnet einen Host innerhalb eines Netzwerks. Die Hostkennung muss in dem durch die Netzwerkkennung bezeichneten Netzwerk eindeutig sein. Eine IP-Adresse bezeichnet den Standort eines Systems im Netzwerk in der gleichen Weise wie eine Anschrift ein Haus in einem Stadtviertel bezeichnet (siehe Abbildung 2.3).

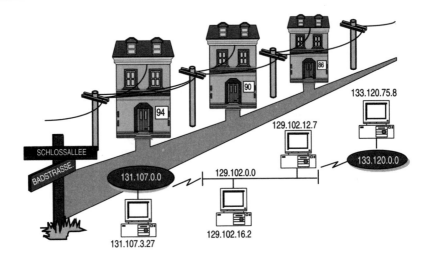

Abbildung 2.3 Hosts und Netzwerkkomponenten, die über TCP/IP kommunizieren

Punktierte Dezimalschreibweise

Zur Angabe von IP-Adressen gibt es zwei Formate – die binäre und die punktierte Dezimalschreibweise. Wie aus Abbildung 2.4 hervorgeht, ist jede IP-Adresse 32-Bit lang und besteht aus vier 8-Bit-Abschnitten. Diese Abschnitte werden auch als Oktetts bezeichnet. Die im Beispiel angegebene IP-Adresse 192.168.123.132 wird im binären Format zu 11000000.10101000.01111011.10000100. Die Dezimalzahlen, die in der punktierten Dezimalschreibweise durch Punkte getrennt werden, sind die von der binären in die Dezimalschreibweise umgewandelten Oktetts. Die Oktetts stellen eine Dezimalzahl aus dem Bereich zwischen Null und 255 dar. Die gesamten 32 Bit der IP-Adresse werden der Netzwerk- bzw. Hostkennung zugeordnet, wie aus Abbildung 2.4 hervorgeht.

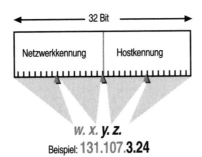

Abbildung 2.4 Zusammensetzung einer IP-Adresse

Anmerkung Die Netzwerkkennung kann nicht 127 lauten. Diese Kennung ist für Loopback- und Diagnosefunktionen reserviert.

IP-Adresskonvertierung aus dem binären in das Dezimalformat

Um TCP/IP in Ihrem Netzwerk verwalten zu können, sollten Sie in der Lage sein, Bitwerte eines Oktetts vom binären Code in das Dezimalformat umzuwandeln. Im binären Format ist jedem Bit eines Oktetts ein Dezimalwert zugeordnet. Ein auf 0 gesetztes Bit hat stets einen Nullwert, während ein auf 1 gesetztes Bit in einen Dezimalwert umgewandelt werden kann. Das niederwertige Bit entspricht einem Dezimalwert von 1. Das höchstwertige Bit entspricht einem Dezimalwert von 128. Der höchste Dezimalwert eines Oktetts ist 255. In diesem Fall müssen alle Bits auf 1 gesetzt sein (siehe Abbildung 2.5).

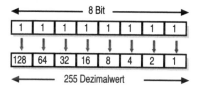

Abbildung 2.5 Alle Bits auf 1 gesetzt, was einem Dezimalwert von 255 entspricht

Die folgende Tabelle zeigt, wie die Bits eines Oktetts aus der binären Schreibweise in einen Dezimalwert umgewandelt werden.

Binärcode	Bitwerte	Dezimalwert
00000000	0	0
00000001	1	1
00000011	1+2	3
00000111	1+2+4	7
00001111	1+2+4+8	15
00011111	1+2+4+8+16	31
00111111	1+2+4+8+16+32	63
01111111	1+2+4+8+16+32+64	127
11111111	1+2+4+8+16+32+64+128	255

Adressklassen

Internetadressen werden von der InterNIC (**http://www.internic.net**) reserviert, der Organisation, die das Internet verwaltet. Diese IP-Adressen sind in Klassen eingeteilt. Die Klassen A, B und C sind die gängigsten Klassen. Die Klassen D und E werden normalerweise nicht von Endbenutzern verwendet. Jede der Adressklassen hat eine eigene Standard-Subnetzmaske. Sie können die Klasse einer IP-Adresse anhand ihres ersten Oktetts identifizieren. Im Folgenden werden die Bereiche der Internetadressen der Klassen A, B und C jeweils mit einer Beispieladresse aufgeführt.

- Adressen der Klasse A werden Netzwerken zugeordnet, die über eine hohe Anzahl von Hosts verfügen. Netzwerke der Klasse A haben standardmäßig die Subnetzmaske 255.0.0.0, und das erste Oktett liegt im Bereich 0-126. Die Adresse 10.52.36.11 ist eine Adresse der Klasse A. Das erste Oktett ist 10 und liegt zwischen 1 und 126 (einschließlich).

- Adressen der Klasse B werden mittelgroßen bis großen Netzwerken zugeordnet. Netzwerke der Klasse B haben standardmäßig die Subnetzmaske 255.255.0.0, und das erste Oktett liegt im Bereich 128-191. Die Adresse 172.16.52.63 ist eine Adresse der Klasse B. Das erste Oktett ist 172 und liegt zwischen 128 und 191 (einschließlich).

- Adressen der Klasse C werden für kleine LANs verwendet. Netzwerke der Klasse C haben standardmäßig die Subnetzmaske 255.255.255.0, und das erste Oktett liegt im Bereich 192-223. Die Adresse 192.168.123.132. ist eine Adresse der Klasse C. Das erste Oktett ist 192 und liegt zwischen 192 und 223 (einschließlich).

Die Klasse der Adresse definiert, welche Bits für die Netzwerkkennung und die Hostkennung verwendet werden (siehe Abbildung 2.6). Die Klasse bestimmt außerdem die mögliche Anzahl von Netzwerken und Hosts pro Netzwerk.

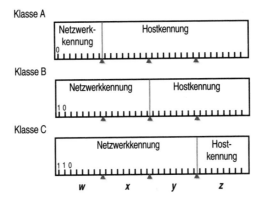

Abbildung 2.6 Konfiguration von Bits für die einzelnen Klassen von IP-Adressen

Die Unterschiede zwischen den Adressen der Klassen A, B und C werden in Abbildung 2.7 dargestellt.

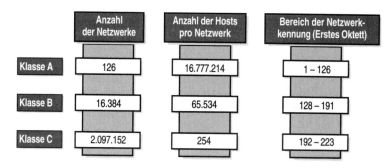

Abbildung 2.7 Auswirkung von Adressklassen auf ein Netzwerk

Richtlinien für IP-Adressen

Obwohl es keine Regeln dafür gibt, wie IP-Adressen zugewiesen werden, stellen Sie sicher, dass Sie gültige Netzwerk- und Hostkennungen zuweisen. Beim Zuweisen von Netzwerk- und Hostkennungen sollten Sie mehrere allgemeine Richtlinien beachten:

- Die Netzwerkkennung kann nicht 127 lauten. Diese Kennung ist für Loopback- und Diagnosefunktionen reserviert.

- Die Bits der Netzwerkkennung und der Hostkennung können nicht alle den Wert „1" haben. Wenn alle Bits auf 1 gesetzt sind, wird die Adresse als Broadcast statt als Hostkennung interpretiert.

- Die Bits der Netzwerkkennung und der Hostkennung können nicht alle den Wert „0" haben. Wenn alle Bits auf 0 gesetzt sind, hat die Adresse die Bedeutung „nur dieses Netzwerk".

- Die Hostkennung muss für die lokale Netzwerkkennung eindeutig sein.

- Für jedes Netzwerk und jede WAN-Verbindung wird eine eindeutige Netzwerkkennung benötigt. Wenn Sie eine Verbindung mit dem öffentlichen Internet herstellen, müssen Sie eine Netzwerkkennung haben.

- Alle TCP/IP-Hosts einschließlich Schnittstellen für Router müssen eindeutige Hostkennungen haben. Die Hostkennung des Routers ist die IP-Adresse, die als Standardgateway einer Arbeitsstation konfiguriert ist.

- Jeder Host in einem TCP/IP-Netzwerk benötigt eine Subnetzmaske. Dies kann entweder eine Standard-Subnetzmaske sein, die verwendet wird, wenn ein Netzwerk nicht in Subnetze unterteilt ist, oder eine benutzerdefinierte Subnetzmaske, die verwendet wird, wenn ein Netzwerk in Subnetze gegliedert ist.

Eine Subnetzmaske ist eine 32-Bit-Adresse, mit der ein Teil der IP-Adresse blockiert oder „maskiert" wird, um die Netzwerkkennung von der Hostkennung unterscheiden zu können. Dies ist erforderlich, damit TCP/IP bestimmen kann, ob sich eine IP-Adresse in einem lokalen oder einem Remotenetzwerk befindet. Die Standard-Subnetzmaske, die Sie verwenden, richtet sich nach der Adressklasse, wie aus Abbildung 2.8 hervorgeht.

Adress-klasse	Für die Subnetzmaske genutzte Bits				Punktierte Dezimalschreibweise
Klasse A	11111111	00000000	00000000	00000000	255.0.0.0
Klasse B	11111111	11111111	00000000	00000000	255.255.0.0
Klasse C	11111111	11111111	11111111	00000000	255.255.255.0

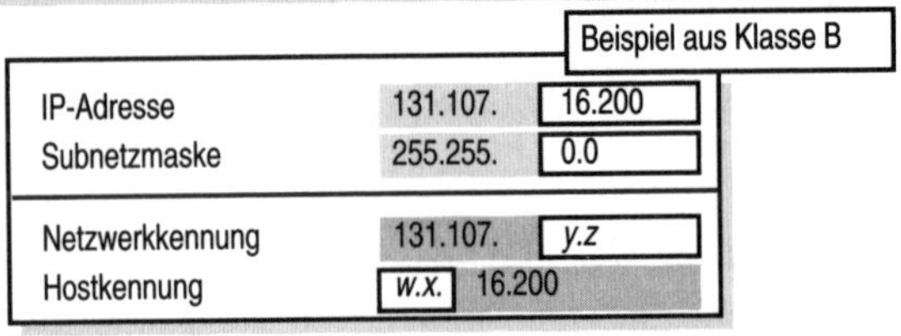

Beispiel aus Klasse B

IP-Adresse	131.107.	16.200
Subnetzmaske	255.255.	0.0
Netzwerkkennung	131.107.	y.z
Hostkennung	w.x.	16.200

Abbildung 2.8 Beispiel für eine Subnetzmaske für eine IP-Adresse der Klasse B

Zusammenfassung der Lektion

Jeder TCP/IP-Host wird durch eine logische IP-Adresse identifiziert, und eine eindeutige IP-Adresse ist für jeden Host und jede Netzwerkkomponente erforderlich, die über TCP/IP kommuniziert. Jede IP-Adresse definiert die Netzwerkkennung und die Hostkennung. Eine IP-Adresse ist 32 Bit lang und besteht aus vier 8-Bit-Feldern, so genannten Oktetts. Es gibt fünf Adressklassen. Microsoft unterstützt Hostadressen der Klassen A, B und C. Jede Adresse eignet sich für Netzwerke unterschiedlicher Größe.

Um sicherzustellen, dass Sie gültige IP-Adressen zuweisen, sollten Sie verschiedene Richtlinien beachten. Allen Hosts auf einem bestimmten Netzwerk müssen die gleiche Netzwerkkennung haben, damit sie miteinander kommunizieren können. Alle TCP/IP-Hosts einschließlich Schnittstellen für Router müssen eindeutige Hostkennungen haben.

Lektion 3: Installation und Konfiguration von Microsoft TCP/IP

In dieser Lektion wird die Installation und Konfiguration von Microsoft TCP/IP beschrieben. Führen Sie die im Folgenden aufgeführten Schritte aus, falls Sie das Netzwerkprotokoll TCP/IP zuvor noch nicht auf dem/den Computer/n installiert haben, mit denen Sie arbeiten. Dabei führen Sie die Übungen dieses Kurses aus.

Am Ende dieser Lektion werden Sie in der Lage sein, die folgenden Aufgaben auszuführen:

- Festlegen der Parameter für die TCP/IP-Konfiguration
- Nennen der üblichsen TCP/IP-Dienstprogramme
- Beschreiben der Paketfilterung

Veranschlagte Zeit für die Lektion: 15 Minuten

Installation von TCP/IP

TCP/IP kann in den verschiedensten Netzwerkumgebungen eingesetzt werden, von kleinen LANs bis zum globalen Internet. Wenn Sie Windows 2000 Setup ausführen, wird TCP/IP als Standardnetzwerkprotokoll installiert, falls ein Netzwerkadapter entdeckt wird. Sie müssen das Protokoll TCP/IP also nur dann installieren, wenn während des Setups die Auswahl von TCP/IP als Standardprotokoll außer Kraft gesetzt wurde oder wenn Sie es unter **Netzwerk- und DFÜ-Verbindungen** aus einer Verbindung gelöscht haben.

Übung: Installieren des TCP/IP-Protokolls

Bei dieser Übung installieren Sie TCP/IP unter **Netzwerk- und DFÜ-Verbindungen** für Ihre LAN-Verbindung. Sie müssen sich als Administrator oder als Mitglied der Gruppe der Administratoren anmelden, damit Sie diese Übung ausführen können.

Bevor Sie diese Lektion fortsetzen, führen Sie die Demonstrationsdatei **Ch02.exe** aus. Diese Datei ist im Ordner **Media** auf der Kursmaterialien-CD-ROM enthalten, die dieses Buch begleitet. Die Demonstration gibt einen Überblick über die Installation des TCP/IP-Protokolls.

▶ **So installieren Sie TCP/IP für Ihre LAN-Verbindung**

1. Klicken Sie auf **Start**, dann auf **Einstellungen**, und klicken Sie auf **Netzwerk- und DFÜ-Verbindungen**.

    Das Dialogfeld **Netzwerk- und DFÜ-Verbindungen** wird angezeigt.

2. Klicken Sie mit der rechten Maustaste auf **LAN-Verbindung**, und klicken Sie danach auf **Eigenschaften**.

    Das Dialogfeld **Eigenschaften für LAN-Verbindung** wird angezeigt.

3. Klicken Sie auf **Installieren**.

   Das Dialogfeld **Typ der Netzwerkkomponente auswählen** wird angezeigt.

4. Klicken Sie auf **Protokolle** und anschließend auf **Hinzufügen**.

   Das Dialogfeld **Netzwerkprotokoll wählen** wird angezeigt.

5. Klicken Sie auf **Internetprotokoll (TCP/IP)** (siehe Abbildung 2.9) und anschließend auf **OK**.

   Das TCP/IP-Protokoll wird installiert und im Dialogfeld **Eigenschaften für LAN-Verbindung** zur Liste **Komponenten** hinzugefügt.

6. Klicken Sie auf **Schließen**.

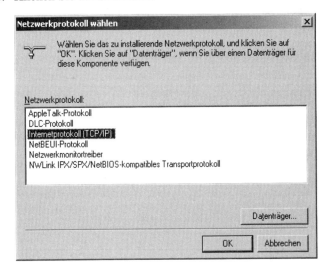

Abbildung 2.9 Auswählen des Internetprotokolls (TCP/IP)

Konfigurieren von TCP/IP

Wenn Sie TCP/IP erstmals in Ihrem Netzwerk implementieren, ist es sinnvoll, einen detaillierten Plan für die IP-Adressierung in Ihrem Netzwerk zu entwerfen. Das Schema der TCP/IP-Netzwerkadressierung kann entweder öffentliche oder private Adressen enthalten. Wenn Ihr Netzwerk nicht mit dem Internet verbunden ist, können Sie entweder öffentliche oder private Adressen verwenden. Wahrscheinlich werden Sie jedoch einige öffentliche IP-Adressen verwenden, um die Internetkonnektivität zu unterstützen. Geräte, die direkt an das Internet gebunden sind, benötigen nämlich eine öffentliche IP-Adresse. InterNIC weist Internetdienstanbietern (ISPs) öffentliche Adressen zu.

Die ISPs ihrerseits weisen Organisationen IP-Adressen zu, wenn diese Netzwerkkonnektivität erwerben. Auf diese Weise zugewiesene IP-Adressen sind garantiert eindeutig und werden in Internet-Router programmiert, damit der Verkehr den Zielhost erreichen kann.

Darüber hinaus können Sie ein privates Adressierungsschema implementieren, um die internen Adressen vom übrigen Internet abzuschirmen. Dazu konfigurieren Sie auf allen Computern Ihres privaten Netzwerks (oder Intranets) private Adressen. Private Adressen können über das Internet nicht erreicht werden, weil sie von öffentlichen Adressen getrennt geführt werden und sie nicht mit öffentlichen Adressen zusammenfallen.

Mit dem Dynamic Host Configuration Protocol (DHCP) können Sie IP-Adressen unter Windows 2000 dynamisch zuweisen, und Sie haben die Möglichkeit, die Zuweisung über APIPA (Automatische Private IP-Adressierung) vorzunehmen. Sie können TCP/IP auch manuell konfigurieren. TCP/IP wird auf einem Computer entsprechend dessen Funktion konfiguriert. Servern in einer Client/Server-Beziehung in einer Organisation sollte die IP-Adresse z. B. manuell zugewiesen werden. Bei der Mehrzahl der Clients eines Netzwerks können Sie TCP/IP jedoch dynamisch über einen DHCP-Server konfigurieren.

Dynamische Konfiguration

Standardmäßig versuchen Windows 2000-Computer, die TCP/IP-Konfiguration von einem DHCP-Server in Ihrem Netzwerk abzurufen, wie aus Abbildung 2.10 hervorgeht. Wenn auf einem Computer zurzeit eine statische TCP/IP-Konfiguration implementiert ist, können TCP/IP dynamisch konfigurieren lassen.

▶ **So implementieren Sie eine dynamische TCP/IP-Konfiguration**

1. Klicken Sie auf **Start**, dann auf **Einstellungen**, und klicken Sie auf **Netzwerk- und DFÜ-Verbindungen**.

2. Klicken Sie mit der rechten Maustaste auf **LAN-Verbindung**, und klicken Sie danach auf **Eigenschaften**.

3. Klicken Sie auf der Registerkarte **Allgemein** auf **Internetprotokoll (TCP/IP)** und anschließend auf **Eigenschaften**.

   Klicken Sie bei anderen Verbindungsarten auf die Registerkarte **Netzwerk**.

4. Klicken Sie auf **IP-Adresse automatisch beziehen** und anschließend auf **OK**.

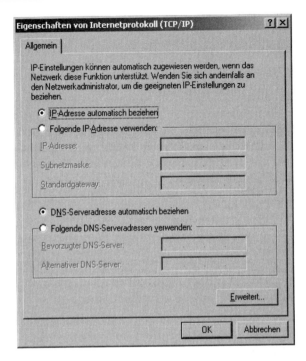

Abbildung 2.10 Konfigurieren des Computers für das automatische Beziehen der TCP/IP-Einstellungen

Manuelle Konfiguration

Manchen Servern, beispielsweise DHCP-, DNS- und WINS-Servern, sollte die IP-Adresse manuell zugewiesen werden. Gibt es im Netzwerk keinen DHCP-Server, müssen Sie für die TCP/IP-Computer manuell eine statische IP-Adresse konfigurieren.

▶ **So konfigurieren Sie für einen TCP/IP-Computer die statische Adressierung**

1. Klicken Sie auf **Start**, dann auf **Einstellungen**, und klicken Sie auf **Netzwerk- und DFÜ-Verbindungen**.

2. Klicken Sie mit der rechten Maustaste auf **LAN-Verbindung**, und klicken Sie danach auf **Eigenschaften**.

3. Klicken Sie auf der Registerkarte **Allgemein** auf **Internetprotokoll (TCP/IP)** und anschließend auf **Eigenschaften**.

4. Wählen Sie **Folgende IP-Adresse verwenden**.

Sie müssen dann eine IP-Adresse, eine Subnetzmaske und die Adresse des Standardgateways eingeben. Wenn es im Netzwerk einen DNS-Server gibt, können Sie den Computer für DNS konfigurieren.

Kapitel 2 Implementieren von TCP/IP

▶ **So richten Sie den Computer für DNS ein**

1. Wählen Sie **Folgende DNS-Serveradressen verwenden**.
2. Geben Sie unter **Bevorzugter DNS-Server** und **Alternativer DNS-Server** die Adressen für den primären und sekundären DNS-Server ein (siehe Abbildung 2.11).

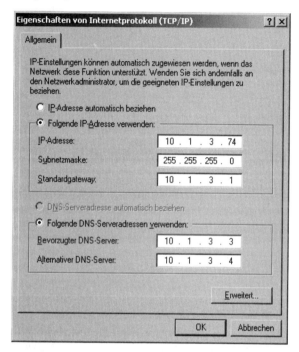

Abbildung 2.11 Manuelle Konfiguration der TCP/IP-Einstellungen auf dem Computer

Mit dem folgenden Verfahren können Sie auch zusätzliche IP-Adressen und Standardgateways konfigurieren.

▶ **So konfigurieren Sie zusätzliche IP-Adressen und Standardgateways**

1. Klicken Sie im Dialogfeld **Eigenschaften** von **Internetprotokoll (TCP/IP)** auf **Erweitert**.
2. Klicken Sie auf der Registerkarte **Erweiterte IP-Einstellungen** unter **IP-Adressen** auf **Hinzufügen**.
3. Geben Sie in den Feldern **IP-Adresse** und **Subnetzmaske** eine IP-Adresse und Subnetzmaske ein, und klicken Sie dann auf **Hinzufügen**.
4. Wiederholen Sie die Schritte 2 und 3 für jede IP-Adresse, die Sie hinzufügen möchten, und klicken Sie anschließend auf **OK**.

5. Klicken Sie auf der Registerkarte **Erweiterte IP-Einstellungen** unter **Standardgateways** auf **Hinzufügen**.
6. Geben Sie in den Feldern **Gateway** und **Metrik** die IP-Adresse des Standardgateways und die Metrik ein, und klicken Sie dann auf **Hinzufügen**.

   Sie können auch in das Feld **Schnittstellenmetrik** einen Metrikwert eingeben, um für diese Verbindung eine benutzerdefinierte Metrik zu konfigurieren.
7. Wiederholen Sie die Schritte 5 und 6 für jede IP-Adresse, die Sie hinzufügen möchten, und klicken Sie anschließend auf **OK**.

Anmerkung In Kapitel 9, „Implementieren von WINS (Windows Internet Naming Service)" lernen Sie, einen Client so zu konfigurieren, dass er einen WINS-Server verwendet.

Automatische private IP-Adresszuweisung

Eine weitere Option zur Konfiguration von TCP/IP-Adressen ist die automatische private IP-Adressierung, die eingesetzt wird, wenn DHCP nicht verfügbar ist. In früheren Windows-Versionen konnte die IP-Adresse manuell oder dynamisch über DHCP konfiguriert werden. Wenn ein Client keine IP-Adresse von einem DHCP-Server beziehen konnte, standen dem Client keine Netzwerkdienste zur Verfügung. Die automatische private IP-Adressierung von Windows 2000 automatisiert die Zuweisung nicht verwendeter IP-Adressen, falls DHCP nicht verfügbar ist.

Die APIPA-Adresse wird aus dem für Microsoft reservierten Adressblock 169.254.0.0 mit der Subnetzmaske 255.255.0.0 ausgewählt. Wird die automatische private IP-Adressierung von Windows 2000 verwendet, wird dem Client eine Adresse im für Microsoft reservierten IP-Adressbereich von 169.254.0.1 bis 169.254.255.254 zugewiesen. Diese IP-Adresse wird so lange verwendet, bis ein DHCP-Server gefunden wird. Die Subnetzmaske 255.255.0.0 wird automatisch verwendet.

Testen von TCP/IP mit Ipconfig und PING

Sie sollten die TCP/IP-Konfiguration stets überprüfen und testen, um sicherzustellen, dass der Computer Verbindungen mit anderen TCP/IP-Hosts und -Netzwerken aufnehmen kann. Mit den Dienstprogrammen Ipconfig und PING können Sie einfache Tests an der TCP/IP-Konfiguration vornehmen.

Mit Ipconfig überprüfen Sie von der Befehlszeile aus die TCP/IP-Konfigurationsparameter eines Hosts, einschließlich IP-Adresse, Subnetzmaske und Standardgateway. So können Sie feststellen, ob die Konfiguration initialisiert ist oder ob eine IP-Adresse doppelt konfiguriert ist.

▶ **So verwenden Sie Ipconfig in einer Befehlszeile**

1. Öffnen Sie eine Befehlszeile.
2. Wenn die Befehlszeile angezeigt wird, geben Sie **Ipconfig** ein, und drücken Sie dann die EINGABETASTE:

   Wie in Abbildung 2.12 dargestellt, werden Informationen über die TCP/IP-Konfiguration angezeigt.

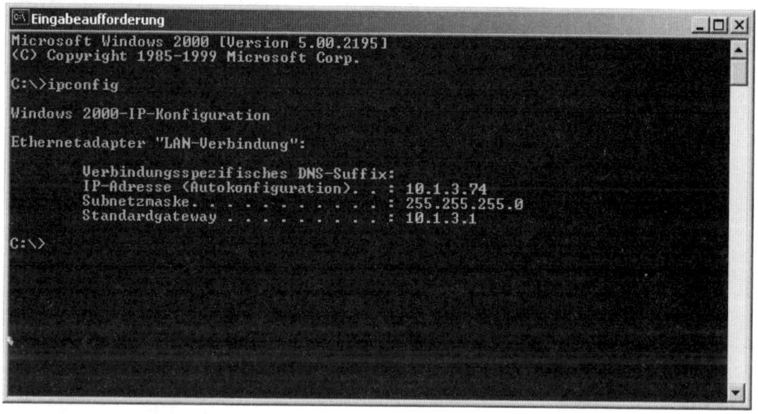

Abbildung 2.12 Verwenden von Ipconfig zur Anzeige von Informationen über die TCP/IP-Konfiguration

Nachdem Sie die Konfiguration mit dem Dienstprogramm Ipconfig überprüft haben, können Sie die Konnektivität mit dem Dienstprogramm PING testen. Mit diesem Diagnoseprogramm werden TCP/IP-Konfigurationen getestet und Verbindungsfehler erkannt. PING verwendet die ICMP-Meldungen Echoanforderung und Echoantwort, um festzustellen, ob ein bestimmter TCP/IP-Host verfügbar und funktionsbereit ist. Ebenso wie das Dienstprogramm Ipconfig wird PING in der Befehlszeile ausgeführt. Die Befehlssyntax lautet:

```
Ping IP_Adresse
```

Ist PING erfolgreich, wird eine Meldung ähnlich der in Abbildung 2.13 dargestellten angezeigt.

Abbildung 2.13 Vom Dienstprogramm PING angezeigte Antworten

Konfigurieren von Paketfiltern

Mit Hilfe der IP-Paketfilterung kann eine Sicherheitsaushandlung für eine Kommunikation basierend auf der Quelle, dem Ziel und dem IP-Verkehrstyp initialisiert werden. Auf diese Weise können Sie festlegen, welche IP- und IPX-Verkehrstrigger gesichert, gesperrt oder ungefiltert durchgelassen werden.

Sie können beispielsweise die Art des Zugriffs auf das Netzwerk und aus dem Netzwerk heraus begrenzen, um den Verkehr auf bestimmte Systeme zu beschränken. Sie sollten darauf achten, nicht zu restriktive Paketfilter zu konfigurieren, denn dies könnte die Funktionalität sinnvoller Protokolle auf dem Computer beeinträchtigen. Wenn beispielsweise ein Computer, der Windows 2000 ausführt, auch IIS (Internet-Informationsdienste) als Webserver ausführt und Paketfilter definiert sind, so dass nur webbasierter Datenverkehr erlaubt ist, können Sie mit Hilfe von PING (das ICMP-Echoanforderungen und -Echoantworten verwendet) keine grundlegende Behandlung von IP-Problemen durchführen.

Sie können das TCP/IP-Protokoll so konfigurieren, dass IP-Pakete anhand folgender Merkmale gefiltert werden:

- Der TCP-Portnummer,
- der UDP-Portnummer,
- oder der IP-Protokollnummer.

Übung: Implementieren von IP-Paketfiltern

Bei dieser Übung implementieren Sie die TCP/IP-Paketfilterung auf einem Windows 2000 Server-Computer für eine LAN-Verbindung.

▶ **So implementieren Sie die TCP/IP-Paketfilterung**

1. Klicken Sie auf **Start**, dann auf **Einstellungen**, und klicken Sie auf **Netzwerk- und DFÜ-Verbindungen**.

2. Klicken Sie mit der rechten Maustaste auf **LAN-Verbindung**, und klicken Sie danach auf **Eigenschaften**. Das Dialogfeld **Eigenschaften für LAN-Verbindung** wird angezeigt.

3. Klicken Sie auf **Internetprotokoll (TCP/IP)** und anschließend auf **Eigenschaften**. Das Dialogfeld **Eigenschaften von Internetprotokoll (TCP/IP)** wird angezeigt.

4. Klicken Sie auf **Erweitert**. Das Dialogfeld **Erweiterte TCP/IP-Einstellungen** wird angezeigt.

5. Klicken Sie in der Registerkarte **Optionen** auf **TCP/IP-Filter** und anschließend auf **Eigenschaften**. Das Dialogfeld **TCP/IP-Filter** wird angezeigt (siehe Abbildung 2.14).

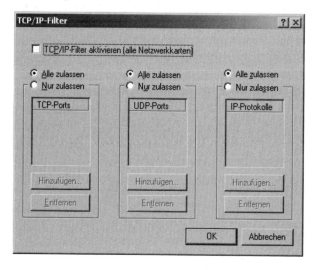

Abbildung 2.14 Festlegen von TCP/IP-Paketfiltern im Dialogfeld TCP/IP-Filter

6. Klicken Sie auf **TCP/IP-Filter aktivieren (alle Netzwerkkarten)**.

   Sie können jetzt die TCP-, UDP- und IP-Protokollfilterung hinzufügen, indem Sie auf die Option **Nur zulassen** und anschließend unter der Liste der TCP-, UDP- oder IP-Protokolle auf **Hinzufügen** klicken.

   Sie können u. a. folgende TCP/IP-Filter implementieren:

   - Aktivieren des TCP-Ports 23, damit der gesamte Verkehr bis auf den Telnet-Verkehr gefiltert wird.
   - Aktivieren des TCP-Ports 80 auf einem dedizierten Webserver, um ausschließlich webbasierten TCP-Verkehr zu verarbeiten.

   Achtung Wenn Sie nur den TCP-Port 80 aktivieren, wird die gesamte Netzwerkkommunikation deaktiviert, die nicht über Port 80 läuft.

7. Klicken Sie mehrmals auf **OK**, um alle geöffneten Dialogfelder zu schließen.

Zusammenfassung der Lektion

Windows 2000 installiert das TCP/IP-Protokoll standardmäßig, wenn Setup einen Netzwerkadapter entdeckt. Sie können TCP/IP auch manuell installieren. Nachdem Sie TCP/IP auf einem Computer installiert haben, können Sie es so konfigurieren, dass IP-Adressen automatisch bezogen werden; Sie können die Konfigurationseigenschaften aber auch manuell festlegen. Darüber hinaus haben Sie die Möglichkeit, Paketfilter zu implementieren und so die Art des Zugriffs auf das Netzwerk und aus dem Netzwerk begrenzen, um den Verkehr auf bestimmte Systeme zu beschränken.

Lektion 4: Grundkonzepte des IP-Routings

Als Routing bezeichnet man den Prozess der Auswahl eines Pfades, über den Pakete gesendet werden. Dieser Prozess ist eine Hauptfunktion des IPs. Ein Router (der üblicherweise als Gateway bezeichnet wird) ist ein Gerät, das die Pakete von einem physischen Netzwerk zum nächsten weiterleitet. Wenn ein Router ein Paket empfängt, leitet der Netzwerkadapter die Datagramme an die IP-Schicht weiter. IP prüft die im Datagramm enthaltene Zieladresse und vergleicht diese mit einer IP-Routingtabelle. Danach wird entschieden, wohin das Paket weitergeleitet werden soll. In dieser Lektion werden die Grundkonzepte des IP-Routings erläutert.

Am Ende dieser Lektion werden Sie in der Lage sein, die folgenden Aufgaben auszuführen:

- Aktualisieren einer Windows 2000-basierten Routingtabelle mittels statischer Routen
- Verwalten und Überwachen des internen Routings
- Verwalten und Überwachen des Grenzroutings

Veranschlagte Zeit für die Lektion: 40 Minuten

Übersicht über das Routing

Ein Router unterstützt LANs und WANs bei der Interoperabilität und Konnektivität und kann LANs mit unterschiedlichen Netzwerktopologien, beispielsweise Ethernet und Token Ring, miteinander verknüpfen. Jedes Paket, das über ein LAN gesendet wird, hat einen Paketheader, der Felder für die Quell- und Zieladresse enthält. Router vergleichen die Paketheader mit einem LAN-Segment, wählen den besten Pfad für das Paket und optimieren so die Netzwerkleistung. Wird ein Paket z. B., wie in Abbildung 2.15 dargestellt, von Computer A zu Computer C gesendet, benötigt die beste Route nur einen Abschnitt. Wenn Router 1 der Standardrouter für Computer A ist, wird das Paket über Router 2 umgeleitet. Computer A wird die bessere Route mitgeteilt, über die Pakete an Computer C gesendet werden. Sobald die einzelnen Routen gefunden sind, wird das Paket an den nächsten Router, einen so genannten *Abschnitt* (hop), gesendet, bis es schließlich dem Zielhost zugestellt wird. Wenn keine Route gefunden wird, wird dem Quellhost eine Fehlermeldung gesendet.

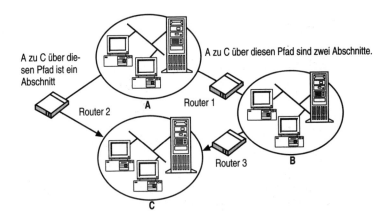

Abbildung 2.15 Von Computer A an Computer C geleitetes Paket

Um Routingentscheidungen zu treffen, konsultiert die IP-Schicht eine Routingtabelle im Speicher (siehe Abbildung 2.16).

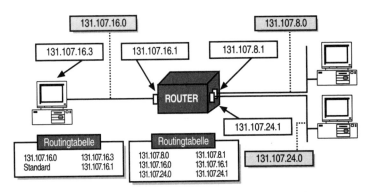

Abbildung 2.16 IP-Schicht, die eine Routingtabelle konsultiert

Eine Routingtabelle enthält Einträge mit den IP-Adressen von Routerschnittstellen zu anderen Netzwerken, mit denen der Router kommunizieren kann. Eine Routingtabelle besteht aus einer Reihe von Einträgen, so genannten *Routen*, die Informationen darüber enthalten, wo sich die Netzwerkkennungen im Netzwerk befinden. Eine Routingtabelle wird auf einem Computer, auf dem Windows 2000 ausgeführt wird, automatisch auf Grundlage seiner TCP/IP-Konfiguration erstellt. Sie können eine Routingtabelle anzeigen, indem Sie in einer Befehlszeile **route print** eingeben (siehe Abbildung 2.17).

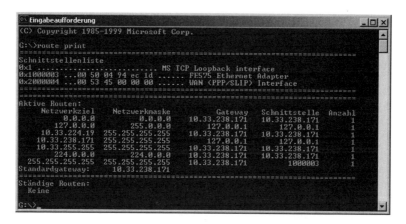

Abbildung 2.17 Anzeigen einer Routingtabelle in einer Befehlszeile

Anmerkung Eine Routingtabelle steht nicht nur einem Router zur Verfügung. Hosts haben ebenfalls eine Routingtabelle, mit der die optimale Route bestimmt wird.

Statisches und dynamisches IP-Routing

Die Art und Weise, wie Router Routinginformationen ermitteln, unterscheidet sich je nach dem, ob der Router ein statisches oder dynamisches IP-Routing durchführt. Statisches Routing ist eine Funktion von IP, womit Sie auf feste Routingtabellen beschränkt werden. Für statische Router müssen die Routingtabellen manuell erstellt und aktualisiert werden. Die statischen Einträge lassen sich mit dem Befehl **route** zur Routingtabelle hinzufügen.

Eine statische Route hinzufügen oder ändern	Funktion
route add [*Netzwerk*] **mask** [*Netzwerkmaske*] [*Gateway*]	Fügt eine Route hinzu.
route -p add [*Netzwerk*] **mask** [*Netzwerkmaske*] [*Gateway*]	Fügt eine permanente Route hinzu.
route delete [*Netzwerk*] [*Gateway*]	Löscht eine Route.
route change [*Netzwerk*] [*Gateway*]	Ändert eine Route.
route print	Zeigt die Routingtabelle an.
route -f	Löscht alle Routen.

Übung: Aktualisieren einer Windows 2000-basierten Routingtabelle

In dieser Übung aktualisieren Sie eine Windows 2000-basierte Routingtabelle mittels statischer Routen.

▶ **So aktualisieren Sie eine Routingtabelle**

1. Öffnen Sie eine Befehlszeile.
2. Geben Sie in der Befehlszeile **route add** *IP-Adresse* **mask** *Subnetzmaske Gateway* ein, um eine Route hinzuzufügen, welche die Kommunikation zwischen einem Netzwerk und einem Host in einem anderen Netzwerk ermöglicht.

   Um beispielsweise eine Route hinzuzufügen, welche die Kommunikation zwischen dem Netzwerk 10.107.24.0 und einem Host im Netzwerk 10.107.16.0 ermöglicht, geben Sie Folgendes ein: **route add 10.107.24.0 mask 255.255.255.0 10.107.16.2** (siehe Abbildung 2.18).

Abbildung 2.18 Hinzufügen einer statischen Route zu einer Routingtabelle

Verwenden des dynamischen Routings

Wenn sich eine Route ändert, teilen statische Router diese Änderung einander nicht mit, und sie tauschen auch keine Routen mit dynamischen Routern aus. Beim dynamischen Routing dagegen werden die Routingtabellen automatisch aktualisiert, wodurch sich der Verwaltungsaufwand verringert. Das dynamische Routing erhöht in großen Netzwerken jedoch den Verkehr.

Routingprotokolle

Das dynamische Routing ist eine Funktion von Routingprotokollen wie RIP (Routing Information Protocol) oder OSPF (Open Shortest Path First). Routingprotokolle tauschen Routen zu bekannten Netzwerken von Zeit zu Zeit unter dynamischen Routern aus. Wenn sich eine Route ändert, werden andere Router automatisch über die Änderung informiert. Auf einem Windows 2000 Server oder einem Windows 2000 Advanced Server müssen Sie dazu mehrere Netzwerkadapter (einen pro Netzwerk) installiert haben. Darüber hinaus müssen Sie den Routing- und RAS-Dienst installieren und konfigurieren, da dynamische Routingprotokolle bei der Installation von Windows 2000 nicht standardmäßig installiert werden. In Kapitel 11, „Bereitstellen des RAS-Dienstes für Clients", lernen Sie, wie das IP-Routing für Remotebenutzer implementiert wird.

Windows 2000 bietet zwei primäre IP-Routingprotokolle, die Sie abhängig von Faktoren wie Netzwerkgröße und -topologie auswählen können. Diese Routingprotokolle werden in den beiden folgenden Abschnitten erläutert.

RIP (Routing Information Protocol)

RIP ist ein Distanzvektor-Routingprotokoll, das die Rückwärtskompatibilität mit vorhandenen RIP-Netzwerken sicherstellen soll. RIP gibt einem Router die Möglichkeit, Routinginformationen mit anderen RIP-Routern auszutauschen und diesen so Änderungen am Netzwerklayout mitzuteilen. RIP sendet die Informationen an die benachbarten Router und sendet von Zeit zu Zeit RIP-Broadcastpakete, die alle dem Router bekannten Routinginformationen enthalten. Aufgrund dieser Broadcasts bleiben alle Netzwerkrouter synchronisiert.

OSPF (Open Shortest Path First)

OSPF ist ein Verbindungsstatus-Routingprotokoll, das es Routern ermöglicht, Routinginformationen auszutauschen und eine Karte des Netzwerks zu erstellen, mit der sich der beste Pfad zu den einzelnen Netzwerken berechnen lässt. Gehen Änderungen in der Verbindungsstatusdatenbank ein, wird die Routingtabelle neu berechnet. Je größer die Verbindungsstatusdatenbank wird, desto mehr Speicher wird beansprucht, und desto mehr Zeit wird für die Routenberechnung benötigt. Um dieses Skalierungsproblem zu beseitigen, teilt OSPF das Netzwerk in Gruppen benachbarter Netzwerke, so genannte Bereiche, auf. Bereiche sind untereinander über einen Backbonebereich verbunden. Ein Backbonerouter ist in OSPF ein Router, der mit dem Backbonebereich verbunden ist. Hierzu gehören Router, die mit mehreren Bereichen verbunden sind. Backbonerouter müssen jedoch nicht unbedingt Area Border Router sein. Router, deren Netzwerke mit dem Backbone verbunden sind, heißen interne Router.

Jeder Router führt eine Verbindungsstatusdatenbank nur für die Bereiche, mit denen er verbunden ist. Area Border Router (ABR) verbinden den Backbonebereich mit anderen Bereichen, wie aus Abbildung 2.19 hervorgeht.

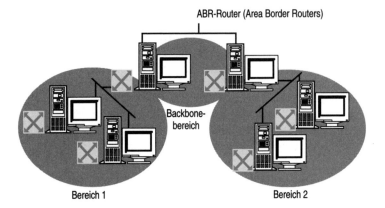

Abbildung 2.19 Ein einfacher OSPF-Bereichsplan

Eine mit OSPF geroutete Umgebung eignet sich am besten für große bis sehr große dynamische IP-Netzwerke mit vielen Pfaden, beispielsweise für ein Unternehmens- oder Institutionscampus bzw. für ein weltweites Unternehmens- oder Organisationsnetz. Gehen Sie folgendermaßen vor, um interne Router und Grenzrouter zu verwalten:

- Stellen Sie sicher, dass die ABRs für den Bereich mit den korrekten Paaren (Ziel, Netzwerkmaske) konfiguriert sind, welche die Routen des Bereichs zusammenfassen.
- Stellen Sie sicher, dass die auf dem ABR festgelegte Quell- und Routenfilterung nicht zu einschränkend ist und die Übermittlung korrekter Routen an das autonome OSPF-System verhindert. Die Filterung externer Quellen und Routen wird im Dialogfeld **OSPF-Eigenschaften** auf der Registerkarte **Externes Routing** konfiguriert.
- Stellen Sie sicher, dass alle ABRs mit dem Backbone physisch oder über eine virtuelle Verbindung logisch verbunden sind. Es sollten keine Backdoorrouter existieren, also Router, die zwei Bereiche verbinden, ohne durch den Backbone zu führen.

▶ **So verwalten Sie einen Router**

1. Klicken Sie auf **Start**, zeigen Sie auf **Programme**, dann auf **Verwaltung**, und klicken Sie anschließend auf **Routing und RAS**.
2. Klicken Sie in der Konsolenstruktur mit der rechten Maustaste auf **Serverstatus**, und klicken Sie anschließend auf **Server hinzufügen**.

3. Im Dialogfeld **Server hinzufügen** haben Sie folgende Möglichkeiten:

   - Klicken Sie auf **Folgenden Computer**, und geben Sie den Computernamen oder die IP-Adresse des Servers ein.
   - Klicken Sie auf **Alle Routing- und RAS-Computer**, und geben Sie dann die Domäne ein, in der sich der zu verwaltende Server befindet. Klicken Sie auf **OK**, und wählen Sie den Server aus.
   - Klicken Sie auf **Active Directory durchsuchen**, klicken Sie auf **Weiter**, und aktivieren Sie im Dialogfeld **Router oder RAS-Server suchen** die Kontrollkästchen neben den Serverarten, nach denen Sie suchen möchten. Klicken Sie auf **OK**, und wählen Sie den Server aus.

4. Sie können einen Remoteserver verwalten, sobald dieser in der Konsolenstruktur als Eintrag angezeigt wird.

Zusammenfassung der Lektion

Router leiten Pakete von einem physischen Netzwerk zu einem anderen weiter. Die IP-Schicht konsultiert eine Routingtabelle im Speicher. Eine Routingtabelle enthält Einträge mit den IP-Adressen von Routerschnittstellen zu anderen Netzwerken. Für statische Router müssen die Routingtabellen manuell erstellt und aktualisiert werden. Beim dynamischen Routing werden andere Router automatisch informiert, sobald sich eine Route ändert.

Lernzielkontrolle

Mit den folgenden Fragen können Sie überprüfen, ob Sie die in diesem Kapitel vermittelten Lehrinhalte verstanden haben. Wenn Sie eine Frage nicht beantworten können, wiederholen Sie den entsprechenden Abschnitt, bevor Sie mit dem nächsten Kapitel fortfahren. Antworten zu den Fragen finden Sie in Anhang A, „Fragen und Antworten".

1. Was ist TCP/IP?

2. Mit welchen TCP/IP-Dienstprogrammen wird eine TCP/IP-Konfiguration überprüft und getestet?

3. Welchen Zweck hat eine Subnetzmaske?

4. Wie viele Bereiche enthält ein OSPF-Netzwerk mindestens?

5. Was ist ein interner Router?

6. Was ist ein Grenzrouter?

7. Mit welchem Verwaltungsprogramm von Windows 2000 können Sie interne Router und Border Router verwalten?

_____

_____

_____

KAPITEL 3

Implementieren von NWLink

Lektion 1: Einführung in NWLink ... 60

Lektion 2: Verwenden von Gateway Service für NetWare ... 68

Lektion 3: Verwenden von Client Service für NetWare ... 76

Lektion 4: Installieren und Konfigurieren von NWLink ... 79

Lernzielkontrolle ... 88

Über dieses Kapitel

In diesem Kapitel erhalten Sie einen Überblick über das Internetworking mit Microsoft Windows 2000 und Novell NetWare. Dazu gehört das Installieren und Konfigurieren des NWLink-Protokolls.

Bevor Sie beginnen

Für die Bearbeitung der Lektionen in diesem Kapitel gelten folgende Voraussetzungen:

- Sie müssen die Installationsfunktionen ausgeführt haben, die sich im Kapitel „Über dieses Buch" befinden

Lektion 1: Einführung in NWLink

Wenn sich einige der Computerressourcen in einem Novell NetWare-Netzwerk befinden, muss das Windows 2000-basierte Netzwerk mit dem NetWare-Netzwerk kommunizieren und Ressourcen freigeben. Novell verwendet das IPX/SPX-Protokoll (Internetwork Packet Exchange/ Sequenced Packet Exchange) als primäres Netzwerkprotokoll. NWLink ist ein IPX/SPX-kompatibles Protokoll, das von Microsoft entwickelt wurde, damit Computer unter Windows 2000 mit NetWare-Diensten kommunizieren können. In diesem Kapitel erhalten Sie einen Überblick über das NWLink-Protokoll.

Am Ende dieser Lektion werden Sie in der Lage sein, die folgenden Aufgaben durchzuführen:

- Erläutern des Zwecks des NWLink-Protokolls
- Aufführen einiger Komponenten für das Internetworking von Windows 2000 mit Novell NetWare
- Bestimmen der Architektur von NWLink

Veranschlagte Zeit für die Lektion: 25 Minuten

Interoperabilität mit NetWare

Windows 2000 verfügt über Protokolle und Dienste, mit deren Hilfe Sie Windows 2000-Netzwerke und Novell NetWare-Netzwerke miteinander integrieren können. Dazu gehören unter anderem das NWLink IPX/SPX/NetBIOS-kompatible Übertragungsprotokoll, Windows 2000 Gateway Service für NetWare und Windows 2000 Client Service für NetWare. Mit diesen Funktionen können Sie eine Netzwerkumgebung aus Windows 2000- und NetWare-Servern erstellen. Mit dem in Windows 2000 enthaltenen Directory Services Migration Tool für NetWare können Sie auch Benutzerkonten, Gruppen, Dateien und Berechtigungen von NetWare übernehmen.

Die folgende Liste beschreibt Dienste für Windows 2000 Server, die es Computern unter Windows 2000 ermöglichen, zusammen mit Novell NetWare-Netzwerken und -Servern eingesetzt und verwendet zu werden. Einige dieser Dienste sind in Windows 2000 Server enthalten, andere sind als separate Produkte erhältlich.

- **IPX/SPX/NetBIOS-kompatibles Übertragungsprotokoll (NWLink)**
  NWLINK, ein IPX/SPX-kompatibles Protokoll, ist der fundamentale Baustein für die NetWare-kompatiblen Dienste auf der Windows 2000-Plattform. NWLink ist in allen Versionen von Windows 2000 Server und Windows 2000 Professional enthalten.

- **Gateway Service für NetWare** Gateway Service für NetWare ist in allen Versionen von Windows 2000 Server enthalten. Mit Hilfe dieses Dienstes kann ein Computer unter Windows 2000 Server auf der Anwendungsschicht mit Computern unter der Serversoftware NetWare 3.2 oder höher kommunizieren. Die Anmeldeskript-Unterstützung ist auch enthalten. Außerdem können Sie mit Hilfe von Gateway Service für NetWare Gateways für NetWare-Ressourcen erstellen. Dadurch können Computer, auf denen nur Microsoft-Clientsoftware ausgeführt wird, über das Gateway auf NetWare-Ressourcen zugreifen. Gateway Service für NetWare wird ausführlich in Lektion 2 erläutert.

- **Directory Services Migration Tool** Das Directory Services Migration Tool gibt Ihnen die Möglichkeit, Benutzerkonten, Gruppen, Dateien und Berechtigungen von einem NetWare-Server in den Verzeichnisdienst Windows 2000 Active Directory zu übernehmen. Windows 2000 ersetzt das ältere NetWare Convert Tool durch das Directory Service Migration Tool. Das Directory Service Migration Tool migriert NetWare-Bindery und NetWare Domain Services in eine Offlinedatenbank und ermöglicht es Administratoren, die Kontoinformationen erst anzupassen, bevor sie endgültig in das Active Directory übernommen werden (siehe Abbildung 3.1).

Abbildung 3.1 Migration von Novell Directory Services zu Windows 2000 Active Directory.

- **Datei und Druckdienste für NetWare** Mit den Datei und Druckdiensten für NetWare können NetWare-Clients unter Anwendung des IPX/SPX-kompatiblen Übertragungsprotokolls Druckaufträge über das Netzwerk an Windows 2000-Druckerserver senden. Bei diesen Diensten handelt es sich um ein von Windows 2000 separates Produkt, für das keine Änderungen an NetWare-Clients vorgenommen werden müssen.

Integrieren von NetWare 5.0- und Windows 2000-Servern

Ebenso wie Windows 2000 verwendet NetWare 5.0 TCP/IP (Transmission Control Protocol/Internet Protocol) als systemeigenes Protokoll, während IPX standardmäßig nicht installiert wird. Weder Client Service für NetWare noch Gateway Service für NetWare unterstützen Verbindungen mit NetWare-Ressourcen über das IP-Protokoll. Wenn Sie daher über NWLink eine Verbindung mit NetWare 5.0-Servern herstellen, müssen Sie IPX auf NetWare 5.0-Servern aktivieren.

NWLink und Windows 2000

NWLink stellt die Netzwerk- und Übertragungsprotokolle zur Verfügung, um die Kommunikation mit NetWare-Dateiservern zu unterstützen. Sie müssen dieses Protokoll installieren, wenn Sie über Gateway Service für NetWare oder Client Service für NetWare eine Verbindung mit NetWare-Servern herstellen möchten. Wenn Sie sich von einem Windows 2000 Professional-Computer aus in einem NetWare-Netzwerk anmelden möchten, müssen Sie Client Service für NetWare oder einen NetWare-Client eines Fremdanbieters wie Novell Client für Windows 2000 verwenden. Eine weitere Möglichkeit stellt eine Gateway-basierte Lösung dar; dazu müssen Sie Gateway Service für NetWare auf einem Windows 2000-Server installieren. Client Service für NetWare und Gateway Service für NetWare werden weiter unten in diesem Kapitel behandelt.

Da NWLink NDIS-kompatibel (Network Driver Interface Specification) ist, können auf dem Windows 2000-Computer gleichzeitig andere Protokollstapel ausgeführt werden, z. B. TCP/IP. NWLink kann Bindungen mit mehreren Netzwerkadaptern herstellen, die mit verschiedenen Rahmentypen arbeiten. NWLink erfordert nur wenig oder gar keine Erstkonfiguration von Clients in kleinen Netzwerken ohne Routing.

NetBIOS und Windows Sockets

NWLink unterstützt zwei Netzwerk-APIs (Application Programming Interface): NetBIOS und Windows Sockets (WinSock). Diese APIs ermöglichen es Computern unter Windows 2000, mit NetWare-Clients und -Servern sowie mit beliebigen Windows-basierten Computern zu kommunizieren, die NWLink verwenden. Die Unterstützung von NWLink für NetBIOS ermöglicht die Kommunikation mit allen NetBIOS-basierten Anwendungen, einschließlich Microsoft Systems Management Server, SNA Server, SQL Server und Exchange Server. Die WinSock-Schnittstelle zu NWLink ermöglicht es Windows-basierten Clientcomputern mit nur einem installierten NWLink, Sockets-Anwendungen wie Microsoft Internet Explorer zu verwenden.

NWLink-Architektur

NWLink verfügt über eine umfassende Reihe von Übertragungs- und Netzwerkschichtprotokollen, die die Integration in die NetWare-Umgebung ermöglichen. In Tabelle 3.1 sind die Unterprotokolle und Komponenten mit ihrer jeweiligen Funktion und den zugehörigen Treibern aufgeführt.

Tabelle 3.1 NWLink-Unterprotokolle

Protokoll	Funktion	Treiber
IPX	Ein Peer-To-Peer-Netzwerkprotokoll, das verbindungslose Datagramm-Übertragungsdienste enthält und die Adressierung sowie Weiterleitung von Datenpaketen in und zwischen Netzwerken steuert.	**NWLNKIPX.SYS**
SPX und SPXII	Enthalten verbindungsorientierte Übertragungsdienste.	**NWLNKSPX.SYS**
RIP (Routing Information Protocol)	Enthält Routen- und Routersuchdienste.	**NWLNKIPX.SYS**
SAP (Service Advising Protocol)	Erfasst und verteilt Dienstnamen und -adressen.	**NWLNKIPX.SYS**
NetBIOS	Bietet kompatible Unterstützung mit NetBIOS für IPX/SPX	**NWLNKNB.SYS**
Forwarder	Ermöglicht die Unterstützung von IPX-Routern.	**NWLNKFWD.SYS**

Abbildung 3.2 zeigt die Stellung von NWLink in der Architektur von Windows 2000 sowie die Dateien, in denen die einzelnen Protokolle implementiert sind.

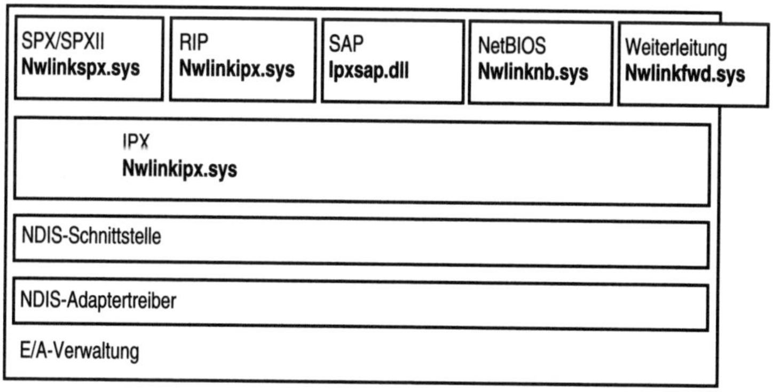

```
┌─────────────────────────────────────────────────────────────────────────┐
│ SPX/SPXII      │ RIP          │ SAP        │ NetBIOS      │ Weiterleitung │
│ Nwlinkspx.sys  │ Nwlinkipx.sys│ Ipxsap.dll │ Nwlinknb.sys │ Nwlinkfwd.sys │
├─────────────────────────────────────────────────────────────────────────┤
│   IPX                                                                   │
│   Nwlinkipx.sys                                                         │
├─────────────────────────────────────────────────────────────────────────┤
│ NDIS-Schnittstelle                                                      │
├─────────────────────────────────────────────────────────────────────────┤
│ NDIS-Adaptertreiber                                                     │
├─────────────────────────────────────────────────────────────────────────┤
│ E/A-Verwaltung                                                          │
└─────────────────────────────────────────────────────────────────────────┘
```

Abbildung 3.2 NWLink in der Architektur von Windows 2000

IPX

IPX ist ein Peer-To-Peer-Netzwerkprotokoll, das verbindungslose Datagramm-Übertragungsdienste enthält und die Adressierung sowie Weiterleitung von Datenpaketen in und zwischen Netzwerken steuert. Bei einer verbindungslosen Übertragung muss eine Sitzung nicht jedesmal eingerichtet werden, wenn Pakete übertragen werden. Die Pakete werden einfach über das Netzwerkkabel gesendet.

Dies erfordert weniger Aufwand als eine verbindungsorientierte Übertragung, bei der mit jeder Paketübertragung eine Sitzung eingerichtet werden muss. Die verbindungslose Übertragung eignet sich daher am besten in Situationen, in denen Daten in zeitweisen, kurzen Schüben erzeugt werden.

Da IPX ein verbindungsloses Protokoll ist, verfügt es über keine Flusssteuerung und gibt keine Bestätigung zurück, dass die empfangende Station das Datagrammpaket empfangen hat. Stattdessen gelangen die einzelnen Datagrammpakete unabhängig voneinander an ihr Ziel. IPX geht davon aus, dass sie intakt ankommen, allerdings ohne Garantie dafür, dass die Pakete an ihr Ziel gelangen oder dass sie der Reihe nach eintreffen. Da die Übertragung in LANs (Local Area Networks) relativ fehlerfrei ist, arbeitet IPX bei der Zustellung kurzer Datenschübe in LANs jedoch effizient.

NWLink ermöglicht die Anwendungsprogrammierung für WinSock sowie über WinSock ausgeführte RPCs (Remote Procedure Calls, Remoteprozeduraufrufe). IPX unterstützt die WinSock-Identifikation für WinSock-Anwendungen. IPX ermöglicht über IPX (NBIPX) den NetBIOS-, Named Pipes-, Mailslots-, NetDDE- (Network Dynamic Data Exchange) Dienst, die RPC-Programmierung über NetBIOS und die RPC-Programmierung über Named Pipes. NWLink unterstützt durch direktes Hosting auch andere Anwendungen, die IPX verwenden. Direktes Hosting ist eine Funktion, die es Computern ermöglicht, unter Umgehung der NetBIOS-Schicht über IPX zu kommunizieren. Das direkte Hosting kann den Übertragungsaufwand verringern und den Durchsatz erhöhen.

SPX

SPX ist ein Übertragungsprotokoll, das verbindungsorientierte Dienste über IPX bereitstellt. Ein verbindungsorientierter Dienst erfordert zwar einen gewissen Aufwand für das Einrichten einer Sitzung, der Aufwand für die Datenübertragung ist nach dem Einrichten jedoch nicht höher als bei einem verbindungslosen Dienst. SPX eignet sich daher am besten für Dienstprogramme, die eine fortlaufende Verbindung benötigen. SPX sorgt durch Sequenzierung und Bestätigungen für eine zuverlässige Zustellung und überprüft, ob die Pakete an die Netzwerkziele übermittelt wurden. Dazu fordert SPX vom Ziel beim Empfang der Daten eine Bestätigung an. Bei der SPX-Überprüfung muss jedoch ein Wert einbezogen werden, der dem Wert entspricht, der aus dem Wert vor der Übertragung berechnet wurde. SPX stellt durch das Vergleichen dieser Werte sicher, dass das Datenpaket das entsprechende Ziel intakt erreicht hat. SPX kann Datenübertragungen erfassen, die aus einer Serie separater Pakete bestehen. Wenn innerhalb einer bestimmten Zeit auf eine Bestätigungsanforderung keine Antwort erfolgt, wird die Anforderung von SPX bis zu acht Mal wiederholt. Wird keine Antwort empfangen, geht SPX davon aus, dass die Verbindung unterbrochen wurde.

SPXII verfügt auch über einen Packet Burst-Mechanismus. Packet Burst, auch Burstmodus genannt, ermöglicht die Übertragung mehrerer Datenpakete, wobei die Pakete nicht einzeln sequenziert und bestätigt werden müssen. Da mehrere Pakete nur einmal bestätigt werden müssen, kann der Burstmodus den Netzwerkverkehr in den meisten IPX-Netzwerken reduzieren. Darüber hinaus stellt der Packet Burst-Mechanismus fest, ob Pakete verworfen wurden, und überträgt nur die fehlenden Pakete. In Windows 2000 ist der Burstmodus standardmäßig aktiviert.

SPXII

SPXII stellt eine Verbesserung von SPX dar, da in Netzwerken mit großer Bandbreite eine höhere Leistungsfähigkeit erzielt wird. Durch SPXII wird SPX in folgender Hinsicht verbessert:

- **SPXII lässt mehr ausstehende, nicht bestätigte Pakete zu als SPX**   In SPX kann immer nur ein nicht bestätigtes Paket ausstehen, während es in SPXII so viele ausstehende Pakete geben kann, wie von den vernetzten Peers zum Zeitpunkt des Verbindungsaufbaus ausgehandelt werden.

- **SPXII lässt größere Pakete zu**   Die maximale Paketgröße bei SPX beträgt 576 Byte, während SPXII die maximale Paketgröße des zugrunde liegenden LANs verwenden kann. In einem Ethernet-Netzwerk kann SPXII beispielsweise Pakete von 1518 Byte verwenden.

RIP (Routing Information Protocol)

NWLink verwendet RIP (Routing Information Protocol) über IPX (RIPX), um Routen- und Routersuchdienste zu implementieren, die von SPX und NBIPX verwendet werden. RIP sendet und erhält IPX-Verkehr und verwaltet eine Routingtabelle. RIP wird in einer Schicht ausgeführt, die der Anwendungsschicht im OSI-Schichtenmodell entspricht. Der RIP-Code ist in der Datei **NWLNKIPX.SYS** implementiert.

NWLink enthält das RIP-Protokoll für Windows-basierte Clients und für Computer mit Windows 2000 Server, auf denen der Routing- und RAS-Dienst nicht installiert sind. Diese Computer leiten Pakete nicht wie Router weiter, sondern stellen anhand einer RIP-Tabelle fest, wohin die Pakete zu senden sind. RIP-Clients, z. B. Arbeitsstationen, ermitteln die optimale Route zu einer IPX-Netzwerknummer, indem sie die RIP-Routenanforderung „GetLocalTarget" senden. Jeder Router, der das Ziel erreichen kann, sendet als Antwort auf die Routenanforderung GetLocalTarget eine Route. Auf Grundlage der RIP-Antworten der lokalen Router wählt die sendende Station den besten Router zur Weiterleitung des IPX-Pakets aus.

SAP (Service Advertising Protocol)

Das Protokoll SAP verteilt die Namen und Adressen von Diensten, die auf IPX-Knoten ausgeführt werden. SAP-Clients verwenden SAP-Broadcasts nur, wenn Bindery-basierte oder Novell Directory Services-Abfragen fehlschlagen. SAP-Clients senden die folgenden Arten von Meldungen:

- SAP-Clients fordern über die SAP-Anforderung GetNearestServer den Namen und die Adresse des nächsten Servers eines bestimmten Typs an.
- SAP-Clients fordern über die SAP-Anforderung eines allgemeinen Dienstes die Namen und Adressen aller Dienste oder aller Dienste eines bestimmten Typs an.

NWLink enthält einen Teil des SAP-Protokolls für Windows-basierte Clients und für Computer mit Windows 2000 Server, auf denen kein IPX-Router installiert ist.

NetBIOS über IPX

Um den Einsatz von NetBIOS-basierten Anwendungen in einem IPX-Netzwerk zu erleichtern, verfügt NetBIOS über IPX (Treiber **NWLNKNB.SYS**) über die folgenden NetBIOS-Standarddienste:

- **NetBIOS-Datagrammdienste** Anwendungen verwenden NetBIOS-Datagrammdienste für eine schnelle, verbindungslose Kommunikation. Dieser Dienst wird von Mailslots und von der Benutzerauthentifizierung verwendet.
- **NetBIOS-Sitzungsdienste** NetBIOS bietet ein verbindungsorientierte, zuverlässige Kommunikation zwischen Anwendungen. Die Datei- und Druckfreigabe basiert auf diesem Dienst.
- **NetBIOS-Namensdienst** Zur Namensverwaltung gehört das Registrieren, Abfragen und Ausgeben von NetBIOS-Namen.

Weiterleitung (Forwarder)

Bei der Weiterleitung handelt es sich um eine Kernelmoduskomponente, die mit NWLink installiert wird. Sie wird jedoch nur dann verwendet, wenn der Windows 2000-basierte Server als IPX-Router verwendet wird, auf dem der Routing- und RAS-Dienst ausgeführt wird.

Wenn die IPX-Routersoftware aktiviert wird, arbeitet die Weiterleitungs-Komponente mit dem IPX-Router-Manager und der Filterkomponente zusammen, um Pakete weiterzuleiten. Die Weiterleitungs-Komponente erhält Konfigurationsinformationen vom IPX-Router-Manager und speichert eine Tabelle der besten Routen. Wenn die Weiterleitungs-Komponente ein eingehendes Paket empfängt, übergibt sie es an den Filtertreiber, damit dieser es auf Eingangsfilter überprüfen kann. Wenn die Komponente ein ausgehendes Paket empfängt, übergibt sie es zunächst dem Filtertreiber. Vorausgesetzt, die Übertragung des Pakets wird durch keinen Ausgangsfilter verhindert, gibt die Filterkomponente das Paket zurück, und die Weiterleitungs-Komponente leitet das Paket über die entsprechende Schnittstelle.

Zusammenfassung der Lektion

Bei NWLink handelt es sich um die 32-Bit-Implementierung von IPX/SPX durch Microsoft. IPX ist ein Peer-To-Peer-Netzwerkprotokoll, das verbindungslose Datagramm-Übertragungsdienste enthält und die Adressierung sowie Weiterleitung von Paketen steuert. SPX ist ein Übertragungsprotokoll, das verbindungsorientierte Dienste über IPX bereitstellt. Eine Weiterleitungs-Komponente arbeitet mit dem IPX-Router-Manager und der Filterkomponente zusammen, um Pakete auf der optimalen Route weiterzuleiten.

Lektion 2: Verwenden von Gateway Service für NetWare

Gateway Service für NetWare ermöglicht es einem Microsoft-Netzwerkclient (LAN Manager, MS-DOS, Windows für Workgroups, Windows 95, Windows 98, Windows NT oder Windows 2000) über den Windows 2000 Server-basierten Computer auf NetWare-Serverdienste zuzugreifen. In dieser Lektion erfahren Sie, wie Gateway Service für NetWare installiert und eingesetzt wird.

Am Ende dieser Lektion werden Sie in der Lage sein, die folgenden Aufgaben durchzuführen:

- Installieren von Gateway Service für NetWare
- Aktivieren von Gateways in Windows 2000

Veranschlagte Zeit für die Lektion: 30 Minuten

Gateway Service für NetWare im Überblick

Mit Gateway Service für NetWare können Sie ein Gateway erstellen, über das Microsoft-Clientcomputer ohne Novell NetWare-Clientsoftware auf NetWare-Datei- und Druckressourcen zugreifen können. Sie können Gateways für Ressourcen in Novell NDS-Strukturen und für Ressourcen auf Servern mit Bindery-Sicherheit erstellen. Zu diesen Ressourcen gehören Datenträger, Verzeichnisse, Verzeichnisobjekte, Drucker und Druckwarteschlangen. Ein Benutzer, der lokal auf einem Computer unter Windows 2000 Server arbeitet, kann mit Hilfe von Gateway Service für NetWare direkt auf NetWare-Datei- und Druckerressourcen in den Novell NDS-Strukturen und auf Servern mit Bindery-Sicherheit zugreifen. Gateway Service für NetWare hängt von NWLink ab.

Wissenswertes über Gateway Service für NetWare und Gateways

Gateway Service für NetWare fungiert als Brücke zwischen dem in Windows-Netzwerken verwendeten NetBIOS-Protokoll und dem in NetWare-Netzwerken verwendeten NetWare Core-Protokoll. Wenn ein Gateway aktiviert ist, können Netzwerkclients, auf denen Microsoft-Clientsoftware ausgeführt wird, auf NetWare-Dateien und Drucker zugreifen, ohne dass die NetWare-Clientsoftware lokal ausgeführt werden muss. Abbildung 3.3 enthält ein Beispiel einer Dateigatewaykonfiguration.

Für den Dateizugriff leitet der Gatewayserver ein eigenes Laufwerk auf den NetWare-Datenträger um und gibt dieses Laufwerk dann für andere Microsoft-Clients frei. Das Dateigateway verwendet ein NetWare-Konto auf dem Computer unter Windows 2000, um eine validierte Verbindung mit dem NetWare-Server herzustellen. Diese Verbindung erscheint auf dem Computer mit Windows 2000 Server als umgeleitetes Laufwerk.

Wenn Sie das umgeleitete Laufwerk freigeben, verhält es sich wie die übrigen freigegebenen Ressourcen auf dem Computer unter Windows 2000 Server.

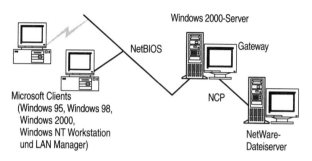

Abbildung 3.3 Dateigatewaykonfiguration

Beispiel: Sie möchten ein Gateway vom Computer AIREDALE (mit Gateway Service für NetWare) zum Novell NDS-Ordner **\\NW4\Server1\ Org_Unit.Org\ Data** auf dem NetWare-Server **Nw4** erstellen. Wenn Sie das Gateway aktivieren, geben Sie **\\NW4\Server1\Org_Unit.Org\Data** als NetWare-Ressource an, und anschließend legen Sie für Windows-Clients einen Freigabenamen fest, z. B. **Nw_Data**. Microsoft-Clients sprechen diese Ressource mit **\\AIREDALE\ Nw_Data** an.

Wenn die Gatewayverbindung hergestellt ist, wird sie nur unterbrochen, wenn der Computer unter Windows 2000 Server ausgeschaltet wird, wenn der Verwalter die freigegebene Ressource trennt oder den Gateway deaktiviert oder wenn ein Netzwerkproblem den Zugriff auf den NetWare-Server verhindert. Durch das bloße Abmelden des Computers unter Windows 2000 Server wird das Gateway noch nicht getrennt.

Anmerkung Da die Anforderungen von Windows-Netzwerkclients über das Gateway verarbeitet werden, ist die Zugriffsgeschwindigkeit beim direkten Zugriff des Clients auf das NetWare-Netzwerk niedriger. Clients, die häufig auf NetWare-Ressourcen zugreifen müssen, sollten eine lokale NetWare-Clientsoftware verwenden, um eine höhere Leistung zu erzielen.

Installieren des Gateway Service für NetWare

Sie können Gateway Service für NetWare beim Installieren von Windows 2000 Server oder zu einem späteren Zeitpunkt einrichten. Um Gateway Service für NetWare zu installieren und zu konfigurieren, müssen Sie ein Mitglied der Gruppe der Administratoren sein. Wenn Sie Gateway Service für NetWare nach der Installation von Windows 2000 Server einrichten möchten, führen Sie die folgenden Schritte aus.

▶ **So installieren Sie Gateway Service für NetWare**

1. Doppelklicken Sie in der **Systemsteuerung** auf **Netzwerk- und DFÜ-Verbindungen**.
2. Klicken Sie mit der rechten Maustaste auf **LAN-Verbindung**, und klicken Sie anschließend auf **Eigenschaften**.
3. Klicken Sie auf der Registerkarte **Allgemein** auf **Installieren**.
4. Klicken Sie im Dialogfeld **Typ der Netzwerkkomponente auswählen** auf **Client** und anschließend auf **Hinzufügen**.
5. Klicken Sie im Dialogfeld **Netzwerkclient wählen** auf **Gateway (und Client) Services für NetWare**, und klicken Sie anschließend auf **OK**.

NWLink wird während der Installation von Gateway Service für NetWare eingerichtet, sofern noch nicht installiert. Während der Installation von Gateway Service für NetWare wird außerdem Client Service für NetWare installiert und das Gateway Service für NetWare-Symbol zur Systemsteuerung hinzugefügt. Standardmäßig wird das NetWare-Netzwerk in der Suchreihenfolge des Netzwerks an erster Stelle platziert.

Wichtig Bevor Sie Gateway Service für NetWare installieren, müssen Sie die vorhandene Clientsoftware, die mit NCP (NetWare Core Protocol) kompatibel ist, einschließlich der NetWare-Clientsoftware vollständig vom Computer entfernen.

Konfigurieren von Gateway Service für NetWare

Wenn Sie sich nach der Installation von Gateway Service für NetWare erstmals anmelden, werden Sie dazu aufgefordert, die Standardstruktur und den Kontext für den bevorzugten Server anzugeben. Die Struktur und der Kontext definieren die Position des Benutzerobjekts für den Benutzernamen, mit dem Sie sich bei einer Novell NDS-Struktur anmelden. Ein bevorzugter Server ist der NetWare-Server, zu dem beim Anmelden automatisch eine Verbindung hergestellt wird, wenn Ihr Netzwerk Novell NDS nicht verwendet. Sie sollten eine Standardstruktur und einen Kontext nur in einer Novell NDS-Umgebung festlegen. Andernfalls können Sie einen bevorzugten Server bestimmen. Das Dialogfeld **Gateway Service für NetWare** wird in Abbildung 3.4 dargestellt.

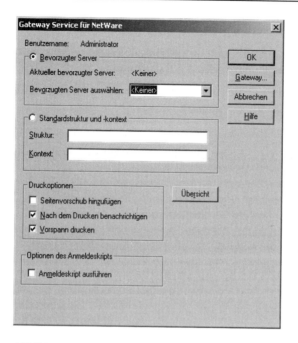

Abbildung 3.4 Dialogfeld Gateway Service für NetWare

▶ **So legen Sie einen bevorzugten Server fest**

1. Klicken Sie auf **Start**, zeigen Sie auf **Einstellungen**, klicken Sie auf **Systemsteuerung**, und wählen Sie anschließend **GSNW**.

2. Klicken Sie auf **Bevorzugter Server**, und geben Sie im Feld **Bevorzugten Server auswählen** den bevorzugten Server ein.

   Wenn Sie keinen bevorzugten Server einstellen mochten, klicken Sie auf **Keiner**. Sie sind beim nächsten verfügbaren NetWare-Server angemeldet, und Ihre Interaktion mit dem NetWare-Netzwerk erfolgt über diesen Server. Wenn Sie keinen bevorzugten Server einstellen, werden Sie bei jeder Anmeldung dazu aufgefordert, den gewünschten Server festzulegen.

Sie können entweder eine Standardstruktur und einen Kontext oder einen bevorzugten Server angeben. (In Novell NDS-Umgebungen legen Sie eine Standardstruktur und einen Kontext fest.) Wenn Sie eine Standardstruktur und einen Kontext auswählen, können Sie weiterhin auf Server mit Bindery-Sicherheit zuzugreifen.

▶ **So legen Sie Standardstruktur und -kontext fest**

1. Klicken Sie auf **Start**, zeigen Sie auf **Einstellungen**, klicken Sie auf **Systemsteuerung**, und wählen Sie anschließend **GSNW**.

2. Klicken Sie auf **Standardstruktur und -kontext**; geben Sie in den Feldern **Struktur** und **Kontext** die gewünschte Struktur und den gewünschten Kontext ein.

Erstellen eines Gateways

Bevor Sie ein Gateway für NetWare-Ressourcen erstellen können, muss der NetWare-Server über eine Gruppe mit der Bezeichnung NTGATEWAY verfügen. Außerdem muss ein Benutzerkonto mit den erforderlichen Rechten für den Zugriff auf die gewünschten Ressourcen eingerichtet sein. Das zu verwendende NetWare-Benutzerkonto muss ein Mitglied der Gruppe NTGATEWAY sein.

Bei dem NetWare-Benutzerkonto, das Sie zum Aktivieren von Gateways verwenden, kann es sich um ein Novell NDS-Konto bzw. um ein Bindery-Konto handeln. Wenn der Server Gateways für Novell NDS-Ressourcen und für Ressourcen auf Servern mit Bindery-Sicherheit besitzen soll, muss es sich bei dem Benutzerkonto um ein Bindery-Konto handeln. (Dieses Konto kann eine Verbindung zu Novell NDS-Ressourcen über die Bindery-Emulation herstellen.) Wenn Sie nur Gateways für Novell NDS-Ressourcen erstellen, kann ein Novell NDS-Konto verwendet werden.

Aktivieren von Gateways in Windows 2000

Ein Gateway wird in zwei Schritten erstellt. Sie aktivieren zunächst Gateways auf dem Server, auf dem Windows 2000 Server ausgeführt wird. Wenn Sie ein Gateway aktivieren, müssen Sie den Namen und das Kennwort des Benutzerkontos eingeben, das über Zugang zum NetWare-Server verfügt und zur NTGATEWAY-Gruppe auf dem entsprechenden NetWare-Server gehört. Sie müssen dies für jeden Server, der als Gateway fungiert, lediglich einmal ausführen.

▶ **So aktivieren Sie ein Gateway auf dem Server**

1. Klicken Sie auf **Start**, zeigen Sie auf **Einstellungen**, klicken Sie auf **Systemsteuerung**, und wählen Sie anschließend **GSNW**.

2. Klicken Sie auf **Gateway**, und aktivieren Sie anschließend das Kontrollkästchen **Gateway aktivieren**.

3. Geben Sie im Feld **Gatewaykonto** den Namen des Gatewaykontos ein.

4. Geben Sie in den Feldern **Kennwort** und **Kennwortbestätigung** das Kennwort für das Gatewaykonto ein.

Sie können jetzt NetWare-Datei- und Druckressourcen über ein Windows-basiertes Netzwerk freigeben.

Aktivieren von Gateways

Der zweite Schritt besteht im Aktivieren eines Gateways für jeden Datenträger oder Drucker, für den Sie ein Gateway erstellen möchten. Wenn Sie ein Gateway aktivieren, geben Sie die NetWare-Ressource und einen Freigabenamen an, über den Windows-Clientbenutzer eine Verbindung zur entsprechenden Ressource herstellen. Um ein Gateway für einen Datenträger zu aktivieren, doppelklicken Sie in der Systemsteuerung auf das Symbol **GSNW**. Um ein Gateway für einen Drucker zu aktivieren, verwenden Sie den Assistenten zum Hinzufügen von Druckern. Wenn Sie ein Gateway für eine Novell NDS-Ressource aktivieren und es sich bei dem Gatewaybenutzerkonto um ein Bindery-Benutzerkonto handelt, geben Sie die Ressource an, die den Bindery-Kontextnamen verwendet. Wenn Sie ein Novell NDS-Benutzerkonto verwenden und keine Gateways für Bindery-Ressourcen erstellt werden sollen, geben Sie den Novell NDS-Ressourcennamen an.

▶ **So aktivieren Sie ein Gateway für eine NetWare-Dateiressource**

1. Klicken Sie auf **Start**, zeigen Sie auf **Einstellungen**, klicken Sie auf **Systemsteuerung**, und wählen Sie anschließend **GSNW**.

2. Klicken Sie auf **Gateway**, und aktivieren Sie anschließend das Kontrollkästchen **Gateway aktivieren**.

3. Klicken Sie auf **Hinzufügen**, und geben Sie anschließend im Feld **Freigabename** einen Freigabenamen ein, mit dem Microsoft-Clients auf die NetWare-Ressource zugreifen.

4. Geben Sie im Feld **Netzwerkpfad** den Netzwerkpfad des freizugebenden NetWare-Datenträgers oder -Verzeichnisses ein.

5. Geben Sie im Feld **Laufwerk** gegebenenfalls das zu verwendende Standardlaufwerk ein.

6. Klicken Sie auf **Unbegrenzt** und dann auf **OK**.

   Sie können auch auf **Zulassen** klicken, um die maximale Anzahl von gleichzeitigen Benutzern einzugeben, und anschließend auf **OK** klicken.

▶ **So aktivieren Sie ein Gateway für einen NetWare-Drucker**

1. Klicken Sie auf **Start**, zeigen Sie auf **Einstellungen**, und klicken Sie dann auf **Drucker**.

2. Klicken Sie auf **Neuer Drucker**, und klicken Sie anschließend auf **Weiter**.

3. Klicken Sie auf **Netzwerkdrucker** und dann auf **Weiter**.

4. Geben Sie im Feld **Name** den Druckernamen im folgenden Format ein: **\\servername\freigabename**

   Um den NetWare-Drucker unter **Freigegebene Drucker** zu ermitteln, klicken Sie auf **Weiter**, ohne einen Namen einzugeben. Doppelklicken Sie gegebenenfalls auf die Novell NDS-Strukturnamen und auf die NetWare-Servernamen, bis Sie den gewünschten Drucker gefunden haben.

Folgen Sie den restlichen Anweisungen im Assistenten zum Hinzufügen von Druckern, um eine Verbindung zum NetWare-Drucker herzustellen:

1. Das Symbol für den entsprechenden Drucker wird im Ordner **Drucker** angezeigt.
2. Klicken Sie auf den gerade erstellten Drucker, und klicken Sie im Menü **Datei** auf **Eigenschaften**.
3. Klicken Sie auf der Registerkarte **Freigabe** auf **Freigegeben**, und geben Sie im Dialogfeld **Freigegeben als** einen Namen für den Drucker ein.

Sicherheit für Gatewayressourcen

Die Sicherheit für Gatewayressourcen wird auf zwei Ebenen gewährleistet:

- Auf Computern unter Windows 2000 Server, die als Gateway fungieren, können Sie Berechtigungen auf Freigabeebene für jede über das Gateway zur Verfügung gestellte Ressource einrichten.
- Der NetWare-Administrator kann auf dem NetWare-Datei-Server dem Benutzerkonto, das für das Gateway oder für die NTGATEWAY-Gruppe verwendet wird, Vertrauensnehmerrechte zuweisen. Diese Rechte gelten für alle Microsoft-Clientbenutzer, die über das Gateway auf die Ressource zugreifen. Der Zugriff auf Gateways wird nicht überwacht.

Direktes Zugreifen auf NetWare-Ressourcen

Gateway Service für NetWare bietet nicht nur die Gatewaytechnologie, sondern ermöglicht Benutzern, die lokal auf einem Computer unter Windows 2000 Server arbeiten, auch einen direkten Zugriff auf NetWare-Ressourcen, ebenso wie Client Service für NetWare diesen Dienst für Benutzer von Windows 2000 Professional zur Verfügung stellt. Die Informationen in diesem Abschnitt gelten ausschließlich für Benutzer, die lokal auf einem Computer unter Windows 2000 Server arbeiten und direkt auf NetWare-Ressourcen zugreifen. Sie sind nicht für Microsoft-Clients bestimmt, die über ein Gateway auf Ressourcen zugreifen. (Diese Informationen gelten nicht für Benutzer von Client Service für NetWare auf Computern, auf denen Windows 2000 Professional ausgeführt wird.)

Novell NDS-Strukturen (sowie NetWare-Server unter Bindery-Sicherheit) werden im Windows Explorer in der Liste **NetWare- oder kompatibles Netzwerk** aufgeführt. Sie können auf einen Strukturnamen doppelklicken, um ihn zu erweitern. Doppelklicken Sie anschließend auf ein beliebiges Containerobjekt, um den zugehörigen Inhalt und die Struktur anzuzeigen. Sie können einem Datenträger, einem Ordner oder einem Verzeichnisobjekt an einer beliebigen Stelle in der Strukturhierarchie ein lokales Laufwerk zuordnen (für das Sie autorisiert sind). Mit dem Assistenten zum Hinzufügen von Druckern können Sie eine Verbindung zu einem Novell NDS-Drucker herstellen. Diese Vorgehensweise entspricht dem Herstellen einer Verbindung zu einem beliebigen Netzwerkdrucker.

Wenn Sie über eine Standardstruktur und einen Kontext verfügen, müssen Sie sich nach der Anmeldung nicht erneut anmelden bzw. ein anderes Kennwort eingeben, um auf einen belieben Datenträger in Ihrer Standardstruktur zuzugreifen. Wenn Sie auf eine andere Struktur zugreifen, werden Sie dazu aufgefordert, den gesamten Kontext (einschließlich des Benutzernamens) für die entsprechende Struktur anzugeben.

Zusammenfassung der Lektion

Gateway Service für NetWare ermöglicht es einem Microsoft-Netzwerkclient (LAN Manager, MS-DOS, Windows für Workgroups, Windows 95, Windows 98, Windows NT oder Windows 2000) über Windows 2000 Server auf NetWare-Serverdienste zuzugreifen.

Lektion 3: Verwenden von Client Service für NetWare

Microsoft-Netzwerkclients können über den Windows 2000-Server, auf dem Gateway Service für NetWare ausgeführt wird, auf den NetWare-Server zugreifen. Ein Windows 2000-basierter Computer kann als Client über die integrierte Komponente Client Service für NetWare auf Ressourcen zugreifen. In dieser Lektion erfahren Sie, wie Client Service für NetWare installiert und eingesetzt wird.

Am Ende dieser Lektion werden Sie in der Lage sein, die folgenden Aufgaben durchzuführen:

- Installieren von Client Service für NetWare
- Erläutern der Vor- und Nachteile von Client Service für NetWare

Veranschlagte Zeit für die Lektion: 15 Minuten

NetWare-Konnektivität

Client Service für NetWare bietet eine Client-basierte NetWare-Konnektivität. Gateway Service für NetWare fungiert als Gateway, über das mehrere Clients auf NetWare-Ressourcen zugreifen können. Das NWLink-Protokoll, das automatisch mit dem Redirector installiert wird, ist für beide Dienste maßgeblich. Client Service für NetWare verwendet eine Teilmenge des Codes von Gateway Service für NetWare.

Wenn ein Laufwerk einem NetWare-Datenträger zugeordnet wird, stellt der Computer unter Windows 2000 Professional über ein NetWare-Konto eine validierte Verbindung mit dem NetWare-Server her. Beispiel: Ein NetWare-Konto wird verwendet, um eine Verbindung von Computer A (auf dem Client Service ausgeführt wird) mit dem Novell NDS-Datenträger **\\T\Volname.Orgunit.Org\Folder** herzustellen, wobei **T** der Name der Novell NDS-Struktur, **Volname.Orgunit.Org** der Pfad zum Datenträgernamen in der Novell NDS-Struktur und **Folder** ein Unterordner auf dem Datenträger **Volname** ist. Wählen Sie im Windows Explorer das Menü **Extras**, und klicken Sie anschließend auf **Netzlaufwerk verbinden**. Sie können auch das Dienstprogramm **net use** auf der Befehlszeile verwenden und den Pfad **\\B\Volname.Orgunit.Org\Folder** für die NetWare-Ressource angeben. Wird der Befehl **net use** nach dem Herstellen der zugeordneten Verbindung verwendet, wird die Verbindung nur dann unterbrochen, wenn der Computer unter Windows 2000 Professional heruntergefahren oder das Laufwerk manuell getrennt wird, oder wenn ein Netzwerkproblem den Zugriff auf den NetWare-Server verhindert. Das zugeordnete Laufwerk wird wiederhergestellt, wenn der Benutzer sich im Netzwerk anmeldet.

Wählen zwischen Client Service für NetWare und Gateway Service für NetWare

Wenn Sie beabsichtigen, eine heterogene Umgebung aus Windows 2000- und NetWare-Servern zu erstellen oder auf unbestimmte Zeit zu unterhalten, sollten Sie erwägen, Client Service für NetWare zu verwenden. Wenn Sie beabsichtigen, allmählich von NetWare zu Windows 2000 zu migrieren, oder wenn Sie den Verwaltungsaufwand verringern möchten, sollten Sie überlegen, Gateway Service für NetWare einzusetzen.

Vorteile von Client Service für NetWare

Gegenüber Gateway Service besitzt Client Service folgende Vorteile:

- **Client Service ermöglicht Sicherheit auf Benutzerebene anstatt auf Freigabeebene**   Mit Client Service für NetWare können Sie den Benutzern gestatten, auf Basisverzeichnisse einzelner Benutzer (Verzeichnisse, in denen die Daten einzelner Benutzer abgelegt sind) zuzugreifen, die auf NetWare-Datenträgern gespeichert sind. Die Benutzer können sich anschließend zu ihrem Basisverzeichnis und weiteren Datenträger verbinden, für die Ihnen Zugriff auf Benutzerebene gewährt wurde. Wenn Sie den Benutzern mit Gateway Service Zugriff auf einzelne Basisverzeichnisse geben wollen, müssen Sie jedem Benutzer einen eigenen Laufwerkbuchstaben zuordnen

- **Client Service zeichnet sich gegenüber Gateway Service durch eine höhere Leistung aus**   Client Service kommuniziert direkt mit NetWare-Servern und vermeidet so Verzögerungen, die durch übermäßigen Verkehr über einen Gateway Service für NetWare-Server hervorgerufen werden.

Nachteile von Client Service für NetWare

Client Service hat folgende Nachteile:

- **Bei Client Service müssen Sie für jeden Benutzer mehrere Benutzerkonten verwalten**   Für jeden Benutzer müssen Sie sowohl unter Windows 2000 als auch unter NetWare separate Benutzerkonten erstellen und verwalten. Dies ist jedoch nicht erforderlich, wenn Sie ein Zusatzprogramm, beispielsweise Novell Client für Windows 2000, verwenden. In Windows NT 4.0 machte der Directory Service Manager von Windows NT 4.0 die Erstellung separater Benutzerkonten auf Bindery-basierten Servern überflüssig.

- **Client Service erfordert mehr Installations- und Verwaltungsaufwand**
Bei Client Service müssen Sie auf jedem Computer unter Windows 2000 Client Service-Software zusätzlich installieren und verwalten.

- **Für Client Service müssen Sie im gesamten Netzwerk IPX implementieren**
Server unter Windows 2000 und NetWare 5.0 verwenden TCP/IP als systemeigenes Protokoll. Bei Client Service müssen Sie jedoch IPX (durch NWLink) verwenden. Außerdem muss unter Umständen IPX-Routing für das gesamte Netzwerk aktiviert werden.

Konfigurieren von Client Service für NetWare

Bei der Installation von Client Service für NetWare auf Windows 2000 Professional wird das NWLink IPX/SPX/NetBIOS-kompatible Übertragungsprotokoll automatisch eingerichtet. Um Client Service für NetWare zu installieren, müssen Sie über Administratorrechte auf dem Computer verfügen, auf dem Windows 2000 Professional ausgeführt wird. Für eine Einrichtung von Windows 2000 Professional und Client Service für NetWare im großen Rahmen kann der unbeaufsichtigte Installationsmodus von Microsoft verwendet werden.

▶ **So installieren Sie Client Service für NetWare**

1. Doppelklicken Sie in der **Systemsteuerung** auf **Netzwerk- und DFÜ-Verbindungen**.

2. Klicken Sie mit der rechten Maustaste auf die LAN-Verbindung, für die Sie Client Service für NetWare installieren möchten, und klicken Sie anschließend auf **Eigenschaften**.

3. Klicken Sie auf der Registerkarte **Allgemein** auf **Installieren**.

4. Klicken Sie im Dialogfeld **Typ der Netzwerkkomponente auswählen** auf **Client** und anschließend auf **Hinzufügen**.

5. Klicken Sie im Dialogfeld **Netzwerkclient wählen** auf **Client Service für NetWare**, und klicken Sie anschließend auf **OK**.

Zusammenfassung der Lektion

Windows 2000 enthält Clientsoftware, um Verbindungen mit Servern unter NetWare zu unterstützen. Mit Client Service für NetWare in Windows 2000 und Gateway Service für NetWare in Windows 2000 Server können Benutzer Datei- und Druckressourcen auf Servern unter NetWare verwenden.

Lektion 4: Installieren und Konfigurieren von NWLink

In dieser Lektion erfahren Sie, wie NWLink installiert wird. NWLink ist in allen Versionen von Windows 2000 enthalten, um Verbindungen mit Computern zu unterstützen, auf denen NetWare und andere kompatible Systeme ausgeführt werden.

Am Ende dieser Lektion werden Sie in der Lage sein, die folgenden Aufgaben durchzuführen:

- Installieren des NWLink-Protokolls in Windows 2000
- Konfigurieren des NWLink-Protokolls in Windows 2000
- Erläutern des Zwecks eines Rahmentyps und einer Netzwerknummer

Veranschlagte Zeit für die Lektion: 30 Minuten

Windows 2000 Professional und NetWare-Konnektivität

Windows 2000 Professional verwendet Client Service für NetWare und das NWLink-Protokoll, um eine Verbindung zwischen Windows 2000 Professional und Servern herzustellen, auf denen Novell NDS- oder Bindery-basierte NetWare-Server ausgeführt werden. Bei NWLink handelt es sich um die Windows-Komponente, die das IPX/SPX-Protokoll enthält.

Mit Windows 2000 Professional können Sie beim Aktualisieren von Windows 95, Windows 98 oder Windows NT 4.0 Workstation den Novell Client 32 auf dem Betriebssystem belassen. Windows 2000 Professional aktualisiert Computer, auf denen Versionen von Novell Client 32 ausgeführt werden, die älter als die Version 4.7 sind. Während der Aktualisierung auf Windows 2000 Professional wird Novell Client 32 Version 4.51 installiert. Dieser Prozess ermöglicht eine nahtlose Aktualisierung von Novell Client 32. Die Funktionalität bleibt dabei durchgängig erhalten. Sie können sich direkt an Novell wenden, um eine Vollversion von Novell Client zu erhalten.

Konfigurieren von Client Service für NetWare

Bei der Installation von Client Service für NetWare auf Windows 2000 Professional wird das NWLink IPX/SPX/NetBIOS-kompatible Übertragungsprotokoll automatisch eingerichtet.

▶ **So installieren Sie Client Service für NetWare**

1. Doppelklicken Sie in der **Systemsteuerung** auf **Netzwerk- und DFÜ-Verbindungen**.

2. Klicken Sie mit der rechten Maustaste auf die LAN-Verbindung, für die Sie Client Service für NetWare installieren möchten, und klicken Sie anschließend auf **Eigenschaften**.

3. Klicken Sie auf der Registerkarte **Allgemein** auf **Installieren**.

4. Klicken Sie im Dialogfeld **Typ der Netzwerkkomponente auswählen** auf **Client** und anschließend auf **Hinzufügen**.

5. Klicken Sie im Dialogfeld **Netzwerkclient wählen** auf **Client Service für NetWare**, und klicken Sie anschließend auf **OK**.

Anmerkung Um Client Service für NetWare zu installieren, müssen Sie über Administratorrechte für den Computer verfügen, auf dem Windows 2000 Professional ausgeführt wird.

NWLink IPX/SPX/NetBIOS-kompatibles Übertragungsprotokoll

Im Gegensatz zu TCP/IP wird das NWLink-Protokoll bei der Installation von Windows 2000 nicht standardmäßig eingerichtet. Sie können NWLink jedoch zusammen mit anderen Protokollen bei der Installation einrichten oder zu einem späteren Zeitpunkt installieren.

▶ **So installieren Sie NWLink**

1. Doppelklicken Sie in der **Systemsteuerung** auf **Netzwerk- und DFÜ-Verbindungen**.

2. Klicken Sie mit der rechten Maustaste auf **LAN-Verbindung**, und klicken Sie anschließend auf **Eigenschaften**.

3. Klicken Sie auf der Registerkarte **Allgemein** auf **Installieren**.

4. Klicken Sie im Dialogfeld **Typ der Netzwerkkomponente auswählen** auf **Protokoll** und anschließend auf **Hinzufügen**.

5. Klicken Sie im Dialogfeld **Netzwerkprotokoll wählen** auf **NWLink IPX/SPX/NetBIOS-kompatibles Übertragungsprotokoll**, und klicken Sie anschließend auf **OK**.

Um zu überprüfen, ob NWLink richtig konfiguriert wurde, geben Sie in der Eingabeaufforderung den Befehl **ipxroute config** ein. Es wird eine Tabelle mit Informationen über die Bindungen angezeigt, für die NWLink konfiguriert wurde, wie in Abbildung 3.5 dargestellt.

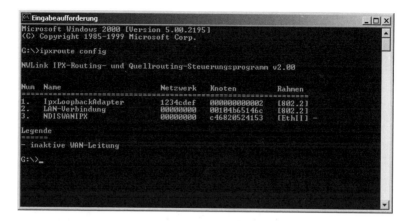

Abbildung 3.5 Informationen zur NWLink-Bindung

Interne Netzwerknummer

Die interne Netzwerknummer wird für interne Routingzwecke verwendet, wenn der Computer unter Windows 2000 auch IPX-Dienste bereitstellt. Beim Berechnen der optimalen Route für die Übertragung von Paketen an einen bestimmten Computer können mehrere Routen mit derselben Routenmetrik den Hosts Probleme mit Doppeldeutigkeiten bereiten. Wenn Sie eine eindeutige interne Netzwerknummer angeben, erstellen Sie ein virtuelles Netzwerk auf dem Computer. Dadurch wird ein singulärer optimaler Pfad vom Netzwerk zu den auf dem Computer ausgeführten Diensten ermöglicht.

▶ **So ändern Sie die interne Netzwerknummer**

1. Doppelklicken Sie in der **Systemsteuerung** auf **Netzwerk- und DFÜ-Verbindungen**.

2. Klicken Sie mit der rechten Maustaste auf **LAN-Verbindung**, und klicken Sie danach auf **Eigenschaften**.

3. Klicken Sie auf der Registerkarte **Allgemein** auf **NWLink IPX/SPX/NetBIOS-kompatibles Übertragungsprotokoll** und dann auf **Eigenschaften**.

4. Geben Sie im Feld **Interne Netzwerknummer** (siehe Abbildung 3.6) einen Wert ein, und klicken Sie anschließend auf **OK**.

Anmerkung Sie müssen die interne Netzwerknummer in der Regel nicht ändern.

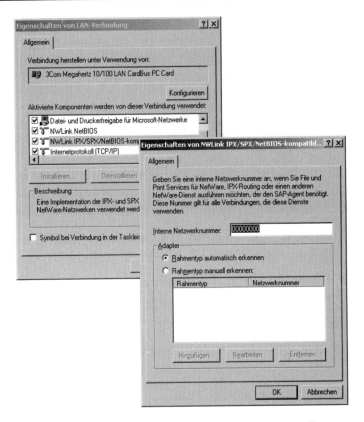

Abbildung 3.6 NWLink IPX/SPX/NetBIOS-kompatibles Übertragungsprotokoll

Rahmentyp und Netzwerknummer

Der Rahmentyp definiert, wie der Netzwerkadapter in einem Computer unter Windows 2000 Daten formatiert, die über ein Netzwerk gesendet werden sollen. Um eine Kommunikation zwischen einem Computer mit Windows 2000 und NetWare-Servern zu ermöglichen, müssen Sie NWLink (NWLink IPX/SPX/NetBIOS-kompatibles Übertragungsprotokoll) auf dem Computer unter Windows 2000 mit dem Rahmentyp konfigurieren, der mit dem Rahmentyp der NetWare-Server identisch ist. Tabelle 3.2 listet die Topologien und Rahmentypen auf, die von NWLink unterstützt werden.

Tabelle 3.2 NWLink-Rahmentypen

Netzwerktyp	Unterstützte Rahmentypen
Ethernet	Ethernet II, 802.2, 802.3, 802.2 SNAP (Subnetwork Access Protocol)
Token Ring	802.5 und 802.5 SNAP

(Fortsetzung)

Netzwerktyp	Unterstützte Rahmentypen
FDDI (Fiber Distributed Data Interface)	802.2 und SNAP

Rahmentypen definieren Formate für Rahmenvorspann und -nachspann, die von den verschiedenen Protokollen für die Datensicherungsschicht verwendet werden.

Während der automatischen Erkennung testet NWLink alle verfügbaren Rahmentypen in der Liste für den zugehörigen Medienzugriffstyp. Beispielsweise werden in einem Ethernet-Netzwerk Ethernet 802.2, Ethernet 802.3, Ethernet II und SNAP (Ethernet Subnetwork Access Protocol) getestet, um zu ermitteln, mit welchen Rahmentypen NWLink kommunizieren kann. Wenn NWLink eine Antwort von einem NetWare-Server mit einem der Rahmentypen erhält, wird gleichzeitig auch die Netzwerknummer empfangen, die dem Rahmentyp des Netzwerksegments zugeordnet ist, auf dem sich der Client befindet. NWLink führt dann eine Neubindung mit dem Rahmentyp durch, von dem er Antworten erhalten hat.

Bei der externen Netzwerknummer handelt es sich um eine eindeutige Nummer, die ein bestimmtes Netzwerksegment und den zugehörigen Rahmentyp darstellt. Alle Computer im gleichen Netzwerk, die einen bestimmten Rahmentyp verwenden, müssen die gleiche externe Netzwerknummer haben. Diese muss für jedes Netzwerksegment eindeutig sein.

Der IPX-Rahmentyp und die Netzwerknummer werden während der ersten NetWare-Serverkonfiguration festgelegt. Die NWLink-Funktion **Automatische Erkennung** von Windows 2000 erkennt dann den Rahmentyp und die Netzwerknummer, die auf den NetWare-Servern konfiguriert wurden. Die automatische Erkennung durch NWLink wird zur Konfiguration der Netzwerknummer und des Rahmentyps empfohlen.

Die Funktion **Automatische Erkennung** wählt gelegentlich nicht die richtige Kombination von Rahmentyp und Netzwerknummer für einen bestimmten Adapter. Die Funktion **Automatische Erkennung** verwendet die Antworten der Computer für dasselbe Netzwerksegment. Wenn ein Computer also mit einem falschen Rahmentyp bzw. einer falschen Netzwerknummer antwortet, wählt die Funktion **Automatische Erkennung** unter Umständen diese falsche Konfiguration aus. Ursache dafür ist in der Regel eine fehlerhafte manuelle Einstellung auf einem anderen Computer im Netzwerk. Wenn die Funktion **Automatische Erkennung** nicht die richtige Kombination von Rahmentyp und Netzwerknummer für einen bestimmten Adapter auswählt, können Sie einen NWLink-Rahmentyp bzw. eine Netzwerknummer für den betreffenden Adapter manuell zurücksetzen.

Der Rahmentyp und die Netzwerknummer in Windows 2000 Professional müssen dem Rahmentyp und der Netzwerknummer entsprechen, die auf dem NetWare-Server konfiguriert wurden. Sie können einen Rahmentyp und die Netzwerknummer 00000000 angeben, damit die Netzwerknummer des Netzwerksegments automatisch ermittelt wird.

▶ **So ändern Sie die Netzwerknummer und den Rahmentyp**

1. Doppelklicken Sie in der **Systemsteuerung** auf **Netzwerk- und DFÜ-Verbindungen**.
2. Klicken Sie mit der rechten Maustaste auf **LAN-Verbindung**, und klicken Sie danach auf **Eigenschaften**.
3. Klicken Sie auf der Registerkarte **Allgemein** auf **NWLink IPX/SPX/NetBIOS-kompatibles Übertragungsprotokoll** und dann auf **Eigenschaften**.
4. Wählen Sie im Dropdown-Listenfeld **Rahmentyp** den gewünschten Rahmentyp aus.
5. Geben Sie im Textfeld **Netzwerknummer** die gewünschte Netzwerknummer ein, und klicken Sie anschließend auf **OK**.

Achtung Normalerweise müssen Sie den Rahmentyp und die Netzwerknummer nicht ändern, weil die Funktion **Automatische Erkennung** sie richtig erkennt. Wenn Sie eine falsche Einstellung wählen, kann der Client keine Verbindung zu NetWare-Servern herstellen.

Konfigurieren von NWLink

Um NWLink zu konfigurieren, müssen Sie zuerst das NWLink IPX/SPX/NetBIOS-kompatible Übertragungsprotokoll installieren. Dazu müssen Sie ein Mitglied der Gruppe der Administratoren sein. Sie können die Anweisung ausführen, um NWLink an einen anderen Netzwerkadapter zu binden bzw. um den Rahmentyp manuell zu ändern.

▶ **So konfigurieren Sie NWLink**

1. Doppelklicken Sie in der **Systemsteuerung** auf **Netzwerk- und DFÜ-Verbindungen**.
2. Klicken Sie mit der rechten Maustaste auf **LAN-Verbindung**, und klicken Sie danach auf **Eigenschaften**.
3. Klicken Sie auf der Registerkarte **Allgemein** auf **NWLink IPX/SPX/NetBIOS-kompatibles Übertragungsprotokoll** und dann auf **Eigenschaften**.
4. Geben Sie auf der Registerkarte **Allgemein** einen Wert für die interne Netzwerknummer ein, oder übernehmen Sie den Standardwert 00000000.

5. Wenn Windows 2000 den Rahmentyp wählen soll, klicken Sie auf **Rahmentyp automatisch erkennen**, und klicken Sie anschließend auf **OK**. Überspringen Sie die Schritte 6 bis 10.

   Standardmäßig erkennt NWLink den Rahmentyp automatisch, der von dem Netzwerkadapter verwendet wird, an den er gebunden ist. Wenn NWLink keinen Netzwerkverkehr erkennt bzw. wenn zusätzlich zum Rahmentyp 802.2 mehrere Rahmentypen erkannt werden, wird der Rahmentyp auf 802.2 gesetzt.

6. Um den Rahmentyp manuell festzulegen, klicken Sie auf **Rahmentyp manuell erkennen**.

7. Klicken Sie auf **Hinzufügen**.

8. Klicken Sie im Dialogfeld **Manuelle Rahmenerkennung** unter **Rahmentyp** auf einen Rahmentyp.

   Sie können die externe Netzwerknummer, den Rahmentyp und die interne Netzwerknummer Ihrer Router festlegen, indem Sie in der Eingabeaufforderung den Befehl **ipxroute config** eingeben.

9. Geben Sie im Feld **Netzwerknummer** die entsprechende Netzwerknummer ein, und klicken Sie anschließend auf **Hinzufügen**.

10. Wiederholen Sie diese Schritte für jeden Rahmentyp, den Sie hinzufügen möchten, und klicken Sie anschließend auf **OK**.

Übung: Installieren und Konfigurieren von NWLink

In dieser Übung installieren und konfigurieren Sie das NWLink IPX/SPX/NetBIOS-kompatible Übertragungsprotokoll. Außerdem ändern Sie die Bindungsreihenfolge des NWLink-Protokolls.

▶ **So installieren und konfigurieren Sie NWLink**

1. Doppelklicken Sie in der **Systemsteuerung** auf **Netzwerk- und DFÜ-Verbindungen**.

2. Klicken Sie mit der rechten Maustaste auf **LAN-Verbindung**, und klicken Sie danach auf **Eigenschaften**.

   Das Dialogfeld **Eigenschaften von LAN-Verbindung** wird angezeigt.

3. Klicken Sie auf **Hinzufügen**.

   Das Dialogfeld **Typ der Netzwerkkomponente auswählen** wird angezeigt.

4. Klicken Sie auf **Protokoll**, und klicken Sie anschließend auf **Hinzufügen**.

5. Wählen Sie **NWLink IPX/SPX/NetBIOS-kompatibles Übertragungsprotokoll**, und klicken Sie anschließend auf **OK**.

   Das Dialogfeld **Eigenschaften von LAN-Verbindung** wird angezeigt.

6. Wählen Sie **NWLink IPX/SPX/NetBIOS-kompatibles Übertragungsprotokoll**, und klicken Sie anschließend auf **Eigenschaften**. An dieser Stelle können Sie zwischen der automatischen und der manuellen Rahmenerkennung wählen.

▶ **So ändern Sie die Bindungsreihenfolge von NWLink**

1. Doppelklicken Sie in der **Systemsteuerung** auf **Netzwerk- und DFÜ-Verbindungen**.
2. Klicken Sie auf die zu ändernde Verbindung, und klicken Sie im Menü **Erweitert** auf **Erweiterte Einstellungen**.
3. Klicken Sie auf der Registerkarte **Netzwerkkarten und Bindungen** unter **Bindungen für** *Verbindungsname* auf das NWLink-Protokoll, und klicken Sie auf die Schaltfläche mit dem Pfeil nach unten, um den Eintrag in der Liste nach unten zu verschieben (siehe Abbildung 3.7).

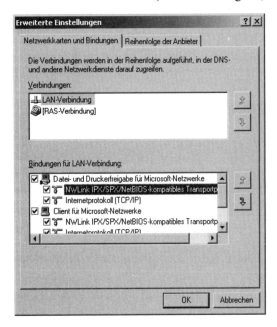

Abbildung 3.7 Das Dialogfeld Erweiterte Einstellungen

Zusammenfassung der Lektion

IPX/SPX ist ein Protokollstapel, der in Novell-Netzwerken verwendet wird. Das NWLink IPX/SPX/NetBIOS-kompatible Übertragungsprotokoll ermöglicht es Windows 2000-basierten Computern, mit Novell-Netzwerken zu kommunizieren. Bei der Installation von Client Service für NetWare auf Windows 2000 wird das NWLink IPX/SPX/NetBIOS-kompatible Übertragungsprotokoll automatisch eingerichtet.

Um NWLink zu konfigurieren, müssen Sie zuerst das NWLink IPX/SPX/ NetBIOS-kompatible Übertragungsprotokoll installieren. Dazu müssen Sie ein Mitglied der Gruppe der Administratoren sein. Die interne Netzwerknummer wird für interne Routingzwecke verwendet, wenn der Computer unter Windows 2000 auch IPX-Dienste bereitstellt. Der Rahmentyp definiert, wie der Netzwerkadapter in einem Computer unter Windows 2000 Daten formatiert, die über ein Netzwerk gesendet werden sollen. Bei der externen Netzwerknummer handelt es sich um eine eindeutige Nummer, die ein bestimmtes Netzwerksegment und den zugehörigen Rahmentyp darstellt. Alle Computer im gleichen Netzwerk, die einen bestimmten Rahmentyp verwenden, müssen die gleiche externe Netzwerknummer haben. Diese muss für jedes Netzwerksegment eindeutig sein.

Lernzielkontrolle

Mit den folgenden Fragen können Sie überprüfen, ob Sie die in diesem Kapitel vermittelten Lerninhalte verstanden haben. Wenn Sie eine Frage nicht beantworten können, wiederholen Sie den entsprechenden Abschnitt, bevor Sie mit dem nächsten Kapitel fortfahren. Die Antworten zu den Fragen finden Sie in Anhang A, „Fragen und Antworten".

1. Was ist NWLink und welche Beziehung hat es zu Windows 2000?

2. Was ist SPX?

3. Was ist Gateway Service für NetWare?

4. Welche Aspekte sollten bei der Auswahl zwischen Client Service für NetWare und Gateway Service für NetWare berücksichtigt werden?

5. Wozu dient die Funktion **Automatische Erkennung** von NWLink?

KAPITEL 4

Überwachen der Netzwerkaktivität

Lektion 1: Einführung in Netzwerkmonitor ... 90

Lektion 2: Verwenden von Netzwerkmonitor ... 94

Lektion 3: Verwaltungstools von Windows 2000 ... 103

Lernzielkontrolle ... 111

Über dieses Kapitel

Die Kommunikation über ein Netzwerk gewinnt in der Arbeitsumgebung immer mehr an Bedeutung. Ähnlich wie die Prozessoren oder Festplatten eines Systems hat das Verhalten des Netzwerks Einfluss auf den Betrieb Ihres Computers. In diesem Kapitel erfahren Sie, wie Sie durch eine Analyse der Netzwerkleistung, beispielsweise durch Überwachen des Netzwerkverkehrs und der Ressourcennutzung, die Leistung Ihres Systems optimieren können. Microsoft Windows 2000 verfügt im Wesentlichen über zwei Dienstprogramme zur Überwachung der Netzwerkleistung: Systemmonitor und Netzwerkmonitor. Der Systemmonitor, der sowohl bei Windows 2000 Professional als auch bei Windows 2000 Server installiert wird, erfasst die Ressourcennutzung und den Netzwerkdurchsatz. Netzwerkmonitor, eine optionale Komponente für Windows 2000 Server erfasst den Netzwerkdurchsatz, indem er Daten über den Netzwerkverkehr sammelt. Dieses Kapitel befasst sich hauptsächlich mit dem Einsatz von Netzwerkmonitor zur Überprüfung des lokalen Verkehrs.

Bevor Sie beginnen

Für die Bearbeitung der Lektionen in diesem Kapitel gilt folgende Voraussetzung:

- Sie müssen Windows 2000 Server installiert haben.

Lektion 1: Einführung in Netzwerkmonitor

Mit Hilfe von Microsoft Windows 2000 Netzwerkmonitor können Sie Probleme in lokalen Netzwerken (LANs) erkennen und anzeigen. Mit Netzwerkmonitor lassen sich zum Beispiel Hardware- und Softwareprobleme diagnostizieren, wenn mehrere Computer nicht miteinander kommunizieren können. Darüber hinaus ist es möglich, ein Protokoll der Netzwerkaktivität in eine Datei zu kopieren und die Datei an einen professionellen Netzwerkanalysten oder eine Supportorganisation zu senden. Entwickler von Netzwerkanwendungen haben zudem die Möglichkeit, Anwendungen in der Entwicklungsphase mit Hilfe von Netzwerkmonitor zu überwachen und zu debuggen.

Am Ende dieser Lektion werden Sie in der Lage sein, die folgenden Aufgaben auszuführen:

- Installieren von Netzwerkmonitor
- Beschreiben der Vorteile des Einsatzes von Netzwerkmonitor

Veranschlagte Zeit für die Lektion: 15 Minuten

Grundlegendes zu Netzwerkmonitor

Mit Hilfe von Netzwerkmonitor können Sie die Daten erfassen, die zwischen Computern übertragen werden, und diese Daten anschließend anzeigen und analysieren. Netzwerkmonitor sammelt die Rahmen und Pakete der Datensicherungsschicht über die Anwendungsschicht und stellt diese grafisch dar. Rahmen und Pakete setzen sich aus verschiedenen Datenelementen zusammen, u. a. aus

- Quell- und Zieladressen
- Sequenzierungsdaten
- Prüfsummen

Netzwerkmonitor entschlüsselt diese Informationen, so dass Sie den Netzwerkverkehr analysieren und Netzwerkprobleme beheben können. Neben den Daten der Datensicherungsschicht kann Netzwerkmonitor auch einige Daten der Anwendungsschicht interpretieren, beispielsweise das HTTP- (Hypertext Transfer Protocol) und das FTP-Protokoll (File Transfer Protocol). Diese Daten helfen Ihnen, Probleme bei der Interaktion zwischen Browser und Webserver zu beheben.

Übung: Installieren von Netzwerkmonitor

Damit Sie Netzwerkrahmen erfassen, anzeigen und analysieren können, müssen Sie Netzwerkmonitor in Windows 2000 sowie ein Netzwerkprotokoll installieren, den so genannten Netzwerkmonitortreiber. In dieser Übung installieren Sie Netzwerkmonitor unter Windows 2000 Server.

▶ **So installieren Sie Netzwerkmonitor**

1. Klicken Sie auf **Start**, dann auf **Einstellungen**, klicken Sie auf **Systemsteuerung**, und wählen Sie anschließend **Software**.

2. Klicken Sie im Dialogfeld **Software** auf **Windows-Komponenten hinzufügen/entfernen**.

3. Markieren Sie im Assistenten für Windows-Komponenten die Option **Verwaltungs- und Überwachungsprogramme**, und klicken Sie anschließend auf **Details**.

4. Aktivieren Sie im Fenster **Verwaltungs- und Überwachungsprogramme** das Kontrollkästchen **Netzwerkmonitorprogramme**, wie in Abbildung 4.1 dargestellt, und klicken Sie dann auf **OK**.

5. Klicken Sie im Assistenten für Windows-Komponenten auf **Weiter**, um fortzufahren. Wenn Sie zur Installation weiterer Dateien aufgefordert werden, legen Sie den Windows 2000 Server-Datenträger ein, oder geben Sie einen Pfad zum Speicherort der Dateien im Netzwerk ein.

6. Klicken Sie auf **Fertig stellen**, um die Installation abzuschließen.

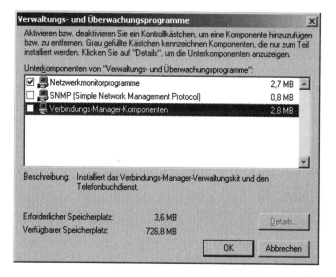

Abbildung 4.1 Auswählen der Komponente Netzwerkmonitorprogramme

---

Anmerkung Netzwerkmonitor besteht aus einem Erfassungsagenten, der Daten sammelt, und einem Verwaltungsprogramm, mit dem die Daten angezeigt und analysiert werden. Bei der Installation der Komponente Netzwerkmonitorprogramme in Windows 2000 werden automatisch der Agent und das Netzwerkmonitor-Verwaltungsprogramm installiert.

Netzwerkmonitortreiber

Der Netzwerkmonitortreiber erfasst die Rahmen eines Netzwerkadapters und gibt die Informationen zur Anzeige und Analyse an das Netzwerkmonitor-Dienstprogramm weiter. Der Treiber kann Rahmen auch an einen Remoteadministrator weiterleiten, der mit der in Microsoft Systems Management Server enthaltenen Version von Netzwerkmonitor arbeitet.

Anmerkung Wenn Sie den Netzwerkmonitortreiber installieren, wird das Objekt „Netzwerksegment" in den Systemmonitor aufgenommen.

Wenn nur der Treiber installiert wird, erfolgt keine Installation des Verwaltungsprogramms von Netzwerkmonitor. Wenn Sie Netzwerkmonitor-Daten auf einem System anzeigen und analysieren möchten, müssen Sie die Windows-Komponente Netzwerkmonitorprogramme auf einem Computer unter Windows 2000 Server installieren.

▶ **So installieren Sie den Netzwerkmonitortreiber**

1. Öffnen Sie in der **Systemsteuerung** das Applet **Netzwerk und DFÜ-Verbindungen**.
2. Klicken Sie mit der rechten Maustaste auf die LAN-Verbindung, die Sie überwachen möchten, und klicken Sie anschließend auf **Eigenschaften**.
3. Klicken Sie im Dialogfeld **Eigenschaften für LAN-Verbindung** auf **Installieren**.
4. Klicken Sie im Dialogfeld **Typ der Netzwerkkomponente auswählen** auf **Protokoll** und anschließend auf **Hinzufügen**.
5. Klicken Sie im Dialogfeld **Netzwerkprotokoll wählen** auf **Netzwerkmonitortreiber** und anschließend auf **OK**.

   Wenn Sie zur Installation weiterer Dateien aufgefordert werden, legen Sie die Windows 2000-CD ein, oder geben Sie einen Pfad zum Speicherort der Dateien in einem Netzwerk ein.

Erfassen von Netzwerkdaten

Netzwerkmonitor erfasst Netzwerkrahmen, um sie anschließend zu analysieren. Sie können den gesamten ankommenden und abgehenden Netzwerkverkehr der lokalen Netzwerkkarte oder nur einen bestimmten Teil der Rahmen erfassen. Der Netzwerkmonitor kann auch so eingestellt werden, dass er auf Ereignisse im Netzwerk reagiert. In Lektion 2 erfahren Sie, wie Netzwerkdaten erfasst und analysiert werden.

Zusammenfassung der Lektion

Mit Hilfe von Windows 2000 Netzwerkmonitor können Sie Probleme im Netzwerk anzeigen und analysieren. Darüber hinaus ist es möglich, ein Protokoll der Netzwerkaktivität in einer Datei zu speichern und die Datei an einen professionellen Netzwerkanalysten oder eine Supportorganisation zu senden.

Lektion 2: Verwenden von Netzwerkmonitor

In dieser Lektion erfahren Sie, wie Netzwerkprobleme mit Hilfe von Netzwerkmonitor beseitigt werden. Beim Einsatz von Netzwerkmonitor sollten Sie zwei wichtige Punkte beachten:

1. Führen Sie Netzwerkmonitor in Zeiten geringer Netzwerkauslastung oder nur über einen kurzen Zeitraum aus. So verringern Sie die von Netzwerkmonitor verursachte Beeinträchtigung der Systemleistung.
2. Erfassen Sie nur die Statistiken, die Sie zu Auswertungszwecken benötigen. Auf diese Weise vermeiden Sie den Fehler, so viele Daten zu erfassen, dass sich das Problem nicht mehr in angemessener Zeit diagnostizieren lässt.

Am Ende dieser Lektion werden Sie in der Lage sein, die folgenden Aufgaben auszuführen:

- Erfassen von Daten mit Netzwerkmonitor
- Prüfen von Rahmen mit Netzwerkmonitor
- Anzeigen von Daten mit Netzwerkmonitor

Veranschlagte Zeit für die Lektion: 40 Minuten

Prüfen von Rahmen

Netzwerkmonitor kann ankommende und abgehende Rahmen eines Netzwerkadapters erfassen. Rahmen bestehen aus zahlreichen unterschiedlichen Informationen, u. a. aus

- dem verwendeten Protokoll,
- der Quelladresse des Computers, der die Nachricht gesendet hat,
- der Zieladresse des Rahmen,
- der Länge des Rahmen.

▶ **So erfassen Sie Netzwerkrahmen**

1. Klicken Sie auf **Start**, zeigen Sie auf **Programme**, wählen Sie **Verwaltung** und anschließend **Netzwerkmonitor**.

    Wenn Sie zur Eingabe eines Standardnetzwerks aufgefordert werden, in dem Rahmen erfasst werden sollen, wählen Sie das lokale Netzwerk, für das Sie standardmäßig Daten erfassen möchten.

2. Klicken Sie im Menü **Sammeln** auf **Starten**.

Anzeigen von Daten

Nachdem Sie Daten erfasst haben, können Sie sie in der Benutzeroberfläche von Netzwerkmonitor anzeigen (vgl. Abbildung 4.2). Netzwerkmonitor führt automatisch eine gewisse Datenanalyse durch, denn er übersetzt die erfassten Rohdaten in die Struktur eines logischen Rahmen. Netzwerkmonitor zeigt darüber hinaus globale Netzwerksegmentstatistiken für die folgenden Elemente an:

- Broadcast-Rahmen
- Multicast-Rahmen
- Netzwerkauslastung
- Gesamtzahl der pro Sekunde empfangenen Byte
- Gesamtzahl der pro Sekunde empfangenen Rahmen

Anmerkung Aus Sicherheitsgründen erfasst Windows 2000 Netzwerkmonitor nur die Rahmen, die von dem oder an den lokalen Computer gesendet wurden. Dies gilt für Broadcast- und Multicast-Rahmen.

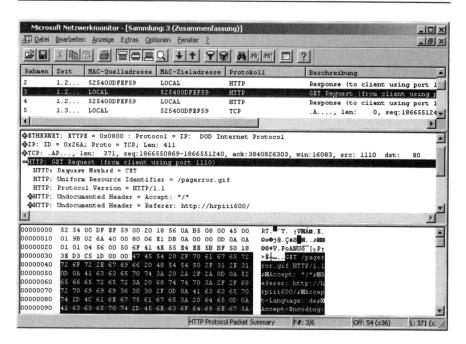

Abbildung 4.2 Die Benutzeroberfläche von Netzwerkmonitor

Netzwerkmonitor fungiert als NDIS-kompatibler Treiber (Network Driver Interface Specification) und kopiert Rahmen in den Sammlungspuffer, einen Speicherbereich veränderbarer Größe.

Die Standardgröße beträgt 1 MB. Sie können sie nach Bedarf manuell anpassen. Stellen Sie sicher, dass genügend Speicher dafür verfügbar ist.

Anmerkung Da Netzwerkmonitor den Local-only-Modus von NDIS anstelle des Promiscuous-Modus verwendet (bei dem der Netzwerkadapter alle Rahmen weitergibt, die im Netzwerk übertragen werden), können Sie Netzwerkmonitor auch dann verwenden, wenn Ihr Netzwerkadapter den Promiscuous-Modus nicht unterstützt. Die Netzwerkleistung wird nicht beeinträchtigt, wenn Sie Rahmen mit einem NDIS-Treiber erfassen. (Falls Sie den Netzwerkadapter jedoch in den Promiscuous-Modus schalten, kann sich die Belastung der CPU um über 30 Prozent erhöhen.)

Netzwerkmonitor zeigt Sitzungsstatistiken der ersten 100 eindeutigen Netzwerksitzungen an, die er erkennt. Um die Statistiken zurückzusetzen und Informationen über die nächsten 100 erkannten Netzwerksitzungen anzuzeigen, klicken Sie im Menü **Sammeln** auf **Statistiken löschen**. Das Netzwerkmonitor-Fenster **Sammlungsfenster** enthält die in Tabelle 4.1 aufgeführten Bereiche.

Tabelle 4.1 Im Sammlungsfenster angezeigte Statistiken

Bereich	Anzeige
Grafik	Eine grafische Darstellung der aktuellen Netzwerkaktivität
Sitzungsstatistik	Statistik zu einzelnen aktuellen Sitzungen im Netzwerk
Stationsstatistik	Statistik zu den Sitzungen, an denen der Computer beteiligt ist, auf dem Netzwerkmonitor ausgeführt wird
Gesamtstatistik	Zusammenfassende Statistik der nach dem Start der Erfassung erkannten Netzwerkaktivität

Um nur Rahmen von bestimmten Computern zu erfassen, ermitteln Sie die Adressen der Netzwerkcomputer, und ordnen Sie die Adressen den entsprechenden DNS- (Domain Name System) oder NetBIOS-Namen zu. Nach dieser Zuordnung können Sie die Namen in einer Adressdatenbank (.ADR) speichern, die für die Erstellung von Sammlungsfiltern und Anzeigefiltern verwendet werden kann.
Ein Sammlungsfilter gibt Ihnen die Möglichkeit, Kriterien anzugeben, die bei der Erfassung berücksichtigt bzw. übergangen werden sollen. Abbildung 4.3 zeigt das Dialogfeld **Sammlungsfilter**, das über das Menü **Sammeln** oder durch Drücken von F8 im Sammlungsfenster geöffnet wird.

Anmerkung Sammlungsfilter können die Prozessorbelastung beträchtlich erhöhen, da jedes Paket vom Filter verarbeitet und entweder gespeichert oder verworfen werden muss. In bestimmten Fällen kann die Verwendung komplexer Filter zum Verlust von Rahmen führen.

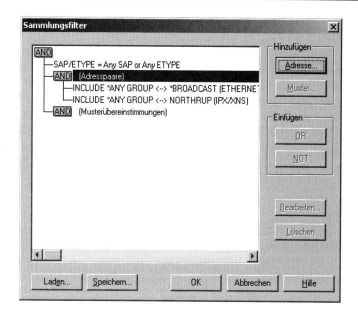

Abbildung 4.3 Das Dialogfeld Sammlungsfilter

Um einen Sammlungsfilter zu erstellen, geben Sie im Dialogfeld **Sammlungsfilter** Entscheidungsanweisungen an. Die Definition eines Musters in einem Sammlungsfilter bietet folgende Möglichkeiten:

- Sie können eine Sammlung auf Rahmen bestimmter Datentypen beschränken.
- Sie können Rahmen erfassen, die mit einem bestimmten Protokoll gesendet wurden.
- Sie können einen Sammlungsauslöser verwenden, um Aktionen zu starten, die nach der Sammlung ausgeführt werden sollen.

In Tabelle 4.2 sind die Auslöserarten beschrieben, mit denen Sie die den Auslöser aktivierende Bedingung angeben können.

Tabelle 4.2 Beschreibungen von Sammlungsauslösern

Auslösertyp	Beschreibung
Nichts	Kein Auslöser wird gestartet. Dies ist die Standardeinstellung.
Muster	Startet den Auslöser, wenn das angegebene Muster in einem Rahmen auftritt.
Pufferplatz	Startet den Auslöser, wenn der Sammlungspuffer zu einem bestimmten Teil gefüllt ist.
Muster dann Pufferplatz	Startet den Auslöser, wenn das Muster auftritt und der Sammlungspuffer anschließend zu einem bestimmten Prozentsatz gefüllt ist.

(Fortsetzung)

Auslösertyp	Beschreibung
Pufferplatz dann Muster	Startet den Auslöser, wenn der Sammlungspuffer zu einem bestimmten Prozentsatz gefüllt ist und das Muster anschließend in einem erfassten Rahmen auftritt.
Ignorieren	Wenn eine Auslöserbedingung erfüllt ist, wird kein Vorgang ausgeführt. Dies ist die Standardeinstellung. Auch wenn Sie **Ignorieren** wählen, meldet sich der Computer mit einem Summton, wenn die Auslöserbedingung erfüllt ist.
Sammlung beenden	Beendet die Sammlung, wenn die Auslöserbedingung erfüllt ist.
Befehlszeile ausführen	Wenn eine Auslöserbedingung erfüllt ist, wird ein Programm oder eine Batchdatei ausgeführt. Wenn Sie diese Option wählen, geben Sie einen Befehl oder den Pfad zu einem Programm oder einer Batchdatei an.

Anmerkung Wenn Ihr Computer über mehrere Netzwerkadapter verfügt, wechseln Sie entweder zwischen den beiden Adaptern oder führen Sie mehrere Instanzen von Netzwerkmonitor aus. Um zwischen den Adaptern zu wechseln, klicken Sie im Menü **Sammeln** auf **Netzwerke**, und wählen Sie anschließend einen anderen Adapter.

Nach dem Sammeln der Daten sollten Sie diese speichern. Es ist zum Beispiel sinnvoll, Sammlungen vor dem Start einer weiteren Sammlung zu speichern (um den Verlust der gesammelten Daten zu verhindern), wenn Sie überzeugt sind, dass Sie die Daten später analysieren müssen, oder wenn Sie Netzwerkauslastung und Netzwerkprobleme dokumentieren müssen. Im Sammlungspuffer enthaltene Daten werden beim Speichern in eine Sammlungsdatei (.CAP) geschrieben.

Verwenden von Anzeigefiltern

Einen Anzeigefilter können Sie ähnlich wie einen Sammlungsfilter als Datenbankabfrage verwenden, um die anzuzeigenden Rahmen anzugeben. Da ein Anzeigefilter bereits gesammelte Daten bearbeitet, hat er keinen Einfluss auf den Inhalt des Sammlungspuffers von Netzwerkmonitor. Ein Rahmen kann auf Grundlage folgender Daten gefiltert werden:

- Datensicherungsschicht des Rahmens, Quelle der Netzwerkschicht oder Zieladresse
- Protokolle, die beim Senden des Rahmens oder Pakets verrwendet wurden
- Eigenschaften und Werte, die der Rahmen enthält. (Eine Eigenschaft ist ein Datenfeld in einem Protokollheader. Die Eigenschaften eines Protokolls geben insgesamt den Zweck des Protokolls an.)

Um einen Anzeigefilter zu erstellen, geben Sie im Dialogfeld **Anzeigefilter** Entscheidungsanweisungen an. Die Informationen im Dialogfeld **Anzeigefilter** sind in Form eines Entscheidungsbaums, einer grafischen Darstellung der Filterlogik, angeordnet. Wenn Sie Spezifikationen des Anzeigefilters ändern, spiegeln sich diese Änderungen im Entscheidungsbaum wider. In Tabelle 4.3 werden verschiedene Arten von Filterelementen aufgeführt, die Sie verwenden können.

Tabelle 4.3 Anzeigefiltertypen

Filterelement	Beschreibung
Protokoll	Gibt die Protokolle oder Protokolleigenschaften an.
Adressfilter (Standard ist ANY <– –> ANY)	Gibt die Adressen der Computer an, auf denen Daten gesammelt werden sollen.
Eigenschaft	Gibt Eigenschaftsinstanzen an, die Ihren Anzeigekriterien entsprechen.

Bei Anzeigefiltern können Sie logisches AND, OR und NOT verwenden, und im Unterschied zu einem Sammlungsfilter können Sie mehr als vier Adressfilterausdrücke verwenden. Wenn Sie gesammelte Daten anzeigen, werden alle verfügbaren Informationen über die gesammelten Rahmen im Rahmenanzeigefenster angezeigt. Um nur die mit einem bestimmten Protokoll gesendeten Rahmen anzuzeigen, bearbeiten Sie die Zeile **Protokoll** im Dialogfeld **Anzeigefilter**. Protokolleigenschaften bestehen aus Informationen, die aus den Protokolldaten extrahiert wurden. Da die Zwecke von Protokollen variieren, unterscheiden sich auch die Eigenschaften der Protokolle. Angenommen, Sie haben eine große Anzahl Rahmen gesammelt, die das SMB-Protokoll (Server Message Block) verwenden, möchten jedoch nur die Rahmen prüfen, bei denen das SMB-Protokoll zur Erstellung eines Verzeichnisses auf dem Computer verwendet wurde. In diesem Fall haben Sie die Möglichkeit, nur die Rahmen mit der SMB-Befehlseigenschaft „Verzeichnis erstellen" zu prüfen. Zusätzlich können Sie nur die von einem bestimmten Computer stammenden Rahmen anzeigen lassen, indem Sie im Dialogfeld **Anzeigefilter** die Zeile **ANY <– –> ANY** bearbeiten.

Überprüfen gesammelter Daten

Führen Sie bei der Überprüfung und Analyse der gesammelten Daten die in der folgenden Liste angegebenen Schritte aus:

- Folgen Sie einer Sitzung unter Verwendung der IP-Adressen und Portnummern für Quell- und Zielsystem.
- Wenn Sie eine Zurücksetzung finden, konzentrieren Sie sich auf die Sequenznummern und Bestätigungen, die dieser vorausgehen.
- Stellen Sie mit Hilfe eines Taschenrechners fest, welche Bestätigungen mit den gesendeten Daten verknüpft sind.

- Versuchen Sie, die Aktivität zu verstehen, die Sie betrachten.
- Führt der Absender wiederholte Sendeversuche aus?
  Falls ja, notieren Sie die Anzahl der Wiederholungen und die abgelaufene Zeit. Bei TCP/IP (Transmission Control Protocol/Internet Protocol) beträgt der Standardwert für Wiederholungen 5. Für andere Protokolle wird unter Umständen ein anderer Wert verwendet.
- Hat der Absender das vorherige Paket gesichert und erneut gesendet?
- Fordert der Empfänger einen ausgefallenen Rahmen an, indem er eine vorherige Sequenznummer bestätigt?

Das Zurücksetzen kann durch Zeitüberschreitungen der TCP-Schicht oder durch Zeitüberschreitungen von Protokollen höherer Schichten verursacht werden. Zurücksetzungen, die ihren Ursprung auf der TCP-Schicht haben, dürften in der Protokollierung problemlos auszumachen sein. Die Gründe für Zurücksetzungen, die von Protokollen höherer Schichten wie beispielsweise SMB hervorgerufen werden, sind möglicherweise nicht ohne weiteres zu erkennen.

Zum Beispiel kann ein SMB-Lesevorgang nach 45 Sekunden das Zeitlimit erreichen und ein Zurücksetzen der Sitzung verursachen, obwohl die Kommunikation auf der TCP-Schicht – wenn auch langsam – funktioniert. Durch die Protokollierung lässt sich die fehlerhafte Komponente eventuell lediglich grob eingrenzen. Im Anschluss daran müssen Sie zur Ermittlung der Ursache gegebenenfalls andere Problembehebungsverfahren einsetzen.

Um die TCP-Sequenzierung zu erkennen, wenn Protokolle höherer Schichten aktiv sind, starten Sie Netzwerkmonitor, und bearbeiten Sie das Dialogfeld **Ausdruck**. Gehen Sie dabei so vor, wie dies in der folgenden Übung beschrieben ist. Abbildung 4.4 zeigt das Dialogfeld **Ausdruck**.

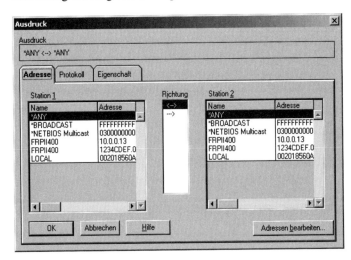

Abbildung 4.4 Das Dialogfeld Ausdruck

Übung: Sammeln von Rahmen mit Netzwerkmonitor

Sie können mit Netzwerkmonitor Rahmen aus dem Datenstrom des Netzwerks sammeln und diese Rahmen in eine temporäre Sammlungsdatei kopieren. In dieser Übung verwenden Sie Netzwerkmonitor, um eine Statistik zu den gesammelten Rahmen dynamisch im Sammlungsfenster anzuzeigen und um einen Sammlungsfilter zu erstellen, der nur die Rahmen kopiert, die den von Ihnen festgelegten Kriterien entsprechen.

▶ **So zeigen Sie die TCP-Sequenzierung an**

1. Starten Sie Netzwerkmonitor.
2. Zeigen Sie die gesammelten Daten an.
3. Klicken Sie im Menü **Anzeige** auf **Optionen**.
4. Wählen Sie **Automatisch** (Grundlage sind die Protokolle im Anzeigefilter), und klicken Sie anschließend auf **OK**.
5. Wählen Sie im Menü **Anzeige** die Option **Filter**.
6. Doppelklicken Sie auf **Protocol=Any**.
7. Klicken Sie auf die Registerkarte **Protokoll** und anschließend auf **Alle deaktivieren**.
8. Wählen Sie **TCP** im Listenfeld **Deaktivierte Protokolle**.
9. Klicken Sie auf die Schaltfläche **Aktivieren** und anschließend auf **OK**.
10. Klicken Sie im Menü **Sammeln** auf **Starten**.

Leistungsprobleme von Netzwerkmonitor

Netzwerkmonitor erstellt eine einem Speicherbereich zugeordnete Datei für den Sammlungspuffer. Um optimale Ergebnisse zu erzielen, sollten Sie einen Sammlungspuffer erstellen, der so groß ist, dass er die erforderliche Menge an Netzwerkverkehr aufnehmen kann. Darüber hinaus haben Sie die Möglichkeit, nur einen Teil des Rahmens zu speichern und so den im Sammlungspuffer beanspruchten Platz zu reduzieren, auch wenn sich die die Rahmengröße selbst nicht ändern lässt. Wenn Sie beispielsweise nur an den Daten im Rahmenheader interessiert sind, stellen Sie als Rahmengröße (in Byte) die Größe des Rahmenheaders ein. Netzwerkmonitor verwirft dann die Rahmendaten beim Speichern von Rahmen im Sammlungspuffer, so dass weniger Platz im Sammlungspuffer belegt wird.

Erkennen von Netzwerkmonitor

Um das Netzwerk gegen die unberechtigte Verwendung anderer Installationen von Netzwerkmonitor zu schützen, kann Netzwerkmonitor andere Installationen erkennen, die im lokalen Netzwerksegment ausgeführt werden. Die folgenden Informationen werden angezeigt, wenn Netzwerkmonitor feststellt, dass im Netzwerk andere Installationen von Netzwerkmonitor ausgeführt werden.

- Der Name des Computers.
- Der Name des Benutzers, der an dem Computer angemeldet ist.
- Der Status von Netzwerkmonitor auf dem Remotecomputer (aktiv, Sammlung bzw. Übertragung läuft).
- Die Adapteradresse des Remotecomputers.
- Die Versionsnummer von Netzwerkmonitor auf dem Remotecomputer.

In manchen Fällen kann das Erkennen einer Installation von Netzwerkmonitor durch eine andere durch die Architektur Ihres Netzwerks verhindert werden. Wenn eine Installation zum Beispiel von der Ihrigen durch einen Router getrennt ist, der keine Multicasts weiterleitet, kann Ihre Installation die andere nicht erkennen.

Zusammenfassung der Lektion

Netzwerkmonitor überwacht den Datenstrom im Netzwerk; dieser besteht aus allen Informationen, die zu einer gegebenen Zeit in einem Netzwerk übertragen werden. Mit einem Anzeigefilter können Sie bestimmen, welche Rahmen angezeigt werden sollen. Um einen Sammlungsfilter zu erstellen, geben Sie im Dialogfeld **Sammlungsfilter** Entscheidungsanweisungen an. Nachdem Sie Daten gesammelt haben, können Sie sie in der Benutzeroberfläche von Netzwerkmonitor anzeigen. Legen Sie die Größe des Sammlungspuffers so fest, dass er die erforderliche Menge an Netzwerkverkehr aufnehmen kann.

Lektion 3: Verwaltungstools von Windows 2000

Windows 2000 verfügt über Tools und Technologien, welche die Verwaltung der Computer in Ihrem Netzwerk vereinfachen. Terminaldienste ermöglichen Client-Computern den Zugriff auf Windows 2000 und die neuesten Windows-basierten Anwendungen. Mit Windows 2000 erhalten Systemadministratoren zudem die Möglichkeit zur Remoteverwaltung von Netzwerkressourcen. Darüber hinaus arbeitet Windows 2000 mit SNMP (Simple Network Management Protocol), das Ihnen gestattet, Statusinformationen von SNMP-Agenten zu überwachen und an die Netzwerkverwaltungssoftware zu übermitteln. In dieser Lektion erfahren Sie, wie Sie die Terminaldienste und SNMP zur besseren Verwaltung und Überwachung Ihres Netzwerks einsetzen können.

Am Ende dieser Lektion werden Sie in der Lage sein, die folgenden Aufgaben auszuführen:

- Konfigurieren von Terminal Server für die Remoteverwaltung
- Installieren und Konfigurieren des SNMP-Dienstes.
- Beschreibung der Funktionsweise des SNMP-Protokolls von Windows 2000.

Veranschlagte Zeit für die Lektion: 25 Minuten

Verwaltungsfähigkeiten von Windows 2000

Windows 2000 können Sie entweder zur lokalen oder zur Remoteverwaltung der Computer und Dienste Ihres Netzwerks verwenden. Bei der Remoteverwaltung wird zu Verwaltungszwecken von einem Computer eine Verbindung mit einem anderen Computer im Netzwerk hergestellt. Windows 2000 gestattet Ihnen, Verwaltungsaufgaben für alle Computer eines Netzwerks zentral auszuführen, d. h., Sie müssen sich dazu nicht an den realen Standort der einzelnen Computer begeben. Sie können entweder mit Verwaltungssystemen anderer Hersteller arbeiten oder einige der Tools und Verfahren verwenden, die Windows 2000 für die Remoteverwaltung bereitstellt.

Terminaldienste

Wenn Sie die Terminaldienste auf einem Windows 2000 Server aktivieren, wählen Sie entweder den **Remoteverwaltungmodus** oder den **Anwendungsservermodus**, wie aus Abbildung 4.5 hervorgeht.

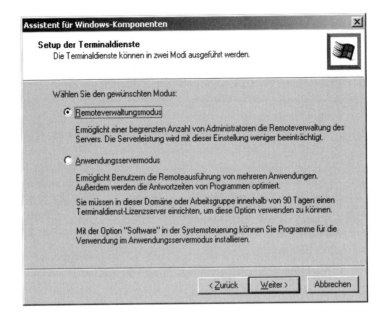

Abbildung 4.5 Auswählen eines Modus für die Terminaldienste

Im Anwendungsservermodus können Sie Anwendungen von einem zentralen Standort aus einrichten und verwalten. Sie haben die Möglichkeit, eine Windows 2000-Oberfläche sowie Windows 2000-Anwendungen auf Computern einzurichten, auf denen Windows 2000 nicht ausgeführt werden kann. Da die Terminaldienste in die Serverprodukte von Windows 2000 integriert sind, können Sie die Anwendungen auf dem Server ausführen und die Benutzeroberfläche Clients zur Verfügung stellen, auf denen Windows 2000 nicht ausgeführt werden kann, beispielsweise auf Windows 3.11- oder Windows CE-Computern, die mit einem Terminalserver verbunden sind.

Die Terminaldienste bieten außerdem einen Remoteverwaltungsmodus, damit Sie auf Clients zugreifen, diese verwalten und gegebenenfalls eine Problembehandlung durchführen können. Im Remoteverwaltungsmodus lassen sich Windows 2000-Server über jede TCP/IP-Verbindung verwalten, beispielsweise über Remotezugriff, Ethernet, das Internet, drahtlos, über ein WAN (Wide Area Network, Weitbereichsnetz) oder ein virtuelles privates Netzwerk (VPN). Sie können die Terminaldienste über das Dialogfeld **Windows-Komponenten** des Applets **Software** der Systemsteuerung installieren (vgl. Abbildung 4.6).

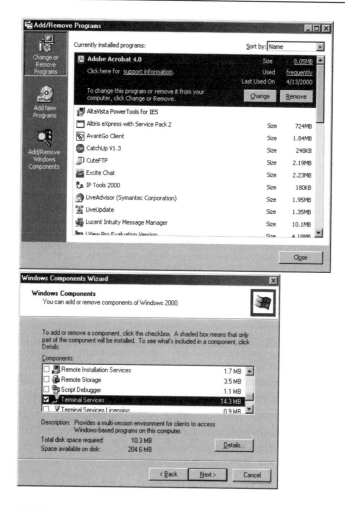

Abbildung 4.6 Option Terminaldienste

Verwenden von Terminal Server

Obgleich bei der Installation der Terminaldienste automatisch eine RDP-Verbindung (Remote Desktop Protocol) konfiguriert wird, können Sie wie folgt vorgehen, um eine neue Verbindung zu erstellen. Für jeden Netzwerkadapter eines Terminalservers kann immer nur eine RDP-Verbindung konfiguriert werden. Sie können also zusätzliche RDP-Verbindungen nur konfigurieren, wenn Sie für jede Verbindung einen Netzwerkadapter auf dem Computer installieren.

▶ **So installieren Sie einen Netzwerkadapter**

1. Klicken Sie auf **Start**, zeigen Sie auf **Programme**, dann auf **Verwaltung**, und klicken Sie anschließend auf **Terminaldienstekonfiguration**.
2. Klicken Sie mit der rechten Maustaste auf die Registerkarte **Verbindungen**, und klicken Sie anschließend auf **Neue Verbindung erstellen**.
   Der Verbindungs-Assistent für Terminaldienste wird angezeigt.
3. Im ersten Dialogfeld des Assistenten wählen Sie einen Verbindungstyp, beispielsweise Microsoft RDP 5.0.
4. Im zweiten Dialogfeld des Assistenten legen Sie den Verschlüsselungsgrad fest: **Niedrig**, **Mittel** oder **Hoch**. Sie können auch die Standard-Authentifizierung von Windows auswählen.
5. Im dritten Dialogfeld des Assistenten legen Sie Optionen für die die Remotesteuerung fest und bestimmen die Steuerungsmöglichkeiten.
6. Im vierten Dialogfeld des Assistenten wählen Sie den Verbindungsnamen sowie den Übertragungstyp und geben einen optionalen Kommentar ein.
7. Im fünften Dialogfeld des Assistenten können Sie einen oder alle Netzwerkadapter für den Übertragungstyp auswählen und die Anzahl der Verbindungen bestimmen.
8. Klicken Sie auf **Fertig stellen**, um den Assistenten zu schließen.

Die Terminaldienste lassen maximal zwei gleichzeitige Verbindungen für die Remoteverwaltung zu, für die keine Lizenzen erforderlich sind. Terminaldiensteclients benötigen eine zu vernachlässigende Menge an Festplattenspeicherplatz und Arbeitsspeicher und einen geringen Konfigurationsaufwand.

▶ **So gestatten Sie einem Terminalserver-Client die Anmeldung bei einem Windows 2000-Terminalserver**

1. Klicken Sie auf **Start**, zeigen Sie auf **Programme**, dann auf **Verwaltung**, und klicken Sie anschließend auf **Computerverwaltung**.
2. Um die Teilstrukturen einzublenden, klicken Sie auf das Plussymbol (+) neben **Systemprogramme**, klicken Sie auf das Plussymbol (+) neben **Lokale Benutzer und Gruppen** und anschließend auf das Plussymbol (+) neben **Benutzer**.
3. Doppelklicken Sie auf den Benutzer, der sich als Client für den Windows NT-Terminalserver anmelden können soll.

4. Aktivieren Sie auf der Registerkarte **Terminaldienstprofil** das Kontrollkästchen **Terminalserver-Anmeldung zulassen**, wie in Abbildung 4.7 dargestellt, und klicken Sie dann auf **OK**.

5. Schließen Sie die Computerverwaltung.

6. Klicken Sie auf **Start**, zeigen Sie auf **Programme**, dann auf **Verwaltung**, und klicken Sie anschließend auf **Terminaldienstekonfiguration**.

7. Öffnen Sie den Ordner **Verbindungen**, und klicken Sie anschließend auf **Rdp-Tcp**.

8. Klicken Sie im Menü **Funktionen** auf **Eigenschaften**.

9. Fügen Sie auf der Registerkarte **Berechtigungen** die Benutzer oder Gruppen hinzu, die Berechtigungen für den Windows 2000-Terminalserver haben sollen.

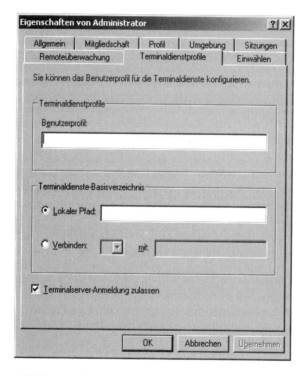

Abbildung 4.7 Zulassen der Anmeldung auf dem Terminalserver

10. Klicken Sie auf **OK**, um das Dialogfeld für die Verbindungseigenschaften zu schließen.

11. Schließen Sie die Terminaldienstekonfiguration.

SNMP (Simple Network Management Protocol)

SNMP ist ein Netzwerkverwaltungsprotokoll, das in TCP/IP-Netzwerken häufig verwendet wird, um Computer und andere Geräte (beispielsweise Drucker) zu überwachen und zu verwalten, die mit dem Netzwerk verbunden sind. SNMP kann auf allen Computern installiert und eingesetzt werden, auf denen Windows 2000 und TCP/IP oder IPX/SPX ausgeführt werden.

▶ **So installieren Sie den SNMP-Dienst**

1. Klicken Sie auf **Start**, zeigen Sie auf **Einstellungen**, klicken Sie auf **Systemsteuerung**, doppelklicken Sie auf **Software**, und klicken Sie dann auf **Windows-Komponenten hinzufügen/entfernen**.

    Der Assistent für Windows-Komponenten wird angezeigt.

2. Klicken Sie unter **Komponenten** auf **Verwaltungs- und Überwachungsprogramme** und anschließend auf **Details**.

    Das Dialogfeld **Verwaltungs- und Überwachungsprogramme** wird angezeigt.

3. Aktivieren Sie das Kontrollkästchen **Simple Network Management Protocol**, und klicken Sie auf **OK**.

4. Klicken Sie im Assistenten für Windows-Komponenten auf **Weiter**.

    Der Assistent für Windows-Komponenten installiert SNMP.

5. Klicken Sie auf **Fertig stellen**, um den Assistenten zu schließen.

Verwaltungssysteme und Agenten

SNMP umfasst Verwaltungssysteme und Agenten. Ein Verwaltungssystem ist jeder Computer, auf dem eine SNMP-Verwaltungssoftware ausgeführt wird. Zwar verfügt Windows 2000 nicht über ein Verwaltungssystem, doch sind zahlreiche Produkte anderer Hersteller erhältlich, beispielsweise Sun Net Manager oder HP Open View. Ein Verwaltungssystem fordert Informationen von einem Agenten an.

Wie aus Abbildung 4.8 hervorgeht, ist ein Agent jeder Computer, auf dem eine SNMP-Agentensoftware ausgeführt wird, z. B. Computer, Router oder Hubs unter Windows 2000. Der Microsoft SNMP-Dienst ist eine SNMP-Agentensoftware. Die Hauptfunktion eines Agenten besteht darin, Operationen auszuführen, die von einem Verwaltungssystem angefordert werden.

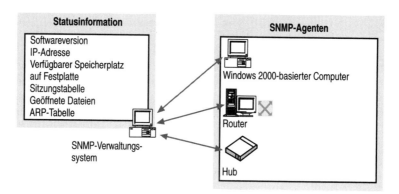

Abbildung 4.8 SNMP-Agenten

Der SNMP-Agent ermöglicht außerdem die Remoteverwaltung eines Windows 2000-Computers. Der einzige Vorgang, der von einem Agenten gestartet wird, heißt *Trap*. Ein Trap ist eine Meldung, die von einem Agenten an ein Verwaltungssystem gesendet wird und angibt, dass auf dem Host, der den Agenten ausführt, ein Ereignis eingetreten ist. Wie in Abbildung 4.9 dargestellt, muss die SNMP-Verwaltungssoftware nicht auf dem gleichen Computer wie die SNMP-Agenten ausgeführt werden.

Abbildung 4.9 SNMP-Verwaltungssystem und -Agent

Vorteile von SNMP

Wenn Sie eine DHCP-Server-, eine Internet Information-Server- oder eine WINS-Serversoftware auf einem Windows 2000-Computer im Netzwerk installiert haben, können Sie diese Dienste mit einem SNMP-Verwaltungsprogramm überwachen. Darüber hinaus ist es möglich, TCP/IP-bezogene Leistungsindikatoren mit dem Systemmonitor zu überwachen. Wenn Sie den SNMP-Dienst installieren, werden die TCP/IP-Leistungsindikatoren im Systemmonitor verfügbar. Zu den TCP/IP-Objekten, die hinzugefügt werden, gehören ICMP, TCP, IP, UDP, DHCP, WINS, FTP, Netzwerkschnittstelle und Internet Information Server. Wie in Abbildung 4.10 dargestellt zählt der Systemmonitor

- aktive TCP-Verbindungen
- die pro Sekunde empfangenen UDP-Datagramme
- die ICMP-Meldungen pro Sekunde
- die Gesamtzahl der pro Sekunde über die Netzwerkschnittstelle übertragenen Byte

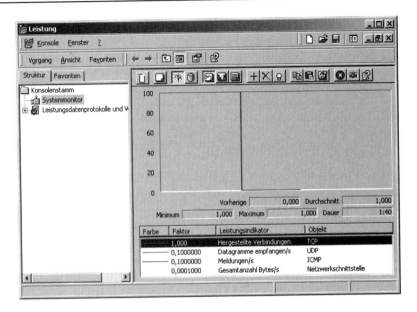

Abbildung 4.10 SNMP-Verwaltungssystem und -Agent

Zusammenfassung der Lektion

SNMP ist ein Netzwerkverwaltungsprotokoll, das in TCP/IP-Netzwerken weit verbreitet ist. Es kann zur Kommunikation zwischen dem Verwaltungsprogramm eines Administrators und dem Netzwerkverwaltungs-Agenten, der auf einem Host ausgeführt wird, verwendet werden. Mit SNMP können Sie aber auch Remotehosts und Gateways eines Netzwerks überwachen und steuern. Der SNMP-Dienst von Windows 2000 ermöglicht die Remoteüberwachung eines Windows 2000-Computers. Der SNMP-Dienst kann Anforderungen von einem oder mehreren Hosts verarbeiten und Netzwerkverwaltungsdaten in diskreten Datenblöcken, so genannten Traps, an einen oder mehrere Hosts übermitteln. Wenn Sie den SNMP-Dienst installieren, werden die TCP/IP-Leistungsindikatoren im Systemmonitor verfügbar.

Lernzielkontrolle

 Mit den folgenden Fragen können Sie überprüfen, ob Sie die in diesem Kapitel vermittelten Lerninhalte verstanden haben. Wenn Sie eine Frage nicht beantworten können, wiederholen Sie den entsprechenden Abschnitt, bevor Sie mit dem nächsten Kapitel fortfahren. Die Antworten zu den Fragen finden Sie in Anhang A, „Fragen und Antworten".

1. Welchen Zweck hat die Analyse von Rahmen mit Netzwerkmonitor?

2. Welche Daten enthält ein Rahmen?

3. Was ist ein Sammlungsfilter, und wofür wird er verwendet?

KAPITEL 5

Implementieren von IPSec

Lektion 1: Einführung in und Aktivieren von IPSec . . . 114

Lektion 2: Konfigurieren von IPSec . . . 125

Lektion 3: Anpassen von IPSec-Richtlinien und -regeln . . . 138

Lektion 4: Überwachen von IPSec . . . 151

Lernzielkontrolle . . . 158

Über dieses Kapitel

Wenn Ihre Daten im Netzwerk vertraulich bleiben sollen, können Sie IPSec (Internet Protocol Security) verwenden, um den Netzwerkverkehr zwischen allen Benutzern zu verschlüsseln. IPSec bietet die Möglichkeit, authentifizierte und verschlüsselte Netzwerkverbindungen zwischen zwei Computern aufzubauen. In diesem Kapitel erhalten Sie Informationen zum Aktivieren, Konfigurieren und Überwachen von IPSec. Außerdem erfahren Sie, wie IPSec-Richtlinien und -Regeln angepasst werden können.

Bevor Sie beginnen

Für die Bearbeitung der Lektionen in diesem Kapitel gelten folgende Voraussetzungen:

- Sie müssen über zwei Computer unter Microsoft Windows 2000 Server verfügen, auf denen die Anwendung Netzwerkmonitor Version 2.0 installiert ist.

Lektion 1: Einführung in und Aktivieren von IPSec

IPSec gibt langfristig die Richtung für ein sicheres Netzwerk vor. IPSec enthält Schutzfunktionen, durch die Angriffe aus privaten Netzwerken und dem Internet problemlos unterbunden werden. In dieser Lektion werden die Technologien erläutert, die mit dem Sammelbegriff IPSec (Internet Protocol Security – Internetprotokollsicherheit) bezeichnet werden.

Am Ende dieser Lektion werden Sie in der Lage sein, die folgenden Aufgaben auszuführen:
- Erläutern der Vorteile von IPSec
- Beschreiben der Architektur von IPSec

Veranschlagte Zeit für die Lektion: 50 Minuten

Internetprotokollsicherheit

Durch die ständige Weiterentwicklung der Internet- und Intranettechnologie haben sich gleichzeitig auch die Anforderungen an die Sicherheit erhöht. Das Hauptaugenmerk richtet sich hierbei auf den Schutz des Netzwerkverkehrs vor

- Datenänderung während des Versendens,
- Abfangen, Anzeigen oder Kopieren von Daten,
- Datenzugriff ohne entsprechende Authentifizierung.

Bei IPSec handelt es sich um offene Standards, die dazu dienen, eine private sichere Kommunikation über IP-Netzwerke mit Hilfe von Kryptographiesicherheitsdiensten zu gewährleisten. Die Implementierung von IPSec unter Microsoft Windows 2000 basiert auf Standards, die von der IPSec-Arbeitsgruppe der IETF (Internet Engineering Task Force) entwickelt wurden. Mit IPSec werden zwei Ziele verfolgt:

1. Schutz von IP-Paketen
2. Verteidigung gegen Netzwerkangriffe

Diese Ziele werden durch den Einsatz von kryptographiebasierten Schutzdiensten, Sicherheitsprotokollen und der dynamischen Schlüsselverwaltung erreicht. Diese Grundlage bietet die Verschlüsselungsstärke und Flexibilität, um die Kommunikation zwischen Computern in einem privaten Netzwerk, Remotestandorten und DFÜ-Clients zu schützen. Außerdem kann sie zum Filtern von Datenpaketen in einem Netzwerk eingesetzt werden.

IPSec basiert auf einem durchgehenden Sicherheitsmodell. Dies bedeutet, dass nur die Computer über IPSec informiert werden müssen, die zum Senden und Empfangen eingesetzt werden. Jeder Computer ist am jeweiligen Ende für die Sicherheit zuständig. Dabei wird davon ausgegangen, dass es sich bei dem Medium, über das die Übertragung erfolgt, nicht um ein sicheres Medium handelt. Router, die Pakete zwischen der Quelle und dem Ziel weiterleiten, müssen IPSec nicht unterstützen. Mit dem folgenden Modell kann IPSec für Ihre vorhandenen Unternehmensszenarios eingesetzt werden:

- LAN (Lokales Netzwerk): Client/Server, Peer-to-Peer
- WAN (Weitbereichsnetz): Router-To-Router
- Remotezugriff: DFÜ-Clients und Internetzugriff von privaten Netzwerken

Schutz vor unberechtigten Zugriffen im Detail

Daten müssen vor „Mithörern", Änderungen oder Zugriffen durch unberechtigte Dritte geschützt werden. Netzwerkangriffe können Systemausfallzeiten verursachen. Außerdem können dadurch vertrauliche Daten in die falschen Hände geraten.

Die Strategien für den Netzwerkschutz zielen in der Regel nur darauf ab, Angriffe von außerhalb des privaten Netzwerks mit Hilfe von Firewalls, Sicherheitsroutern (Sicherheits-Gateways) und Benutzerauthentifizierungen von DFÜ-Zugriffen zu unterbinden. Dieser Netzwerkschutz wird als Perimetersicherheit bezeichnet. Bei dieser Strategie ist kein Schutz vor Angriffen innerhalb des Netzwerks gegeben.

Die Sicherheitsmethoden (Smartcards, Kerberos Version 5-Authentifizierung) zur Zugriffssteuerung sind für die meisten Attacken über Netzwerkschichten nicht ausreichend, da sie nur auf Benutzernamen und Kennwörtern basieren. Viele Computer werden von mehreren Benutzern gemeinsam benutzt. Dabei melden sich die einzelnen Benutzer häufig nicht ab, und Eindringlinge können so problemlos auf Daten zugreifen. Wenn der Benutzername und das Kennwort in falsche Hände geraten, kann der unbefugte Zugriff auf Netzwerkressourcen nicht mehr durch die Zugriffssteuerung unterbunden werden.

Mit Schutzstrategien auf physikalischer Ebene kann verhindert werden, dass ein Zugriff auf die tatsächlichen Netzwerkkabel erfolgt und die Netzwerkzugangspunkte verwendet werden. Diese Strategien können jedoch keinen Schutz garantieren, wenn die Daten mehrere Netzwerke durchqueren, wie das bei der Übertragung von Daten durch das Internet der Fall ist. Daher bietet das durchgehende Sicherheitsmodell von IPSec den optimalen Schutz: Der sendende Computer verschlüsselt die Daten vor der Übertragung (bevor sie die Netzwerkkabel erreichen), und der empfangende Computer entschlüsselt die Daten erst nach dem Empfang. Daher sollte IPSec in den Sicherheitsplan für ein Unternehmen einbezogen werden. IPSec schützt Ihre privaten Daten in einer öffentlichen Umgebung, indem der Angriff auf diese Daten mit Hilfe von kryptographiebasierten Schutzdiensten verhindert wird.

Wenn IPSec zusammen mit zuverlässigen Zugriffssteuerungen, Perimetern und mit Sicherheitsmaßnahmen auf physikalischer Ebene eingesetzt wird, können Ihre Daten optimal geschützt werden.

Vorteile von IPSec

Die Implementierung von Windows 2000 IPSec erfolgt transparent. Benutzer müssen nicht der gleichen Domäne angehören, um mit IPSec-Schutz kommunizieren zu können. Sie können sich in jeder beliebigen vertrauenswürdigen Domäne im Unternehmen befinden. Die IPSec-Verwaltung ermöglicht eine zentralisierte Verwaltung. Sicherheitsrichtlinien werden von einem Domänenadministrator für die häufigsten Kommunikationsszenarios erstellt. Diese Richtlinien werden im Verzeichnisdienst gespeichert und Domänenrichtlinien zugewiesen.

Wenn sich die einzelnen Computer bei der Domäne anmelden, wird die entsprechende Sicherheitsrichtlinie automatisch heruntergeladen. Dadurch wird verhindert, dass jeder Computer individuell konfiguriert werden muss. Dank der folgenden Vorteile von Windows 2000 IPSec kann eine sichere Kommunikation auf hoher Ebene mit geringem Kostenaufwand erzielt werden:

- Zentralisierte Verwaltung der Sicherheitsrichtlinien, durch die der administrative Kostenaufwand reduziert wird.
- IPSec-Transparenz für Benutzer und Anwendungen.
- Flexibilität beim Konfigurieren von Sicherheitsrichtlinien, die den Anforderungen in einem Unternehmen gerecht werden.
- Dienste für die Datenvertraulichkeit, durch die ein unberechtigter Zugriff auf vertrauliche Daten bei der Übertragung zwischen den kommunizierenden Parteien verhindert wird.
- Dienste für die strenge Authentifizierung überprüfen die Identität des Absenders und des Empfängers, um Sicherheitsverletzungen zu verhindern, die aus der Vorgabe falscher Identitäten resultieren.
- Jedes Paket wird mit zeitspezifischen Informationen verschlüsselt, so dass die Daten nicht abgefangen und später wiedergegeben werden können.
- Die dynamische Schlüsselneuerstellung während der Kommunikation und lange Schlüssellängen schützen vor Angriffen.
- Sichere durchgehende Verbindungen für private Netzwerkbenutzer innerhalb derselben Domäne oder innerhalb jeder vertrauenswürdigen Domäne im Unternehmen.
- Sichere durchgehende Verbindungen auf der Grundlage der IP-Adresse zwischen Remotebenutzern und Benutzern in jeder beliebigen Domäne im Unternehmen.

Vereinfachte Einrichtung

Um eine sichere Kommunikation mit geringen Gesamtbetriebskosten zu erzielen, wird die Einrichtung von IPSec unter Windows 2000 mit Hilfe folgender Funktionen vereinfacht:

Integration mit der Sicherheitsumgebung von Windows 2000

IPSec verwendet die sichere Windows 2000-Domäne als Vertrauensmodell. Die IPSec-Richtlinien verwenden standardmäßig die Windows 2000-Standardauthentifizierungsmethode (Kerberos V5-Authentifizierung), um kommunizierende Computer zu identifizieren und als vertrauenswürdig einzustufen. Computer, die einer Windows 2000-Domäne oder einer vertrauenswürdigen Domäne angehören, können problemlos eine durch IPSec gesicherte Kommunikation aufbauen.

Zentralisierte IPSec-Richtlinienverwaltung auf Active Directory-Ebene

IPSec-Richtlinien können über die Gruppenrichtlinienfunktion von Active Directory zugeordnet werden. Die IPSec-Richtlinie kann daher auf der Domänen- oder der Organisationseinheitenebene zugeordnet werden. Dadurch ist es nicht mehr erforderlich, dass alle Computer einzeln konfiguriert werden.

IPSec-Transparenz für Benutzer und Anwendungen

Die hohe Sicherheitsstufe von IPSec resultiert aus der Implementierung auf der IP-Transportschicht (Netzwerkschicht 3). Die Sicherheitsimplementierung auf Schicht 3 (siehe Abbildung 5.1) bietet Schutzfunktionen für Protokolle oberer Schichten in der TCP/IP-Protokollfamilie (Transmission Control Protocol/Internet Protocol), beispielsweise TCP, UDP (User Datagram Protocol), HTTP (Hypertext Transfer Protocol) und benutzerdefinierte Protokolle, die Verkehr an die IP-Schicht senden. Das Sichern von Informationen auf dieser niedrigen Schicht ist besonders vorteilhaft, weil alle Anwendungen und Dienste, die Daten über IP übertragen, mit IPSec geschützt werden können. Dies ist ein Vorteil gegenüber anderen Sicherheitsmechanismen, die über Schicht 3 ausgeführt werden, beispielsweise SSL (Secure Sockets Layer), und nur einen Schutz für Anwendungen bieten, die mit SSL kompatibel sind. Wenn alle Anwendungen geschützt werden sollen, sind Änderungen an allen Anwendungen erforderlich.

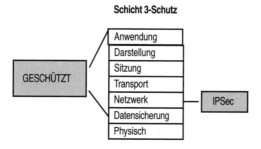

Abbildung 5.1 Schicht 3-Schutz

Flexible Sicherheitskonfiguration

Die Sicherheitsdienste in jeder Richtlinie können angepasst werden, damit die meisten Sicherheitsanforderungen für das Netzwerk und den Datenverkehr erfüllt werden.

Automatische Schlüsselverwaltung

Die kryptographiebasierten Schlüssel zwischen kommunizierenden Computern werden über die IPSec-Dienste dynamisch ausgetauscht und verwaltet.

Automatische Sicherheitsaushandlung

Die IPSec-Dienste handeln gemeinsame Sicherheitsanforderungen zwischen den kommunizierenden Computern dynamisch aus. Daher ist es nicht mehr erforderlich, dass beide Computer über identische Richtlinien verfügen.

Unterstützung der Infrastruktur für öffentliche Schlüssel

Die Verwendung von Zertifikaten, die auf einem öffentlichen Schlüssel basieren, wird unterstützt. Dadurch wird eine Authentifizierung und eine sichere Kommunikation mit Computern aufgebaut, die keiner vertrauenswürdigen Windows 2000-Domäne angehören.

Unterstützung für vorinstallierte Schlüssel

Wenn keine Authentifizierung über das Kerberos v5-Protokoll oder über Zertifikate, die auf einem öffentlichen Schlüssel basieren, möglich ist, kann ein vorinstallierter Schlüssel (ein gemeinsamer, geheimer Schlüssel) konfiguriert werden, um die Authentifizierung und die Erstellung einer Vertrauensstellung zwischen den kommunizierenden Computern zu aktivieren.

IP-Sicherheitsprozess

Im Folgenden erhalten Sie einen Überblick über den IP-Sicherheitsprozess, wie in Abbildung 5.2 dargestellt:

- Ein IP-Paket entspricht einem IP-Filter, der Teil einer IPSec-Richtlinie ist.

- Die IPSec-Richtlinie kann verschiedene optionale Sicherheitsmethoden enthalten. Dem IPSec-Treiber muss die zu verwendende Methode für die Paketsicherung bekannt sein. Der IPSec-Treiber fordert die Aushandlung einer Sicherheitsmethode und eines Sicherheitsschlüssel seitens von ISAKMP (Internet Security Association and Key Management Protocol) an.

- ISAKMP handelt eine Sicherheitsmethode aus und sendet sie mit einem Sicherheitsschlüssel an den IPSec-Treiber.

- Die Methode und der Schlüssel werden als IPSec-Sicherheitszuordnung (SA) verwendet. Der IPSec-Treiber speichert diese Sicherheitszuordnung in seiner Datenbank.

- Beide Hosts müssen IP-Verkehr verschlüsseln oder entschlüsseln, d. h. beiden Hosts muss die Sicherheitszuordnung bekannt sein, und sie müssen diese speichern.

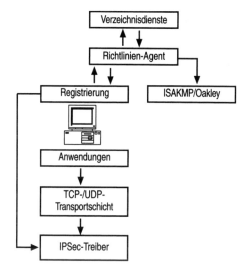

Abbildung 5.2 Übersicht über den IP-Sicherheitsprozess

IPSec-Architektur

IPSec wird unter Windows 2000 mit folgenden Komponenten implementiert:

- IPSec-Richtlinien-Agent
- ISAKMP/Oakley-Schlüsselverwaltungsdienst
- IPSec-Treiber
- IPSec-Modell

IPSec-Richtlinien-Agent

Beim Richtlinien-Agenten handelt es sich um einen IPSec-Dienst auf jedem Windows 2000-Computer. Der Richtlinien-Agent wird beim Systemstart automatisch aufgerufen. Der Agent führt die folgenden Aufgaben in dem in der IPSec-Richtlinie angegeben Intervall aus, wie in Abbildung 5.3 dargestellt:

1. Ruft die dem Computer zugeordnete IPSec-Richtlinie aus dem Windows 2000 Active Directory ab.
2. Wenn sich im Verzeichnisdienst keine IPSec-Richtlinien befinden oder der Richtlinien-Agent keine Verbindung zum Verzeichnisdienst herstellen kann, versucht er, die Richtlinien aus der Registrierung des Computers zu lesen. Der Richtlinien-Agentendienst wird beendet, wenn im Verzeichnisdienst oder in der Registrierung keine IPSec-Richtlinien vorhanden sind.

3. Wenn sich Richtlinien im Verzeichnisdienst befinden, wird die Übertragung von Richtlinieninformationen vom Verzeichnisdienst an den Computer mit Hilfe von Datenintegrität und Verschlüsselungsdiensten geschützt.

4. Sendet die Richtlinieninformationen an den IPSec-Treiber, den ISAKMP/Oakley-Dienst und an die Registrierung des Computers.

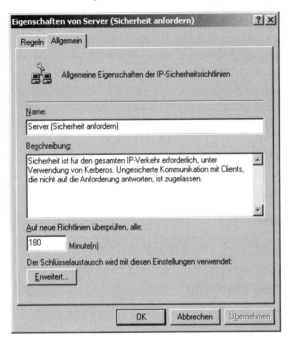

Abbildung 5.3 Die vom Richtlinien-Agenten ausgeführten Tasks

ISAKMP/Oakley-Schlüsselverwaltungsdienst

Hierbei handelt es sich um einen IPSec-Dienst auf jedem Windows 2000-Computer. Die IP-Datagramme können erst von einem Computer zum nächsten übertragen werden, nachdem eine Sicherheitszuordnung zwischen den beiden Computern erzielt wurde. Bei einer Sicherheitszuordnung handelt es sich um Parameter, die gängige Sicherheitsdienste und Mechanismen zum Schutz der Kommunikation definieren, beispielsweise Tasten und Sicherheitseigenschaften.

ISAKMP zentralisiert die Verwaltung von Sicherheitszuordnungen. Dadurch wird die Verbindungszeit verringert. Das Oakley-Protokoll generiert die tatsächlichen Schlüssel, die zum Verschlüsseln und Entschlüsseln der übertragenen Daten verwendet werden. ISAKMP/Oakley führt eine Zweiphasenoperation aus:

1. Richtet einen sicheren Kanal für die Kommunikation zwischen den beiden Computern ein. Dazu werden Computeridentitäten authentifiziert und Schlüsseldaten ausgetauscht, um den gemeinsamen geheimen Schlüssel zu generieren, mit dem die Daten verschlüsselt und entschlüsselt werden.

2. Erstellt eine Sicherheitszuordnung zwischen den beiden Computern, die auf dem sendenden und auf dem empfangenden Computer zusammen mit dem geheimen Schlüssel an den IPSec-Treiber übergeben wird.

Der Richtlinien-Agent startet den ISAKMP/Oakley-Dienst automatisch. Dieser Dienst wird nur dann automatisch oder manuell gestartet, wenn der Richtlinien-Agentendienst ausgeführt wird. Wenn das Erstellen einer Sicherheitszuordnung nicht möglich ist, kann die IPSec-Richtlinie so konfiguriert werden, dass die Kommunikation entweder blockiert oder die unsichere Kommunikation angenommen wird.

IPSec-Treiber

Der IPSec-Treiber (**IPSEC.SYS**) befindet sich auf jedem Computer unter Windows 2000. Der Treiber überprüft für alle IP-Datagramme, ob eine Übereinstimmung mit einer Filterliste in der Sicherheitsrichtlinie des Computers vorliegt. Die Filterliste definiert, für welche Computer und Netzwerke eine sichere Kommunikation erforderlich ist. Wenn eine Übereinstimmung ermittelt wird, verschlüsselt der IPSec-Treiber auf dem sendenden Computer die Daten mit Hilfe der Sicherheitszuordnung und sendet sie an den empfangenden Computer. Der IPSec-Treiber auf dem empfangenden Computer entschlüsselt die übertragenen Daten und leitet sie an die empfangende Anwendung weiter.

Anmerkung Der Richtlinien-Agent startet den IPSec-Treiber automatisch.

Das IPSec-Modell

In Abbildung 5.4 werden zwei Benutzer mit Intranetcomputern unter Windows 2000 Server dargestellt. Für Computer A und Computer B gilt eine aktive IPSec-Richtlinie.

1. Anna startet die FTP-Anwendung (File Transfer Protocol) von Host A und sendet Daten an Bernd, der sie auf Host B empfangen wird.

2. Der IPSec-Treiber auf Host A benachrichtigt den ISAKMP/Oakley-Dienst, dass IPSec für diese Kommunikation erforderlich ist, indem die Richtlinien in der Registrierung verwendet werden, die vom Richtlinien-Agenten geschrieben wurden.

3. Die ISAKMP/Oakley-Dienste auf Host A und Host B erstellen einen gemeinsamen Schlüssel und eine Sicherheitszuordnung.

4. Die IPSec-Treiber auf Host A und Host B erhalten den Schlüssel und die Sicherheitszuordnung.

5. Der IPSec-Treiber auf Host A entschlüsselt die Daten mit dem Schlüssel und sendet die Daten an Host B.

6. Der IPSec-Treiber von Host B entschlüsselt die Daten und leitet sie an die empfangende Anwendung weiter, über die Bernd die Daten abruft.

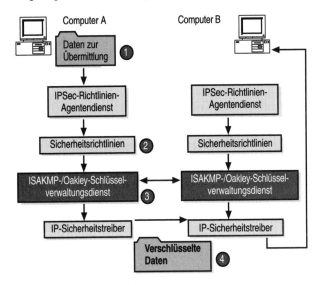

Abbildung 5.4 IPSec-Richtlinienfluss zum Verschlüsseln von Daten zwischen zwei Computern

Anmerkung Alle Router oder Switches im Pfad zwischen den kommunizierenden Computern sollten nur am Weiterleiten der verschlüsselten IP-Datagramme an das entsprechende Ziel teilnehmen. Wenn jedoch eine Firewall oder ein anderes Sicherheitsgateway zwischen den kommunizierenden Computern eingesetzt wird, muss die IP-Weiterleitung aktiviert oder bestimmte Filter erstellt werden, damit das Weiterleiten von verschlüsselten IP-Datagrammen ermöglicht wird.

Überlegungen zu IPSec

IPSec bietet die Verschlüsselung ausgehender Pakete. Dies geht jedoch auf Kosten der Leistungsfähigkeit. IPSec implementiert eine sehr effiziente symmetrische Verschlüsselung von Netzwerkdaten. Für Server, die viele gleichzeitige Netzwerkverbindungen unterstützen, ist die zusätzliche Verschlüsselung jedoch eine spürbare Belastung. Daher sollten Sie IPSec mit simuliertem Netzwerkverkehr testen, bevor Sie es einsetzen. Ein Test ist auch wichtig, wenn Sie Hardware- oder Softwareprodukte von Fremdanbietern verwenden, um IPSec zu nutzen. Sie können IPSec-Richtlinien für jede Domäne definieren. IPSec-Richtlinien können zu folgenden Zwecken konfiguriert werden:

- Bestimmen der Ebenen von Authentifizierung und Vertraulichkeit, die zwischen IP-Clients erforderlich sind.

- Bestimmen der niedrigsten Sicherheitsebene, auf der die Kommunikation zwischen IPSec-aktivierten Clients erlaubt wird.
- Erlauben oder Verhindern der Kommunikation mit Clients, die nicht IPSec-aktiviert sind.
- Festlegen, dass jede Art von Kommunikation aus Gründen der Vertraulichkeit zu verschlüsseln ist oder dass Kommunikation in Klartext zugelassen wird.

Erwägen Sie, ob Sie IPSec-Sicherheitsfunktionen für folgende Anwendungen einsetzen:

- Peer-to-Peer-Verbindungen über das Intranet Ihrer Organisation, wie beispielsweise die Kommunikation der Rechtsabteilung oder des Leitungsgremiums.
- Client-Server-Verbindungen, um sicherheitskritische (vertrauliche) Informationen zu schützen, die auf den Servern gespeichert sind.
- RAS-Verbindungen (DFÜ oder virtuelles privates Netzwerk). Beachten Sie, dass bei VPNs, bei denen IPSec mit L2TP verwendet wird, Gruppenrichtlinien eingerichtet werden, so dass die automatische Einschreibung für IPSec-Zertifikate zulässig ist. Weitere Informationen zu Computerzertifikaten für L2TP über IPSec VPN-Verbindungen finden Sie in der Onlinehilfe zu Windows 2000.
- Sichere Router-zu-Router-WAN-Verbindungen.

Berücksichtigen Sie folgende Strategien für IPSec in Ihrem Plan zur Einrichtung der Netzwerksicherheit:

- Bestimmen der Clients und Server, die IPSec-Verbindungen verwenden sollen.
- Bestimmen, ob die Clientauthentifizierung auf Kerberos-Vertrauensstellungen oder digitalen Zertifikaten basiert.
- Beschreiben der einzelnen IPSec-Richtlinien (einschließlich der Regeln und Filterlisten).
- Beschreiben der Zertifikatsdienste, die bei der Unterstützung der Clientauthentifizierung durch digitale Zertifikate benötigt werden.
- Beschreiben von Einschreibungsprozessen und Strategien zum Einschreiben von Benutzern für IPSec-Zertifikate.

Zusammenfassung der Lektion

Bei IPSec handelt es sich um eine Gruppe von offenen Standards, die dazu dienen, eine private, sichere Kommunikation über IP-Netzwerke mit Hilfe von Kryptographiesicherheitsdiensten zu gewährleisten. IPSec ist für den Benutzer transparent und bietet einen hohen Sicherheitsgrad für die Kommunikation mit geringem Kostenaufwand.

Die Architektur von IPSec besteht aus vier Hauptkomponenten: IPSec-Richtlinien-Agent, ISAKMP/Oakley-Schlüsselverwaltungsdienst, IPSec-Treiber und IPSec-Modell.

Lektion 2: Konfigurieren von IPSec

Mit MMC (Microsoft Management Console) können IPSec-Richtlinien erstellt und konfiguriert werden. IPSec kann so konfiguriert werden, dass Richtlinien zentral (für Active Directory), lokal oder über einen Remotestandort für einen Computer verwaltet werden können. In dieser Lektion werden verschiedene Dialogfelder zum Konfigurieren von IPSec vorgestellt. Darüber hinaus erstellen Sie eine IP-Sicherheitsrichtlinie für Testzwecke.

Am Ende dieser Lektion werden Sie in der Lage sein, die folgenden Aufgaben auszuführen:

- Beschreiben der Implementation von IPSec
- Konfigurieren von IPSec-Richtlinien
- Beschreiben der verschiedenen Eigenschaftenseiten einer IPSec-Richtlinie, einer Authentifizierungsmethode, einer IP-Paketfilterung, von Filteraktionen und zusätzlichen IPSec-Aufgaben

Veranschlagte Zeit für die Lektion: 30 Minuten

Voraussetzungen für das Implementieren von IPSec

Für die Computer im Netzwerk ist eine IPSec-Richtlinie zu definieren, die für Ihre Netzwerksicherheitsstrategie geeignet ist. Computer derselben Domäne könnten beispielsweise in Gruppen organisiert werden, für die dann entsprechende IPSec-Richtlinien erstellt werden. Für die Computer in unterschiedlichen Domänen könnten zusätzliche IPSec-Richtlinien erstellt werden, die sichere Netzwerkverbindungen unterstützen.

Implementieren von IPSec

Sie können die Standard-IP-Sicherheitsrichtlinien im Gruppenrichtlinien-Snap-In von MMC anzeigen. Die Richtlinien werden unter **IP-Sicherheitrichtlinien** in Active Directory aufgeführt: **Gruppenrichtlinie\Computerkonfiguration\ Windows-Einstellungen\Sicherheitseinstellungen\IP-Sicherheitsrichtlinien in Active Directory**.

Die IPSec-Richtlinien können auch im IP-Sicherheitsrichtlinienverwaltungs-Snap-In von MMC angezeigt werden. Für jede IPSec-Richtlinie sind Regeln festgelegt, die bestimmen, wann und wie die Richtlinie angewendet wird. Klicken Sie mit der rechten Maustaste auf eine Richtlinie, und wählen Sie **Eigenschaften**. Die Registerkarte **Regeln** listet die Richtlinienregeln auf. Regeln können darüber hinaus in Filterlisten, Filteraktionen und zusätzliche Eigenschaften unterteilt werden. Das Standard-Snap-In wird über das Menü **Verwaltung** aufgerufen. Über dieses Snap-In kann nur der lokale Computer konfiguriert werden.

Um eine Richtlinie für mehrere Computer zentral zu verwalten, fügen Sie das IP-Sicherheitsrichtlinienverwaltungs-Snap-In zu einer MMC hinzu.

Konfigurieren von IPSec-Richtlinien

Im ersten Fenster werden drei vordefinierte Richtlinieneinträge angezeigt: **Client (Respond Only)**, **Sicherer Server (Sicherheit erforderlich)** und **Server (Sicherheit anfordern)**. Standardmäßig ist keine dieser Richtlinien aktiviert. Diese Richtlinien werden in Abbildung 5.5 dargestellt.

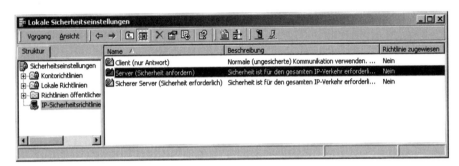

Abbildung 5.5 MMC eines Windows 2000-Mitgliedsservers

Es werden immer dieselben Standardrichtlinien angezeigt, unabhängig davon, ob die IPSec-Richtlinie lokal oder im Active Directory als Teil einer Gruppenrichtlinie gespeichert ist. In diesem Beispiel handelt es sich um eine lokale Richtlinie für einen Mitgliedsserver.

- Die Richtlinie **Client (nur Antwort)** läßt die Kommunikation im Klartext zu, antwortet jedoch auf IPSec-Anforderungen und versucht, die Sicherheit auszuhandeln. Diese Richtlinie ermöglicht eine Kommunikation im Klartext, versucht jedoch die Sicherheit auszuhandeln, wenn eine Sicherheitsanforderung verzeichnet wird. Sie verwendet Kerberos V5 zur Authentifizierung.

- Die Richtlinie **Server (Sicherheit anfordern)** gewährleistet, dass der Server versucht, eine sichere Kommunikation für jede Sitzung zu initialisieren. Wenn ein Client, der IPSec nicht unterstützt, eine Sitzung initiiert, wird sie zugelassen.

- Für die Richtlinie **Sicherer Server (Sicherheit erforderlich)** sind Kerberos-Vertrauensstellungen für alle IP-Pakete erforderlich, die von diesem Computer gesendet werden. Davon sind jedoch Broadcast-, Multicast-, RSVP- (Resource Reservation Setup Protocol) und ISAKMP-Pakete ausgenommen. Diese Richtlinie lässt keine unsichere Kommunikation mit Clients zu. Daher muss jeder Client, der eine Verbindung zu einem Server herstellt, IPSec unterstützen.

Um Richtlinien zu bearbeiten, klicken Sie mit der rechten Maustaste auf die entsprechende Richtlinie, und wählen Sie **Eigenschaften**.

Anmerkung Es kann jeweils nur eine Richtlinie zugewiesen werden. Wenn eine IPSec-Richtlinie in anderen überlappenden Gruppenrichtlinien konfiguriert wird, gilt die normale Gruppenrichtlinienhierarchie.

Verbindungstypen

Sie können im Dialogfeld **Eigenschaften von Regel bearbeiten** auf die Registerkarte **Verbindungstyp** zugreifen (siehe Abbildung 5.6). Diese Registerkarte wird auch als Teil des Assistenten zum Erstellen von Regeln angezeigt.

Anmerkung Alle Richtlinieneinstellungen können über Assistenten konfiguriert werden. Die Verwendung der Assistenten ist standardmäßig aktiviert, kann jedoch durch Deaktivieren des Kontrollkästchens **Assistent verwenden** deaktiviert werden.

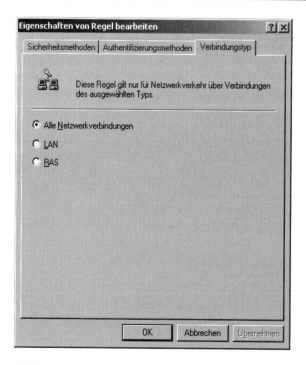

Abbildung 5.6 Dialogfeld Eigenschaften von Regel bearbeiten

Wenn Sie für jede Regel einen Verbindungstyp angeben, können Sie die Computerverbindungen für Ihre IPSec-Richtlinie festlegen, beispielsweise Netzwerkadapter oder Modems.

Jede Regel weist eine Verbindungseigenschaft auf, die angibt, ob sich die Regel auf LAN-Verbindungen, RAS-Verbindungen oder auf alle Netzwerkverbindungen bezieht.

Authentifizierungsmethode

Die Authentifizierungsmethode definiert, wie jedem Benutzer die Gewissheit gegeben wird, dass der andere Computer bzw. Benutzer keine falsche Identität vorgibt. Wie in Abbildung 5.7 dargestellt, bietet jede Authentifizierungsmethode die erforderlichen Informationen, um die Identität sicherzustellen. Windows 2000 unterstützt drei Authentifizierungsmethoden:

- **Kerberos** Beim Kerberos v5-Authentifizierungsprotokoll handelt es sich um die Standardauthentifizierung. Beim Anmelden eines Computers bei einer vertrauenswürdigen Domäne stellt das Kerberos-Protokoll Tickets bzw. virtuelle Identitätsnachweise aus. Diese Authentifizierungsmethode kann für alle Clients verwendet werden, die das Kerberos v5-Protokoll (unabhängig davon, ob die Clients auf Windows basieren) ausführen und einer vertrauenswürdigen Domäne angehören.

- **Zertifikate** Dies setzt voraus, dass mindestens eine Zertifizierungsstelle (CA) konfiguriert wurde. Windows 2000 unterstützt X.509 Version 3-Zertifikate, einschließlich Zertifikaten der Zertifizierungsstelle, die von einer Zertifizierungsstelle generiert wurden. Eine Regel kann mehrere Authentifizierungsmethoden angeben. Dies stellt sicher, dass beim Verhandeln mit einem Peer eine gängige Methode ermittelt werden kann.

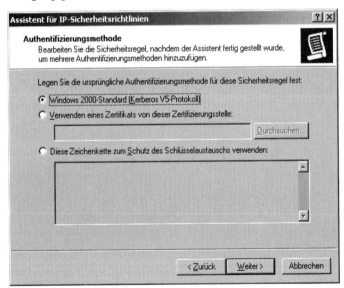

Abbildung 5.7 Dialogfeld Authentifizierungsmethode

- **Vorinstallierte Schlüssel** Hierbei handelt es sich um einen gemeinsamen geheimen Schlüssel, der zuvor von zwei Benutzern vereinbart wurde. Dieser Schlüssel kann problemlos eingesetzt werden. Außerdem ist es nicht erforderlich, dass der Client das Kerberos-Protokoll ausführt oder über ein auf einem öffentlichem Schlüssel basierendes Zertifikat verfügt. Beide Parteien müssen IPSec manuell konfigurieren, um diesen gemeinsamen Schlüssel zu verwenden. Hierbei handelt es sich um eine einfache Methode zum Authentifizieren von nicht auf Windows basierenden Hosts und eigenständigen Hosts.

Anmerkung Der aus der Authentifizierung abgeleitete Schlüssel dient *nur* zur Benutzerauthentifizierung. Mit diesem Schlüssel werden die Daten *nicht* verschlüsselt oder authentifiziert.

Jede Regel kann mit einer oder mehreren Authentifizierungsmethoden konfiguriert werden. Jede konfigurierte Authentifizierungsmethode wird in einer Liste nach Präferenz angezeigt. Wenn die erste Methode nicht verwendet werden kann, wird versucht, die nächste Methode einzusetzen.

IP-Paketfilterung

Die IP-Sicherheit wird für die Pakete beim Senden und Empfangen angewendet. Die Pakete werden beim Senden auf Übereinstimmung mit Filtern geprüft, um zu ermitteln, ob sie gesichert, gesperrt oder im Klartext durchgelassen werden. Die Pakete werden beim Empfang auf Übereinstimmung mit Filtern geprüft, um zu ermitteln, ob Sicherheit ausgehandelt werden soll oder ob die Pakete gesperrt, durchgelassen oder in das System übertragen werden sollen.

Einzelne Filterspezifikationen werden in einer Filterliste gruppiert, damit komplexe Verkehrsabläufe als benannte Filterliste, beispielsweise „Dateiserver von Gebäude 7" oder „Gesamter blockierter Verkehr", gruppiert und verwaltet werden können. Filterlisten können nach Bedarf zwischen verschiedenen IPSec-Regeln in derselben Richtlinie oder in unterschiedlichen IPSec-Richtlinien freigegeben werden. Filterspezifikationen sollten für eingehenden und ausgehenden Datenverkehr definiert werden.

- Eingangsfilter werden für eingehenden Verkehr verwendet. Mit diesen Filtern kann der empfangende Computer den Verkehr mit der IP-Filterliste abstimmen. Eingangsfilter antworten außerdem auf Anforderungen für eine sichere Kommunikation oder stimmen den Verkehr mit einer vorhandenen Sicherheitszuordnung ab und entschlüsseln die gesicherten Pakete.
- Ausgangsfilter werden für den Verkehr vom Computer zum Ziel verwendet. Mit diesen Filtern wird eine Sicherheitsaushandlung ausgelöst, die vor dem Senden der Daten stattfinden muss.

Wichtig Eingangs- und Ausgangsfilter werden zwar in der Filterliste definiert und verwendet, allerdings ist auf der Benutzeroberfläche nicht offensichtlich, welcher Filter erstellt wird. Die Quell- und Zieladressen legen fest, ob es sich um einen Eingangs- oder Ausgangsfilter handelt.

Es muss ein Filter für den gesamten Verkehr vorhanden sein, auf den sich die zugewiesene Regel bezieht. Ein Filter enthält folgende Parameter:

1. Die Quell- und Zieladresse des IP-Pakets. Wie in Abbildung 5.8 dargestellt, können beim Erstellen oder Bearbeiten des Filters folgende Adressoptionen ausgewählt werden:

   - **Eigene IP-Adresse** Die IP-Adresse des lokalen Computers.
   - **Beliebige IP-Adresse** Nur Unicastadressen. IPSec unterstützt Multicast- oder Broadcastadressen nicht.
   - **Spezielle IP-Adresse** Hierbei handelt es sich um eine bestimmte IP-Adresse auf dem lokalen Netzwerk oder im Internet.
   - **Spezielles IP-Subnetz** Hierzu gehört jede IP-Adresse in einem angegebenen IP-Subnetz.

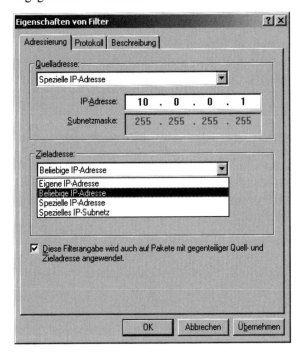

Abbildung 5.8 Das Dialogfeld Eigenschaften von Filter

Anmerkung IPSec füllt die Adressoption **Eigene IP-Adresse** nur mit der ersten gebundenen IP-Adresse auf. Bei mehrfach vernetzten Systemen verwendet IPSec nur eine der IP-Adressen. Routing- und RAS-Server werden als mehrfach vernetzt angesehen. Daher füllt IPSec die IP-Adresse unter Umständen nicht richtig auf.

2. Das Protokoll, über das die Paketübertragung erfolgt. Dieser Parameter schließt standardmäßig alle IP-Clientprotokolle in der TCP/IP-Protokollfamilie ein.

Tabelle 5.1 enthält eine Liste der Protokolltypen, die im Dialogfeld **Eigenschaften von Filter** verfügbar sind (siehe Abbildung 5.9).

Tabelle 5.1 Protokollfilterung

Protokolltyp	Beschreibung
ANY	Beliebiges Protokoll
EGP	Exterior Gateway Protocol
HMP	Host Monitoring Protocol
ICMP	Internet Control Message Protocol
Other (Sonstige)	Nicht angegebenes Protokoll basierend auf einer IP-Protokollnummer.
RAW	Rohe Daten über IP.
RDP	Reliable Datagram Protocol
RVD	MIT Remote Virtual Disk
TCP	Transmission Control Protocol
UDP	User Datagram Protocol
XNS-IDP	Xerox NS IDP

3. Den Quell- und Zielport des Protokolls für TCP und UDP. Dieser Parameter deckt standardmäßig alle Ports ab, kann jedoch auch nur für Pakete konfiguriert werden, die an einen bestimmten Port gesendet bzw. von diesem empfangen werden.

Wählen Sie beim Bearbeiten oder Erstellen von Filtern die Eigenschaften des Filters. Filter können global verwaltet werden, indem Sie mit der rechten Maustaste auf dem verwalteten Computer im linken Fensterausschnitt klicken. Sie können auch auf der Seite **Eigenschaften von Regel** der Richtlinie verwaltet werden. Mit dem Assistenten zum Erstellen von Regeln können diese Eigenschaften konfiguriert werden.

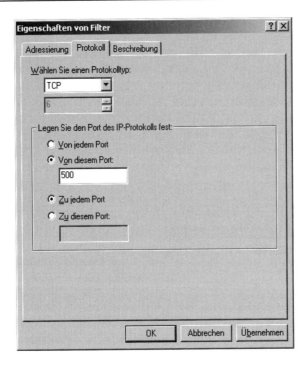

Abbildung 5.9 Dialogfeld Eigenschaften von Filter

Spiegeln

Durch die Spiegelung kann ein Filter Pakete mit den genau umgekehrten Quell- und -Zieladressen abstimmen. Ein Ausgangsfilter, der beispielsweise die IP-Adresse als Quelladresse und den zweiten Computer als Zieladresse angibt, erstellt automatisch einen Eingangsfilter, der den zweiten Computer als Quelladresse und die IP-Adresse des initialisierenden Computers als das Ziel angibt.

Anmerkung Der gespiegelte Filter wird nicht tatsächlich in der Filterliste angezeigt. Stattdessen wird das Kontrollkästchen **Gespiegelt** im Dialogfeld **Eigenschaften von Filter** aktiviert.

Beispiel: Host A möchte Daten immer sicher mit Host B austauschen:

- Um gesicherte Daten an Host B senden zu können, muss für die IPSec-Richtlinie von Host A eine Filterspezifikation für alle an Host B ausgehenden Pakete vorliegen.

- Um gesicherte Daten von Host A empfangen zu können, muss für die IPSec-Richtlinie von Host B eine Filterspezifikation für alle eingehenden Pakete von Host A vorliegen oder die eine Richtlinie mit der Standardantwortregel muss aktiviert sein.

- Das Spiegeln ermöglicht es jedem Host, Daten von dem anderen Host zu senden bzw. zu empfangen, ohne einen weiteren Filter hierfür zu erstellen.

Filteraktionen

Über die Filteraktion wird festgelegt, welche Sicherheitsaktion ausgeführt wird, nachdem ein Filter gestartet wurde. Die Aktion gibt an, ob der Verkehr gesperrt oder zugelassen wird. Außerdem wird die Sicherheit für eine bestehende Verbindung ausgehandelt. Zur Aushandlung gehört *nur* die Authentizität und die Integrität, wenn das AH-Protokoll (Authentifizierungsheader) verwendet wird, und die Integrität und Vertraulichkeit bei der Verwendung des ESP-Protokolls (Encapsulating Security Payload). Jede Filteraktion kann angepasst werden. Dadurch kann der Administrator wählen, für welche Protokolle Vertraulichkeit und für welche Protokolle Authentizität erforderlich ist.

Es können ein bzw. mehrere ausgehandelte Filteraktionen angegeben werden. Wie in Abbildung 5.10 dargestellt, werden die Filteraktionen in einer Liste angezeigt. Die erste aufgeführte Methode hat hierbei Vorrang. Wenn die entsprechende Filteraktion nicht ausgehandelt werden kann, wird versucht, die nächste Filteraktion einzusetzen.

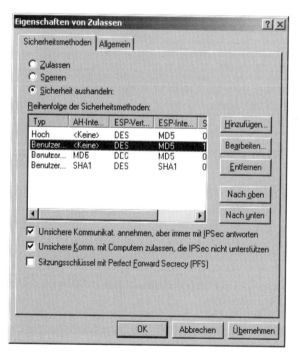

Abbildung 5.10 Richtlinieneigenschaften für Aushandeln des sicheren Initiators

Anstatt eine benutzerdefinierte Methode anzugeben, kann auch eine hohe oder mittlere Sicherheit ausgewählt werden. Mit der hohen Sicherheit werden Daten verschlüsselt und die Datenintegrität sichergestellt. Die mittlere Sicherheit dient nur zur sicherstellung der Datenintegrität.

Zusätzliche IPSec-Aufgaben

Verschiedene Administratoraufgaben können durch Klicken mit der rechten Maustaste auf das Symbol **IP-Sicherheitsrichtlinie** im linken Fenster aufgerufen werden. Hierzu gehören folgende Aufgaben:

- **IP-Filterlisten und Filteraktionen verwalten**   Dadurch kann der Administrator Filter und Filteraktionen getrennt von einzelnen Regeln konfigurieren. Nach dem Erstellen einer Regel können die Filter oder Filteraktionen aktiviert werden (siehe Abbildung 5.11).

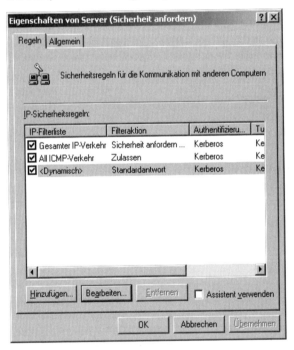

Abbildung 5.11 Die Registerkarte Regeln im Dialogfeld Eigenschaften von Server (Sicherheit anfordern)

- **Richtlinienintegrität prüfen**   Da Active Directory die zuletzt gespeicherten Daten als die aktuellsten Daten behandelt, ist es möglich, dass Verknüpfungen zwischen Richtlinienkomponenten unterbrochen werden, wenn eine Richtlinie von mehreren Administratoren bearbeitet wird. Beispiele:

Richtlinie A verwendet Filter A.

Richtlinie B verwendet Filter B.

In diesem Fall ist Filter A mit Richtlinie A und Filter B mit Richtlinie B verknüpft.

Bernd bearbeitet beispielsweise Richtlinie A und fügt eine Regel hinzu, die Filter C verwendet.

Anna bearbeitet Richtlinie B zur gleichen Zeit von einem anderen Ort und fügt eine Regel hinzu, die auch Filter C verwendet.

Wenn Bernd und Anna die Änderungen gleichzeitig speichern, kann Filter C mit Richtlinie A und Richtlinie B verknüpft werden. Davon kann jedoch nicht ausgegangen werden. Wird Richtlinie A zuletzt gespeichert, wird daher die Verknüpfung von Filter C mit Richtlinie B überschrieben. Filter C ist nur mit Richtlinie A verknüpft. Dies führt zu Problemen, wenn Filter C geändert wird, weil die neuen Änderungen zwar von den Benutzern der Richtlinie A, jedoch nicht von Benutzern der Richtlinie B übernommen werden.

Mit der Richtlinienintegritätsprüfung wird dieses Problem behoben, indem die Verknüpfungen in allen IPSec-Richtlinien verifiziert werden. Es ist empfehlenswert, die Integritätsprüfung auszuführen, nachdem Änderungen an einer Richtlinie vorgenommen wurden. Verschiedene Administratoraufgaben können durch Klicken mit der rechten Maustaste auf das Symbol **IP-Sicherheitsrichtlinie** im linken Fenster aufgerufen werden. Diese Aufgaben werden in der folgenden Liste beschrieben:

- **Standardrichtlinien wiederherstellen**   Stellt die ursprüngliche Konfiguration der vordefinierten Richtlinien wieder her.
- **Richtlinien importieren**   Ermöglicht das Importieren von Richtlinien von einem anderen Host im Netzwerk.
- **Richtlinien exportieren**   Ermöglicht das Exportieren einer Richtlinie von einem anderen Host im Netzwerk.

Übung: Testen von IPSec

In dieser Übung aktivieren Sie eine integrierte IPSec-Richtlinie. Auf diese Weise stellen Sie fest, dass die Kommunikation gesperrt wird, wenn der Verkehr nicht gesichert werden kann. Wenn beide Computer unter Windows 2000 Server derselben bzw. einer vertrauenswürdigen Windows 2000-Server-Domänen angehören, kann mit den integrierten IPSec-Richtlinien eine sichere Kommunikation einfach eingerichtet werden. Andernfalls müssen Sie Ihre eigene IPSec-Richtlinie konfigurieren, um sie auf jedem Computer zu testen. Die hierzu erforderlichen Schritte werden weiter unten beschrieben

Bevor Sie mit dieser Übung fortfahren, sollten Sie die Demonstrationsdatei **Ch05.exe** ausführen, die sich im Ordner **Media** auf der Kursmaterialien-CD zu diesem Buch befindet. In dieser Datei erhalten Sie einen Überblick über das Testen von IPSec.

▶ **So testen Sie die Kommunikation mit einem anderen Computer**

1. Senden Sie ein Ping-Signal an die IP-Adresse des anderen Computers.

   Sie sollten vier Antworten auf das Ping-Signal erhalten. Dadurch wird bestätigt, dass Sie mit Ihrem Partner kommunizieren können.

▶ **So fügen Sie IPSec zu MMC hinzu**

1. Führen Sie im Menü **Verwaltung** das MMC-Plug-In **Lokale Sicherheitsrichtlinie** aus.
2. Wählen Sie im linken Fensterausschnitt **IP-Sicherheitsrichtlinien auf lokalem Computer**.
3. Klicken Sie im rechten Fensterausschnitt mit der rechten Maustaste auf **Sicherer Server (Sicherheit erforderlich)**, und klicken Sie anschließend auf **Eigenschaften**.
4. Klicken Sie im Dialogfeld **Eigenschaften von Sicherer Server (Sicherheit erforderlich)** auf **Hinzufügen**. Der Sicherheitsregel-Assistent wird aufgerufen.
5. Klicken Sie im Dialogfeld **Willkommen** auf **Weiter**.
6. Klicken Sie im Dialogfeld **Tunnelendpunkt** auf **Weiter**.
7. Klicken Sie im Dialogfeld **Netzwerktyp** auf **Weiter**.
8. Aktivieren Sie im Dialogfeld **Authentifizierungsmethode** das Optionsfeld **Diese Zeichenkette zum Schutz des Schlüsselaustauschs verwenden**. Geben Sie im Bildlauffeld **MSPRESS** ein, und klicken Sie anschließend auf **Weiter**.
9. Klicken Sie auf **Gesamter IP-Verkehr**, und klicken Sie im Dialogfeld IP-Filterliste anschließend auf **Weiter**.
10. Klicken Sie auf **Sicherheit erforderlich**, und klicken Sie anschließend im Dialogfeld **Filteraktion** auf **Weiter**.
11. Klicken Sie auf **Fertig stellen**, um den Assistenten zu schließen.
12. Nachdem Sie eine restriktive Filterliste hinzugefügt haben, deaktivieren Sie alle Standardfilterlisten.
13. Schließen Sie das Dialogfeld **Eigenschaften von Sicherer Server (Sicherheit erforderlich)**.
14. Klicken Sie mit der rechten Maustaste auf **Sicherer Server (Sicherheit erforderlich)**, und klicken Sie im Kontextmenü auf **Zuweisen**.
15. Senden Sie ein Ping-Signal an Ihren Partner-Host.

    Beachten Sie, dass das PING-Signal nicht erfolgreich war.
16. Damit Sie wieder mit dem Netzwerk kommunizieren können, deaktivieren Sie die Richtlinie **Sicherer Server (Sicherheit erforderlich)** über das Kontextmenü.

Zusammenfassung der Lektion

Windows 2000 enthält drei vordefinierte Richtlinieneinträge: **Client (nur Antwort)**, **Sicherer Server (Sicherheit erforderlich)** und **Server (Sicherheit anfordern)**. Diese Richtlinien können jederzeit geändert bzw. entfernt werden. Darüber hinaus können benutzerdefinierte Richtlinien hinzugefügt werden. Mit Hilfe von IPSec unterstützt Windows 2000 verschiedene Authentifizierungsmethoden für Hosts und bietet die IP-Paketfilterung. Dies ermöglicht es Computern, auf der Grundlage einer Vielzahl von Regeln und Filtern eine Kommunikation zuzulassen bzw. abzulehnen.

Lektion 3: Anpassen von IPSec-Richtlinien und -Regeln

IPSec kann mit Richtlinien und Regeln einfach angepasst werden. In dieser Lektion erfahren Sie, wie ein Netzwerk mit Hilfe dieser Methoden gesichert wird. Dabei werden unter anderem folgende Faktoren berücksichtigt: Proxies, NAT (Netzwerkadressübersetzung), SNMP (Simple Network Management Protocol), DHCP (Dynamic Host Configuration Protocol), DNS (Domain Name System), WINS (Windows Internet Name Service) und Domänencontroller.

Am Ende dieser Lektion werden Sie in der Lage sein, die folgenden Aufgaben durchzuführen:

- Erläutern von IPSec-Richtlinien und Regeln
- Beschreiben der Konfiguration von IPSec zur Verwendung mit Firewalls, NAT und Proxies
- Beschreiben, wie mit IPSec ein Netzwerk mit SNMP, DHCP, DNS, WINS oder Domänencontrollern gesichert wird.

Veranschlagte Zeit für die Lektion: 40 Minuten

Richtlinienbasierte Sicherheit

Verstärkte Sicherheitsmethoden auf der Grundlage der Kryptographie sind erforderlich, um die Kommunikation zu schützen. Dadurch erhöht sich jedoch auch häufig der Verwaltungsaufwand. Dank der richtlinienbasierten Verwaltung von IPSec kann dieser Verwaltungsaufwand allerdings vermieden werden. Ihr Netzwerkadministrator, der für die Sicherheit zuständig ist, kann IPSec-Richtlinien konfigurieren, damit die Sicherheitsanforderungen von Benutzern, Gruppen, Anwendungen, Domänen, Standorten und globalen Unternehmen erfüllt werden. Windows 2000 bietet eine Verwaltungsschnittstelle, die als IPSec-Richtlinienverwaltung bezeichnet wird, zum Definieren von IPSec-Richtlinien für einzelne Computer oder Gruppen von Computern innerhalb von Active Directory.

IPSec-Richtlinien

Bei einer IPSec-Richtlinie handelt es sich um eine benannte Auflistung von Regeln und um Einstellungen für den Schlüsselaustausch. Die Richtlinie kann als Sicherheitsrichtlinie für Domänen oder als Sicherheitsrichtlinie für einzelne Computer zugewiesen werden. Ein Computer übernimmt die IPSec-Richtlinie, die der Sicherheitsrichtlinie für Domänen zugewiesen wurde, automatisch beim Anmelden an der Domäne. Wenn ein Computer nicht mit einer Domäne verbunden ist (beispielsweise ein Laptop oder ein Einzelserver), werden die IPSec-Richtlinien in der Registrierung des Computers gespeichert und von dieser abgerufen.

Dies bietet eine hohe Flexibilität beim Konfigurieren von Sicherheitsrichtlinien für Gruppen von vergleichbaren Computern oder für Einzelcomputer mit besonderen Anforderungen. Beispielsweise kann eine Sicherheitsrichtlinie für alle Benutzer im gleichen Netzwerk oder für alle Benutzer in einer bestimmten Abteilung erstellt werden. IPSec-Richtlinien werden mit dem IPSec-Verwaltungs-Snap-In für einen Windows 2000-Mitgliedsserver erstellt (siehe Abbildung 5.12).

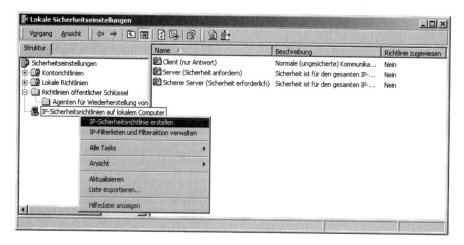

Abbildung 5.12 MMC eines Windows 2000-Mitgliedsservers

Regeln

Regeln bestimmen, wie und wann IPSec verwendet wird. Eine Regel enthält eine Liste mit IP-Filtern und gibt die Sicherheitsaktionen an, die bei einer Übereinstimmung mit der entsprechenden Filterliste ausgeführt werden. Eine Regel ist eine Zusammenstellung von folgenden Komponenten:

- IP-Filter
- Richtlinien für die Aushandlung
- Authentifizierungsmethoden
- IP-Tunnelattribute
- Adaptertypen

Jede Sicherheitsrichtlinie kann mehrere Regeln enthalten. Dadurch kann mehreren Computern mit unterschiedlichen Kommunikationsszenarios eine IPSec-Richtlinie zugewiesen werden. Beispielsweise kann eine Richtlinie für alle Benutzer in einer Abteilung oder in einem Netzwerk ausreichend sein, jedoch sind mehrere Regeln erforderlich: Eine Regel für die Intranetkommunikation und eine weitere für die Internetkommunikation, für die das „Tunneln" erforderlich ist.

IP-Filter und Filterspezifikationen

Alle Regeln basieren auf der Übereinstimmung von Paketen mit einem IP-Filter. Für jede Regel darf unter Umständen nur ein einzelner IP-Filter aktiv sein. Der Treiber überprüft für alle IP-Datagramme, ob eine Übereinstimmung mit einem aktiven IP-Filter vorliegt. Bei einer Übereinstimmung wird die in der zugehörigen Regel angegebene Aktion für die jeweilige Kommunikation implementiert.

Filterspezifikationen

IP-Datagramme werden mit jeder Filterspezifikation verglichen. Filterspezifikationen enthalten folgende Eigenschaften:

- Die Quell- und Zieladresse eines IP-Datagramms auf der Grundlage von IP-Adresse, DNS-Name oder nach einem bestimmten Subnetz oder Netzwerk.
- Das Protokoll, TCP oder UDP.
- Die spezifischen Portnummern von Quell- und Zielprotokoll für TCP oder UDP.

Sicherheitsmethoden und Richtlinien für die Aushandlung

Die für eine Kommunikation verwendete Sicherheitsstufe wird von den Sicherheitsmethoden und der Richtlinie für die Aushandlung festgelegt.

Sicherheitsmethoden

Jede Sicherheitsmethode gibt eine eindeutige Sicherheitsstufe an, die für die Kommunikation verwendet wird. Eine einzelne Richtlinie für die Aushandlung kann mehrere Sicherheitsmethoden enthalten, damit zwei Computer einfacher eine gemeinsame Sicherheitsmethode ermitteln können. Der ISAKMP/Oakley-Dienst auf jedem Computer durchsucht die Liste der Sicherheitsmethoden in absteigender Reihenfolge, bis eine gemeinsame Methode ermittelt wird. Sie können vorkonfigurierte Sicherheitsmethoden oder eine eigene benutzerdefinierte Methode verwenden:

- **Hoch** Das IP ESP-Protokoll bietet vertrauliche Behandlung, Integrität, Authentifizierung und Anti-Replay-Schutzdienste.
- **Mittel** Das IP AH-Sicherheitsprotokoll bietet Integrität, Authentifizierung und Anti-Replay-Schutzdienste. Die Vertraulichkeit ist nicht Bestandteil von AH.
- **Benutzerdefiniert** Erfahrene Benutzer können nicht nur zwischen ESP und AH wählen, sondern auch Algorithmen zur Authentifizierung, Integrität und Vertraulichkeit angeben.

Richtlinien für die Aushandlung

Bei einer Richtlinie zur Aushandlung handelt es sich um eine benannte Auflistung von Sicherheitsmethoden. Jede Regel kann eine einzelne Richtlinie zur Aushandlung enthalten, die als derzeit aktiv angegeben ist. Wenn keine gemeinsame Sicherheitsmethode zwischen zwei Computern möglich ist, kann die Richtlinie zur Aushandlung so konfiguriert werden, dass die Kommunikation mit dem entsprechenden Computer bzw. das unverschlüsselte Senden von Daten abgelehnt wird.

IPSec beeinflusst den ursprünglichen IP-Header nicht. Daher wird er als normaler IP-Verkehr angesehen und auch entsprechend weitergeleitet. Dies gilt auch für Übertragungs- und Tunnelmodi.

ESP und Router

ESP verschlüsselt oder authentifiziert den IP-Header nicht. Das Routing ist selbst im Tunnelmodus, in dem der ursprüngliche IP-Header verschlüsselt wird, kein Problem. Der neue Tunnel-IP-Header (unverändert) dient zum Weiterleiten zwischen den Tunnelendpunkten. Sobald das Paket den Tunnelendpunkt erreicht, wird es authentifiziert und entschlüsselt. Das ursprüngliche IP-Paket wird ohne IPSec-Authentifizierung oder -Verschlüsselung an das endgültige Ziel weitergeleitet.

AH und Router

AH verwendet alle Felder im IP-Header, um den ICV (Integrity Check Value = Integritätsprüfwert) zu erstellen. Es können Probleme auftreten, weil Router beim Weiterleiten von Paketen Felder im IP-Header ändern. Allerdings werden die geänderten Felder für die ICV-Berechnung auf Null gesetzt. Daher können Router die veränderbaren Felder (Gültigkeitsdauer [TTL], Prüfsumme usw.) ändern, ohne dass die ICV-Berechnung davon betroffen ist. Am empfangenden Ende setzt IPSec die veränderbaren Felder zur ICV-Berechnung erneut auf Null.

Das gilt auch für den Tunnelmodus, in dem ein neuer Tunnel-IP-Header zur Berechnung des Integritätsprüfwerts verwendet wird. Die veränderbaren Felder sind in diesem Fall jedoch auf Null gesetzt. Am Tunnelendpunkt wird der Hash überprüft und das ursprüngliche IP-Paket wird ohne weitere Authentifizierung weitergeleitet.

IPSec durch eine Firewall

Alle Router oder Switches im Datenpfad zwischen den kommunizierenden Hosts leiten die verschlüsselten und/oder authentifizierten IP-Pakete lediglich an das entsprechende Ziel. Wenn jedoch eine Firewall oder ein Router zur Paketfilterung vorhanden ist, muss die IP-Weiterleitung für folgende IP-Protokolle und für den UDP-Port aktiviert sein:

- **IP-Protokollkennung 51**   Eingangs- und Ausgangsfilter sollten für das Weiterleiten von AH-Verkehr konfiguriert sein.

- **IP-Protokollkennung 50** Eingangs- und Ausgangsfilter sollten für das Weiterleiten von ESP-Verkehr konfiguriert sein.

- **IP-Port 500** Eingangs- und Ausgangsfilter sollten für das Weiterleiten von ISAKMP-Verkehr konfiguriert sein.

Beachten Sie, dass diese Einstellungen nur im Übertragungsmodus verwendet werden, um das Weiterleiten des IPSec-Verkehrs durch die Firewall zuzulassen. Dies ist jedoch auch dann der Fall, wenn sich die Firewall im öffentlichen Bereich des Tunnelservers befindet. IPSec kann nicht so konfiguriert werden, dass die Firewall IPSec für alle eingehenden oder ausgehenden Pakete implementiert. Der Router müsste in diesem Fall alle Sicherheitszuordnungen erstellen und verwalten, die der jeweiligen Verbindung zugeordnet wurden.

Anmerkung Die herkömmliche Firewallfilterung (Filtern auf TCP- oder UDP-Ports) kann nicht für ESP-Verkehr eingesetzt werden, weil die Portnummern verschlüsselt werden.

IPSec durch NAT und Proxies

IPSec kann nicht über NAT (Netzwerkaddressübersetzung) oder einen Anwendungsproxy verwendet werden. Selbst wenn der IP-Header intakt bleibt, lassen es die Verschlüsselung und die Authentifizierung nicht zu, dass andere Felder im Paket geändert werden.

NAT

In den folgenden Abschnitten wird erläutert, warum IPSec nicht über NAT ausgeführt werden kann.

Mehrfache IPSec-Datenströme können nicht unterschieden werden

Der ESP-Header enthält den **Security Parameters Index (SPI)**. Der Sicherheitsparameterindex wird in Verbindung mit der Ziel-IP-Adresse im Standard-IP-Header und im IPSec-Header eingesetzt, um eine IPSec-Sicherheitszuordnung zu kennzeichnen.

Bei ausgehendem Datenverkehr vom NAT-Gateway wird die Ziel-IP-Adresse nicht geändert. Die Quell-IP-Adresse wird jedoch geändert. Bei eingehendem Datenverkehr zum Netzwerkadressübersetzer muss die Ziel-IP-Adresse einer privaten IP-Adresse zugeordnet werden. Damit IPSec ordnungsgemäß funktioniert, muss SPI auch zugeordnet werden. Die Zuordnung von SPI ist zwar möglich, allerdings ändert sich dadurch das SPI-Feld. Wenn sich das SPI-Feld ändert, kann die ICV-Berechnung nicht validiert werden.

Das Gleiche gilt für AH. SPI ist Bestandteil von AH und wird für die Berechnung von ICV einbezogen.

TCP- und UDP-Prüfsummen können nicht geändert werden

UDP- und TCP-Header enthalten eine Prüfsumme, die die Quell- und Ziel-IP-Adresse des Standard-IP-Headers einschließt. Die Adressen im Standard-IP-Header können nicht geändert werden, ohne dabei auch die Prüfsumme in den TCP- und UDP-Headern zu ändern. NAT kann die TCP- und UDP-Prüfsummen nicht aktualisieren, weil sie sich innerhalb des verschlüsselten Teils der ESP-Nutzlast befinden oder in die ICV-Berechnung einbezogen wurden.

Anwendungsproxies

Da Anwendungsproxies auf der Anwendungsschicht arbeiten, müssten sie IPSec unterstützen und über eine Sicherheitszuordnung für jeden IPSec-Client verfügen. Diese offensichtlich unrealistische Anforderung wird von Anwendungsproxies nicht erfüllt.

Weitere IPSec-Überlegungen

In diesem Abschnitt werden weitere Überlegungen zur IPSec-Konfiguration aufgeführt. Dazu gehört unter anderem die gesicherte Kommunikation mit SNMP und ausgeführte Serverdienste, z. B. DNS und WINS.

Sichern von SNMP

Alle SNMP-fähigen Systeme müssen für die Verwendung von IPSec konfiguriert werden, oder die IPSec-Richtlinien müssen so konfiguriert werden, dass die unsichere Kommunikation zugelassen wird, wenn für alle SNMP-fähigen Hosts *nicht außerdem* die IPSec-Unterstützung aktiviert werden kann. Andernfalls schlägt die gesicherte Kommunikation fehl und SNMP-Nachrichten werden nicht ausgetauscht.

IPSec führt keine automatische Verschlüsselung des SNMP-Protokolls durch. Die einzigen Ausnahmen sind die vordefinierten Richtlinien Sicherer Initiator und Sperrung, die auch zum Sichern des SNMP-Verkehrs konfiguriert wurden. Um SNMP zu sichern, fügen Sie zwei Gruppen von Filterspezifikationen zu einer neuen oder vorhandenen Richtlinie auf dem Host hinzu, der SNMP unterstützt.

Die erste Gruppe von Filterspezifikationen ist typisch für den SNMP-Datenverkehr (SNMP-Nachrichten) und besteht aus einer eingehenden und einer ausgehenden Filterspezifikation.

▶ **Gehen Sie im Dialogfeld der IP-Filterliste auf der Seite Adressierung folgendermaßen vor**

1. Setzen Sie die Quelladresse auf die IP-Adresse des SNMP-Verwaltungssystems.

2. Setzen Sie die Zieladresse auf die Adressoption **Eigene IP-Adresse**, die in die IP-Adresse des Hosts konvertiert wird, der die Richtlinie zugewiesen ist (ein SNMP-Agent).

3. Aktivieren Sie **Gespiegelt**, um die ausgehende Filterspezifikation automatisch zu erstellen.

▶ **Gehen Sie im Dialogfeld der IP-Filterliste auf der Seite Protokoll folgendermaßen vor**

1. Setzen Sie den Protokolltyp auf TCP oder UDP (wenn beide Protokolltypen erforderlich sind, erstellen Sie eine zusätzliche Filterspezifikation).
2. Setzen Sie den Wert für die Optionen **Von diesem Port** und **Zu diesem Port** auf 161.

Die zweite Gruppe von Filterspezifikationen ist für SNMP-Trapmeldungen vorgesehen und besteht auch aus einer eingehenden und einer ausgehenden Filterspezifikation.

▶ **Gehen Sie im Dialogfeld der IP-Filterliste auf der Seite Adressierung folgendermaßen vor**

1. Setzen Sie die Quelladresse auf die IP-Adresse des SNMP-Verwaltungssystems.
2. Setzen Sie die Zieladresse auf die Adressoption **Eigene IP-Adresse**, die in die IP-Adresse des Hosts konvertiert wird, der die Richtlinie zugewiesen ist (ein SNMP-Agent).
3. Aktivieren Sie **Gespiegelt**, um die ausgehende Filterspezifikation automatisch zu erstellen.

▶ **Gehen Sie im Dialogfeld der IP-Filterliste auf der Seite Protokoll folgendermaßen vor**

1. Setzen Sie den Protokolltyp auf TCP oder UDP (wenn beide Protokolltypen erforderlich sind, erstellen Sie eine zusätzliche Filterspezifikation).
2. Setzen Sie den Wert für die Optionen **Von diesem Port** und **Zu diesem Port** auf 162.

Das SNMP-Verwaltungssystem (die SNMP Management Console) muss auch für IPSec aktiviert sein. Der SNMP-Dienst in Windows 2000 unterstützt die SNMP-Verwaltungssoftware, er enthält jedoch diese Software nicht. Um SNMP-Verkehr mit IPSec zu sichern, muss die Verwaltungssoftware eines Fremdanbieters IPSec unterstützen.

DHCP-, DNS-, WINS-Server oder Domänencontroller

Wenn Sie IPSec für Server aktivieren, auf denen diese Dienste ausgeführt werden, sollten Sie überlegen, ob alle zugehörigen Clients IPSec unterstützen. Stellen Sie sicher, dass die Richtlinien, insbesondere die Einstellungen für die Authentifizierung und die Aushandlung, kompatibel sind. Andernfalls schlägt die Sicherheitsaushandlung möglicherweise fehl, und Clients können nicht auf Netzwerkressourcen zugreifen.

Wenn DNS IPSec nicht unterstützt

Wenn DNS-Server IPSec nicht unterstützen, ist eine spezielle Richtlinieneinstellung erforderlich, um den DNS-Namen eines Hosts in einer IP-Filterlistenspezifikation (nicht in der IP-Adresse) anzugeben. Andernfalls kann IPSec den DNS-Hostnamen nicht in eine gültige IP-Adresse auflösen. Die Einstellung besteht aus einer Filterspezifikation, die festlegt, dass IPSec für den Verkehr zwischen dem Host und dem DNS-Server nicht erforderlich ist.

Fügen Sie eine Filterspezifikation zur entsprechenden Richtlinie und Regel hinzu.

▶ **Gehen Sie im Dialogfeld der IP-Filterliste auf der Seite Adressierung folgendermaßen vor**

1. Setzen Sie die Quelladresse auf **Eigene IP-Adresse**.
2. Setzen Sie die Zieladresse auf die IP-Adresse des DNS-Servers.
3. Aktivieren Sie **Gespiegelt**, um die ausgehende Filterspezifikation automatisch zu erstellen.

▶ **Gehen Sie im Dialogfeld der IP-Filterliste auf der Seite Protokol folgendermaßen vor**

1. Setzen Sie den Wert für die Optionen **Von diesem Port** und **Zu diesem Port** auf 53. (Dies ist der gemeinsame Port, der von den meisten DNS-Servern zur Kommunikation verwendet wird. Setzen Sie diesen Port auf den Port, für den der DNS-Dienst konfiguriert wurde.)

Darüber hinaus muss die Richtlinie für die Aushandlung so festgelegt werden, daß keine sichere Kommunikation zugelassen wird: Es sollten keine Sicherheitsmethoden konfiguriert werden. Dadurch wird sichergestellt, dass der DNS-Verkehr nie mit IPSec gesichert wird.

TCP/IP-Eigenschaften

Wenn die Verbindung eines Computers, der einer Domäne angehört, zur entsprechenden Domäne getrennt wird, dann wird eine Kopie der IPSec-Eigenschaften für die Domäne von der Registrierung des Computers abgerufen.

Wenn der Computer keiner Domäne angehört, wird eine lokale IPSec-Richtlinie in der Registrierung gespeichert. Die TCP/IP-Eigenschaften ermöglichen es einem Computer, der keiner Domäne angehört, IPSec immer, nur bei Bedarf oder nie zu verwenden.

Anmerkung Wenn der Computer mit einer Domäne verbunden ist, können diese Eigenschaften nicht konfiguriert werden.

Übung: Erstellen einer benutzerdefinierten IPSec-Richtlinie

Es wurden mehrere integrierte Richtlinien definiert, damit Sie das Verhalten und die Konfiguration dieser Richtlinien untersuchen und testen können. Für die meisten Einrichtungen von IPSec ist es jedoch erforderlich, dass benutzerdefinierte Richtlinien erstellt werden. In dieser Übung erstellen Sie eine eigene IPSec-Richtlinie. Sie sollten diese Übung auf beiden Computern ausführen.

▶ **So erstellen Sie Ihre eigene IPSec-Richtlinie**

1. Führen Sie im Menü **Verwaltung** das MMC-Plug-In **Lokale Sicherheitsrichtlinie** aus.

2. Klicken Sie im linken Fensterausschnitt mit der rechten Maustaste auf **IP-Sicherheitsrichtlinien** auf dem lokalen Computer.

3. Wählen Sie im Kontextmenü **IP-Sicherheitsrichtlinie erstellen**.

4. Wenn der Assistent für IP-Sicherheitsrichtlinien angezeigt wird, klicken Sie auf **Weiter**, um mit dem Vorgang fortzufahren.

5. Geben Sie den Richtliniennamen **Richtlinie für zwei Computer** ein, und klicken Sie anschließend auf **Weiter**.

6. Übernehmen Sie im Dialogfeld **Anforderungen für sichere Kommunikation** den Standard, indem Sie das Kontrollkästchen **Standardantwortregel** aktiviert lassen, und klicken Sie anschließend auf **Weiter**.

7. Übernehmen Sie die Standardantwortregel für die Kerberos-Authentifizierung, und klicken Sie anschließend auf **Weiter**.

8. Vergewissern Sie sich, dass das Kontrollkästchen **Eigenschaften bearbeiten** aktiviert ist.

9. Klicken Sie auf **Fertig stellen**, um die Installation zu beenden.

10. Das Feld **Eigenschaften** der neuen Richtlinie wird angezeigt. *Schließen Sie dieses Feld nicht.*

Zu diesem Zeitpunkt haben Sie Ihre benutzerdefinierte Regel noch nicht konfiguriert. Es wurden lediglich die Eigenschaften für die Standardantwortregel konfiguriert.

Wozu dient die Standardantwortregel?

Im restlichen Teil dieser Übung verwenden Sie beim Konfigurieren von IPSec-Richtlinien nicht die Assistenten zum Hinzufügen. Sie konfigurieren die Richtlinien stattdessen manuell, indem Sie durch die entsprechenden Dialogfelder und Registerkarten für die Eigenschaft navigieren.

▶ **So fügen Sie eine neue Regel hinzu**

1. Deaktivieren Sie am unteren Rand des Dialogfelds **Eigenschaften** das Kontrollkästchen **Assistent verwenden**.
2. Klicken Sie in diesem Dialogfeld auf der Registerkarte **Regeln** auf **Hinzufügen**.
3. Das Dialogfeld **Eigenschaften von Neue Regel** wird angezeigt.

Sie konfigurieren Filter zwischen dem ersten und dem zweiten Computer. Sie müssen einen Ausgangsfilter konfigurieren, der Ihre IP-Adresse als Quelladresse und die IP-Adresse des zweiten Computers als Zieladresse angibt. Der Spiegelprozess konfiguriert dann automatisch einen Eingangsfilter, der Ihren zweiten Computer als Quelladresse und Ihren Computer als Zieladresse festlegt.

▶ **So fügen Sie einen neuen Filter hinzu**

1. Klicken Sie auf die Schaltfläche **Hinzufügen**. Die IP-Filterliste wird angezeigt.
2. Geben Sie im Feld **Name** die Bezeichnung **Host A-Host B-Filter** für den Filter ein.
3. Deaktivieren Sie das Kontrollkästchen **Assistent verwenden**.
4. Klicken Sie auf der Registerkarte **IP-Filterliste** auf **Hinzufügen**.
5. Das Dialogfeld **Eigenschaften von Filter** wird angezeigt.
6. Ändern Sie die Quelladresse in eine spezielle IP-Adresse.
7. Fügen Sie Ihre IP-Adresse (*w.x.y.z*) hinzu.
8. Ändern Sie die Zieladresse in eine spezielle IP-Adresse.
9. Fügen Sie die IP-Adresse (*w.x.y.z*) des zweiten Computers hinzu.
10. Klicken Sie auf **OK**, und überprüfen Sie, ob der Filter im Feld **Filter** im Dialogfeld **IP-Filterliste** hinzugefügt wurde.
11. Klicken Sie auf **Schließen**.
12. Aktivieren Sie auf der Registerkarte **IP-Filterliste** Ihren Filter, indem Sie auf das Optionsfeld neben den gerade hinzugefügten Filtern klicken.

In der vorhergehenden Anleitung haben Sie Eingangs- und Ausgangsfilter zum Abstimmen von Kommunikationspaketen konfiguriert. In diesem Übungsteil konfigurieren Sie die Aktionen, die für gefilterte Pakete ausgeführt werden.

▶ **So geben Sie eine Filteraktion an**

1. Klicken Sie auf die Registerkarte **Filteraktion**, und deaktivieren Sie das Kontrollkästchen **Assistent verwenden**.
2. Klicken Sie auf die Schaltfläche **Hinzufügen**, um eine Filteraktion zu erstellen.
3. Vergewissern Sie sich, dass auf der Registerkarte **Sicherheitsmethoden** das Optionsfeld **Sicherheit aushandeln** aktiviert ist.
4. Stellen Sie sicher, dass das Kontrollkästchen **Unsichere Komm. mit Computern zulassen, die IPSec nicht unterstützen** nicht aktiviert ist.
5. Klicken Sie auf **Hinzufügen**, um die gewünschte Sicherheitsmethode auszuwählen.
6. Wählen Sie **Mittel (AH)**, und klicken Sie auf **OK**.
7. Klicken Sie auf **OK**, um das Dialogfeld für die Eigenschaften der neuen Filteraktion zu schließen.
8. Klicken Sie auf das Optionsfeld neben dem gerade erstellten Filter, um ihn zu aktivieren.

In diesem Übungsteil stellen Sie vertrauenswürdige Verbindungen zwischen den beiden Computern her, indem Sie die Authentifizierungsmethode angeben, die beim Herstellen einer Sicherheitszuordnung verwendet werden soll. Dazu werden Sie einen vorinstallierten Schlüssel benutzen. Hierbei handelt es sich um ein Wort bzw. um einen Ausdruck, der beiden Computern bekannt sein muss, um eine Vertrauensstellung zwischen den beiden zu erstellen. Beiden Seiten der IPSec-Kommunikation muss dieser Wert bekannt sein. Dieser Wert dient nicht zum Verschlüsseln von Anwendungsdaten. Mit diesem Wert wird während der Aushandlung bestimmt, ob zwischen den beiden Computern eine Vertrauensstellung erstellt wird.

▶ **So legen Sie eine Authentifizierungsmethode fest**

1. Klicken Sie auf die Registerkarte **Authentifizierungsmethoden**.
2. Klicken Sie auf **Hinzufügen**.
3. Aktivieren Sie das Optionsfeld **Vorinstallierter Schlüssel**.
4. Geben Sie einen vorinstallierten Schlüssel oder ein Kennwort in das Textfeld ein, und klicken Sie auf **OK**.
5. Wählen Sie den vorinstallierten Schlüssel in der Liste aus, und klicken Sie auf **Nach oben**, damit er als erster Eintrag in der Liste angezeigt wird.

▶ **So überprüfen Sie Tunneleinstellungen**

1. Klicken Sie auf die Registerkarte **Tunneleinstellungen**.
2. Vergewissern Sie sich, dass das Optionsfeld **Diese Regel spezifiziert keinen IPSec-Tunnel** aktiviert ist.

▶ **So überprüfen Sie Einstellungen für den Verbindungstyp**

1. Klicken Sie auf die Registerkarte **Verbindungstyp**.
2. Stellen Sie sicher, dass das Optionsfeld **Alle Netzwerkverbindungen** aktiviert ist.

▶ **So schließen Sie das Erstellen einer Regel ab**

1. Klicken Sie auf **Schließen**, um zum Dialogfeld **Eigenschaften von Richtlinie für zwei Computer** zurückzukehren, und schließen Sie das Erstellen der entsprechenden Regel ab.
2. Überprüfen Sie, ob die neue Regel im Listenfeld ausgewählt ist.
3. Schließen Sie das Dialogfeld **Eigenschaften von Richtlinie für zwei Computer**.

▶ **So aktivieren Sie eine neue Richtlinie**

1. Klicken Sie im rechten Fensterausschnitt von MMC mit der rechten Maustaste auf die Richtlinie **Richtlinie für zwei Computer**, die Sie zuerst erstellt haben.
2. Klicken Sie auf **Zuweisen**.
3. Der Wert für die Spalte **Richtlinie** sollte jetzt auf **Ja** gesetzt sein.

▶ **So testen Sie IPSec**

1. Aktivieren Sie die Richtlinie auf dem ersten und auf dem zweiten Computer.
2. Senden Sie ein Ping-Signal an den zweiten Computer.
3. Nach dem Aktivieren der Richtlinie schlägt das erste Ping-Signal in der Regel fehl, weil das Aushandeln der Richtlinie einige Zeit in Anspruch nimmt.
4. Wenn jedoch die passenden Richtlinien auf beiden Computern aktiv sind, können zukünftige Ping-Signale erfolgreich ausgeführt werden.
5. Eine andere Möglichkeit besteht darin, die Richtlinie auf dem ersten und dem zweiten Computer zu aktivieren und zu deaktivieren, um die Auswirkungen von nicht übereinstimmenden Richtlinieneinstellungen zu erkennen.

Zusammenfassung der Lektion

IPSec kann sehr einfach mit Richtlinien und Regeln angepasst werden. In dieser Lektion haben Sie erfahren, wie ein Netzwerk mit verschiedenen Methoden gesichert werden kann. Dabei wurden unter anderem folgende Faktoren einbezogen, beispielsweise Proxies, NAT, SNMP, DHCP, DNS, WINS und Domänencontroller.

Lektion 4: Überwachen von IPSec

Sie können IPSec überwachen, um festzustellen, wie IPSec-Richtlinien und Regeln im Netzwerk verwendet werden. In dieser Lektion überwachen Sie IPSec mit mehreren Tools. Der Schwerpunkt liegt hierbei auf den IPSec-Überwachungstools **IPSECMON.EXE**, Ereignisanzeige, Systemmonitor und Netzwerkmonitor. Mit diesen Tools können Sie ein sicheres IPSec-Netzwerk verwalten.

Am Ende dieser Lektion werden Sie in der Lage sein, die folgenden Aufgaben durchzuführen:

- Ausführen einer Problembehandlung für IPSec mit Hilfe von **IPSECMON.EXE**
- Durchführen einer Problembehandlung für IPSec mit der Ereignisanzeige
- Durchführen einer Problembehandlung für IPSec mit Netzwerkmonitor
- Beschreiben der Problembehandlung mit einer **IPSECPA.LOG**- oder **OAKLEY.LOG**-Datei

Veranschlagte Zeit für die Lektion: 30 Minuten

IPSec-Verwaltung und Tools zur Problembehandlung

Windows 2000 bietet Tools, die Sie zur Verwaltung und zur Problembehandlung von IPSec verwenden können. Dieser Abschnitt enthält eine Übersicht über die entsprechenden Tools.

Verwaltungstools

- Das IP-Sicherheitsrichtlinienverwaltungs-Snap-In erstellt und bearbeitet Richtlinien (der Gruppenrichtlinien-Editor kann auch verwendet werden).
- Das Tool IP-Sicherheitsrichtlinienverwaltung befindet sich unter **Start/Programme/Verwaltung**.

Tools zur Überwachung und zur Problembehandlung

Die in Abbildung 5.13 dargestellte IP-Sicherheitsüberwachung (**IPSECMON.EXE**) wird über die Eingabeaufforderung gestartet. Dieses Tool überwacht IP-Sicherheitszuordnungen, neu erstellte Schlüssel, Aushandlungsfehler und andere Statistiken für die IP-Sicherheit.

IPSec-Statistiken

Mit der IP-Sicherheitsüberwachung können folgende IPSec-Statistiken ermittelt werden:

- **Aktive Zuordnungen**   Hierbei handelt es sich um eine Auflistung von aktiven Sicherheitszuordnungen.

- **Gesendete vertrauliche Bytes/Empfangene vertrauliche Bytes** Gesamtzahl der Bytes, die über das ESP-Protokoll gesendet und empfangen werden.
- **Gesendete authentifizierte Bytes/Empfangene authentifizierte Bytes** Gesamtzahl der Bytes, die über das AH-Protokoll gesendet und empfangen werden.

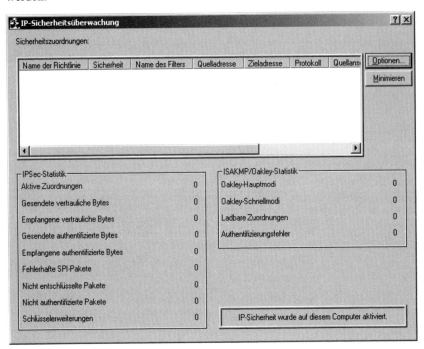

Abbildung 5.13 IP-Sicherheitsüberwachung

- **Fehlerhafte SPI-Pakete** Gesamtzahl der fehlerhaften SPI-Pakete. Wie bereits in diesem Modul erläutert, dient SPI zum Abstimmen von eingehenden Paketen mit Sicherheitszuordnungen. Ein fehlerhafter SPI bedeutet, dass die eingehende Sicherheitszuordnung abgelaufen ist, jedoch ein Paket mit dem älteren SPI empfangen wurde. Diese Zahl erhöht sich in der Regel, wenn die Intervalle für die Schlüsselneuerstellung kurz sind und eine große Anzahl an Sicherheitszuordnungen vorliegt. Da Sicherheitszuordnungen normal ablaufen, bedeutet ein fehlerhaftes SPI-Paket nicht unbedingt, dass IPSec fehlschlägt.
- **Nicht entschlüsselte Pakete** Gesamtzahl der Pakete, deren Entschlüsselung fehlschlug. Wie auch bei fehlerhaften SPI-Paketen kann dies bedeuten, dass ein Paket empfangen wurde, für das eine Sicherheitszuordnung abgelaufen ist. Wenn die Sicherheitszuordnung abläuft, ist auch der Sitzungsschlüssel, der zum Entschlüsseln des Pakets dient, nicht mehr gültig. Dies lässt jedoch nicht unbedingt darauf schließen, dass IPSec fehlschlägt.

- **Nicht authentifizierte Pakete** Analog zu fehlerhaften SPI-Paketen und nicht entschlüsselten Paketen handelt es sich hierbei um die Gesamtzahl der Pakete mit Daten, die nicht überprüft werden konnten. Eine abgelaufene Sicherheitszuordnung ist die wahrscheinlichste Ursache des Problems.
- **Schlüsselerweiterungen** Die Gesamtzahl der Schlüssel, die ISAKMP an den IPSec-Treiber gesendet hat. Dies gibt die Gesamtzahl der erfolgreichen Aushandlungen in Phase 2 an.

ISAKMP/Oakley-Statistik

Mit der IP-Sicherheitsüberwachung kann folgende ISAKMP/Oakley-Statistik gemessen werden:

- **Oakley-Hauptmodi** Die Gesamtzahl der ISAKMP-Sicherheitszuordnungen, die während der Aushandlungen in Phase 1 erstellt wurden.
- **Oakley-Schnellmodi** Die Gesamtzahl der IPSec-Sicherheitszuordnungen, die während der Aushandlungen in Phase 2 erstellt wurden. Diese Sicherheitszuordnungen laufen in unterschiedlichen Intervallen ab. Daher entspricht diese Nummer nicht unbedingt der Nummer der Hauptmodi.
- **Ladbare Zuordnungen** Die Gesamtzahl der Aushandlungen von Phase 2, mit denen vereinbart wurde, dass die Übertragung im Klartextformat erfolgt. Diese Statistik gibt in der Regel die Anzahl der Zuordnungen mit Computern ohne IPSec-Unterstützung an.
- **Authentifizierungsfehler** Die Gesamtzahl der Fehler bei der Identitätsauthentifizierung (Kerberos, Benutzerzertifikat, manuell konfigurierte Kennwörter). Diese Statistik ist nicht mit der Statistik **Nicht authentifizierte Pakete** (Authentifizierung mit Hashmeldungen) identisch.

Anmerkung Um die Statistiken in der IP-Sicherheitsüberwachung zurückzusetzen, starten Sie den Agenten für die IP-Sicherheitsrichtlinie neu.

Systemmonitor enthält IPSec-Objekte und Leistungsindikatoren, die überprüft werden können. Folgende zugehörige Ereignisse können auch aufgezeichnet und zu einem späteren Zeitpunkt in der Ereignisanzeige analysiert werden:

- Ereignisse des Richtlinien-Agenten und des IPSec-Treibers im Systemprotokoll.
- Oakley-Ereignisse im Anwendungsprotokoll.
- ISAKMP-Ereignisse (Details der Sicherheitszuordnung) im Sicherheitsprotokoll (wenn die Überwachung für Anmeldevorgänge aktiviert ist).

Verwenden von Netzwerkmonitor

Hierbei handelt es sich um ein hilfreiches Tool zur Problembehandlung bei IPSec. Die in Windows 2000 Server enthaltene eingeschränkte Version sowie die vollständige Version von Microsoft Systems Management Server Version 2.0 verwenden Parser für ISAKMP, AH und ESP. Netzwerkmonitor erfasst alle Informationen, die in einem bestimmten Zeitraum über eine Netzwerkschnittstelle übertragen werden.

Netzwerkmonitor Version 2.0 enthält Parser für IPSec-Pakete. Wenn IPSec die Pakete verschlüsselt, ist nicht der Inhalt sichtbar, sondern nur das Paket selbst. Wenn nur die Authentifizierung verwendet wird, ist das gesamte Paket, einschließlich des Inhalts sichtbar. ESP wird als IP-Protokollnummer 50 (dezimal) und AH als 51 (dezimal) angezeigt. ISAKMP/Oakley wird als UDP-Portnummer 500 (dezimal) angezeigt.

Anmerkung Aufgrund der Verschlüsselung sind die ESP-Daten selbst nicht lesbar.

Übung: Verwenden von Netzwerkmonitor zum Anzeigen von Datenverkehr im Klartext

Mit diesem Tool können Sie die Daten erfassen und anzeigen, die über die Verbindung zwischen dem Computer und dem zweiten Computer gesendet werden. Netzwerkmonitor Version 2.0 enthält Parser für IPSec- und ISAKMP-Pakete. Netzwerkmonitor empfängt die Pakete nach IPSec, so dass der Paketinhalt nicht sichtbar ist, wenn IPSec das Paket verschlüsselt.

Anmerkung Führen Sie die gesamte Übung auf beiden Computern aus. Dieser Vorgang wird nacheinander auf jedem Computer einzeln ausgeführt.

▶ **So zeigen Sie IPSec-Integritätspakete (AH-Format) an**

1. Starten Sie Netzwerkmonitor, und stellen Sie für das zu erfassende Netzwerk die MAC-Adresse der Netzwerkkarte ein, die mit dem zweiten System verbunden ist.

    Anmerkung Sie können **ipconfig** mit dem Parameter **/all** ausführen, um die MAC-Adresse Ihrer Netzwerkkarte zu ermitteln.

2. Weisen Sie auf der MMC-Schnittstelle **Lokale Sicherheitseinstellungen** die **Richtlinie für zwei Computer** (aus der Übung in Lektion 3) zu.
3. Erfassen Sie Pakete mit Hilfe von Netzwerkmonitor.
4. Führen Sie das Dienstprogramm ipsecmon aus.

5. Senden Sie ein Ping-Signal an die IP-Adresse des zweiten Computers.
6. Sie müssen diesen Schritt unter Umständen wiederholen, da das Zeitlimit des Ping-Signals sehr kurz ist, und beim Einrichten der IPSec-Zuordnung zwischen den beiden Computern eine Verzögerung auftritt.
7. Zeigen Sie das Netzwerkmonitorprotokoll an.
8. Zeigen Sie das Dienstprogramm ipsecmon an.
9. Doppelklicken Sie auf das erste ICMP-Paket (Internet Control Message Protocol).
10. Beachten Sie, dass Zeilen angezeigt werden, die Header für Rahmen, Ethernet, IP und AH darstellen.
11. Erweitern Sie den IP-Eintrag im Detailfenster.
12. Zeichnen Sie die IP-Protokollnummer auf.

   Führen Sie einen Bildlauf zum Ende der IP-Details durch, und klicken Sie auf **IP Data**: **Number Of Data Bytes Remaining = 64 (0x0040)**. Beachten Sie, dass die IP-Nutzlast im Klartext vorliegt. Bei den Daten in einem Ping-Signal handelt es sich um abcdefghij…

IPSec erstellte einen ICV aus den IP-, ICMP- und Data-Feldern des Rahmens. Dadurch verhindert IPSec, dass Daten abgefangen, geändert und die fehlerhaften Daten dann zurückgesendet werden. Im Hexfensterbereich werden die 32 Zeichen noch angezeigt, die im Ping-Signal gesendet wurden. Durch das Konfigurieren der AH-Sicherheitsmethode wird die Authentifizierung gewährleistet. Die Daten im Paket werden jedoch nicht verschlüsselt. AH stellt lediglich sicher, die Paketdaten und die meisten Teile des IP-Headers, beispielsweise die Quell- und Ziel-IP-Adressen, nicht geändert werden. Als nächstes untersuchen Sie Pakete mit Hilfe der ESP-Sicherheitsmethode, die den Datenteil des IP-Pakets verschlüsselt.

Übung: Verwenden von Netzwerkmonitor zum Anzeigen von verschlüsseltem Datenverkehr

In dieser Übung verwenden Sie Netzwerkmonitor, um die ESP-Verschlüsselung festzulegen und verschlüsselte Pakete anzuzeigen.

▶ **So legen Sie die ESP-Verschlüsselung fest**

1. Deaktivieren Sie die **Richtlinie für zwei Computer**.
2. Bearbeiten Sie die **Richtlinie für zwei Computer**, indem Sie mit der rechten Maustaste darauf klicken. Klicken Sie anschließend auf **Eigenschaften**.
3. Klicken Sie auf die Registerkarte **Filteraktion**.
4. Bearbeiten Sie die aktive neue Filteraktion.
5. Klicken Sie auf **Bearbeiten**, um die Sicherheitsmethode zu bearbeiten.

6. Ändern Sie die ESP-Verschlüsselung von **Mittel** in **Hoch**.
7. Schließen Sie alle Dialogfelder.
8. Aktivieren Sie die **Richtlinie für zwei Computer**.

▶ **So zeigen Sie ESP-Pakete an, die mit IPSec verschlüsselt wurden**

1. Erfassen Sie Pakete mit Hilfe von Netzwerkmonitor.
2. Führen Sie das Dienstprogramm ipsecmon aus.
3. Senden Sie ein Ping-Signal an die IP-Adresse des zweiten Computers.
4. Sie müssen diesen Schritt unter Umständen wiederholen, da das Zeitlimit des Ping-Signals sehr kurz ist, und beim Einrichten der IPSec-Zuordnung zwischen den beiden Computern eine Verzögerung auftritt.
5. Zeigen Sie das Netmon-Ablaufprotokoll an.
6. Zeigen Sie das Dienstprogramm ipsecmon an.
7. Doppelklicken Sie auf den ersten ESP-Rahmen.
8. Zu diesem Zeitpunkt werden vier Einträge im Detailfenster angezeigt: Rahmen, Ethernet, IP und ESP. IPSec hat einen Hashwert aus den ICMP- und Data-Feldern des Rahmens erstellt.
9. Erweitern Sie den IP-Abschnitt, und zeichnen Sie das IP-Protokoll auf.
10. Führen Sie einen Bildlauf zum Ende der IP-Details durch, und doppelklicken Sie auf die Zeile **IP: Data**: **Number Of Data Bytes Remaining = 76 (0x004C)**. Im Hexfensterbereich werden die Daten verschlüsselt angezeigt.

Übung: Verwenden von Diagnosetools

In dieser Übung überprüfen Sie mit Hilfe des Diagnosetools IPSec-Monitor, ob IPSec aktiv ist, und zeigen die aktiven Sicherheitszuordnungen an.

Verwendung von IPSec-Monitor

Windows 2000 Server enthält ein Überwachungstool für IPSec mit der Bezeichnung IPSecmon. Führen Sie dieses Tool aus, um aktive Sicherheitszuordnungen (ladbare bzw. nicht ladbare Zuordnungen) auf den lokalen oder Remotecomputern anzuzeigen. Fehlgeschlagene Sicherheitszuordnungen oder andere Filter werden nicht angezeigt.

Klicken Sie auf **Start**, zeigen Sie auf **Ausführen**, und geben Sie dann **ipsecmon [Computername]** ein. Für jede ladbare bzw. nicht ladbare Sicherheitszuordnung wird eine Zeile im weißen Feld angezeigt. Der in der linken Spalte mit der Bezeichnung **Name der Richtlinie** angezeigte Name stellt die Richtlinie dar, die dem Computer zugewiesen und auf diesem durchgesetzt wurde.

Bei der Spalte **Sicherheit** handelt es sich um die Sicherheitsmethode, die während der Aushandlung vereinbart wurde. Es wird versucht, die IP-Adressen für die Quelle und das Ziel in DNS-Namen aufzulösen.

Seit dem letzten Computerstart wurden einige globale Statistiken akkumuliert:

- Erfolgreiche IPSec-Sicherheitszuordnungen generieren zuerst einen ISAKMP/Oakley-Hauptmodus und einen Schnellmodus. Operationen zur Schlüsselerneuerung werden im Allgemeinen als zusätzliche Schnellmodi angegeben.
- Die Gesamtzahl von gesendeten oder empfangenen vertraulichen (ESP) oder authentifizierten (ESP oder AH) Byte für alle nicht ladbaren Sicherheitszuordnungen wird links angezeigt. Da ESP Authentizität und Vertraulichkeit ermöglicht, werden beide Zähler inkrementiert. Da AH nur Authentizität und keine Vertraulichkeit ermöglicht, wird nur der Zähler für gesendete authentifizierte Bytes inkrementiert.
- Die Gesamtanzahl der ladbaren Zuordnungen wird rechts dargestellt.

▶ **So können Sie ermitteln, ob IPSec aktiv ist, und die aktiven Sicherheitszuordnungen anzeigen**

1. Doppelklicken Sie in der **Systemsteuerung** auf **Netzwerk- und DFÜ-Verbindungen**.
2. Klicken Sie mit der rechten Maustaste auf **LAN-Verbindung**, und klicken Sie danach auf **Eigenschaften**.
3. Wählen Sie **Internetprotokoll (TCP/IP)**, und klicken Sie anschließend auf **Eigenschaften**.
4. Klicken Sie auf **Erweitert**.
5. Klicken Sie auf die Registerkarte **Optionen**, wählen Sie IP-Sicherheit, und klicken Sie anschließend auf **Eigenschaften**.

Wenn der Computer eine lokale Richtlinie verwendet, werden die Namen der entsprechenden Richtlinie unter **IP-Sicherheitsrichtlinie verwenden** angezeigt. Wenn Sie eine Richtlinie verwenden, die über Mechanismen der Gruppenrichtlinie in Active Directory zugewiesen wurde, wird das Dialogfeld abgeblendet dargestellt, und der Name der zugewiesenen Richtlinie wird im gleichen Feld angezeigt.

Zusammenfassung der Lektion

In dieser Lektion haben Sie erfahren, wie IPSec-Richtlinien angezeigt werden und wie Regeln in einem Netzwerk verwendet werden. Dazu haben Sie verschiedene Tools verwendet. Der Schwerpunkt lag hierbei auf den IPSec-Überwachungstools, **IPSECMON.EXE** und Netzwerkmonitor. Mit diesen Tools können Sie die IPSec-Kommunikation in Ihrem Netzwerk überwachen und auftretende Probleme beheben.

Lernzielkontrolle

Mit den folgenden Fragen können Sie überprüfen, ob Sie die in diesem Kapitel vermittelten Lehrinhalte verstanden haben. Wenn Sie eine Frage nicht beantworten können, wiederholen Sie den entsprechenden Abschnitt, bevor Sie mit dem nächsten Kapitel fortfahren. Die Antworten zu den Fragen finden Sie in Anhang A, „Fragen und Antworten".

1. Von welchen Standardgruppen wird IPSec definiert?

2. Definieren Sie den Unterschied zwischen der Kryptographie mit geheimen und mit öffentlichen Schlüsseln.

3. Welche Funktionalität bietet ISAKMP/Oakley?

4. Wie setzen sich Regeln zusammen?

5. Wann wird ein auf öffentlichem Schlüssel basierendes Zertifikat verwendet?

6. Für welche Zwecke wird ein IP-Filter verwendet?

KAPITEL 6

Auflösen von Netzwerk-Hostnamen

Lektion 1: TCP/IP-Namensschemas ... 160

Lektion 2: Hostnamen ... 162

Lektion 3: Die Datei HOSTS ... 169

Lernzielkontrolle ... 173

Über dieses Kapitel
Sowohl Clients als auch Server in einem Netzwerk müssen die benutzerfreundlichen Hostnamen in IP-Adressen auflösen, die bei der Netzwerkkommunikation verwendet werden. In diesem Kapitel wird beschrieben, wie das TCP/IP-Protokoll Hostnamen auflöst. Dieses Wissen benötigen Sie beim Netzwerkentwurf, um planen zu können, wie Namen und IP-Adressen aufgelöst werden sollen. Erweiterte Auflösungsfunktionen wie DNS und WINS werden in späteren Kapiteln behandelt.

Bevor Sie beginnen
Zur Bearbeitung dieses Kapitels muss die folgende Voraussetzung erfüllt sein.

- Sie müssen Kapitel 2, „Implementieren von TCP/IP", vollständig bearbeitet haben.

Lektion 1: TCP/IP-Namensschemas

Wenn Computer über ein TCP/IP-Netzwerk verbunden sind und auf gemeinsame Datenbestände zugreifen, verwenden sie die dem jeweiligen Host zugewiesene IP-Adresse. Dagegen können sich Netzwerkbenutzer textbasierte Namen besser einprägen als IP-Adressen. Benutzern fällt es z. B. wesentlich leichter, sich **www.microsoft.com** zu merken, als die IP-Adresse, die mit dieser Website verknüpft ist. Obwohl TCP/IP-Hosts eine IP-Adresse zur Kommunikation benötigen, können sie auch über den Namen anstatt über die IP-Adresse angesprochen werden. Nachdem textbasierte Namen als Aliase für IP-Adressen verwendet werden können, ist ein Mechanismus vonnöten, der diese Namen den entsprechenden IP-Knoten zuweist. Auf diese Weise lässt sich die Eindeutigkeit des Namens und die Umsetzung in die richtige IP-Adresse sicherstellen.

Am Ende dieser Lektion werden Sie in der Lage sein, die folgenden Aufgaben durchzuführen:

- Erklären der von Hosts verwendeten verschiedenen Namensschemas

Veranschlagte Zeit für diese Lektion: 10 Minuten

Windows 2000-Namensschemas

Windows 2000 stellt verschiedene Arten der Namensauflösung zur Verfügung: DNS, WINS, Broadcast-Namensauflösung und die Namensauflösung mittels der Dateien **HOSTS** und **LMHOSTS**. Verschiedene Namensschemas werden von Microsoft Windows 2000 und anderen, z. B. UNIX-Hosts, verwendet. Ein Windows 2000-Host kann einen Hostnamen erhalten, der allerdings nur von TCP/IP-Anwendungen verwendet wird. UNIX-Hosts benötigen lediglich eine IP-Adresse. Die Verwendung eines Host- oder Domänennamens in der Kommunikation ist freigestellt.

Um eine Verbindung herstellen zu können, muss jedem TCP/IP-Host eine IP-Adresse zugewiesen werden. Das Namensschema beeinflusst die Art und Weise, wie auf einen Host verwiesen wird, wie die folgenden Beispiele zeigen.

- Ein Benutzer hat bei der Ausführung des Befehls **net use** für Computer unter Windows 2000 mehrere Möglichkeiten, den Computernamen anzugeben. Jede der folgenden drei Methoden könnte funktionieren:

    net use x: \\Netbios_Name\Freigabe

    net use x: \\10.1.3.74\Freigabe

    net use x: \\Host.Domain.com\Freigabe

    Der NetBIOS-Name oder Hostname muss in eine IP-Adresse übersetzt werden, bevor ARP (Address Resolution Protocol) die IP-Adresse in eine Hardwareadresse auflösen kann. Wird die IP-Adresse angegeben, ist keine Namensauflösung erforderlich.

- Um auf einen UNIX-Host zuzugreifen, auf dem TCP/IP ausgeführt wird, kann ein Benutzer entweder die IP-Adresse oder den Hostnamen angeben. Bei Verwendung des Hostnamens wird dieser in eine IP-Adresse aufgelöst. Wird die IP-Adresse verwendet, ist keine Namensauflösung erforderlich, und die IP-Adresse wird in die entsprechende Hardwareadresse übersetzt.

Zusammenfassung der Lektion

Windows 2000- und UNIX-Hosts können entweder über die IP-Adresse oder den Hostnamen angesprochen werden. Windows 2000 und andere Microsoft-Netzwerkbetriebssysteme lassen auch die Benennung mit einem NetBIOS-Namen zu.

Lektion 2: Hostnamen

Ein Hostname vereinfacht den Verweis auf einen Host, weil Namen leichter zu merken sind als IP-Adressen. Hostnamen werden in praktisch allen TCP/IP-Umgebungen verwendet. In dieser Lektion wird erläutert, wie die Auflösung der Hostnamen funktioniert.

Am Ende dieser Lektion werden Sie in der Lage sein, die folgenden Aufgaben durchzuführen:
- Erklären, wie mit der Datei **HOSTS** ein Hostname in eine IP-Adresse aufgelöst wird
- Erklären, wie ein Hostname mit einem DNS-Server und den von Microsoft unterstützten Methoden aufgelöst wird

Veranschlagte Zeit für diese Lektion: 20 Minuten

Wissenswertes über Hostnamen

Ein Hostname ist ein Alias, der einem IP-Knoten zugewiesen wird, um diesen als TCP/IP-Host zu kennzeichnen. Der Hostname kann bis zu 255 Zeichen lang sein und alphanumerischen Zeichen sowie die Zeichen „-" und „." enthalten. Einem Host können mehrere Hostnamen zugeordnet werden. Bei Computern unter Windows 2000 stimmt der Hostname mit dem Windows 2000-Computernamen überein.

WinSock-Anwendungen, z. B. Microsoft Internet Explorer und das FTP-Dienstprogramm, können einen von zwei Werten für das Ziel verwenden, zu dem eine Verbindung hergestellt werden soll – die IP-Adresse oder einen Hostnamen. Wenn Sie die IP-Adresse angeben, ist die Namensauflösung nicht erforderlich. Wird ein Hostname angegeben, muss der Hostname in eine IP-Adresse aufgelöst werden, bevor die IP-basierte Kommunikation mit der gewünschten Ressource beginnen kann.

Hostnamen können verschiedene Formen annehmen. Bei den am häufigsten verwendeten Formen handelt es sich um das Pseudonym („Nickname") und um den Domänennamen. Ein Pseudonym ist ein Alias für eine IP-Adresse und kann von Benutzern zugeordnet und verwendet werden. Ein Domänenname ist eine strukturierte Bezeichnung, die nach Internetkonventionen erstellt wird.

Zweck von Hostnamen

Ein Hostname ist ein Alias, den der Administrator einem Computer zuweist, um diesen als TCP/IP-Host zu bezeichnen. Der Hostname entspricht unter Windows 2000 dem NetBIOS-Computernamen und setzt sich aus bis zu 255 alphanumerischen Zeichen zusammen. Ein und derselbe Host kann mehrere Hostnamen erhalten.

Aus Sicht der Benutzer ist ein Hostname eine einfache Methode, auf andere TCP/IP-Hosts zu verweisen. Hostnamen sind leichter zu merken als IP-Adressen. Ein Hostname kann bei der Ausführung des Ping-Befehls oder anderer TCP/IP-Anwendungen die IP-Adresse ersetzen.

Ein Hostname ist immer mit einer IP-Adresse verknüpft, die in der Datei **HOSTS** oder in einer Datenbank des DNS-Servers gespeichert ist. Windows-Clients können Hostnamen in NetBIOS-Namen übersetzen (und umgekehrt), wenn die Namensauflösung über einen WINS-Server erfolgt oder die Datei **LMHOSTS** zur Auflösung herangezogen wird.

Das Programm **Hostname** zeigt den Hostnamen an, der dem System zugewiesen wurde. Bei Computern, auf denen Windows 2000 ausgeführt wird, wird standardmäßig der Computername als Hostname verwendet.

Auflösung der Hostnamen

Bei der Auflösung des Hostnamens wird der Hostname einer IP-Adresse zugeordnet. Bevor die IP-Adresse in eine Hardwareadresse aufgelöst werden kann, muss der Hostname in eine IP-Adresse übersetzt werden.

Windows 2000 verwendet für die Auflösung der Hostnamen verschiedene Methoden:

- **NetBIOS-Namensauflösung** NetBIOS definiert eine Schnittstelle auf Sitzungsebene sowie ein Protokoll für die Sitzungsverwaltung und den Datentransport. NetBIOS verwendet zur Interaktion mit NetBIOS-Hosts Namensregistrierung, Namensfreigabe und Namenssuche. NetBIOS-Namensauflösung bezeichnet den Prozess, einer IP-Adresse einen NetBIOS-Namen zuzuordnen. Es gibt verschiedene Methoden, NetBIOS-Namen aufzulösen, die von der jeweiligen Netzwerkkonfiguration abhängen. Dazu gehören der NetBIOS Namenscache, der NetBIOS-Namenserver, lokale Broadcasts, die Dateien **LMHOSTS** und **HOSTS** sowie DNS.

- **Namensauflösung mit der Datei HOSTS** Die Datei **HOSTS** ist eine auf dem lokalen System gespeicherte Textdatei, die die Hostnamen und die zugehörigen IP-Adressen enthält. Einzelheiten zu dieser Datei finden Sie in der nächsten Lektion.

- **Namensauflösung mit einem DNS-Server** Ein DNS-Server ist eine zentrale Online-Datenbank, die in IP-Netzwerken dazu dient, vollqualifizierte Domänennamen (FQDNs) und andere Hostnamen in IP-Adressen aufzulösen. Windows 2000 kann einen DNS-Server verwenden und stellt DNS-Serverdienste zur Verfügung. DNS wird in Kapitel 7, „Implementieren von DNS (Domain Name System)" erläutert.

Microsoft TCP/IP unterstützt jede der in Tabelle 6.1 und 6.2 aufgelisteten Methoden zur Auflösung der Hostnamen. Die Methoden, die Windows 2000 zur Namensauflösung verwendet, sind konfigurierbar.

Tabelle 6.1 Standardmethoden zur Auflösung von Hostnamen

Standardmethoden zur Auflösung	Beschreibung
Lokaler Hostname	Der konfigurierte Hostname des Computers. Dieser Name wird mit dem Namen des Zielhosts verglichen.
Datei **HOSTS**	Eine lokale Textdatei im 4.3-BSD-Format der UNIX-Datei **/etc/hosts**. Diese Datei ordnet Hostnamen IP-Adressen zu. Sie wird normalerweise dazu genutzt, Hostnamen für TCP/IP-Anwendungen aufzulösen.
DNS-Server	Ein Server, der eine Datenbank mit IP-Adressen und zugeordneten Computernamen (Hostnamen) verwaltet.

Tabelle 6.2 Microsoft-Methoden zur Auflösung von Hostnamen

Microsoft-Methoden zur Auflösung	Beschreibung
NetBIOS-Namenserver	Ein nach RFCs 1001 und 1002 implementierter Server, der die Namensauflösung von NetBIOS-Computernamen durchführt. Die entsprechende Microsoft-Implementation ist WINS.
Lokale Broadcasts	Ein Broadcast im lokalen Netzwerk zur Ermittlung der IP-Adresse des Ziel-NetBIOS-Namen.
Datei **LMHOSTS**	Eine lokale Textdatei, die IP-Adressen den NetBIOS-Computernamen von Windows-Hosts zuordnet.

NetBIOS-Namensauflösung

Ein NetBIOS-Name ist eine eindeutige 16-Byte-Adresse für die Bezeichnung einer NetBIOS-Ressource im Netzwerk. Bei der NetBIOS-Namensauflösung wird der NetBIOS-Name in eine IP-Adresse aufgelöst. Ein Beispiel für einen Prozess mit einem NetBIOS-Namen ist die Datei- und Druckerfreigabe für den Microsoft-Netzwerkdienst unter Windows 2000. Wenn Ihr Computer startet, registriert die Datei- und Druckerfreigabe für Microsoft-Netzwerke einen eindeutigen NetBIOS-Namen, der auf dem Namen Ihres Computers basiert. Computer, auf denen Microsoft TCP/IP ausgeführt wird, können lokale Broadcasts zur Namensauflösung verwenden, eine Methode, die auf NetBIOS-über-TCP/IP basiert. Dieses Verfahren beruht darauf, dass ein Computer Broadcasts auf IP-Ebene sendet, um so seinen Namen durch Ankündigung im Netzwerk zu registrieren.

Jeder Computer im Broadcastbereich ist verantwortlich dafür, dass doppelte Namensregistrierung verhindert wird, und muss auf Namensabfragen, die seinen registrierten Namen enthalten, antworten.

Namensauflösung mit der Datei HOSTS

Abbildung 6.1 zeigt die Schritte, die bei der Auflösung eines Hostnamens mit der Datei **HOSTS** durchgeführt werden.

1. Die Namensauflösung beginnt, wenn ein Benutzer eine WinSock-Anwendung aufruft, die nicht über die IP-Adresse, sondern über den Hostnamen auf den Host verweist.

2. Windows 2000 prüft, ob der Hostname mit dem Namen des lokalen Hosts übereinstimmt. Unterscheiden sich die beiden Namen, wird die Datei **HOSTS** analysiert. Wenn der Hostname in der Datei ermittelt wurde, wird er in eine IP-Adresse aufgelöst.

   Kann der Hostname nicht aufgelöst werden, wird der Prozess gestoppt und der Benutzer erhält eine Fehlermeldung, es sei denn, andere Auflösungsmethoden, z. B. DNS, ein NetBIOS-Namenserver oder die Datei **LMHOSTS** sind konfiguriert.

3. Nachdem der Hostname in die IP-Adresse aufgelöst wurde, wird der Versuch unternommen, die IP-Adresse des Zielhosts in seine Hardwareadresse aufzulösen.

   Befindet sich der Zielhost im lokalen Netzwerk, ermittelt ARP durch Abfragen des ARP-Caches oder über Broadcasting der IP-Adresse des Zielhosts die Hardwareadresse.

   Befindet sich der Zielhost in einem Remotenetzwerk, ermittelt ARP die Hardwareadresse eines Routers, und die Abfrage wird an den Zielhost weitergeleitet.

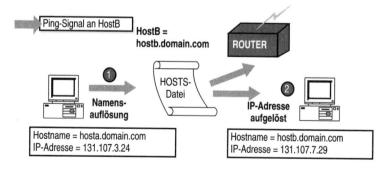

Abbildung 6.1 Auflösen eines Hostnamens mit der HOSTS-Datei

Namensauflösung mit einem DNS-Server

Ein DNS-Server ist eine zentrale Onlinedatenbank, die in IP-Netzwerken dazu dient, Hostnamen in IP-Adressen aufzulösen. Windows 2000 kann als DNS-Client agieren und Windows 2000 Server-Betriebssysteme stellen die DNS-Serverdienste zur Verfügung. Die Auflösung eines Domänennamens mit Hilfe eines DNS-Servers lässt sich mit der Verwendung der Datei **HOSTS** vergleichen.

Sieht die Windows 2000-Konfiguration die Namensauflösung per DNS-Server vor, werden zwei Schritte ausgeführt, um einen Hostnamen aufzulösen. Dieser Prozess ist in Abbildung 6.2 dargestellt und im folgenden Abschnitt beschrieben:

1. Gibt ein Benutzer einen Befehl ein, der einen FQDN- oder einen Hostnamen enthält, wird die Namensauflösung zuerst über die Datei **HOSTS** versucht. Kann die IP-Adresse mit diesem Verfahren nicht aufgelöst werden, wird eine Anfrage an den DNS-Server gesendet, den Namen in seiner Datenbank nachzuschlagen und in die IP-Adresse aufzulösen.

   Antwortet der DNS-Server nicht auf diese Anfrage, werden weitere Versuche nach Intervallen von 1, 2, 2 und 4 Sekunden gestartet. Antwortet der DNS-Server nicht auf diese fünf Versuche und sind keine anderen Auflösungsmethoden wie NetBIOS-Namenserver oder **LMHOSTS** konfiguriert, wird der Prozess gestoppt und eine Fehlermeldung ausgegeben.

2. Nachdem der Hostname aufgelöst wurde, ermittelt ARP die Hardwareadresse. Befindet sich der Zielhost im lokalen Netzwerk, ermittelt ARP durch Abfragen des ARP-Caches oder über Broadcasting der IP-Adresse des Zielhosts die Hardwareadresse. Befindet sich der Zielhost in einem Remotenetzwerk, ermittelt ARP die Hardwareadresse eines Routers, und die Abfrage wird an den Zielhost weitergeleitet.

   Befindet sich der Zielhost in einem Remotenetzwerk, muss ARP die Hardwareadresse eines Routers ermitteln, bevor der Name aufgelöst werden kann.

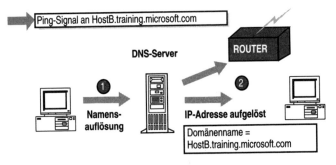

Abbildung 6.2 Auflösen eines Hostnamens mit einem DNS-Server

Microsoft-Methoden zur Auflösung eines Hostnamens

Windows 2000 kann so konfiguriert werden, dass zusätzlich zur Namensauflösung über die Datei **HOSTS** und DNS-Server Hostnamen auch über einen NetBIOS-Namenserver, Broadcasts und **LMHOSTS** aufgelöst werden können. Schlägt eine dieser Methoden fehl, werden die anderen Verfahren herangezogen. Der Prozess wird im folgenden Beispiel und in Abbildung 6.3 verdeutlicht. Sind WINS und **LMHOSTS** konfiguriert, wird die folgende Reihenfolge eingehalten:

1. Gibt ein Benutzer einen Befehl ein, der auf einen Hostnamen verweist, prüft Windows 2000, ob der Hostname mit dem lokalen Hostnamen übereinstimmt. Stimmen sie überein, wird der Name aufgelöst und der Befehl wird ausgeführt, ohne dass Netzwerkaktivitäten erzeugt werden

2. Unterscheiden sich die beiden Namen, wird die Datei **HOSTS** analysiert. Wenn der Hostname in der Datei **HOSTS** ermittelt wurde, wird er in eine IP-Adresse aufgelöst und die Adressauflösung findet statt.

3. Kann der Name über **HOSTS** nicht aufgelöst werden, sendet der Quellhost eine Anforderung an den konfigurierten DNS-Server. Wenn der Hostname von einem DNS-Server ermittelt wurde, wird er in eine IP-Adresse aufgelöst und die Adressauflösung findet statt.

   Antwortet der DNS-Server nicht auf diese Anfrage, werden weitere Versuche nach Intervallen von 1, 2, 2 und 4 Sekunden gestartet.

4. Kann der DNS-Server den Hostnamen nicht auflösen, überprüft der Quellhost seinen lokalen NetBIOS-Namenscache, bevor er drei Versuche startet, den konfigurierten NetBIOS-Namenserver zu kontaktieren. Wird der Hostname im NetBIOS-Namenscache oder von einem NetBIOS-Namenserver ermittelt, wird er in eine IP-Adresse aufgelöst und die Adressauflösung findet statt.

5. Wird der Hostname vom NetBIOS-Namenserver nicht aufgelöst, generiert der Quellhost drei Broadcasts im lokalen Netzwerk. Wenn der Hostname in der Datei **HOSTS** ermittelt wurde, wird er in eine IP-Adresse aufgelöst und die Adressauflösung findet statt.

6. Kann der Hostname über Broadcasts nicht ermittelt werden, wird die lokale **LMHOSTS**-Datei durchsucht. Wird der Hostname in der Datei **LMHOSTS** ermittelt, wird er in eine IP-Adresse aufgelöst und die Adressauflösung findet statt.

   Kann der Hostname mit keiner dieser Methoden aufgelöst werden, bleibt die Angabe der IP-Adresse der einzige Weg, die Kommunikation mit dem anderen Host aufzunehmen.

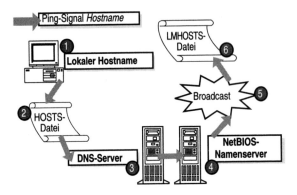

Abbildung 6.3 Zusätzliche Methoden zur Auflösung von Hostnamen

Zusammenfassung der Lektion

Ein Hostname wird zur Identifikation eines TCP/IP-Hosts oder eines Standardgateways verwendet. Bei der Auflösung des Hostnamens wird der Hostname einer IP-Adresse zugeordnet. Dieser Schritt ist notwendig, damit ARP anschliessend die IP-Adresse in eine Hardwareadresse auflösen kann.

Lektion 3: Die Datei HOSTS

Nachdem Sie die Konzepte der Namensauflösung unter Verwendung unterschiedlicher Methoden kennen gelernt haben, werfen Sie einen Blick auf die Datei **HOSTS**. In dieser Lektion ändern Sie die Datei **HOSTS** und sorgen dafür, dass Hostnamen korrekt aufgelöst werden.

Am Ende dieser Lektion werden Sie in der Lage sein, die folgenden Aufgaben durchzuführen:

- Konfigurieren und Verwenden der Datei **HOSTS**

Veranschlagte Zeit für diese Lektion: 15 Minuten

Wissenswertes über die Datei HOSTS

HOSTS ist eine statische Datei, in der Hostnamen IP-Adressen zugeordnet sind. Diese Datei stellt die Kompatibilität mit der Hosts-Datei unter UNIX her. Sie wird von **Ping** und anderen TCP/IP-Anwendungen verwendet, um einen Hostnamen in eine IP-Adresse aufzulösen. Die Datei kann auch genutzt werden, um NetBIOS-Namen (spezifisch für Microsoft 32-Bit TCP/IP) aufzulösen.

Die Datei muss auf jedem Computer vorhanden sein. Ein einzelner Eintrag besteht aus einer IP-Adresse und dem oder den zugehörigen Hostnamen. Standardmäßig ist der Eintrag **localhost** bereits vorgegeben. Bei jedem Verweis auf einen Hostnamen wird die Datei **HOSTS** analysiert. Die Namen werden linear gelesen. Die am häufigsten gebrauchten Namen sollten deshalb am Anfang der Datei stehen.

Anmerkung Die Datei **HOSTS** kann mit einem beliebigen Text-Editor bearbeitet werden. Sie befindet sich im Verzeichnis %Systemroot%\System32\Drivers\Etc. Jeder Hosteintrag ist auf 255 Zeichen begrenzt; Groß-/Kleinschreibung in den Einträgen wird nicht beachtet.

Abbildung 6.4 zeigt ein Beispiel für den Inhalt der Datei:

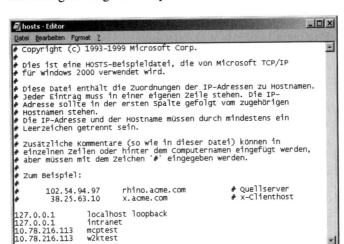

Abbildung 6.4 Die Datei HOSTS

Inhalt einer Hosts-Datei:

- Eine IP-Adresse kann mit mehreren Hostnamen verknüpft werden. Beachten Sie, dass auf den Server mit der IP-Adresse 172.16.94.97 über den FQDN **(rhino.microsoft.com)** oder über ein Pseudonym **(rhino)** verwiesen werden kann. Benutzer an diesem Computer können auf den Server über das Pseudonym **rhino** zugreifen, anstatt die gesamte FQDN einzugeben.

- Die Beachtung der Groß-/Kleinschreibung hängt von der Plattform ab. Bei den Einträgen in der Hosts-Datei für UNIX-Betriebssysteme wird die Groß-/Kleinschreibung beachtet. Bei den Einträgen in der HOSTS-Datei für Windows 2000 und Windows 2000-basierte Computer wird die Groß-/Kleinschreibung nicht beachtet.

Vorteile einer HOSTS-Datei

Die Benutzer können die HOSTS-Datei anpassen. Jeder Benutzer kann die gewünschten Einträge vornehmen und beispielsweise einprägsame Pseudonyme für häufig verwendete Ressourcen vergeben. Die Verwaltung von HOSTS-Dateien auf Benutzerbasis birgt jedoch Probleme, wenn FQDN-Zuordnungen in großem Umfang gespeichert werden sollen.

Übung: Arbeiten mit der HOSTS-Datei und DNS

In dieser Übung konfigurieren und verwenden Sie die HOSTS-Datei, konfigurieren Windows 2000 für die Verwendung von DNS und stellen fest, welche Probleme mit der Auflösung von Host- und Domänennamen verbunden sind. Im ersten Teil der Übung fügen Sie Hostname/IP-Adresszuordnungen in die Datei ein und verwenden diese Datei dann zum Auflösen der Hostnamen.

In diesem Übungsteil ermitteln Sie den lokalen Host, der für TCP/IP-Anwendungen wie **Ping** verwendet wird.

▶ **So ermitteln Sie den lokalen Hostnamen**

1. Öffnen Sie ein Eingabeaufforderungsfenster.
2. Geben Sie **hostname** ein, und drücken Sie die Eingabetaste.

   Der Name des lokalen Hosts wird angezeigt.

In dieser Übung senden Sie ein Ping-Signal an den lokalen Host, um festzustellen, ob das System den Namen des lokalen Hosts ohne Eintrag in der Hosts-Datei auflösen kann.

▶ **So senden Sie ein Ping-Signal an den Hostnamen**

1. Geben Sie **ping Server1** ein (wobei Server1 für den Namen Ihres Computers steht), und drücken Sie die Eingabetaste.

   Welche Antwort haben Sie bekommen?

   _____

Führen Sie die folgenden Schritte an Server1 aus, um ein Ping-Signal an einen lokalen Computernamen zu senden.

▶ **So senden Sie ein Ping-Signal an einen lokalen Computernamen**

1. Geben Sie **ping computertwo** ein, und drücken Sie die Eingabetaste.

   Welche Antwort haben Sie bekommen?

   _____

▶ **So fügen Sie einen Eintrag zur Hosts-Datei auf Server1 ein:**

1. Wechseln Sie mit der folgenden Eingabe zum angegebenen Verzeichnis:

   cd %Systemroot%\System32\drivers\etc

2. Verwenden Sie einen Text-Editor, um die Datei **HOSTS** zu ändern. Geben Sie ein:

   notepad hosts

3. Fügen Sie einen Eintrag zur HOSTS-Datei auf **computertwo** ein: Geben Sie die IP-Adresse ein, gefolgt von einem Leerzeichen und dem Hostnamen.
4. Speichern Sie die Datei, und schließen Sie den Editor.

▶ **So verwenden Sie die HOSTS-Datei zur Namensauflösung:**

1. Geben Sie **ping computertwo** ein, und drücken Sie die Eingabetaste. Welche Antwort haben Sie bekommen?

Zusammenfassung der Lektion

Die Datei **HOSTS** ist eine Textdatei, die Sie mit einem beliebigen Text-Editor öffnen können (z. B. mit Editor). Diese Datei ordnet Hostnamen IP-Adressen zu und stellt Kompatibilität zur HOSTS-Datei auf UNIX-Systemen her. Wird die HOSTS-Datei in Ihrem Netzwerk zur Namensauflösung herangezogen und Sie können keine Verbindung zu anderen Computern über den Hostnamen herstellen, enthält Ihre HOSTS-Datei möglicherweise einen ungültigen Eintrag. Suchen Sie in der Datei nach dem Hostnamen des anderen Computers, stellen Sie sicher, dass nur ein Eintrag pro Hostname vorhanden ist, und überprüfen Sie, ob der Hostname des anderen Computers korrekt ist. Wenn Sie weitere Informationen zur Datei **HOSTS** benötigen, sehen Sie sich die Beispieldatei im Ordner **%SystemRoot%\System32\Drivers\Etc** an.

Lernzielkontrolle

 Mit den folgenden Fragen können Sie überprüfen, ob Sie die in diesem Kapitel vermittelten Lehrinhalte verstanden haben. Wenn Sie eine Frage nicht beantworten können, wiederholen Sie den entsprechenden Abschnitt, bevor Sie mit dem nächsten Kapitel fortfahren. Die Antworten zu den Fragen finden Sie in Anhang A, „Fragen und Antworten".

1. Was ist ein Hostname?

2. Wozu dient ein Hostname?

3. Woraus besteht ein Eintrag in der Datei **HOSTS**?

4. Welcher Schritt erfolgt bei der Namensauflösung zuerst: ARP-Auflösung oder Auflösung des Hostnamens?

KAPITEL 7

Implementieren von DNS

Lektion 1: Einführung in DNS ... 176

Lektion 2: Namensauflösung und DNS-Dateien ... 183

Lektion 3: Planung einer DNS-Implementierung ... 191

Lektion 4: Installieren von DNS ... 200

Lektion 5: Konfigurieren von DNS ... 206

Lernzielkontrolle ... 214

Über dieses Kapitel

In diesem Kapitel erfahren Sie, wie Hostnamen Ihres LAN und im öffentliche Internet mit DNS (Domain Name Service) aufgelöst werden. In Microsoft Windows 2000 ist eine erweiterte Version von DNS enthalten. Weitere Informationen zu DNS unter Windows 2000 finden Sie im Kapitel „Der DNS-Dienst von Windows 2000". Dieses Kapitel bietet eine allgemeine Übersicht über DNS und die Implementierung des Dienstes unter Windows 2000. Nachdem Sie dieses Kapitel durchgearbeitet haben, kennen Sie die Hauptkomponenten von DNS und können diesen Dienst installieren und konfigurieren. Außerdem sind Sie mit der Problembehandlung für DNS unter Windows 2000 vertraut.

Bevor Sie beginnen

Zur Bearbeitung dieses Kapitels müssen die folgenden Voraussetzungen erfüllt sein.

- Sie müssen Microsoft Windows 2000 Server mit TCP/IP installiert haben.

Lektion 1: Einführung in DNS

DNS ist vom Prinzip her mit einem Telefonbuch vergleichbar. Jeder Computer im Internet hat einen Hostnamen und eine IP-Adresse (IP = Internetprotokoll). Wenn Sie eine Verbindung zu einem anderen Computer herstellen möchten, müssen Sie in der Regel den Hostnamen eingeben. Ihr Computer kontaktiert anschließend einen DNS-Server, der mit Ihrem eingegebenen Hostnamen auf die tatsächliche IP-Adresse verweist. Diese IP-Adresse wird dann für den Verbindungsaufbau zum Remotecomputer verwendet. Diese Lektion beschreibt die Architektur und Struktur von DNS.

Am Ende dieser Lektion werden Sie in der Lage sein, die folgenden Aufgaben durchzuführen:
- Beschreiben der Architektur und Struktur von DNS
- Erklären, wie DNS Namen und IP-Adressen auflöst

Veranschlagte Zeit für die Lektion: 25 Minuten

DNS-Ursprünge

Vor der DNS-Implementierung wurden benutzerfreundliche Computernamen über HOSTS-Dateien erstellt, die eine Liste der Namen und zugehörigen IP-Adressen enthielten. Im Internet wurde diese Datei zentral verwaltet, und jeder Standort lud periodisch eine neue Kopie. Mit dem Wachstum des Internets hat sich auch die Anzahl der Computer so erhöht, dass diese Lösung nicht mehr verwaltet werden kann. Deshalb wurde DNS entwickelt, um die einzeln verwaltete HOSTS-Datei durch eine verteilte Datenbank zu ersetzen. Die Datenbank ermöglicht einen hierarchischen Namespace, die Verteilung der Administration, erweiterbare Datentypen, eine nahezu unbegrenzte Datenbankgröße und eine höhere Leistung. DNS ist der Namensdienst für Internetadressen. Dieser Dienst löst benutzerfreundliche Domänennamen in numerische IP-Adressen auf. Die IP-Adresse von **www.microsoft.com** lautet beispielsweise 207.46.130.149. DNS ist vom Prinzip her mit einem Telefonbuch vergleichbar. Der Benutzer sucht den Namen der Person oder des Unternehmens, um die Telefonnummer zu ermitteln. Analog hierzu fragt der Hostcomputer den Namen eines Computers ab, und ein DNS ermittelt anhand des Namens die IP-Adresse.

Die Microsoft-Implementierung von DNS Server wurde unter Windows NT Server 4.0 Bestandteil des Betriebssystems und ist auch unter Windows 2000 verfügbar.

DNS und Windows 2000

DNS bietet nicht nur die konventionelle Internetnamensauflösung, sondern fungiert auch als primärer Namensdienst von Windows 2000. Es handelt sich um eine sehr zuverlässige, hierarchische, verteilte und skalierbare Datenbank. Die Windows 2000-Clients verwenden DNS für die Namensauflösung und die Ermittlung von Diensten. Hierzu gehört auch die Ermittlung von Domänencontrollern für die Anmeldung. DNS in Windows 2000 enthält eine eindeutige DNS-Serverimplementierung, die mit anderen auf Standards basierenden Implementierungen von DNS-Server nahtlos zusammenarbeitet. Weitere Informationen zu DNS unter Windows 2000 finden Sie im nächsten Kapitel, „Der DNS-Dienst von Windows 2000".

Funktionsweise von DNS

Die DNS-Datenbank löst Computernamen in IP-Adressen auf (siehe Abbildung 7.1). Die Clients heißen hierbei *Auflösungsdienste*, und die Server werden *Namenserver* genannt. DNS arbeitet mit drei Hauptkomponenten: Auflösungsdiensten, Namenservern und dem Domänennamespace. Bei einer DNS-Basiskommunikation sendet der Auflösungsdienst Abfragen an einen Namenserver. Der Namenserver gibt die angeforderten Informationen, einen Zeiger auf einen anderen Namenserver bzw. eine Fehlermeldung zurück, wenn die Anforderung nicht ausgeführt werden kann.

DNS stellt eine Verbindung zur Anwendungsschicht her und verwendet UDP (User Datagram Protocol) und TCP (Transmission Control Protocol) als zugrunde liegende Protokolle. Aus Gründen der Leistungsstärke senden Auflösungsdienste die UDP-Abfragen zuerst an Server und verwenden erst dann TCP, wenn die zurückgegebenen Daten abgeschnitten sind.

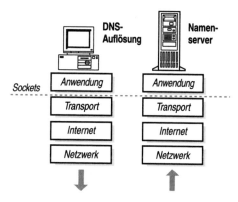

Abbildung 7.1 Auflösungsdienste und Namenserver

Auflösungsdienste

Ein Auflösungsdienst stellt Clients Adressdaten zu anderen Computern des Netzwerks zur Verfügung. Die Auflösungsdienste übergeben Namensanforderungen zwischen Anwendungen und Namenservern. Die Namensanforderung enthält eine Abfrage, beispielsweise nach der IP-Adresse einer Website. Der Auflösungsdienst wird häufig in die Anwendung integriert oder auf dem Hostcomputer als Bibliotheksroutine ausgeführt. Aus Gründen der Leistungsstärke senden Auflösungsdienste die UDP-Abfragen zuerst an Server und verwenden erst dann TCP, wenn die zurückgegebenen Daten abgeschnitten sind.

Namenserver

Ein Namenserver enthält Adressdaten zu anderen Computern des Netzwerks. Diese Informationen können an Clientcomputer weitergeleitet werden, die eine Anforderung an den Namenserver richten. Wenn der Namenserver die Anforderung nicht auflösen kann, wird diese gegebenenfalls an einen anderen Namenserver weitergeleitet. Die Namenserver werden in unterschiedliche Ebenen, den Domänen, gruppiert. Eine Domäne ist eine logische Gruppierung von Computern eines großen Netzwerks. Der Zugriff auf die jeweiligen Computer einer Gruppe wird vom gleichen Server gesteuert.

Die DNS-Struktur

Der Domänennamespace ist eine hierarchische Gruppierung von Namen (siehe Abbildung 7.2).

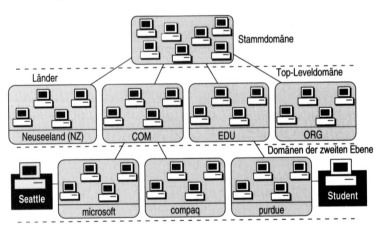

Abbildung 7.2 In Ebenen aufgeteilter Domänennamespace

Stammdomänen

Domänen definieren unterschiedliche Autoritätsebenen in einer hierarchischen Struktur. Die höchste Stelle der Hierarchie wird *Stammdomäne* genannt. Verweise auf die Stammdomäne werden durch einen Punkt (.) ausgedrückt.

Topleveldomänen
Es gibt derzeit folgende Topleveldomänen:

- **com**   Wirtschaftliche Organisation
- **edu**   Lehrinstitute und Universitäten
- **org**   Gemeinnützige Organisationen
- **net**   Netzwerke (das Backbone im Internet)
- **gov**   Regierungsbehörden ohne das Verteidigungsressort
- **mil**   Verteidigungsressort von Regierungsbehörden
- **num**   Telefonnummern
- **arpa** Reverse-DNS
- *xx*   Zweistellige Landeskennzahl

Topleveldomänen können Domänen der zweiten Ebene und Hosts enthalten.

Anmerkung   Zurzeit plant ein Komitee der Internet Society den Einsatz zusätzlicher Topleveldomänen, beispielsweise **firm** und **web**.

Domänen der zweiten Ebene
Domänen der zweiten Ebene können Hosts und untergeordnete Domänen enthalten. Die Microsoft-Domäne, **microsoft.com**, kann beispielsweise Computer wie **ftp.microsoft.com** und untergeordnete Domänen wie **dev.microsoft.com** enthalten. Die untergeordnete Domäne **dev.microsoft.com** kann wiederum Hosts wie **ntserver.dev.microsoft.com** enthalten.

Hostnamen
Der Domänenname wird mit dem Hostnamen verwendet, um einen FQDN (Fully Qualified Domain Name, vollqualifizierter Domänenname) für den Computer zu erstellen. Der FQDN ist der Hostname, dem ein Punkt (.) und der Domänenname nachgestellt wird. Beispiel: Bei **fileserver1.microsoft.com** ist **fileserver1** der Hostname und **microsoft.com** der Domänenname.

Zonen
Zonen sind die Verwaltungseinheiten für DNS. Die Zone ist eine Teilstruktur der DNS-Datenbank. Diese Teilstruktur wird als separate Entität verwaltet. Diese Verwaltungseinheit kann aus einer einzigen Domäne oder einer Domäne mit untergeordneten Domänen bestehen. Die untergeordneten Domänen einer Zone können wiederum in separate Zonen aufgeteilt sein.

Autoritätszonen

Die Autoritätszone (Zone of Authority) ist der Bestandteil des Domänennamespace, für den ein bestimmter Namenserver zuständig ist. Der Namenserver speichert alle Adresszuordnungen für den Domänennamespace innerhalb der Zone und beantwortet Clientabfragen für diese Namen. Die Autoritätszone des Namenservers umfasst mindestens eine Domäne. Diese Domäne ist die Stammdomäne der Zone. Sie können außerdem einen sekundären DNS-Server verwenden, der die Domäneninformationen von dem primären DNS-Server, der für mindestens eine Zone autorisiert ist, über das Netzwerk kopieren kann. Dieser Vorgang wird *Zonenübertragung* genannt.

Wie in Abbildung 7.3 veranschaulicht, ist **microsoft.com** zwar eine Domäne; diese Domäne wird jedoch nicht vollständig von einer Zonendatei gesteuert. Ein Bestandteil der Domäne befindet sich in einer separaten Zonendatei für **DEV.MICROSOFT.COM**. Um die Verwaltung einer Domäne von verschiedenen Gruppen ausführen zu lassen und die Geschwindigkeit der Datenreplikation zu erhöhen, können Sie Domänen auf mehrere Zonendateien aufteilen.

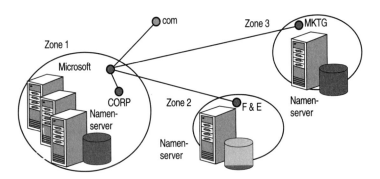

Abbildung 7.3 Auf mehrere Zonen verteilte Domänen

Namenserverfunktionen

DNS-Namenserver können verschiedene Funktionen übernehmen, die sich auf das Speichern und Verwalten der funktionseigenen Namensdatenbank auswirken. Ein Microsoft DNS-Server kann für einen anderen Microsoft DNS-Server entweder als primärer oder sekundärer DNS-Server fungieren. Er kann auch als DNS-Server unter einem anderen Betriebssystem, beispielsweise unter UNIX, ausgeführt werden. Um jede Zone zu berücksichtigen, benötigen Sie mindestens zwei DNS-Server: einen primären und einen sekundären. Die primären und sekundären Server werden benötigt, um die Datenbankredundanz und einen gewissen Grad an Fehlertoleranz zu gewährleisten.

Primäre Namenserver

Hierbei handelt es sich um einen DNS-Server, der die Daten für seine Zone aus den lokalen DNS-Datenbankdateien aufruft. Wenn Änderungen an den Zonendaten vorgenommen werden, d. h. beispielsweise ein Teil der Zone an einen anderen DNS-Server delegiert wird, oder wenn Hosts in der Zone hinzugefügt werden, müssen diese Änderungen auf dem primären DNS-Server durchgeführt werden, damit die neuen Informationen in der lokalen Zone eingegeben werden können.

Sekundäre Namenserver

Ein sekundärer Namenserver ruft die Datei mit den Zonendaten vom primären DNS-Server auf, der für diese Zone autorisiert ist. Der primäre DNS-Server sendet eine Kopie der Zonendatei an den sekundären DNS-Server. Dieser Prozess wird *Zonenübertragung* genannt.

Es gibt drei Gründe für den Einsatz von sekundären Namenservern:

- **Redundanz** Sie benötigen mindestens einen primären und einen sekundären Namenserver für jede Zone. Die Computer sollten so unabhängig wie möglich sein. Installieren Sie grundsätzlich die primären und sekundären Server in unterschiedlichen Subnetzen, um eine fortlaufende Unterstützung für DNS-Namensabfragen zu gewährleisten, falls ein Subnetz ausfällt.
- **Schnellerer Zugriff für Remotestandorte** Wenn mehrere Clients an Remotestandorten positioniert sind, werden diese Clients von sekundären Namenservern (oder anderen primären Namenservern für untergeordnete Domänen) daran gehindert, für Namensauflösungen über langsame Verbindungen zu kommunizieren.
- **Verringerung der Last** Sekundäre Namenserver verringern die Last des primären Servers.

Da die Informationen für jede Zone in separate Dateien gespeichert werden, wird diese primäre oder sekundäre Zuweisung auf der Zonenebene definiert. Dies bedeutet, dass ein Namenserver für bestimmte Zonen als primärer Namenserver und für andere Zonen als sekundärer Namenserver ausgeführt werden kann.

Masternamenserver

Wenn Sie eine Zone auf einem Namenserver als sekundäre Zone definieren, müssen Sie einen anderen Namenserver angeben, von dem die Zonendaten bezogen werden. Die Quelle der Zonendaten für einen sekundären Namenserver in einer DNS-Hierarchie ist der *Masternamenserver*. Ein Masternamenserver kann entweder ein primärer oder ein sekundärer Namenserver für die angeforderte Zone sein. Wenn ein sekundärer Server gestartet wird, kontaktiert er den Masterserver der Zone und leitet eine Zonenübertragung mit diesem Server ein.

Server für Zwischenspeicherungen

Während generell alle DNS-Server die aufgelösten Namen im Zwischenspeicher ablegen, sind Server für Zwischenspeicherungen (Caching-Only Server) nur dafür zuständig, Abfragen durchzuführen, die Antworten zwischenzuspeichern und die Ergebnisse zurückzugeben. Anders ausgedrückt, die Server sind für andere Domänen nicht autorisiert (es werden keine Zonendaten lokal gespeichert), und sie enthalten nur die Daten, die sie beim Lösen von Abfragen zwischengespeichert haben.

Beachten Sie Folgendes, wenn Sie einen Server für Zwischenspeicherungen verwenden möchten: Beim ersten Start verfügt der Server noch nicht über zwischengespeicherte Daten und muss diese Informationen im Laufe der Zeit durch die Bearbeitung von Anforderungen sammeln. Die Server verzeichnen einen geringeren Datenverkehr, weil keine Zonenübertragungen durchgeführt werden. Dies ist besonders bei einer langsamen Verbindung zwischen Standorten wichtig.

Zusammenfassung der Lektion

DNS wurde als Verbesserung der ursprünglichen Methode zum Auflösen von Hostnamen in IP-Adressen im Internet entwickelt. In DNS sendet der Client (Auflösungsdienst) Abfragen an einen Namenserver. Die Namenserver übernehmen anschließend die Namensanforderungen und wandeln die Computernamen in IP-Adressen um. Der Domänennamespace ist eine hierarchische Gruppierung von Stammdomänen, Topleveldomänen, Domänen der zweiten Ebene und Hostnamen. Bestimmte Server sind für Bestandteile des Domänennamespace, die *Autoritätszonen*, zuständig.

Lektion 2: Namensauflösung und DNS-Dateien

Es gibt drei Abfragetypen, die ein Client (Resolver-Auflösungsdienst) bei einem DNS-Server ausführen kann: rekursive, iterative und inverse Abfragen. Diese Server speichern ihre DNS-Informationen in vier mögliche Dateien: Datenbank-, Reverse-Lookup-, Cache- und Startdateien.

Am Ende dieser Lektion werden Sie in der Lage sein, die folgenden Aufgaben durchzuführen:

- Erklären der Funktionsweise von rekursiven, iterativen und inversen Abfragen
- Erklären, wie Abfragen für zukünftige Anforderungen in den Cache abgelegt werden

Veranschlagte Zeit für die Lektion: 10 Minuten

Rekursive Abfragen

In einer rekursiven Abfrage muss der abgefragte Namenserver die angeforderten Daten oder eine Fehlermeldung übergeben, die besagt, dass der Datentyp oder der angegebene Domänenname nicht vorhanden ist. Der Namenserver kann bezüglich der Anforderung nicht einfach auf einen anderen Namenserver verweisen.

Iterative Abfragen

Hierbei erteilt der abgefragte Namenserver dem Antragsteller die beste, momentan verfügbare Antwort. Diese Antwort kann ein aufgelöster Name oder ein Verweis auf einen anderen Namenserver sein, der die ursprüngliche Anforderung des Clients beantworten kann.

Abbildung 7.4 enthält ein Beispiel für iterative und rekursive Abfragen. In diesem Beispiel fragt der Client eines Unternehmens den DNS-Server bezüglich der IP-Adresse für **www.microsoft.com** ab.

1. Der Auflösungsdienst sendet eine rekursive DNS-Abfrage an seinen lokalen DNS-Server, um die IP-Adresse von **www.microsoft.com** zu erhalten. Der lokale Namenserver ist dafür zuständig, den Namen aufzulösen, und darf dem Auflösungsdienst keinen Verweis auf einen anderen Namenserver übermitteln.

2. Der lokale Namenserver prüft die Zonen und findet keine Zonen, die dem angeforderten Domänennamen entsprechen. Der Server sendet anschließend eine iterative Abfrage für **www.microsoft.com** an einen Stammnamenserver.

3. Der Stammnamenserver ist für die Stammdomäne autorisiert und gibt die IP-Adresse eines Namenservers für die Topleveldomäne **com** zurück.

4. Der lokale Namenserver sendet eine iterative Abfrage für **www.microsoft.com** an den Namenserver **com**.

5. Der Namenserver **com** antwortet mit der IP-Adresse des Namenservers für die Domäne **microsoft.com**.
6. Der lokale Namenserver sendet eine iterative Abfrage für **www.microsoft.com** an den Namenserver **microsoft.com**.
7. Der Namenserver **microsoft.com** antwortet mit der IP-Adresse für **www.microsoft.com**.
8. Der lokale Namenserver sendet die IP-Adresse für **www.microsoft.com** an den ursprünglichen Auflösungsdienst zurück.

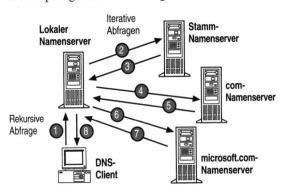

Abbildung 7.4 Rekursive und iterative Abfragen

Inverse Abfragen

Bei einer inversen Abfrage sendet der Auflösungsdienst eine Anforderung an einen Namenserver, um den Hostnamen zu einer bekannten IP-Adresse aufzulösen. Im DNS-Namespace gibt es keine Korrelation zwischen Hostnamen und IP-Adressen. Aus diesem Grund ist eine richtige Antwort nur dann gewährleistet, wenn alle Domänen durchsucht werden.

Um den Zeitaufwand für das Durchsuchen aller Domänen bei einer inversen Abfrage zu verringern, wurde eine spezielle Domäne mit der Bezeichnung **in-addr.arpa** erstellt. Die Knoten von **in-addr.arpa** sind nach den Zahlen in der punktierten Dezimalschreibweise von IP-Adressen benannt. Da IP-Adressen von links nach rechts spezifischer, Domänennamen jedoch von rechts nach links spezifischer werden, muss die Reihenfolge der Oktette einer IP-Adresse in der Domäne **in-addr.arpa** umgekehrt werden. Unter Zugrundelegung dieser Richtlinien kann die Verwaltung untergeordneter Zweige der Domäne **in-addr.arpa** an Organisationen delegiert werden, denen IP-Adressen der Klasse A, B oder C zugewiesen werden.

Nach dem Erstellen der Domäne **in-addr.arpa** werden den IP-Adressen und den entsprechenden Hostnamen spezielle Ressourceneinträge, so genannte *Zeigereinträge* oder *PTR-Einträge* zugewiesen.

Um beispielsweise den Hostnamen für die IP-Adresse 157.55.200.51 zu ermitteln, fragt der Auflösungsdienst den DNS-Server nach einem PTR-Eintrag für 51.200.55.157.in-addr.arpa. Der ermittelte PTR-Eintrag enthält den Hostnamen und die entsprechende IP-Adresse 157.55.200.51. Diese Daten werden wieder an den Auflösungsdienst gesendet. Ein Bestandteil der Verwaltung eines DNS-Namenserver ist die Sicherstellung, dass PTR-Einträge für Hosts erstellt werden.

Zwischenspeicherung und Gültigkeitsdauer

Wenn ein Namenserver eine rekursive Abfrage verarbeitet, muss er möglicherweise mehrere Abfragen senden, um die korrekte Antwort zu erhalten. Der Namenserver speichert sämtliche Informationen, die er bei diesem Prozess erhält, für einen bestimmten Zeitraum im Cache. Dieser Zeitraum ist in den zurückgegebenen Daten festgelegt. Dieser Zeitraum wird als *Gültigkeitsdauer (Time to Live, TTL)* bezeichnet. Der Serveradministrator der Zone, die die Daten enthält, legt die Gültigkeitsdauer der Daten fest. Durch niedrige TTL-Werte kann sichergestellt werden, dass die Informationen über die Domäne eine größere Konsistenz im Netzwerk aufweisen, wenn diese Daten häufig geändert werden. Dadurch wird jedoch auch die Last bei Namenservern erhöht.

Wenn die Daten auf einem DNS-Server zwischengespeichert sind, muss der DNS-Server damit beginnen, den ursprünglichen TTL-Wert zu reduzieren, damit er weiß, wann er die Daten aus dem Cache leeren muss. Wenn eine Abfrage eingeht, die über diese zwischengespeicherten Daten beantwortet werden kann, enthält der zurückgegebene TTL-Wert die Angabe des Zeitraums bis zur nächsten Leerung des DNS-Servercaches. Auch Clientauflösungsdienste verfügen über Datencaches und berücksichtigen den TTL-Wert für den Verfall der Daten.

DNS-Konfigurationsdateien

DNS (Domain Name System) ist eine hierarchische, verteilte Datenbank. Die Datenbank selbst besteht aus Ressourceneinträgen, die sich primär aus einem DNS-Namen, einem Eintragstyp und mit diesem Eintragstyp verbundenen Datenwerten zusammensetzen. Die häufigsten Einträge in einer Datenbank sind beispielsweise Adresseinträge, bei denen der Name des Adresseintrags der Name eines Computers und die Daten im Eintrag die TCP/IP-Adresse dieses Computers sind.

Server verwenden zur Namensauflösung ihre Zonen (auch DNS-Datenbankdateien oder einfach db-Dateien genannt). Die Zonen enthalten Ressourceneinträge, aus denen sich die Ressourceninformationen für die DNS-Domäne zusammensetzen. Beispielsweise ordnen einige Ressourceneinträge normalen Namen IP-Adressen zu, während andere Einträge IP-Adressen normalen Namen zuordnen.

SOA-Eintrag

Beim SOA-Eintrag (SOA – Start of Authority, Autoritätsursprung) handelt es sich um den ersten Eintrag in einer Datenbankdatei. Der SOA-Eintrag definiert die allgemeinen Parameter für die DNS-Zone. Nachfolgend ein Beispiel für einen SOA-Eintrag:

```
@     IN  SOA    nameserver.example.microsoft.com.
postmaster.example.microsoft.com. (
                  1          ; serial number
                  3600       ; refresh    [1h]
                  600        ; retry      [10m]
                  86400      ; expire     [1d]
                  3600 )     ; min TTL    [1h]
```

Folgende Regeln gelten für alle SOA-Einträge:

- Das Symbol @ gibt in der Datenbankdatei „diesen Server" an.
- IN steht für Internet Record (Interneteintrag).
- Hostnamen, die nicht mit einem Punkt (.) enden, sind mit der Stammdomäne verknüpft.
- Bei der E-Mail-Adresse des Administrators wird das @-Symbol durch einen Punkt (.) ersetzt.
- Zeilenumbrüche, die mehrere Zeilen umfassen, müssen in Klammern (()) gesetzt werden.

NS-Eintrag

Dieser Eintrag listet die zusätzlichen Namenserver auf. Eine Datenbankdatei kann mehrere NS-Einträge enthalten. Nachfolgend ein Beispiel eines NS-Eintrags:

```
@ IN NS nameserver2.microsoft.com
```

Hosteintrag

Der Ressourceneintrag (A) für die Hostadresse ordnet der zugehörigen IP-Adresse statisch einen Hostnamen zu. Eine Datenbankdatei besteht größtenteils aus Hosteinträgen, die alle Hosts innerhalb der Zone auflisten. Nachfolgend Beispiele für Hosteinträge:

```
rhino     IN A 157.55.200.143
localhost IN A 127.0.0.1
```

CNAME-Eintrag

Mit dem CNAME-Eintrag für kanonische Namen können Sie einer IP-Adresse mehrere Hostnamen zuordnen. Dieser Vorgang wird auch als *Aliasing* bezeichnet. Nachfolgend ein Beispiel eines CNAME-Eintrags:

```
FileServer1    CNAME rhino
www            CNAME rhino
ftp            CNAME rhino
```

Die Reverse-Lookupdatei

Mit Hilfe der Reverse-Lookupdatei (*z.y.x.w*.**in-addr.arpa**) kann ein Auflösungsdienst die IP-Adresse zur Verfügung stellen und den übereinstimmenden Hostnamen anfordern. Eine Reverse-Lookupdatei wird wie eine Zonendatei entsprechend der Zone **in-addr.arpa** benannt, für die sie die Reverse-Lookups ausführt. Um beispielsweise Reverse-Lookups für das IP-Netzwerk 157.57.28.0 zu gewährleisten, wird eine Reverse-Lookupdatei mit der Bezeichnung **57.157.in-addr.arpa** erstellt. Diese Datei enthält SOA- und NS-Einträge, die mit anderen DNS-Datenbankzonendateien vergleichbar sind, sowie PTR-Einträge.

Diese DNS-Reverse-Lookupfunktionalität ist wichtig, weil manche Anwendungen die Möglichkeit bieten, Sicherheit auf Basis der Hostnamen zu realisieren, die die Verbindung herstellen. Wenn ein Suchdienst beispielsweise eine Anforderung an einen IIS-Webserver (IIS = Internet Information Server) mit dieser Sicherheitsanordnung sendet, würde der Webserver den DNS-Server kontaktieren und ein Reverse-Namenslookup für die IP-Adresse des Clients durchführen. Wenn der vom DNS-Server zurückgegebene Hostname nicht in der Zugriffsliste für die Website enthalten ist oder von DNS nicht ermittelt werden konnte, wird die Anforderung verweigert.

Anmerkung Windows 2000 erfordert keine Konfiguration von Reverse-Lookupzonen. Reverse-Lookupzonen sind eventuell für andere Anwendungen oder aus administrativen Gründen notwendig.

Der PTR-Eintrag

PTR-Einträge führen eine Zuordnung eines Namens zu einer Adresse innerhalb einer Reverse-Lookupzone aus. Um diesen PTR-Eintrag zu erstellen, werden die IP-Nummern in umgekehrter Reihenfolge geschrieben, und an das Ende wird **in-addr.arpa** hinzugefügt. Um beispielsweise den Namen für 157.55.200.51 zu ermitteln, ist eine PTR-Abfrage für den Namen **51.200.55.157.in-addr.arpa** erforderlich. Beispiel:

```
51.200.55.157.in-addr.arpa. IN PTR mailserver1.microsoft.com.
```

Die Cachedatei

Die Datei **CACHE.DNS** enthält die Einträge der Stammdomänenserver. Die Cachedatei ist im Prinzip bei allen Namenservern gleich und muss vorhanden sein. Wenn der Namenserver eine Abfrage außerhalb seiner Zone erhält, leitet er die Auflösung mit diesen Stammdomänenservern ein. Beispiel:

```
.                   3600000   IN   NS   A.ROOT-SERVERS.NET.
A.ROOT-SERVERS.NET. 3600000   A         198.41.0.4
```

Die Cachedatei enthält Hostinformationen zum Auflösen von Namen außerhalb von autorisierten Domänen. Außerdem enthält die Datei Namen und Adressen von Stammnamenservern. Die Standarddatei des DNS-Servers von Windows 2000 Server enthält die aktuellen Einträge für alle Stammserver im Internet. Die Datei befindet sich im Verzeichnis **%SystemRoot%\System32\Dns**. Bei Installationen, die nicht mit dem Internet verbunden sind, sollte die Datei durch eine andere Datei ersetzt werden, die die für den Stamm des privaten Netzwerks autorisierten Domänen des Namenservers enthält.

Die Startdatei

Hierbei handelt es sich um die Konfigurationsdatei für den Start der DNS-Implementierung, die auf BIND (Berkeley Internet Name Daemon) basiert. Diese Datei enthält Hostinformationen zum Auflösen von Namen außerhalb autorisierter Domänen. Die Datei wird in keinem RFC-Dokument definiert und muss nicht RFC-kompatibel sein. Die Startdatei wird von Windows 2000 unterstützt, um die Kompatibilität mit konventionellen, auf UNIX basierenden DNS-Diensten zu verbessern. Die BIND-Startdatei steuert das Startverhalten des DNS-Servers. Befehle müssen am Anfang einer Zeile beginnen, und ihnen dürfen keine Leerzeichen vorausgehen. Tabelle 7.1 enthält Beschreibungen einiger Startdateibefehle, die von Windows 2000 unterstützt werden.

Tabelle 7.1 Startdateibefehle von Windows 2000

Befehl	Beschreibung
Directory-Befehl	Mit diesem Befehl wird ein Verzeichnis festgelegt, das Dateien enthält, auf die in der Startdatei verwiesen wird.
Cache-Befehl	Mit diesem Befehl wird eine Datei festgelegt, die den DNS-Dienst bei der Herstellung der Verbindung zu Namenservern für die Stammdomäne unterstützt. Dieser Befehl und die Datei, auf die er verweist, müssen vorhanden sein. Windows 2000 enthält eine Cachedatei für das Internet.

(Fortsetzung)

Befehl	Beschreibung
Primary-Befehl	Mit diesem Befehl wird eine Domäne festgelegt, für die der Namenserver autorisiert ist, sowie eine Datenbankdatei, die die Ressourceneinträge für diese Domäne (d. h. Zonendatei) enthält. Die Startdatei kann mehrere Einträge für Primary-Befehle enthalten.
Secondary-Befehl	Mit diesem Befehl wird eine Domäne festgelegt, für die der Namenserver autorisiert ist, sowie eine Liste der IP-Adressen der Masterserver, von denen eine Zonenübertragung durchgeführt werden soll. Die Daten werden in diesem Fall nicht gelesen. Der Befehl definiert außerdem den Namen der lokalen Datei zum Zwischenspeichern der Zone. Die Startdatei kann mehrere Einträge für Secondary-Befehle enthalten.

Tabelle 7.2 enthält Beispiele für die Befehle in einer Startdatei.

Tabelle 7.2 Beispiele für Startdateibefehle

Syntax	Beispiel
directory [*Verzeichnis*]	directory **c:\winnt\system32\dns**
cache.[*Dateiname*]	cache.cache
primary [*Domäne*] [*Dateiname*]	primary **microsoft.com.microsoft.dns** primary **dev.microsoft.com dev.dns**
secondary [*Domäne*] [*Hostliste*] [*lokaler_Dateiname*]	secondary **test.microsoft.com 157.55.200.100 test.dns**

Zusammenfassung der Lektion

Wenn Clients einen Hostnamen oder eine IP-Adresse auflösen müssen, können sie eine von drei Abfragen an DNS-Server richten: rekursive, iterative oder inverse Abfragen. Ein DNS-Server gibt nur die Informationen aus eigenen Zonen oder aus dem Cache zurück. Hierzu gehört auch das Fehlerpotenzial, das bei einer rekursiven Anforderung des Clients entsteht. In der Regel wird die iterative Abfrage verwendet. Wenn ein Client eine iterative Abfrage einleitet, gibt der DNS-Server die angeforderten Informationen zurück, oder stellt dem Client einen alternativen DNS-Server zur Verfügung, der die richtigen Informationen weiterleitet. Bei der inversen Abfrage werden Reverse-Lookupinformationen zurückgegeben. Wenn für einen DNS-Client ein Hostname einer bekannten IP-Adresse aufgelöst werden muss, wird eine inverse Abfrage an den DNS-Server gesendet.

Diese Server speichern die Namen und Konfigurationsdaten in vier mögliche Dateien: Datenbank-, Reverse-Lookup-, Cache- und Startdateien. Windows 2000 und der im Lieferumfang enthaltene DNS-Manager ermöglichen Ihnen, diese Dateien in einer grafischen Benutzeroberfläche zu konfigurieren, die in Kapitel 8, „Der DNS-Dienst von Windows 2000", detailliert erläutert wird.

Lektion 3: Planung einer DNS-Implementierung

Die Konfiguration Ihres DNS-Servers hängt von Faktoren wie der Unternehmensgröße, der Verteilung der Standorte und den Anforderungen an die Fehlertoleranz ab. Diese Lektion vermittelt Ihnen eine allgemeine Vorstellung über die DNS-Konfiguration für Ihren Standort. Die Lektion enthält Szenarios, die Ihre Kenntnisse bezüglich der Netzwerkplanung vor der DNS-Einrichtung ermitteln.

Am Ende dieser Lektion werden Sie in der Lage sein, die folgenden Aufgaben durchzuführen:

- Registrieren eines DNS-Servers bei der übergeordneten Domäne
- Einschätzen der Anzahl der DNS-Namenserver, Domänen und Zonen, die für ein Netzwerk benötigt werden

Veranschlagte Zeit für die Lektion: 40 Minuten

Überlegungen zu DNS

Windows 2000 und die Namensauflösung benötigen einen DNS-Server, der aber nicht auf einem Server unter Windows 2000 ausgeführt werden muss. Außerdem muss sich der Server nicht einmal auf Ihrem lokalen Netzwerk befinden. Wenn Windows 2000 so konfiguriert werden kann, dass ein gültiger DNS-Server referenziert wird, der die erforderlichen Eintragstypen unterstützt (beispielsweise ein Server Ihres Internetdienstanbieters), können Sie Windows 2000 die erforderlichen Funktionalitäten für die Namensauflösung zur Verfügung stellen. Da die DNS-Version von Windows 2000 jedoch über erweiterte Funktionalitäten verfügt, empfiehlt es sich, einen eigenen DNS-Server zu installieren und zu konfigurieren. In dieser Lektion wird davon ausgegangen, dass Sie sich entschieden haben, einen eigenen DNS-Server unter Windows 2000 zu implementieren.

Wenn Ihr Unternehmen, unabhängig von seiner Größe, eine Domäne der zweiten Ebene verwenden möchte, muss das InterNIC (Internet Network Information Center) über den Domänennamen des Unternehmens und über die IP-Adressen von mindestens zwei DNS-Servern für die Domäne informiert werden. Sie können auch zusätzliche DNS-Server innerhalb des Unternehmens einrichten, die vom Internet unabhängig sind.

Um die Zuverlässigkeit und Redundanz zu gewährleisten, wird empfohlen, dass mindestens zwei DNS-Server pro Domäne konfiguriert werden: ein primärer und ein sekundärer Namenserver. Der primäre Namenserver verwaltet die Informationsdatenbank, die zum sekundären Namenserver repliziert wird. Dank dieser Replikation können Namensabfragen auch dann abgewickelt werden, wenn einer der Namenserver nicht verfügbar ist. Die Konfiguration des Replikationsplans hängt davon ab, wie oft die Namen in der Domäne geändert werden.

Die Replikation sollte oft genug durchgeführt werden, damit die Änderungen beiden Servern bekannt sind. Eine zu häufige Replikation kann jedoch den Netzwerkverkehr und die Last des Namenservers erhöhen.

Registrieren bei der übergeordneten Domäne

Nachdem Sie Ihre DNS-Server konfiguriert und installiert haben, müssen Sie diese bei dem DNS-Server registrieren, der Ihnen in der hierarchischen DNS-Namenstruktur übergeordnet ist. Abbildung 7.5 veranschaulicht ein Beispiel für die Registrierung Ihres DNS-Servers bei der übergeordneten Domänenebene. Das übergeordnete System benötigt die Namen und Adressen Ihrer Namenserver und gegebenenfalls weitere Informationen, beispielsweise das Datum, ab dem die Domäne zur Verfügung steht, sowie die Namen und E-Mail-Adressen der Ansprechpartner.

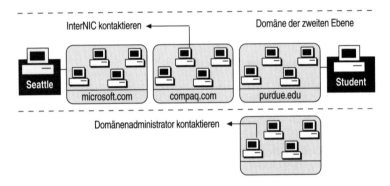

Abbildung 7.5 Beispiel für die Registrierung Ihres DNS-Servers an der übergeordneten Domänenebene

Wenn Sie sich bei einer übergeordneten Domäne unter der Domäne der zweiten Ebene registrieren, erkundigen Sie sich beim Systemadministrator nach den erforderlichen Informationen.

Übung: Implementieren von DNS

In diesem Übungsteil werden drei DNS-Implementierungsszenarios behandelt. Sie müssen die Anzahl der DNS-Namenserver, Domänen und Zonen einschätzen, die für ein Netzwerk benötigt werden. Jedes Szenario beschreibt ein Unternehmen, das auf Windows 2000 aktualisiert wird und Verzeichnisdienste implementieren möchte. Sie beantworten einige Fragen zum Entwurf eines DNS-Netzwerks für jedes Unternehmen anhand unterschiedlicher Kriterien. In diesem Übungsteil ermitteln Sie Ihre Kenntnisse bezüglich der Netzwerkplanung vor der DNS-Einrichtung. Damit wird Maßstab geschaffen, der den Lernerfolg nach Fertigstellung der Lektion bewertet. Außerdem erhalten Sie eine Vorstellung von der Konzeption eines DNS-Netzwerkentwurfs.

Szenario 1: DNS-Entwurf für ein kleines Netzwerk

Die Northwind Company hat entschieden, ihr altes System durch ein neues zu ersetzen, um Windows 2000 ausführen zu können. Die meisten Mitarbeiter greifen auf das alte System über Terminalgeräte zu. Einige Benutzer verwenden Computer der Generation 486, andere verwenden bereits einen Pentium. Diese Computer sind nicht vernetzt. Das Unternehmen hat bereits die Hardware für die Migration erworben.

Über das Netzwerk werden einfache Datei- und Druckerfreigaben ausgeführt. Außerdem wird ein Windows 2000-Server mit Microsoft SQL Server 7 eingesetzt. Die Mehrzahl der Benutzer benötigt Zugriff auf den Computer unter SQL Server 7. Die Desktopanwendungen werden auf den lokalen Computern installiert und die Datendateien auf dem Server gespeichert.

Die Northwind Company benötigt einen Internetzugang, damit die Mitarbeiter E-Mail-Nachrichten austauschen können.

Legen Sie einen Netzwerkentwurf anhand der Kriterien in Tabelle 7.3 vor.

Tabelle 7.3 Kriterien für den Netzwerkentwurf

Umgebungskomponenten	Detail
Benutzer	100
Standort(e)	Niederlassung
Verwaltung	Ein Vollzeitadministrator
Server	3 Computer: 2 x Pentium 120 mit 32 MB RAM, 3,2 GB Festplatte; 1 x Pentium 150 mit 128 MB RAM für den Exchange Server
Clients	Pentium unter Windows 2000 Professional
Microsoft BackOffice-Anwendungen	Exchange Server und DNS
Serverauslastung	Grundlegende Datei- und Druckdienste

Beim Entwurf wird Folgendes berücksichtigt:

- Anzahl der Benutzer
- Anzahl der Verwaltungseinheiten
- Anzahl der Standorte

Beantworten Sie folgende Fragen auf Grundlage der Entwurfsziele:

1. Wie viele DNS-Domänen müssen konfiguriert werden?

2. Wie viele untergeordnete Domänen müssen konfiguriert werden?

3. Wie viele Zonen müssen konfiguriert werden?

4. Wie viele primäre Namenserver müssen konfiguriert werden?

5. Wie viele sekundäre Namenserver müssen konfiguriert werden?

6. Wie viele DNS-Cacheserver müssen konfiguriert werden?

Szenario 2: DNS-Entwurf für ein Netzwerk mittlerer Größe

Sie beraten die Northwind Company mit 8795 Benutzern. 8000 Benutzer sind an den vier Hauptstandorten beschäftigt. Die verbleibenden Mitarbeiter arbeiten in 10 Zweigstellen in Großstädten der USA. Das Unternehmen hat beschlossen, die vorhandenen LANs auf Windows 2000 Server zu aktualisieren. Das Unternehmen hat sich außerdem dafür entschieden, alle Benutzerkonten in der Hauptverwaltung des Unternehmens zentral zu verwalten.

Die vier Hauptstandorte sind durch T1-Leitungen miteinander verbunden (siehe Abbildung 7.6). Die Zweigstellen sind mit dem geographisch nächsten Hauptstandort über 56 Kbps-Leitungen verbunden.

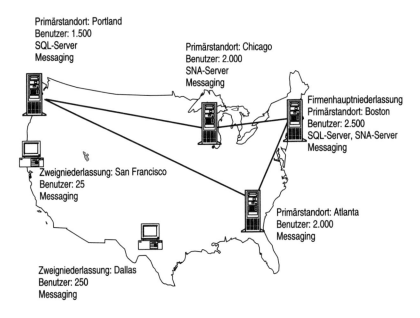

Abbildung 7.6 Verbindung der Hauptverwaltungen

Drei der vier Hauptstandorte sind eigene Unternehmenseinheiten, die unabhängig von den anderen Standorten betrieben werden. Der vierte Hauptstandort ist die Hauptverwaltung des Unternehmens. Die Zweigstellen haben zwischen 25 und 250 Benutzer, die häufig Zugriff auf alle vier Hauptstandorte, jedoch nur selten Zugriff auf die anderen Zweigstellen benötigen.

Zusätzlich zu den 10 Zweigstellen unterhält das Unternehmen einen temporären Forschungsstandort mit 10 Mitarbeitern. Der Standort hat einen Server, der über Router für bedarfsgesteuertes Einwählen mit Boston kommuniziert. Der Standort wird voraussichtlich in sechs Monaten geschlossen. Es handelt sich um einen eigenständigen Einwählvorgang, der nur zur Übermittlung von Nachrichten verwendet wird.

Die Hauptstandorte verwalten weiterhin ihre eigenen Systeme und die daran angeschlossenen Systeme der Zweigstellen. Derzeit liegt die Auslastung der Bandbreite zu Spitzenzeiten bei 60 Prozent. Für die nächsten 12 bis 18 Monate wird nur ein geringes Wachstum für das Netzwerk prognostiziert.

Legen Sie einen Netzwerkentwurf anhand der Kriterien in Tabelle 7.4 vor.

Tabelle 7.4 Kriterien für den Netzwerkentwurf

Umgebungskomponenten	Detail
Benutzer	8.795
Standort(e)	Vier primäre Standorte mit 10 Zweigstellen in Großstädten der USA. Es liegen keine Pläne für internationale Standorte vor.
Verwaltung	Vollzeitadministratoren für alle vier Hauptstandorte. Kleinere Standorte werden mit Teilzeitadministratoren besetzt.
Anzahl der Namenserver	Noch nicht festgelegt.
Anzahl der Cacheserver	DNS-Cacheserver werden an allen Remotestandorten einer Zone benötigt.
Clients	Pentium unter Windows 2000 Professional
Serveranwendungen	SQL Server 7, Exchange Server und DNS.

Weitere Zweigstellen sind: Los Angeles, 40 Benutzer; Salt Lake City, 25 Benutzer; Montreal, 30 Benutzer; New Orleans, 25 Benutzer; Kansas City, 25 Benutzer; Washington, DC, 100 Benutzer; Denver, 200 Benutzer; Miami, 75 Benutzer.

Beim Entwurf wird Folgendes berücksichtigt:

- Anzahl der Benutzer
- Anzahl der Verwaltungseinheiten

- Anzahl der Standorte
- Geschwindigkeit und Qualität der Verbindungen für die Standorte
- Verfügbare Bandbreite für die Verbindungen
- Erwartete Netzwerkänderungen
- Unternehmensanwendungen

Beantworten Sie folgende Fragen auf Grundlage der Entwurfsziele:

1. Wie viele DNS-Domänen müssen konfiguriert werden?

2. Wie viele untergeordnete Domänen müssen konfiguriert werden?

3. Wie viele Zonen müssen konfiguriert werden?

4. Wie viele primäre Namenserver müssen konfiguriert werden?

5. Wie viele sekundäre Namenserver müssen konfiguriert werden?

6. Wie viele DNS-Cacheserver müssen konfiguriert werden?

7. Verwenden Sie das folgende Diagramm, um eine Konfiguration der Zonen/Zweigstellen für die Entfernung zwischen dem jeweiligen primären Standort und den Zweigstellen in Kilometern anzugeben. Zweigstellen sollten sich in der gleichen Zone wie der nächstgelegene primäre Standort befinden.

Zone für jede Zweigstelle (auf Grundlage der geographischen Entfernung in Kilometern):

Entfernungsdiagramm (Kilometer)	Atlanta	Boston	Chicago	Portland
Dallas	1.299	2.924	1.503	3.395
Denver	2.253	3.197	1.632	2.092
Kansas City	1.302	2.339	800	2.896
Los Angeles	3.532	4.907	3.368	1.839
Miami	1.070	2.478	2.185	5.310
Montreal	1.982	519	1.361	4.336
New Orleans	795	2.468	1.492	4.035

(Fortsetzung)

Entfernungsdiagramm (Kilometer)	Atlanta	Boston	Chicago	Portland
Salt Lake City	3.060	3.866	2.299	1.287
San Francisco	4.063	5.088	3.519	1.126
Washington, DC	1.017	700	1.102	4.344

Szenario 3: DNS-Entwurf für ein großes Netzwerk

Die Northwind Company hat 60.000 Benutzer, die auf der ganzen Welt verteilt sind. Die Hauptverwaltung des Unternehmens ist in Genf. Die Hauptverwaltung für Nord- und Südamerika ist in New York. Die Hauptverwaltung für Australien und Asien ist in Singapur. Alle regionalen Hauptverwaltungen steuern ihre Benutzer innerhalb der jeweiligen Bereiche. Die Benutzer benötigen Zugriff auf Ressourcen in den anderen regionalen Hauptverwaltungen. Die Standorte der drei regionalen Hauptverwaltungen sind über T1-Leitungen miteinander verbunden.

Jede regionale Hauptverwaltung enthält Unternehmensanwendungen, die allen Standorten innerhalb der Regionen und den anderen regionalen Hauptverwaltungen zur Verfügung stehen müssen. Die Tochtergesellschaften in Malaysia und Australien haben wichtige Produktionsstandorte, auf die alle regionalen Tochtergesellschaften zugreifen müssen.

Diese Unternehmensanwendungen werden alle auf Servern unter Windows 2000 ausgeführt. Die Computer werden als Server innerhalb der Domänen konfiguriert. Die Verbindungen zwischen Singapur, Australien und Malaysia sind in der Regel zu 90 Prozent ausgelastet. Die Region Asien und Australien hat 10 Tochtergesellschaften in Australien, China, Indonesien, Japan, Korea, Malaysia, Neuseeland, Singapur, Taiwan und Thailand.

Aufgrund der Einfuhreinschränkungen bei einigen Tochtergesellschaften wurde beschlossen, dass jede Tochtergesellschaft die eigenen Systeme steuern und über eine eigene Ressourcendomäne verfügen kann. Die meisten Computer der Tochtergesellschaften werden jetzt unter Windows 2000 Professional ausgeführt. Das Unternehmen hat redundante Hardware genehmigt, sofern diese in einem angemessenen Rahmen angeschafft wird.

In diesem Szenario werden nur die Fragen und Antworten für Asien und Australien erläutert.

Legen Sie einen Netzwerkentwurf anhand der Kriterien in Tabelle 7.5 vor.

Tabelle 7.5 Kriterien für den Netzwerkentwurf

Umgebungskomponenten	Detail
Benutzer der Domänen in Asien und Australien	25.000 Benutzer sind gleichmäßig auf alle Tochtergesellschaften verteilt.
Standort(e)	Regionale Hauptverwaltung in Singapur; 10 Tochtergesellschaften in Australien, China, Indonesien, Japan, Korea, Malaysia, Neuseeland, Singapur, Taiwan und Thailand.
Verwaltung	Vollzeitadministratoren in den regionalen Hauptverwaltungen und den Tochtergesellschaften
Anzahl der Domänen	Noch nicht festgelegt
Clients	Pentium unter Windows 2000 Professional
Serveranwendungen	SQL Server 7, SNA Server, SMS, Messaging, DNS
Anzahl der Cacheserver	Noch nicht festgelegt

Beim Entwurf wird Folgendes berücksichtigt:

- Anzahl der Benutzer
- Anzahl der Verwaltungseinheiten
- Anzahl der Standorte
- Geschwindigkeit und Qualität der Verbindungen für die Standorte
- Verfügbare Bandbreite für die Verbindungen
- Erwartete Netzwerkänderungen
- Unternehmensanwendungen

Beantworten Sie folgende Fragen auf Grundlage der Entwurfsziele:

1. Wie viele DNS-Domänen müssen konfiguriert werden?

2. Wie viele untergeordnete Domänen müssen konfiguriert werden?

3. Wie viele Zonen müssen konfiguriert werden?

4. Wie viele primäre Namenserver müssen konfiguriert werden?

5. Wie viele sekundäre Namenserver müssen konfiguriert werden?

6. Wie viele DNS-Cacheserver müssen konfiguriert werden?

Zusammenfassung der Lektion

Sie können, abhängig von Größe und Aufbau Ihres Unternehmens, DNS für Ihren Standort konfigurieren. Windows 2000 benötigt den Zugriff auf einen DNS-Server, um die vollständige Funktionalität zu gewährleisten. Dieser DNS-Server kann auf Ihrem lokalen Netzwerk installiert sein oder von Ihrem ISP zur Verfügung gestellt werden. Die DNS-Implementierung von Windows 2000 bietet jedoch zusätzliche Funktionen, die in konventionellen DNS-Servern nicht enthalten sind. Weitere Informationen zu diesen neuen Funktionen finden Sie in Kapitel 8, „Der DNS-Dienst von Windows 2000".

Lektion 4: Installieren von DNS

Microsoft DNS ist ein RFC-kompatibler DNS-Server, der DNS-Standardzonendateien erstellt und verwendet sowie alle Standardressourceneintragstypen unterstützt. Der Server kann mit anderen DNS-Servern zusammenarbeiten und enthält das DNS-Diagnosetool NSLOOKUP. Microsoft DNS ist eng in WINS (Windows Internet Name Service) integriert und wird über das Verwaltungstool DNS-Manager, ein Tool mit einer grafischen Benutzeroberfläche, verwaltet. In dieser Lektion erfahren Sie, wie DNS unter Windows 2000 installiert wird.

Am Ende dieser Lektion werden Sie in der Lage sein, die folgenden Aufgaben durchzuführen:

- Installieren des Microsoft-DNS-Serverdienstes
- Problembehandlung von DNS mit NSLOOKUP

Veranschlagte Zeit für die Lektion: 45 Minuten

Bevor Sie den DNS-Serverdienst unter Microsoft Windows 2000 installieren, sollten Sie sich vergewissern, dass das TCP/IP-Protokoll des Servers unter Windows 2000 korrekt konfiguriert ist. Der DNS-Serverdienst bezieht die Standardeinstellungen für den Hostnamen und den Domänennamen über das Dialogfeld für die Eigenschaften von Microsoft TCP/IP. Der DNS-Serverdienst erstellt SOA-, Host- und NS-Standardeinträge, die auf dem angegebenen Domänennamen und Hostnamen basieren. Unterscheiden sich die beiden Namen, wird nur der SOA-Eintrag erstellt.

Übung: Installieren des DNS-Serverdienstes

In diesem Übungsteil installieren Sie den Microsoft-DNS-Serverdienst. DNS wird in einer späteren Lektion konfiguriert.

Bevor Sie mit dieser Übung fortfahren, sollten Sie die Demonstrationsdatei **Ch07a.exe** ausführen, die sich im Ordner **Media** auf der Kursmaterialien-CD zu diesem Buch befindet. Die Datei gibt einen Überblick über die Installation des DNS-Serverdienstes.

Anmerkung Führen Sie diesen Übungsteil auf dem Computer durch, der als DNS-Server fungieren soll.

Vergewissern Sie sich, dass die DNS-Clienteinstellungen richtig sind, bevor Sie DNS konfigurieren.

▶ **So überprüfen Sie die DNS-Clienteinstellungen**

1. Klicken Sie mit der rechten Maustaste auf **Netzwerkumgebung** und anschließend auf **Eigenschaften**.

    Das Dialogfeld **Netzwerk- und DFÜ-Verbindungen** wird angezeigt.

2. Klicken Sie mit der rechten Maustaste auf die Verbindung (in der Regel die LAN-Eigenschaften), für die Sie den DNS-Server konfigurieren möchten, und klicken Sie anschließend auf **Eigenschaften**.

    Das Dialogfeld für die Verbindungseigenschaften wird angezeigt.

3. Klicken Sie auf **Internetprotokoll (TCP/IP)** und anschließend auf **Eigenschaften**.

    Das Dialogfeld **Eigenschaften von Internetprotokoll (TCP/IP)** wird angezeigt.

4. Geben Sie im Dialogfeld **Eigenschaften von Internetprotokoll (TCP/IP)** im Feld **Bevorzugter DNS-Server** die IP-Adresse des vorhandenen DNS-Servers ein.

    Im Feld **Alternativer DNS-Server** können Sie auch die IP-Adresse eines alternativen DNS-Servers hinzufügen.

5. Wenn Sie mehr als einen alternativen DNS-Server angeben möchten, klicken Sie auf **Erweitert**, anschließend auf die Registerkarte **DNS** und geben dann im Feld **DNS-Serveradressen** die Server ein.

6. Klicken Sie auf **OK**, um das Dialogfeld **Eigenschaften von Internetprotokoll (TCP/IP)** zu schließen.

7. Klicken Sie auf **OK**, um das Dialogfeld für die **Verbindungseigenschaften** zu schließen.

▶ **So installieren den DNS-Serverdienst**

1. Doppelklicken Sie in der Systemsteuerung auf **Software**, und klicken Sie anschließend auf **Windows-Komponenten hinzufügen/entfernen**.

    Der Assistent für Windows-Komponenten wird angezeigt.

2. Klicken Sie auf **Netzwerkdienste** und anschließend auf **Details**.

    Das Dialogfeld **Netzwerkdienste** wird angezeigt.

3. Aktivieren Sie das Kontrollkästchen zur Option **DNS-Server (Domain Name System)**, falls es nicht bereits markiert ist, und klicken Sie anschließend auf **OK** (siehe Abbildung 7.7).

4. Klicken Sie auf **Weiter**.

    Windows 2000 installiert DNS.

5. Klicken Sie auf **Fertig stellen**.

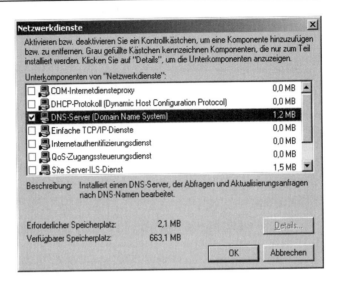

Abbildung 7.7 Das Kontrollkästchen DNS-Server (Domain Name System) im Dialogfeld Netzwerkdienste

Problembehandlung von DNS mit NSLOOKUP

NSLOOKUP ist ein nützliches Tool für die Behandlung von DNS-Problemen. Beim Start zeigt NSLOOKUP den Hostnamen und die IP-Adresse des für das lokale System konfigurierten DNS-Servers und anschließend eine Eingabeaufforderung für weitere Abfragen an. Bei Eingabe eines Fragezeichens (**?**) zeigt NSLOOKUP alle verfügbaren Befehle an. Durch Eingabe von **exit** können Sie das Programm beenden. Um die IP-Adresse eines Hosts mit Hilfe des DNS nachzuschlagen, geben Sie den Hostnamen ein und drücken die EINGABETASTE. NSLOOKUP verwendet standardmäßig den DNS-Server für den Computer, auf dem es ausgeführt wird. Sie können jedoch auch einen anderen DNS-Server verwenden, indem Sie **server** *<Name>* eingeben (wobei *<Name>* der Hostname des Servers ist, der für zukünftige Suchen verwendet werden soll). Sobald ein anderer Server festgelegt ist, werden alle danach vorgenommenen Eingaben als Hostname interpretiert.

NSLOOKUP-Modi

NSLOOKUP hat zwei Betriebsmodi: interaktiv und nicht interaktiv. Wenn nur ein Datenbestandteil benötigt wird, verwenden Sie den nicht interaktiven Befehlszeilenmodus. Wenn mehrere Daten erforderlich sind, können Sie den interaktiven Modus verwenden.

NSLOOKUP-Syntax

NSLOOKUP.EXE ist ein Befehlszeilenprogramm zum Testen und zur Problembehandlung von DNS-Servern. Um NSLOOKUP auszuführen, verwenden Sie folgende Syntax:

nslookup [-option ...] [*gesuchter Computer* | – [Server]]

Syntax	Beschreibung
-option ...	Gibt die NSLOOKUP-Befehle an. Sie können eine Liste der verfügbaren Befehle über die Hilfeoption von NSLOOKUP aufrufen.
gesuchter Computer	Wenn *gesuchter Computer* eine IP-Adresse und der Abfragetyp ein Host- oder PTR-Eintrag ist, wird der Name des Computers zurückgegeben. Wenn *gesuchter Computer* ein Name ist und keinen abschließenden Punkt hat, wird diesem Namen der DNS-Standarddomänenname angehängt. Um einen Computer außerhalb der aktuellen DNS-Domäne zu ermitteln, geben Sie am Ende des Namens einen abschließenden Punkt ein. Wenn statt *gesuchter Computer* ein Bindestrich (-) eingegeben wird, aktiviert die Eingabeaufforderung den interaktiven Modus von NSLOOKUP.
Server	Verwenden Sie diesen Server als DNS-Namenserver. Wenn kein Server angegeben ist, wird der aktuell konfigurierte DNS-Standardserver verwendet.

▶ **So verwenden Sie NSLOOKUP im Befehlsmodus**

1. Ändern Sie in einer Eingabeaufforderung die Eigenschaften, damit das Fenster der Eingabeaufforderung die Bildschirmpuffergröße 50 hat.

    Legen Sie im Dialogfeld **Eigenschaften von „Eingabeaufforderung"** auf der Registerkarte **Layout** die Optionen fest (siehe Abbildung 7.8). Sie müssen diese Änderung allen zukünftigen Instanzen der Eingabeaufforderung zuweisen, weil sie in späteren Lektionen benötigt wird.

2. Geben Sie den folgenden Befehl ein:

    ```
    nslookup hostx
    ```

    hostx ist ein Host in Ihrer Domäne.

3. NSLOOKUP gibt die IP-Adresse des Computers **hostx** zurück, weil die Informationen in der DNS-Datenbank gespeichert sind.

4. Schließen Sie die Eingabeaufforderung.

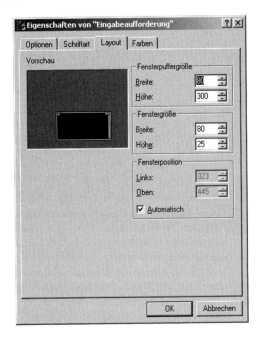

Abbildung 7.8 Dialogfeld Eigenschaften von „Eingabeaufforderung"

▶ **So starten Sie NSLOOKUP im interaktiven Modus**

1. Geben Sie in der Eingabeaufforderung **nslookup** ein, und drücken Sie dann die EINGABETASTE.

   Die >-Eingabeaufforderung wird angezeigt.

2. Geben Sie in der >-Eingabeaufforderung **set all** ein.

   Dieser Befehl listet alle aktuellen Werte der NSLOOKUP-Optionen auf.

3. Verwenden Sie die folgenden Befehle, um den Wert für die Zeitüberschreitung auf 1 Sekunde und die Anzahl der Wiederholungen auf 7 zu setzen (siehe Abbildung 7.9).

   ```
   Set ti=1
   Set ret=7
   ```

4. Verwenden Sie den Befehl **set all**, damit alle Standards geändert werden.

5. Geben Sie in die >-Eingabeaufforderung nacheinander die Namen der anderen Computer ein. Drücken Sie jeweils die EINGABETASTE, wenn sie einen Namen eingegeben.

6. Schließen Sie die Eingabeaufforderung.

Abbildung 7.9 Festlegen der Werte für die Zeitüberschreitung und die Anzahl der Wiederholungen in NSLOOKUP

Zusammenfassung der Lektion

Microsoft DNS arbeitet mit anderen DNS-Servern zusammen. Bevor Sie den DNS-Serverdienst installieren, sollten Sie sich vergewissern, dass das TCP/IP-Protokoll des Servers unter Windows 2000 korrekt konfiguriert ist.

NSLOOKUP ist das primäre Diagnoseprogramm für DNS. Sie können mit diesem Tool die Ressourceneinträge von DNS-Servern anzeigen.

Lektion 5: Konfigurieren von DNS

Für die Verwaltung eines DNS-Servers von Microsoft gibt es zwei Methoden: Sie können den DNS-Manager verwenden oder die DNS-Konfigurationsdateien manuell bearbeiten. In dieser Lektion werden die Verwaltungsprogramme für einen DNS-Server erläutert.

Am Ende dieser Lektion werden Sie in der Lage sein, die folgenden Aufgaben durchzuführen:

- Verwalten eines DNS-Servers
- Erstellen einer Zonendatei, in die Sie anschließend Ressourceneinträge eingeben

Veranschlagte Zeit für die Lektion: 60 Minuten

Konfigurieren von DNS-Servereigenschaften

Das primäre Tool zum Verwalten von Windows 2000 DNS-Servern ist die DNS-Konsole (siehe Abbildung 7.10). Da der DNS-Server über keine ersten Informationen zu einem Benutzernetzwerk verfügt, wird der DNS-Namenserver als reiner Cacheserver für das Internet installiert. Dies bedeutet, dass der DNS-Server nur Informationen über die Internetstammserver enthält. Für die meisten DNS-Serverkonfigurationen müssen zusätzliche Informationen eingegeben werden, um die gewünschte Operation ausführen zu können.

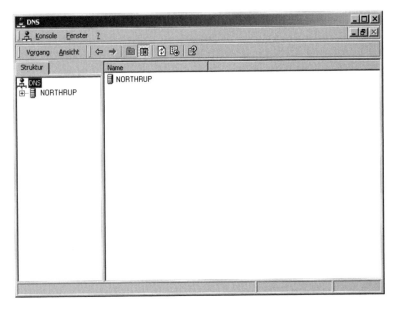

Abbildung 7.10 DNS-Einstellungen in der Microsoft Management Console (MMC)

▶ **So öffnen Sie DNS**

1. Klicken Sie auf **Start**, zeigen Sie auf **Programme**, dann auf **Verwaltung**, und klicken Sie anschließend auf **DNS**.

▶ **So konfigurieren Sie einen neuen DNS-Server:**

1. Klicken Sie auf **Start**, zeigen Sie auf **Programme**, dann auf **Verwaltung**, und klicken Sie anschließend auf **DNS**.
2. Markieren Sie den Server. Klicken Sie im Menü **Vorgang** auf **Server konfigurieren**.
3. Folgen Sie den Anweisungen des Assistenten für die DNS-Serverkonfiguration.

   Sie können im Assistenten für die DNS-Serverkonfiguration die gewünschten Forward-Lookupzonen erstellen. Sie können folgende Zonentypen erstellen:

   - **Integrierte Zone von Active Directory**   Dieser Typ aktiviert die Active Directory-Speicher- und Replikationsfunktion von DNS-Zonendatenbanken. Die Zonendaten werden als Active Directory-Objekt gespeichert und als Bestandteil einer Domänenreplikation repliziert.
   - **Primäre Standardzone**   Dieser Typ wird benötigt, um in Ihrem DNS-Namespace Zonen zu erstellen und zu verwalten, falls Sie Active Directory nicht verwenden.
   - **Sekundäre Standardzone**   Dieser Typ unterstützt den Lastenausgleich beim Verarbeitungsaufwand der primären Server und bietet Fehlertoleranz.

4. Im nächsten Schritt des Assistenten zum Hinzufügen einer neuen Zone erstellen Sie eine Forward- oder Reverse-Lookupzone. Wenn Sie eine Forward-Lookupzone erstellen, müssen Sie einen Namen für die neue Zone und anschließend eine Zonendatei angeben. Wenn Sie eine Reverse-Lookupzone erstellen, müssen Sie die Netzwerkkennung oder den Zonenamen und anschließend eine Zonendatei angeben.
5. Klicken Sie auf **Fertig stellen**, um den Assistenten zu schließen.

Manuelles Konfigurieren von DNS

Der DNS-Server kann manuell über die Dateien im Standardinstallationspfad **\%Systemroot%\System32\Dns** konfiguriert werden. Die Administration erfolgt wie die Verwaltung eines konventionellen DNS-Servers. Diese Dateien können in einem Texteditor geändert werden (siehe Abbildung 7.11). Der DNS-Dienst muss anschließend angehalten und neu gestartet werden.

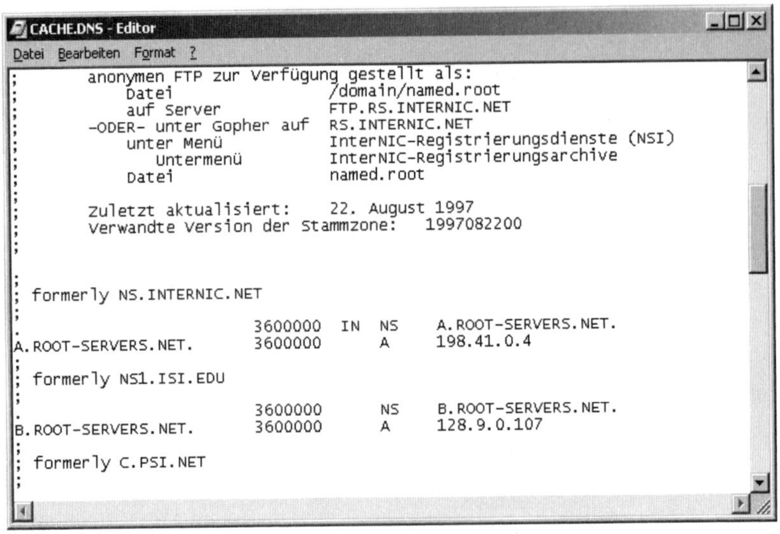

```
CACHE.DNS - Editor
Datei  Bearbeiten  Format  ?
;        anonymen FTP zur Verfügung gestellt als:
;             Datei                  /domain/named.root
;             auf Server             FTP.RS.INTERNIC.NET
;        -ODER- unter Gopher auf     RS.INTERNIC.NET
;             unter Menü             InterNIC-Registrierungsdienste (NSI)
;             Untermenü              InterNIC-Registrierungsarchive
;             Datei                  named.root
;
;        Zuletzt aktualisiert:    22. August 1997
;        Verwandte Version der Stammzone:    1997082200
;
; formerly NS.INTERNIC.NET
;
                            3600000    IN  NS    A.ROOT-SERVERS.NET.
A.ROOT-SERVERS.NET.         3600000        A     198.41.0.4
;
; formerly NS1.ISI.EDU
;
                            3600000        NS    B.ROOT-SERVERS.NET.
B.ROOT-SERVERS.NET.         3600000        A     128.9.0.107
;
; formerly C.PSI.NET
```

Abbildung 7.11 Bearbeiten der Datei CACHE.DNS

Hinzufügen von DNS-Zonen und Domänen

Der erste Schritt beim Konfigurieren des DNS-Servers ist die Ermittlung der Hierarchie für Ihre DNS-Domänen und Zonen. Nachdem die Daten für die Domäne und die Zone bestimmt wurden, müssen diese Informationen in die DNS-Konfiguration über die DNS-Konsole eingegeben werden.

Hinzufügen von primären oder sekundären Zonen

Sie fügen primäre und sekundäre Zonen in der DNS-Konsole hinzu (siehe Abbildung 7.12). Nachdem Sie Ihre Zoneninformationen eingegeben haben, erstellt der DNS-Manager einen Standardnamen für die Zonendatei. Wenn die Zonendatei im DNS-Verzeichnis bereits vorhanden ist, importiert die DNS-Konsole automatisch diese Einträge.

Eine primäre Zone speichert die Zuordnungen von Namen zu Adressen lokal. Wenn Sie eine primäre Zone konfigurieren, benötigen Sie nur den Zonennamen.

Sekundäre Zone erhalten die Zuordnungen von Namen zu Adressen über eine Zonenübertragung von einem Masterserver. Wenn Sie eine sekundäre Zone konfigurieren, müssen Sie die Namen für die Zone und den Masternamenserver angeben.

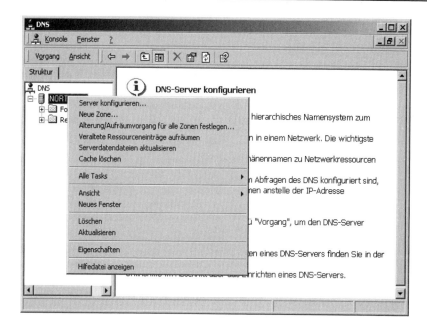

Abbildung 7.12 Erstellen einer neuen Zone mit der DNS-Konsole

Nachdem dem Server alle Zonen hinzugefügt wurden, können Sie unter den Zonen untergeordnete Domänen erstellen. Wenn mehrere Ebenen für untergeordnete Domänen erforderlich sind, erstellen Sie jede nachfolgende untergeordnete Domäne. Für jede Zone, für die DNS autorisiert ist, wird in den DNS-Registrierungseintrag ein Schlüssel geschrieben. Die Schlüssel befinden sich unter **HKEY_LOCAL_MACHINE\SYSTEM\CurrentControlSet\Services\DNS\ Zones**.

Jede Zone hat einen eigenen Schlüssel, der den Namen der Datenbankdatei enthält. Die Datenbankdatei wiederum gibt an, ob es sich bei dem DNS-Server um einen primären oder sekundären Namenserver handelt. Die Zone **dev.volcano.com** besitzt folgenden Registrierungseintrag: **HKEY_LOCAL_MACHINE\SYSTEM\\ CurrentControlSet\Services\DNS\ Zones\dev.volcano.com**.

Konfigurieren von Zoneneigenschaften

Nachdem Sie eine Zone erfolgreich hinzugefügt haben, können Sie die Zoneneigenschaften konfigurieren und ändern (siehe Tabelle 7.6).

Tabelle 7.6 Zoneneigenschaften

Eigenschaft	Beschreibung
Allgemein	Konfiguriert die Zonendatei, in der die Ressourceneinträge gespeichert werden und gibt an, ob es sich um einen primären oder sekundären Namenserver handelt.
SOA-Eintrag	Konfiguriert die Daten für die Zonenübertragung und das Postfach für den Administrator des Namenservers.
Benachrichtigen	Gibt die sekundären Server an, die bei einer Änderung der Datenbank des primären Servers benachrichtigt werden sollen. Sie können außerdem eine zusätzliche Sicherheit für den Namenserver festlegen, indem Sie angeben, dass nur die aufgelisteten sekundären Server mit diesem Server Kontakt aufnehmen dürfen.
WINS-Lookup	Der Namenserver kann WINS für die Auflösung von Namen abfragen. Sie können in diesem Dialogfeld eine Liste der WINS-Server konfigurieren. Die WINS-Server können auf Basis des Servernamens gesetzt werden, indem Sie das Kontrollkästchen **Einstellungen gelten nur für den lokalen Server** aktivieren. Wenn Sie dieses Kontrollkästchen nicht aktivieren, verwenden auch die sekundären Server die konfigurierten WINS-Server.

Übung: Konfigurieren eines DNS-Servers

In diesem Übungsteil konfigurieren Sie den DNS-Server, indem Sie eine primäre Zone hinzufügen. Führen Sie diesen Übungsteil am Computer aus, der als DNS-Server fungiert.

Bevor Sie mit dieser Übung fortfahren, sollten Sie die Demonstrationsdatei **Ch07b.exe** ausführen, die sich im Ordner **Media** auf der Kursmaterialien-CD zu diesem Buch befindet. Die Datei gibt einen Überblick über die Konfiguration des DNS-Serverdienstes.

 **So fügen Sie einem Server eine Zone hinzu**

1. Klicken Sie mit der rechten Maustaste auf den Computernamen, und klicken Sie dann auf **Neue Zone**. Der Assistent zum Hinzufügen einer neuen Zone wird aufgerufen.

2. Klicken Sie auf **Weiter**, wählen Sie **Primär (Standard)**, und klicken Sie anschließend auf **Weiter**.

3. Wählen Sie **Forward-Lookupzone**, und klicken Sie dann auf **Weiter**.

4. Geben Sie im Feld **Name** den Eintrag **zone1.org** ein (**zone1.org** ist Ihr Zonenname).

5. Klicken Sie auf **Neue Datei mit diesem Dateinamen erstellen** und anschließend auf **Weiter**.

   Zone1.org.dns ist der Dateiname (**zone1.org** ist Ihr Zonenname).

6. Klicken Sie auf **Fertig stellen**, um die neue Zone zu erstellen.

   Der Ordner **Forward-Lookupzonen** enthält jetzt Ihre neue Zone (siehe Abbildung 7.13).

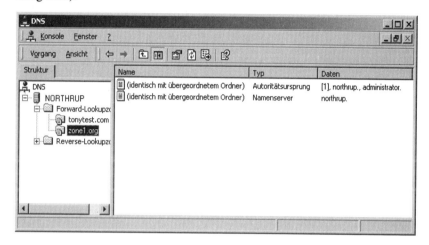

Abbildung 7.13 Dem Ordner Forward-Lookupzonen wurde eine neue Zone hinzugefügt

Hinzufügen von Ressourceneinträgen

Nachdem die Zonen und untergeordnete Domänen konfiguriert wurden, können Ressourceneinträge hinzugefügt werden. Um einen neuen Host zu erstellen, klicken Sie mit der rechten Maustaste auf die Zone oder untergeordnete Domäne und klicken anschließend auf **Neuer Host** (siehe Abbildung 7.14). Geben Sie einfach den Hostnamen ein, und klicken Sie auf **Host hinzufügen**, um den Hosteintrag zu erstellen.

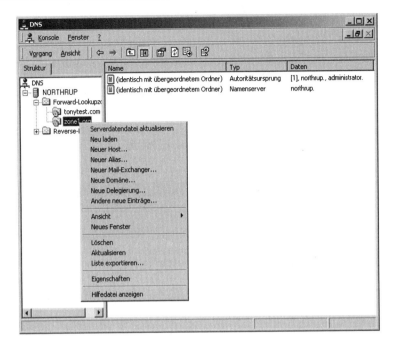

Abbildung 7.14 Hinzufügen eines neuen Hosts

Um einen anderen Eintragstyp zu erstellen, klicken Sie mit der rechten Maustaste auf eine Zone oder untergeordnete Domäne und klicken anschließend auf **Andere neue Einträge**. Legen Sie anschließend fest, welcher Ressourceneintragstyp erstellt werden soll. Es wird ein Dialogfeld aufgerufen, in dem die jeweiligen Eintragstypen angezeigt und beschrieben werden (siehe Abbildung 7.15).

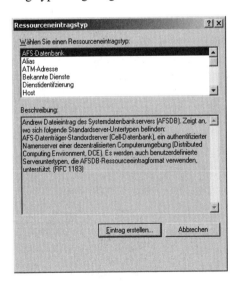

Abbildung 7.15 Auswählen eines zu erstellenden Eintragstyps

Konfigurieren von Reverse-Lookup

Um den Hostnamen anhand der IP-Adresse des Hosts zu ermitteln, muss eine Reverse-Lookupzone für jedes Netzwerk erstellt werden, in dem sich die Hosts in der DNS-Datenbank befinden. Das Hinzufügen von Reverse-Lookupzonen verläuft nach dem gleichen Prinzip wie bei anderen Zonentypen. Der einzige Unterschied besteht im Zonennamen. Beispiel: Ein Host mit der Adresse 198.231.25.89 wird in der Domäne **in-addr.arpa** als **89.25.231.198.in-addr.arpa** dargestellt. Damit dieser Host von einem Client mit dieser IP-Adresse erkannt werden kann, muss dem DNS für **25.231.198.in-addr.arpa** eine Zone hinzugefügt werden. Alle PTR-Einträge für das Netzwerk 198.231.25.0 würden dieser Reverse-Lookupzone hinzugefügt werden.

Zusammenfassung der Lektion

Der erste Schritt beim Konfigurieren des DNS-Servers von Windows 2000 ist die Ermittlung der Hierarchie für Ihre DNS-Domänen und Zonen. Nachdem die Zonen und untergeordnete Domänen konfiguriert wurden, können Ressourceneinträge hinzugefügt werden. Um den Hostnamen anhand der IP-Adresse des Hosts zu ermitteln, muss eine Reverse-Lookupzone für jedes Netzwerk erstellt werden, in dem sich die Hosts in der DNS-Datenbank befinden.

Lernzielkontrolle

Mit den folgenden Fragen können Sie überprüfen, ob Sie die in diesem Kapitel vermittelten Lehrinhalte verstanden haben. Wenn Sie eine Frage nicht beantworten können, wiederholen Sie den entsprechenden Abschnitt, bevor Sie mit dem nächsten Kapitel fortfahren. Die Antworten zu den Fragen finden Sie in Anhang A, „Fragen und Antworten".

1. Nennen Sie die drei DNS-Komponenten.

2. Beschreiben Sie den Unterschied zwischen primären, sekundären und Masternamenservern.

3. Geben Sie die drei Gründe für den Einsatz von sekundären Namenservern an.

4. Erläutern Sie den Unterschied zwischen einer Domäne und einer Zone.

5. Erläutern Sie den Unterschied zwischen rekursiven und iterativen Abfragen.

6. Listen Sie die Dateien auf, die für eine DNS-Implementierung unter Windows 2000 erforderlich sind.

7. Erläutern Sie den Zweck der Startdatei.

   _____
   _____
   _____

KAPITEL 8

Der DNS-Dienst von Windows 2000

Lektion 1: Arbeiten mit Zonen . . . 218

Lektion 2: Arbeiten mit Servern . . . 225

Lernzielkontrolle . . . 231

Über dieses Kapitel

In diesem Kapitel lernen Sie, wie Sie mit DNS-Zonen arbeiten. Unter anderem geht es um die Einrichtung einer delegierten Zone und die Konfiguration von Zonen für dynamische Aktualisierung. Darüber hinaus erfahren Sie, wie Sie einen DNS-Server als Server für Zwischenspeicherungen konfigurieren und die Leistung des DNS-Servers überwachen.

Bevor Sie beginnen

Zur Bearbeitung dieses Kapitels muss die folgende Voraussetzung erfüllt sein.

- Sie müssen Microsoft Windows 2000 Server mit TCP/IP und den DNS-Diensten installiert haben.

Lektion 1: Arbeiten mit Zonen

Server verwenden zur Namensauflösung ihre Zonen (auch DNS-Datenbankdateien genannt). Die Zonen enthalten Ressourceneinträge, aus denen sich die Ressourceninformationen für die DNS-Domäne zusammensetzen. Beispielsweise ordnen einige Ressourceneinträge normalen Namen IP-Adressen zu, während andere IP-Adressen normalen Namen zuordnen. Bestimmte Ressourceneinträge enthalten nicht nur Informationen über Server in der DNS-Domäne, sondern definieren auch die Domäne, indem sie festlegen, welche Server für welche Zonen autorisiert sind. In dieser Lektion lernen Sie, DNS-Zonen in Windows 2000 zu konfigurieren.

Am Ende dieser Lektion werden Sie in der Lage sein, die folgenden Aufgaben durchzuführen:
- Implementieren einer delegierten Zone für DNS
- Konfigurieren von Zonen für dynamische Aktualisierungen

Veranschlagte Zeit für diese Lektion: 20 Minuten

Delegieren von Zonen

Eine DNS-Datenbank kann in mehrere Zonen unterteilt werden. Eine Zone ist ein Teil der DNS-Datenbank, der die Ressourceneinträge mit den Namen der Eigentümer enthält, die zum fortlaufenden Teil des DNS-Namespaces gehören. Zonendateien werden auf DNS-Servern verwaltet. Ein einzelner DNS-Server kann als Host für gar keine, eine oder mehrere Zonen konfiguriert werden. Jede Zone ist an einem bestimmten Domänennamen verankert, die als Stammdomäne der Zone bezeichnet wird. Eine Zone enthält Informationen zu allen Namen, die auf den Stammdomänennamen der Zone enden. Ein DNS-Server gilt für einen Namen autorisiert, wenn er die Zone lädt, die diesen Namen enthält. Dieses Intervall wird im SOA-Ressourceneintrag (SOA – Start of Authority, Autoritätsursprung) für jede Zone festgelegt. Der SOA-Ressourceneintrag kennzeichnet einen primären DNS-Server der Zone als beste Quelle für Daten dieser Zone und als die Entität, die Aktualisierungen für diese Zone verarbeitet.

Namen innerhalb einer Zone können auch an (eine) andere Zone(n) delegiert werden. Als Delegierung bezeichnet man die Übertragung der Zuständigkeit für einen bestimmten Namespacebereich an eine separate Entität. Bei dieser kann es sich um eine andere Organisation, Abteilung oder Arbeitsgruppe Ihres Unternehmens handeln. Im technischen Sinne bedeutet Delegierung, dass Sie die Zuständigkeit für Bereiche Ihres DNS-Namespace an andere Zonen übertragen. Der Namenservereintrag, der die delegierte Zone und den DNS-Namen des für diese Zone autorisierten Servers angibt, stellt eine solche Delegierung dar. Die Delegierung über mehrere Zonen war Teil der ursprünglichen Entwicklungsziele von DNS.

Im Folgenden sind die Hauptgründe für die Delegierung eines DNS-Namespaces aufgelistet:

- Die Verwaltung einer DNS-Domäne soll auf mehrere Organisationen oder Abteilungen innerhalb einer Organisation aufgeteilt werden.
- Die Verwaltung einer großen DNS-Datenbank soll auf mehrere Namenserver verteilt werden, um die Geschwindigkeit bei der Namensauflösung zu verbessern und eine fehlertolerante Umgebung zu schaffen.
- Die Zugehörigkeit von Hosts zu Organisationseinheiten wird durch die Zuordnung zu den geeigneten Domänen sichergestellt.

Die Ressourceneinträge des Namenservers ermöglichen die Delegierung, indem sie die DNS-Server jeder Zone auflisten. Sie erscheinen in allen Forward- und Reverse-Lookupzonen. Wenn ein DNS-Server eine Delegierung vornehmen muss, greift er auf die Ressourceneinträge des Namenservers zurück, um DNS-Server in der Zielzone zu ermitteln. In Abbildung 8.1 wurde die Verwaltung der Domäne microsoft.com auf zwei Zonen, **microsoft.com** und **mydomain.microsoft.com**, aufgeteilt.

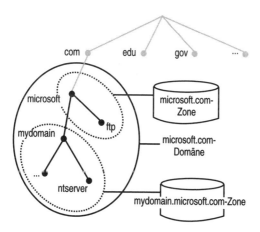

Abbildung 8.1 Die Domäne microsoft.com ist an zwei Zonen delegiert

Anmerkung Liegen für eine delegierte Zone verschiedene Namenservereinträge vor, die mehrere für Abfragen verfügbare DNS-Server auflisten, kann der Windows 2000-DNS-Server den nächstgelegenen DNS-Server ermitteln. Die Auswahl erfolgt auf Basis der periodisch gemessenen Umlaufzeiten (Roundtrip-Intervall) für jeden einzelnen DNS-Server.

Wissenswertes über DNS-Zonen und Domänen

DNS-Server speichern Informationen über einen Teil des Namespaces, der als Zone bezeichnet wird. Der Namenserver ist für eine bestimmte Zone zuständig. Ein Server kann für mehrere Zonen autorisiert sein. Zone und Domäne bezeichnen unterschiedliche Bereiche und sollten nicht miteinander verwechselt werden.

Eine Zone ist ein Teil einer Domäne. Die Domäne **microsoft.com** kann beispielsweise alle Daten für **microsoft.com**, **marketing.microsoft.com** und **development.microsoft.com** enthalten. Die Zone **microsoft.com** enthält jedoch nur Informationen über **microsoft.com** und verweist auf die autorisierten Namenserver für die untergeordneten Domänen. Die Zone **microsoft.com** kann die Daten für untergeordnete Domänen von **microsoft.com** enthalten, wenn sie nicht an andere Server delegiert wurden. **marketing.microsoft.com** könnte beispielsweise die eigene delegierte Zone verwalten. Die übergeordnete Domäne **microsoft.com** könnte für **development.microsoft.com** zuständig sein. Sind keine untergeordneten Domänen vorhanden, stimmen Zone und Domäne im Wesentlichen überein. In diesem Fall enthält die Zone alle Daten der Domäne.

Anmerkung Alle Domänen (auch die untergeordneten Domänen), die als Teil der relevanten Zonendelegierung erscheinen, müssen zuerst in der aktuellen Zone erstellt werden, bevor die nachfolgend beschriebene Delegierung erfolgen kann. Verwenden Sie ggf. die DNS-Konsole, um Domänen zur Zone hinzuzufügen, bevor Sie die folgende Aufgabe durchführen.

▶ **So erstellen Sie eine Zonendelegierung**

1. Klicken Sie auf **Start**, zeigen Sie auf **Programme**, dann auf **Verwaltung**, und klicken Sie anschließend auf **DNS**.

2. Klicken Sie in der Konsolenstruktur mit der rechten Maustaste auf die untergeordnete Domäne, und klicken Sie dann auf **Neue Delegierung**, wie in Abbildung 8.2 demonstriert.

   Der Assistent zum Erstellen neuer Delegierungen wird angezeigt.

3. Klicken Sie auf **Weiter**.

4. Geben Sie im Dialogfeld **Namen der delegierten Domäne** den Namen einer delegierten Domäne ein, und klicken Sie auf **Weiter**.

5. Klicken Sie im Dialogfeld **Namenserver** auf **Hinzufügen**, und geben Sie die Namen und IP-Adressen der DNS-Server an, die als Hosts für die delegierte Zone agieren sollen.

   Das Dialogfeld **Neuen Eintrag erstellen** wird angezeigt; geben Sie hier die DNS-Server an.

Kapitel 8 Der DNS-Dienst von Windows 2000

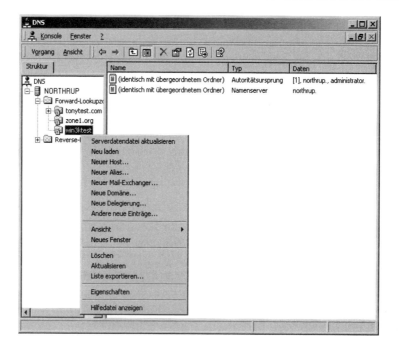

Abbildung 8.2 Hinzufügen eines neuen Delegierungsservers

6. Geben Sie den Namen des DNS-Servers ein, klicken Sie auf **Hinzufügen** und anschließend auf **OK**.

7. Klicken Sie im Dialogfeld **Namenserver** auf **Weiter**.

8. Klicken Sie auf **Fertig stellen**, um den Assistenten zu schließen.

Konfigurieren der Zonen für dynamische Aktualisierungen

Ursprünglich war DNS nur zur Verwaltung statischer Zonendatenbanken gedacht. Aufgrund der Einschränkungen des statischen DNS konnten Ressourceneinträge nur manuell von einem DNS-Administrator hinzugefügt, entfernt oder geändert werden. Beispielsweise kann ein DNS-Systemadministrator Einträge auf dem primären Server einer Zone ändern, woraufhin die überarbeitete Zonendatenbank bei einer Zonenübertragung an die sekundären Server gesendet wird. Dieses Verfahren eignet sich, wenn wenige Änderungen anfallen und Aktualisierungen nur selten durchgeführt werden. Unter anderen Umständen erweist es sich als nicht praktikabel.

Windows 2000 bietet Client- und Serverunterstützung für dynamische Aktualisierungen. Bei einer dynamischer Aktualisierung erhalten bei einem DNS-Server registrierte DNS-Clients geänderte Ressourceneinträge automatisch. Dadurch erübrigt sich weitgehend die manuelle Verwaltung von Zoneneinträgen, insbesondere für Clients, die häufig verschoben oder an verschiedenen Orten eingesetzt werden und ihre IP-Adresse über DHCP beziehen.

Standardmäßig versuchen Computer unter Windows 2000, denen eine statische IP-Adresse zugewiesen wurde, Host- und Zeigerressourceneinträge für IP-Adressen, die von den installierten Netzwerkverbindungen konfiguriert und verwendet werden, dynamisch zu registrieren. Dynamische Aktualisierungen können durch die folgenden Ereignisse ausgelöst werden:

- Eine IP-Adresse wird in den TCP/IP-Eigenschaften einer der installierten Netzwerkverbindungen hinzugefügt, entfernt oder geändert.

- Eine IP-Adresslease einer der installierten Netzwerkverbindungen ändert sich oder wird vom DHCP-Server erneuert; z. B. wenn der Computer gestartet wird oder der Befehl **ipconfig /renew** ausgeführt wird.

- Der Befehl **ipconfig /registerdns** wird ausgeführt, um die Aktualisierung der Clientnamenregistrierung bei DNS zu erzwingen.

- Beim Einschalten des Computers.

Voraussetzungen für dynamische Aktualisierung

Der DNS-Dienst sieht vor, dass DNS-Server, die entweder eine primäre Standardzone oder Directory-integrierte Zone laden, die dynamische Aktualisierung für jede Zone individuell aktivieren oder deaktivieren können. Standardmäßig aktualisieren alle Clients, auf denen eine beliebige Version von Windows 2000 ausgeführt wird, ihre Hostressourceneinträge in DNS dynamisch, wenn sie für TCP/IP konfiguriert wurden. Werden DNS-Zonen in Active Directory gespeichert, wird DNS standardmäßig für dynamische Aktualisierungen konfiguriert.

Anmerkung DNS-Server unter Windows 2000 unterstützen dynamische Aktualisierungen. Der DNS-Server von Windows NT 4.0 verfügt nicht über diese Fähigkeit.

Damit die Anforderung einer dynamischen Aktualisierung durchgeführt werden kann, können zahlreiche Vorbedingungen festgelegt werden. Jede Voraussetzung muss erfüllt sein, damit eine Aktualisierung durchgeführt wird. Nachdem alle Voraussetzungen erfüllt sind, kann der primäre Server der Zone mit einer Aktualisierung seiner lokalen Zonen fortfahren. Nachfolgend sind einige Beispiele für derartige Bedingungen aufgeführt:

- Ein erforderlicher Ressourceneintrag oder Ressourceneintragssatz existiert bereits oder wird vor einer Aktualisierung verwendet.

- Ein erforderlicher Ressourceneintrag oder Ressourceneintragssatz existiert nicht oder wird vor einer Aktualisierung nicht verwendet.

- Ein anfordernder Server ist berechtigt, eine Aktualisierung eines festgelegten Ressourceneintrags oder Ressourceneintragssatzes einzuleiten.

Für Clients, die sich bei einem DNS-Server registrieren und dynamische Aktualisierungen erhalten sollen, gelten die folgenden Vorbedingungen:

- Windows 2000 muss auf den Clients installiert sein.

- Installieren und verwenden Sie einen Windows 2000-DHCP-Server in Ihrem Netzwerk, um Clients Adressleases zuzuweisen.

Übung: Aktivieren dynamischer Aktualisierungen

In dieser Übung aktivieren Sie die dynamische Aktualisierung für eine DNS-Zone, damit DNS-Clients sich bei einem DNS-Server registrieren und geänderte Ressourceneinträge dynamisch aktualisieren können.

▶ **So ermöglichen Sie dynamische Aktualisierungen**

1. Klicken Sie auf **Start**, zeigen Sie auf **Programme**, dann auf **Verwaltung**, und klicken Sie anschließend auf **DNS**.

   Die DNS-Administratorkonsole wird angezeigt.

2. Klicken Sie in der DNS-Konsolenstruktur mit der rechten Maustaste auf Ihre Zone, und klicken Sie anschließend auf **Eigenschaften**.

   Das Dialogfeld **Eigenschaften von** *Zonenname* wird angezeigt (siehe Abbildung 8.3).

3. Klicken Sie im Listenfeld **Dynamische Aktualisierung zulassen** auf **Ja**.

4. Klicken Sie auf **OK**, um die Zoneneigenschaften zu schließen.

5. Schließen Sie die DNS-Administratorkonsole.

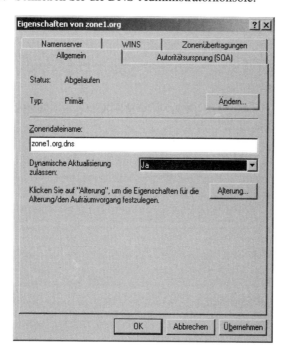

Abbildung 8.3 Dialogfeld Eigenschaften von Zonenname

Zusammenfassung der Lektion

Als Delegierung bezeichnet man die Übertragung der Zuständigkeit für einen bestimmten Namespacebereich an eine separate Einheit. Die Ressourceneinträge des Namenservers ermöglichen die Delegierung, indem sie die DNS-Server jeder Zone auflisten. Sie erscheinen in allen Forward- und Reverse-Lookupzonen. Windows 2000 bietet Client- und Serverunterstützung für dynamische Aktualisierungen. Bei dynamischer Aktualisierung erhalten bei einem DNS-Server registrierte DNS-Clients geänderte Ressourceneinträge automatisch.

Lektion 2: Arbeiten mit Servern

Da DNS-Server in den meisten Umgebungen von entscheidender Bedeutung sind, sollten sie ständig überwacht werden. In dieser Lektion erfahren Sie, wie Sie Ihre DNS-Server verwalten und überwachen. Außerdem lernen Sie, einen Server für Zwischenspeicher zu implementieren.

Am Ende dieser Lektion werden Sie in der Lage sein, die folgenden Aufgaben durchzuführen:
- Konfigurieren eines Servers für Zwischenspeicherungen
- Verwalten und Überwachen von DNS-Servern

Veranschlagte Zeit für diese Lektion: 15 Minuten

DNS-Server und Zwischenspeicherung – Überblick

Bei der Bearbeitung von Clientanfragen mittels Rekursion und Iteration erhalten und speichern DNS-Server eine Menge Informationen über den DNS-Namespace. Der Server legt diese Informationen im Zwischenspeicher ab. Zwischenspeicherung beschleunigt bei den folgenden Anfragen die DNS-Auflösung häufig verwendeter Namen und reduziert gleichzeitig den durch DNS verursachten Datenverkehr im Netzwerk beträchtlich.

Während DNS-Server rekursive Anfragen im Auftrag von Clients durchführen, legen sie ihre Ressourceneinträge vorübergehend im Zwischenspeicher ab. Zwischengespeicherte Ressourceneinträge enthalten Informationen, die von autorisierten DNS-Servern bezogen werden. Diese ermitteln die DNS-Domänennamen bei der Durchführung von iterativen Abfragen, die zum Aufspüren und Beantworten von rekursiven Abfragen im Namen eines Clients vorgenommen werden. Starten andere Clients später neue Abfragen, werden die Ressourceneinträge mit den Informationen im Zwischenspeicher verglichen; stimmen diese überein, gibt der DNS-Server die zwischengespeicherten Ressourceneinträge als Antwort zurück.

Zwischengespeicherte Ressourceneinträge werden mit einer Gültigkeitsdauer (Time to Live – TTL) versehen. Solange die TTL eines zwischengespeicherten Ressourceneintrags noch nicht abgelaufen ist, kann ein DNS-Server den Ressourceneintrag bei der Beantwortung von übereinstimmenden Clientanfragen verwenden. Die TTL-Werte für zwischengespeicherte Ressourceneinträge, die in den meisten Zonenkonfigurationen verwendet werden, entsprechen dem Mindestwert (Standardeinstellung). Dieser Wert wird im SOA-Ressourceneintrag der Zone gesetzt. Als Standardwert für die Mindest-TTL sind 3.600 Sekunden (1 Stunde) angegeben; dieser Wert kann angepasst werden. Bei Bedarf kann die TTL für einzelne Ressourceneinträge auch individuell gesetzt werden.

Konfigurieren eines Servers für Zwischenspeicherungen

Generell legen zwar alle DNS-Server die aufgelösten Namen im Zwischenspeicher ab. Server für Zwischenspeicherungen (Caching-only DNS Server) sind jedoch für nichts anderes zuständig, als Abfragen durchzuführen, die Antworten zwischenzuspeichern und die Ergebnisse zurückzugeben. Sie sind nicht für Domänen autorisiert, und der Umfang ihrer Informationen ist auf Daten begrenzt, die beim Verarbeiten von Abfragen zwischengespeichert wurden. Server für Zwischenspeicherungen bieten den Vorteil, keinen Netzwerkverkehr aufgrund von Zonenübertragungen zu generieren, da sie keine Zonen enthalten. Es gibt jedoch auch einen Nachteil: Beim ersten Start verfügt der Server noch nicht über zwischengespeicherte Daten und muss diese Informationen im Laufe der Zeit durch die Bearbeitung von Anforderungen sammeln.

▶ **So installieren Sie einen DNS-Server für Zwischenspeicherungen**

1. Installieren Sie den DNS-Serverdienst auf dem Computer.

    Bei Computern, die als DNS-Server dienen, wird nachdrücklich empfohlen, TCP/IP manuell zu konfigurieren und eine statische IP-Adresse zu verwenden.

2. Die Konfiguration des DNS-Servers sieht kein Laden von Zonen vor.

    Ein DNS-Server für Zwischenspeicherungen hat seine Vorzüge an einem Standort, wo DNS-Funktionalität lokal erforderlich ist, die Einrichtung einer eigenen Domäne oder Zone aus verwaltungstechnischen Gründen aber nicht erwünscht ist. DNS-Server für Zwischenspeicherungen übernehmen nicht die Funktion des Hosts für Zonen und sind nicht für eine spezifische DNS-Domäne autorisiert. Sie arbeiten als DNS-Server, die einen lokalen Zwischenspeicher mit den Namen aufbauen, die sie bei der Durchführung von rekursiven Abfragen im Auftrag ihrer Clients ermittelt haben. Diese Informationen bleiben im Zwischenspeicher verfügbar und werden für spätere Clientanfragen verwendet.

3. Stellen Sie sicher, dass die Serverstammhinweise konfiguriert sind und korrekt aktualisiert werden.

Beim Starten benötigt ein DNS-Server eine Liste von Stammserverhinweisen. Diese Hinweise bestehen aus Namenserver- (NS) und Adresseinträgen (A) für die Stammserver, die früher als Cachedatei bezeichnet wurden.

Sie konfigurieren die Stammhinweise, indem Sie auf die Registerkarte **Hinweise auf das Stammverzeichnis** in den Eigenschaften des DNS-Servers klicken. Das Dialogfeld für die Eigenschaften können Sie über die DNS-Administratorkonsole aufrufen. Die Registerkarte **Hinweise auf das Stammverzeichnis** ist in Abbildung 8.4 dargestellt.

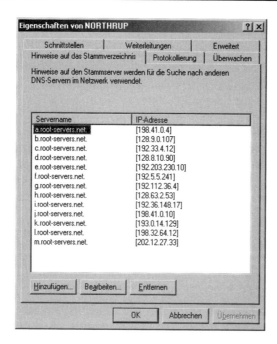

Abbildung 8.4 Die Registerkarte Hinweise auf das Stammverzeichnis in den Eigenschaften des DNS-Servers

Überwachen der DNS-Serverleistung

Da DNS-Server in den meisten Netzwerkumgebungen von großer Bedeutung sind, liefert die Überwachung der Serverleistung praktische Eckwerte, die bei der Prognose, Analyse und Optimierung der DNS-Serverleistung von Nutzen sind. Zudem können Sie anhaltende oder während der Spitzenbelastungszeiten auftretende Leistungseinbußen schneller identifizieren. Windows 2000 Server stellt im Systemmonitor eine Reihe von Leistungsindikatoren für die DNS-Serverleistung zur Verfügung, die Sie zur Messung und Überwachung verschiedener Aspekte der Serveraktivität einsetzen können.

Übung: Testen einer einfachen Abfrage auf einem DNS-Server

In dieser Übung verwenden Sie die DNS-Administratorkonsole zum Testen einer Abfrage auf Ihrem DNS-Server.

▶ **So testen Sie eine Abfrage auf Ihrem DNS-Server**

1. Klicken Sie auf **Start**, zeigen Sie auf **Programme**, dann auf **Verwaltung**, und klicken Sie anschließend auf **DNS**.

2. Klicken Sie in der DNS-Konsolenstruktur mit der rechten Maustaste auf den DNS-Server, und klicken Sie anschließend auf **Eigenschaften**.

3. Klicken Sie auf die Registerkarte **Überwachen**, die in Abbildung 8.5 dargestellt ist.

4. Aktivieren Sie das Kontrollkästchen **Einfache Abfrage mit diesem DNS-Server**.

5. Klicken Sie auf **Jetzt testen**.

   Die Ergebnisse der Abfrage werden angezeigt.

6. Klicken Sie auf **OK**, um das Dialogfeld **Eigenschaften** des DNS-Servers zu schließen.

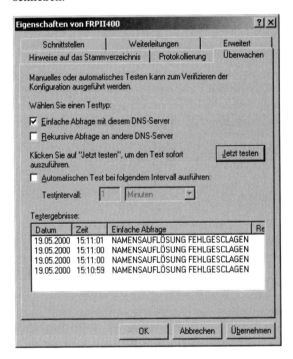

Abbildung 8.5 Die Registerkarte Überwachen in den Eigenschaften des DNS-Servers

Leistungsindikatoren für die DNS-Serverleistung

Windows 2000 Server stellt eine Reihe von Leistungsindikatoren für die DNS-Serverleistung zur Verfügung, die Sie zur Messung und Überwachung verschiedener Aspekte der Serveraktivität, wie den folgenden, einsetzen können:

- Statistische Daten zur Gesamtleistung eines DNS-Servers, beispielsweise die Summe der von einem DNS-Server verarbeiteten Abfragen und Antworten

- UDP- oder TCP-Leistungsindikatoren zur Bewertung der DNS-Abfragen und Antworten, die unter Verwendung des betreffenden Transportprotokolls verarbeitet wurden.

- Leistungsindikatoren für dynamische und sichere dynamische Aktualisierung zur Messung von Registrierungs- und Aktualisierungsprozessen, die von dynamischen Clients erzeugt werden.
- Die Speichernutzung betreffende Leistungsindikatoren zur Messung der Auslastung des Systemspeichers und Speicherzuordnungsmuster, die durch den Betrieb des Servers als Windows 2000-DNS-Server entstehen.
- Rekursive Lookup-Leistungsindikatoren zur Messung von Abfragen und Antworten, wenn der DNS-Serverdienst Rekursion verwendet, um DNS-Namen im Auftrag von Clients zu identifizieren und aufzulösen.
- WINS-Lookup-Leistungsindikatoren zur Messung von Abfragen und Antworten an WINS-Server, wenn die in den DNS-Serverdienst integrierten WINS-Lookup-Funktionen verwendet werden.
- Zonenübertragungs-Leistungsindikatoren einschließlich spezifischer Leistungsindikatoren zur Messung der vollständigen Zonenübertragungen (AXFR), der inkrementellen Zonenübertragungen (IXFR) und der durch Benachrichtigung über DNS-Zonenaktualisierungen entstandenen Aktivitäten.

Remoteverwaltung von DNS-Servern

DNS ist ein Standardnamensdienst für das Internet und TCP/IP-Netzwerke, durch den Netzwerkclients in die Lage versetzt werden, sich bei einem DNS-Server zu registrieren und DNS-Domänennamen aufzulösen. Anhand dieser Namen können Ressourcen, die von anderen Computern im Internet zur Verfügung gestellt werden, ermittelt und genutzt werden. Mit Hilfe der Windows 2000-Verwaltungsprogramme, die im Lieferumfang von Windows 2000 Server und Windows 2000 Advanced Server enthalten sind, können Sie einen Server von jedem Computer aus verwalten, auf dem Windows 2000 ausgeführt wird.

Dazu gehören die Snap-Ins der Microsoft Management Console (MMC) und andere Verwaltungstools, die zur Verwaltung von Computern unter Windows 2000 Server herangezogen werden und für Windows 2000 Professional nicht zur Verfügung stehen. Nachdem die Windows 2000-Verwaltungsprogramme auf einem Computer installiert wurden, kann ein Administrator die Serververwaltung öffnen und einen Remoteserver von diesem Computer aus verwalten.

Zusammenfassung der Lektion

Zwar legen generell alle DNS-Server die von ihnen aufgelösten Namen im Zwischenspeicher ab. Server für Zwischenspeicherungen sind aber für nicht anderes zuständig, als Abfragen durchzuführen, die Antworten zwischenzuspeichern und die Ergebnisse zurückzugeben. Server für Zwischenspeicherungen bieten den Vorteil, keinen Netzwerkverkehr aufgrund von Zonenübertragungen zu generieren, da sie keine Zonen enthalten. Windows 2000 Server stellt im Systemmonitor eine Reihe von Leistungsindikatoren für die DNS-Serverleistung zur Verfügung, die Sie zur Messung und Überwachung verschiedener Aspekte der Serveraktivität einsetzen können. Sie können die Registerkarte **Überwachen** in den Eigenschaften des DNS-Servers verwenden, um Tests auf dem DNS-Server auszuführen. Das Dialogfeld **Eigenschaften** ist über die Administratorkonsole zugänglich. Sie können auch die Windows 2000-Verwaltungsprogramme zur Remoteverwaltung eines Servers auf jedem Computer unter Windows 2000 einsetzen.

Lernzielkontrolle

 Mit den folgenden Fragen können Sie überprüfen, ob Sie die in diesem Kapitel vermittelten Lehrinhalte verstanden haben. Wenn Sie eine Frage nicht beantworten können, wiederholen Sie den entsprechenden Abschnitt, bevor Sie mit dem nächsten Kapitel fortfahren. Die Antworten zu den Fragen finden Sie in Anhang A, „Fragen und Antworten".

1. Wie viele Zonen kann ein einzelner DNS-Server verwalten?

2. Welche Vorteile können DNS-Clients aus der dynamischen Aktualisierungsfunktion von Windows 2000 ziehen?

3. Nennen Sie einen Vorteil und einen Nachteil eines Servers für Zwischenspeicher.

4. Zählen Sie drei DNS-Leistungsindikatoren auf, und beschreiben Sie diese.

KAPITEL 9

Implementieren von WINS (Windows Internet Name Service)

Lektion 1: Einführung in WINS ... 234

Lektion 2: Der WINS-Namensauflösungsprozess ... 241

Lektion 3: Implementieren von WINS ... 248

Lektion 4: Konfigurieren der WINS-Replikation ... 258

Lernzielkontrolle ... 265

Über dieses Kapitel

Microsoft WINS-Server (Windows Internet Name Service) werden zwar in einem Netzwerk, das ausschließlich aus Microsoft Windows 2000-basierten Computern besteht, nicht benötigt, sie spielen aber eine entscheidende Rolle in den meisten TCP/IP-Netzwerken (Transmission Control Protocol/Internet Protocol) mit Computern, die auf den älteren Architekturen von Windows NT 4.0, Windows 98 oder Windows 95 basieren. In diesem Kapitel erfahren Sie, wie WINS im Netzwerk implementiert wird.

Bevor Sie beginnen

Zur Bearbeitung dieses Kapitels muss die folgende Voraussetzung erfüllt sein.

- Sie müssen Windows 2000 Server mit TCP/IP installiert haben.

Lektion 1: Einführung in WINS

WINS bietet eine verteilte Datenbank für die Registrierung und Abfrage von dynamischen Zuordnungen von NetBIOS-Namen für Computer und Gruppen, die im Netzwerk eingesetzt werden. Dieser Dienst ordnet NetBIOS-Namen IP-Adressen zu und wurde mit dem Ziel konzipiert, die Probleme zu lösen, die im Zusammenhang mit der NetBIOS-Namensauflösung in gerouteten Umgebungen auftreten. WINS ist die beste Lösung für die NetBIOS-Namensauflösung in gerouteten Netzwerken, die NetBIOS über TCP/IP einsetzen.

Am Ende dieser Lektion werden Sie in der Lage sein, die folgenden Aufgaben auszuführen:

- Beschreiben der Beziehung zwischen NetBIOS und TCP/IP
- Beschreiben der Vorteile, die der Einsatz von WINS bietet
- Beschreiben einer neuen Windows 2000-Funktion für NetBIOS

Veranschlagte Zeit für die Lektion: 15 Minuten

Namensauflösung mit NetBIOS

In diesem Abschnitt werden Konzepte und Methoden für die NetBIOS-Namensauflösung erläutert, die Ihnen das Verständnis der WINS-Funktionen erleichtern sollen. Frühere Versionen von Windows, beispielsweise Windows NT 4.0, und einige Windows-basierte Anwendungen identifizieren Netzwerkressourcen anhand von NetBIOS-Namen.

NetBIOS im Überblick

NetBIOS wurde 1983 von der Sytek Corporation für IBM entwickelt, damit Anwendungen in einem Netzwerk miteinander kommunizieren können. Wie in Abbildung 9.1 dargestellt, werden mit NetBIOS zwei Entitäten definiert:

- Eine Schnittstelle auf Sitzungsebene
- Ein Protokoll für die Sitzungsverwaltung und den Datentransport

Die NetBIOS-Schnittstelle ist eine Präsentationsschicht-API (Application Programming Interface), mit deren Hilfe Benutzeranwendungen Netzwerk-E/A und Steuerungsrichtlinien an zugrunde liegende Netzwerkprotokolle weiterleiten können. Ein Anwendungsprogramm, das die NetBIOS-API für die Netzwerkkommunikation verwendet, kann auf jedem Protokoll ausgeführt werden, das die NetBIOS-Schnittstelle unterstützt. Dies wird durch die Sitzungsschichtsoftware implementiert, beispielsweise durch das NBFP (NetBIOS Frame Protocol) oder durch NetBT (NetBIOS über TCP/IP), so dass die für die Befehlsgruppe der NetBIOS-Schnittstelle erforderliche Netzwerk-E/A ausgeführt werden kann.

Kapitel 9 Implementieren von WINS (Windows Internet Name Service)

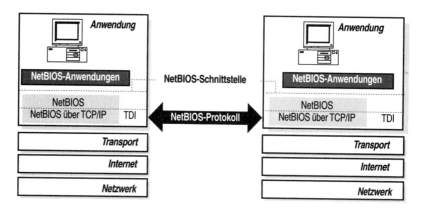

Abbildung 9.1 NetBIOS-Kommunikation über TCP/IP

NetBIOS enthält Befehle und Unterstützung für folgende Dienste:

- Namensregistrierung und -überprüfung in Netzwerken
- Sitzungsaufbau und -beendigung
- Zuverlässige und verbindungsorientierte Übertragung von Sitzungsdaten
- Unzuverlässige verbindungslose Übertragung von Datagrammdaten
- Unterstützung der Überwachung und Verwaltung von Protokollen (Treibern) und Adaptern

NetBIOS-Namen

Ein NetBIOS-Name ist eine eindeutige 16-Byte-Adresse, die für die Bezeichnung einer NetBIOS-Ressource in einem Netzwerk verwendet wird. Dieser Name ist entweder ein eindeutiger (exklusiver) Name oder ein (nicht exklusiver) Gruppenname. Eindeutige Namen werden in der Regel dazu verwendet, Netzwerkkommunikation an einen bestimmten Prozess auf einem Computer zu senden. Mit Gruppennamen werden Informationen gleichzeitig an mehrere Computer gesendet. Ein Beispiel für einen Prozess, der einen NetBIOS-Namen einsetzt, ist die Datei- und Druckerfreigabe für Microsoft-Netzwerke auf einem Computer unter Windows 2000. Wenn Ihr Computer startet, registriert dieser Dienst einen eindeutigen NetBIOS-Namen, der auf dem Namen Ihres Computers basiert. Die genaue, vom Dienst verwendete Bezeichnung ist der aus 15 Zeichen bestehende Computername mit dem zusätzlichen Zeichen 0x20. Wenn der Computername weniger als 15 Zeichen enthält, werden Leerzeichen hinzugefügt.

Die NetBIOS-Namensauflösung ist ein Prozess, bei dem ein NetBIOS-Name eines Computers einer IP-Adresse zugeordnet wird. Der NetBIOS-Name eines Computers muss in eine IP-Adresse aufgelöst werden, bevor die IP-Adresse in eine Hardwareadresse aufgelöst werden kann. In Microsoft TCP/IP werden verschiedene Methoden für die Auflösung von NetBIOS-Namen eingesetzt.

Der genaue Mechanismus, nach dem NetBIOS-Namen in IP-Adressen aufgelöst werden, hängt jedoch von dem NetBIOS-Knotentyp ab, der für den Knoten konfiguriert wurde. Die in Tabelle 9.1 aufgelisteten NetBIOS-Knotentypen sind in RFC 1001 (Request for Comments), „Protocol Standard for a NetBIOS Service on a TCP/UDP Transport: Concepts and Methods", definiert.

Tabelle 9.1 NetBIOS-Knotentypen

Knotentyp	Beschreibung
B-Knoten (Broadcast)	Der B-Knoten verwendet per Broadcast gesendete NetBIOS-Namensabfragen für die Registrierung und Auflösung von Namen. Der B-Knoten hat zwei Hauptprobleme: (1) Broadcasts beeinträchtigen jeden Knoten im Netzwerk. (2) Router leiten Broadcasts in der Regel nicht weiter, so dass nur NetBIOS-Namen im lokalen Netzwerk aufgelöst werden können.
P-Knoten (Peer-Peer)	Der P-Knoten verwendet einen NetBIOS-Namenserver, beispielsweise einen WINS-Server, für die Auflösung von NetBIOS-Namen. Der P-Knoten verwendet keine Broadcasts, sondern fragt den Namenserver direkt ab.
M-Knoten (mixed = gemischt)	Der M-Knoten ist eine Kombination aus B-Knoten und P-Knoten. Standardmäßig funktioniert ein M-Knoten wie ein B-Knoten. Wenn ein M-Knoten einen Namen nicht über Broadcasting auflösen kann, fragt er (als P-Knoten) einen NetBIOS-Namenserver ab.
H-Knoten (Hybrid)	Der H-Knoten ist eine Kombination aus B-Knoten und P-Knoten. Standardmäßig funktioniert ein H-Knoten wie ein P-Knoten. Kann ein H-Knoten einen Namen über den NetBIOS-Namenserver nicht auflösen, wird der Name über einen Broadcast aufgelöst.

Computer, die Windows 2000 ausführen, sind standardmäßig B-Knoten. Sie werden zu H-Knoten, wenn sie mit einem WINS-Server konfiguriert sind. Windows 2000 kann außerdem die lokale Datenbankdatei mit der Bezeichnung **LMHOSTS** zum Auflösen von NetBIOS-Remotenamen verwenden. Die Datei **LMHOSTS** wird im Ordner **%Systemroot%\System32\Drivers\Etc** gespeichert. Dieser Ordner enthält ein Beispiel für die Datei **LMHOSTS** (**LMHOSTS.SAM**).

Die Datei LMHOSTS

Die Datei **LMHOSTS** ist eine statische ASCII-Datei, mit der die NetBIOS-Namen von Remotecomputern, auf denen Windows NT ausgeführt wird, und anderen NetBIOS-basierten Hosts in IP-Adressen aufgelöst werden.

Abbildung 9.2 enthält ein Beispiel für die Datei **LMHOSTS**.

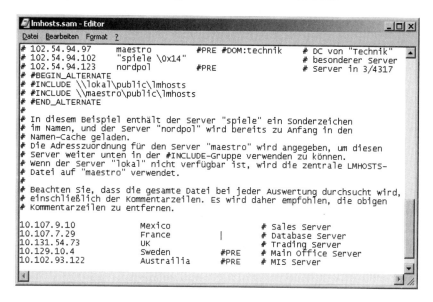

Abbildung 9.2 Die Datei LMHOSTS

Vordefinierte Schlüsselwörter

Die Datei **LMHOSTS** enthält darüber hinaus vordefinierte Schlüsselwörter, die mit dem Präfix # versehen sind. Wenn Sie diese Datei auf einem älteren NetBT-System, beispielsweise LAN Manager, verwenden, werden diese Anweisungen als Kommentare ignoriert, da sie mit einem Nummernzeichen (#) beginnen. Tabelle 9.2 enthält die Schlüsselwörter, die in der Datei **LMHOSTS** verwendet werden können.

Tabelle 9.2 LMHOSTS-Schlüsselwörter

Vordefiniertes Schlüsselwort	Beschreibung
#PRE	Legt fest, welche Einträge vorab als permanente Einträge in den Namenscache geladen werden. Vorab geladene Einträge verringern Netzwerkbroadcasts, da Namen nicht über Broadcasting oder über Analysieren der Datei **LMHOSTS**, sondern über den Cache aufgelöst werden. Einträge mit dem Tag #PRE werden automatisch bei der Initialisierung oder manuell durch Eingabe von **nbtstat -R** an einer Eingabeaufforderung geladen.
#DOM:[domänenname]	Vereinfacht Aktivitäten in Domänen, beispielsweise Anmeldungsüberprüfung über einen Router, Kontosynchronisierung und Durchsuchen.

(Fortsetzung)

Vordefiniertes Schlüsselwort	Beschreibung
#NOFNR	Vermeidet die Verwendung von über NetBIOS gesteuerten Namensabfragen für ältere LAN Manager-UNIX-Systeme.
#BEGIN_ALTERNATE #END_ALTERNATE	Definiert eine redundante Liste alternativer Standorte für Exemplare der Datei **LMHOSTS**. Es wird empfohlen, für die mit #INCLUDE aufgenommenen Remotedateien einen UNC-Pfad (Universal Naming Convention) zu verwenden, damit der Zugriff auf die Dateien gewährleistet ist. Die UNC-Namen müssen natürlich in der Datei **LMHOSTS** vorhanden sein und über die richtigen Angaben für die Übersetzung von IP-Adressen in NetBIOS-Namen verfügen.
#INCLUDE	Lädt und durchsucht NetBIOS-Einträge aus einer Datei, die von der standardmäßig verwendeten Datei **LMHOSTS** getrennt ist. In der Regel handelt es sich bei der Datei für #INCLUDE um ein zentral gespeichertes, freigegebenes Exemplar der Datei **LMHOST**.
#MH	Fügt mehrere Einträge für einen mehrfach vernetzten Computer hinzu.

WINS im Überblick

Mit WINS ist es nicht mehr erforderlich, Computernamen über Broadcasts in IP-Adressen aufzulösen. Der Dienst bietet eine dynamische Datenbank, mit der die Zuordnung von Computernamen zu IP-Adressen verwaltet wird. WINS ist ein optimierter NetBIOS-Namenserver (NBNS), der von Microsoft mit dem Ziel entwickelt wurde, den im Zusammenhang mit der B-Knoten-Implementierung von NetBT auftretenden Broadcastverkehr zu beseitigen. Er wird verwendet, um NetBIOS-Computernamen zu registrieren und sie sowohl für lokale als auch für Remotehosts in IP-Adressen aufzulösen.

Der Einsatz von WINS bietet verschiedene Vorteile. Der Hauptvorteil besteht darin, dass Clientanforderungen für die Auflösung von Computernamen direkt an einen WINS-Server gesendet werden. Kann der WINS-Server den Namen auflösen, sendet er die IP-Adresse direkt an den Client zurück. Dies hat zur Folge, dass kein Broadcasting benötigt und der Netzwerkverkehr verringert wird. Ist der WINS-Server jedoch nicht verfügbar, kann der WINS-Client weiterhin versuchen, den Namen über ein Broadcast aufzulösen. Ein weiterer Vorteil des WINS-Einsatzes besteht darin, dass die WINS-Datenbank dynamisch aktualisiert wird und damit immer aktuell ist. Damit wird die Datei **LMHOSTS** nicht mehr benötigt. Darüber hinaus bietet WINS Funktionen für das Durchsuchen von Netzwerken und anderen Domänen.

Bevor zwei NetBIOS-basierte Hosts miteinander kommunizieren können, muss der NetBIOS-Name des Zielhosts in eine IP-Adresse aufgelöst werden. Dies ist erforderlich, weil für die Kommunikation über TCP/IP statt eines NetBIOS-Computernamens eine IP-Adresse erforderlich ist. Wie in Abbildung 9.3 dargestellt, läuft die Auflösung folgendermaßen ab:

1. In einer WINS-Umgebung registriert ein WINS-Client bei jedem Start die eigene NetBIOS-Name/IP-Adresse-Zuordnung bei einem konfigurierten WINS-Server.

2. Wenn ein WINS-Client einen Befehl für die Kommunikation mit einem anderen Host einleitet, wird die Namensabfragenanforderung direkt an den WINS-Server und nicht als Broadcast im lokalen Netzwerk gesendet.

3. Wenn der WINS-Server eine NetBIOS-Name/IP-Adresse-Zuordnung für den Zielhost in dieser Datenbank ermittelt, gibt er die IP-Adresse des Zielhosts an den WINS-Client zurück. Da die WINS-Datenbank NetBIOS-Name/IP-Adresse-Zuordnungen dynamisch erhält, ist sie immer aktuell.

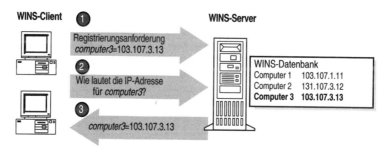

Abbildung 9.3 Namensauflösung mit WINS

WINS und Windows 2000

Vor Windows 2000 benötigten alle auf MS-DOS und Windows basierenden Betriebssysteme die NetBIOS-Namenschnittstelle zur Unterstützung von Netzwerkfunktionen. Mit der Veröffentlichung von Windows 2000 ist die Unterstützung der NetBIOS-Namenschnittstelle für Netzwerkcomputer nicht mehr erforderlich, da NetBT für jede Netzwerkverbindung deaktiviert werden kann. Diese Funktion ist für Computer vorgesehen, die ausschließlich die DNS-Methoden (Domain Name System) für die Registrierung und Auflösung von Namen einsetzen und über die Komponenten Client für Microsoft-Netzwerke und Datei- und Druckerfreigabe für Microsoft-Netzwerke mit anderen Computern kommunizieren, auf denen NetBT deaktiviert ist. Beispiele für Computer, auf denen NetBT deaktiviert wird, sind Computer, die im Netzwerk besondere Aufgaben bzw. Sicherungsaufgaben übernehmen, beispielsweise ein Schwellenproxyserver („edge proxy") oder Bastionshost in einer Firewallumgebung, und auf denen NetBT-Unterstützung nicht erforderlich oder gewünscht ist.

Ein weiteres Beispiel ist eine Umgebung, die aus Hostcomputern und Programmen besteht, die den Einsatz des DNS-Dienstes unterstützen, der für die Ausführung unter Windows 2000 und anderen Betriebssystemen, die keine NetBIOS-Namen benötigen (beispielsweise einige UNIX-Versionen), aufgebaut werden könnte. Die meisten Netzwerke müssen jedoch weiterhin Legacybetriebssysteme, die NetBIOS-Netzwerknamen benötigen, mit Computern integrieren, auf denen Windows 2000 ausgeführt wird. Aus diesem Grund bietet Microsoft mit Windows 2000 weiterhin eine Standardunterstützung für NetBIOS-Namen, um die Interoperabilität mit Legacybetriebssystemen zu vereinfachen, die diese verwenden müssen. Diese Unterstützung erfolgt hauptsächlich auf zwei Arten:

- Standardmäßig ist auf allen Computern, auf denen Windows 2000 ausgeführt und TCP/IP eingesetzt wird, die clientseitige Unterstützung für die Registrierung und Auflösung von NetBIOS-Namen aktiviert.

  Diese Unterstützung erfolgt über NetBT und kann, wenn gewünscht, manuell deaktiviert werden.

- Windows 2000 Server bietet weiterhin serverseitige Unterstützung über WINS. WINS kann für die effektive Verwaltung von NetBT-basierten Netzwerken eingesetzt werden.

Zusammenfassung der Lektion

Einige Anwendungen und frühere Versionen von Windows verwenden NetBIOS-Namen zur Identifizierung von Netzwerkressourcen. WINS ist ein optimierter NBNS, der von Microsoft mit dem Ziel entwickelt wurde, den im Zusammenhang mit der B-Knoten-Implementierung von NetBT auftretenden Broadcastverkehr zu beseitigen. Der Einsatz von WINS bietet verschiedene Vorteile. Der Hauptvorteil besteht darin, dass Broadcastverkehr verringert wird, da Anforderungen für die Namensauflösung direkt an den WINS-Server gesendet werden.

Lektion 2: Der WINS-Namensauflösungsprozess

WINS setzt Standardmethoden für die Registrierung, Erneuerung und Freigabe von Namen ein. In dieser Lektion werden die verschiedenen Phasen beschrieben, in denen ein NetBIOS-Name mit WINS in eine IP-Adresse aufgelöst wird.

Am Ende dieser Lektion werden Sie in der Lage sein, die folgenden Aufgaben auszuführen:

- Beschreiben der mit WINS durchgeführten Registrierung, Erneuerung, Freigabe, Abfrage und Beantwortung der Abfrage von Namen

Veranschlagte Zeit für die Lektion: 25 Minuten

Auflösen von NetBIOS-Namen mit WINS

Wenn ein Client eine Verbindung zu einem anderen Host im Netzwerk herstellen muss, kontaktiert er zuerst den WINS-Server, um die IP-Adresse mit Hilfe von Zuordnungsinformationen aus der Datenbank des Servers aufzulösen. Die relationale Datenbankengine des WINS-Servers greift auf eine ISAM-Datenbank (Indexed Sequential Access Method = indiziertes sequenzielles Zugriffsverfahren) zu. Bei der ISAM-Datenbank handelt es sich um eine replizierte Datenbank, die NetBIOS-Computernamen und IP-Adresszuordnungen enthält. Damit sich ein WINS-Client beim Netzwerk anmelden kann, muss er zuerst den Computernamen und die IP-Adresse beim WINS-Server registrieren. Damit wird für jeden NetBIOS-Dienst, der auf dem Client ausgeführt wird, ein Eintrag in der WINS-Datenbank erstellt. Da diese Einträge bei jeder Netzwerkanmeldung von Clients mit WINS-Unterstützung aktualisiert werden, bleiben die in der WINS-Serverdatenbank gespeicherten Daten auf dem neuesten Stand.

Der Prozess, den WINS für die Auflösung und Verwaltung von NetBIOS-Namen einsetzt, ähnelt der B-Knoten-Implementierung. Die Methode für die Erneuerung eines Namens wird nur bei NetBIOS-Knotentypen eingesetzt, die einen NetBIOS-Namenserver verwenden. WINS ist eine Erweiterung von RFC 1001 und RFC 1002. Der Prozess für die Auflösung eines NetBIOS-Namens ist in Abbildung 9.4 dargestellt.

Namensregistrierung

Jeder WINS-Client wird mit der IP-Adresse eines primären und (optional) sekundären WINS-Servers konfiguriert. Wenn ein Client startet, registriert er seinen NetBIOS-Namen und seine IP-Adresse bei dem konfigurierten WINS-Server. Der WINS-Server speichert die NetBIOS-Name/IP-Adresse-Zuordnung des Clients in seiner Datenbank.

Namenserneuerung

Alle NetBIOS-Namen werden temporär registriert, d. h., derselbe Name kann später von einem anderen Host verwendet werden, wenn der ursprüngliche Besitzer ihn nicht mehr einsetzt.

Namensfreigabe

Jeder WINS-Client ist dafür verantwortlich, die Lease für seinen registrierten Namen zu verwalten. Wenn der Name nicht mehr verwendet wird (wenn beispielsweise der Computer heruntergefahren wird), sendet der WINS-Client eine Meldung an den WINS-Server, um ihn freizugeben.

Namensabfrage und Namensauflösung

Nachdem ein WINS-Client seinen NetBIOS-Namen und seine IP-Adresse bei einem WINS-Server registriert hat, kann er die IP-Adresse anderer NetBIOS-basierter Computer von einem WINS-Server erhalten und auf diese Weise mit anderen Hosts kommunizieren. Die gesamte WINS-Kommunikation erfolgt mit weitergeleiteten Datagrammen über UDP-Port 137 (NBNS).

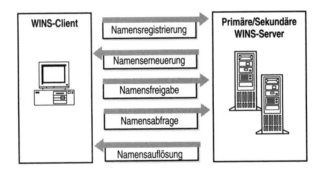

Abbildung 9.4 Namensauflösung zwischen Clients und einem WINS-Server

Namensregistrierung

Im Gegensatz zu der B-Knoten-Implementierung von NetBT, bei der Broadcasts für die Namensregistrierung gesendet werden, registrieren WINS-Clients ihre NetBIOS-Namen bei WINS-Servern.

Bei der Initialisierung registriert ein WINS-Client seinen NetBIOS-Namen, indem er eine Anforderung zur Namensregistrierung direkt an den konfigurierten WINS-Server sendet. NetBIOS-Namen werden beim Starten von Diensten oder Anwendungen registriert (beispielsweise Arbeitsstations-, Server- oder Nachrichtendienst).

Wenn der WINS-Server verfügbar ist und der Name noch nicht von einem anderen WINS-Client registriert wurde, wird eine Meldung über die erfolgreiche Registrierung an den Client zurückgegeben. Die Meldung gibt an, wie lange der NetBIOS-Name für den Client registriert ist; dies wird als Gültigkeitsdauer (TTL) bezeichnet. Die Namensregistrierung ist in Abbildung 9.5 dargestellt.

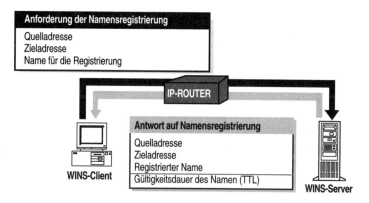

Abbildung 9.5 Namensregistrierung

Wenn ein doppelter Name gefunden wird

Wenn ein doppelter Name in der WINS-Datenbank registriert ist, sendet der WINS-Server eine Herausforderung („challenge") an den aktuell registrierten Besitzer des Namens. Die Abfrage wird als Namensabfrageanforderung gesendet. Der WINS-Server sendet die Abfrage dreimal in Abständen von 500 Millisekunden.

Wenn es sich bei dem registrierten Computer um einen mehrfach vernetzten Computer handelt, probiert der WINS-Server die einzelnen IP-Adressen, die er für den Computer besitzt, bis er eine Antwort erhält oder bis alle IP-Adressen probiert wurden.

Wenn der derzeit registrierte Besitzer erfolgreich eine Antwort an den WINS-Server sendet, sendet der WINS-Server eine negative Antwort zur Namensregistrierung an den WINS-Client, der den Namen registrieren möchte. Sendet der derzeit registrierte Besitzer keine Antwort an den WINS-Server, sendet der WINS-Server eine Antwort über die erfolgreiche Namensregistrierung an den WINS-Client, der den Namen registrieren möchte.

Wenn der WINS-Server nicht verfügbar ist

Ein WINS-Client versucht dreimal, den primären WINS-Server zu ermitteln. Wenn er nach dem dritten Versuch nicht erfolgreich ist, sendet er die Anforderung zur Namensregistrierung an den sekundären WINS-Server, sofern dieser konfiguriert ist. Wenn keiner der beiden Server verfügbar ist, kann der WINS-Client ein Broadcast senden, um seinen Namen zu registrieren.

Namenserneuerung

Damit derselbe NetBIOS-Name weiterhin verwendet werden kann, muss ein Client seine Lease vor Ablauf erneuern. Wenn ein Client die Lease nicht erneuert, stellt der WINS-Server sie einem anderen WINS-Client zur Verfügung.

Anforderung zur Namensaktualisierung

WINS-Clients müssen ihre Namensregistrierungen erneuern, bevor das Erneuerungsintervall abläuft. Das Erneuerungsintervall legt fest, wie lange der Server die Namensregistrierung als aktiven Datensatz in der WINS-Datenbank speichert. Wenn ein WINS-Client die zugehörige Namensregistrierung erneuert, sendet er eine Anforderung zur Namensaktualisierung an den WINS-Server. Diese Anforderung enthält die IP-Adresse und den NetBIOS-Namen, die der Client aktualisieren möchte. Der WINS-Server reagiert auf diese Anforderung mit einer Antwort auf die Namensaktualisierung, die ein neues Erneuerungsintervall für den Namen enthält. Bei der Namensaktualisierung eines WINS-Clients werden folgende Schritte ausgeführt:

1. Nachdem das Erneuerungsintervall eines Clients zur Hälfte abgelaufen ist, sendet der Client eine Anforderung zur Namensaktualisierung an den primären WINS-Server.

2. Wenn der Name nicht vom primären WINS-Server aktualisiert wird, versucht der WINS-Client nach 10 Minuten erneut, den Namen zu aktualisieren. Danach versucht er weiterhin, eine Stunde lang alle 10 Minuten auf den primären WINS-Server zuzugreifen. Nachdem der WINS-Client eine Stunde lang versucht hat, seine Namensregistrierung über den primären WINS-Server zu aktualisieren, versucht er anschließend, seinen Namen über den sekundären WINS-Server zu aktualisieren.

3. Wenn der Name nicht vom sekundären WINS-Server aktualisiert wird, versucht der WINS-Client nach 10 Minuten erneut, den Namen zu aktualisieren. Danach versucht er weiterhin, eine Stunde lang alle 10 Minuten auf den sekundären WINS-Server zuzugreifen. Nachdem der WINS-Client eine Stunde lang versucht hat, die Aktualisierung über den sekundären WINS-Server auszuführen, versucht er anschließend, den Namen über den primären WINS-Server zu aktualisieren. Der WINS-Client versucht so lange, die Namensaktualisierung über den primären WINS-Server und anschließend über den sekundären WINS-Server durchzuführen, bis das Erneuerungsintervall abgelaufen ist oder der Name des WINS-Clients aktualisiert wurde.

4. Nachdem der Name des WINS-Clients erfolgreich aktualisiert wurde, wird das Erneuerungsintervall auf dem WINS-Server zurückgesetzt.

5. Wenn die Registrierungsversuche des WINS-Clients während des Erneuerungsintervalls auf dem primären oder sekundären WINS-Server fehlschlagen, wird der Name freigegeben.

In Abbildung 9.6 ist dargestellt, wie ein WINS-Client seine Lease für die Verwendung desselben NetBIOS-Namens erneuert.

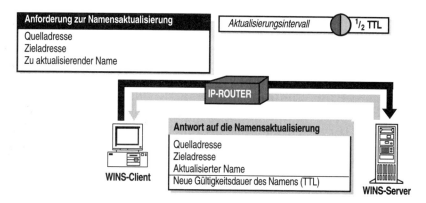

Abbildung 9.6 Erneuern einer Lease für die Verwendung desselben NetBIOS-Namens

Wenn ein WINS-Server die Anforderung zur Namensaktualisierung erhält, sendet er dem Client eine Antwort auf die Namensaktualisierung, die eine neue TTL enthält.

Namensfreigabe

Wenn ein WINS-Client ordnungsgemäß heruntergefahren wird, sendet er für jeden registrierten Namen eine Anforderung zur Namensfreigabe direkt an den WINS-Server. Die Anforderung zur Namensfreigabe enthält die IP-Adresse und den NetBIOS-Namen, die aus der WINS-Datenbank entfernt werden sollen. Damit kann der Name, wie in Abbildung 9.7 dargestellt, für einen anderen Client verwendet werden.

Wenn der WINS-Server die Anforderung zur Namensfreigabe erhält, durchsucht er seine Datenbank nach dem angegebenen Namen. Wenn ein Datenbankfehler auftritt oder der registrierte Name einer anderen IP-Adresse zugeordnet ist, sendet der WINS-Server eine negative Namensfreigabe an den WINS-Client. Anderenfalls sendet der WINS-Server eine positive Namensfreigabe und kennzeichnet den angegebenen Namen in seiner Datenbank als inaktiv. Die Antwort zur Namensfreigabe enthält den freigegebenen NetBIOS-Namen und eine TTL mit dem Wert null.

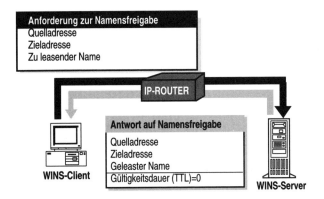

Abbildung 9.7 Anforderung zur Namensfreigabe

Namensabfrage und Antwort auf Namensabfrage

Eine gängige Methode für die Auflösung von NetBIOS-Namen in IP-Adressen ist der Einsatz eines NBNS, beispielsweise WINS. Bei der Konfiguration eines WINS-Clients wird standardmäßig der NetBT-Typ mit H-Knoten verwendet. Der NBNS wird immer nach einer NetBIOS-Name/IP-Adresse-Zuordnung durchsucht, bevor ein Broadcast initiiert wird. Die folgenden Schritte sowie Abbildung 9.8 stellen den Prozess dar:

1. Wenn ein Benutzer einen Windows NT-Befehl, beispielsweise **net use**, einleitet, wird der NetBIOS-Namenscache nach der NetBIOS-Name/IP-Adresse-Zuordnung des Zielhosts durchsucht.

2. Wenn der Name nicht über den Cache aufgelöst wird, wird eine Anforderung für eine Namensabfrage direkt an den primären WINS-Server des Clients gesendet.

   Wenn der primäre WINS-Server nicht verfügbar ist, sendet der Client die Anforderung noch zweimal, bevor er zum sekundären WINS-Server wechselt.

   Löst einer der WINS-Server den Namen auf, wird eine Meldung über die erfolgreiche Auflösung mit der IP-Adresse für den angeforderten NetBIOS-Namen an den Quellhost gesendet.

3. Wenn kein WINS-Server den Namen auflösen kann, wird eine Antwort auf die Namensabfrage mit der Meldung „Der Name ist nicht in der WINS-Datenbank vorhanden" zurück an den WINS-Client gesendet und Broadcasting implementiert.

   Wird der Name nicht über den Cache, durch einen WINS-Server oder per Broadcasting aufgelöst, kann er immer noch durch Analysieren der LMHOSTS- oder der HOSTS-Datei oder unter Einsatz von DNS aufgelöst werden.

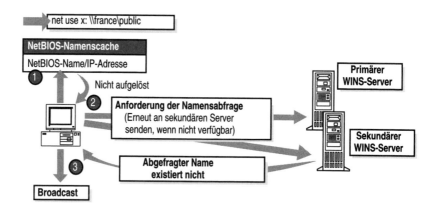

Abbildung 9.8 Durchsuchen des NetBIOS-Namenservers nach NetBIOS-Name/IP-Adresse-Zuordnung

Zusammenfassung der Lektion

WINS setzt Standardmethoden für die Registrierung, Erneuerung und Freigabe von Namen ein. Damit derselbe NetBIOS-Name weiterhin verwendet werden kann, muss ein Client seine Lease vor Ablauf erneuern. Wenn ein WINS-Client heruntergefahren wird, meldet er dem WINS-Server, dass er seinen NetBIOS-Namen nicht mehr benötigt.

Lektion 3: Implementieren von WINS

Für Netzwerke mit Servern, auf denen Windows 2000 Server, und Computern, auf denen ausschließlich Windows 2000 Professional ausgeführt wird, ist NetBIOS für den TCP/IP-basierten Netzwerkbetrieb nicht mehr erforderlich. Wegen dieser Änderung wird WINS für die meisten Netzwerke benötigt, ist aber in einigen Fällen unter Umständen nicht erforderlich. In dieser Lektion erfahren Sie, wie WINS im Netzwerk implementiert wird.

Am Ende dieser Lektion werden Sie in der Lage sein, die folgenden Aufgaben auszuführen:

- Einen WINS-Server installieren und konfigurieren
- Einen WINS-Client installieren und konfigurieren
- Probleme bei WINS-Clients und -Servern behandeln
- WINS verwalten und überwachen

Veranschlagte Zeit für die Lektion: 40 Minuten

Wann soll WINS eingesetzt werden?

Bei der Entscheidung, ob Sie WINS einsetzen müssen, sollten Sie zunächst folgende Fragen berücksichtigen:

- **Befinden sich Legacycomputer oder -anwendungen im Netzwerk, für die NetBIOS-Namen verwendet werden müssen?** Beachten Sie, dass für alle Computer im Netz, die unter einem früheren Microsoft-Betriebssystem, beispielsweise einer MS-DOS-, Windows- oder Windows NT-Version, ausgeführt werden, die Unterstützung von NetBIOS-Namen benötigt wird. Windows 2000 ist das erste Microsoft-Betriebssystem, für das keine NetBIOS-Namen mehr benötigt werden. NetBIOS-Namen können daher weiterhin im Netzwerk erforderlich sein, um für zahlreiche eingesetzte Legacyanwendungen grundlegende Datei- und Druckdienste sowie Unterstützung zur Verfügung zu stellen.

- **Sind alle Computer im Netz so konfiguriert, dass sie die Verwendung eines anderen Typs der Netzwerknamensgebung, beispielsweise DNS, unterstützen können?** Die Netzwerknamensgebung ist weiterhin ein elementarer Dienst für die Lokalisierung von Computern und Ressourcen innerhalb Ihres Netzwerks, auch wenn NetBIOS-Namen nicht erforderlich sind. Bevor Sie sich dafür entscheiden, die Unterstützung von WINS oder NetBIOS-Namen einzustellen, stellen Sie sicher, dass alle Computer und Programme im Netzwerk mit einem anderen Namensdienst, beispielsweise DNS, arbeiten können.

- **Ist mein Netzwerk ein einzelnes Subnetz oder ein geroutetes Netzwerk mit mehreren Subnetzen?** Wenn Ihr gesamtes Netzwerk ein kleines LAN (Local Area Network) ist, das ein physikalisches Netzwerksegment belegt und weniger als 50 Clients besitzt, kommen Sie wahrscheinlich ohne WINS-Server aus.

Überlegungen zu WINS-Servern

Bevor Sie WINS in einem Netzwerk implementieren, überlegen Sie sich, wie viele WINS-Server Sie benötigen werden. Für ein komplexes Netzwerk ist nur ein WINS-Server erforderlich, da es sich bei Anforderungen zur Namensauflösung um weitergeleitete Datagramme handelt, die geroutet werden können. Zwei WINS-Server stellen sicher, dass ein Sicherungssystem für Fehlertoleranz vorhanden ist. Wenn ein Server nicht mehr zur Verfügung steht, kann der zweite Server zur Auflösung von Namen verwendet werden. Beachten Sie auch die folgenden Empfehlungen zu WINS-Servern:

- WINS-Server besitzen keinen internen Grenzwert für die Bearbeitung von WINS-Anforderungen, sie können aber in der Regel 1.500 Namensregistrierungen und rund 4.500 Namensabfragen pro Minute bearbeiten.
- Eine nicht zu hoch angesetzte Empfehlung sind ein WINS-Server und ein Sicherungsserver für jeweils 10.000 WINS-Clients.
- Bei Computern mit mehreren Prozessoren steigt die Leistung des WINS-Servers pro zusätzlichem Prozessor um rund 25 Prozent, da für jeden Prozessor ein eigener WINS-Thread gestartet wird.
- Wenn die Protokollierung der Änderungen in der Datenbank deaktiviert wird (über den WINS-Manager), werden Namen sehr viel schneller registriert; kommt es aber zu einem Systemabsturz, besteht das Risiko, dass die letzten Aktualisierungen verloren gehen.

Anforderungen für WINS

Ermitteln Sie vor der Installation von WINS, ob Server und Clients die Konfigurationsanforderungen erfüllen. Der WINS-Dienst muss auf mindestens einem Computer innerhalb des TCP/IP-Netzwerks unter Windows NT Server oder Windows 2000 Server konfiguriert werden (es muss sich nicht um einen Domänencontroller handeln). Der Server muss über eine IP-Adresse, eine Subnetzmaske, ein Standardgateway und andere TCP/IP-Parameter verfügen. Diese Parameter können von einem DHCP-Server zugewiesen werden, es werden aber statisch zugewiesene Parameter empfohlen.

Ein WINS-Client kann ein Computer sein, auf dem eines der folgenden unterstützten Betriebssysteme ausgeführt wird:

- Windows 2000
- Windows NT 3.5 und höher

- Windows 95 oder Windows 98
- Windows für Workgroups 3.11 mit Microsoft TCP/IP-32
- Microsoft-Netzwerkclient 3.0 für MS-DOS
- LAN Manager 2.2c für MS-DOS

Der Client muss über die IP-Adresse mindestens eines WINS-Servers verfügen, und zwar entweder die IP-Adresse für einen primären WINS-Server oder die IP-Adressen für einen primären und einen sekundären WINS-Server.

▶ **So installieren Sie WINS auf einem Windows 2000-basierten Server**

1. Doppelklicken Sie in der **Systemsteuerung** auf **Software**.
2. Klicken Sie auf **Windows-Komponenten hinzufügen/entfernen**.

   Der Assistent für Windows-Komponenten wird geöffnet.
3. Klicken Sie auf der Seite **Windows-Komponenten** unter **Komponenten** auf **Netzwerkdienste** und dann auf **Details**.

   Das Dialogfeld **Netzwerkdienste** wird angezeigt.
4. Aktivieren Sie das Kontrollkästchen **WINS (Windows Internet Name Service)**, klicken Sie auf **OK** und dann auf **Weiter**.

Verwenden von statischen Zuordnungen

Es gibt zwei Möglichkeiten, Einträge für die Zuordnung von Namen zu Adressen zu WINS hinzuzufügen:

- Dynamisch, wobei für WINS aktivierte Clients direkt eine Verbindung zu einem WINS-Server herstellen, um ihre NetBIOS-Namen in der Serverdatenbank zu registrieren, freizugeben oder zu erneuern.

- Manuell, wobei ein Administrator über die WINS-Konsole oder Befehlszeilenprogramme statisch zugeordnete Einträge zur Serverdatenbank hinzufügt oder daraus löscht.

Statische Einträge sind nur hilfreich, wenn Sie eine Name-Adresse-Zuordnung für einen Computer zur Serverdatenbank hinzufügen müssen, der WINS nicht direkt einsetzt. In einigen Netzwerken können beispielsweise Server, die andere Betriebssysteme ausführen, einen NetBIOS-Namen nicht direkt bei einem WINS-Server registrieren. Diese Namen könnten zwar auch über eine LMHOSTS-Datei oder eine Abfrage eines DNS-Servers hinzugefügt und aufgelöst werden, es empfiehlt sich aber unter Umständen für Sie, stattdessen eine statische WINS-Zuordnung zu verwenden.

Kapitel 9 Implementieren von WINS (Windows Internet Name Service)

▶ **So konfigurieren Sie eine statische Zuordnung**

1. Klicken Sie auf **Start**, zeigen Sie auf **Programme** und dann auf **Verwaltung**, und klicken Sie anschließend auf **WINS**.

2. Klicken Sie an der WINS-Konsole unter Ihrem WINS-Server auf **Aktive Registrierungen**.

3. Klicken Sie im Menü **Vorgang** auf **Statische Zuordnung**.

   Das in Abbildung 9.9 dargestellte Dialogfeld **Statische Zuordnung** wird angezeigt.

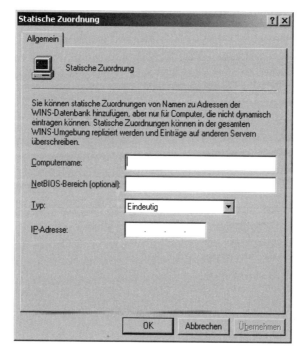

Abbildung 9.9 Das Dialogfeld Statische Zuordnung

4. Geben Sie im Feld **Computername** den NetBIOS-Namen des Computers ein.

5. Im Feld **NetBIOS-Bereich (optional)** können Sie eine NetBIOS-Bereichskennung eingeben, wenn eine für den Computer verwendet wird. Geben Sie anderenfalls in diesem Feld keinen Wert ein.

6. Klicken Sie unter **Typ** auf einen der unterstützten Typen, um anzugeben, ob der Eintrag ein Eintrag des Typs **Eindeutig**, **Gruppe**, **Domänenname**, **Internetgruppe** oder **Mehrfach vernetzt** ist (wie in Tabelle 9.3 ausführlich dargestellt).

7. Geben Sie in **IP-Adresse** die Adresse für den Computer ein.

8. Klicken Sie auf **Übernehmen**, um den Eintrag für die statische Zuordnung zur Datenbank hinzuzufügen.

   Sie haben die Möglichkeit, weitere Einträge für die statische Zuordnung hinzuzufügen. Klicken Sie für jeden Eintrag, den Sie abgeschlossen haben, auf **Übernehmen**, und klicken Sie dann auf **Abbrechen**, wenn Sie keine weiteren Einträge für die statische Zuordnung hinzufügen möchten.

9. Klicken Sie auf **OK**, um das Dialogfeld **Statische Zuordnung** zu schließen.

Tabelle 9.3 Typen für die statische WINS-Zuordnung

Option	Beschreibung
Eindeutig	Ein eindeutiger Name ist einer einzelnen IP-Adresse zugeordnet.
Gruppe	Dieser Typ wird auch als „normale" Gruppe bezeichnet. Wenn ein Eintrag mit dem WINS-Manager zu einer Gruppe hinzugefügt wird, müssen Sie den Computernamen und die IP-Adresse eingeben. Die IP-Adressen von einzelnen Mitgliedern der Gruppe werden jedoch nicht in der WINS-Datenbank gespeichert. Da die Adressen der Mitglieder nicht gespeichert werden, können einer Gruppe beliebig viele Mitglieder hinzugefügt werden. Pakete mit Broadcastnamen dienen der Kommunikation mit Gruppenmitgliedern.
Domänenname	Eine Zuordnung eines NetBIOS-Namens zur Adresse, bei der das 16. Byte **0x1C** ist. In einer Domänengruppe werden bis zu 25 Adressen für Mitglieder abgelegt. Bei Registrierungen nach der fünfundzwanzigsten Adresse überschreibt WINS eine Replikatsadresse. Wenn keine Replikatsadresse vorhanden ist, wird die älteste Registrierung überschrieben.
Internetgruppe	Bei Internetgruppen handelt es sich um benutzerdefinierte Gruppen, über die Sie Ressourcen, beispielsweise Drucker, zu Referenz- und Suchzwecken gruppieren können. In einer Internetgruppe können maximal 25 Adressen für Mitglieder gespeichert werden. Ein dynamisches Mitglied ersetzt jedoch kein statisches Mitglied, das über den WINS-Manager oder durch das Importieren der LMHOSTS-Datei hinzugefügt wurde.
Mehrfach vernetzt	Ein eindeutiger Name, der mehrere Adressen haben kann. Er wird für mehrfach vernetzte Computer verwendet. Jeder Name für eine mehrfach vernetzte Gruppe kann maximal 25 Adressen enthalten. Bei Registrierungen nach der fünfundzwanzigsten Adresse überschreibt WINS eine Replikatsadresse. Wenn keine Replikatsadresse vorhanden ist, wird die älteste Registrierung überschrieben.

Übung: Konfigurieren eines WINS-Clients

Wenn ein Computer ein DHCP-Client ist, können Sie den DHCP-Server so konfigurieren, dass er DHCP-Clients WINS-Konfigurationsdaten bereitstellt. Sie können WINS-Clients aber auch manuell konfigurieren. Wenn Sie WINS-Clientcomputer manuell mit IP-Adressen von einem oder mehreren WINS-Servern konfigurieren, haben diese Werte Vorrang vor denselben Parametern, die ein DHCP-Server bereitstellt.

▶ **So konfigurieren Sie einen WINS-Client mit den IP-Adressen von einem oder mehreren WINS-Servern**

1. Öffnen Sie **Netzwerk- und DFÜ-Verbindungen**.
2. Klicken Sie mit der rechten Maustaste auf **LAN-Verbindung** und danach auf **Eigenschaften**.

   Das Dialogfeld **Eigenschaften von LAN-Verbindung** wird angezeigt.
3. Wählen Sie aus der Liste den Eintrag **Eigenschaften von Internetprotokoll (TCP/IP)**, und klicken Sie dann auf **Eigenschaften**.

   Das Dialogfeld **Eigenschaften von Internetprotokoll (TCP/IP)** wird angezeigt.
4. Klicken Sie auf **Erweitert** und dann auf die Registerkarte **WINS** (wie in Abbildung 9.10 dargestellt).

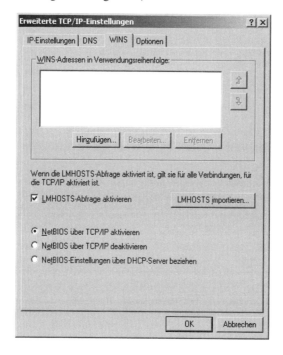

Abbildung 9.10 Der WINS-Dienst auf einem Windows 2000-Client

5. Klicken Sie auf **Hinzufügen**, geben Sie im Dialogfeld **TCP/IP-WINS-Server** die IP-Adresse Ihres WINS-Servers ein, und klicken Sie dann auf **Hinzufügen**.

   Das Dialogfeld **TCP/IP-WINS-Server** wird geschlossen, und der eingegebene WINS-Server wird zu der Liste im Dialogfeld **Erweiterte TCP/IP-Einstellungen** hinzugefügt.

6. Klicken Sie auf **OK**, um das Dialogfeld **ErweiterteTCP/IP-Einstellungen** zu schließen.

7. Klicken Sie auf **OK**, um das Dialogfeld **Eigenschaften von Internetprotokoll (TCP/IP)** zu schließen.

8. Klicken Sie auf **OK**, um das Dialogfeld **Eigenschaften von LAN-Verbindung** zu schließen.

Problembehandlung für WINS

Folgende Umstände deuten auf allgemeine Probleme bei WINS hin:

- Der Administrator kann keine Verbindung zu einem WINS-Server unter Verwendung der WINS-Konsole herstellen.
- Der TCP/IP NetBIOS Helper-Dienst (TCP/IP-NetBIOS-Hilfsprogramm) auf dem WINS-Client ist heruntergefahren und kann nicht neu gestartet werden.
- Der WINS-Dienst wird nicht ausgeführt und kann nicht neu gestartet werden.

Überprüfen Sie bei der Behandlung von WINS-Problemen zunächst, ob die entsprechenden Dienste ausgeführt werden. Dies können Sie sowohl am WINS-Server als auch am WINS-Client durchführen.

▶ **So überprüfen Sie ausgeführte Dienste**

1. Überprüfen Sie, ob der WINS-Dienst auf dem Server ausgeführt wird.
2. Überprüfen Sie, ob der Arbeitsstationsdienst, der Serverdienst und der TCP/IP NetBIOS Helper-Dienst auf den Clients gestartet wurden.

Wenn die Dienste nicht ordnungsgemäß gestartet werden, können Sie mit Hilfe des Verwaltungsprogramms **Computerverwaltung** die Statusspalte der Dienste überprüfen und dann versuchen, sie manuell zu starten. Wenn der Dienst nicht gestartet werden kann, können Sie mit Hilfe der Ereignisanzeige das Systemereignisprotokoll überprüfen und mögliche Fehlerursachen ermitteln.

Anmerkung Für WINS-Clients sollte die Angabe „Gestartet" in der Statusspalte für **TCP/IP NetBIOS Helper-Dienst** angezeigt werden. Für WINS-Server sollte die Angabe „Gestartet" in der Statusspalte für **WINS (Windows Internet Name Service)** angegeben werden.

Das Problem, das bei WINS-Clients am häufigsten auftritt, ist eine fehlgeschlagene Namensauflösung. Wenn die Namensauflösung auf einem Client fehlschlägt, beantworten Sie die folgenden Fragen, um die Ursache des Fehlers herauszufinden:

- **Kann der Clientcomputer WINS verwenden, und ist er ordnungsgemäß konfiguriert?** Überprüfen Sie zuerst, ob der Client für die Verwendung von TCP/IP und WINS konfiguriert ist. Die Clientkonfiguration von WINS-Einstellungen kann manuell von einem Administrator vorgenommen werden, der die TCP/IP-Konfiguration des Clients festlegt. Diese Konfiguration kann jedoch auch dynamisch von einem DHCP-Server durchgeführt werden, der dem Client die TCP/IP-Konfiguration zur Verfügung stellt. In den meisten Fällen können Computer, die frühere Versionen von Microsoft-Betriebssystemen ausführen, WINS bereits verwenden, nachdem TCP/IP auf dem Client installiert und konfiguriert wurde. Bei Windows 2000 können Administratoren NetBT für jeden Client optional deaktivieren. Wenn Sie NetBT deaktivieren, kann WINS nicht auf dem Client verwendet werden.

> **Anmerkung** Wenn der WINS-Server nicht auf ein direktes Ping-Signal reagiert, kann das Problem aus einem Netzwerkverbindungsfehler zwischen dem Client und dem WINS-Server resultieren.

- **Konnte ein NetBIOS- oder ein DNS-Name nicht aufgelöst werden?** NetBIOS-Namen sind maximal 15 Zeichen lang und anders als DNS-Namen strukturiert, die im Allgemeinen länger sind und die einzelnen Domänenebenen innerhalb eines Namens mit Punkten trennen. Beispielsweise können sich der kurze NetBIOS-Name **PRINT-SRV1** und der längere DNS-Name **print-srv1.example.microsoft.com** auf den gleichen Windows 2000-Ressourcencomputer, einen Netzwerkdruckerserver, beziehen, der für die Verwendung beider Namen konfiguriert ist. Wenn im vorherigen Beispiel der kurze Name auf dem Client verwendet wird, setzt Windows 2000 bei den ersten Versuchen, einen Namen aufzulösen, zuerst NetBIOS-Namensdienste ein, beispielsweise WINS oder NetBT-Broadcasts. Wenn ein längerer DNS-Name (bzw. ein Name mit Punkten) zu dem Fehler beigetragen hat, ist es wahrscheinlicher, dass DNS die Ursache für die fehlgeschlagene Namensauflösung war.

Das häufigste Problem, das bei WINS-Servern auftritt, ist die Unfähigkeit, Namen für Clients aufzulösen. Wenn ein Server einen Namen für die Clients nicht auflösen kann, wird der Fehler von den Clients meistens auf eine der folgenden Arten festgestellt:

- Der Server sendet eine negative Antwort auf die Abfrage an den Client. Hierbei kann es sich um eine Fehlermeldung mit der Information handeln, dass der Name nicht gefunden wurde.

- Der Server sendet eine positive Rückmeldung an den Client, die in der Antwort enthaltenen Informationen sind jedoch fehlerhaft.

Wenn Sie feststellen, dass der Ursprung der WINS-Probleme nicht beim Client liegt, beantworten Sie die folgende Frage, um die Ursache des Fehlers auf dem WINS-Server des Clients herauszufinden:

- **Kann der WINS-Server einen Dienst für den Client bereitstellen?**
  Verwenden Sie die Ereignisanzeige oder die Management Console für WINS auf dem WINS-Server für den Client, der einen Namen nicht ermitteln kann, um festzustellen, ob WINS derzeit ausgeführt wird. Wenn WINS auf dem Server ausgeführt wird, suchen Sie nach dem zuvor vom Client angeforderten Namen, um zu ermitteln, ob er in der WINS-Serverdatenbank vorhanden ist.

Wenn der WINS-Server ausfällt oder die Datenbank beschädigt ist, können Sie mit Hilfe der WINS-Methoden zur Datenbankwiederherstellung WINS-Operationen wiederherstellen. Sie können die WINS-Datenbank mit der WINS-Administratorkonsole sichern. Zunächst geben Sie ein Sicherungsverzeichnis für die Datenbank an, und anschließend führt WINS Datenbanksicherungen aus. Die Sicherung wird standardmäßig alle drei Stunden ausgeführt. Wenn Ihre WINS-Datenbank beschädigt wird, können Sie sie auf einfache Weise wiederherstellen. Eine lokale Serverdatenbank kann am einfachsten wiederhergestellt werden, indem Daten von einem Replikationspartner zurückrepliziert werden. Wenn nur eine begrenzte Anzahl von Datensätzen beschädigt ist, können Sie sie wiederherstellen, indem Sie die Replikation von nicht beschädigten WINS-Datensätzen erzwingen. Damit werden die betroffenen Datensätze von anderen WINS-Servern entfernt. Wenn Änderungen schnell zwischen WINS-Servern repliziert werden, lässt sich eine lokale WINS-Serverdatenbank am besten über einen Replikationspartner wiederherstellen. Voraussetzung ist, dass die WINS-Daten auf dem Replikationspartner im Wesentlichen aktuell sind.

Verwalten und Überwachen von WINS

Die WINS-Konsole ist vollständig in die MMC (Microsoft Management Console) integriert. Bei der MMC handelt es sich um eine benutzerfreundliche und leistungsstarke Umgebung, die Sie für eine effizientere Arbeitsweise anpassen können. Da alle Dienstprogramme für die Serververwaltung, die Sie in Windows 2000 Server einsetzen können, zur MMC gehören, können neue MMC-basierte Dienstprogramme einfacher verwendet werden, weil sie vorhersehbarer funktionieren und einheitlich konzipiert sind. Darüber hinaus können mehrere hilfreiche WINS-Funktionen aus früheren Versionen von Windows NT Server, die nur über die Registrierung konfiguriert werden konnten, nun unmittelbar verwendet werden.

Dazu gehört die Möglichkeit, Datensätze von einem bestimmten Besitzer oder WINS-Replikationspartner zu blockieren (bisher als „Persona Non Grata" bekannt) oder das Überschreiben von statischen Zuordnungen zuzulassen (bisher als „Migration/Keine Migration" bekannt). In dieser Lektion erfahren Sie, wie WINS über die WINS-Konsole verwaltet und überwacht wird.

Anzeigen von WINS-Serverstatistiken

Zeigen Sie WINS-Serverstatistiken regelmäßig an, um die Leistung zu überwachen. In der Standardeinstellung werden Statistiken alle 10 Minuten aktualisiert. Sie haben auch die Möglichkeit, diese Funktion zu deaktivieren, Deaktivieren Sie dazu das Kontrollkästchen **Statistik automatisch aktualisieren**.

▶ **So öffnen Sie das Dialogfeld Statistik für WINS-Server**

1. Klicken Sie auf **Start**, zeigen Sie auf **Programme** und dann auf **Verwaltung**, und klicken Sie anschließend auf **WINS**.

2. Klicken Sie in der Konsolenstruktur auf den entsprechenden WINS-Server.

3. Klicken Sie im Menü **Vorgang** auf **Serverstatistik anzeigen**.

4. Um die Anzeige beim Einsehen von WINS-Statistiken zu aktualisieren, klicken Sie auf **Aktualisieren**.

Zusammenfassung der Lektion

Für die Implementierung von WINS müssen sowohl Server als auch Clients konfiguriert werden. Durch die Konfiguration einer statischen Zuordnung für Clients ohne WINS-Unterstützung können WINS-Clients in Remotenetzwerken mit diesen kommunizieren. Überprüfen Sie bei der Behandlung von WINS-Problemen zunächst, ob die entsprechenden Dienste ausgeführt werden.

Lektion 4: Konfigurieren der WINS-Replikation

Alle WINS-Server in einem Netzwerk können so konfiguriert werden, dass Datenbankeinträge vollständig mit anderen WINS-Servern repliziert werden. Damit wird sichergestellt, dass ein auf einem WINS-Server registrierter Name schließlich auf alle anderen WINS-Server repliziert wird. In dieser Lektion wird erläutert, wie WINS-Datenbankeinträge auf andere WINS-Server repliziert werden.

Am Ende dieser Lektion werden Sie in der Lage sein, die folgenden Aufgaben auszuführen:
- Hinzufügen eines Replikationspartners
- Durchführen der WINS-Datenbankreplikation

Veranschlagte Zeit für die Lektion: 20 Minuten

Die Replikation im Überblick

Die Datenbankreplikation findet bei jeder Änderung der Datenbank statt; dazu gehört auch die Freigabe eines Namens. Durch die Replikation von Datenbanken ist ein WINS-Server in der Lage, NetBIOS-Namen von Hosts aufzulösen, die bei einem anderen WINS-Server registriert sind. Wenn beispielsweise ein Host in Subnetz 1 bei einem WINS-Server im selben Subnetz registriert ist, jedoch eine Verbindung mit einem Host in Subnetz 2 aufbauen möchte, der bei einem anderen WINS-Server registriert ist, kann der NetBIOS-Name nur dann aufgelöst werden, wenn die beiden WINS-Server ihre Datenbanken miteinander repliziert haben.

Um Datenbankeinträge zu replizieren, muss jeder WINS-Server entweder als Pull-Partner oder als Push-Partner mit mindestens einem anderen WINS-Server konfiguriert werden. Ein Push-Partner ist ein WINS-Server, der seine Pull-Partner in Meldungen über Änderungen seiner WINS-Datenbank informiert. Wenn die Pull-Partner eines WINS-Servers auf eine Meldung mit einer Replikationsanforderung antworten, sendet der WINS-Server eine Kopie seiner neuen Datenbankeinträge (Replikate) an seine Pull-Partner.

Bei einem Pull-Partner handelt es sich um einen WINS-Server, der neue Datenbankeinträge (Replikate) von seinen Push-Partnern anfordert. Dies geschieht durch die Anforderung von Einträgen, deren Versionsnummer höher ist als die Versionsnummer der Einträge, die während der letzten Replikation empfangen wurden.

Anmerkung WINS-Server replizieren nur neue Einträge in ihren Datenbanken. Bei den einzelnen Replikationen wird nicht die gesamte WINS-Datenbank repliziert.

Konfigurieren eines WINS-Servers als Push-Partner oder Pull-Partner

Ob ein WINS-Server als Pull-Partner oder Push-Partner konfiguriert werden sollte, hängt von der Netzwerkumgebung ab. Beachten Sie bei der WINS-Server-replikation folgende, in Abbildung 9.11 dargestellte Regeln:

- Konfigurieren Sie einen Push-Partner, wenn Server über schnelle Verbindungen verfügen, da Push-Replikation stattfindet, wenn die konfigurierte Anzahl von aktualisierten WINS-Datenbankeinträgen erreicht ist.

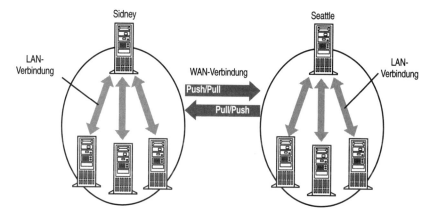

Abbildung 9.11 **Konfigurieren von Push-Partnern und Pull-Partnern**

- Konfigurieren Sie einen Pull-Partner zwischen Standorten, besonders über langsame Verbindungen, da die Pull-Replikation für die Ausführung in bestimmten Intervallen konfiguriert werden kann.
- Konfigurieren Sie jeden Server als Push-Partner und Pull-Partner, um Datenbankeinträge zwischen ihnen zu replizieren.

Anmerkung Zum Konfigurieren eines WINS-Servers als Push-Partner oder Pull-Partner verwenden Sie das WINS-Verwaltungsprogramm.

- Sowohl in Sydney als auch in Seattle replizieren alle WINS-Server an jedem Standort ihre neuen Datenbankeinträge als Push-Partner auf einen einzelnen Server an ihrem Standort.
- Die Server, die die Push-Replikation erhalten, sind untereinander für Pull-Replikation konfiguriert, da die Netzwerkverbindung zwischen Sydney und Seattle relativ langsam ist. Die Replikation sollte stattfinden, wenn die Verbindung am wenigsten verwendet wird, beispielsweise spätabends.

Konfigurieren der Datenbankreplikation

Für die Datenbankreplikation müssen Sie mindestens einen Push-Partner und einen Pull-Partner konfigurieren. Es gibt vier Methoden zum Starten der Replikation der WINS-Datenbank:

1. Beim Systemstart. Nachdem ein Replikationspartner konfiguriert wurde, ruft WINS standardmäßig bei jedem Start Datenbankeinträge ab (Pull). Der WINS-Server kann auch für die Übertragung von Einträgen beim Systemstart konfiguriert werden (Push).

2. Nach einem konfigurierten Intervall, beispielsweise alle fünf Stunden.

3. Wenn ein WINS-Server einen konfigurierten Schwellenwert für die Anzahl der Registrierungen und Änderungen in der WINS-Datenbank erreicht hat. Wurde der Schwellenwert (die Einstellung für die Anzahl der Aktualisierungen) erreicht, benachrichtigt der WINS-Server alle Pull-Partner, die dann die neuen Einträge anfordern.

4. Durch Erzwingen der Replikation an der WINS-Administratorkonsole (wie in Abbildung 9.12 dargestellt).

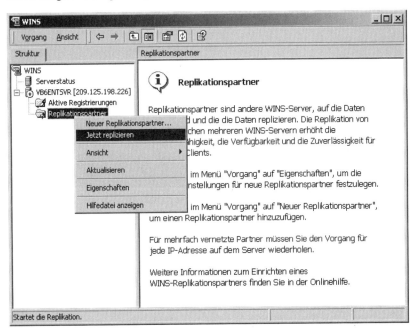

Abbildung 9.12 Erzwingen der WINS-Datenbankreplikation

Übung: Die WINS-Datenbankreplikation durchführen

In den Verfahren in diesem Abschnitt konfigurieren Sie Ihren WINS-Server für die Datenbankreplikation mit einem anderen WINS-Server.

Anmerkung Für dieses Verfahren müssen Sie zunächst einen zweiten Computer (Server2) als WINS-Server konfigurieren.

Sie konfigurieren den zweiten Computer (WINS-Server) in diesem Verfahren als Replikationspartner.

▶ **So konfigurieren Sie WINS-Replikationspartner**

1. Öffnen Sie die WINS-Administratorkonsole.

2. Klicken Sie mit der rechten Maustaste auf den Ordner **Replikationspartner** unter Ihrem WINS-Server, und klicken Sie dann auf **Neuer Replikationspartner**.

   Das Dialogfeld **Neuer Replikationspartner** wird angezeigt.

3. Geben Sie im Feld **WINS-Server** eine IP-Adresse eines WINS-Servers ein, der als Partner fungiert, und klicken Sie dann auf **OK**.

   Das Dialogfeld **Replikationspartner** wird angezeigt, und die eingegebene IP-Adresse wurde in die Liste der WINS-Server aufgenommen (wie in Abbildung 9.13 dargestellt).

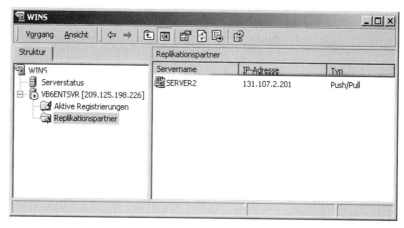

Abbildung 9.13 In der WINS-Administratorkonsole aufgeführte Replikationspartner

4. Klicken Sie im rechten Fensterausschnitt mit der rechten Maustaste auf den Replikationspartner, den Sie soeben hinzugefügt haben, und klicken Sie dann auf **Eigenschaften**.

   Das Dialogfeld **Eigenschaften von Server** wird angezeigt.

5. Klicken Sie auf die Registerkarte **Erweitert**.
6. Wählen Sie in der Dropdown-Liste **Typ des Replikationspartners** die Option **Pull** aus.
7. Das Replikationsintervall ist auf 30 Minuten eingestellt.
8. Klicken Sie auf **OK**.

In diesem Verfahren erzwingen Sie die Replikation der WINS-Datenbank mit dem WINS-Server.

▶ **So erzwingen Sie die Replikation**

1. Klicken Sie mit der rechten Maustaste auf den Ordner **Replikationspartner**.
2. Klicken Sie im Kontextmenü auf **Jetzt replizieren**.

   In einem Dialogfeld werden Sie aufgefordert, das Starten der Replikation zu bestätigen.
3. Klicken Sie auf **Ja**.

   In einem Meldungsfeld wird angegeben, dass die Replikationsanforderung in eine Warteschlange aufgenommen wurde.
4. Klicken Sie auf **OK**.

Planen der Anzahl der einzusetzenden WINS-Server

In einem kleineren Netzwerk kann ein einzelner WINS-Server problemlos für bis zu 10.000 Clients für Anforderungen zur Auflösung von NetBIOS-Namen eingesetzt werden. Um eine zusätzliche Fehlertoleranz zu bieten, können Sie einen zweiten Computer, auf dem Windows 2000 Server ausgeführt wird, konfigurieren und als WINS-Sicherungsserver für Clients verwenden. Wenn Sie nur zwei WINS-Server einsetzen, können Sie sie auf einfache Weise als Replikationspartner einrichten. Für eine einfache Replikation zwischen zwei Servern sollte ein Server als Pull-Partner und der andere Server als Push-Partner eingerichtet werden. Die Replikation kann manuell oder automatisch ablaufen. Dies können Sie über das Kontrollkästchen **Automatische Konfiguration des Partners aktivieren** auf der Registerkarte **Erweitert** im Dialogfeld **Eigenschaften von Replikationspartner** konfigurieren.

Für ein größeres Netzwerk sind manchmal aus verschiedenen Gründen mehrere WINS-Server erforderlich. Zu diesen gehört, als wichtigster Aspekt, die Anzahl der Clientverbindungen pro Server. Die Anzahl der Benutzer, die jeder WINS-Server unterstützen kann, variiert in Abhängigkeit von den Verwendungsmustern, der Datenspeicherung und der Verarbeitungsleistung des WINS-Servers. Für einige Netzwerkumgebungen in Unternehmen ist eine robustere Hardware für die Verarbeitung der WINS-Aktivitäten erforderlich. Es kann daher für Sie von Vorteil sein, den Server zu aktualisieren.

Denken Sie bei der Serverplanung daran, dass jeder WINS-Server Hunderte von Registrierungen und Abfragen pro Sekunde verwalten kann. Zu Fehlertoleranzzwecken können Sie eine beliebige Anzahl von WINS-Servern angeben. Setzen Sie aber nur dann eine große Anzahl von WINS-Servern ein, wenn dies unbedingt notwendig ist. Wenn Sie die Anzahl der WINS-Server im Netzwerk begrenzen, minimieren Sie damit den Verkehr, der durch die Replikation entsteht, bieten eine effektivere Auflösung von NetBIOS-Namen und verringern Verwaltungsanforderungen.

WINS-Partner für die automatische Replikation

Wenn Ihr Netzwerk Multicasting unterstützt, kann der WINS-Server für die automatische Ermittlung von anderen WINS-Servern im Netzwerk konfiguriert werden. Hierzu werden Multicasts an die IP-Adresse 224.0.1.24 gesendet, in der Standardeinstellung alle 40 Minuten. Im Netzwerk ermittelte WINS-Server werden automatisch als Partner für Push- und Pull-Replikation konfiguriert, wobei das Intervall für die Pull-Replikation auf zwei Stunden gesetzt wird. Wenn Netzwerkrouter Multicasting nicht unterstützen, findet der WINS-Server nur andere WINS-Server im eigenen Subnetz. Automatische WINS-Serverbeziehungen sind standardmäßig deaktiviert. Verwenden Sie den Registrierungs-Editor, um diese Funktion manuell zu deaktivieren. Setzen Sie den Eintrag **UseSelfFndPnrs** auf 0 und **McastIntvl** auf einen hohen Wert.

Sichern der WINS-Datenbank

Die WINS-Konsole enthält Sicherungstools zum Sichern und Wiederherstellen der WINS-Datenbank. Bei der Sicherung der Serverdatenbank wird unterhalb des Ordners, den Sie in den Servereigenschaften als Standardsicherungspfad angegeben haben, ein Ordner mit dem Namen **\Wins_bak\New** angelegt. In diesem Ordner werden die eigentlichen Sicherungen der WINS-Datenbank (**WINS.MDB**) gespeichert. In der Standardeinstellung ist der Sicherungspfad der Stammordner der Systempartition, beispielsweise **C:**. Nachdem Sie einen Sicherungsordner für die Datenbank angegeben haben, führt WINS alle drei Stunden eine vollständige Datenbanksicherung aus und verwendet dazu den angegebenen Ordner. WINS kann auch für die automatische Sicherung der Datenbank konfiguriert werden, wenn der Dienst gestoppt oder der Server heruntergefahren wird.

▶ **So sichern Sie die WINS-Datenbank**

1. Klicken Sie auf **Start**, zeigen Sie auf **Programme** und dann auf **Verwaltung**, und klicken Sie anschließend auf **WINS**.
2. Klicken Sie in der Konsolenstruktur auf den entsprechenden WINS-Server.
3. Klicken Sie im Menü **Vorgang** auf **Datenbank sichern**.
4. Wenn Sie dazu aufgefordert werden, den Vorgang zu bestätigen, klicken Sie auf **Ja**.
5. Klicken Sie nach Abschluss der Sicherung auf **OK**.

Wichtig Geben Sie kein Netzlaufwerk als Sicherungsstandort an. Wenn Sie die Pfade für die WINS-Sicherung oder die WINS-Datenbank in den Servereigenschaften ändern, führen Sie außerdem eine neue Sicherung durch, um sicherzustellen, dass die WINS-Datenbank später erfolgreich wiederhergestellt werden kann. Dies ist die einzige Möglichkeit, die aktive WINS-Datenbank zu sichern, da die Datenbank bei Ausführung des WINS-Servers geöffnet und somit gesperrt ist.

Zusammenfassung der Lektion

Alle WINS-Server in einem bestimmten Netzwerk können für den Aufbau von Verbindungen untereinander konfiguriert werden, so dass ein Name, der bei einem WINS-Server registriert ist, schließlich allen WINS-Servern bekannt ist. Ein Pull-Partner fordert neue WINS-Datenbankeinträge an. Ein Push-Partner informiert seine Pull-Partner über Änderungen seiner WINS-Datenbank.

Lernzielkontrolle

Mit den folgenden Fragen können Sie überprüfen, ob Sie die in diesem Kapitel vermittelten Lehrinhalte verstanden haben. Wenn Sie eine Frage nicht beantworten können, wiederholen Sie den entsprechenden Abschnitt, bevor Sie mit dem nächsten Kapitel fortfahren. Die Antworten zu den Fragen finden Sie in Anhang A, „Fragen und Antworten".

1. Was sind zwei Vorteile von WINS?

2. Mit welchen beiden Methoden kann WINS auf einem Clientcomputer aktiviert werden?

3. Wie viele WINS-Server werden in einem Intranet mit 12 Subnetzen benötigt?

4. Welche Arten von Namen werden in der WINS-Datenbank gespeichert?

KAPITEL 10

Implementieren von DHCP (Dynamic Host Configuration Protocol)

Lektion 1: Einführung in und Installieren von DHCP . . . 268

Lektion 2: Konfigurieren von DHCP . . . 279

Lektion 3: Integrieren von DHCP mit Namensdiensten . . . 288

Lektion 4: Verwenden von DHCP mit Active Directory . . . 293

Lektion 5: Problembehandlung bei DHCP . . . 295

Lernzielkontrolle . . . 305

Über dieses Kapitel

In diesem Kapitel erfahren Sie, wie DHCP (Dynamic Host Configuration Protocol) verwendet wird, um TCP/IP (Transmission Control Protocol/Internet Protocol) automatisch zu konfigurieren und häufige Konfigurationsprobleme zu beheben. Während dieser Lektionen installieren und konfigurieren Sie einen DHCP-Server, testen die DHCP-Konfiguration und erhalten anschließend eine IP-Adresse von einem DHCP-Server.

Bevor Sie beginnen

Für die Bearbeitung der Lektionen in diesem Kapitel gelten folgende Voraussetzungen:

- Sie müssen Microsoft Windows 2000 Server mit TCP/IP installiert haben.

Lektion 1: Einführung in und Installieren von DHCP

DHCP weist Computern automatisch IP-Adressen zu. Mit Hilfe von DHCP muss TCP/IP nicht mehr manuell konfiguriert werden. Diese Lektion bietet einen Überblick über DHCP und die zugehörige Funktionsweise.

Am Ende dieser Lektion werden Sie in der Lage sein, die folgenden Aufgaben auszuführen

- Beschreiben des Unterschieds zwischen der manuellen und automatischen Konfiguration von TCP/IP
- Bestimmen der TCP/IP-Konfigurationsparameter, die von einem DHCP-Server zugewiesen werden
- Beschreiben von IP-Leaseanforderungen und -angeboten
- Installieren von DHCP unter Windows 2000

Veranschlagte Zeit für die Lektion: 20 Minuten

DHCP im Überblick

DHCP ist eine Erweiterung von BOOTP (Boot Protocol). BOOTP ermöglicht es datenträgerlosen Clients, TCP/IP zu starten und automatisch zu konfigurieren. DHCP zentralisiert und verwaltet die Zuweisung von TCP/IP-Konfigurationsinformationen, indem Computern, die für die Verwendung von DHCP konfiguriert wurden, automatisch IP-Adressen zugewiesen werden. Durch die Implementierung von DHCP entfallen einige Konfigurationsprobleme, die bei der manuellen Konfiguration von TCP/IP auftreten können.

Wie in Abbildung 10.1 dargestellt, fordert ein DHCP-Client bei jedem Start IP-Adressierungsdaten, einschließlich der IP-Adresse, der Subnetzmaske und optionaler Werte, von einem DHCP-Server an. Zu den optionalen Werten gehören unter anderem eine Standardgatewayadresse, eine DNS-Adresse (Domain Name System) und eine WINS-Serveradresse (Windows Internet Name Service).

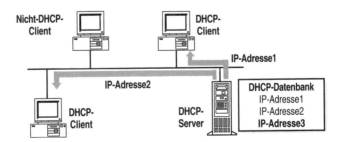

Abbildung 10.1 Interaktion eines DHCP-Clients mit einem DHCP-Server

Wenn ein DHCP-Server eine Anforderung erhält, wählt er IP-Adressinformationen aus einem in der Datenbank definierten Adresspool aus und bietet sie dem DHCP-Client an. Wenn der Client das Angebot akzeptiert, werden die IP-Adressinformationen für einen angegebenen Zeitraum an den Client geleast. Wenn im Pool keine verfügbaren IP-Adressinformationen für den Client vorhanden sind, kann der Client TCP/IP nicht starten.

Manuelle contra automatische Konfiguration

Um die Vorteile von DHCP bei der Konfiguration von TCP/IP auf Clientcomputern zu verstehen, ist ein Vergleich zwischen manueller TCP/IP-Konfiguration und automatischer Konfiguration mit DHCP hilfreich.

Manuelles Konfigurieren von TCP/IP

Bei der manuellen Konfiguration von TCP/IP erhalten Benutzer keine gültige IP-Adresse vom Netzwerkadministrator, sondern können eine willkürliche IP-Adresse auswählen. Die Verwendung von inkorrekten Adressen kann zu Netzwerkproblemen führen, die nur schwer zurückverfolgt werden können.

Die Eingabe der IP-Adresse, der Subnetzmaske oder des Standardgateways kann zu Problemen bei der Kommunikation führen, wenn das Standardgateway oder die Subnetzmaske nicht korrekt ist. Außerdem können Probleme mit doppelten IP-Adressen auftreten.

Ein weiterer Nachteil der manuellen Konfiguration von TCP/IP ist der Verwaltungsaufwand im Netzwerkverbund, in dem Computer häufig von einem Subnetz in ein anderes verschoben werden. Wenn beispielsweise eine Arbeitsstation in ein anderes Subnetz verschoben wird, müssen die IP-Adresse und die Adresse des Standardgateways geändert werden, damit die Arbeitsstation an ihrer neuen Position kommunizieren kann.

Konfigurieren von TCP/IP mit DHCP

Wenn IP-Adressinformationen mit Hilfe von DHCP automatisch konfiguriert werden, müssen Benutzer für das Konfigurieren von TCP/IP nicht länger IP-Adressinformationen von einem Administrator erwerben. Der DHCP-Server stellt den gesamten DHCP-Clients alle erforderlichen Konfigurationsinformationen zur Verfügung. Mit DHCP werden zahlreiche Probleme ausgeschlossen, deren Behebung häufig sehr problematisch ist.

Zu den TCP/IP-Konfigurationsparametern, die vom DHCP-Server zugewiesen werden können, gehören:

- IP-Adressen für jeden Netzwerkadapter in einem Clientcomputer.
- Subnetzmasken, mit denen der IP-Netzwerkanteil vom Hostanteil der IP-Adresse bezeichnet wird.

- Standardgateways (Router), die verwendet werden, um ein Netzwerksegment mit anderen Segmenten zu verbinden.
- Zusätzliche Konfigurationsparameter, die DHCP-Clients optional zugewiesen werden können (z. B. IP-Adressen für DNS- oder WINS-Server eines Clients).

Funktionsweise von DHCP

DHCP verwendet einen aus vier Schritten bestehenden Prozess für die Konfiguration eines DHCP-Clients (siehe Tabelle 10.1). Für Computer mit mehreren Netzwerkadaptern wird der DHCP-Prozess separat für jeden Adapter durchgeführt. Jedem Adapter im Computer wird eine eindeutige IP-Adresse zugewiesen. Die gesamte DHCP-Kommunikation erfolgt über die UDP-Ports 67 und 68.

Die meisten DHCP-Meldungen werden unter Verwendung von Broadcasts gesendet. Die IP-Router müssen die Weiterleitung von DHCP-Broadcasts unterstützen, damit DHCP-Clients mit einem DHCP-Server in einem Remotenetzwerk kommunizieren können. Die Phasen der DHCP-Konfiguration werden in Tabelle 10.1 dargestellt.

Tabelle 10.1 Die vier Phasen der DHCP-Clientkonfiguration

Phase	Beschreibung
IP-Leaseerkennung	Der Client initialisiert eine eingeschränkte Version von TCP/IP und sendet einen Broadcast, um die Position eines DHCP-Servers und IP-Adressinformationen anzufordern.
IP-Leaseangebot	Alle DHCP-Server, die über gültige IP-Adressinformationen verfügen, senden ein Angebot an den Client.
IP-Leaseanforderung	Der Client wählt die IP-Adressinformationen aus dem ersten eingehenden Angebot aus und sendet eine Meldung, mit der das Leasen der IP-Adressinformationen im Angebot angefordert wird.
IP-Leasebestätigung	Der DHCP-Server, der das Angebot abgegeben hat, antwortet auf die Meldung, und alle anderen DHCP-Server ziehen ihre Angebote zurück. Die IP-Adressinformationen werden dem Client zugewiesen, und eine Bestätigung wird gesendet. Der Client beendet das Initialisieren und Binden des TCP/IP-Protokolls. Nach Abschluss der automatischen Konfiguration kann der Client alle TCP/IP-Dienste und Dienstprogramme für die normale Netzwerkkommunikation und für Verbindungen mit anderen IP-Hosts verwenden.

IP-Leaseerkennung und Angebot

Wie in Abbildung 10.2 dargestellt, sendet der Client in den ersten beiden Phasen einen Broadcast für einen DHCP-Server, und ein DHCP-Server bietet dem Client eine IP-Adresse an.

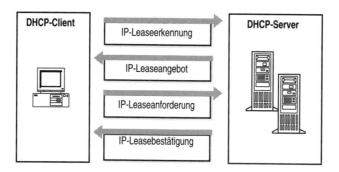

Abbildung 10.2 IP-Leaseerkennung und Angebot

IP-Leaseerkennung

Während des Startvorgangs fordert der Client an, dass eine IP-Adresse geleast werden soll, indem eine Anforderung an alle DHCP-Server gesendet wird. Der Client verfügt noch nicht über eine IP-Adresse bzw. ihm ist die IP-Adresse des DHCP-Servers nicht bekannt. Daher wird 0.0.0.0 als Quelladresse und 255.255.255.255 als Zieladresse verwendet.

Die Leaseanforderung wird in einer DHCPDISCOVER-Meldung gesendet. Diese Meldung enthält auch die Hardwareadresse und den Computernamen des Clients, so dass die DHCP-Server wissen, welcher Client die Anforderung gesendet hat.

Der IP-Leaseprozess wird eingesetzt, wenn eine der folgenden Bedingungen eintritt:

- TCP/IP wird erstmalig als DHCP-Client initialisiert.
- Der Client fordert eine bestimmt IP-Adresse an, die abgelehnt wird, weil der DHCP-Server die Lease möglicherweise verworfen hat.
- Der Client hat zuvor eine IP-Adresse geleast, gibt die Lease jedoch frei und benötigt jetzt eine neue Lease.

IP-Leaseangebot

Alle DHCP-Server, die die Anforderung erhalten und eine gültige Konfiguration für den Client besitzen, senden ein Angebot mit folgenden Informationen:

- Die Hardwareadresse des Clients
- Eine angebotene IP-Adresse

- Eine Subnetzmaske
- Die Gültigkeitsdauer der Lease
- Eine Serverkennung (die IP-Adresse des anbietenden DHCP-Servers)

Ein Broadcast wird verwendet, weil der Client noch nicht über eine IP-Adresse verfügt. Wie in Abbildung 10.3 dargestellt, wird das Angebot als DHCPOFFER-Meldung gesendet. Der DHCP-Server reserviert die IP-Adresse, so dass sie keinem anderen DHCP-Client angeboten wird. Der DHCP-Client wählt die IP-Adresse aus dem ersten Angebot aus, das empfangen wird.

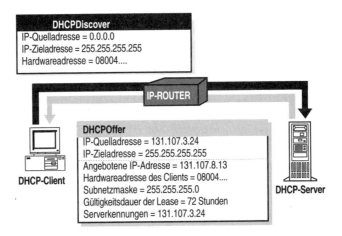

Abbildung 10.3 Senden einer DHCPOFFER-Meldung

Es sind keine DHCP-Server online

Der DHCP-Client wartet 1 Sekunde lang auf ein Angebot. Wenn kein Angebot eingeht, kann der Client nicht initialisiert werden. Der Client sendet dann die Anforderung drei Mal (in Intervallen von 9, 13 und 16 Sekunden) und in willkürlichen Intervallen (zwischen 0 und 1000 Millisekunden). Wenn das Angebot nach vier Anforderungen nicht empfangen wird, versucht der Client es erneut in Abständen von 5 Minuten.

Windows 2000-basierte Clients können automatisch eine IP-Adresse und eine Subnetzmaske konfigurieren, wenn beim Systemstart kein DHCP-Server verfügbar ist. Dies ist eine neue Funktion von Windows 2000 mit der Bezeichnung APIPA (Automatic Private IP Addressing = automatische private IP-Adressvergabe). Diese Funktion ist sinnvoll für Clients in kleinen privaten Netzwerken, wie beispielsweise einem Small Business-Büro, einem Arbeitsplatz zu Hause oder auf einem RAS-Client.

Bei der automatischen Konfiguration des Clients führt der DHCP-Clientdienst von Windows 2000 folgende Schritte durch:

1. Der DHCP-Client versucht, einen DHCP-Server zu ermitteln und eine Adresse sowie Konfigurationsdaten zu beziehen.

2. Wird kein DHCP-Server gefunden oder antwortet der Server nicht, konfiguriert der DHCP-Client seine IP-Adresse und Subnetzmaske automatisch unter Verwendung einer Adresse aus dem für Microsoft reservierten Netzwerk der Klasse B, z. B. 169.254.0.0 mit der Subnetzmaske 255.255.0.0.

   Der DHCP-Client prüft, ob ein Adressenkonflikt vorliegt, um sicherzustellen, dass die gewählte IP-Adresse nicht bereits im Netzwerk verwendet wird. Wenn ein Konflikt festgestellt wird, wählt der Client eine andere IP-Adresse aus. Der Client versucht eine erneute Autokonfiguration für maximal 10 Adressen.

3. Nach der erfolgreichen Auswahl einer Adresse durch den DHCP-Client konfiguriert der Client die Netzwerkschnittstelle mit der IP-Adresse. Der Client prüft dann weiterhin im Hintergrund in Abständen von 5 Minuten, ob ein DHCP-Server vorhanden ist. Wird zu einem späteren Zeitpunkt ein DHCP-Server gefunden, werden die automatisch konfigurierten Daten des Clients gelöscht. Der DHCP-Client verwendet dann eine vom DHCP-Server angebotene Adresse (sowie gegebenenfalls weitere bereitgestellte DHCP-Optionsdaten), um die IP-Konfigurationseinstellungen zu aktualisieren.

IP-Leaseanforderung und Bestätigung

In den letzten beiden Phasen wählt der Client ein Angebot aus und der DHCP-Server bestätigt die Lease.

IP-Leaseanforderung

Nachdem der Client ein Angebot von mindestens einem DHCP-Server erhalten hat, sendet er Broadcasts an alle DHCP-Server, von denen er ein Angebot angenommen hat.

Das Broadcast wird in einer DHCPREQUEST-Meldung gesendet und enthält die Serverkennung (IP-Adresse) des Servers, dessen Angebot akzeptiert wurde. Alle anderen DHCP-Server ziehen ihre Angebote zurück, so dass die entsprechenden IP-Adressen für die nächste IP-Leaseanforderung verfügbar sind.

IP-Leasebestätigung (positiv)

Der DHCP-Server, dessen Angebot angenommen wurde, sendet eine positive Bestätigung an den Client in Form einer DHCPACK-Meldung. Diese Meldung enthält eine gültige Lease für eine IP-Adresse und gegebenenfalls weitere Konfigurationsinformationen. Wenn der DHCP-Client die Bestätigung empfängt, ist TCP/IP vollständig initialisiert und gilt als gebundener DHCP-Client. Der gebundene Client kann über TCP/IP im Netzwerkverbund kommunizieren.

IP-Leasebestätigung (negativ)

Eine negative Bestätigung (DHCPNACK) wird gesendet, wenn der Client versucht, die vorherige IP-Adresse zu leasen und die IP-Adresse nicht mehr verfügbar ist. Eine DHCPNAK-Meldung wird auch dann gesendet, wenn die IP-Adresse ungültig ist, weil der Client real in ein anderes Subnetz verschoben wurde. Wenn der Client eine negative Bestätigung empfängt, wird erneut eine IP-Lease angefordert.

Installieren eines DHCP-Servers

Bevor Sie einen DHCP-Server installieren, sollten Sie folgende Festlegungen treffen:

- Die Hardware- und Speicheranforderungen für den DHCP-Server.
- Die unmittelbar als DHCP-Clients für die dynamische TCP/IP-Konfiguration und die manuell mit statischen TCP/IP-Konfigurationsparametern (einschließlich der statischen IP-Adresse) zu konfigurierenden Computer.
- Die DHCP-Optionstypen und die zugehörigen Werte, die für DHCP-Clients vordefiniert werden.

Beantworten Sie vor dem Installieren von DHCP folgende Fragen:

- **Werden alle Computer als DHCP-Clients eingesetzt?** Berücksichtigen Sie andernfalls, dass Clients ohne DHCP statische IP-Adressen besitzen. Statische IP-Adressen müssen jedoch aus der DHCP-Serverkonfiguration ausgeschlossen werden. Wenn ein Client eine bestimmte Adresse benötigt, muss die entsprechende IP-Adresse reserviert werden.

- **Übermittelt ein DHCP-Server IP-Adressen an mehrere Subnetze?** Berücksichtigen Sie in diesem Fall, dass alle Router, die Subnetze verbinden, als DHCP-Relay-Agenten fungieren. Wenn Ihre Router nicht als DHCP-Relay-Agent fungieren, ist in jedem Subnetz mindestens ein DHCP-Server erforderlich, der über DHCP-Clients verfügt. Beim DHCP-Server kann es sich um einen DHCP-Relay-Agenten oder um einen Router handeln, der BOOTP unterstützt.

- **Wie viele DHCP-Server sind erforderlich?** Denken Sie daran, dass ein DHCP-Server keine Informationen mit anderen DHCP-Servern gemeinsam verwendet. Daher müssen für jeden Server, der Clients zugewiesen wird, eindeutige IP-Adressen erstellt werden.

- **Welche IP-Adressoptionen erhalten Clients von einem DHCP-Server?** Die IP-Adressoptionen legen fest, wie der DHCP-Server konfiguriert wird und ob die Optionen für alle Clients im Netzwerkverbund, für Clients in einem bestimmten Subnetz oder für individuelle Clients erstellt werden sollen.

Folgende IP-Adressoptionen sind möglich:

- Standardgateway
- DNS-Server
- NetBIOS über TCP/IP-Namensauflösung
- WINS-Server
- NetBIOS-Bereichskennung

▶ **So installieren Sie einen DHCP-Server**

1. Öffnen Sie den Assistenten für Windows-Komponenten. Klicken Sie hierzu auf **Start**, zeigen Sie auf **Einstellungen**, und klicken Sie dann auf **Systemsteuerung**.

   Doppelklicken Sie in der Systemsteuerung auf **Software**, und klicken Sie anschließend auf **Windows-Komponenten hinzufügen/entfernen**.

2. Führen Sie unter **Komponenten** einen Bildlauf durch, und klicken Sie auf **Netzwerkdienste**.

3. Klicken Sie auf **Details**.

4. Wählen Sie unter **Unterkomponenten von Netzwerkdienste** die Option **Dynamic Host Configuration Protocol (DHCP)**, klicken Sie auf **OK** und anschließend auf **Weiter**.

   Geben Sie bei Aufforderung den vollständigen Pfad für die Windows 2000-Distributionsdateien ein, und klicken Sie auf **Weiter**. Die erforderlichen Dateien werden auf die Festplatte kopiert.

5. Klicken Sie auf **Fertig stellen**, um den Assistenten für Windows-Komponenten zu schließen.

Anmerkung Es wird dringend empfohlen, den DHCP-Servercomputer manuell zu konfigurieren und eine statische IP-Adresse zu verwenden. Der DHCP-Server kann nicht als DHCP-Client eingesetzt werden. Er muss über eine statische IP-Adresse, eine Subnetzmaske und über eine Standardgatewayadresse verfügen.

Ipconfig

Ipconfig ist ein befehlszeilenorientiertes Tool, das die aktuelle Konfiguration des in einem vernetzten Computer installierten IP-Stacks anzeigt. Das Tool zeigt einen detaillierten Konfigurationsbericht aller Schnittstellen an, einschließlich aller konfigurierten WAN-Miniports (die beispielsweise für RAS- oder VPN-Verbindungen verwendet werden). Ein Beispielbericht wird in Abbildung 10.4 dargestellt.

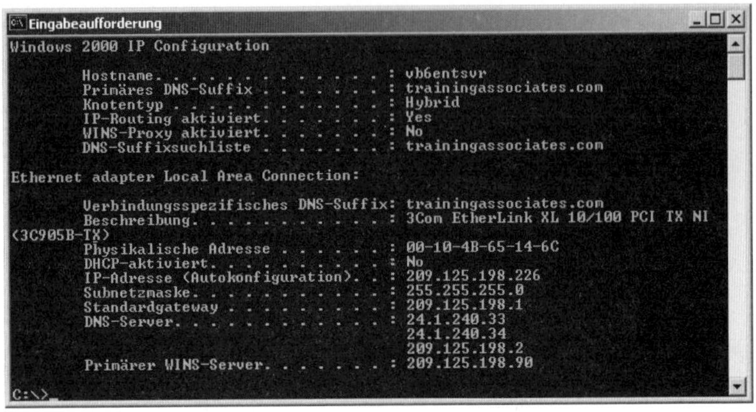

```
Eingabeaufforderung                                    _|□|×
Windows 2000 IP Configuration

        Hostname. . . . . . . . . . . . . : vb6entsvr
        Primäres DNS-Suffix . . . . . . . : trainingassociates.com
        Knotentyp. . . . . . . . . . . . : Hybrid
        IP-Routing aktiviert. . . . . . . : Yes
        WINS-Proxy aktiviert. . . . . . . : No
        DNS-Suffixsuchliste . . . . . . . : trainingassociates.com

Ethernet adapter Local Area Connection:

        Verbindungsspezifisches DNS-Suffix: trainingassociates.com
        Beschreibung. . . . . . . . . . . : 3Com EtherLink XL 10/100 PCI TX NI
(3C905B-TX)
        Physikalische Adresse . . . . . . : 00-10-4B-65-14-6C
        DHCP-aktiviert. . . . . . . . . . : No
        IP-Adresse (Autokonfiguration). . : 209.125.198.226
        Subnetzmaske. . . . . . . . . . . : 255.255.255.0
        Standardgateway . . . . . . . . . : 209.125.198.1
        DNS-Server. . . . . . . . . . . . : 24.1.240.33
                                            24.1.240.34
                                            209.125.198.2
        Primärer WINS-Server. . . . . . . : 209.125.198.90

C:\>
```

Abbildung 10.4 Bericht für Ipconfig /all

Ipconfig-Optionen

Der Befehl **Ipconfig** ist besonders auf Systemen mit DHCP hilfreich. Mit diesem Befehl können Benutzer ermitteln, welche TCP/IP-Konfigurationswerte von DHCP konfiguriert wurden. Tabelle 10.2 erläutert die mit dem Befehl **Ipconfig** verwendeten Optionen.

Tabelle 10.2 Ipconfig-Befehlszeilenoptionen

Option	Wirkung
/all	Erstellt einen detaillierten Konfigurationsbericht aller Schnittstellen.
/flushdns	Entfernt alle Einträge aus dem DNS-Namenscache.
/registerdns	Der DNS-Domänenname für Clientauflösungen.
/displaydns	Zeigt den Inhalt des DNS-Auflösungscache an.
/release <Adapter>	Gibt die IP-Adresse einer angegebenen Schnittstelle frei.
/renew <Adapter>	Erneuert die IP-Adresse einer angegebenen Schnittstelle.
/showclassid <Adapter>	Zeigt alle möglichen DHCP-Klassenkennungen des angegebenen Adapters an.
/setclassid <Adapter> <festzulegende Klassenkennung>	Ändert die DHCP-Klassenkennung des angegebenen Adapters.
/?	Zeigt die Einträge in dieser Tabelle an.

Anmerkung Die Ausgabe lässt sich in eine Datei umleiten und in andere Dokumente einfügen.

▶ **So können Sie eine Clientadresslease überprüfen, freigeben oder erneuern**

1. Öffnen Sie auf einem DHCP-fähigen Client unter Windows 2000 ein Eingabeaufforderungsfenster.

2. Verwenden Sie das Befehlszeilenprogramm **Ipconfig**, um die Lease des Clients mit einem DHCP-Server folgendermaßen zu überprüfen, freizugeben oder zu erneuern:

   Geben Sie **ipconfig /all** ein, um die aktuelle DHCP- und TCP/IP-Konfiguration zu überprüfen.

   Geben Sie **ipconfig /release** ein, um eine DHCP-Clientlease freizugeben.

   Geben Sie **ipconfig /renew** ein, um eine DHCP-Clientlease zu erneuern.

Das Tool **Ipconfig** wird auch in Windows NT unterstützt. Verwenden Sie für Windows 95 und Windows 98 das Programm **Winipcfg**. Mit diesem Windows-Programm zur IP-Konfiguration können dieselben Aufgaben ausgeführt werden. Um **Winipcfg** auf unterstützenden Clients auszuführen, geben Sie den Befehl **winipcfg** in der MS-DOS-Eingabeaufforderung oder im Befehlsfenster **Ausführen** ein. Wenn **Winipcfg** zum Freigeben oder Erneuern von Leases verwendet wird, klicken Sie auf **Freigeben** oder **Aktualisieren**, um die entsprechenden Aufgaben auszuführen.

DHCP-Relay-Agent

Bei einem Relay-Agenten handelt es sich um ein kleines Programm, das DHCP/BOOTP-Meldungen zwischen Clients und Servern in unterschiedlichen Subnetzen weiterleiten kann. Bei der im Windows 2000-Router enthaltenen Komponente DHCP-Relay-Agent handelt es sich um einen BOOTP-Relay-Agenten, der DHCP-Meldungen zwischen DHCP-Clients und DHCP-Servern in verschiedenen IP-Netzwerken weiterleitet. Für jedes IP-Netzwerksegment mit DHCP-Clients ist entweder ein DHCP-Server oder ein Computer erforderlich, der als DHCP-Relay-Agent fungiert.

▶ **So fügen Sie den DHCP-Relay-Agenten hinzu**

1. Klicken Sie auf **Start**, zeigen Sie auf **Programme**, dann auf **Verwaltung**, und klicken Sie anschließend auf **Routing und RAS**.

2. Klicken Sie in der Konsolenstruktur auf **Servername\IP-Routing\Allgemein**.

3. Klicken Sie mit der rechten Maustaste auf **Allgemein**, und klicken Sie anschließend auf **Neues Routingprotokoll**.

4. Klicken Sie im Dialogfeld **Neues Routingprotokoll** auf **DHCP-Relay-Agent** und anschließend auf **OK**.

Zusammenfassung der Lektion

DHCP wurde entwickelt, um Konfigurationsprobleme zu lösen, indem die IP-Konfigurationsinformationen für die Zuweisung an Clients zentralisiert wurden. DHCP verwendet einen aus vier Schritten bestehenden Prozess für die Konfiguration eines DHCP-Clients. Dabei handelt es sich um folgende Schritte: Leaseerkennung, Leaseangebot, Leaseanforderung und Leasebestätigung. Sie können nicht nur die IP-Konfiguration eines Computers überprüfen, sondern auch das Tool **Ipconfig** verwenden, um Optionen und die Leasedauer zu erneuern und eine Lease beenden.

Lektion 2: Konfigurieren von DHCP

In dieser Lektion erfahren Sie, wie DHCP auf einem Windows 2000-basierten Server konfiguriert wird.

Am Ende dieser Lektion werden Sie in der Lage sein, die folgenden Aufgaben auszuführen

- Beschreiben der Vorteile von DHCP in einem Netzwerk
- Konfigurieren eines DHCP-Servers und von DHCP-Clients

Veranschlagte Zeit für die Lektion: 10 Minuten

Verwenden von DHCP in einem Netzwerk

Das Konfigurieren von DHCP-Servern für ein Netzwerk bietet folgende Vorteile:

- Der Administrator kann globale und subnetzspezifische TCP/IP-Parameter zentral für das gesamte Netzwerk zuweisen und angeben.
- Für Clientcomputer ist keine manuelle TCP/IP-Konfiguration erforderlich.

  Wird ein Clientcomputer zwischen Subnetzen verschoben, steht die ältere IP-Adresse für die erneute Verwendung zur Verfügung. Der Client konfiguriert die zugehörigen TCP/IP-Einstellungen automatisch neu, wenn der Computer am neuen Standort erneut gestartet wird.

- Die meisten Router können DHCP- und BOOTP-Konfigurationsanforderungen weiterleiten, so dass DHCP-Server nicht in jedem Subnetz im Netzwerk erforderlich sind.

Funktionsweise von Clients für DHCP-Server

Ein Computer unter Windows 2000 wird ein DHCP-Client, wenn in den zugehörigen TCP/IP-Eigenschaften das Optionsfeld **IP-Adresse automatisch beziehen** aktiviert wurde (siehe Abbildung 10.5).

Wenn ein Clientcomputer für die Verwendung von DHCP konfiguriert wurde, akzeptiert er ein Leaseangebot und kann Folgendes vom Server empfangen:

- Temporäre Verwendung einer IP-Adresse, die für das neue Netzwerk gültig ist.
- Zusätzliche TCP/IP-Konfigurationsparameter für den Client in Form von Optionsdaten.

Wenn die Konflikterkennung konfiguriert ist, versucht der DHCP-Server außerdem, ein Ping-Signal an jede verfügbare Adresse im Bereich zu senden, bevor die Adresse in einem Leaseangebot an einen Client übermittelt wird.

Dadurch wird sichergestellt, dass jede dem Client angebotene IP-Adresse nicht bereits von einem anderen Computer ohne DHCP, aber mit einer manuellen TCP/IP-Konfiguration, verwendet wird. Weitere Informationen zu Bereichen erhalten Sie weiter unten in dieser Lektion.

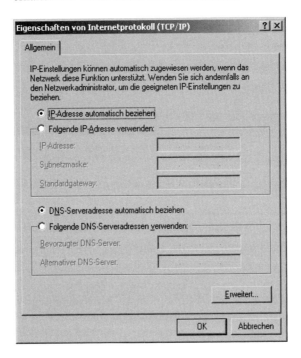

Abbildung 10.5 Konfigurieren eines Clients für den Erwerb einer IP-Adresse von einem DHCP-Server

Bereitstellung optionaler Daten durch den DHCP-Server

Der DHCP-Server kann nicht nur zum Übermitteln einer IP-Adresse, sondern auch so konfiguriert werden, dass optionale Daten zur Verfügung gestellt werden, die zur vollständigen Konfiguration von TCP/IP für Clients dienen. Zu den häufigsten DHCP-Optionstypen, die für Leases vom DHCP-Server konfiguriert und verteilt werden, gehören:

- Standardgateways (Router), die verwendet werden, um ein Netzwerksegment mit anderen Netzwerksegmenten zu verbinden.

- Weitere optionale Konfigurationsparameter, die DHCP-Clients zugewiesen werden, beispielsweise IP-Adressen für die DNS- oder WINS-Server, die der Client zum Auflösen von Netzwerkhostnamen verwenden kann.

Installieren und Konfigurieren eines DHCP-Servers

Der DHCP-Serverdienst muss für die Kommunikation mit DHCP-Clients ausgeführt werden. Nachdem der DHCP-Server installiert und gestartet wurde, müssen verschiedene Optionen konfiguriert werden. Es folgen die allgemeinen Schritte zum Installieren und Konfigurieren von DHCP:

- Installieren des Microsoft-DHCP-Serverdienstes.
- Autorisieren des DHCP-Servers.
- Bevor ein DHCP-Server IP-Adressen an DHCP-Clients leasen kann, muss zuerst ein Bereich mit gültigen IP-Adressen konfiguriert werden.
- Für einen bestimmten DHCP-Client können globale und Bereichsoptionen konfiguriert werden.
- Der DHCP-Server kann so konfiguriert werden, dass demselben DHCP-Client immer dieselbe IP-Adresse zugewiesen wird.

Autorisieren eines DHCP-Servers

Wenn DHCP-Server korrekt konfiguriert und für den Einsatz in einem Netzwerk autorisiert sind, stellen sie einen hilfreichen und sinnvollen Verwaltungsdienst zur Verfügung. Wenn jedoch ein falsch konfigurierter und nicht autorisierter DHCP-Server in einem Netzwerk eingesetzt wird, kann dies zu Problemen führen. Wird beispielsweise ein nicht autorisierter DHCP-Server gestartet, kann er falsche IP-Adressen an Clients leasen oder negative Bestätigungen an DHCP-Clients senden, die versuchen, ihre aktuellen Adressleases zu erneuern. Diese Konfigurationen können zu weiteren Schwierigkeiten für DHCP-fähige Clients führen. Zum Beispiel kann auf Clients, die eine Konfigurationslease von dem nicht autorisierten Server beziehen, die Suche nach gültigen Domänencontrollern fehlschlagen, wodurch verhindert wird, dass sich die Clients ordnungsgemäß am Netzwerk anmelden konnen.

Um diese Probleme in Windows 2000 zu vermeiden, werden Server – noch bevor sie Clients bedienen können – im Netzwerk als gültig verifiziert. Hierdurch werden die meisten Schäden verhindert, die versehentlich durch die Ausführung von DHCP-Servern mit falschen Konfigurationen oder mit richtigen Konfigurationen im falschen Netzwerk verursacht werden.

Autorisierung von DHCP-Servern

Der Prozess der Autorisierung von DHCP-Servern ist sinnvoll und erforderlich für DHCP-Server unter Windows 2000 Server. Damit der Prozess der Verzeichnisautorisierung korrekt durchgeführt werden kann, ist es erforderlich, dass der erste DHCP-Server im Netzwerk am Active Directory-Dienst teilnimmt. Hierfür muss der Server entweder als Domänencontroller oder als Mitgliedsserver installiert sein. Wenn Sie den Einsatz der Active Directory-Dienste planen oder diese Dienste bereits einsetzen, ist es wichtig, dass Sie den ersten DHCP-Servercomputer nicht als Einzelplatzserver installieren.

Windows 2000 Server bietet integrierte Sicherheitsunterstützung für Netzwerke, in denen Active Directory verwendet wird. Hierdurch werden die meisten Schäden verhindert, die versehentlich durch die Ausführung von DHCP-Servern mit falschen Konfigurationen oder in falschen Netzwerken verursacht werden.

Der Autorisierungsprozess für DHCP-Servercomputer in Active Directory richtet sich nach der installierten Funktion des Servers im Netzwerk. Bei Windows 2000 Server (wie auch in früheren Windows-Versionen) gibt es drei Funktionen oder Servertypen, für die jeder Servercomputer installiert werden kann:

1. **Domänencontroller** Auf dem Computer wird eine Kopie der Datenbank des Active Directory-Dienstes aufbewahrt und verwaltet und die sichere Kontenverwaltung für Benutzer und Computer bereitgestellt, bei denen es sich um Domänenmitglieder handelt.

2. **Mitgliedsserver** Der Computer fungiert nicht als Domänencontroller, ist jedoch Mitglied einer Domäne, in der er ein Mitgliedskonto in der Datenbank des Active Directory-Dienstes besitzt.

3. **Einzelplatzserver** Der Computer fungiert nicht als Domänencontroller oder Mitgliedsserver in einer Domäne. Stattdessen wird der Servercomputer anhand eines festgelegten Arbeitsgruppennamens im Netzwerk identifiziert. Dieser Name kann gemeinsam mit anderen Computern verwendet werden, er dient jedoch nur zu Suchzwecken und wird nicht für nicht für die sichere Anmeldung an freigegebenen Domänenressourcen verwendet.

Wenn Sie Active Directory einsetzen, müssen alle als DHCP-Server fungierenden Computer entweder Domänencontroller oder Mitgliedsserver sein, bevor sie im Verzeichnisdienst autorisiert werden oder der DHCP-Dienst für Clients bereitgestellt wird.

▶ **So autorisieren Sie einen Computer als DHCP-Server im Active Directory**

1. Melden Sie sich entweder über ein Konto mit Administratorrechten oder über ein Konto, dessen Autorität delegiert wurde, beim Netzwerk an, um DHCP-Server für Ihr Unternehmen zu autorisieren.

   In den meisten Fällen ist es am einfachsten, sich über den Computer bei dem Netzwerk anzumelden, in dem Sie den neuen DHCP-Server autorisieren möchten. Dadurch wird sichergestellt, dass die TCP/IP-Konfiguration der autorisierten Computer vor der Autorisierung richtig eingerichtet wurde. In der Regel können Sie ein Konto mit einer Mitgliedschaft in der Gruppe der Unternehmensadministratoren verwenden. Sie müssen für das verwendete Konto über Vollzugriff auf das Containerobjekt NetServices verfügen, da es in sich im Organisationsstamm von Active Directory befindet.

2. Installieren Sie gegebenenfalls den DHCP-Dienst auf diesem Computer.

3. Klicken Sie auf **Start**, zeigen Sie auf **Programme**, dann auf **Verwaltung**, und klicken Sie anschließend auf **DHCP**.

4. Klicken Sie im Menü **Vorgang** auf **Autorisierte Server verwalten**, wie in Abbildung 10.6 dargestellt.

   Das Dialogfeld **Autorisierte Server verwalten** wird angezeigt.

5. Klicken Sie auf **Autorisieren**.

6. Geben Sie bei Aufforderung den Namen oder die IP-Adresse des zu autorisierenden DHCP-Servers ein, und klicken Sie anschließend auf **OK**.

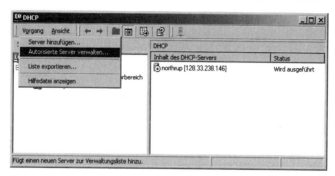

Abbildung 10.6 Autorisieren eines DHCP-Server

Schutz vor nicht autorisierten DHCP-Servern

Active Directory wird jetzt verwendet, um Datensätze von autorisierten DHCP-Servern zu speichern. Wenn ein DHCP-Server gestartet wird, kann mit dem Verzeichnis der Status des jeweiligen Servers überprüft werden. Wenn es sich um einen nicht autorisierten Server handelt, geht keine Antwort auf die DHCP-Anforderungen ein. Es muss ein Netzwerkverwalter mit den entsprechenden Zugriffsrechten antworten. Der Domänenadministrator kann den Zugriff auf den Konfigurationsdaten enthaltenden DHCP-Ordner zuweisen, damit nur autorisierte Mitarbeiter DHCP-Server zur Liste der autorisierten Server hinzufügen können.

Diese Liste kann im Active Directory über das DHCP-Snap-In erstellt werden. Wenn der DHCP-Server erstmals gestartet wird, überprüft er, ob er Bestandteil der Verzeichnisdomäne ist. Ist das der Fall, versucht er, eine Verbindung zum Verzeichnis herzustellen, um zu ermitteln, ob er in der Liste der autorisierten Server vorhanden ist. Wenn der Vorgang erfolgreich war, sendet der Server eine DHCPINFORM-Meldung, um zu ermitteln, ob weitere Verzeichnisdienste ausgeführt werden und stellt sicher, dass er auch in den anderen Verzeichnisdiensten autorisiert ist. Wenn keine Verbindung zu diesem Verzeichnis hergestellt werden kann, geht der Server davon aus, dass er nicht autorisiert ist und antwortet nicht auf Clientanforderungen. Wenn der Server zwar das Verzeichnis erreichen kann, jedoch nicht in der Liste der autorisierten Server aufgeführt wird, antwortet er den Clients nicht. Wenn der Server seine Adresse in dieser Liste findet, reagiert er auf Dienstanfragen des Clients.

Erstellen eines DHCP-Bereichs

Sie müssen zuerst einen Bereich erstellen, bevor ein DHCP-Server eine Adresse an die DHCP-Clients leasen kann. Bei einem Bereich handelt es sich um einen Pool mit gültigen IP-Adressen, die an DHCP-Clients geleast werden können. Nachdem Sie den DHCP-Dienst installiert haben und er ausgeführt wird, erstellen Sie als nächstes einen Bereich.

Beim Erstellen eines DHCP-Bereichs sind folgende Punkte zu berücksichtigen:

- Sie müssen mindestens einen Bereich für jeden DHCP-Server erstellen.
- Sie müssen statische IP-Adressen aus dem Bereich ausschließen.
- Sie können mehrere Bereiche auf einem DHCP-Server erstellen, um die Verwaltung zu zentralisieren und einem Subnetz bestimmte IP-Adressen zuzuweisen. Sie können einem bestimmten Subnetz nur einen Bereich zuweisen.
- DHCP-Server nutzen Bereichsinformationen nicht gemeinsam. Stellen Sie daher beim Erstellen von Bereichen auf mehreren DHCP-Servern sicher, dass dieselbe IP-Adresse nicht in mehreren Bereichen vorhanden ist, um eine doppelte IP-Adressierung zu verhindern.
- Ermitteln Sie vor dem Erstellen eines Bereichs die Start- und End-IP-Adressen, die innerhalb des Bereichs verwendet werden sollen.

Je nach den Start- und End-IP-Adressen für Ihren Bereich schlägt die DHCP-Konsole eine Standardsubnetzmaske vor, die für die meisten Netzwerke verwendet werden kann. Wenn eine andere Subnetzmaske für Ihr Netzwerk erforderlich ist, können Sie den Wert entsprechend ändern.

▶ **So erstellen Sie einen neuen Bereich**

1. Klicken Sie auf **Start**, zeigen Sie auf **Programme**, dann auf **Verwaltung**, und klicken Sie anschließend auf **DHCP**.
2. Klicken Sie in der Konsolenstruktur auf den entsprechenden DHCP-Server.
3. Klicken Sie im Menü **Vorgang** auf **Neuer Bereich**.
4. Folgen Sie den Anweisungen im Bereichserstellungs-Assistenten.

Nachdem Sie einen neuen Bereich erstellt haben, müssen Sie unter Umständen zusätzliche Vorgänge ausführen, beispielsweise den Bereich für die Verwendung aktivieren oder Bereichsoptionen zuweisen.

Nach dem Hinzufügen von Bereichen

Nachdem Sie einen Bereich definiert haben, können Sie ihn weiter konfigurieren, indem Sie folgende Aufgaben durchführen:

- **Festlegen von zusätzlichen Ausschlussbereichen**   Sie können IP-Adressen, die nicht an DHCP-Clients geleast werden müssen, ausschließen.

Sie sollten Ausschlussbereiche für alle Geräte festlegen, die statisch konfiguriert werden müssen. Die Ausschlussbereiche sollten alle IP-Adressen, die Sie anderen DHCP-Servern manuell zuweisen, nicht DHCP-fähige Clients, datenträgerlose Arbeitsstationen oder Routing-, RAS- und PPP-Clients enthalten.

- **Erstellen von Reservierungen** Sie können einige IP-Adressen für die permanente Zuweisung von Leases zu festgelegten Computern oder Geräten im Netzwerk reservieren. Sie sollten nur DHCP-fähige Geräte und solche Geräte reservieren, die für einen bestimmen Zweck im Netzwerk vorgesehen sind (z. B. Druckserver).

  Wenn Sie eine IP-Adresse für einen neuen Client, oder eine Adresse, die sich von der aktuellen Adresse unterscheidet, reservieren, sollten Sie überprüfen, ob die Adresse noch nicht vom DHCP-Server geleast wurde. Die Reservierung einer IP-Adresse für den Bereich führt nicht automatisch dazu, dass ein Client, der diese Adresse derzeit verwendet, die Verwendung der Adresse einstellt. Wird die Adresse bereits verwendet, muss der Client, der die Adresse verwendet, diese zuerst durch Senden einer DHCPRelease-Meldung freigeben. Geben Sie dazu auf einem System unter Windows 2000 in der Eingabeaufforderung den Befehl **ipconfig /release** ein. Die Reservierung einer IP-Adresse auf dem DHCP-Server führt nicht dazu, dass der Client, für den die Reservierung vorgenommen wurde, umgehend mit der Verwendung der Adresse beginnt. In diesem Fall muss der Client zuerst eine DHCPRelease-Meldung ausgeben. Geben Sie dazu auf einem System unter Windows 2000 in der Eingabeaufforderung den Befehl **ipconfig /renew** ein.

- **Ändern der Gültigkeitsdauer der Lease** Sie können die Gültigkeitsdauer der Lease, die zum Zuweisen von IP-Adressleases verwendet wird, ändern. Standardmäßig beträgt die Gültigkeitsdauer von Leases acht Tage. Für die meisten LANs kann der Standardwert übernommen werden. Der Wert kann jedoch erhöht werden, wenn der Standort von Computern selten geändert wird. Es können auch Leases mit unendlicher Gültigkeitsdauer festgelegt werden, allerdings sollten sie nur mit Vorsicht verwendet werden. Weitere Informationen zu Umständen, in denen das Ändern dieser Einstellungen am sinnvollsten sind, finden Sie unter „Verwalten von Leases".

- **Konfigurieren von Optionen und Klassen für den Bereich** Um die vollständige Konfiguration für Clients zur Verfügung zu stellen, müssen DHCP-Optionen konfiguriert und für den Bereich aktiviert werden. Um eine erweiterte Verwaltung von Bereichsclients zu ermöglichen, können Sie benutzer- oder herstellerdefinierte Optionsklassen hinzufügen oder aktivieren.

In Tabelle 10.3 werden einige der verfügbar Optionen im Dialogfeld **DHCP-Optionen konfigurieren** beschrieben. Die Tabelle enthält alle Optionen, die von Microsoft-DHCP-Clients unterstützt werden.

Tabelle 10.3 Konfigurationsoptionen für den DHCP-Bereich

Option	Beschreibung
003 Router	Gibt die IP-Adresse eines Routers an, z. B. die Standardgatewayadresse. Wenn ein Standardgateway für den Client lokal definiert wurde, hat diese Konfiguration Vorrang vor der DHCP-Option.
006 DNS-Server	Gibt die IP-Adresse des DHCP-Servers an.
015 DNS-Domänenname	Der DNS-Domänenname für Clientauflösungen.
046 WINS/NBT-Knotentyp	Gibt den Typ der NetBIOS über TCP/IP-Namensauflösung an, die vom Client verwendet wird. Optionen: 1 = B-Knoten (Broadcast); 2 = P-Knoten (Peer); 4 = M-Knoten (gemischt), 8 = H-Knoten (Hybrid)
044 WINS/NBNS-Server	Gibt die IP-Adresse eines WINS-Server an, der für Clients verfügbar ist. Wenn eine WINS-Serveradresse manuell auf einem Client konfiguriert wurde, setzt diese Konfiguration die für diese Option konfigurierten Werte außer Kraft.
047 NetBIOS-Bereichskennung	Gibt die lokale NetBIOS-Bereichskennung an. NetBIOS über TCP/IP kommuniziert nur mit anderen NetBIOS-Hosts über dieselbe Bereichskennung.

Implementieren von mehreren DHCP-Servern

Wenn für Ihren Netzwerkverbund mehrere DHCP-Server erforderlich sind, muss ein eindeutiger Bereich für jedes Subnetz erstellt werden. Um sicherzustellen, dass Clients bei einem Serverausfall IP-Adressen leasen können, müssen mehrere Bereiche für jedes Subnetz über die DHCP-Server im Netzwerkverbund verteilt werden. Beispiele:

- Für jeden DHCP-Server sollte ein Bereich eingerichtet werden, der ca. 75 Prozent der verfügbaren IP-Adressen für das lokale Subnetz enthält.

- Für jeden DHCP-Server sollte ein Bereich für alle Remotesubnetze eingerichtet werden, der ca. 25 Prozent der verfügbaren IP-Adressen für ein Subnetz enthält.

Wenn der DHCP-Server eines Clients nicht verfügbar ist, kann der Client dennoch eine Adresslease von einem anderen DHCP-Server in einem anderen Subnetz erhalten. Dabei wird davon ausgegangen, dass es sich bei dem Router um einen DHCP-Relay-Agenten handelt.

Wie in Abbildung 10.7 dargestellt, besitzt Server A einen Bereich für das lokale Subnetz mit einem IP-Adressbereich von 131.107.4.20 bis 131.107.4.150, und Server B verfügt über einen Bereich mit einem IP-Adressbereich von 131.107.3.20 bis 131.107.3.150. Jeder Server kann IP-Adressen an Clients im zugehörigen Subnetz leasen.

Darüber hinaus verfügt jeder Server über einen Bereich, der IP-Adressbereiche für das Remotesubnetz enthält. Beispielsweise besitzt Server A einen Bereich für Subnetz 2 mit dem IP-Adressbereich von 131.107.3.151 bis 131.107.3.200. Server B verfügt über einen Bereich für Subnetz 1 mit dem IP-Adressbereich von 131.107.4.151 bis 131.107.4.200. Wenn ein Client in Subnetz 1 keine Adresse von Server A leasen kann, kann er eine Adresse für sein Subnetz von Server B und umgekehrt leasen.

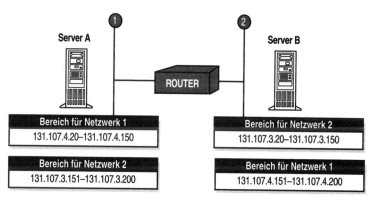

Abbildung 10.7 Bereich und IP-Adressbereiche für Server A und Server B

Zusammenfassung der Lektion

Bei einem Bereich handelt es sich um IP-Adressbereiche, die an Clients geleast bzw. Clients zugewiesen werden können. Es können mehrere Bereiche und separate Bereiche für jedes Subnetz erstellt werden, damit DHCP-Clients eine gültige IP-Adresse von jedem DHCP-Server erhalten können. Für die Implementierung von DHCP ist Software für den Client und den Server erforderlich. Jeder DHCP-Server benötigt mindestens einen Bereich.

Lektion 3: Integrieren von DHCP mit Namensdiensten

In Windows 2000 kann ein DHCP-Server dynamische Aktualisierungen im DNS-Namespace für jeden Client ermöglichen, der diese Aktualisierungen unterstützt. Bereichsclients können mit dem Protokoll für die dynamische DNS-Aktualisierung ihre Zuordnungen von Hostname zu Adresse (die in Zonen des DNS-Servers gespeichert sind) aktualisieren, wenn Änderungen an ihrer durch DHCP zugewiesenen Adresse auftreten. In dieser Lektion erfahren Sie, wie DHCP mit DNS integriert wird.

Am Ende dieser Lektion werden Sie in der Lage sein, die folgenden Aufgaben auszuführen

- Sie können DNS und DHCP integrieren.
- Beschreiben der dynamischen DNS-Aktualisierung
- Festlegen der üblichen Abwicklung von DHCP-Clientaktualisierungen

Veranschlagte Zeit für die Lektion: 25 Minuten

DNS und DHCP

Wenngleich DHCP ein leistungsfähiges Verfahren für die automatische Konfiguration von Client-IP-Adressen zur Verfügung stellt, wurde der DNS-Dienst bis vor kurzem noch nicht durch DHCP darüber informiert, dass DNS-Einträge auf dem Client aktualisiert werden müssen. Dies bezieht sich insbesondere auf die Aktualisierung des Clientnamens in einer IP-Adresse und die durch einen DNS-Server verwalteten Zuordnungen zwischen IP-Adressen und Namen. Ohne eine Möglichkeit der Interaktion von DHCP mit DNS sind die von DNS für einen DHCP-Client verwalteten Informationen möglicherweise nicht korrekt. Wenn beispielsweise ein Client seine IP-Adresse von einem DHCP-Server erwirbt, geben die DNS-Einträge die IP-Adresse nicht wieder und stellen auch keine Zuordnung der neuen IP-Adresse zu dem Computernamen (vollqualifizierter Domänenname [FQDN]) zur Verfügung.

Registrieren von dynamischen DNS-Aktualisierungen

In Windows 2000 können DHCP-Server und -Clients mit DNS registriert werden, wenn der Server die dynamischen DNS-Aktualisierungen unterstützt. Der DNS-Dienst von Windows 2000 unterstützt dynamische Aktualisierungen. Ein DHCP-Server von Windows 2000 kann bei einem DNS-Server registriert werden und Pointer- (PTR) bzw. Adressressourceneinträge (A) für die DHCP-fähigen Clients aktualisieren, indem er das Protokoll für die dynamische DNS-Aktualisierung verwendet. Aufgrund der Fähigkeit, sowohl A- als auch PTR-Ressourceneinträge zu registrieren, agiert ein DHCP-Server als Proxy zum Zweck der DNS-Registrierung für Clients, auf denen Microsoft Windows 95 oder Windows NT 4.0 ausgeführt wird.

DHCP-Server können zwischen Windows 2000- und sonstigen Clients differenzieren. Ein weiterer DHCP-Optionscode (Optionscode 81) ermöglicht die Rückgabe des FQDN-Namens eines Clients an den DHCP-Server. Sofern implementiert, kann der DHCP-Server DNS dynamisch aktualisieren, um die Ressourceneinträge (RRs) eines einzelnen Computers mit einem DNS-Server unter Verwendung des Protokolls für die dynamische Aktualisierung zu ändern. Diese DHCP-Option ermöglicht dem DHCP-Server die folgenden Interaktionen für die Verarbeitung von DNS-Informationen für DHCP-Clients, die in der an den Server gesendeten DHCP-Anforderungsmeldung Optionscode 81 hinzufügen:

- Der DHCP-Server registriert und aktualisiert den DHCP-Client stets sowohl für Forward- (A-Einträge) als auch für Reverse-Lookups (PTR-Einträge) bei DNS.

- Der DHCP-Server registriert und aktualisiert Clientinformationen wie mit DNS.

- Der DHCP-Server registriert den DHCP-Client sowohl für Forward-Einträge (A) als auch für Reverse-Lookups (PTR-Einträge) nur bei Anforderung durch den Client.

DHCP und der statische DNS-Dienst sind nicht kompatibel und können deshalb die Zuordnungen zwischen Namen und Adressen nicht synchronisieren. Dies kann zu Problemen beim gemeinsamen Einsatz von DHCP und DNS in einem Netzwerk führen, wenn Sie ältere statische DNS-Server verwenden, die nicht in der Lage sind, bei Änderungen von DHCP-Clientkonfigurationen dynamisch zu interagieren.

▶ **So vermeiden Sie fehlerhafte DNS-Aufrufe von DHCP-Clients, wenn der statische DNS-Dienst aktiv ist:**

1. Wenn WINS-Server im Netzwerk verwendet werden, aktivieren Sie WINS-Lookup für DHCP-Clients, die NetBIOS verwenden.

2. Weisen Sie IP-Adressreservierungen mit einer unbegrenzten Leasedauer für DHCP-Clients zu, die nur DNS verwenden und NetBIOS nicht unterstützen.

3. Nach Möglichkeit aktualisieren oder ersetzen Sie ältere statische DNS-Server durch DNS-Server, die Aktualisierungen unterstützen. Dynamische Aktualisierungen werden durch den im Lieferumfang von Windows 2000 enthaltenen Microsoft DNS unterstützt.

Weitere Empfehlungen

Wenn DNS und WINS gemeinsam verwendet werden, erwägen Sie die folgenden Möglichkeiten für die Zusammenarbeit:

- Wenn ein großer Prozentsatz der Clients NetBIOS verwendet und DNS eingesetzt wird, erwägen Sie die Verwendung von WINS-Lookup auf den DNS-Servern.

Wenn WINS-Lookup im DNS-Dienst von Microsoft aktiviert ist, wird WINS für die abschließende Auflösung von Namen verwendet, die mit der DNS-Auflösung nicht gefunden wurden. Die WINS-Forward-Lookup- und WINS-R-Reverse-Lookup-Einträge werden nur durch DNS unterstützt. Wenn Sie im Netzwerk Server einsetzen, die DNS nicht unterstützen, verwenden Sie den DNS-Manager, um sicherzustellen, dass diese WINS-Einträge nicht an DNS-Server übermittelt werden, die WINS-Lookup nicht unterstützen.

- Wenn ein großer Prozentsatz der Computer im Netzwerk unter Windows 2000 läuft, erwägen Sie die Einrichtung einer reinen DNS-Umgebung. Dies beinhaltet die Entwicklung eines Migrationsplans für die Aktualisierung älterer WINS-Clients auf Windows 2000. Die Unterstützung eines Netzwerknamensdienstes wird beispielsweise durch den Einsatz eines einzelnen Namens- und Locatordienstes für Ressourcen (zum Beispiel WINS und DNS) im Netzwerk vereinfacht.

Windows-DHCP-Clients und das Protokoll für die dynamische DNS-Aktualisierung

In Windows 2000 Server unterstützt der DHCP-Serverdienst das Registrieren und Aktualisieren von Informationen für Legacy-DHCP-Clients in DNS-Zonen. Legacy-Clients sind in der Regel andere Microsoft TCP/IP-Clientcomputer, die vor Windows 2000 freigegeben wurden. Dank der in Windows 2000 Server enthaltenen DNS/DHCP-Integration kann der DHCP-Server die Daten eines DHCP-Clients, der DNS-Ressourceneinträge nicht dynamisch aktualisieren kann, in DNS-Forward und Reverse-Lookupzonen aktualisieren.

▶ **So ermöglichen Sie dynamische Aktualisierungen für DHCP-Clients, die dynamische DNS-Aktualisierungen nicht unterstützen**

1. Klicken Sie auf **Start**, zeigen Sie auf **Programme**, dann auf **Verwaltung**, und klicken Sie anschließend auf **DHCP**.
2. Klicken Sie in der Konsolenstruktur auf die entsprechende Zone.
3. Klicken Sie im Menü **Vorgang** auf **Eigenschaften**.
4. Wählen Sie auf der Registerkarte **DNS** die Option **Aktualisierung für DNS-Clients, die dynamisches Aktualisieren nicht unterstützen, aktivieren**.
5. Falls Ihre Zone in Active Directory integriert ist, wählen Sie die Option **Nur gesicherte Aktualisierungen**.

DHCP-Clients unter Windows 2000 und frühere Versionen von Windows interagieren unterschiedlich, wenn die weiter oben beschriebenen DHCP/DNS-Interaktionen ausgeführt werden. In den folgenden Abschnitten wird beschrieben, wie sich dieser Prozess jeweils unterscheidet.

DHCP/DNS-Aktualisierungsinteraktion für Windows 2000-DHCP-Clients

DHCP-Clients unter Windows 2000 interagieren mit dem Protokoll für die dynamische DNS-Aktualisierung folgendermaßen:

1. Der Client initialisiert eine DHCP-Anforderungsmeldung (DHCPREQUEST) an den Server.

2. Der Server gibt an den Client eine DHCP-Bestätigungsmeldung (DHCPACK) zurück, mit der eine IP-Adresslease gewährt wird.

3. Standardmäßig sendet der Client eine DNS-Aktualisierungsanforderung an den DNS-Server für seinen eigenen Forward-Lookup-Eintrag. Hierbei handelt es sich um einen Hostressourceneintrag (A-Ressourceneintrag).

   Der Server kann diese Aktualisierung auf den DNS-Server für den Client durchführen, wenn der Client und die zugehörige Konfiguration entsprechend geändert werden.

4. Der Server sendet Aktualisierungen für den Reverse-Lookup-Eintrag des DHCP-Clients, einen PTR-Ressourceneintrag. Dazu wird der im Protokoll für die dynamische DNS-Aktualisierung definierte Prozess verwendet.

Dieser Prozess wird in Abbildung 10.8 dargestellt.

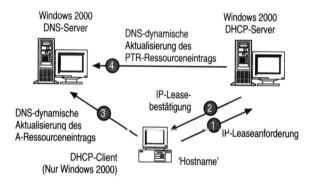

Abbildung 10.8 Interaktion eines DHCP-Clients mit dem Protokoll für die dynamische DNS-Aktualisierung

DHCP/DNS-Aktualisierungsinteraktion für CHCP-Clients vor Windows 2000

Frühere Versionen von Windows DHCP-Clients unterstützen den Prozess für die dynamische DNS-Aktualisierung nicht direkt und können daher nicht direkt mit dem DNS-Server interagieren. Die Aktualisierungen für diese DHCP-Clients erfolgen in der Regel folgendermaßen:

1. Der Client initialisiert eine DHCP-Anforderungsmeldung (DHCPREQUEST) an den Server.

2. Der Server gibt an den Client eine DHCP-Bestätigungsmeldung (DHCPACK) zurück, mit der eine IP-Adresslease gewährt wird.

3. Der Server sendet anschließend Aktualisierungen an den DNS-Server für den Forward-Lookup-Eintrag des Clients. Hierbei handelt es sich um einen Hostressourceneintrag (A-Ressourceneintrag).

4. Der Server sendet auch Aktualisierungen für den Reverse-Lookup-Eintrag, bei dem es sich um einen PTR-Ressourceneintrag handelt.

Dieser Prozess wird in Abbildung 10.9 dargestellt.

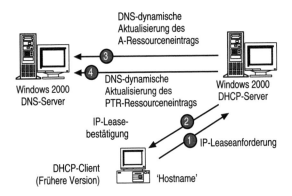

Abbildung 10.9 DHCP/DNS-Interaktion mit älteren Windows-Clients

Zusammenfassung der Lektion

In Windows 2000 kann ein DHCP-Server dynamische Aktualisierungen im DNS-Namespace für jeden Client ermöglichen, der diese Aktualisierungen unterstützt. Werden dynamische Aktualisierungen durchgeführt, kann der primäre Server der Zone für die Unterstützung von Aktualisierungen konfiguriert werden, die von einem anderen Computer oder Gerät initiiert wurden, der/das dynamische Aktualisierungen unterstützt. Beispielsweise kann er Aktualisierungen von DHCP-Servern oder von Arbeitsstationen erhalten, auf denen A- und PTR-Ressourceneinträge registriert sind.

Lektion 4: Verwenden von DHCP mit Active Directory

Der Microsoft DHCP-Dienst kann auch zusammen mit folgenden Diensten und Optionen ausgeführt werden: Active Directory™-Dienst, DNS-Dienst, erweiterte Überwachung und Aufzeichnung statistischer Berichte für DHCP-Server, herstellerspezifische Optionen und Unterstützung von Benutzerklassen, Multicast-Adressenzuordnung und Erkennung gefälschter DHCP-Server.

Am Ende dieser Lektion werden Sie in der Lage sein, die folgenden Aufgaben durchzuführen:

- Beschreiben der IP-Adressen- und Namensverwaltung über die DHCP- und Active Directory-Integration
- Beschreiben der Autorisierung von DHCP-Servern

Veranschlagte Zeit für die Lektion: 15 Minuten

Integrierte IP-Verwaltung von Windows 2000

Mit den Namens- und Adressdiensten von Windows 2000 Server können Netzwerke besser verwaltet werden. Außerdem sind diese Dienste mit anderen Adress- und Namenssystemen kompatibel. Wie bei Windows NT Server 4.0 bietet auch Windows 2000 Server DHCP-, DNS- und WINS-Dienste, damit die Adresszuweisung und die Namensauflösung weiterhin vereinfacht wird. Windows 2000 Server bietet folgende neue Funktion: Die Unterstützung von dynamischen DNS, die Active Directory-Integration von DHCP und DNS sowie den DHCP-Relay-Agenten.

Adresszuweisung und Namensdienste

Die IP-Adress- und Namensverwaltung wird durch die Active Directory-Integration vereinfacht. Mit Active Directory können DNS-Namen über das gesamte Netzwerk repliziert und synchronisiert werden. Dadurch ist es nicht mehr länger erforderlich, einen separaten Replikationsdienst für DNS zu verwalten. Integrierte DHCP- und dynamische DNS-Dienste verwenden dann diese im Verzeichnis registrierten Informationen, um die Adresszuweisung und Namensdienste zur Verfügung zu stellen. Wenn DHCP Adressen zuweist, werden DNS und Active Directory dynamisch aktualisiert. Dadurch können Administratoren IP-Adressen für Endsysteme neu zuweisen. Außerdem wird die Namensauflösung automatisch aktualisiert, so dass sie problemlos ermittelt werden kann.

Unterstützung für Legacy-Server

Dank der Interoperabilität mit anderen DHCP- und DNS-Diensten können Investitionen in vorhandene Dienste im Rahmen gehalten werden. Kunden können Legacy-IP-Adress- und Namensverwaltungssysteme mit dem Windows 2000 Server-DHCP, -DHCP-Relay-Agenten und/oder den DNS-Dienst verwenden.

Standard-Zonenübertragungen und die Referenzunterstützung stellen sicher, dass der DNS-Server von Windows 2000 Server mit anderen DNS-Servern zur Adressauflösung im Unternehmen und im Internet eingesetzt werden kann. Dadurch können Kunden die integrierten Dienste von Active Directory verwenden, während die Interoperabilität mit dem Internet und mit anderen DNS-Systemen im Unternehmen bestehen bleibt. Beispielsweise kann eine Firma das in Active Directory integrierte DNS und DHCP in einem Hauptteil des Netzwerks einsetzen, während die Interoperabilität mit Legacy-DNS-Servern gewährleistet wird. Die Active Directory-basierte IP-Verwaltungsinfrastruktur kann im Laufe der Zeit erweitert werden, wobei die Interoperabilität mit externen DNS-Diensten aufrecht erhalten wird.

Windows 2000 DHCP ist darüber hinaus zur Unterstützung von Active Directory dynamisch in Windows 2000 DNS integriert. Frühere Versionen von DNS bieten diese Unterstützung nicht, und Sie sollten eine Aktualisierung in Betracht ziehen, wenn Sie den Einsatz von Active Directory planen oder den Netzwerklastenausgleich verwenden möchten.

Rogue-DHCP-Servererkennung

Der Windows 2000-DHCP-Dienst enthält die Funktion Rogue-DHCP-Servererkennung. Hierdurch wird verhindert, dass Rogue-DHCP-Server (nicht autorisierte Server) einem vorhandenen DHCP-Netzwerk beitreten, in dem Windows 2000 Server und Active Directory eingesetzt werden. Ein DHCP-Serverobjekt wird in Active Directory erstellt. Dort sind die IP-Adressen der Server aufgelistet, die für die Bereitstellung von DHCP-Diensten im Netzwerk autorisiert sind. Beim Versuch, einen DHCP-Server im Netzwerk zu starten, wird Active Directory abgefragt und die IP-Adresse des Servercomputers wird mit der Liste der autorisierten DHCP-Server verglichen. Wenn eine Übereinstimmung gefunden wird, wird der Servercomputer als DHCP-Server autorisiert, und der Systemstart kann durchgeführt werden. Wird keine Übereinstimmung gefunden, wird der Server als Rogue identifiziert und der DHCP-Dienst automatisch beendet.

Zusammenfassung der Lektion

Die IP-Adressen- und Namensverwaltung wird durch die Active Directory-Integration vereinfacht. Wenn DHCP Adressen zuweist, werden DNS und Active Directory dynamisch aktualisiert. Durch der Interoperabilität mit anderen DHCP- und DNS-Diensten können Investitionen in vorhandene Dienste im Rahmen gehalten werden, weil diese mit DHCP-Servern von Windows 2000 Server Legacy-IP-Adress- und Namensverwaltungssysteme verwendet werden können. Der Autorisierungsprozess für DHCP-Servercomputer in Active Directory ist davon abhängig, ob es sich bei dem Server um einen Domänencontroller, einen Mitgliedsserver oder um einen Einzelserver handelt. Darüber hinaus werden mit Active Directory Datensätze von autorisierten DHCP-Servern gespeichert, um einen Schutz vor nicht autorisierten DHCP-Servern zu bieten. Die Liste der autorisierten Server kann im Active Directory über das DHCP-Snap-In erstellt werden.

Lektion 5: Problembehandlung bei DHCP

Bei den häufigsten Problemen mit DHCP-Clients handelt es sich um Fehler beim Bezug einer IP-Adresse oder anderer Konfigurationsparameter von einem DHCP-Server während des Starts. Im Zusammenhang mit DHCP-Servern treten folgende Probleme am häufigsten auf: Der Server kann nicht in einem Netzwerk in einer Windows 2000- und Active Directory-Domänenumgebung gestartet werden, oder Clients können keine Konfiguration von einem in Betrieb befindlichen Server beziehen. In dieser Lektion erfahren Sie, wie Probleme bei DHCP-Clients und DHCP-Servern behandelt werden können.

Am Ende dieser Lektion werden Sie in der Lage sein, die folgenden Aufgaben durchzuführen:

- Ermitteln und Beheben von DHCP-Clientproblemen
- Ermitteln und Beheben von DHCP-Serverproblemen

Veranschlagte Zeit für die Lektion: 35 Minuten

Verhindern von DHCP-Problemen

Bei zahlreichen DHCP-Problemen spielen fehlerhafte oder fehlende Konfigurationsdetails eine Rolle. Um die häufigsten Probleme zu vermeiden, wird folgende Vorgehensweise empfohlen:

- **Verwenden Sie die 75/25-Entwurfsregel zum Ausgleichen der Bereichsverteilung von Adressen, wenn mehrere DHCP-Server für den gleichen Bereich zuständig sind** Wenn mehrere DHCP-Server im gleichen Subnetz verwendet werden, steigt die Fehlertoleranz für die Bereitstellung von Serverdiensten für DHCP-Clients in diesem Subnetz. Wenn bei zwei DHCP-Servern ein Server nicht mehr verfügbar ist, kann der andere Server seinen Platz übernehmen und weiterhin neue Adressen leasen oder vorhandene Clients erneuern.

- **Verwenden Sie Bereichsgruppierungen für mehrere DHCP-Server in jedem Subnetz in einer LAN-Umgebung** Über eine Bereichsgruppierung kann ein DHCP-Server Clients in einem physikalischen Netzwerk Leases aus mehreren Bereichen zur Verfügung stellen. Beim Start sendet jeder DHCP-Client eine DHCP-Discover-Meldung (DHCPDISCOVER) an das lokale Subnetz, um einen DHCP-Server zu finden. Da DHCP-Clients bei ihrem ersten Start Broadcasts verwenden, kann nicht vorhergesagt werden, welcher Server auf die DHCPDiscover-Anforderung eines Clients antwortet, wenn mehrere DHCP-Server im gleichen Subnetz aktiv sind.

- **Deaktivieren Sie Bereiche nur bei permanenter Entfernung eines Bereichs aus dem Dienst** Nachdem Sie einen Bereich aktiviert haben, sollte er erst dann deaktiviert werden, wenn Sie den Bereich und seine enthaltenen Adressbereiche aus dem Netzwerk entfernen möchten. Der DHCP-Server akzeptiert nach dem Deaktivieren eines Bereichs keine Bereichsadressen mehr als gültige Adressen.

- **Verwenden Sie die serverseitige Konflikterkennung auf DHCP-Server nur bei Bedarf** Die Konflikterkennung kann auf dem DHCP-Server oder -Client eingesetzt werden, um noch vor dem Leasen oder Verwenden einer IP-Adresse festzustellen, ob diese bereits im Netzwerk verwendet wird.

- **Reservierungen sollten auf allen DHCP-Servern erstellt werden, die potenziell Dienste für den reservierten Client zur Verfügung stellen können** Mit Hilfe einer Clientreservierung können Sie sicherstellen, dass ein DHCP-Clientcomputer beim Start immer dieselbe Lease der gleichen IP-Adresse bezieht. Wenn mehrere DHCP-Server für einen reservierten Client erreichbar sind, fügen Sie die Reservierung auf jedem DHCP-Server hinzu.

- **Denken Sie im Hinblick auf die Serverleistung daran, dass DHCP speicherintensiv ist, und erwerben Sie Hardware mit optimaler Speicherleistung** DHCP verursacht häufige und intensive Aktivitäten auf den Serverfestplatten. Um die bestmögliche Leistung zu erzielen, erwägen Sie beim Erwerb von Hardware für Ihren Servercomputer RAID 0- oder RAID 5-Lösungen.

- **Aktivierte Protokollierung für den Einsatz bei der Problembehandlung** Standardmäßig aktiviert der DHCP-Dienst die Protokollierung für dienstrelevante Ereignisse. Bei Windows 2000 Server wird mit der Protokollierung ein Tool für die langfristige Dienstüberwachung zur Verfügung gestellt, das die Serverressourcen nur in begrenztem und sicherem Maße verwendet.

- **Integration von DHCP in andere Dienste, wie zum Beispiel WINS und DNS** WINS oder DNS (oder beide Dienste) werden für die Registrierung dynamischer Zuordnungen von Namen zu Adressen im Netzwerk verwendet. Wenn Sie Dienste für die Namensauflösung bereitstellen möchten, müssen Sie die Interoperabilität von DHCP mit diesen Diensten planen. Die meisten mit der Implementierung von DHCP befassten Netzwerkadministratoren entwickeln auch eine Strategie für die Implementierung von DNS- und WINS-Servern.

- **Verwenden der geeigneten Zahl von DHCP-Servern für die Anzahl der DHCP-fähigen Clients im Netzwerk** In einem kleinen LAN (beispielsweise ein physikalisches Subnetz ohne Router) kann ein einzelner DHCP-Server für alle DHCP-fähigen Clients eingesetzt werden. Die Anzahl der erforderlichen Server für geroutete Netzwerke erhöht sich. Dies hängt unter anderem von folgenden Faktoren ab: der Anzahl der DHCP-fähigen Clients, der Übertragungsgeschwindigkeit zwischen Netzwerksegmenten, der Geschwindigkeit von Netzwerkverbindungen und der IP-Adressklasse des Netzwerks.

Außerdem ist entscheidend, ob DHCP-Dienste im gesamten Unternehmensnetzwerk oder nur in ausgewählten physikalischen Netzwerken verwendet werden.

Problembehandlung bei DHCP-Clients

Die meisten Schwierigkeiten in Verbindung mit DHCP beginnen mit einer fehlerhaften IP-Konfiguration auf einem Client. Daher empfiehlt es sich, an dieser Stelle anzusetzen. Nachdem Sie festgestellt haben, dass der Ursprung der DHCP-Probleme nicht beim Client liegt, überprüfen Sie das Systemereignisprotokoll und das Überwachungsprotokoll des DHCP-Servers auf mögliche Hinweise. Falls der DHCP-Dienst nicht gestartet werden kann, ist normalerweise in den Protokollen die Ursache für den Ausfall des Dienstes zu finden. Sie können auch das TCP/IP-Dienstprogramm **Ipconfig** in der Eingabeaufforderung verwenden, um Informationen über die konfigurierten TCP/IP-Parameter auf lokalen oder Remotecomputern im Netzwerk zu erhalten.

In den folgenden Abschnitten werden häufige Symptome für Probleme mit dem DHCP-Client beschrieben. Wenn der Bezug der Konfiguration auf einem Client fehlschlägt, können Sie anhand folgender Informationen die Ursache des Fehlers schnell herausfinden.

Ungültige IP-Adresskonfiguration

Wenn für den DHCP-Client keine IP-Adresse oder die IP-Adresse 169.254.x.x, konfiguriert wurde, konnte der Client keine Verbindung zu einem DHCP-Server herstellen und eine IP-Adresslease beziehen. Dies geschieht entweder aufgrund eines Hardwarefehlers oder weil der DHCP-Server nicht verfügbar ist. Überprüfen Sie in diesem Fall, ob der Clientcomputer über eine gültige und funktionsfähige Netzwerkverbindung verfügt. Prüfen Sie zuerst, ob die zu dem Client gehörenden Hardwaregeräte (Kabel und Netzwerkkarten) ordnungsgemäß auf dem Client betrieben werden.

Probleme bei der automatischen Konfiguration im aktuellen Netzwerk

Wenn ein DHCP-Client eine automatisch konfigurierte IP-Adresse besitzt, die für das aktuelle Netzwerk nicht korrekt ist, kann der DHCP-Client unter Windows 2000 oder Windows 98 keinen DHCP-Server finden und hat die APIPA-Funktion (Automatische Private IP-Adressierung) für die Konfiguration seiner IP-Adressen verwendet. In größeren Netzwerken ist die Deaktivierung dieser Funktion wünschenswert für die Netzwerkverwaltung. APIPA generiert eine IP-Adresse der Form 169.254.x.y (x.y ist hierbei eine eindeutige Kennung im Netzwerk, das der Client generiert) und die Subnetzmaske 255.255.0.0. Beachten Sie, dass die IP-Adressen von 169.254.0.1 bis 169.254.255.254 von Microsoft reserviert wurden. Dieser Bereich dient zur Unterstützung von APIPA.

▶ **So korrigieren Sie eine ungültige automatisch konfigurierte IP-Adresse für Ihr Netzwerk**

1. Prüfen Sie zunächst mit dem Befehl **ping** die Konnektivität von Client zu Server. Überprüfen Sie als nächstes die Clientlease, oder erneuern Sie sie manuell. Je nach Netzwerkanforderungen ist es möglicherweise notwendig, APIPA auf dem Client zu deaktivieren.

2. Wenn die Clienthardware korrekt funktioniert, prüfen Sie, ob der DHCP-Server im Netzwerk verfügbar ist, indem Sie von einem anderen Computer (nicht von dem betroffenen Client) ein Ping-Signal an den Server senden. Versuchen Sie auch, die Adresslease des Clients zu erneuern oder freizugeben, und überprüfen Sie die TCP/IP-Konfigurationseinstellungen auf automatische Adressierung.

Fehlende Konfigurationsdetails

Wenn auf dem DHCP-Client nicht alle Konfigurationsdetails vorhanden sind, fehlen dem Client DHCP-Optionen in der geleasten Konfiguration, und zwar entweder weil der DHCP-Server nicht für deren Verteilung konfiguriert ist, oder weil der Client die durch den Server verteilten Optionen nicht unterstützt. Wenn dies bei Microsoft-DHCP-Clients auftritt, überprüfen Sie, ob die am häufigsten verwendeten und unterstützten Optionen auf Server-, Bereichs-, Client- oder Klassenebene der Optionszuweisung konfiguriert wurden. Überprüfen Sie die DHCP-Optionseinstellungen.

Manchmal wurde dem Client der vollständige und korrekte Satz von DHCP-Optionen zugewiesen. Die Netzwerkkonfiguration ist jedoch anscheinend fehlerhaft. Wenn der DHCP-Server mit einer falschen DHCP-Routeroption (Optionscode 3) für die Adresse des Standardgateways des Windows 98-Clients oder einer früheren Version konfiguriert wurde, stehen folgende Möglichkeiten zur Verfügung:

1. Ändern Sie die IP-Adressenliste für die Routeroption (Standardgateway) des verfügbaren DHCP-Bereichs und -Servers.

2. Legen Sie den korrekten Wert im Dialogfeld **Bereichseigenschaften** auf der Registerkarte **Bereichsoptionen** fest.

   In seltenen Fällen müssen Sie die DHCP-Clients möglicherweise so konfigurieren, dass sie eine spezielle Liste mit Routern verwenden, die sich von den übrigen Bereichsclients unterscheiden. Sie können dann eine Reservierung hinzufügen und die Routeroptionsliste speziell für den reservierten Client konfigurieren.

Clients unter Windows NT oder Windows 2000 verwenden die falsche Adresse nicht, weil sie die Funktion zur Erkennung inaktiver Gateways unterstützen. Hierbei verwendet Windows 2000 TCP/IP das nächste in der Liste der konfigurierten Standardgateways als Gateway, wenn eine bestimmte Anzahl an Verbindungen Segmente erneut übertragen.

DHCP-Server stellen keine IP-Adressen zur Verfügung

Wenn DHCP-Clients keine IP-Adressen vom Server abrufen können, kann dieses Problem durch eine der folgende Situationen entstehen:

- **Die IP-Adresse des DHCP-Servers wurde geändert. Daher können DHCP-Clients nun keine IP-Adressen abrufen** Ein DHCP-Server kann nur Dienstanforderungen für einen Bereich verarbeiten, dessen Netzwerkkennung mit der Netzwerkkennung seiner IP-Adresse übereinstimmt. Stellen Sie sicher, dass die IP-Adressen des DHCP-Servers im gleichen Netzwerkbereich liegen wie der Bereich, für den der Server seinen Dienst zur Verfügung stellt. Beispielsweise kann ein Server mit einer IP-Adresse im Netzwerk 192.168.0.0 keine Adressen aus dem Bereich 10.0.0.0 zuweisen, es sei denn, es werden Bereichsgruppierungen verwendet.

- **Die DHCP-Clients werden über einen Router aus dem Subnetz gefunden, in dem sich der DHCP-Server befindet, und können keine Adresse von dem Server erhalten** Ein DHCP-Server kann nur dann IP-Adressen für Clientcomputer in mehreren Remotesubnetzen zur Verfügung stellen, wenn der verbindende Router als DHCP-Relay-Agent fungieren kann. Durch Ausführung der folgenden Schritte kann das Problem wahrscheinlich behoben werden:

  1. Konfigurieren Sie einen BOOTP-/DHCP-Relay-Agenten im Subnetz des Clients (das heißt, im gleichen physikalischen Netzwerksegment). Der Relay-Agent kann sich auf dem Router selbst befinden oder auf einem Computer unter Windows 2000 Server, auf dem der DHCP-Relaydienst ausgeführt wird.

  2. Konfigurieren Sie auf dem DHCP-Server einen Bereich, der den Netzwerkadressen auf der anderen Seite des Routers entspricht, wo sich die betroffenen Clients befinden.

  3. Stellen Sie sicher, dass die Subnetzmaske im Bereich für das Remotesubnetz korrekt ist.

  4. Berücksichtigen Sie diesen Bereich (das heißt, den Bereich für das Remotesubnetz) nicht in Bereichsgruppierungen, die für die Verwendung im gleichen lokalen Subnetz oder Segment konfiguriert sind, in dem sich der DHCP-Server befindet.

- **Mehrere DHCP-Server sind im gleichen LAN vorhanden** Konfigurieren Sie auf keinen Fall mehrere DHCP-Server im gleichen LAN mit überlappenden Bereichen. Schließen Sie aus, dass es sich bei einem der fraglichen DHCP-Server um einen SBS-Computer (Small Business Server) handelt. Wird der DHCP-Dienst unter SBS ausgeführt, wird er automatisch beendet, wenn er einen weiteren DHCP-Server in dem LAN erkennt.

Problembehandlung bei DHCP-Servern

Wenn auf einem Server bei der Bereitstellung von Leases für Clients Fehler auftreten, wird der Fehler von den Clients meistens auf eine der folgenden Arten festgestellt:

1. Der Client wird möglicherweise für die Verwendung einer IP-Adresse konfiguriert, die nicht durch den Server bereitgestellt wurde.
2. Der Server sendet eine negative Bestätigungsantwort an den Client. Auf dem Client wird daraufhin eine Fehlermeldung oder eine Popup-Meldung mit der Information angezeigt, dass der DHCP-Server nicht gefunden werden konnte.
3. Der Server least dem Client eine Adresse, der Client hat jedoch offensichtlich andere Probleme, die auf der Netzwerkkonfiguration basieren. Möglicherweise kann er keine DNS- oder NetBIOS-Namen registrieren oder auflösen oder Computer außerhalb seines Subnetzes erkennen.

Als erster Schritt bei der Problembehandlung muss sichergestellt werden, dass die DHCP-Dienste ausgeführt werden. Um dies zu überprüfen, öffnen Sie die DHCP-Dienstkonsole und lassen den Status des Dienstes anzeigen. Sie können jedoch auch **Dienste und Anwendungen** unter **Computerverwaltung** öffnen. Wenn der entsprechende Dienst nicht gestartet wurde, starten Sie ihn. In seltenen Fällen kann ein DHCP-Server nicht gestartet werden, oder es tritt ein Abbruchfehler auf. Wenn der DHCP-Server beendet wurde, führen Sie das folgende Verfahren durch, um ihn erneut zu starten:

▶ **So führen Sie einen Neustart eines beendeten DHCP-Servers durch**

1. Starten Sie Windows 2000 Server, und melden Sie sich als Administrator an.
2. Geben Sie in der Befehlszeile **net start dhcpserver** ein, und drücken Sie die EINGABETASTE.

Anmerkung Verwenden Sie die **Ereignisanzeige** unter **Verwaltung**, um die mögliche Ursache für die Probleme mit den DHCP-Diensten zu finden.

Der DHCP-Relay-Agenten-Dienst ist installiert, wird aber nicht ausgeführt

Der DHCP-Relay-Agenten-Dienst wird auf dem gleichen Computer wie der DHCP-Dienst ausgeführt. Da beide Dienste über die UDP-Ports 67 und 68 gesendete BOOTP- und DHCP-Meldungen empfangen und beantworten, arbeiten sie nicht zuverlässig, wenn sie auf dem gleichen Computer installiert sind. Um dieses Problem zu beheben, installieren Sie den DHCP-Dienst und den DHCP-Relay-Agenten auf verschiedenen Computern.

Die DHCP-Konsole zeichnet das Ablaufdatum von Leases fehlerhaft auf

Bei der Anzeige des Leaseablaufdatums für reservierte Clients eines Bereichs gibt die DHCP-Konsole Folgendes an:

- Wenn eine unbegrenzte Leasedauer festgelegt ist, wird die Lease des reservierten Clients auch als unendlich angezeigt.
- Wenn für die Dauer der Bereichslease eine bestimmte Zeit (zum Beispiel acht Tage) festgelegt ist, wird bei der Lease des reservierten Clients die gleiche Leasedauer zu Grunde gelegt.

Die Leasebedingungen eines reservierten DHCP-Clients werden durch die Lease bestimmt, die der Reservierung zugewiesen ist. Um reservierte Clients mit unendlicher Leasedauer zu erstellen, erstellen Sie einen Bereich mit einer unbegrenzten Leasedauer und fügen diesem Bereich Reservierungen hinzu.

Der DHCP-Server verwendet Broadcasts als Antwort auf alle Clientmeldungen

Der DHCP-Server sendet Broadcasts als Antwort auf alle Anforderungsmeldungen zur Clientkonfiguration, unabhängig davon, wie der DHCP-Client das Broadcast-Bit gesetzt hat. DHCP-Clients können beim Senden von DHCPDISCOVER-Meldungen das Broadcast-Flag (das erste Bit in dem Feld mit 16-Bit-Flags im DHCP-Meldungsheader) setzen, um dem DHCP-Server mitzuteilen, dass bei der Antwort an den Client mit einer DHCPOFFER-Antwort ein Broadcast an die eingeschränkte Broadcastadresse (255.255.255.255) verwendet werden soll.

Standardmäßig ignoriert der DHCP-Server in Windows NT Server 3.51 und früheren Versionen das Broadcast-Flag in DHCPDISCOVER-Meldungen und sendet nur DHCPOFFER-Antworten. Dieses Verhalten wurde auf dem Server implementiert, um Probleme zu vermeiden, die auftreten können, wenn Clients nicht in der Lage sind, eine Unicastantwort vor der Konfiguration für TCP/IP zu erhalten oder zu verarbeiten.

Ab Windows NT Server 4.0 versucht der DHCP-Dienst, weiterhin alle DHCP-Antworten als IP-Broadcasts an die eingeschränkte Broadcastadresse zu senden – es sei denn, die Unterstützung von Unicastantworten wurde aktiviert, indem der Registrierungseintrag **IgnoreBroadcastFlag** auf **1** gesetzt wurde. Der Eintrag ist in folgendem Schlüssel enthalten: **HKEY_LOCAL_MACHINE\System\CurrentControlSet\Services\DHCPServer\Parameters\IgnoreBroadcastFlag**. Wenn der Wert auf **1** gesetzt wird, wird das Broadcast-Flag in Clientanfragen ignoriert, und alle DHCPOFFER-Antworten werden von dem Server mittels Broadcast gesendet. Wird der Wert auf **0** gesetzt, wird das Verhalten des Servers bei der Übertragung (Broadcast oder nicht) durch Setzen des Broadcast-Bits in der DHCPDISCOVER-Antwort des Clients bestimmt. Wenn dieses Flag in der Anforderung gesetzt ist, sendet der Server seine Antwort mittels Broadcast an die eingeschränkte lokale Broadcastadresse. Ist dieses Flag in der Anforderung nicht gesetzt, sendet der Server seine Antwort mittels Unicast direkt an den Client.

Der DHCP-Server gibt keine Adressleases für einen neuen Bereich aus

Auf dem DHCP-Server wurde ein neuer Bereich hinzugefügt, um eine Neunummerierung des vorhandenen Netzwerks durchzuführen. DHCP-Clients beziehen jedoch keine Leases aus dem neu definierten Bereich. Diese Situation tritt häufig auf, wenn Sie versuchen, ein bestehendes IP-Netzwerk neu zu nummerieren. Beispiel: Sie haben möglicherweise eine registrierte Klasse von IP-Adressen für das Netzwerk erhalten, oder Sie ändern die Adressklasse, um mehrere Computer oder Netzwerke einzusetzen. In derartigen Situationen sollen Clients Leases im neuen Bereich beziehen. Der Bezug und die Erneuerung von Leases im alten Bereich soll nicht mehr stattfinden. Sobald alle Clients aktiv Leases in dem neuen Bereich beziehen, können Sie den alten Bereich entfernen.

Wenn keine Bereichsgruppierungen verfügbar sind oder verwendet werden, kann immer nur ein DHCP-Bereich zur gleichen Zeit im Netzwerk aktiv sein. Auch wenn auf dem DHCP-Server mehrere Bereiche definiert und aktiviert sind, wird nur ein Bereich für die Bereitstellung von Leases für Clients verwendet. Der für die Verteilung von Leases verwendete aktive Bereich richtet sich danach, ob der Adressbereich die erste IP-Adresse enthält, die an die Netzwerkkartenhardware des DHCP-Servers gebunden und dieser zugewiesen ist. Wenn auf einem Server zusätzliche sekundäre IP-Adressen auf der Registerkarte **Erweiterte TCP/IP-Eigenschaften** konfiguriert wurden, wirken sich diese Adressen im Hinblick auf die Ermittlung der Bereichsauswahl oder die Beantwortung von Konfigurationsanforderungen von DHCP-Clients im Netzwerk nicht auf den DHCP-Server aus.

Dieses Problem kann folgendermaßen gelöst werden:

- Konfigurieren Sie den DHCP-Server für die Verwendung einer Bereichsgruppierung, die den alten und den neuen Bereich enthält.
- Ändern Sie die primäre IP-Adresse (die auf der Registerkarte **TCP/IP-Eigenschaften** zugewiesene Adresse) auf der Netzwerkkarte des DHCP-Servers in eine IP-Adresse, die Bestandteil des gleichen Netzwerks ist, in dem sich auch der neue Bereich befindet.

  Für Windows NT Server 3.51 steht keine Unterstützung von Bereichsgruppierungen zur Verfügung. In diesem Fall müssen Sie die erste für die Netzwerkkarte des DHCP-Servers konfigurierte IP-Adresse in eine Adresse ändern, die in dem neuen Adressbereich liegt. Falls erforderlich, können Sie die zuerst als aktive IP-Adresse für den Servercomputer zugewiesene Adresse beibehalten, indem Sie sie in die auf der Registerkarte **Erweiterte TCP/IP-Eigenschaften** verwaltete Liste der mehrfachen IP-Adressen verschieben.

Überwachen der Serverleistung

Da DHCP-Server in den meisten Umgebungen von großer Bedeutung sind, kann die Überwachung der Serverleistung bei der Behebung von Problemen helfen, bei denen eine reduzierte Serverleistung auftritt. Bei Windows 2000 Server enthält der DHCP-Dienst eine Reihe von Leistungsindikatoren, mit denen die verschiedenen Arten der Serveraktivität überwacht werden können.

Standardmäßig stehen diese Leistungsindikatoren nach der Installation des DHCP-Dienstes zur Verfügung. Der Zugriff auf die Leistungsindikatoren erfolgt über den Systemmonitor. Die Leistungsindikatoren des DHCP-Servers können Folgendes überwachen:

- Alle Typen von DHCP-Meldungen, die durch den DHCP-Dienst gesendet und empfangen wurden.
- Die durchschnittliche Verarbeitungszeit, die von dem DHCP-Server für jedes gesendete und empfangene Meldungspaket benötigt wird.
- Die Anzahl der Meldungspakete, die aufgrund interner Verzögerungen auf dem DHCP-Servercomputer gelöscht werden.

Verschieben der DHCP-Serverdatenbank

Es kann erforderlich werden, die DHCP-Datenbank auf einen anderen Computer zu verschieben. Gehen Sie zu diesem Zweck folgendermaßen vor.

▶ **So verschieben Sie eine DHCP-Datenbank**

1. Beenden Sie den Microsoft DHCP-Dienst auf dem derzeit verwendeten Computer.

2. Kopieren Sie das Verzeichnis **\System32\Dhcp** auf den neuen Computer, der als DHCP-Server konfiguriert wurde.

   Stellen Sie sicher, dass das Verzeichnis unter dem gleichen Laufwerkbuchstaben und im selben Pfad gespeichert ist wie auf dem zuvor verwendeten Computer. Wenn Sie die Dateien in ein anderes Verzeichnis kopieren müssen, kopieren Sie die Datei **DHCP.MDB**. Kopieren Sie jedoch nicht die **.log**- oder **.chk**-Dateien.

3. Starten Sie den Microsoft-DHCP Dienst auf dem neuen Computer. Der Dienst wird automatisch unter Verwendung der von dem alten Computer kopierten **.mdb**- und **.log**-Dateien gestartet.

Bei Überprüfung des DHCP-Managers können Sie feststellen, dass der Bereich noch vorhanden ist, da die Registrierung Informationen über den Adressbereich einschließlich eines Bitmaps der verwendeten Adressen enthält. Sie müssen die DHCP-Datenbank abstimmen, um Datenbankeinträge für die vorhandenen Leases in der Adressenbitmaske hinzuzufügen. Bei der Erneuerung von Clients werden sie diesen Leases zugeordnet, so dass die Datenbank schließlich wieder vollständig ist.

▶ **So führen Sie die Abstimmung der DHCP-Datenbank durch**

1. Klicken Sie im DHCP-Manager im Menü **Bereich** auf **Aktive Leases**.
2. Klicken Sie im Dialogfeld **Aktive Leases** auf **Abstimmen**.

Wenngleich dies nicht erforderlich ist, können Sie auf DHCP-Clients die Erneuerung von Leases durchsetzen, um die DHCP-Datenbank schnellstmöglich zu aktualisieren. Geben Sie hierfür **ipconfig/renew** in der Befehlszeile ein.

Zusammenfassung der Lektion

Bei den häufigsten Problemen mit DHCP-Clients handelt es sich um Fehler beim Bezug einer IP-Adresse oder anderer Konfigurationsparameter von einem DHCP-Server während des Starts. Im Zusammenhang mit DHCP-Servern treten folgende Probleme am häufigsten auf: Der Server kann nicht in einem Netzwerk in einer Windows 2000- oder Active Directory-Domänenumgebung gestartet werden. Die meisten Schwierigkeiten in Verbindung mit DHCP beginnen mit einer fehlerhaften IP-Konfiguration auf einem Client. Daher empfiehlt es sich, zur Problembehandlung an dieser Stelle anzusetzen.

Lernzielkontrolle

Mit den folgenden Fragen können Sie überprüfen, ob Sie die in diesem Kapitel vermittelten Lehrinhalte verstanden haben. Wenn Sie eine Frage nicht beantworten können, wiederholen Sie den entsprechenden Abschnitt, bevor Sie mit dem nächsten Kapitel fortfahren. Die Antworten zu den Fragen finden Sie in Anhang A, „Fragen und Antworten".

1. Was ist DHCP?

2. Beschreiben Sie die Integration von DHCP mit DNS.

3. Was ist ein DHCP-Client?

4. Was versteht man unter der IP-Autokonfiguration in Windows 2000?

5. Warum ist das Planen der Implementierung von DHCP für ein Netzwerk wichtig?

6. Mit welchem Tool werden DHCP-Server in Windows 2000 verwaltet?

7. Welches Symptom tritt bei den meisten DHCP-Probleme auf?

KAPITEL 11

Bereitstellen des RAS-Dienstes für Clients

Lektion 1: Einführung in RAS ... 308

Lektion 2: Konfigurieren eines Routing- und RAS-Servers ... 317

Lektion 3: Implementieren von IP-Routing auf einem RAS-Server ... 327

Lektion 4: Unterstützen von virtuellen privaten Netzwerken ... 335

Lektion 5: Unterstützen von Mehrfachverbindungen ... 342

Lektion 6: Routing und RAS mit DHCP ... 344

Lektion 7: Verwalten und Überwachen von RAS ... 346

Lernzielkontrolle ... 353

Über dieses Kapitel

In diesem Kapitel wird erläutert, wie Clients durch die Implementierung der RAS-Dienste der Zugriff auf Netzwerkressourcen von unterwegs oder zu Hause aus ermöglicht wird. Darüber hinaus erfahren Sie, wie Sie ein sicheres virtuelles privates Netzwerk (VPN) implementieren.

Bevor Sie beginnen

Zur Bearbeitung dieses Kapitels müssen die folgenden Voraussetzungen erfüllt sein:

- Zwei Microsoft Windows 2000-Server LAN-Verbindungen

Lektion 1: Einführung in RAS

Mit Hilfe der RAS-Funktion von Microsoft Windows 2000 Server können mobile Benutzer über DFÜ-Verbindungen direkt auf das Firmennetzwerk zugreifen. RAS bietet außerdem VPN-Dienste für den Zugriff auf Firmennetzwerke über das Internet.

Am Ende dieser Lektion werden Sie in der Lage sein, die folgenden Aufgaben durchzuführen:

- Erklären der RAS-Funktionen
- Installieren von RAS
- Beschreiben des Unterschieds zwischen RAS (Remotezugriff) und Remotesteuerung
- Erklären der Auswirkungen einer Aktualisierung auf Routing und RAS

Veranschlagte Zeit für die Lektion: 25 Minuten

RAS – Überblick

Windows 2000 Server-RAS, Bestandteil des integrierten Routing- und RAS-Dienstes, verbindet mobile Benutzer zu Firmennetzwerken. Remotebenutzer haben dadurch eine direkte Anschlussmöglichkeit zum Netzwerk. Benutzer (oder Clients) führen RAS-Software aus, um eine Verbindung zum RAS-Server herzustellen. Bei diesem RAS-Server handelt es sich um einen Computer unter Windows 2000 Server mit dem Routing- und RAS-Dienst, der Benutzer- und Dienstsitzungen von Anfang bis Ende authentifiziert. Alle Dienste, die Netzwerkbenutzern normalerweise zur Verfügung stehen (wie Datei- und Druckerfreigaben, Webserverzugriff und Messaging), werden über die RAS-Verbindung bereitgestellt.

RAS-Clients verwenden Standardtools für den Zugriff auf die Netzwerkressourcen. Auf einem Computer unter Windows 2000 können Clients beispielsweise über den Windows Explorer Netzlaufwerke zuordnen und eine Verbindung zu Druckern herstellen. Die Verbindungen sind dauerhaft, so dass die Benutzer im Verlauf einer Remotesitzung keine erneute Verbindung zu Netzwerkressourcen herstellen müssen. Da RAS Laufwerkbuchstaben und UNC-Namen (UNC = Universal Naming Convention) vollständig unterstützt, können die meisten im Handel erhältlichen und benutzerdefinierten Anwendungen ohne Änderungen durchgeführt werden. Die Windows 2000 RAS-Dienste ermöglichen zwei verschiedene Arten von RAS-Verbindungen:

- **DFÜ-Netzwerk** Eine Verbindung über das DFÜ-Netzwerk entsteht, wenn ein RAS-Client über einen Telekommunikationsanbieter eine temporäre Verbindung zu einem physikalischen Anschluss auf einem RAS-Server herstellt, beispielsweise über eine analoge Leitung oder über ISDN bzw. X.25.

Das beste Beispiel hierfür ist, wenn sich ein DFÜ-Client über die Telefonnummer eines RAS-Serveranschlusses einwählt.

Ein DFÜ-Netzwerk über eine analoge Telefonleitung oder über ISDN ist eine direkte physikalische Verbindung zwischen dem DFÜ-Netzwerkclient und dem DFÜ-Netzwerkserver. Sie können gegebenenfalls die Daten verschlüsseln, die über die Verbindung gesendet werden.

- **Virtuelle private Netzwerke** Hierbei handelt es sich um gesicherte Punkt-zu-Punkt-Verbindungen über ein privates oder öffentliches Netzwerk, zum Beispiel das Internet. Ein VPN-Client verwendet spezielle TCP/IP-basierte Protokolle, so genannte Tunnelprotokolle, um einen VPN-Serveranschluss anzurufen. Ein gutes Beispiel für ein VPN ist ein Benutzer, der sich über das Internet bei einem Server auf dem Firmennetzwerk einwählt. Der RAS-Server beantwortet den virtuellen Anruf, authentifiziert den Anrufer und überträgt die Daten zwischen dem VPN-Client und dem Firmennetzwerk.

Im Gegensatz zum DFÜ-Netzwerk ist das VPN keine physikalische, sondern eine logische Verbindung zwischen dem VPN-Client und dem Server. Um die Privatsphäre sicherzustellen, müssen Sie die zu sendenden Daten verschlüsseln.

Routing- und RAS-Funktionen

Die Windows-Routing und RAS-Funktionen enthalten NAT (Network Address Translation, Netzwerkadressübersetzung), Multiprotocol Routing, L2TP (Layer Two Tunneling Protocol), IAS (Internet Authentication Service) und RAP (Remote Access Policies, RAS-Richtlinien). Die Lektion schließt mit Informationen zu Filtern für Wählen bei Bedarf, Hinauswählzeiten, DFÜ-Eigenschaften für Benutzer, RAS-Verwendung von Namenservern und DHCP, BAP (Bandwidth Allocation Protocol) und zur RAS-Überwachung.

Routersuche

Windows 2000 verwendet ein neues Leistungsmerkmal mit der Bezeichnung „Routersuche", das in RFC 1256 erläutert wird. Die Routersuche enthält eine verbesserte Methode zum Konfigurieren und Ermitteln von Standardgateways. Wenn das Standardgateway über DHCP oder manuell konfiguriert wird, können Netzwerkänderungen nicht angepasst werden. Über die Routersuche erkennen Clients die Router dynamisch und können auf Reserverouter zurückgreifen, wenn ein Netzwerkausfall auftritt oder eine administrative Änderung erforderlich ist. Die Routersuche besteht aus zwei Pakettypen:

1. **Routeranfragen** Wenn ein Host, der RFC 1256 unterstützt, mit einem Standardgateway konfiguriert werden muss, sendet dieser eine Routeranfrage über eine ICMP-Meldung (ICMP = Internet Control Message Protocol). Sie kann an die IP-Multicastadresse für alle Router 224.0.00.2, die lokale IP-Multicastadresse oder die eingeschränkte Broadcastadresse (255.255.255.255) gesendet werden.

In der Praxis senden Hosts Routeranfragemeldungen an die Multicastadresse. Router im Netzwerk des Hosts, die RFC 1256 unterstützen, antworten umgehend mit einer Routerankündigung, und der Host wählt den Router mit der höchsten Vorrangstufe als Standardgateway.

2. **Router Advertisements (Routerankündigungen)** Mit Routerankündigungen werden Hosts im Netzwerk explizit darüber informiert, dass der Router noch verfügbar ist. Ein Router sendet eine regelmäßige Routerankündigung mit einer ICMP-Meldung. Sie kann an die lokale IP-Broadcastadresse für alle Hosts oder an die eingeschränkte Broadcastadresse gesendet werden. In der Praxis werden Routerankündigungen wie Routeranfragen an die Multicastadresse gesendet.

Anmerkung Windows 2000 unterstützt die Routersuche als Host und als Router.

Übersetzer für Netzwerkadressen (NAT)

Der NAT-Standard (Network Address Translator) wird in RFC 1631 definiert. Hierbei handelt es sich um einen Router, der die IP-Adressen eines Intranets oder privaten LANs in gültige Internetadressen umwandelt. Der NAT ermöglicht den Internetanschluss für ein privates Netzwerk mit privaten Adressen über eine einzige IP-Internetadresse. Windows 2000 Server enthält eine vollständige NAT-Implementierung für die gemeinsame Verbindungsnutzung („Connection Sharing") und eine konfigurationslose Version für den gemeinsamen Zugriff („Shared Access").

Multicastrouting

Windows 2000 Server implementiert eine eingeschränkte Form des Multicastroutings über einen Multicastproxy. Dieser Proxy kann die Multicastunterstützung über einen richtigen Multicastrouter hinaus gewährleisten. Der Multicastproxy eignet sich am besten für das Multicasting von RAS-Benutzern oder eines LAN-Netzwerks mit Internetverbindung. Bei den Schnittstellen fungiert Windows 2000 wie ein Multicastrouter, indem mit lokalen Clients über deren Multicastbedarf kommuniziert wird. Bei einer Schnittstelle mit Direktzugriff auf einen richtigen Multicastrouter fungiert Windows als Multicastclient und leitet den Multicastdatenverkehr für die lokalen Clients weiter.

Layer Two Tunneling Protocol (L2TP)

Bei L2TP handelt es sich gewissermaßen um die nächste PPTP-Version (Point-to-Point Tunneling Protocol). Dieses mit PPTP vergleichbare Protokoll wurde in Zusammenarbeit mit Cisco entwickelt. L2TP enthält L2F (Layer 2 Forwarding) von Cisco sowie die PPTP-Technologien (von Microsoft, Ascend, 3Com, U.S. Robotics und ECI-Telematics). L2TP liegt derzeit nur als RFC-Entwurf vor, wird jedoch bald als Industriestandard eingeführt. L2TP ist ein OSI-Protokoll auf Schicht 2 (Datensicherungsschicht) für VPNs. OSI ist ein Akronym für „Open Systems Interconnection".

Internetauthentifizierungsdienst (Internet Authentication Service, IAS)

IAS ist ein RADIUS-Server (RADIUS = Remote Authentication Dial-In User Service). Bei RADIUS handelt es sich um ein Netzwerkprotokoll für die Remoteauthentifizierung, Autorisierung und Kontenverwaltung von Benutzern, die eine Verbindung zu einem Netzwerkzugriffsserver (Network Access Server, NAS) herstellen. Ein Netzwerkzugriffsserver, wie z. B. Routing und RAS von Windows, kann ein RADIUS-Client oder ein RADIUS-Server sein.

> **Anmerkung** Microsoft hat im Option Pack von Windows NT 4.0 eine eingeschränkte Version für einen RADIUS-Server zur Verfügung gestellt. Unter Windows 2000 ist jetzt ein vollständiger RADIUS-Server (IAS) verfügbar.

RAS-Richtlinien

In den Windows NT Versionen ab 3.5 basierte die RAS-Autorisierung auf der Option **Dem Benutzer Einwählrechte erteilen** im **Benutzer-Manager** oder dem RAS-Verwaltungsprogramm. Rückrufoptionen wurden ebenfalls auf Einzelbenutzerbasis erteilt.

Bei Windows 2000 werden RAS-Verbindungen basierend auf den DFÜ-Eigenschaften eines Benutzerobjekts und den RAS-Richtlinien erteilt. RAS-Richtlinien sind Bedingungen und Verbindungsparameter, die Netzwerkadministratoren für mehr Flexibilität bei der Bestätigung und Verwendung von RAS-Zugriffsrechten einsetzen können. Beispiele für Bedingungen sind Uhrzeit, Gruppe und Verbindungstyp (VPN oder Einwählen). Beispiele für Verbindungsparameter sind die Anforderungen für Authentifizierung und Verschlüsselung, die Verwendung von Mehrfachverbindungen (Multilinks) und die Sitzungsdauer. Ein Vorteil dieser erweiterten Steuerung ist die Verschlüsselungsanforderung bei VPN-Verbindungen und das Verweigern der Verschlüsselung bei Modemverbindungen, weil diese hier nicht erforderlich ist.

RAS-Richtlinien werden auf dem lokalen Computer gespeichert und sind für den Austausch zwischen dem Routing- und RAS-Dienst und dem IAS von Windows 2000 freigegeben. Die RAS-Richtlinie wird von der IAS-Verwaltung oder von der Routing- und RAS-Verwaltung konfiguriert.

Aktivieren von Routing und RAS

Da Sie jetzt über die nötigen Kenntnisse zu Routing und RAS verfügen, können Sie den Dienst aktivieren. Bevor Sie diesen Dienst aktivieren, sieht die Routing- und RAS-Verwaltung wie in Abbildung 11.1 veranschaulicht aus.

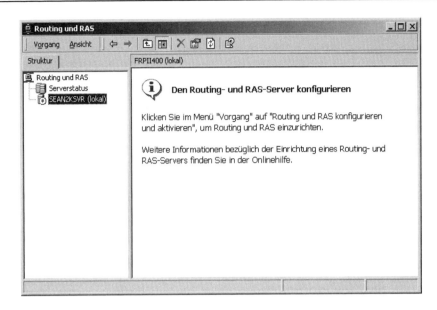

Abbildung 11.1 Die Routing- und RAS-Verwaltung vor der Installation

Übung: Installieren eines Routing- und RAS-Servers

In diesem Übungsteil installieren Sie einen Routing- und RAS-Server in der Routing- und RAS-Verwaltung.

Bevor Sie mit dieser Übung fortfahren, sollten Sie die Demonstrationsdatei **Ch11.exe** ausführen, die sich im Ordner **Media** auf der Kursmaterialien-CD zu diesem Buch befindet. Die Datei gibt einen Überblick über die Installation eines Routing- und RAS-Servers.

▶ **So installieren Sie den Routing- und RAS-Server**

1. Öffnen Sie die Routing- und RAS-Verwaltung.

2. Klicken Sie mit der rechten Maustaste auf Ihren Computernamen, und wählen Sie **Routing und RAS konfigurieren und aktivieren**.

3. Klicken Sie im Setup-Assistenten für den Routing- und RAS-Server auf **Weiter**.

4. Aktivieren Sie auf der Seite **Allgemeine Konfigurationen** das Optionsfeld **RAS-Server**, und klicken Sie anschließend auf **Weiter**.

5. Vergewissern Sie sich, dass auf der Seite **Remoteclientprotokolle** im Bereich **Protokolle** der Eintrag **TCP/IP** aufgelistet ist. Stellen Sie sicher, dass die Option **Ja, alle erforderlichen Protokolle sind in der Liste** aktiviert ist, und klicken Sie anschließend auf **Weiter**.

6. Vergewissern Sie sich, dass auf der Seite **IP-Adresszuweisung** das Optionsfeld **Aus einem angegebenen Adressbereich** aktiviert ist, und klicken Sie anschließend auf **Weiter**.

7. Klicken Sie auf der Seite **Adresszuweisungsbereich** auf **Neu**. Geben Sie neben **Start-IP-Adresse** für Computer 1 **10.0.0.10** und für Computer 2 **10.0.0.20** ein. Geben Sie neben **End-IP-Adresse** für Computer 1 **10.0.0.19** und für Computer 2 **10.0.0.29** ein. Vergewissern Sie sich, dass im Bereich **Anzahl an Adressen** der Wert **10** eingetragen ist. Klicken Sie auf **OK**, um das Fenster **Adressbereich bearbeiten** zu schließen. Klicken Sie auf **Weiter**.

8. Vergewissern Sie sich, dass auf der Seite **Mehrere RAS-Server verwalten** das Optionsfeld **Nein, Server jetzt nicht für die Verwendung von RADIUS einrichten** aktiviert ist, und klicken Sie anschließend auf **Weiter**.

9. Klicken Sie auf **Fertig stellen**.

10. Klicken Sie bei allen angezeigten Warnmeldungen auf **OK**.

    Die Routing- und RAS-Verwaltung sieht wie in Abbildung 11.2 dargestellt aus.

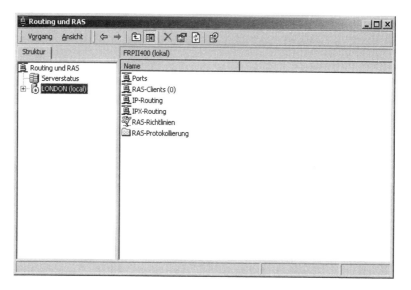

Abbildung 11.2 Die Routing- und RAS-Verwaltung nach der Installation

▶ **So vergeben Sie Einwählrechte für das Konto Administrator**

1. Wenn Sie sich in einer Domäne befinden, öffnen Sie **Verzeichnisverwaltung**. Wenn Sie sich in einer Arbeitsgruppe befinden, öffnen Sie die **Computerverwaltung**, **System** und die **Computerverwaltung (Lokal)**.

2. Öffnen Sie die Benutzereigenschaften für den Administrator, klicken Sie auf die Registerkarte **Einwählen**, und wählen Sie **Zugriff erlauben**.

Remotezugriff (RAS) und Remotesteuerung

Remotezugriff (RAS) und Remotesteuerung unterscheiden sich in folgenden Punkten:

- Der RAS-Server ist ein softwarebasierter Multiprotokollrouter; Remotesteuerungen nutzen über die Remoteverbindungen gemeinsam Bildschirm, Tastatur und Maus. Beim Remotezugriff werden die Anwendungen auf demjenigen Client ausgeführt, der über den Remotezugriff verfügt.

- Bei der Remotesteuerung teilen sich die Benutzer eine CPU oder mehrere CPUs auf dem Server. Bei der Remotesteuerung werden die Anwendungen auf dem Server ausgeführt. Die CPU des RAS-Servers soll den Datenaustausch zwischen RAS-Clients und Netzwerkressourcen erleichtern. Es ist nicht Aufgabe der CPU, Anwendungen auszuführen.

Die Auswirkungen einer Windows-Aktualisierung auf Routing und RAS

Bei einem System, das vom RAS-Dienst/Routing- und RAS-Dienst von Windows NT 4.0 auf Windows 2000 aktualisiert wird, liegt ein geringfügiges Problem vor. RAS in Windows NT 4.0 verwendet das LocalSystem-Konto. Wenn sich ein Dienst als LocalSystem anmeldet, erfolgt die Anmeldung ohne Anmeldeinformationen. Das heißt, der Dienst gibt keinen Benutzernamen bzw. kein Kennwort an.

Active Directory lässt standardmäßig keine Abfrage von Objektattributen über NULL-Sitzungen zu. Deshalb ist in einer gemischten Umgebung ein gewisser Planungsaufwand erforderlich, damit die Server für den RAS-Dienst/Routing- und RAS-Dienst von Windows NT 4.0 die DFÜ-Benutzereigenschaften aus Active Directory abrufen können. Die Server für den RAS-Dienst/Routing- und RAS-Dienst benötigen diesen Zugang, um zu ermitteln, ob der Benutzer mit den geeigneten DFÜ-Berechtigungen ausgestattet ist, und ob andere DFÜ-Einstellungen, beispielsweise Rückrufnummern, konfiguriert wurden.

Anmerkung Wenn NULL-Anmeldeinformationen verwendet werden, kann das Konto nicht auf Netzwerkressourcen zugreifen, für die eine NTLM-Authentifizierung (Windows NT LAN Manager) erforderlich ist, es sei denn, der Remotecomputer lässt NULL-Sitzungen ausdrücklich zu.

Überlegungen zu RAS-Server

Damit ein Server für den RAS-Dienst/Routing- und RAS-Dienst von Windows NT 4.0 die Benutzereigenschaften aus Active Directory abrufen kann, müssen folgende Bedingungen erfüllt sein:

- Sie haben eine Domäne im gemischten Modus, und der Server für den RAS-Dienst/Routing- und RAS-Dienst von Windows NT 4.0 ist auch ein Reservedomänencontroller unter Windows NT 4.0.

In diesem Fall kann der RAS-Dienst/Routing- und RAS-Dienst auf die lokale SAM-Datenbank (Security Accounts Manager) zugreifen.

- Sie haben eine Domäne im gemischten Modus, und der Server für den RAS-Dienst/Routing- und RAS-Dienst von Windows NT 4.0 kontaktiert den Reservedomänencontroller unter Windows NT 4.0, um die DFÜ-Benutzereigenschaften zu ermitteln. Auch in diesem Fall wird der Zugriff auf die lokale SAM-Datenbank gewährleistet.

- Die Domäne befindet sich im gemischten oder im einheitlichen Modus und die Active Directory-Sicherheit wurde gelockert, um die integrierten Berechtigungen für den Benutzer **Jeder** zu gewähren, so dass alle Eigenschaften aller Benutzerobjekte gelesen werden können. Hierzu müssen Sie im Assistenten zum Installieren von Active Directory (**DCPROMO.EXE**) das Optionsfeld **Mit Windows NT 3.5x/4.0-Servern kompatible Berechtigungen** aktivieren.

Anmerkung Wenn die Sicherheitsfunktionen von Active Directory nicht verringert werden oder der Server für den RAS-Dienst/Routing- und RAS-Dienst nicht auf einem Reservedomänencontroller installiert ist, kann keine dauerhafte DFÜ-Verbindung gewährleistet werden. Auch wenn Ihre Domäne im gemischten Modus ist, können Sie den Server für den RAS-Dienst/Routing- und RAS-Dienst nicht so konfigurieren, dass dieser den Reservedomänencontroller unter Windows NT 4.0 kontaktiert. Falls der Benutzer von einem Windows 2000-Domänencontroller authentifiziert wird, schlägt die Einwählverbindung fehl.

Über die Option **Mit Windows NT 3.5x/4.0-Servern kompatible Berechtigungen** wird die Gruppe **Jeder** in die lokale Gruppe platziert, die mit Windows NT 3.5x/4.0-Servern kompatibel ist. Sie können die Berechtigungen verstärken, indem die Gruppe **Jeder** aus der Mitgliederliste dieser Gruppe gelöscht wird, nachdem alle RAS-Server auf Windows 2000 aktualisiert wurden.

Anmerkung Gehen Sie so nur dann vor, wenn Sie die Auswirkungen auf die Active Directory-Sicherheit genau kennen. Ergeben sich durch diese Methode Konflikte mit Ihren Sicherheitsanforderungen, wird empfohlen, den Server für den RAS-Dienst/Routing- und RAS-Dienst von Windows NT 4.0 auf Windows 2000 zu aktualisieren und ihn zu einem Mitgliedsserver einer Windows 2000-Domäne im gemischten oder einheitlichen Modus zu machen. Dadurch wird ein inkonsistenter Einwählzugriff im gemischten Modus der Domäne verhindert.

Wenn Sie die Sicherheit verringern möchten, damit die Server für den RAS-Dienst/Routing- und RAS-Dienst von Windows NT 4.0 nach der Ausführung des Assistenten zum Installieren von Active Directory funktionieren, können Sie die Gruppe **Jeder** der Gruppe **NT 3.x/4.0 kompatibler Zugriff** hinzufügen. Geben Sie hierzu den Befehl **net localgroup „NT 3.x/4.0 kompatibler Zugriff" everyone /add** ein.

Zusammenfassung der Lektion

Diese Lektion lieferte eine grundlegende Zusammenfassung der RAS-Funktionen. Hierzu gehören die Routersuche, NAT, Multicastrouting, L2TP, IAS und RAS-Richtlinien. In dieser Lektion wurde auch die Vorgehensweise zum Installieren und Konfigurieren von Routing und RAS erläutert.

Lektion 2: Konfigurieren eines Routing- und RAS-Servers

Nach der Installation von Routing und RAS (RRAS) können Sie eingehende Verbindungen konfigurieren, mit RAS-Richtlinien sperren, RAS-Profile für die Sicherheit hinzufügen und den Zugriff mit dem Bandwidth Allocation Protocol (BAP) steuern. In dieser Lektion werden diese konfigurierbaren Optionen erläutert.

Am Ende dieser Lektion werden Sie in der Lage sein, die folgenden Aufgaben durchzuführen:

- Erklären, wie eingehende Verbindungen zugelassen werden
- Erstellen einer RAS-Richtlinie
- Beschreiben des Vorgangs zum Konfigurieren eines RAS-Profils
- Beschreiben der Konfiguration von BAP

Veranschlagte Zeit für die Lektion: 45 Minuten

Zulassen von eingehenden Verbindungen

Wenn RRAS zum ersten Mal gestartet wird, erstellt Windows 2000 automatisch jeweils fünf PPTP- und L2TP-Anschlüsse. Dies wird in Abbildung 11.3 veranschaulicht. Die Anzahl der VPN-Anschlüsse für einen RAS-Server wird durch die Hardware nicht eingeschränkt und kann konfiguriert werden. Sie können die VPN-Anschlüsse im Bereich **Ports** in der Konsolenstruktur von **Routing und RAS** konfigurieren.

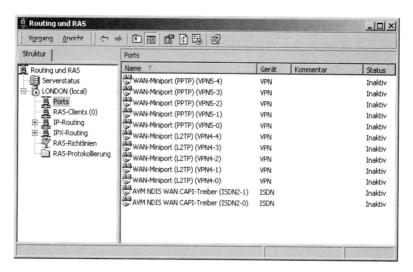

Abbildung 11.3 RRAS-Anschlüsse

Sie können in diesem Bereich auch einen parallelen Anschluss hinzufügen. Serielle COM-Anschlüsse werden lediglich angezeigt, wenn auf dem RRAS-Computer ein Modem installiert ist. Beide Anschlusstypen können für eingehende und ausgehende Verbindungen konfiguriert werden.

Erstellen einer RAS-Richtlinie

Bei RAS-Richtlinien handelt es sich um eine benannte Bedingungsgruppe (siehe Abbildung 11.4) für die Definition des Remotezugriffs auf das Netzwerk und der Verbindungseigenschaften. Die Bedingungen zum Zulassen oder Ablehnen von Verbindungen können auf vielen verschiedenen Kriterien basieren. Hierzu gehören Datum und Uhrzeit, Gruppenmitgliedschaft und der Diensttyp. Die Eigenschaften der Verbindung können beispielsweise als ISDN-Verbindung konfiguriert werden, die nur 30 Minuten dauert und keine Übertragung von HTTP-Paketen (Hypertext Transfer Protocol) zulässt.

Anmerkung RAS-Richtlinien werden von RRAS und IAS gemeinsam genutzt. Sie können diese Richtlinien in beiden Tools konfigurieren.

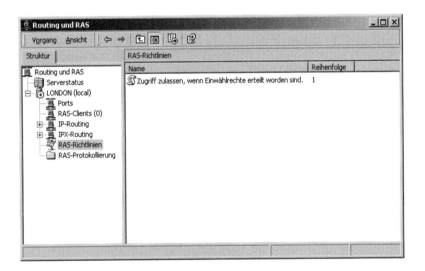

Abbildung 11.4 Routing- und RAS-Richtlinien

Sie können RAS-Richtlinien im IAS-Verwaltungstool oder in der Routing- und RAS-Verwaltung erstellen, löschen, umbenennen und neu anordnen. Es gibt keine Speicheroption. Aus diesem Grund ist es beispielsweise nicht möglich, die Konfiguration auf Diskette zu kopieren. Die Reihenfolge der Richtlinien ist wichtig, weil die erste übereinstimmende Richtlinie verwendet wird, um die Verbindung zu erlauben oder zurückzuweisen.

Anmerkung RAS-Richtlinien werden nicht in Active Directory, sondern lokal in der Datei **IAS.MDB** gespeichert. Richtlinien müssen auf jedem Server manuell erstellt werden. RAS-Richtlinien werden Benutzern einer Domäne im gemischten Modus zugewiesen. Dies gilt ungeachtet der Tatsache, dass die Einwählrechte des Benutzers nur auf **Zugriff erlauben** oder **Zugriff verweigern** (siehe Abbildung 11.5) gesetzt werden können. Die **Zugriff über RAS-Richtlinien steuern** ist bei Domänencontrollern im gemischten Modus nicht verfügbar. Lautet die Benutzerberechtigung **Zugriff erlauben**, muss der Benutzer weiterhin die Bedingungen einer Richtlinie erfüllen, bevor die Verbindung zugelassen wird.

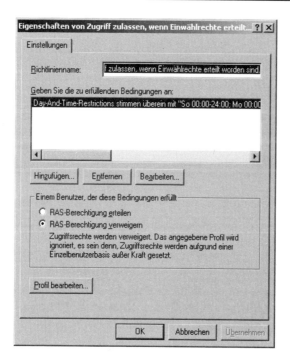

Abbildung 11.5 Konfigurieren von RAS-Richtlinien

Bedingungen

Sie können einer RAS-Richtlinie Bedingungen hinzufügen. Diese Bedingungen müssen eingehalten werden, damit das System die RAS-Berechtigung erteilen oder verweigern kann. Die Erteilung des Zugriffs hängt außerdem von der RAS-Berechtigung des Benutzers ab. Das Flussdiagramm von Abbildung 11.6 veranschaulicht die Logik für die Erteilung bzw. Verweigerung der Verbindungsanforderung.

Anmerkung Wenn keine RAS-Richtlinie vorhanden ist (weil beispielsweise die Standardrichtlinie gelöscht wurde), können die Benutzer nicht auf das Netzwerk zugreifen. Hierbei sind die individuellen Benutzereinstellungen für die RRAS-Berechtigungen nicht relevant.

Anhand dieses Flussdiagramms kann das Ergebnis einer Verbindungsanforderung in jeder Situation ermittelt werden. Beispiel: Die Einwähleigenschaft eines Benutzers ist auf **Zugriff über RAS-Richtlinien steuern** gesetzt, und für die RAS-Richtlinie gilt der Standard **Zugriff zulassen, wenn Einwählrechte erteilt worden sind**. Ferner lautet die Richtlinie **Zugriff verweigern**; die Bedingung gilt rund um die Uhr, an 365 Tagen im Jahr. Anhand des Flussdiagramms ist ersichtlich, dass die Benutzerverbindung zurückgewiesen wird.

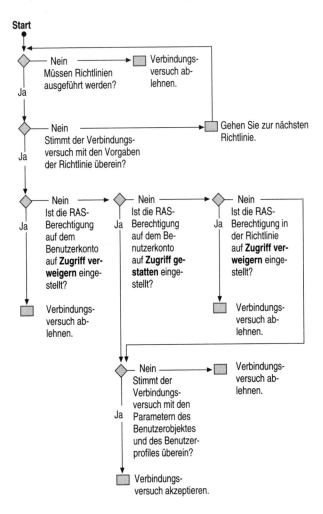

Abbildung 11.6 Flussdiagramm für eine RAS-Richtlinie

Wenn jedoch die Einwähleigenschaft auf **Zugriff erlauben** gesetzt wird (siehe Abbildung 11.7) und die gleiche Standardrichtlinie wie oben gilt, kann der Benutzer eine Verbindung herstellen.

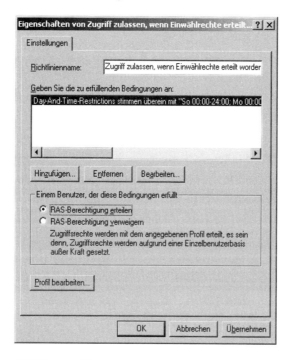

Abbildung 11.7 Festlegen der Einwähleigenschaften für die Zugriffserteilung

Zugriff erteilen oder verweigern

Richtlinien können so konfiguriert werden, dass der Zugriff entweder erteilt oder verweigert wird. Dies hängt auch von den Einwählrechten des Benutzerobjekts ab. Die Logik hierzu wird in Abbildung 11.6 veranschaulicht.

Anruferkennung

Die Anruferkennung ermittelt, ob der Anrufer die angegebene Telefonnummer verwendet. Wenn die Anruferkennung konfiguriert ist, muss die Übergabe der Daten für die Anruferkennung vom Anrufer zum RRAS-Dienst unterstützt werden. Andernfalls wird die Verbindung verweigert.

> **Anmerkung** Um die Abwärtskompatibilität mit vorherigen Versionen von Windows NT zu gewährleisten, sind die RAS-Richtlinie, die Anruferkennung sowie die Optionen **Statische Routen anwenden** und **Statische IP-Adresse verwenden** im gemischten Modus nicht verfügbar.

Übung: Erstellen einer neuen RAS-Richtlinie (RAP)

In diesem Übungsteil wird eine neue Richtlinie erstellt, die den Remotezugriff anhand der Gruppenmitgliedschaft des Benutzers steuert.

▶ **So erstellen Sie eine RAS-Richtlinie**

1. Klicken Sie im Verwaltungstool **Routing und RAS** mit der rechten Maustaste auf **RAS-Richtlinien**, und wählen Sie **Neue RAS-Richtlinie**.
2. Geben Sie einen angezeigten Namen für **Benutzern dieser Domäne Zugriff gestatten** ein, und klicken Sie anschließend auf **Weiter**.
3. Klicken Sie auf **Hinzufügen**, um eine Bedingung festzulegen.
4. Wählen Sie **Windows-Gruppen** aus, und klicken Sie dann auf **Hinzufügen**.
5. Klicken Sie auf **Hinzufügen**, dann auf **Domänen-Benutzer** und dann erneut auf **Hinzufügen**. Klicken Sie auf **OK**.
6. Klicken Sie auf **OK**, um das Dialogfeld **Gruppen** zu schließen.
7. Klicken Sie auf **Weiter**, und aktivieren Sie anschließend das Optionsfeld **RAS-Berechtigung erteilen**.
8. Klicken Sie zunächst auf **Weiter** und dann auf **Fertig stellen**.

Konfigurieren eines RAS-Profils

Das Profil gibt den Benutzerzugriff an, wenn die Bedingungen übereinstimmen. Für die Konfiguration eines Profils stehen Ihnen sechs Registerkarten zur Verfügung.

Einwähleinschränkungen

Die Einschränkungen für die tatsächliche Verbindung werden im Dialogfeld **Einwählprofil bearbeiten** auf der Registerkarte **Einwähleinschränkungen** konfiguriert (siehe Abbildung 11.8). Mögliche Einstellungen lauten: **Verbindung trennen bei einer Leerlaufzeit von**, **Maximale Sitzungslänge beschränken auf**, **Zugriff auf folgende Tages- und Uhrzeiten beschränken**, **Einwählen auf diese Rufnummer beschränken** und **Einwählmedien beschränken** (ISDN, Tunnel, Asynchron, usw.).

IP

Hier finden Sie die Konfiguration für die Zuweisung der IP-Clientadresse und der IP-Paketfilterung. Paketfilter können auf eingehende oder ausgehende Pakete gesetzt und für das Protokoll und den Anschluss konfiguriert werden.

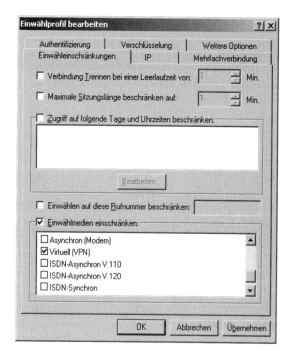

Abbildung 11.8 Das Dialogfeld Einwählprofil bearbeiten

Mehrfachverbindung
Hier können Sie Optionen für Mehrfachverbindungen und BAP festlegen. Wenn die Bandbreite einen bestimmten Wert innerhalb eines angegebenen Zeitraums unterschreitet, kann die Verbindung unterbrochen werden.

Authentifizierung
Auf dieser Registerkarte werden die Authentifizierungsprotokolle festgelegt. Hierzu gehören PAP (Password Authentication Protocol), CHAP (Challenge Handshake Authentication Protocol) und EAP (Extensible Authentication Protocol).

Verschlüsselung
Auf dieser Registerkarte werden die Verschlüsselungseinstellungen für die Routing- und RAS-Server von Microsoft konfiguriert. Sie können die Verschlüsselung verweigern, zulassen oder erzwingen.

Weitere Optionen
Auf dieser Registerkarte können Sie zusätzliche Netzwerkparameter konfigurieren, die nicht für die Routing- und RAS-Server von Microsoft gelten. Hierzu gehören Standardattribute wie **RADIUS** und **Ascend**, die NAS-Systemen anderer Hersteller zugewiesen werden können.

Übung: Erstellen eines Richtlinienfilters

In diesem Übungsteil bearbeiten Sie das Profil der Richtlinie **Zugriff zulassen, wenn Einwählrechte erteilt worden sind**, damit Benutzer, die über diese Richtlinie zugreifen, keinen Pingtest für das Netzwerk des Routing- und RAS-Servers durchführen können. Benutzer, die über die Richtlinie **Benutzern dieser Domäne Zugriff gestatten** zugreifen, können diesen Pingtest jedoch ausführen.

▶ **So erstellen Sie einen ICMP-Echofilter in der Richtlinie Zugriff zulassen, wenn Einwählrechte erteilt worden sind**

1. Klicken Sie mit der rechten Maustaste auf die Richtlinie **Zugriff zulassen, wenn Einwählrechte erteilt worden sind**, und wählen Sie **Eigenschaften**.
2. Klicken Sie auf **Profil bearbeiten**.
3. Wählen Sie die Registerkarte **IP** aus.
4. Klicken Sie auf den IP-Paketfilter **Vom Client**.
5. Klicken Sie auf **Hinzufügen**.
6. Klicken Sie auf **Zielnetzwerk**.
7. Geben Sie für die IP-Adresse die Netzwerknummer und die Netzwerkmaske des Routing- und RAS-Servers ein.
8. Wählen Sie als Protokoll **ICMP**.
9. Geben Sie für den **ICMP-Typ** den Wert **8** und als **ICMP-Code** den Wert **0** ein. (ICMP-Typ **8** aktiviert die Echoanforderung.)
10. Klicken Sie auf **OK**, um das Dialogfeld **IP-Filter hinzufügen** zu schließen. Klicken Sie erneut auf **OK**, um das Dialogfeld **Eingabefilter** zu schließen. Klicken Sie erneut auf **OK**, um das Dialogfeld **Einwählprofil bearbeiten** zu schließen.

Konfigurieren von BAP (Bandwidth Allocation Protocol)

BAP (Bandwidth Allocation Protocol) und BACP (Bandwidth Allocation Control Protocol) erweitern die Multilinkfunktion, indem Verbindungen bei Bedarf dynamisch hinzugefügt oder getrennt werden. BAP und BACP können in einigen Fällen bezüglich der Funktion für Bandbreite bei Bedarf gleichwertig verwendet werden. Beide Protokolle sind PPP-Steuerungsprotokolle und arbeiten zusammen, um Bandbreite bedarfsgesteuert zur Verfügung zu stellen.

Die BAP-Funktionalität wird über eine neue LCP-Option (Link Control Protocol) implementiert. Die Einrichtung von BACP- und BAP-Protokollen wird nachstehend erläutert:

- **Link Discriminator** Eine neue LCP-Option wird als eindeutige Kennung für jede Verbindung eines Mehrfachverbindungsbündels verwendet.

- **BACP** BACP verwendet LCP-Verhandlungen für die Wahl eines bevorzugten Peers. Der bevorzugte Peer wird verwendet, wenn die Peers gleichzeitig dieselbe BAP-Anforderung übertragen.

- **BAP** BAP enthält einen Mechanismus für die Verwaltung der Links und der Bandbreite. Über die Verbindungsverwaltung können Sie Verbindungen hinzufügen und trennen. Hierzu gehören das Festlegen von Telefonnummern und des Hardwaretyps (Modem oder ISDN) der zusätzlich verfügbaren Verbindungen. Die Verwaltung der Bandbreite legt fest, wann Verbindungen entsprechend der Auslastung hinzugefügt bzw. getrennt werden.

BAP und BACP sind in Rahmen der PPP-Datensicherungsschicht mit folgendem Protokollfeld (in Hexadezimalcode) gekapselt. Diese Informationen können beim Lesen von PPP-Protokollen verwendet werden. Wie in Abbildung 11.9 veranschaulicht, können Sie die BAP- und BACP-Bandbreitensteuerung im Dialogfeld für die Verbindungseigenschaften auf der Registerkarte **PPP** aktivieren.

- C02D für BAP
- C02B für BACP

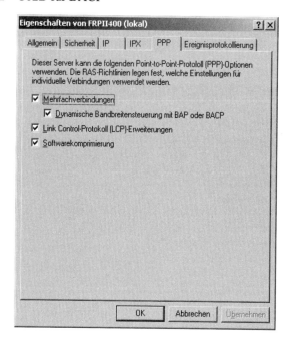

Abbildung 11.9 Festlegen von PPP-Optionen für eine RAS-Richtlinie

▶ **So können Sie BAP/BACP serverweit aktivieren oder deaktivieren**

1. Klicken Sie in der Routing- und RAS-Verwaltung mit der rechten Maustaste auf den Server, für den BAP/BACP aktiviert werden soll. Klicken Sie anschließend auf **Eigenschaften**.
2. Aktivieren Sie auf der Registerkarte **PPP** das Kontrollkästchen **Dynamische Bandbreitensteuerung mit BAP oder BACP**.

BAP-Richtlinien werden über Profileinstellungen oder RAS-Richtlinien in Kraft gesetzt. Sie können auf RAS-Richtlinien über die Routing- und RAS-Verwaltung oder über de IAS-Verwaltung zugreifen.

Zusätzliche BAP-Telefonnummern

Der Server kann dem Client weitere Telefonnummern zur Verfügung stellen, wenn eine zusätzliche Bandbreite benötigt wird. Bei dieser Option muss dem Client lediglich eine Telefonnummer bekannt sein, um bei Bedarf weitere Verbindungen aufbauen zu können (siehe Abbildung 11.10).

1. Gehen Sie in der Routing- und RAS-Verwaltung zu **Port**, **Eigenschaften**, wählen Sie einen Port, und klicken Sie anschließend auf **Konfigurieren**.
2. Geben Sie die Telefonnummer der anderen Modems ein, die für die Mehrfachverbindung verwendet werden soll.

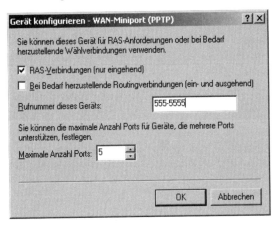

Abbildung 11.10 Zusätzliche BAP-Telefonnummern

Zusammenfassung der Lektion

Nachdem Routing und RAS (RRAS) bereits installiert war, haben wir eingehende Verbindungen konfiguriert und mit RAS-Richtlinien gesperrt, RAS-Profile für die Sicherheit hinzugefügt und den Zugriff mit BAP gesteuert.

Lektion 3: Implementieren von IP-Routing auf einem RAS-Server

Sie erfahren in dieser Lektion, wie der RAS-Server in einen IP-Router umgewandelt wird. Außerdem werden die Routingtabellen aktualisiert und Routing für Wählen bei Bedarf implementiert.

Am Ende dieser Lektion werden Sie in der Lage sein, die folgenden Aufgaben durchzuführen:

- Durchführen der IP-Routinginstallation
- Beschreiben des Vorgangs für die Aktualisierung der Routingtabellen
- Implementieren von Routing für Wählen bei Bedarf

Veranschlagte Zeit für die Lektion: 30 Minuten

Installieren von IP-Routing

Dieser Vorgang ist mit der Einrichtung eines RAS-Servers vergleichbar. Es wird für Neuinstallationen derselbe Assistent verwendet. Weitere Informationen hierzu erfahren Sie in der nachfolgenden Übung. Wenn Sie RAS bereits installiert haben, führen Sie folgende Schritte aus, um IP-Routing auf Ihrem Computer zu aktivieren.

▶ **So aktivieren Sie IP-Routing**

1. Klicken Sie in der Routing- und RAS-Verwaltung mit der rechten Maustaste auf **Eigenschaften**, und aktivieren Sie das Kontrollkästchen **Diesen aktivieren als Router**. Klicken Sie anschließend auf **OK**.

2. Bestätigen Sie die Warnung **Das Ändern der Routerkonfiguration erfordert einen Neustart des Routers. Soll der Router neu gestartet werden?**, indem Sie auf **Ja** klicken.

Wenn Sie den RAS-Server noch nicht installiert haben, gehen Sie so vor, wie dies in der folgenden Übung beschrieben ist.

Übung: Aktivieren und Konfigurieren eines Routing- und RAS-Servers

In diesem Übungsteil installieren Sie einen Routing- und RAS-Server in der Routing- und RAS-Verwaltung (siehe Abbildung 11.11).

▶ **So installieren Sie den Routing- und RAS-Server**

1. Öffnen Sie die Routing- und RAS-Verwaltung.
2. Klicken Sie mit der rechten Maustaste auf Ihren Computernamen, und wählen Sie **Routing und RAS konfigurieren und aktivieren**.

3. Klicken Sie im Setup-Assistenten für den Routing- und RAS-Server auf **Weiter**.
4. Aktivieren Sie auf der Seite **Allgemeine Konfigurationen** das Optionsfeld **Netzwerkrouter**, und klicken Sie anschließend auf **Weiter**.

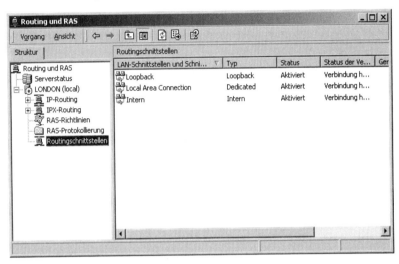

Abbildung 11.11 Verwalten eines Routing- und RAS-Servers

5. Vergewissern Sie sich, dass auf der Seite **Remoteclientprotokolle** im Bereich **Protokolle** der Eintrag **TCP/IP** aufgelistet ist. Stellen Sie sicher, dass das Kontrollkästchen **Ja, alle erforderlichen Protokolle sind in der Liste** aktiviert ist, und klicken Sie anschließend auf **Weiter**.
6. Vergewissern Sie sich, dass auf der Seite **Bei Bedarf herzustellende Wählverbindungen** für **Sie können bei Bedarf herzustellende Wählverbindungen auch nach Abschluss des Assistenten einrichten** die Option **Nein** aktiviert ist, und klicken Sie anschließend auf **Weiter**.
7. Klicken Sie auf **Fertig stellen**.

Aktualisieren von Routingtabellen

Die Bestimmung der Route wird erleichtert, wenn die im Netzwerkverbund verfügbaren Netzwerkadressen (oder Netzwerkkennungen) bekannt sind. Diese Informationen befinden sich in einer Datenbank, die als *Routingtabelle* bezeichnet wird. Eine Routingtabelle besteht aus einer Reihe von Einträgen, so genannten *Routen*, die Informationen darüber enthalten, wo sich die Netzwerkkennungen im Netzwerk befinden. Die Routingtabelle steht einem Router nicht exklusiv zur Verfügung. Hosts (die keine Router sind) haben ebenfalls eine Routingtabelle, mit der die optimale Route bestimmt wird.

Eintragstypen in der Routingtabelle

Jeder Eintrag der Routingtabelle stellt eine Route dar. Es gibt folgende Routentypen:

- **Netzwerkroute** Hierbei handelt es sich um eine Route zu einer bestimmten Netzwerkkennung in einem Netzwerkverbund.

- **Hostroute** Hierbei handelt es sich um eine Route zu einer bestimmten Netzwerkverbundadresse (Netzwerkkennung und Knotenkennung). Hostrouten werden in der Regel verwendet, um benutzerdefinierte Routen zur Steuerung oder Optimierung des Netzwerkverkehrs zu erstellen. Eine Hostroute entspricht einer Netzwerkroute mit der Netzwerkmaske 255.255.255.255.

- **Standardroute** Die Standardroute wird verwendet, wenn keine anderen Routen in der Routingtabelle ermittelt werden konnten. Wenn beispielsweise Router oder Hosts keine Netzwerk- oder Hostroute für das Ziel ermitteln können, wird die Standardroute verwendet. Die Standardroute vereinfacht die Hostkonfiguration. Damit die Hosts nicht mit den Routen für alle Netzwerkkennungen des Netzwerkverbunds konfiguriert werden müssen, leitet eine Standardroute alle Pakete mit einer Zielnetzwerk- oder Netzwerkverbundadresse weiter, die in der Routingtabelle nicht ermittelt werden konnte. Eine Standardroute entspricht einer Netzwerkroute mit der Netzwerkmaske 0.0.0.0.

Struktur von Routingtabellen

In Abbildung 11.12 ist eine Routingtabelle dargestellt.

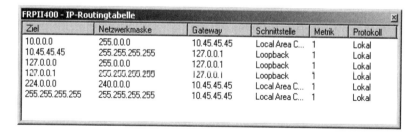

Abbildung 11.12 Routingtabelle

Jeder Eintrag in einer Routingtabelle enthält die folgenden Felder:

- **Ziel** Die Netzwerkkennung oder eine Netzwerkverbundadresse für eine Hostroute. Für IP-Router gibt es ein zusätzliches Feld für die Subnetzmaske. Dieses Feld bestimmt die IP-Netzwerkkennung von einer Ziel-IP-Adresse.

- **Gateway** Die Adresse, an die das Paket weitergeleitet wird. Bei der Weiterleitungsadresse kann es sich um eine Hardwareadresse oder um eine Netzwerkverbundadresse handeln. Bei Netzwerken mit einem direkt verknüpften Host oder Router kann im Feld für die Weiterleitungsadresse die Adresse der Schnittstelle stehen, die mit dem Netzwerk verknüpft ist.

- **Schnittstelle** Hierbei handelt es sich um die Netzwerkschnittstelle, die verwendet wird, wenn Pakete an die Netzwerkkennung weitergeleitet werden. Dies ist eine Anschlussnummer oder ein bestimmter Typ einer logischen Kennung.

- **Metrik** Ein Maß für die Rangordnung einer Route. In der Regel wird die Route mit der niedrigsten Metrik bevorzugt. Wenn ein Zielnetzwerk mehrere Routen enthält, wird die Route mit der niedrigsten Metrik verwendet. Über einige Routingalgorithmen wird nur eine einzige Route zu allen Netzwerkkennungen in der Routingtabelle gespeichert, auch wenn mehrere Routen vorhanden sind. In diesem Fall wird vom Router die Metrik verwendet, um zu entscheiden, welche Route in der Routingtabelle gespeichert werden soll.

Anmerkung Die vorhergehende Liste veranschaulicht die Felder in den Routingtabellen, die von Routern verwendet werden. Die tatsächlichen Felder in den Routingtabellen für verschiedene routbare Protokolle können unterschiedlich sein.

Implementieren von Routing für Wählen bei Bedarf

Bei einer Schnittstelle für Wählen bei Bedarf handelt es sich um eine Routerschnittstelle, die je nach Netzwerkverkehr bedarfsgesteuert aufgerufen wird. Diese Verbindung wird nur aufgerufen, wenn die Schnittstelle laut Routingtabelle für diese Ziel-IP-Adresse benötigt wird. Die Routingtabelle unterscheidet nicht, welches Protokoll die bedarfsgesteuerte Verbindung aufruft, sie basiert lediglich auf der Route des Datenverkehrs.

Mit Filtern für Wählen bei Bedarf wird festgelegt, welcher Datenverkehr eine bei Bedarf herzustellende Wählverbindung initiiert. Über Filter können Sie bestimmte IP-Quell- oder -Zieladressen, Anschlüsse oder Protokolle zulassen bzw. verweigern. Eine weitere Steuerungsmöglichkeit besteht durch das Einschränken der Hinauswählzeiten. Auch bei Einhaltung der Anforderungen des Filters für Wählen bei Bedarf kann durch Festlegen bestimmter Zeiten der Router am Hinauswählen gehindert werden.

Über die im folgenden Abschnitt beschriebenen Felder für IP-, TCP- und UDP-Header können die Filter für Wählen bei Bedarf konfiguriert werden. Routing und RAS ermöglicht das Filtern folgender Felder:

IP-Header

Das IP-Datagramm enthält einen IP-Header von 20 Byte. Im Folgenden werden die Schlüsselfelder im IP-Header beschrieben:

- **IP-Protokoll** Eine Kennung für das IP-Clientprotokoll. TCP verwendet beispielsweise die Protokollkennung 6, UDP die Protokollkennung 17 und ICMP die Protokollkennung 1. Das Feld **Protokoll** wird für das Demultiplexing eines IP-Pakets zum Protokoll der oberen Schicht verwendet.

- **Quell-IP-Adresse** Die Quell-IP-Adresse speichert die IP-Adresse des Ursprungshosts.
- **Ziel-IP-Adresse** Diese Adresse speichert die IP-Adresse des Zielhosts. Die Ziel-IP-Adresse kann mit einer Subnetzmaske konfiguriert werden. Dadurch lässt sich ein gesamter Bereich von IP-Adressen (die zu einer Netzwerkkennung gehören) mit einem einzigen Filtereintrag festlegen.

TCP-Header

TCP verwendet die Technik der Bytestromkommunikation. Bei dieser Technik werden die Daten eines TCP-Segments als Bytesequenz ohne Datensatz- oder Feldeinschränkungen behandelt. Im Folgenden werden die Schlüsselfelder im TCP-Header beschrieben:

- **TCP-Quellport** Dieser Anschluss bezeichnet den Quellprozess, der das TCP-Segment sendet.
- **TCP-Zielport** Dieser Anschluss bezeichnet den Zielprozess, der das TCP-Segment erhält.

UDP-Header

UDP wird von Anwendungen verwendet, für die keine Bestätigung des Dateneingangs erforderlich ist und die in der Regel nur geringe Datenmengen übertragen. Im Folgenden werden die Schlüsselfelder im UDP-Header beschrieben:

- **UDP-Quellport** Dieser Anschluss bezeichnet den Quellprozess, der die UDP-Meldung sendet.
- **UDP-Zielport** Dieser Anschluss bezeichnet den Zielprozess, der die UDP-Meldung erhält.

Anmerkung Sie finden eine Liste bekannter Anschlüsse im Verzeichnis **%Systemroot%\system32\drivers\ etc\services** und in RFC 1700.

ICMP

ICMP-Meldungen sind in IP-Datagrammen gekapselt, können also in einem Netzwerkverbund weitergeleitet werden. Im Folgenden werden die Schlüsselfelder im ICMP-Header beschrieben:

- **ICMP-Typ** Der Typ des ICMP-Pakets (beispielsweise Echoanforderung und Echoantwort).
- **ICMP-Code** Dieser Code gibt eine der möglichen Funktionen innerhalb des jeweiligen Typs an.

Konfigurieren von Filtern für Wählen bei Bedarf

Mit dem Routing für Wählen bei Bedarf von Windows 2000 können Sie Filter für Wählen bei Bedarf und Hinauswählzeiten konfigurieren, um bedarfsgesteuerte Wählverbindungen zu verhindern.

▶ **So konfigurieren Sie Filter für Wählen bei Bedarf**

1. Öffnen Sie die Routing- und RAS-Verwaltung.
2. Klicken Sie auf **Routingschnittstellen**.
3. Klicken Sie mit der rechten Maustaste auf die Schnittstelle für Wählen bei Bedarf.
4. Wählen Sie **Filter für Wählen bei Bedarf**.
5. Klicken Sie im Dialogfeld **Filter für Wählen bei Bedarf einrichten** (siehe Abbildung 11.13) auf **Hinzufügen**.

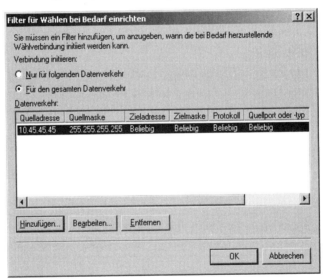

Abbildung 11.13 IP-Konfiguration für Filter für Wählen bei Bedarf

IP-Quell- und Zieladresse

Diese Adressen können mit einer Subnetzmaske konfiguriert werden. Dadurch lässt sich ein gesamter Bereich von IP-Adressen (die zu einer Netzwerkkennung gehören) mit einem einzigen Filtereintrag festlegen. 10.45.45.45 mit der Maske 255.255.255.255 bezieht sich beispielsweise auf nur eine Adresse. 10.0.0.0 mit der Maske 255.0.0.0 bezieht sich im Gegensatz hierzu auf das gesamte Netzwerk der Klasse A.

Protokoll

Sie können für jeden Filter verschiedene Protokolle verwenden:

- TCP, TCP (eingerichtet) und UDP werden mit den Quell- und Zielports konfiguriert.
- ICMP wird mit ICMP-Typ und ICMP-Code konfiguriert.
- ANY bedeutet jedes Protokoll.
- Other wird für die Angabe einer IP-Protokollkennung verwendet. Die Kennung kann als Protokollnummer oder Name eingegeben werden. Protokollnamen werden über die Datei **PROTOCOL** im Verzeichnis **%Systemroot%\system32\drivers\etc** in eine Protokollnummer aufgelöst.

Aktion

Der Filter für Wählen bei Bedarf basiert auf Ausnahmen. Sie können Routing und RAS konfigurieren, damit eine Verbindung für den in den Filtern definierten Datenverkehr hergestellt wird. Sie können Routing und RAS jedoch auch so konfigurieren, dass eine Verbindung für den gesamten Datenverkehr mit Ausnahme des in den Filtern angegebenen Verkehrs hergestellt wird.

Hinauswählzeiten

Hinauswählzeiten werden verwendet, um den Zeitrahmen für den Aufbau der bei Bedarf herzustellenden Wählverbindung anzugeben. Mit Hinauswählzeiten können die Uhrzeit und der Wochentag festgelegt werden, an denen eine bei Bedarf herzustellende Wählverbindung hergestellt bzw. nicht hergestellt werden soll.

▶ **So konfigurieren Sie Hinauswählzeiten**

1. Öffnen Sie die Routing- und RAS-Verwaltung.
2. Klicken Sie auf **Routingschnittstellen**.
3. Klicken Sie mit der rechten Maustaste auf die Schnittstelle für Wählen bei Bedarf.
4. Wählen Sie **Hinauswählzeiten**.
5. Wählen Sie im Dialogfeld **Hinauswählzeiten** (siehe Abbildung 11.14) die gewünschte Zeit, die Sie zulassen bzw. verweigern möchten.

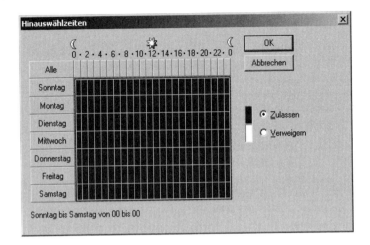

Abbildung 11.14 Das Dialogfeld Hinauswählzeiten

Zusammenfassung der Lektion

Sie haben in dieser Lektion erfahren, wie der RAS-Server in einen IP-Router umgewandelt oder Routing und RAS installiert wird. Außerdem wurden die Routingtabellen aktualisiert und Routing für Wählen bei Bedarf implementiert.

Lektion 4: Unterstützen von virtuellen privaten Netzwerken

Ein virtuelles privates Netzwerk (VPN) kann Daten zwischen zwei Computern über einen Netzwerkverbund senden, indem die Eigenschaften eines dedizierten privaten Netzwerks simuliert werden. In dieser Lektion erfahren Sie Wissenswertes über VPNs in einer gerouteten Umgebung. Außerdem werden VPNs in Zusammenhang mit dem Internet erläutert.

Am Ende dieser Lektion werden Sie in der Lage sein, die folgenden Aufgaben durchzuführen:

- Erläutern eines VPN
- Beschreiben von VPNs in einer gerouteten Umgebung
- Beschreiben von VPN-Servern im Internet

Veranschlagte Zeit für die Lektion: 20 Minuten

Implementieren eines VPN

Ein virtuelles privates Netzwerk (VPN) kann Daten zwischen zwei Computern über einen Netzwerkverbund senden, indem die Eigenschaften eines dedizierten privaten Netzwerks simuliert werden (siehe Abbildung 11.15). Mit Hilfe von VPN-Verbindungen können Benutzer, die zu Hause oder unterwegs arbeiten, eine RAS-Verbindung zu einem Unternehmensserver herstellen. Hierbei verwenden sie die durch einen öffentlichen Netzwerkverbund, wie z. B. das Internet, bereitgestellte Infrastruktur. Aus Sicht des Benutzers ist das VPN eine Punkt-zu-Punkt-Verbindung zwischen dem eigenen Computer (dem VPN-Client) und einem Unternehmensserver (dem VPN-Server). Die tatsächliche Infrastruktur des Übergangsnetzwerkverbunds ist nicht relevant, da die Daten scheinbar über eine dedizierte private Verbindung gesendet werden.

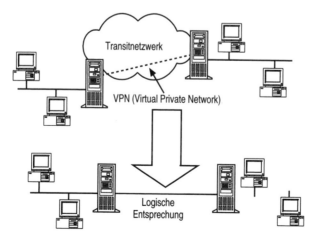

Abbildung 11.15 VPN-Diagramm

Zudem können Unternehmen mit VPN-Verbindungen über einen öffentlichen Netzwerkverbund, wie z. B. das Internet, Verbindungen zu Niederlassungen an anderen Standorten oder zu anderen Unternehmen herstellen, während gleichzeitig die Sicherheit dieser Kommunikation gewährleistet bleibt. Eine VPN-Verbindung über das Internet funktioniert wie eine dedizierte WAN-Verbindung.

In beiden Fällen erscheint die sichere Verbindung über den Übergangsnetzwerkverbund für den Benutzer als virtuelle Netzwerkschnittstelle, die eine private Netzwerkkommunikation über einen öffentlichen Netzwerkverbund zur Verfügung stellt. Daher stammt der Begriff *virtuelles* privates Netzwerk.

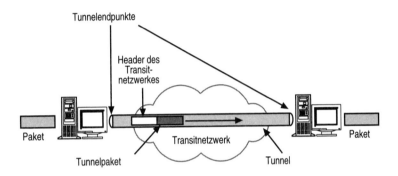

Abbildung 11.16 Ein VPN-Tunnel

Tunneling im Überblick

Bei Tunneling, auch Einkapselung genannt, handelt es sich um eine Methode, bei der die Netzwerkverbundinfrastruktur eines Protokolls zum Übertragen einer Nutzlast verwendet wird (siehe Abbildung 11.16). In aller Regel handelt es sich bei der Nutzlast um die Rahmen (oder Pakete) eines anderen Protokolls. Der Rahmen wird nicht so gesendet, wie er über den Ursprungsknoten erstellt wurde, sondern er wird mit einem zusätzlichen Header eingekapselt. Der zusätzliche Header bietet Routingdaten, so dass die eingekapselte Nutzlast über einen Übergangsnetzwerkverbund übertragen werden kann. Die eingekapselten Pakete werden dann über den Übergangsnetzwerkverbund zwischen den Tunnelendpunkten weitergeleitet. Wenn die eingekapselten Rahmen ihr Ziel im Übergangsnetzwerkverbund erreicht haben, wird der Rahmen entkapselt und an das endgültige Ziel weitergeleitet.

Der gesamte Prozess der Einkapselung, Übertragung und Entkapselung von Paketen wird als Tunneling bezeichnet. Der logische Pfad, über den die eingekapselten Pakete über den Zwischennetzwerkverbund übertragen werden, wird als Tunnel bezeichnet.

Beispiele für Tunneling

Sie haben folgende Möglichkeiten, um Tunneling zu gewährleisten:

- **PPTP (Point-to-Point Tunneling Protocol)**   Mit Hilfe von PPTP kann der Datenverkehr über IP, IPX (Internetwork Packet Exchange) oder NetBEUI (NetBIOS Enhanced User Interface) zunächst verschlüsselt und dann in einem IP-Header eingekapselt werden, so dass sie über den IP-Netzwerkverbund eines Unternehmens oder einen öffentlichen Netzwerkverbund, z. B. das Internet, gesendet werden können.

- **L2TP (Layer Two Tunneling Protocol)**   Mit Hilfe von L2TP kann IP-Verkehr verschlüsselt und dann über ein beliebiges Medium gesendet werden, über das PPP-Datagrammzustellungen unterstützt werden, z. B. IP, Frame Relay oder ATM.

- **IP-Sicherheit (IPSec) im Tunnelmodus**   Mit Hilfe des IPSec-Tunnelmodus können IP-Nutzlasten zunächst verschlüsselt und dann in einem IP-Header eingekapselt werden, so dass sie über den IP-Netzwerkverbund eines Unternehmens oder einen öffentlichen Netzwerkverbund, z. B. das Internet, gesendet werden können.

- **IP-in-IP-Tunnels**   Bei IP-in-IP-Tunnelling wird ein vorhandenes IP-Datagramm mit einem anderen IP-Header gekapselt. Auf diese Weise kann ein Paket das Netzwerk mit unverbundenen Funktionalitäten oder Richtlinien durchqueren. IP-in-IP-Tunnels werden häufig verwendet, um Multicastverkehr über Bestandteile des Internet zu transportieren, die kein Multicastrouting unterstützen.

Integrieren von VPNs in einer gerouteten Umgebung

In einigen unternehmenseigenen Netzwerkverbünden (siehe Abbildung 11.17) sind die Daten einer Abteilung, wie z. B. der Personalabteilung, so vertraulich, dass das LAN der Abteilung physikalisch vom Rest des Netzwerkverbunds getrennt ist. Während so die Daten der Abteilung geschützt werden, können diejenigen Benutzer, die nicht physikalisch mit dem abgetrennten LAN verbunden sind, nicht ohne weiteres auf diese Daten zugreifen.

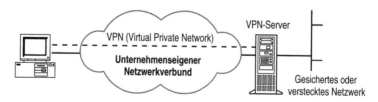

Abbildung 11.17   Unternehmenseigener Netzwerkverbund

Mit Hilfe von VPN-Verbindungen kann das LAN der Abteilung physikalisch mit dem unternehmenseigenen Netzwerkverbund verbunden werden, wobei es jedoch durch einen VPN-Server getrennt ist.

Beachten Sie, dass der VPN-Server nicht als Router zwischen dem unternehmenseigenen Netzwerkverbund und dem LAN der Abteilung fungiert. Die mit den geeigneten Anmeldeinformationen (basierend auf einer „Need to know"-Richtlinie für das Unternehmen) ausgestatteten Benutzer des unternehmenseigenen Netzwerks können eine VPN-Verbindung mit dem VPN-Server herstellen und auf die geschützten Ressourcen der Abteilung zugreifen. Darüber hinaus werden sämtliche Kommunikationen über die VPN-Verbindung aus Gründen der Vertraulichkeit verschlüsselt. Benutzern ohne geeignete Anmeldeinformationen wird das LAN der Abteilung nicht angezeigt.

Integrieren von VPN-Servern mit dem Internet

Der Router einer Zweigstelle muss keine Fernverbindung (bzw. gebührenfreie Verbindung) zu einem NAS-Server des Unternehmens oder einem ausgegliederten NAS-Server herstellen, sondern kann sich bei einem lokalen Internetdienstanbieter (ISP) einwählen. Über die Verbindung zum lokalen ISP wird zwischen dem DFÜ-Benutzer und dem unternehmenseigenen VPN-Server über das Internet eine VPN-Verbindung hergestellt (siehe Abbildung 11.18).

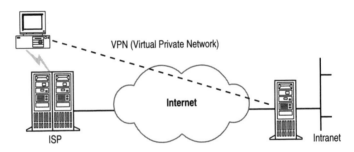

Abbildung 11.18 RAS-Zugriff über das Internet

Um eine Netzwerkverbindung über das Internet herzustellen, stehen Ihnen zwei Optionen zur Verfügung (siehe Abbildung 11.19):

- **Zweigniederlassung, die dedizierte Verbindungen verwendet** Anstelle von konventionellen Methoden wie Frame Relay sind die Router der Niederlassung und der Unternehmenszentrale über lokale, dedizierte Verbindungen zu einem lokalen ISP mit dem Internet verbunden. Über die lokalen ISP-Verbindungen werden VPNs zwischen dem Zweigstellenrouter und dem Router der Unternehmenszentrale eingerichtet.

- **Zweigniederlassung, die eine DFÜ-Verbindung verwendet** Der Router einer Zweigstelle muss keine Fernverbindung (bzw. gebührenfreie Verbindung) zu einem NAS-Server des Unternehmens oder einem ausgegliederten NAS-Server herstellen, sondern kann sich bei einem lokalen Internetdienstanbieter einwählen. Über die lokale ISP-Verbindung wird ein VPN zwischen dem Zweigstellenrouter und dem Router der Unternehmenszentrale eingerichtet.

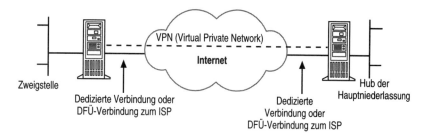

Abbildung 11.19 VPN über das Internet

Anmerkung In beiden Fällen werden die Kommunikationsgebühren nicht nach der Entfernung zwischen den Niederlassungen berechnet, weil nur lokale physikalische Verbindungen verwendet werden.

Damit VPN-Verbindungen zuverlässig zur Verfügung stehen, fungiert der Hubrouter der Zentrale als VPN-Server und muss über eine dedizierte Leitung mit einem lokalen Internetdienstanbieter verbunden sein. Der VPN-Server muss rund um die Uhr aktiv sein, um eingehenden VPN-Datenverkehr zu überwachen. Hierzu kann eine DFÜ-Verbindung verwendet werden. Diese Verbindung ist jedoch nicht so zuverlässig, weil in der Regel dynamisch zugeordnete IP-Adressen verwendet werden und die Verbindung unter Umständen nicht dauerhaft ist.

Übung: Erstellen von VPN-Schnittstellen

In diesem Übungsteil erstellen Sie auf jedem Router VPN-Schnittstellen.

▶ **So erstellen Sie eine Routerschnittstelle**

1. Klicken Sie in der Routing- und RAS-Verwaltung mit der rechten Maustaste auf **Routingschnittstellen**, wählen Sie **Neue Schnittstelle für Wählen bei Bedarf**, und klicken Sie anschließend auf **Weiter**.

2. Benennen Sie die Schnittstelle nach dem Remoterouter, zu dem die Verbindung hergestellt werden soll.

3. Wählen Sie auf der Seite **Verbindungstyp** die Option **Verbindung über ein virtuelles privates Netzwerk (VPN) herstellen**, und klicken Sie anschließend auf **Weiter**.

4. Wählen Sie auf der Seite **VPN-Typ** die Option **L2TP**, und klicken Sie anschließend auf **Weiter**.

5. Geben Sie die IP-Adresse des Routers ein, zu dem die Verbindung hergestellt werden soll, und klicken Sie anschließend auf **Weiter**.

6. Wählen Sie auf der Seite **Protokolle und Sicherheit** die Optionen **Routing von IP-Paketen auf dieser Schnittstelle** und **Benutzerkonto hinzufügen, über das sich ein Remoterouter einwählen kann**, und klicken Sie anschließend auf **Weiter**.

   Das Dialogfeld **Anmeldeinformationen für Einwählen** wird angezeigt. Hierbei handelt es sich um den Benutzernamen, mit dem sich der Remoterouter einwählt. Der Name ist grau unterlegt, weil es sich um den Namen der Schnittstelle handelt, die Sie erstellen.

7. Klicken Sie auf **Weiter**.

8. Geben Sie im Dialogfeld **Anmeldeinformationen für Hinauswählen** den Namen des lokalen Routers ein. Hierbei handelt es sich um den Benutzernamen, mit dem der Router eine Verbindung zum Remoterouter herstellt. Der Benutzername muss mit dem Namen der Schnittstelle für Wählen bei Bedarf auf dem Remoterouter übereinstimmen. Geben Sie in die Felder **Domäne** und **Kennwort** nichts ein, und klicken Sie anschließend auf **Weiter**.

9. Klicken Sie auf **Fertig stellen**.

10. Wiederholen Sie die Schritte 1 bis 9 auf dem anderen Router.

Anmerkung Wenn Sie einen Router-zu-Router-Tunnel über ein öffentliches Netzwerk erstellen, sollten Filter festgelegt werden, damit externe Routerschnittstellen nur den Tunnelverkehr zulassen.

▶ **So tauschen Sie Routen mit der autostatischen Aktualisierung aus**

1. Gehen Sie in der Routing- und RAS-Verwaltung zu **IP-Routing, Allgemein**.

2. Klicken Sie mit der rechten Maustaste auf die Schnittstelle für Wählen bei Bedarf, und klicken Sie anschließend auf **Routen aktualisieren**.

3. Wiederholen Sie die Schritte 1 und 2 auf dem anderen Router.

▶ **So können Sie die Routen anzeigen, die bei der autostatischen Aktualisierung eingegangen sind**

1. Gehen Sie in der Routing- und RAS-Verwaltung zu **IP-Routing, Statische Routen**.

▶ **So testen Sie den Tunnel**

1. Führen Sie von Router 1 einen Pingtest für die IP-Adresse von Router 2 durch.

   Der Tunnel für Wählen bei Bedarf sollte eingeleitet werden und der Pingtest müsste erfolgreich durchgeführt werden.

Zusammenfassung der Lektion

Ein virtuelles privates Netzwerk (VPN) kann Daten zwischen zwei Computern über einen Netzwerkverbund senden, indem die Eigenschaften eines dedizierten privaten Netzwerks simuliert werden. In dieser Lektion haben Sie Wissenswertes über VPNs in einer gerouteten Umgebung erfahren. Außerdem wurden VPNs in Zusammenhang mit dem Internet erläutert.

Lektion 5: Unterstützen von Mehrfachverbindungen

Mehrfachverbindungen (Multilinks) wurden erstmals vom RAS-Dienst unter Windows NT 4.0 unterstützt. Hierbei können mehrere physikalische Verbindungen zu einer logischen Verbindung zusammengefasst werden. In der Regel werden mindestens zwei ISDN-Leitungen oder Modemverbindungen gebündelt, um eine höhere Bandbreite zu gewährleisten. In dieser Lektion werden Mehrfachverbindungen erläutert.

Am Ende dieser Lektion werden Sie in der Lage sein, die folgende Aufgabe durchzuführen:

- Erklären von Mehrfachverbindungen

Veranschlagte Zeit für die Lektion: 10 Minuten

Point-to-Point Protocol (PPP)

PPP wurde konzipiert, um Daten über DFÜ-Verbindungen oder dedizierte Punkt-zu-Punkt-Verbindungen zu senden. PPP kapselt IP-, IPX- und NetBEUI-Pakete in PPP-Rahmen und überträgt anschließend die PPP-Pakete über eine Punkt-zu-Punkt-Verbindung. PPP kann zwischen Routern über dedizierte Verbindungen oder mit einem RAS-Client und -Server über DFÜ-Verbindungen verwendet werden. PPP besteht aus folgenden drei Hauptfunktionen oder -komponenten:

- **Einkapselung**   Ermöglicht das Multiplexing mehrerer Übertragungsprotokolle über die gleiche Verbindung.

- **LCP**   PPP definiert ein erweiterbares LCP zum Einrichten, Konfigurieren und Testen der Datensicherungsverbindung. LCP ermöglicht den Handshake für das Einkapselungsformat, die Paketgröße, den Verbindungsaufbau bzw. die Verbindungstrennung und die Authentifizierung. Beispiele für Authentifizierungsprotokolle sind PAP, CHAP und EAP.

- **NCP (Network Control Protocol)**   NCPs stellen den Konfigurationsbedarf für die entsprechenden Übertragungsprotokolle zur Verfügung. IPCP ist beispielsweise das IP Control Protocol.

Anmerkung   Weitere Informationen zu PPP und Mehrfachverbindungen (Multilinks) finden Sie in RFC 1661: „The Point-to-Point Protocol" und in RFC 1990: „PPP Multilink".

Multilink PPP

Mehrfachverbindungen (Multilinks) wurden erstmals vom RAS-Dienst unter Windows NT 4.0 unterstützt. Hierbei können mehrere physikalische Verbindungen zu einer logischen Verbindung zusammengefasst werden.

In der Regel werden mindestens zwei ISDN-Leitungen oder Modemverbindungen gebündelt, um eine höhere Bandbreite zu gewährleisten. Die Unterstützung für Mehrfachverbindungen wurde folgendermaßen eingerichtet:

- **Eine neue LCP-Option** Die Unterstützung von Mehrfachverbindungen wird in der LCP-Phase des PPP ausgehandelt.

- **Ein neues PPP-Netzwerkprotokoll** Es wurde das neue PPP-Netzwerkprotokoll mit der Bezeichnung MP (Multilink PPP) entwickelt. MP fungiert für das PPP als normale PPP-Nutzlast. MP sequenziert und kombiniert die Pakete neu, bevor sie an das tatsächliche Übertragungsprotokoll (beispielsweise an TCP/IP) übergeben werden.

MP ist in Rahmen der PPP-Datensicherungsschicht mit dem Protokollfeld 003D (hexadezimal) gekapselt. Diese Informationen können beim Lesen von PPP-Protokollen verwendet werden.

Zusammenfassung der Lektion

Mehrfachverbindungen (Multilinks) wurden erstmals vom RAS-Dienst unter Windows NT 4.0 unterstützt. Hierbei können mehrere physikalische Verbindungen zu einer logischen Verbindung zusammengefasst werden. In der Regel werden mindestens zwei ISDN-Leitungen oder Modemverbindungen gebündelt, um eine höhere Bandbreite zu gewährleisten.

Lektion 6: Routing und RAS mit DHCP

Wenn ein RRAS-Adresspool für DHCP konfiguriert ist, werden keine DHCP-Pakete an die RRAS-Clients weitergeleitet. In dieser Lektion erfahren Sie, wie DHCP und Routing mit RAS zusammenarbeiten.

Am Ende dieser Lektion werden Sie in der Lage sein, die folgenden Aufgaben durchzuführen:
- Erklären von Routing und RAS und DHCP
- Beschreiben der Implementierung des DHCP-Relay-Agenten

Veranschlagte Zeit für die Lektion: 10 Minuten

Routing und RAS und DHCP

Wenn ein RRAS-Adresspool für DHCP konfiguriert ist, werden keine DHCP-Pakete an die RRAS-Clients weitergeleitet. Routing und RAS verwendet DHCP, um Adressen in Zehnerblöcken zu leasen und in der Registrierung zu speichern. Das für das Leasing der DHCP-Adressen verwendete NIC (Network Information Center) kann in der Benutzeroberfläche konfiguriert werden, wenn der Server über mehrere NICs verfügt. In früheren Windows-Versionen hat der RAS-Server diese DHCP-Adressen unbegrenzt erneuert und verwaltet. In Windows 2000 werden die DHCP-Leases freigegeben, wenn RRAS heruntergefahren wird.

Die Anzahl der jeweils von RRAS geleasten Adressen kann in der Registrierung unter **\System\CurrentControlSet\Services\RemoteAccess\Parameters\Ip\InitialAddressPoolSize** konfiguriert werden. Der Wert in diesem Schlüssel ist die Anzahl der DHCP-Leases, die von RRAS zuerst reserviert werden. Diese Adressen werden in der Registrierung gespeichert und an die RRAS-Clients übergeben. Wenn der erste Pool ausgelastet ist, wird ein weiterer Block dieser Größe geleast.

DHCP-Relay-Agent

Der DHCP-Relay-Agent kann jetzt über Routing und RAS verwendet werden. Der Routing- und RAS-Client erhält eine IP-Adresse vom Routing- und RAS-Server, kann jedoch auch DHCPINFORM-Pakete, WINS- und DNS-Adressen, den Domänennamen oder andere DHCP-Optionen verwenden. DHCPINFORM-Meldungen werden verwendet, um Optionsinformationen ohne Abrufen einer IP-Adresse zu erhalten.

Anmerkung Das Senden von Domänennamen mit DHCPINFORM ist besonders wichtig, weil PPP diese Informationen konfiguriert.

DNS- und WINS-Adressen, die über DHCPINFORM eingehen, setzen die vom Routing- und RAS-Server bezogenen Adressen außer Kraft.

Übung: Konfigurieren des DHCP-Relay-Agenten für Routing und RAS

▶ **So konfigurieren Sie einen DHCP-Relay-Agenten**

1. Klicken Sie in der Routing- und RAS-Verwaltung im Bereich **Allgemein** mit der rechten Maustaste auf **IP-Routing**, und wählen Sie **Neues Routingprotokoll**.

2. Wählen Sie **DHCP-Relay-Agent**, und klicken Sie anschließend auf **OK**.

3. Markieren Sie die Option **DHCP-Relay-Agent**, und klicken Sie anschließend mit der rechten Maustaste auf **Eigenschaften**.

   Das Eigenschaftendialogfeld des DHCP-Relay-Agenten wird angezeigt, in dem Sie die IP-Adressen aller DHCP-Server konfigurieren können.

4. Klicken Sie auf **OK**, um das Eigenschaftendialogfeld des DHCP-Relay-Agenten zu schließen.

5. Klicken Sie mit der rechten Maustaste auf **DHCP-Relay-Agent**, und wählen Sie **Neue Schnittstelle**.

6. Wählen Sie **Intern**, und klicken Sie anschließend auf **OK**. (Der Befehl **Intern** stellt die virtuelle Schnittstelle dar, die mit allen Routing und RAS-Clients verbunden ist.)

7. Klicken Sie auf **OK**, um das Dialogfeld für die internen Eigenschaften des DHCP-Relay-Agenten zu schließen.

Zusammenfassung der Lektion

Wenn ein RRAS-Adresspool für DHCP konfiguriert ist, werden keine DHCP-Pakete an die RRAS-Clients weitergeleitet. In dieser Lektion haben Sie erfahren, wie Routing und RAS mit DHCP und DHCP-Relay-Agenten zusammenarbeiten.

Lektion 7: Verwalten und Überwachen von RAS

Sie können einen RAS-Server mit verschiedenen Tools verwalten und überwachen. In dieser Lektion erfahren Sie Wissenswertes über die RAS-Protokollierung, die Kontoführung, Netsh, den Netzwerkmonitor und über verschiedene andere Dienstprogramme aus der technischen Referenz zu Windows 2000 Server.

Am Ende dieser Lektion werden Sie in der Lage sein, die folgenden Aufgaben durchzuführen:

- Erklären der RAS-Protokollierung
- Beschreiben der Kontoführung
- Erklären von Netsh
- Beschreiben der Funktion des Netzwerkmonitors beim Remotezugriff
- Auflisten von verschiedenen Tools aus der technischen Referenz zu Windows 2000 Server zum Überwachen des Remotezugriffs

Veranschlagte Zeit für die Lektion: 30 Minuten

Protokollieren von Benutzerauthentifizierungen und Kontoführungsanforderungen

IAS kann Protokolldateien auf Grundlage der Authentifizierungen und Kontoführungsanforderungen erstellen, die vom NAS-Server eingehen. Diese Pakete werden auf einem zentralen Speicherort abgelegt. Wenn Sie diese Protokolldateien zur Überwachung der Authentifizierungsdaten, beispielsweise aller Zulassungen, Zurückweisungen und automatischen Kontosperren, einrichten und verwenden, können Sie die Administration Ihres Dienstes vereinfachen. Sie können mit Hilfe dieser Protokolle die Kontoführungsdaten, beispielsweise Anmeldungs- und Abmeldungseinträge, einrichten und verwenden, um diese Datensätze für die Abrechnung besser verwalten zu können (siehe Abbildung 11.20).

Wenn Sie die Protokollierung einrichten, können Sie Folgendes angeben:

- Die zu protokollierenden Anforderungen
- Das Dateiformat für die Protokolle
- Das Intervall, in dem neue Protokolle gestartet werden
- Den Speicherort, in dem die Protokolle verwaltet werden

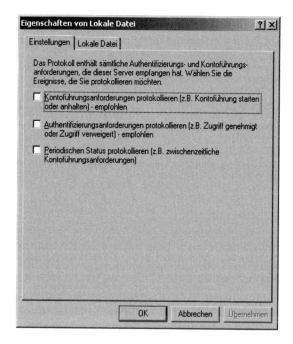

Abbildung 11.20 RAS-Protokollierung

Sie können außerdem die zu protokollierenden Anforderungstypen auswählen, die vom IAS-Server eingehen:

- Kontoführungsanforderungen. Hierzu gehören:
  - Aktivierungsanforderungen für die Kontoführung, die vom NAS gesendet werden, um anzugeben, dass der NAS online und für die Annahme von Verbindungen bereit ist.
  - Deaktivierungsanforderungen für die Kontoführung, die vom NAS gesendet werden, um anzugeben, dass sich der NAS offline schaltet.
  - Startanforderungen für die Kontoführung, die vom NAS (nach der Zulassung des Benutzers durch den IAS-Server) gesendet werden, um den Start einer Benutzersitzung anzugeben.
  - Beendigungsanforderungen für die Kontoführung, die vom NAS gesendet werden, um das Ende einer Benutzersitzung anzugeben.
- Authentifizierungsanforderungen. Hierzu gehören:
  - Authentifizierungsanforderungen, die durch den Benutzer vom NAS gesendet werden. Diese Protokolleinträge enthalten nur eingehende Attribute.
  - Vom IAS an den NAS gesendete Authentifizierungszulassungen und -zurückweisungen, die angeben, ob der Benutzer zugelassen oder abgelehnt wird. Diese Einträge enthalten nur ausgehende Attribute.

- Die Statusangabe **Regelmäßig**. Hierbei werden zwischenzeitliche Kontoführungsanforderungen bezogen, die im Verlauf der Sitzungen von einigen NAS-Servern gesendet werden.

- Zwischenzeitliche Kontoführungsanforderungen, die periodisch vom NAS während einer Benutzersitzung gesendet werden (wenn das Attribut **Acct-Interim-Interval** im RAS-Profil auf dem IAS-Server für die Unterstützung regelmäßiger Anforderungen konfiguriert ist).

- Es wird empfohlen, die ersten beiden Optionen festzulegen und die Protokollierung weiter anzupassen, nachdem Sie alle Daten bestimmt haben, die Ihren Anforderungen am besten gerecht werden.

Wenn Sie Ihre Server einrichten, geben Sie das Startintervall für die neuen Protokolle an: Protokolle können täglich, wöchentlich oder monatlich gestartet werden. Sie können auch eine Protokollgröße festlegen. Sie können auch angeben, dass ein bestimmtes Protokoll (ohne Einschränkung der Dateigröße) fortlaufend verwaltet wird. Diese Einstellung wird jedoch nicht empfohlen. Die Namenskonvention für Protokolldateien wird von der ausgewählten Protokollperiode bestimmt. Wenn Sie diese Option ändern, werden unter Umständen vorhandene Protokolle überschrieben. Kopieren Sie deshalb Protokolle in eine separate Datei, bevor Sie die Protokollperiode ändern. Standardmäßig befinden sich die Protokolldateien im Ordner **%systemroot%\system32\ LogFiles**. Sie können jedoch auch einen anderen Speicherort angeben.

Protokolldateieinträge

Attribute werden in UTF-8 (Unicode Translation Format) kommagetrennt codiert. Das Format der Einträge einer Protokolldatei hängt vom jeweiligen Dateiformat ab.

- In IAS-Protokolldateien beginnt jeder Eintrag mit einem Header in einem festen Format. Der Header besteht aus der IP-Adresse des NAS-Servers, dem Benutzernamen, dem Datum und der Uhrzeit für den Eintrag, dem Dienst- und Computernamen. Diese Elemente stehen vor den Attributwertepaaren.

- Bei Protokolldateien für den Datenbankimport enthält jeder Eintrag Attributwerte in einer konsistenten Reihenfolge: Computername, Dienstname, Datum und Uhrzeit des Eintrags. Ein NAS verwendet unter Umständen nicht alle Attribute, die im Protokollformat für den Datenbankimport angegeben sind. Die kommagetrennte Position der jeweiligen vordefinierten Attribute wird jedoch sogar bei Attributen verwaltet, für die im Eintrag kein Wert angegeben ist.

Kontoführung

Der Routing und RAS-Dienst lässt sich für die Protokollierung von Kontoführungsinformationen an folgenden Orten konfigurieren:

- In lokal gespeicherten Protokolldateien, wenn der Dienst für die Windows-Kontoführung konfiguriert ist. Die zu protokollierenden Informationen und deren Speicherort werden in den Eigenschaften des Ordners **RAS-Protokollierung** im Snap-In Routing und RAS festgelegt.

- Auf einem RADIUS-Server, wenn er für RADIUS-Kontoführung konfiguriert ist. Handelt es sich bei dem RADIUS-Server um einen IAS-Server, werden die Protokolldateien auf dem IAS-Server gespeichert. Die zu protokollierenden Informationen und deren Speicherort werden in den Eigenschaften des Ordners **RAS-Protokollierung** im Snap-In Internetauthentifizierungsdienst festgelegt.

Die Konfiguration des RRAS-Kontoführungsanbieters erfolgt auf der Registerkarte **Sicherheit** der Eigenschaften eines RAS-Routers im Snap-In Routing und RAS (Abbildung 11.21) oder mit den Netsh-Befehlen.

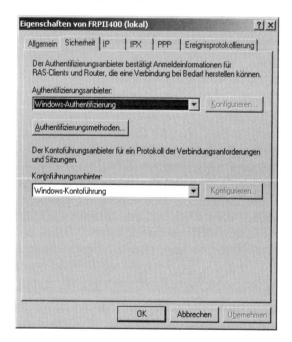

Abbildung 11.21 RAS-Kontoführung

Das befehlszeilenorientierte Dienstprogramm Netsh

Netsh ist ein befehlszeilen- und skriptorientiertes Tool für Windows 2000-Netzwerkkomponenten auf lokalen oder entfernten Computern. Netsh ist im Lieferumfang von Windows 2000 enthalten.

Mit Netsh lässt sich auch ein Konfigurationsskript zu Archivierungszwecken oder zum Konfigurieren anderer Server in einer Textdatei speichern.

Netsh ist eine Shell, die durch Hinzufügen von Netsh-Hilfsprogramm-DLLs mehrere Windows 2000-Komponenten unterstützen kann. Eine Netsh-Hilfsprogramm-DLL erweitert die Funktionalität von Netsh durch zusätzliche Befehle zum Überwachen oder Konfigurieren einer bestimmten Windows 2000-Netzwerkkomponente. Jede Netsh-Hilfsprogramm-DLL besitzt einen Kontext (eine Gruppe von Befehlen für eine bestimmte Netzwerkkomponente). Innerhalb jedes Kontextes können Unterkontexte existieren. Beispielsweise enthält der Kontext **routing** die Unterkontexte **IP** und **IPX**, um Befehle für IP- und IPX-Routing in einer Gruppe zusammenzufassen.

Für Routing und RAS besitzt Netsh folgende Kontexte:

- **Ras**   Mit den Befehlen im Kontext **ras** legen Sie die RAS-Konfiguration fest.
- **Aaaa**   Mit den Befehlen im Kontext **aaaa** konfigurieren Sie die AAAA-Komponenten, die sowohl vom RRAS-Dienst als auch vom Internetauthentifizierungsdienst IAS verwendet werden.
- **Routing**   Mit den Befehlen im Kontext **routing** konfigurieren Sie IP- und IPX-Routing.
- **Schnittstelle**   Mit den Befehlen im Kontext **interface** konfigurieren Sie Schnittstellen für Wählen bei Bedarf.

Netzwerkmonitor

Mit Netzwerkmonitor können Sie Probleme in LANs und WANs sowie bei RRAS-Verbindungen erkennen und lösen. Der Netzwerkmonitor ermöglicht die Erkennung des Verkehrsverlaufs und von Netzwerkproblemen. Sie können z. B. Probleme bei Verbindungen zwischen Client und Server lokalisieren, einen Computer suchen, der übermäßig viele Anfragen stellt, Rahmen (Pakete) direkt im Netzwerk erfassen, die erfassten Rahmen anzeigen und filtern sowie nicht berechtigte Benutzer in Ihrem Netzwerk identifizieren. Weitere Informationen zum Netzwerkmonitor finden Sie in Kapitel 4, „Überwachen der Netzwerkaktivität".

Tools der technischen Referenz zu Windows 2000 Server

Die folgenden Tools aus der technischen Referenz zu Windows 2000 Server erleichtern die Verwaltung und Überwachung von Routing und RAS.

RASLIST.EXE

Mit diesem Befehlszeilenprogramm werden die RRAS-Serverankündigungen von einem Netzwerk angezeigt. RASLIST überwacht RRAS-Serverankündigungen auf allen aktiven Netzwerkkarten des Computers, auf dem das Programm ausgeführt wird. Die Ausgabe zeigt an, welche Karte die Ankündigung erhalten hat.

RASLIST ist ein Überwachungstool. Es dauert gegebenenfalls einige Sekunden, bis die Daten angezeigt werden. Die Daten werden dann so lange angezeigt, bis das Tool geschlossen wird.

RASSRVMON.EXE

Mit diesem Tool, können Sie die RAS-Serveraktivitäten auf Ihrem Server detaillierter als mit den Windows-Standardtools anzeigen. RASSRVMON gibt folgende Überwachungsinformationen an:

- Serverinformationen: Hierzu gehören die Uhrzeit des ersten und letzten Serveranrufs, die Summe der Anrufe, die Anzahl der über den Server übergebenen Bytes, die Spitzenwerte von Verbindungen, die gesamte Verbindungsdauer, die derzeit verbundenen Benutzer sowie deren Verbindungsdaten.

- Anschlussspezifische Informationen: Hierzu gehören die Uhrzeit des ersten und letzten Anschlussanrufs, die Summe der Anrufe seit dem Serverstart, die Anzahl der über den Anschluss übergebenen Bytes, die Anzahl der Fehler bei diesem Anschluss sowie der aktuelle Anschlussstatus.

- Zusammenfassende Informationen, beispielsweise Statistiken, werden für jede eindeutige Benutzer/Computerkombination seit Überwachungsbeginn beibehalten: die gesamte Verbindungsdauer, die Anzahl der übertragenen Bytes, die Anzahl der Verbindungen, die durchschnittliche Verbindungsdauer und die Anzahl der Fehler.

- Individuelle Verbindungsdaten. Hierzu gehören Statistiken für jede Verbindung: Benutzername/Computername, IP-Adresse, Uhrzeit für den Verbindungsaufbau, Dauer, übertragene Bytes, Anzahl der Fehler und die Geschwindigkeit der Verbindung.

Um einen höheren Grad an Flexibilität zu gewährleisten, kann das Warnsystem ein Programm Ihrer Wahl ausführen. Sie können beispielsweise E-Mail-Nachrichten, eine Seite oder eine Netzwerkmeldung senden bzw. eine beliebige Aktion ausführen, die Sie über eine ausführbare Datei oder ein Batchskript automatisieren.

RASUSERS.EXE

Mit diesem Tool können Sie für eine Domäne oder einen Server alle Benutzerkonten auflisten, die sich im Netzwerk über Routing und RAS einwählen dürfen. Routing und RAS ist eine Windows 2000-Funktion, die die RAS-Funktionalität implementiert.

TRACEENABLE.EXE

Hierbei handelt es sich um ein Tool mit einer grafischen Benutzeroberfläche, das die Ablaufverfolgung aktiviert und die aktuellen Optionen für die Ablaufverfolgung anzeigt.

Der RRAS-Dienst von Windows 2000 besitzt umfassende Möglichkeiten für die Verfolgung, mit denen Sie komplexe Netzwerkprobleme behandeln können. Es lassen sich interne Variablen von Komponenten sowie Funktionsaufrufe und Interaktionen verfolgen. Die Protokollierung von Verfolgungsinformationen in Dateien (Dateiverfolgung) lässt sich für einzelne RRAS-Komponenten unabhängig von anderen festlegen. Sie müssen die Verfolgungsfunktion aktivieren, indem Sie die Einstellungen in der Windows 2000-Registrierung mit TRACEENABLE ändern.

Verwenden von TRACEENABLE.EXE

Wenn ein Element für die Ablaufverfolgung im Kombinationsfeld ausgewählt ist, werden die Werte angezeigt. Nehmen Sie die gewünschten Änderungen vor, und klicken Sie anschließend auf **Set**. Anschließend werden Ihre Änderungen in die Registrierung geschrieben. Um eine Verfolgung an der Konsole durchzuführen, müssen Sie zuerst die Komponente und anschließend die Ablaufverfolgung über das Masterkontrollkästchen oben im Fenster von TRACEENABLE aktivieren. So können Sie beispielsweise eine Protokolldatei für PPP generieren:

1. Wählen Sie aus der Dropdown-Liste den Eintrag **PPP**.
2. Klicken Sie auf **Enable File Tracing**.
3. Klicken Sie auf **Set**.

Die Ablaufverfolgung ist jetzt für diese Komponente aktiviert. In den meisten Fällen wird die Protokolldatei im Ordner **%windir%\tracing** erstellt.

Zusammenfassung der Lektion

Sie können einen RAS-Server mit verschiedenen Tools verwalten und überwachen. In dieser Lektion haben Sie Wissenswertes über die RAS-Protokollierung, die Kontoführung, Netsh, den Netzwerkmonitor und über verschiedene andere Tools der technischen Referenz zu Windows 2000 Server erfahren.

Lernzielkontrolle

 Mit den folgenden Fragen können Sie überprüfen, ob Sie die in diesem Kapitel vermittelten Lehrinhalte verstanden haben. Wenn Sie eine Frage nicht beantworten können, wiederholen Sie den entsprechenden Abschnitt, bevor Sie mit dem nächsten Kapitel fortfahren. Die Antworten zu den Fragen finden Sie in Anhang A, „Fragen und Antworten".

1. Was ist VPN?

2. Filter für Wählen bei Bedarf können den Datenverkehr auf Grundlage welcher Felder eines Pakets überwachen?

3. Richtig oder falsch? Wenn Sie die Benutzerberechtigungen zum Einwählen (**Zugriff erlauben**, **Zugriff verweigern**) über die Eigenschaftenseite für den Benutzer festlegen, werden keine RAS-Richtlinien verwendet.

4. Richtig oder falsch? DHCP-Pakete werden nie über Routing- und RAS-Verbindungen gesendet.

5. Worin besteht der Zweck von BAP?

KAPITEL 12

Unterstützen der Netzwerkadressübersetzung (NAT)

Lektion 1: Einführung in NAT ... 356

Lektion 2: Installieren der gemeinsamen Nutzung der Internetverbindung ... 367

Lektion 3: Installieren und Konfigurieren von NAT ... 374

Lernzielkontrolle ... 381

Über dieses Kapitel

Die Netzwerkadressübersetzung (NAT) ist ein Protokoll, mit dem ein Netzwerk mit privaten Adressen über einen IP-Übersetzungsprozess auf Informationen im Internet zugreifen kann. In diesem Kapitel erfahren Sie, wie ein Heimnetzwerk oder das Netzwerk eines kleinen Unternehmens für die gemeinsame Nutzung einer Internetverbindung mit NAT konfiguriert wird.

Bevor Sie beginnen

Für die Bearbeitung der Lektionen in diesem Kapitel gilt folgende Voraussetzung:

- Sie müssen Kapitel 10 abgeschlossen haben.

Lektion 1: Einführung in NAT

Mit dem NAT-Dienst werden private IP-Adressen in öffentliche IP-Adressen übersetzt, um den Datenaustausch mit dem Internet zu ermöglichen. Damit wird verhindert, dass Verkehr direkt in das interne Netzwerk weitergeleitet wird, und für Benutzer in kleinen Unternehmens oder Heimbüros entfällt der Zeit- und Kostenaufwand, der damit verbunden ist, einen öffentlichen Adressbereich zu erhalten und zu verwalten. In dieser Lektion erhalten Sie einen Überblick über NAT.

Am Ende dieser Lektion werden Sie in der Lage sein, die folgenden Aufgaben auszuführen:

- Beschreiben des Zwecks von NAT
- Benennen der Komponenten von NAT
- Beschreiben der Funktionsweise von NAT

Veranschlagte Zeit für die Lektion: 45 Minuten

Netzwerkadressübersetzung

Die Microsoft Windows 2000 Netzwerkadressübersetzung (NAT) ermöglicht Computern in einem kleinen Netzwerk, beispielsweise in einem kleinen Unternehmen oder Heimbüro, die gemeinsame Nutzung eines einzigen Internetanschlusses mit einer einzigen öffentlichen IP-Adresse. Der Computer, auf dem NAT installiert ist, kann als Netzwerkadressübersetzer, vereinfachter DHCP-Server, DNS-Proxy (Domain Name System) und WINS-Proxy (Windows Internet Name Service) fungieren. NAT ermöglicht Hostcomputern die gemeinsame Nutzung einer oder mehrerer öffentlich registrierter IP-Adressen und spart damit öffentlichen Adressraum.

Verstehen der Netzwerkadressübersetzung

Sie können mit NAT unter Windows 2000 ein privates Netzwerk oder das Netzwerk eines kleinen Unternehmens für eine gemeinsam genutzte Verbindung zum Internet konfigurieren. NAT besteht aus den folgenden Komponenten:

- **Übersetzungskomponente** Der Windows 2000-Router, auf dem NAT aktiviert ist (im Folgenden NAT-Computer genannt), fungiert als Netzwerkadressübersetzer. Er übersetzt die IP-Adressen und TCP/UDP-Portnummern (Transmission Control Protocol/User Datagram Protocol) von Paketen, die zwischen dem privaten Netzwerk und dem Internet weitergeleitet werden.

- **Adressierungskomponente** Der NAT-Computer liefert anderen Computern im Heimnetzwerk Informationen zur IP-Adresskonfiguration. Bei der Adressierungskomponente handelt es sich um einen vereinfachten DHCP-Server, der eine IP-Adresse, eine Subnetzmaske, ein Standardgateway und die IP-Adresse eines DNS-Servers zuweist.

Damit Sie die IP-Konfiguration automatisch empfangen können, müssen Sie Computer im Heimnetzwerk als DHCP-Clients konfigurieren. Standardmäßig sind Windows 2000-, Windows NT-, Windows 95-, und Windows 98-Computer über TCP/IP als DHCP-Clients konfiguriert.

- **Namensauflösungskomponente** Der NAT-Computer wird der DNS-Server für die anderen Computer im Heimnetzwerk. Wenn der NAT-Computer Anforderungen zur Auflösung von Namen erhält, leitet er diese an den Internetbasierten DNS-Server weiter, für den er konfiguriert wurde, und gibt die Antworten an den Computer im Heimnetzwerk zurück.

Geroutete und übersetzte Internetverbindungen

Es gibt zwei Arten von Verbindungen zum Internet – geroutete und übersetzte. Bei der Planung einer gerouteten Verbindung benötigen Sie einen Bereich von IP-Adressen von Ihrem Internetdienstanbieter (ISP) für die Verwendung im internen Teil des Netzwerks. Der ISP liefert Ihnen auch die IP-Adresse des DNS-Servers, den Sie verwenden müssen. Sie können die IP-Adressen jedes Computers statisch konfigurieren oder einen DHCP-Server verwenden.

Der Windows 2000-Router muss mit einem Netzwerkadapter für das interne Netzwerk konfiguriert werden (z. B. 10- oder 100BaseT Ethernet). Er muss darüber hinaus mit einer Internetverbindung wie beispielsweise einem analogen oder ISDN-Modem (Integrated Services Digital Network), xDSL-Modem, Kabelmodem oder einer segmentierten T1-Leitung konfiguriert werden.

Die übersetzte Verbindung (NAT) bietet mehr Sicherheit für Ihr Netzwerk, da die Adressen des privaten Netzwerks vor dem Internet vollständig verborgen werden. Der gemeinsame Verbindungscomputer, auf dem NAT läuft, führt alle Übersetzungen von Internetadressen für Ihr privates Netzwerk aus und umgekehrt. Beachten Sie jedoch, dass der NAT-Computer nicht alle Nutzlasten übersetzen kann. Der Grund hierfür ist, dass manche Anwendungen die IP-Adressen nicht nur in den standardmäßigen TCP/IP-Headerfeldern verwenden, sondern auch in anderen Feldern.

Folgende Protokolle arbeiten nicht mit NAT zusammen:

- Kerberos
- IP-Sicherheit (IPSec)

Die DHCP-Zuordnungsfunktionalität in NAT ermöglicht allen DHCP-Clients im Netzwerk, automatisch eine IP-Adresse, eine Subnetzmaske, ein Standardgateway und eine DNS-Serveradresse vom NAT-Computer zu erhalten. Wenn sich im Netzwerk auch einige nicht DHCP-fähige Computer befinden, konfigurieren Sie deren IP-Adressen statisch.

In einem kleinen Netzwerk wird nur ein Windows 2000-Server benötigt. So bleibt der Ressourcenaufwand minimal. Abhängig davon, ob Sie eine übersetzte oder geroutete Verbindung verwenden, kann dieser eine Server für NAT, APIPA (Automatic Private IP Addressing), Routing und RAS sowie DHCP ausreichen.

Öffentliche und private Adressen

Wenn Ihr Intranet nicht mit dem Internet verbunden ist, können Sie eine beliebige IP-Adressierung einrichten. Wenn die direkte (geroutete) oder indirekte Anschlussmöglichkeit (über Proxy oder Übersetzer) zum Internet gewünscht wird, stehen zwei Adresstypen zur Verfügung – öffentliche Adressen und private Adressen.

Öffentliche Adressen

Öffentliche Adressen werden vom InterNIC (Internet Network Information Center) zugeordnet und bestehen aus klassenbasierten Netzwerkkennungen oder Blöcken mit CIDR-basierten Adressen (CIDR-Blöcke, Classless Inter-Domain Routing), die im Internet garantiert global eindeutig sind. Beim Zuordnen von öffentlichen Adressen werden Routen so in die Router des Internets programmiert, dass der Datenverkehr an zugeordnete öffentliche Adressen sein Ziel erreichen kann. Verkehr an öffentliche Zieladressen ist im Internet erreichbar.

Private Adressen

Jeder IP-Knoten benötigt eine IP-Adresse, die im IP-Netzwerk global eindeutig ist. Im Internet benötigt jeder IP-Knoten in einem Netzwerk, das an das Internet angeschlossen ist, eine IP-Adresse, die im Internet global eindeutig ist. Da der Umfang des Internets deutlich zugenommen hat, benötigen Organisationen, die eine Verbindung zum Internet herstellen, eine öffentliche Adresse für jeden Knoten ihrer Intranets. Dadurch ist eine immense Nachfrage nach verfügbaren öffentlichen Adressen entstanden.

Internetdesigner haben dagegen bei der Analyse des Adressbedarfs von Organisationen festgestellt, dass die meisten Intranethosts zahlreicher Organisationen keine direkte Anschlussmöglichkeit zu Internethosts benötigen. Hosts, die bestimmte Internetdienste, beispielsweise Webzugriff und E-Mail, benötigen, greifen in der Regel auf diese Dienste über Anwendungsschichtgateways, beispielsweise Proxyserver und E-Mail-Server, zu. Daraus folgt, dass die meisten Organisationen nur wenige öffentliche Adressen für diese Knoten (beispielsweise Proxyserver, Router, Firewalls und Übersetzer) benötigen, die direkt an das Internet angeschlossen sind.

Für Hosts im Unternehmen, die keinen direkten Zugriff zum Internet benötigen, sind IP-Adressen erforderlich, die keine bereits zugeordneten öffentlichen Adressen duplizieren. Um dieses Adressierungsproblem zu lösen, wurde ein Bestandteil des IP-Adressbereichs reserviert, der als privater Adressbereich bezeichnet wird. Private IP-Adressen werden niemals als öffentliche Adressen zugeordnet.

Da die öffentlichen und privaten Adressbereiche nicht überlappen, duplizieren private Adressen keine öffentlichen Adressen. Folgende private IP-Adressbereiche sind in RFC (Request for Comments) 1918 festgelegt:

- **10.0.0.0 bis 10.255.255.255**   Das private Netzwerk 10.0.0.0 ist eine Netzwerkkennung der Klasse A, die den folgenden Bereich gültiger IP-Adressen ermöglicht: 10.0.0.1 bis 10.255.255.254. Das private Netzwerk 10.0.0.0 hat 24 Hostbit, die für jeden Subnetzplan der privaten Organisation verwendet werden können.

- **172.16.0.0 bis 172.31.255.255**   Das private Netzwerk 172.16.0.0 kann entweder als Block mit 16 Netzwerkkennungen der Klasse B oder als zuweisbarer 20-Bit-Adressbereich (20 Hostbits) interpretiert werden, der für jeden Subnetzplan der privaten Organisation verwendet werden kann. Das private Netzwerk 172.16.0.0 enthält den folgenden Bereich gültiger IP-Adressen: 172.16.0.1 bis 172.31.255.254.

- **192.168.0.0 bis 192.168.255.255**   Das private Netzwerk 192.168.0.0/16 kann entweder als Block mit 256 Netzwerkkennungen der Klasse C oder als zuweisbarer 16-Bit-Adressbereich (16 Hostbits) interpretiert werden, der für jeden Subnetzplan der privaten Organisation verwendet werden kann. Das private Netzwerk 192.168.0.0 enthält den folgenden Bereich gültiger IP-Adressen: 192.168.0.1 bis 192.168.255.254.

Private Adressen können über das Internet nicht erreicht werden. Aus diesem Grund müssen beim Internetverkehr von einem Host mit einer privaten Adresse die Anforderungen an ein Anwendungsschichtgateway (beispielsweise einen Proxyserver) gesendet werden, das eine gültige öffentliche Adresse hat, oder die private Adresse muss von einem Netzwerkadressübersetzer in eine gültige öffentliche Adresse konvertiert werden, bevor sie im Internet gesendet wird.

Funktionsweise von NAT

Ein Übersetzer für Netzwerkadressen ist ein in RFC 1631 definierter IP-Router, der IP-Adressen und TCP/UDP-Portnummern von Paketen übersetzen kann, während sie weitergeleitet werden. Stellen Sie sich ein kleines Firmennetzwerk mit mehreren Computern und Anschluss an das Internet vor. Ein kleines Unternehmen müsste normalerweise für jeden Computer seines Netzwerks eine von einem ISP zugewiesene öffentliche IP-Adresse erwerben. Mit NAT kann das Kleinunternehmen jedoch die private Adressierung verwenden (wie in RFC 1597 beschrieben) und NAT seine privaten Adressen zu einer oder mehreren vom ISP zugewiesenen öffentlichen IP-Adressen zuordnen lassen. Wenn ein Kleinunternehmen beispielsweise das private Netzwerk 10.0.0.0 für sein Intranet verwendet und ihm von seinem ISP die öffentliche IP-Adresse 198.200.200.1 vergeben wurde, ordnet NAT (mit statischen oder dynamischen Zuordnungen) alle privaten IP-Adressen, die im Netzwerk 10.0.0.0 verwendet werden, der öffentlichen IP-Adresse 198.200.200.1 zu.

Statische und dynamische Adresszuordnung

NAT kann entweder statische oder dynamische Zuordnung verwenden. Eine statische Zuordnung ist so konfiguriert, dass dem Datenverkehr immer ein bestimmter Weg zugeordnet ist. Sie könnten den gesamten Datenverkehr an einen oder von einem bestimmten Standort in einem privaten Netzwerk einem bestimmten Standort im Internet zuordnen. Um beispielsweise auf einem Computer in Ihrem privaten Netzwerk einen Webserver einzurichten, erstellen Sie eine statische Zuordnung, die [Öffentliche IP-Adresse, TCP-Port 80] zu [Private IP-Adresse, TCP-Port 80] zuordnet.

Dynamische Zuordnungen werden erstellt, wenn Benutzer im privaten Netzwerk Datenverkehr mit Standorten im Internet einleiten. Der NAT-Dienst fügt diese Zuordnungen automatisch seiner Zuordnungstabelle hinzu und aktualisiert sie bei jeder Verwendung. Nicht aktualisierte dynamische Zuordnungen werden nach einem konfigurierbaren Zeitraum aus der NAT-Zuordnungstabelle entfernt. Für TCP-Verbindungen beträgt das standardmäßige Zeitlimit 24 Stunden. Für UDP-Verbindungen beträgt es eine Minute.

Korrekte Übersetzung von Headerfeldern

Standardmäßig übersetzt ein Netzwerkadressübersetzer IP-Adressen und TCP/UDP-Portnummern. Für diese Änderungen am IP-Datagramm sind Änderungen und Neuberechnungen folgender Felder in den IP-, TCP- und UDP-Headern notwendig:

- Quell-IP-Adresse
- TCP-, UDP- und IP-Prüfsumme
- Quellport

Wenn sich die IP-Adress- und Portinformationen nur in den IP- und TCP/UDP-Headern befinden, z. B. bei HTTP-Verkehr (Hypertext Transfer Protocol) oder World Wide Web-Verkehr, kann das Anwendungsprotokoll transparent übersetzt werden. Es gibt jedoch Anwendungen und Protokolle, die IP- oder Portadressinformationen in ihren Headern enthalten. FTP (File Transfer Protocol) speichert beispielsweise die punktierte Dezimalschreibweise von IP-Adressen im FTP-Header des FTP-Befehls **port**. Wenn NAT die IP-Adresse nicht korrekt übersetzt, können Verbindungsprobleme auftreten. Darüber hinaus kann im Fall von FTP die übersetzte IP-Adresse im FTP-Header eine unterschiedliche Größe besitzen, weil sie in punktiertem Dezimalformat gespeichert wird. Deshalb muss NAT auch TCP-Sequenznummern ändern, um sicherzustellen, dass keine Daten verloren gehen.

NAT-Editoren

Für den Fall, dass die NAT-Komponente die Nutzlast über die IP-, TCP- und UDP-Header hinaus übersetzen und anpassen muss, ist ein NAT-Editor erforderlich. Dabei handelt es sich um eine installierbare Komponente, die in der Lage ist, auf andere Weise nicht übersetzbare Nutzlasten ordnungsgemäß zu ändern, damit diese über eine NAT weitergeleitet werden können. In Windows 2000 sind NAT-Editoren für folgende Protokolle integriert:

- FTP
- ICMP (Internet Control Message Protocol)
- PPTP (Point-to-Point Tunneling Protocol)
- NetBIOS über TCP/IP

Darüber hinaus enthält das NAT-Routingprotokoll Proxysoftware für die folgenden Protokolle:

- H.323
- Direct Play
- LDAP-basierte (Lightweight Directory Access Protocol) ILS-Registrierung (Internet Locator Service)
- RPC (Remoteprozeduraufruf)

Anmerkung IPSec-Datenverkehr ist nicht übersetzbar.

Ein Beispiel für NAT

Wenn ein Kleinunternehmen das private Netzwerk mit der Kennung 192.168.0.0 für sein Intranet verwendet und ihm vom ISP die öffentliche Adresse w1.x1.y1.z1 zugewiesen wurde, ordnet NAT alle privaten Adressen in 192.168.0.0 der IP-Adresse w1.x1.y1.z1 zu. Sind einer einzelnen öffentlichen Adresse mehrere private Adressen zugeordnet, verwendet NAT dynamisch gewählte TCP- und UDP-Ports, um die Intranetstandorte voneinander zu unterscheiden. Abbildung 12.1 enthält ein Beispiel für die Verwendung von NAT, um ein Intranet transparent mit dem Internet zu verbinden.

Anmerkung w1.x1.y1.z1 und w2.x2.y2.z2 sollen gültige, von InterNIC oder ISP vergebene öffentliche IP-Adressen darstellen.

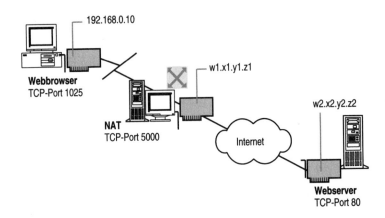

Abbildung 12.1 Verwenden von NAT zur transparenten Verbindung eines Intranets mit dem Internet

NAT-Prozesse in Windows 2000 Routing und RAS

Für Windows 2000 Routing und RAS kann die NAT-Komponente aktiviert werden, indem NAT als Routingprotokoll im Routing- und RAS-Snap-In hinzugefügt wird.

Anmerkung NAT-Dienste sind auch mit der Funktion zur gemeinsamen Nutzung der Internetverbindung (ICS) verfügbar, auf die im Ordner **Netzwerk- und DFÜ-Verbindungen** zugegriffen werden kann (in Lektion 2 erläutert). ICS führt die gleichen Funktionen aus wie das NAT-Routingprotokoll in Routing und RAS, bictct jcdoch nur geringe Flexibilität bei der Konfiguration. Weitere Informationen zum Konfigurieren von ICS sowie Argumente, die für den Einsatz von ICS anstelle des NAT-Routingprotokolls von Routing und RAS sprechen, finden Sie in der Hilfe zu Windows 2000 Server.

Mit dem NAT-Routingprotokoll werden eine Reihe von NAT-Editoren installiert. NAT wendet sich an die Editoren, wenn die Nutzlast des zu übersetzenden Pakets zu einem der installierten Editoren passt. Die Editoren ändern die Nutzlast und geben das Ergebnis an die NAT-Komponente zurück. NAT interagiert auf zwei wichtige Arten mit dem TCP/IP-Protokoll:

- Zur Unterstützung dynamischer Portzuordnungen fordert die NAT-Komponente vom TCP/IP-Protokollstack gegebenenfalls eindeutige TCP- und UDP-Portnummern an.

- Interaktion mit TCP/IP, damit zwischen privaten Netzwerken und dem Internet gesendete Pakete zuerst zur Übersetzung an die NAT-Komponente geleitet werden.

In Abbildung 12.2 sind die NAT-Komponenten sowie ihre Beziehung zu TCP/IP und anderen Routerkomponenten dargestellt.

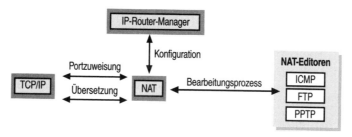

Abbildung 12.2 NAT-Komponenten

Ausgehender Internetverkehr

Bei Verkehr in privaten Netzwerken, der über die Internetschnittstelle versendet wird, bestimmt NAT zuerst, ob für das Paket bereits eine statische oder dynamische Adress-/Portzuordnung existiert. Ist dies nicht der Fall, wird eine dynamische Zuordnung erstellt. NAT erstellt eine Zuordnung danach, ob nur eine oder mehrere öffentliche Adressen verfügbar sind.

- Ist eine einzige öffentliche IP-Adresse verfügbar, fordert NAT einen neuen eindeutigen TCP- oder UDP-Port für sie an und verwendet ihn als zugeordneten Port.

- Sind mehrere öffentliche IP-Adressen verfügbar, führt NAT eine Zuordnung von privaten zu öffentlichen IP-Adressen durch. Bei diesen Zuordnungen werden die Ports nicht übersetzt. Wenn die letzte öffentliche IP-Adresse benötigt wird, wechselt NAT zur Zuordnung von Adresse und Port, wie es auch im Fall einer einzigen öffentlichen IP-Adresse geschehen würde.

Nach der Zuordnung prüft NAT, ob Editoren vorhanden sind und ruft gegebenenfalls einen Editor auf. Nach der Bearbeitung ändert NAT die IP- und TCP- oder UDP-Header und leitet das Paket über die Internetschnittstelle weiter. In Abbildung 12.3 wird die NAT-Verarbeitung bei ausgehendem Internetverkehr dargestellt.

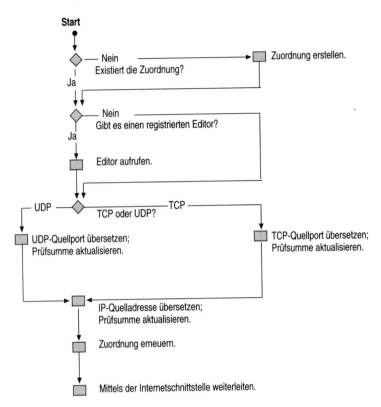

Abbildung 12.3 NAT-Verarbeitung bei ausgehendem Internetverkehr

Eingehender Internetverkehr

Bei Verkehr, der in privaten Netzwerken auf der Internetschnittstelle eingeht, bestimmt NAT zuerst, ob für das Paket eine statische oder dynamische Adress-/Portzuordnung existiert. Besteht keine Zuordnung für das Paket, wird es ohne Benachrichtigung durch NAT verworfen.

Dieses Verhalten schützt das private Netzwerk vor böswilligen Benutzern im Internet. Internetverkehr kann an das private Netzwerk nur als Antwort auf Datenverkehr weitergeleitet werden, der von einem Benutzer des privaten Netzwerks eingeleitet wurde. Dieser Benutzer hat zuvor eine dynamische Zuordnung erstellt. Eine andere Möglichkeit für die Weiterleitung von Internetverkehr ist das Vorhandensein einer statischen Zuordnung, so dass Internetbenutzer auf bestimmte Ressourcen im privaten Netzwerk zugreifen können.

Nach der Zuordnung prüft NAT, ob Editoren vorhanden sind und ruft gegebenenfalls einen Editor auf. Nach der Bearbeitung ändert NAT die TCP-, UDP- sowie IP-Header und leitet die Rahmen über die Schnittstelle des privaten Netzwerks weiter. In Abbildung 12.4 wird die NAT-Verarbeitung bei eingehendem Internetverkehr dargestellt.

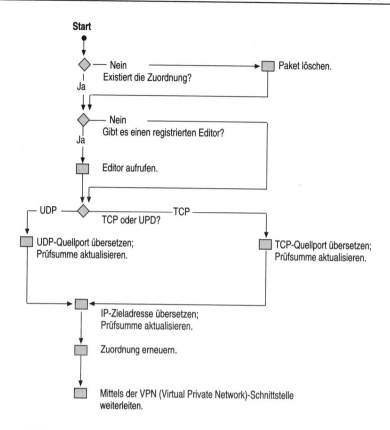

Abbildung 12.4 NAT-Verarbeitung bei eingehendem Internetverkehr

Weitere Komponenten des NAT-Routingprotokolls

Um die Konfiguration von kleinen Netzwerken für Internetverbindungen zu vereinfachen, enthält das NAT-Routingprotokoll für Windows 2000 eine Komponente zur DHCP-Zuweisung und einen DNS-Proxy.

DHCP-Zuweisung

Die Komponente für die DHCP-Zuweisung liefert anderen Computern im Netzwerk Informationen zur IP-Adresskonfiguration. Es handelt sich um einen vereinfachten DHCP-Server, der eine IP-Adresse, eine Subnetzmaske, ein Standardgateway und die IP-Adresse eines DNS-Servers zuweist. Damit Sie die IP-Konfiguration automatisch empfangen, müssen Sie Computer im DHCP-Netzwerk als DHCP-Clients konfigurieren. Standardmäßig sind Windows 2000-, Windows NT-, Windows 95- und Windows 98-Computer über TCP/IP als DHCP-Clients konfiguriert.

In Tabelle 12.1 werden die DHCP-Optionen in den DHCPOFFER- und DHCPACK-Meldungen aufgeführt, die die DHCP-Zuweisung während des Konfigurationsprozesses der DHCP-Lease ausgibt. Sie können diese Optionen weder ändern noch weitere DHCP-Optionen hinzufügen.

Tabelle 12.1 Optionen für die Konfiguration der DHCP Lease

Optionsnummer	Optionswert	Beschreibung
1	255.255.0.0	Subnetzmaske
3	IP-Adresse der privaten Schnittstelle	Router (Standardgateway)
6	IP-Adresse der privaten Schnittstelle	DNS-Server (wird nur ausgegeben, wenn DNS-Proxy aktiviert ist)
58 (0x3A)	5 Minuten	Erneuerungszeit
59 (0x3B)	5 Tage	Neubindungszeitraum
51	7 Tage	Leasedauer der IP-Adresse
15 (0x0F)	Primärer Domänenname des NAT-Computers	DNS-Domäne

Die DHCP-Zuweisung unterstützt nur einen einzigen Bereich von IP-Adressen, wie im Routing- und RAS-Snap-In auf der Registerkarte **Adresszuweisung** des Dialogfelds **Eigenschaften** des Routingprotokolls **Netzwerkadressübersetzung (NAT)** konfiguriert. Sie unterstützt nicht mehrere Bereiche, Bereichsgruppierungen oder Multicastbereiche. Wenn Sie diese Funktionalität benötigen, sollten Sie einen DHCP-Server installieren und die DHCP-Zuweisungskomponente des NAT-Routingprotokolls deaktivieren.

DNS-Proxy

Die DNS-Proxykomponente fungiert als DNS-Server für die Computer im Netzwerk. Von einem Computer an den NAT-Server gesendete DNS-Abfragen werden an den DNS-Server weitergeleitet. Antworten auf DNS-Abfragen, die Computer über den NAT-Server erhalten, werden zu dem ursprünglichen Computer in einem kleinen Unternehmen oder Heimbüro weitergesendet.

Zusammenfassung der Lektion

Mit dem NAT-Dienst werden private IP-Adressen in öffentliche IP-Adressen übersetzt, um den Datenaustausch mit dem Internet zu ermöglichen. Somit ist das interne Netzwerk vor Angriffen aus dem Internet geschützt, und für Benutzer entfällt der Zeit- und Kostenaufwand, der damit verbunden ist, einen öffentlichen Adressbereich zu erhalten und zu verwalten. Ein kleines Unternehmen müsste normalerweise für jeden Computer seines Netzwerks eine von einem ISP zugewiesene öffentliche IP-Adresse erwerben. Mit NAT kann das Kleinunternehmen jedoch die private Adressierung verwenden und NAT seine privaten Adressen zu einer oder mehreren vom ISP zugewiesenen öffentlichen IP-Adressen zuordnen lassen.

Lektion 2: Installieren der gemeinsamen Nutzung der Internetverbindung

Bei der gemeinsamen Nutzung der Internetverbindung (Internet Connection Sharing, ICS) handelt es sich um eine Funktion von **Netzwerk- und DFÜ-Verbindungen**, die es Ihnen ermöglicht, Windows 2000 einzusetzen, um ein Heimnetzwerk oder das Netzwerk eines kleinen Unternehmens mit dem Internet zu verbinden. Es kann sich beispielsweise um ein Heimnetzwerk handeln, das Internetverbindungen über DFÜ aufbaut. In dieser Lektion erfahren Sie, wie ICS unter Windows 2000 installiert wird.

Am Ende dieser Lektion werden Sie in der Lage sein, die folgenden Aufgaben auszuführen:

- Aktivieren der ICS-Funktion von Windows 2000
- Konfigurieren der Internetoptionen für ICS

Veranschlagte Zeit für die Lektion: 35 Minuten

Gemeinsame Nutzung der Internetverbindung

Bei ICS, der gemeinsamen Nutzung der Internetverbindung, handelt es sich um ein Paket, das DHCP, NAT und DNS umfasst. Sie können mit ICS auf einfache Weise Ihr gesamtes Netzwerk mit dem Internet verbinden. Da ICS eine übersetzte Verbindung bereitstellt, können alle Computer im Netzwerk auf Internetressourcen wie E-Mail, Websites und FTP-Sites zugreifen. ICS bietet Folgendes:

- Einfache Konfiguration
- Eine einzige öffentliche IP-Adresse
- Einen festgelegten Adressbereich für Hosts
- DNS-Proxy für die Namensauflösung
- Automatische IP-Adressierung

ICS bietet viel mehr Funktionen als nur Adressübersetzung. Microsoft hat zahlreiche Funktionen hinzugefügt, um die Konfiguration von Internetverbindungen so einfach wie möglich zu machen. ICS kann über die RAS-Verwaltung vollständig konfiguriert und verwaltet werden. Für ein einfaches Heimnetzwerk kann über die Systemsteuerungsoption für **Netzwerk- und DFÜ-Verbindungen** auch der Assistent für die gemeinsame Nutzung von Internetverbindungen gestartet werden. Mit dem Assistenten können keine Optionen konfiguriert werden, er kann aber ein Heimnetzwerk in wenigen Minuten mit dem Internet verbinden.

Die Konfiguration wird vereinfacht durch automatische Adressierung und automatische Namensauflösung über Komponenten für DHCP-Zuweisung, DNS-Proxy und WINS-Proxy. Jede dieser Komponenten bietet eine vereinfachte Konfiguration für die gesamte Version des DHCP-, DNS- und WINS-Servers.

Durch die Aktivierung von ICS auf dem Computer, der die DFÜ-Verbindung verwendet, stellen Sie allen Computern in Ihrem Heimnetzwerk NAT und Dienste für Adressierung und Namensauflösung zur Verfügung. Nachdem ICS aktiviert ist und Benutzer ihre Netzwerk- und Internetoptionen überprüft haben, können Benutzer in Heimnetzwerken und Netzwerken kleiner Unternehmen Anwendungen wie Microsoft Internet Explorer und Microsoft Outlook Express so nutzen, als ob sie direkt mit dem ISP verbunden wären. Der ICS-Computer wählt dann den ISP an und baut die Verbindung auf, so dass der Benutzer die angegebene Webadresse oder -ressource erreichen kann. Damit Benutzer in Heimnetzwerken oder Netzwerken kleiner Unternehmen die ICS-Funktion verwenden können, müssen sie TCP/IP für ihre LAN-Verbindung konfigurieren, um automatisch eine IP-Adresse zu erhalten.

Aktivieren der gemeinsamen Nutzung der Internetverbindung

Berücksichtigen Sie vor der Aktivierung von ICS folgende Punkte:

- Verwenden Sie die ICS-Funktion nicht in einem Netzwerk mit anderen Windows 2000 Server-Domänencontrollern, DNS-Servern, Gateways, DHCP-Servern oder Systemen, die für statische IP-Adressen konfiguriert wurden.

- Wenn Sie ICS aktivieren, erhält der Netzwerkadapter, der mit dem Heimnetzwerk oder dem Netzwerk eines kleinen Unternehmens verbunden ist, eine neue IP-Adresskonfiguration. Bestehende TCP/IP-Verbindungen auf dem ICS-Computer gehen verloren und müssen neu aufgebaut werden.

- Damit Benutzer in Heimnetzwerken oder Netzwerken kleiner Unternehmen die ICS-Funktion verwenden können, müssen sie TCP/IP für ihre LAN-Verbindung konfigurieren, um automatisch eine IP-Adresse zu erhalten.

- Wenn der ICS-Computer über ISDN oder ein Modem eine Verbindung zum Internet aufbaut, müssen Sie das Kontrollkästchen **Wählen bei Bedarf aktivieren** aktivieren.

▶ **So aktivieren Sie ICS für eine Netzwerkverbindung**

1. Klicken Sie auf **Start**, zeigen Sie auf **Einstellungen**, und klicken Sie dann auf **Netzwerk- und DFÜ-Verbindungen**.

2. Klicken Sie mit der rechten Maustaste auf die DFÜ-, VPN- (virtuelles privates Netzwerk) oder eingehende Verbindung, die gemeinsam genutzt werden soll, und klicken Sie dann auf **Eigenschaften**.

3. Aktivieren Sie auf der Registerkarte **Gemeinsame Nutzung** das Kontrollkästchen **Gemeinsame Nutzung der Internetverbindung aktivieren**.

4. Wenn diese Verbindung automatisch aufgebaut werden soll, sobald ein anderer Computer im Heimnetzwerk versucht, auf externe Ressourcen zuzugreifen, aktivieren Sie das Kontrollkästchen **Wählen bei Bedarf aktivieren**.

Installieren der gemeinsamen Verbindungsnutzung

Die gemeinsame Verbindungsnutzung wird über die RAS-Verwaltung konfiguriert.

▶ **So installieren Sie die gemeinsame Verbindungsnutzung**

1. Öffnen Sie in der RAS-Verwaltung den Ordner **IP-Routing**, und klicken Sie mit der rechten Maustaste auf **Allgemein**.

2. Klicken Sie auf **Neues Routingprotokoll** (wie in Abbildung 12.5 dargestellt).

   Das Dialogfeld **Neues Routingprotokoll** wird angezeigt.

3. Klicken Sie im Dialogfeld **Neues Routingprotokoll** auf **Gemeinsame Verbindungsnutzung**.

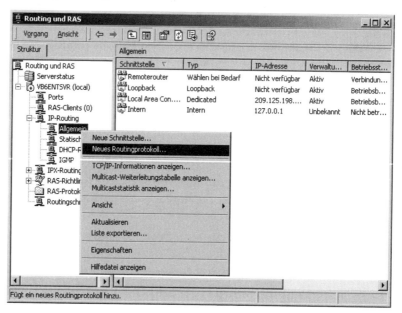

Abbildung 12.5 RAS-Verwaltung, Menü für IP-Routing

Konfigurieren von Internetoptionen für die gemeinsame Nutzung der Internetverbindung

Wenn Sie noch keine Internetverbindung aufgebaut haben, führen Sie folgende Schritte aus:

▶ **So bauen Sie eine Internetverbindung auf**

1. Öffnen Sie den Internet Explorer.
2. Klicken Sie auf **Manuelle Einrichtung der Internetverbindung oder Verbindung über ein lokales Netzwerk (LAN) herstellen** und dann auf **Weiter**.
3. Klicken Sie auf **Internetzugang über ein lokales Netzwerk** und dann auf **Weiter**.
4. Deaktivieren Sie das Kontrollkästchen **Automatische Suche des Proxyservers [empfohlen]**, und klicken Sie dann auf **Weiter**.
5. Wenn Sie nun ein Internetmailkonto einrichten möchten und Ihre Verbindungsdaten kennen, klicken Sie auf **Ja**, und geben Sie die E-Mail-Kontodaten an, zu deren Eingabe Sie im Assistenten aufgefordert werden. Wenn Sie kein Internetmailkonto einrichten möchten, klicken Sie auf **Nein**, **Weiter** und **Fertig stellen**.

Haben Sie bereits eine Internetverbindung aufgebaut, werden Sie dazu aufgefordert, folgende Schritte auszuführen:

▶ **So konfigurieren Sie Internetoptionen für ICS**

1. Klicken Sie im Menü **Extras** auf **Internetoptionen**.
2. Klicken Sie auf der Registerkarte **Verbindungen** auf **Keine Verbindung wählen** und dann auf **LAN-Einstellungen**.
3. Deaktivieren Sie unter **Automatische Konfiguration** die Kontrollkästchen **Automatische Suche der Einstellungen** und **Automatisches Konfigurationsskript verwenden**.
4. Deaktivieren Sie unter **Proxyserver** das Kontrollkästchen **Einen Proxyserver verwenden**.

Gemeinsame Nutzung der Internetverbindung und NAT

Um ein Netzwerk eines kleinen Unternehmens oder Heimbüros mit dem Internet zu verbinden, können Sie eine geroutete oder übersetzte Verbindung verwenden. Für eine geroutete Verbindung fungiert der Computer, auf dem Windows 2000 Server ausgeführt wird, als IP-Router, der Pakete zwischen dem internen Netzwerk und dem öffentlichen Internet weiterleitet. Eine geroutete Verbindung ist zwar vom Konzept her einfach, erfordert aber Kenntnisse in IP-Adressierung und -Routing.

Geroutete Verbindungen ermöglichen jedoch den gesamten IP-Verkehr zwischen internen Hosts und dem öffentlichen Internet. Weitere Informationen hierzu finden Sie in der Onlinehilfe unter dem Thema **Verbinden eines SOHO-Netzwerks mit dem Internet**.

Für eine übersetzte Verbindung fungiert der Computer, auf dem Windows 2000 Server ausgeführt wird, als ein Übersetzer für Netzwerkadressen. Übersetzte Verbindungen, die Computer einsetzen, auf denen Windows 2000 Server ausgeführt wird, erfordern weniger Kenntnisse in IP-Adressierung und -Routing und bieten eine vereinfachte Konfiguration für Hosts und den Windows 2000-Router. Es ist aber möglich, dass übersetzte Verbindungen nicht den gesamten Verkehr zwischen SOHO-Hosts und Internethosts zulassen.

In Windows 2000 Server können Sie eine übersetzte Internetverbindung entweder über die ICS-Funktion von **Netzwerk- und DFÜ-Verbindungen** oder das NAT-Routingprotokoll konfigurieren, das mit **Routing und RAS** bereitgestellt wird. Sowohl ICS als auch NAT stellen SOHO-Hosts Übersetzungs-, Adressierungs- und Namensauflösungsdienste zur Verfügung.

Wie im vorhergehenden Abschnitt beschrieben, wurde ICS mit dem Ziel konzipiert, auf dem Computer, auf dem Windows 2000 ausgeführt wird, allen Hosts im Netzwerk mit einem einzigen Konfigurationsschritt (einem einzigen Kontrollkästchen) eine übersetzte Verbindung in das Internet bereitzustellen. Nach der Aktivierung kann ICS jedoch über die Konfiguration der Anwendungen und Dienste hinaus nicht weiter konfiguriert werden. So ist ICS beispielsweise für eine einzelne, von einem ISP erhaltene IP-Adresse konfiguriert und bietet nicht die Möglichkeit, den IP-Adressbereich, der Hosts zugewiesen ist, zu ändern.

Wie Sie in Lektion 1 erfahren haben, wurde das NAT-Routingprotokoll mit dem Ziel konzipiert, bei der Konfiguration des Computers, auf dem Windows 2000 Server ausgeführt wird, die größtmögliche Flexibilität für die Bereitstellung einer übersetzten Verbindung zum Internet zu bieten. Für NAT sind jedoch zusätzliche Konfigurationsschritte erforderlich. Jeder Konfigurationsschritt kann aber angepasst werden. Das NAT-Protokoll lässt vom ISP vergebene IP-Adressbereiche zu und darüber hinaus die Konfiguration des IP-Adressbereichs, der den Hosts zugewiesen wurde.

Tabelle 12.2 enthält eine Zusammenfassung der Funktionen von ICS und NAT.

Tabelle 12.2 Funktionen von ICS und NAT

ICS	NAT
Konfiguration über ein einziges Kontrollkästchen	Manuelle Konfiguration
Eine einzige öffentliche IP-Adresse	Mehrere öffentliche IP-Adressen

(Fortsetzung)

ICS	NAT
Ein festgelegter Adressbereich für interne Hosts	Ein konfigurierbarer Adressbereich für interne Hosts
Eine einzige interne Schnittstelle	Mehrere interne Schnittstellen

ICS und NAT sind Funktionen von Windows 2000 Server, die entwickelt wurden, um SOHO-Netzwerke mit dem Internet zu verbinden. ICS und NAT wurden nicht mit dem Ziel konzipiert,

- getrennte private Netzwerke direkt miteinander zu verbinden,
- Netzwerke innerhalb eines Intranets miteinander zu verbinden,
- Zweigstellennetzwerke direkt mit einem Unternehmensnetzwerk zu verbinden,
- Zweigstellennetzwerke über das Internet mit einem Unternehmensnetzwerk zu verbinden.

Problembehandlung bei der gemeinsamen Verbindungsnutzung (NAT)

Anhand der folgenden Fragen können Sie Konfigurationsprobleme bei der gemeinsamen Verbindungsnutzung (NAT) behandeln:

- **Wurden alle Schnittstellen (öffentliche und private) zum Routingprotokoll für die gemeinsame Verbindungsnutzung (NAT) hinzugefügt?** Sie müssen sowohl öffentliche (Internet) als auch private Schnittstellen (kleines Unternehmen, Heimbüro) zum Routingprotokoll für die gemeinsame Verbindungsnutzung (NAT) hinzufügen.

- **Ist die Übersetzung an der Internetschnittstelle (externen Schnittstelle) aktiviert?** Sie müssen überprüfen, ob die Schnittstelle auf dem Windows-Router, der mit dem Internet verbunden ist, für die Übersetzung konfiguriert ist. Wählen Sie die entsprechende Option auf der Registerkarte **Allgemein** im Dialogfeld für die Eigenschaften der Internetschnittstelle.

- **Ist für die private (interne) Schnittstelle die gemeinsame Verbindungsnutzung aktiviert?** Sie müssen überprüfen, ob die Schnittstelle auf dem Windows-Router, der mit dem internen Netzwerk verbunden ist, für die gemeinsame Verbindungsnutzung konfiguriert ist. Wählen Sie die entsprechende Option auf der Registerkarte **Allgemein** im Dialogfeld für die Eigenschaften der eigenen Netzwerkschnittstelle.

- **Ist die TCP/UDP-Portübersetzung aktiviert?** Wenn Sie nur eine öffentliche IP-Adresse haben, müssen Sie überprüfen, ob das Kontrollkästchen **TCP/UDP-Vorspann übersetzen** auf der Registerkarte **Allgemein** des Dialogfelds für die Eigenschaften der externen Schnittstelle aktiviert ist.

- **Ist Ihr öffentlicher Adressbereich ordnungsgemäß eingerichtet?** Wenn Sie mehrere öffentliche IP-Adressen haben, müssen Sie überprüfen, ob sie in der Registerkarte **Adresspool** des Dialogfelds für die Eigenschaften der Internetschnittstelle richtig eingegeben wurden. Enthält Ihr Adresspool eine IP-Adresse, die Ihnen nicht von Ihrem ISP zugewiesen wurde, wird eingehender Internetverkehr, der dieser IP-Adresse zugeordnet ist, vom ISP unter Umständen an einen anderen Standort weitergeleitet.

- **Ist das von einem Programm verwendete Protokoll übersetzbar?** Wenn Sie Programme besitzen, die anscheinend nicht mit NAT arbeiten, versuchen Sie, diese auf dem NAT-Computer auszuführen. Wenn sie auf dem NAT-Computer funktionieren, nicht jedoch auf einem Computer im privaten Netzwerk, kann es sein, dass die Nutzlast der Anwendung nicht übersetzbar ist. Sie können das vom Programm verwendete Protokoll mit der Liste der unterstützten NAT-Editoren vergleichen.

- **Ist die Adressierung für die gemeinsame Verbindungsnutzung im Heimnetzwerk aktiviert?** Wenn keine statischen Adressen im privaten Netzwerk konfiguriert sind, überprüfen Sie, ob die Adressierung für die gemeinsame Verbindungsnutzung an den Schnittstellen aktiviert ist, die dem privaten Netzwerk entsprechen. Klicken Sie zur Überprüfung auf **Schnittstellen** auf der Registerkarte **Adressierung** im **Eigenschaften**-Dialogfeld für das entsprechende Objekt der gemeinsamen Verbindungsnutzung.

Zusammenfassung der Lektion

ICS ist eine Funktion von **Netzwerk- und DFÜ-Verbindungen**, die es Ihnen ermöglicht, über Windows 2000 ein Heimnetzwerk oder das Netzwerk eines kleinen Unternehmens mit dem Internet zu verbinden. ICS kann mit der RAS-Verwaltung vollständig konfiguriert und verwaltet werden. Durch die Aktivierung von ICS auf dem Computer, der die DFÜ-Verbindung verwendet, stellen Sie allen Computern in Ihrem Heimnetzwerk NAT und Dienste für Adressierung und Namensauflösung zur Verfügung.

Lektion 3: Installieren und Konfigurieren von NAT

NAT wurde hauptsächlich mit der Absicht entwickelt, Adressen im abnehmenden, noch verfügbaren IP-Adressbereich einzusparen. Ein weiterer Vorteil von NAT besteht darin, dass Netzwerkverbindungen bereitgestellt werden, ohne dass Kenntnisse von IP-Routing oder IP-Routingprotokollen erforderlich sind. NAT kann verwendet werden, ohne dass ein ISP davon Kenntnis hat oder mitarbeitet. Es ist nicht erforderlich, sich an den ISP zu wenden, um statische Routen hinzuzufügen. In dieser Lektion erfahren Sie, wie Sie NAT installieren und konfigurieren.

Am Ende dieser Lektion werden Sie in der Lage sein, die folgenden Aufgaben auszuführen:

- Beschreiben einiger Entwurfsgesichtspunkte, die vor der Implementierung von NAT berücksichtigt werden sollten
- Aktivieren der NAT-Adressierung
- Konfigurieren der Schnittstellen-IP-Adressbereiche
- Konfigurieren spezieller Ports für Schnittstellen
- Konfigurieren der NAT-Netzwerkanwendungen

Veranschlagte Zeit für die Lektion: 20 Minuten

Überlegungen zum Entwurf der Netzwerkadressübersetzung

NAT wird üblicherweise bei der Herstellung von Internetverbindungen für Heimnetzwerke oder kleine Netzwerke eingesetzt. Um Probleme zu vermeiden, sollten Sie vor der Implementierung von NAT bestimmte Gesichtspunkte zum Entwurf berücksichtigen. Wenn Sie NAT einsetzen, werden normalerweise private Adressen im internen Netzwerk verwendet. Wie in Lektion 1 beschrieben, sind private Adressen für interne Netzwerke vorgesehen, d. h. für Netzwerke, die nicht direkt mit dem Internet verbunden sind. Es wird empfohlen, diese Adressen zu verwenden, statt willkürlich Adressen auszuwählen, um eine mögliche doppelte IP-Adresszuordnung zu vermeiden. Darüber hinaus sollten Sie Routing statt NAT in Betracht ziehen, da Routing schnell und effizient ist und IP für Routing entwickelt wurde. Für die Implementierung von Routing sind jedoch gültige IP-Adressen und beträchtliche Kenntnisse erforderlich.

Gesichtspunkte bei der IP-Adressierung

Verwenden Sie die folgenden IP-Adressen aus den InterNIC-Kennungen für private IP-Netzwerke: 10.0.0.0 mit der Subnetzmaske 255.0.0.0, 172.16.0.0 mit der Subnetzmaske 255.240.0.0 und 192.168.0.0 mit der Subnetzmaske 255.255.0.0. In der Standardeinstellung verwendet NAT die Kennung 192.168.0.0 mit der Subnetzmaske 255.255.255.0 für das private Netzwerk.

Wenn Sie öffentliche IP-Netzwerke verwenden, die nicht vom InterNIC oder von Ihrem ISP zugeordnet wurden, verwenden Sie möglicherweise die IP-Netzwerkkennung einer anderen Organisation im Internet. Dies ist als unzulässige oder sich überschneidende IP-Adressierung bekannt. Wenn Sie überschneidende öffentliche Adressen verwenden, können Sie die Internetressourcen der sich überschneidenden Adressen nicht erreichen. Verwenden Sie beispielsweise 1.0.0.0 mit der Subnetzmaske 255.0.0.0, können Sie die Internetressourcen der Organisation, die das Netzwerk 1.0.0.0 verwendet, nicht erreichen. Sie haben auch die Möglichkeit, bestimmte IP-Adressen aus dem konfigurierten Bereich auszuschließen. Ausgeschlossene Adressen werden Hosts des privaten Netzwerks nicht zugewiesen.

▶ **So konfigurieren Sie den NAT-Server**

1. Installieren und aktivieren Sie Routing und RAS.

   Wählen Sie im Setup-Assistenten für den Routing- und RAS-Server die Optionen für ICS und für die Einrichtung eines Routers mit dem NAT-Routingprotokoll. Nach Beendigung des Assistenten ist die gesamte NAT-Konfiguration abgeschlossen. Es ist nicht notwendig, die Schritte 2 bis 8 auszuführen. Wenn Sie Routing und RAS bereits aktiviert haben, führen Sie die Schritte 2 bis 8 nach Bedarf aus.

2. Konfigurieren Sie die IP-Adresse der Heimnetzwerkschnittstelle.

3. Für die IP-Adresse des LAN-Adapters, der mit dem Heimnetzwerk verbunden ist, müssen Sie Folgendes konfigurieren:

   - IP-Adresse: 192.168.0.1
   - Subnetzmaske: 255.255.255.0
   - Kein Standardgateway

   Anmerkung Die IP-Adresse in der vorstehenden Konfiguration für die Heimnetzwerkschnittstelle basiert auf dem Standardadressbereich 192.168.0.0 mit der Subnetzmaske 255.255.255.0, der für die Adressierungskomponente von NAT konfiguriert ist. Wenn Sie diesen Standardadressbereich ändern, sollten Sie die erste IP-Adresse im konfigurierten Bereich zur IP-Adresse der privaten Schnittstelle für den NAT-Computer machen. Die Verwendung der ersten IP-Adresse im Bereich wird empfohlen, ist aber für die NAT-Komponenten nicht erforderlich.

4. Aktivieren Sie Routing für den DFÜ-Anschluss.

   Wenn es sich bei Ihrer Internetverbindung um eine permanente Verbindung handelt, die in Windows 2000 als LAN-Schnittstelle erscheint (beispielsweise DDS, T-Band, Frame Relay, permanente ISDN-Verbindung, xDSL oder Kabelmodem), oder wenn Sie den Computer, auf dem Windows 2000 ausgeführt wird, über einen anderen Router mit dem Internet verbinden und die LAN-Schnittstelle statisch oder über DHCP mit IP-Adresse, Subnetzmaske und Standardgateway konfiguriert ist, fahren Sie mit Schritt 6 fort.

5. Erstellen Sie für die Verbindung zu Ihrem ISP eine Schnittstelle für Wählen bei Bedarf.

   Sie müssen eine Schnittstelle für Wählen bei Bedarf erstellen, die für IP-Routing aktiviert ist und für den Aufbau der ISP-Verbindung die von Ihnen eingesetzten DFÜ-Geräte und Anmeldeinformationen verwendet.

6. Erstellen Sie eine statische Standardroute, die die Internetschnittstelle verwendet.

   Für eine statische Standardroute müssen Sie die Schnittstelle für Wählen bei Bedarf (für DFÜ-Verbindungen) oder die LAN-Schnittstelle (für permanente oder temporäre Routerverbindungen) auswählen, die für Internetverbindungen verwendet wird. Das Ziel und die Netzwerkmaske ist 0.0.0.0. Für eine Schnittstelle für Wählen bei Bedarf kann die Gateway-IP-Adresse nicht konfiguriert werden.

7. Fügen Sie das NAT-Routingprotokoll hinzu.

   Anleitungen zum Hinzufügen des NAT-Routingprotokolls erhalten Sie im folgenden Verfahren.

8. Fügen Sie die Internet- und die Heimnetzwerkschnittstelle zum NAT-Routingprotokoll hinzu.

9. Aktivieren Sie NAT-Adressierung und Namensauflösung.

▶ **So fügen Sie NAT als Routingprotokoll hinzu**

1. Klicken Sie auf **Start**, zeigen Sie auf **Programme**, dann auf **Verwaltung**, und klicken Sie anschließend auf **Routing und RAS**.

2. Klicken Sie in der Konsolenstruktur unter **Routing und RAS\Servername\IP-Routing** auf **Allgemein**.

3. Klicken Sie mit der rechten Maustaste auf **Allgemein**, und klicken Sie dann auf **Neues Routingprotokoll**.

4. Klicken Sie im Dialogfeld **Neues Routingprotokoll** auf **Netzwerkadressübersetzung** und dann auf **OK**.

▶ **So aktivieren Sie die NAT-Adressierung**

1. Klicken Sie auf **Start**, zeigen Sie auf **Programme**, dann auf **Verwaltung**, und klicken Sie anschließend auf **Routing und RAS**.

2. Klicken Sie in der Konsolenstruktur auf **Netzwerkadressübersetzung (NAT)**.

3. Klicken Sie mit der rechten Maustaste auf **Netzwerkadressübersetzung (NAT)**, und klicken Sie dann auf **Eigenschaften**.

4. Aktivieren Sie auf der Registerkarte **Adresszuweisung** auf das Kontrollkästchen **IP-Adressen automatisch mittels DHCP zuweisen**.

5. Konfigurieren Sie gegebenenfalls über die Felder **IP-Adresse** und **Maske** den Bereich der IP-Adressen, die DHCP-Clients im privaten Netzwerk zugewiesen werden.

6. Klicken Sie gegebenenfalls auf **Ausschließen**, konfigurieren Sie die Adressen, die von der Zuweisung zu DHCP-Clients im privaten Netzwerk ausgeschlossen werden sollen, und klicken Sie dann auf **OK**.

Eine oder mehrere öffentliche Adressen

Wenn Sie eine einzelne, vom ISP zugewiesene öffentliche IP-Adresse verwenden, ist keine weitere Konfiguration der IP-Adresse erforderlich. Verwenden Sie mehrere, von Ihrem ISP zugewiesene IP-Adressen, müssen Sie die NAT-Schnittstelle mit dem Bereich der öffentlichen IP-Adressen konfigurieren. Für den Bereich der öffentlichen IP-Adressen, die Sie von Ihrem ISP erhalten haben, müssen Sie festlegen, ob er mit einer IP-Adresse und einer Maske ausgedrückt werden kann.

Wenn die Anzahl der Ihnen zugewiesenen Adressen eine Potenz von 2 ist (2, 4, 8, 16 usw.), können Sie den Bereich mit einer einzigen IP-Adresse und Maske ausdrücken. Haben Sie beispielsweise die vier öffentlichen IP-Adressen 200.100.100.212, 200.100.100.213, 200.100.100.214 und 200.100.100.215 von Ihrem ISP erhalten, können Sie diese vier Adressen als 200.100.100.212 mit der Maske 255.255.255.252 ausdrücken. Können Ihre IP-Adressen nicht als eine IP-Adresse und eine Subnetzmaske ausgedrückt werden, haben Sie die Möglichkeit, sie als einen Bereich oder eine Reihe von Bereichen einzugeben, indem Sie die erste und die letzte IP-Adresse angeben.

▶ **So konfigurieren Sie Schnittstellen-IP-Adressbereiche**

1. Klicken Sie auf **Start**, zeigen Sie auf **Programme**, dann auf **Verwaltung**, und klicken Sie anschließend auf **Routing und RAS**.

2. Klicken Sie in der Konsolenstruktur auf **NAT**.

3. Klicken Sie im Detailfenster mit der rechten Maustaste auf die Schnittstelle, die Sie konfigurieren möchten, und klicken Sie dann auf **Eigenschaften**.

4. Klicken Sie auf der Registerkarte **Adresspool** auf **Hinzufügen**.

   Wenn Sie einen IP-Adressbereich verwenden, der mit einer IP-Adresse und einer Subnetzmaske ausgedrückt werden kann, geben Sie in **Startadresse** die erste IP-Adresse und in **Maske** die Subnetzmaske ein. Verwenden Sie jedoch einen IP-Adressbereich, der nicht mit einer IP-Adresse und einer Subnetzmaske ausgedrückt werden kann, geben Sie in **Startadresse** die erste IP-Adresse und in **Letzte Adresse** die letzte IP-Adresse ein.

Zulassen von eingehenden Verbindungen

Bei der normalen NAT-Nutzung eines Heimbüros oder kleinen Unternehmens sind ausgehende Verbindungen vom privaten in das öffentliche Netzwerk zugelassen. Programme wie Webbrowser, die im privaten Netzwerk ausgeführt werden, bauen Verbindungen zu Internetressourcen auf. Die aus dem Internet zurückgegebenen Daten können über NAT gehen, da die Verbindung im privaten Netzwerk initiiert wurde. Damit Internetbenutzer auf Ressourcen in Ihrem privaten Netzwerk zugreifen können, müssen Sie folgende Schritte ausführen:

- Erstellen Sie eine Konfiguration für eine statische IP-Adresse auf dem Ressourcenserver, die die IP-Adresse (aus dem Bereich der vom NAT-Computer zugewiesenen IP-Adressen), die Subnetzmaske (aus dem Bereich der vom NAT-Computer zugewiesenen IP-Adressen), das Standardgateway (die private IP-Adresse des NAT-Computers) und den DNS-Server (die private IP-Adresse des NAT-Computers) umfasst.

- Schließen Sie die vom Ressourcencomputer verwendete IP-Adresse aus dem Bereich der IP-Adressen aus, die vom NAT-Computer zugewiesen werden.

- Konfigurieren Sie einen speziellen Port. Ein spezieller Port ist eine statische Zuordnung einer öffentlichen Adresse und Portnummer zu einer privaten Adresse und Portnummer. Mit einem speziellen Port wird eine eingehende Verbindung eines Internetbenutzers einer bestimmten Adresse im privaten Netzwerk zugeordnet. Durch die Verwendung eines speziellen Ports können Sie im privaten Netzwerk einen Webserver erstellen, auf den vom Internet aus zugegriffen werden kann.

▶ **So konfigurieren Sie spezielle Ports für Schnittstellen**

1. Klicken Sie auf **Start**, zeigen Sie auf **Programme**, dann auf **Verwaltung**, und klicken Sie anschließend auf **Routing und RAS**.

2. Klicken Sie im Detailfenster mit der rechten Maustaste auf die Schnittstelle, die Sie konfigurieren möchten, und klicken Sie dann auf **Eigenschaften**.

3. Klicken Sie auf der Registerkarte **Spezielle Ports** unter **Protokoll** auf **TCP** oder **UDP** und dann auf **Hinzufügen**.

4. Geben Sie in **Eingehender Port** die Portnummer für den eingehenden öffentlichen Verkehr ein.

5. Wenn ein Bereich von öffentlichen IP-Adressen konfiguriert ist, klicken Sie auf **Auf diesem Adresspooleintrag**, und geben Sie dann die öffentliche IP-Adresse für den eingehenden öffentlichen Verkehr ein.

6. Geben Sie in **Ausgehender Port** die Portnummer der privaten Netzwerkressource ein.

7. Geben Sie in **Private Adresse** die private Adresse der privaten Netzwerkressource ein.

Konfigurieren von Anwendungen und Diensten

Sie müssen unter Umständen Anwendungen und Dienste konfigurieren, damit sie ordnungsgemäß über das Internet funktionieren. Wenn Benutzer im Netzwerk Ihres kleinen Unternehmens oder Heimbüros beispielsweise das Spiel Diablo mit anderen Benutzern im Internet spielen möchten, muss NAT für Diablo konfiguriert werden.

▶ **So konfigurieren Sie NAT-Netzwerkanwendungen**

1. Klicken Sie auf **Start**, zeigen Sie auf **Programme**, dann auf **Verwaltung**, und klicken Sie anschließend auf **Routing und RAS**.

2. Klicken Sie in der Konsolenstruktur auf **Netzwerkadressübersetzung (NAT)**.

3. Klicken Sie mit der rechten Maustaste auf **Netzwerkadressübersetzung (NAT)**, und klicken Sie dann auf **Eigenschaften**.

4. Klicken Sie auf der Registerkarte **Übersetzung** auf **Anwendungen**.

5. Um eine Netzwerkanwendung hinzuzufügen, klicken Sie im Dialogfeld **Anwendungen** auf **Hinzufügen**.

6. Geben Sie im Dialogfeld **Über Internet gemeinsam genutzte Anwendung** die Einstellungen für die Netzwerkanwendung ein, und klicken Sie dann auf **OK**.

Anmerkung Sie haben auch die Möglichkeit, eine bestehende NAT-Netzwerkanwendung zu bearbeiten oder zu entfernen. Klicken Sie dazu im Dialogfeld **Anwendungen** auf **Bearbeiten** oder **Entfernen**.

VPN-Verbindungen von einem übersetzten Netzwerk

Um über eine VPN-Verbindung von einem übersetzten Netzwerk auf ein privates Intranet zuzugreifen, können Sie das PPTP einsetzen und eine VPN-Verbindung von einem Host im internen Netzwerk zu dem VPN-Server im zweiten privaten Intranet erstellen. Das NAT-Routingprotokoll besitzt einen NAT-Editor für PPTP-Datenverkehr. L2TP-Verbindungen (Layer 2 Tunneling Protocol) über IPSec sind über den NAT-Server nicht möglich.

Virtuelle private Netzwerke und NAT

Es kann nicht der gesamte Verkehr von NAT übersetzt werden. Einige Anwendungen haben möglicherweise eingebettete IP-Adressen (nicht im IP-Header) oder sind verschlüsselt. Für diese Anwendungen ist es möglich, mit PPTP eine Tunnelverbindung durch NAT zu erstellen. Für PPTP ist ein Editor erforderlich, der in NAT implementiert wurde. Nur der IP-Header und der GRE-Header (Generic Routing Encapsulation) werden bearbeitet oder übersetzt. Das ursprüngliche IP-Datagramm ist nicht betroffen. Damit ist es möglich, dass Verschlüsselung oder anderweitig nicht unterstützte Anwendungen die NAT durchlaufen.

Die Quelle der PPTP-Pakete wird in eine NAT-Adresse übersetzt. Das eingekapselte IP-Paket erhält vom PPTP-Server eine Quelladresse zugewiesen. Wenn das Paket sich jenseits des PPTP-Servers befindet, wird die Einkapselung entfernt, und die Quelladresse ist diejenige, die vom PPTP-Server zugewiesen wurde. Greift der PPTP-Server auf einen Pool mit gültigen Internetadressen zurück, besitzt der Client nun eine gültige Adresse und kann sich beliebig im Internet bewegen. Jede Anwendung kann eingesetzt werden, da das ursprüngliche IP-Datagramm nicht übersetzt wird. Nur die Einkapselung („Wrapper") wird von NAT übersetzt.

Anmerkung Für L2TP ist kein NAT-Editor erforderlich. L2TP mit IPSec kann von NAT jedoch nicht übersetzt werden. Ein NAT-Editor für IPSec ist technisch nicht möglich.

Diese Methode, NAT zu umgehen, ist nur nützlich, wenn ein PPTP-Server vorhanden ist, zu dem eine Tunnelverbindung aufgebaut werden kann. Die Methode ist gut geeignet für Benutzer in Zweigstellen oder Heimbüros, die eine Tunnelverbindung zu einem Unternehmensnetzwerk aufbauen (wie in Abbildung 12.6 dargestellt).

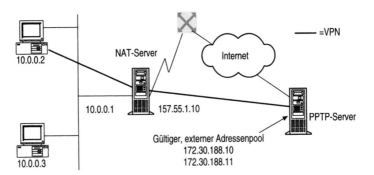

Abbildung 12.6 VPN-Implementierung über einen NAT-Server

Zusammenfassung der Lektion

Wenn NAT eingesetzt wird, werden normalerweise private Adressen im internen Netzwerk verwendet. Es wird empfohlen, diese Adressen in einem privaten Netzwerk zu verwenden, statt willkürlich Adressen auszuwählen, da es möglicherweise zu Adressduplikaten kommt, die im Internet ungültig sind. Um Probleme zu vermeiden, sollten Sie vor der Implementierung von NAT Entwurfsgesichtspunkte benennen. Bei der normalen NAT-Nutzung eines Heimbüros oder kleinen Unternehmens sind ausgehende Verbindungen vom privaten in das öffentliche Netzwerk zugelassen. Sie müssen unter Umständen Anwendungen und Dienste konfigurieren, damit diese ordnungsgemäß über das Internet funktionieren. Beachten Sie darüber hinaus auch, dass nicht der gesamte Verkehr von NAT übersetzt werden kann, da einige Anwendungen möglicherweise eingebettete IP-Adressen haben oder verschlüsselt sind. Für diese Anwendungen ist es möglich, mit PPTP eine Tunnelverbindung durch NAT zu erstellen.

Lernzielkontrolle

Mit den folgenden Fragen können Sie überprüfen, ob Sie die in diesem Kapitel vermittelten Lehrinhalte verstanden haben. Wenn Sie eine Frage nicht beantworten können, wiederholen Sie den entsprechenden Abschnitt, bevor Sie mit dem nächsten Kapitel fortfahren. Die Antworten zu den Fragen finden Sie in Anhang A, „Fragen und Antworten".

1. Worin besteht der Zweck von NAT?

2. Aus welchen Komponenten besteht NAT?

3. Wenn ein kleines Unternehmen das private Netzwerk 10.0.0.0 für sein Intranet verwendet und ihm von seinem ISP die öffentliche IP-Adresse 198.200.200.1 zugewiesen wurde, welcher öffentlichen IP-Adresse ordnet NAT dann alle im Netzwerk 10.0.0.0 verwendeten privaten IP-Adressen zu?

4. Welche Schritte sind erforderlich, damit Internetbenutzer auf Ressourcen in einem privaten Netzwerk zugreifen können?

KAPITEL 13

Implementieren der Zertifikatsdienste

Lektion 1: Einführung in Zertifikate . . . 384

Lektion 2: Installieren und Konfigurieren der Zertifizierungsstelle . . . 390

Lektion 3: Verwalten von Zertifikaten . . . 401

Lernzielkontrolle . . . 407

Über dieses Kapitel

Zertifikate sind wesentliche Bestandteile der Infrastruktur für öffentliche Schlüssel von Microsoft (Microsoft PKI, Public Key Infrastructure). Mit Hilfe von Zertifikaten können Benutzer sich per Smartcard anmelden, verschlüsselte E-Mails senden und elektronische Dokumente signieren. Zertifikate werden von Zertifizierungsstellen ausgestellt, verwaltet, erneuert und gesperrt. In diesem Kapitel erfahren Sie, wie Zertifikate installiert und konfiguriert werden.

Bevor Sie beginnen

Für die Bearbeitung der Lektionen in diesem Kapitel gelten folgende Voraussetzungen:

- Sie müssen Microsoft Windows 2000 Server installiert haben.
- Sie müssen Active Directory installiert haben.
- Sie müssen DNS (Domain Name System) installiert haben.

Lektion 1: Einführung in Zertifikate

In dieser Lektion werden digitale Zertifikate sowie die Windows 2000-Zertifikatsdienste erläutert. Zertifikate sind ein wichtiger Bestandteil der Microsoft PKI. Darüber hinaus lernen Sie Zertifizierungsstellen kennen, die von den Windows 2000-Zertifizierungsdiensten unterstützt werden.

Am Ende dieser Lektion werden Sie in der Lage sein, die folgenden Aufgaben auszuführen:

- Definieren eines Zertifikats
- Erläutern der Komponenten eines Zertifikats
- Beschreiben der Verwendungsweise von Zertifikaten
- Erläutern des Unterschieds zwischen Organisationszertifizierungsstellen und eigenständigen Zertifizierungsstellen

Veranschlagte Zeit für die Lektion: 25 Minuten

Zertifikate im Überblick

Ein Zertifikat (digitales Zertifikat, Zertifikat für öffentliche Schlüssel) ist ein digitales Dokument, das die Echtheit der Bindung eines öffentlichen Schlüssels an eine bestimmte Einheit gewährleistet. Der Hauptzweck eines Zertifikats besteht darin, Vertrauen darüber zu schaffen, dass der im Zertifikat enthaltene öffentliche Schlüssel zu der im Zertifikat genannten Einheit oder Entität gehört. Wie in Abbildung 13.1 dargestellt, spielen Zertifikate in der Microsoft PKI eine wichtige Rolle.

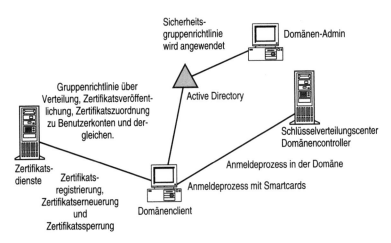

Abbildung 13.1 In Active Directory und verteilte Sicherheitsdienste integrierte Zertifikatsdienste

Ein Zertifikat kann einen von einer vertrauten Einheit signierten öffentlichen Schlüssel enthalten. Jedoch wird die am häufigsten eingesetzte Struktur und Syntax für digitale Zertifikate von der ITU (International Telecommunications Union) in der ITU-T-Empfehlung X.509 definiert. In Abbildung 13.2 ist ein Zertifikat dargestellt, mit dem der Absender einer E-Mail-Nachricht überprüft werden kann.

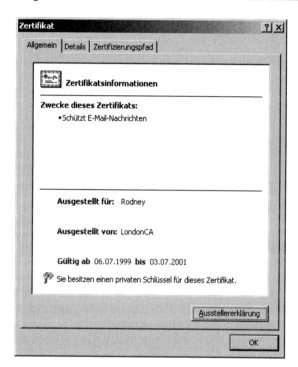

Abbildung 13.2 Beispielzertifikat

Ein X.509-Zertifikat enthält Informationen, anhand derer der Benutzer identifiziert wird, sowie Informationen zu der Organisation, die das Zertifikat ausgestellt hat. Dazu zählen Seriennummer, Gültigkeitsdauer, Namen und Signatur des Ausstellers sowie Namen des Subjekts (oder des Benutzers). Bei dem Subjekt kann es sich um eine Einzelperson, eine Firma, eine Schule oder eine andere Organisation, einschließlich einer Zertifizierungsstelle, handeln.

Erstellungsweise von Zertifikaten

Zertifikate werden von einer Zertifizierungsstelle ausgestellt, bei der es sich um einen vertrauten Dienst oder eine Einheit handeln kann, die die Identitäten derjenigen, für die sie Zertifikate ausstellt, sowie deren Zugehörigkeit zu bestimmten Schlüsseln überprüfen und bestätigen möchte. Unternehmen können Zertifikate für Mitarbeiter ausstellen, Schulen für Studenten, usw. Der öffentliche Schlüssel einer Zertifizierungsstelle muss auf jeden Fall vertrauenswürdig sein, ansonsten kann den Zertifikaten, die von ihnen ausgestellt werden, nicht vertraut werden.

Da jeder eine Zertifizierungsstelle einrichten kann, sind Zertifikate nur so vertrauenswürdig wie die Stelle, die die zugrunde liegenden Schlüssel ausstellt. In den folgenden sechs Schritten wird beschrieben, wie ein Zertifikat angefordert und ausgestellt wird.

1. **Erzeugen eines Schlüsselpaares** Der Antragsteller erzeugt einen öffentlichen und einen privaten Schlüssel, oder es wird ihm von einer Zertifizierungsstelle innerhalb der eigenen Organisation ein Schlüsselpaar zugewiesen.

2. **Sammeln der erforderlichen Informationen** Der Antragsteller sammelt die Informationen, die die Zertifizierungsstelle zum Ausstellen eines Zertifikats anfordert. Zu diesen Informationen können die E-Mail-Adresse, das Geburtsdatum, Fingerabdrücke oder beglaubigte Dokumente des Antragsteller zählen – alles was die Zertifizierungsstelle benötigt, um sicherzustellen, dass der Antragsteller die Person ist, für die er sich ausgibt. Zertifizierungsstellen mit strengen Anforderungen bei der Identifikation erstellen Zertifikate mit hoher Sicherheit; d. h. ihre Zertifikate gewährleisten einen hohen Vertrauensgrad. Zertifizierungsstellen selbst werden wie folgt unterteilt: hohe, mittlere oder niedrige Sicherheit.

3. **Anfordern des Zertifikats** Der Antragsteller sendet eine Zertifikatsanforderung, die aus dessen öffentlichen Schlüssel sowie den zusätzlichen erforderlichen Informationen besteht, an die Zertifizierungsstelle. Die Zertifikatsanforderung kann mit dem öffentlichen Schlüssel der Zertifizierungsstelle verschlüsselt werden. Viele Anfragen werden per E-Mail gestellt, sie können jedoch auch per Post oder Kurierservice versendet werden, wenn z. B. die Zertifikatsanforderung selbst beglaubigt werden muss.

4. **Überprüfen der Informationen** Die Zertifizierungsstelle wendet alle erforderlichen Richtlinienregeln an, um zu prüfen, ob der Antragsteller ein Zertifikat erhält. Wie bei den Identifikationsanforderungen wirken sich Überprüfungsrichtlinien und -prozeduren einer Zertifizierungsstelle auf den Vertrauensgrad der von ihr ausgestellten Zertifikate aus.

5. **Erstellen des Zertifikats** Die Zertifizierungsstelle erstellt und signiert ein digitales Dokument, das den öffentlichen Schlüssel des Antragstellers sowie weitere geeignete Informationen enthält. Die Signatur der Zertifizierungsstelle authentifiziert die Bindung des Subjektnamens an den öffentlichen Schlüssel. Das signierte Dokument ist das Zertifikat.

6. **Senden des Zertifikats** Die Zertifizierungsstelle sendet dem Antragsteller das Zertifikat oder legt es in einem Verzeichnis ab.

Verwendungsweise von Zertifikaten

Mit Hilfe von Zertifikaten wird Vertrauen in die Legitimität bestimmter öffentlicher Schlüssel geschaffen. Ein Zertifikat muss mit dem privaten Schlüssel des Ausstellers signiert werden, ansonsten gilt es nicht als Zertifikat. Aus diesem Grund kann die Signatur des Ausstellers mit Hilfe seines öffentlichen Schlüssels überprüft werden.

Wenn eine Einheit dem Aussteller vertraut, kann die Einheit auch darauf vertrauen, dass der im Zertifikat enthaltene öffentliche Schlüssel zum im Zertifikat benannten Subjekt gehört.

Organisationszertifizierungsstellen und eigenständige Zertifizierungsstellen

Die Zertifikatsdienste umfassen zwei Richtlinienmodule, die zwei Klassen von Zertifizierungsstellen zulassen: Organisations- und eigenständige Zertifizierungsstellen. Innerhalb dieser beiden Klassen können zwei Typen von Zertifizierungsstellen bestehen: eine Stammzertifizierungsstelle oder eine untergeordnete Zertifizierungsstelle. Anhand der Richtlinienmodule werden die Aktionen festgelegt, die eine Zertifizierungsstelle durchführen kann, wenn sie eine Zertifikatsanforderung erhält. Diese Richtlinienmodule können gegebenenfalls geändert werden.

Zertifizierungsstellen sind in der Regel Teil einer Hierarchie, in der sich die Zertifizierungsstelle mit der höchsten Vertrauensstellung auf der obersten Ebene befindet. Die Windows 2000 PKI geht von einem hierarchischen Zertifizierungsstellenmodell aus. Es können mehrere einzelne Hierarchien bestehen; die Zertifizierungsstellen müssen keine gemeinsame Zertifizierungsstelle auf oberster Ebene haben.

Organisationszertifizierungsstellen

In einer Organisation verfügt die Stammzertifizierungsstelle über die höchste Vertrauensstellung. Es können mehrere dieser Zertifizierungsstellen in einer Windows 2000-Domäne bestehen, jedoch kann es nur eine pro Hierarchie geben. Alle weiteren Zertifizierungsstellen in der Hierarchie sind untergeordnete Organisationszertifizierungsstellen.

In einer Organisation sollte eine Organisationszertifizierungsstelle installiert werden, wenn diese Zertifikate an Benutzer oder Computer innerhalb der Organisation ausstellt. Es ist nicht erforderlich, in jeder Domäne der Organisation eine Zertifizierungsstelle zu installieren. Beispielsweise können Benutzer in einer untergeordneten Domäne eine Zertifizierungsstelle einer übergeordneten Domäne nutzen. Organisationszertifizierungsstellen verfügen über ein spezielles Richtlinienmodul, das festlegt, wie Zertifikate verarbeitet und ausgegeben werden. Die von diesen Modulen verwendeten Richtlinieninformationen werden zentral im Windows 2000 Active Directory gespeichert.

Anmerkung Vor der Installation einer Organisationszertifizierungsstelle müssen Active Directory sowie ein DNS-Server eingerichtet sein.

Eigenständige Zertifizierungsstellen

Eine Organisation, die Zertifikate an Benutzer oder Computer außerhalb der Organisation ausstellt, sollte eine eigenständige Zertifizierungsstelle installieren. Es können mehrere eigenständige Zertifizierungsstellen bestehen, jedoch nur eine pro Hierarchie. Alle weiteren Zertifizierungsstellen sind entweder untergeordnete eigenständige Zertifizierungsstellen oder untergeordnete Organisationszertifizierungsstellen.

Eine eigenständige Zertifizierungsstelle verfügt über ein relativ einfaches Richtlinienmodul, und die Informationen werden nicht remote gespeichert. Daher ist für eine eigenständige Zertifizierungsstelle Microsoft Windows 2000 Active Directory nicht erforderlich.

Typen von Zertifizierungsstellen

Die Setupanforderungen für die vier über die Zertifikatsdienste verfügbaren Typen von Zertifizierungsstellen werden in den folgenden Abschnitten beschrieben.

Organisation: Stammzertifizierungsstelle

Diese Zertifizierungsstelle stellt den Stamm einer Zertifizierungsstellenhierarchie einer Organisation dar. In einer Organisation sollte eine Zertifizierungsstelle eingerichtet werden, wenn diese Zertifikate an Benutzer und Computer innerhalb der Organisation ausstellt. In großen Organisationen sollte sie nur verwendet werden, um Zertifikate an untergeordnete Zertifizierungsstellen auszustellen. Die untergeordneten Zertifizierungsstellen stellen dann Zertifikate an Benutzer und Computer aus.

Für die Stammzertifizierungsstelle auf Organisationsebene gelten folgende Voraussetzungen:

- Windows 2000 DNS-Dienst.
- Windows 2000 Active Directory-Dienst.
- Administratorberechtigungen auf allen Servern.

Organisation: Untergeordnete Zertifizierungsstelle

Diese Zertifizierungsstelle stellt Zertifikate innerhalb einer Organisation aus, ist jedoch nicht die Zertifizierungsstelle mit der höchsten Vertrauensstellung innerhalb dieser Organisation. Sie ist einer anderen Zertifizierungsstelle in der Hierarchie untergeordnet.

Für die untergeordnete Zertifizierungsstelle auf Organisationsebene gelten folgende Voraussetzungen:

- Sie muss einer Zertifizierungsstelle zugeordnet sein, die die Zertifikatsanforderungen der untergeordneten Zertifizierungsstelle verarbeitet. Hierbei kann es sich um eine externe kommerzielle oder eine eigenständige Zertifizierungsstelle handeln.
- Windows 2000 DNS-Dienst.
- Windows 2000 Active Directory-Dienst.
- Administratorberechtigungen auf allen Servern.

Eigenständig: Stammzertifizierungsstelle

Diese Zertifizierungsstelle stellt den Stamm einer Vertrauenshierarchie von Zertifizierungsstellen dar. Für sie sind Administratorberechtigungen auf dem lokalen Server erforderlich. Eine Organisation sollte eine eigenständige Stammzertifizierungsstelle installieren, wenn diese Zertifikate außerhalb des organisationseigenen Netzwerks ausstellen und als Stammzertifizierungsstelle fungieren soll. Diese stellt in der Regel nur Zertifikate an untergeordnete Zertifizierungsstellen aus.

Eigenständig: Untergeordnete Zertifizierungsstelle

Diese Zertifizierungsstelle fungiert als einzelner Zertifikatsserver oder befindet sich in einer Vertrauenshierarchie von Zertifizierungsstellen. Eine Organisation sollte eine eigenständige untergeordnete Zertifizierungsstelle einrichten, wenn sie Zertifikate an Einheiten außerhalb der Organisation ausstellt.

Für diese Zertifizierungsstelle gelten folgende Voraussetzungen:

- Sie muss einer Zertifizierungsstelle zugeordnet sein, die die Zertifikatsanforderungen der untergeordneten Zertifizierungsstelle verarbeitet. Hierbei kann es sich um eine externe kommerzielle Zertifizierungsstelle handeln.
- Administratorberechtigungen auf dem lokalen Server.
- Bei der Zertifikatsregistrierung wird ein digitales Zertifikat erworben.

Zusammenfassung der Lektion

In dieser Lektion haben Sie erfahren, dass Zertifikate wesentliche Bestandteile der Microsoft PKI sind. Mit Hilfe von Zertifikaten können Benutzer sich per Smartcard anmelden, verschlüsselte E-Mail senden und elektronische Dokumente signieren. Zertifikate können von Zertifizierungsstellen ausgestellt, verwaltet, erneuert und gesperrt werden.

Lektion 2: Installieren und Konfigurieren der Zertifizierungsstelle

In dieser Lektion werden Zertifikate näher erläutert und beschrieben, wie eine Zertifizierungsstelle installiert und geschützt wird. Anschließend lernen Sie den Registrierungsprozess von Zertifikaten sowie die verschiedenen Verfahren dazu kennen.

Am Ende dieser Lektion werden Sie in der Lage sein, die folgenden Aufgaben auszuführen:
- Erläutern der Verwendungsweise des Zertifizierungsstellenmanagers
- Erläutern, wie eine Zertifizierungsstelle installiert wird
- Erläutern, wie eine Zertifizierungsstelle geschützt wird
- Beschreiben des Registrierungsprozesses von Zertifikaten

Veranschlagte Zeit für die Lektion: 35 Minuten

Einrichten einer Zertifizierungsstelle

Die Installation von Zertifizierungsstellen wird in der folgenden Übung beschrieben. Der Installations-Assistent für die Zertifikatsdienste führt den Administrator durch den Installationsprozess. In diesem Abschnitt werden die Hauptpunkte erläutert, die vor dem Installationsprozess beachtet werden müssen.

- **Einrichten einer Windows 2000-Domäne** Wenn eine Organisationszertifizierungsstelle eingerichtet wird, muss vor der Installation der Zertifikatsdienste eine Domäne eingerichtet werden.

- **Active Directory-Integration** Informationen zu Organisationszertifizierungsstellen werden während der Installation in ein Zertifizierungsstellenobjekt im Active Directory geschrieben. Dies stellt für Domänenclients Informationen über verfügbare Zertifizierungsstellen und die von diesen ausgestellten Zertifikatstypen bereit.

- **Auswählen des Hostservers** Die Stammzertifizierungsstelle kann auf jeder Windows 2000 Server-Plattform ausgeführt werden, auch auf einem Domänencontroller. Faktoren wie z. B. Sicherheitsanforderungen, erwartete Auslastung und Connectivity-Anforderungen, sollten bei dieser Entscheidung in Betracht gezogen werden.

- **Benennung** Namen von Zertifizierungsstellen sind an ihre Zertifikate gebunden und können daher nicht geändert werden. Das Umbenennen eines Computers, auf dem die Zertifikatsdienste ausgeführt werden, wird nicht unterstützt. Bedenken Sie Faktoren wie z. B. Namenskonventionen in Organisationen und zukünftige Anforderungen, zwischen ausstellenden Zertifizierungsstellen unterscheiden zu können.

Der Name der Zertifizierungsstelle (oder der allgemeine Name) ist wichtig, weil anhand dieses Namens das Zertifizierungsstellenobjekt identifiziert wird, das im Active Directory für eine Organisationszertifizierungsstelle erstellt wird.

- **Schlüsselerzeugung** Das Paar aus öffentlichem und privatem Schlüssel von Zertifizierungsstellen wird während des Installationsprozesses erzeugt und ist für diese Zertifizierungsstelle eindeutig.

- **Zertifikat der Zertifizierungsstelle** Für eine Stammzertifizierungsstelle wird beim Installationsprozess automatisch ein selbstsigniertes Zertifikat mit dem Paar aus öffentlichem und privatem Schlüssel der Zertifizierungsstelle erzeugt. Für eine untergeordnete Zertifizierungsstelle hat der Administrator die Option, eine Zertifikatsanforderung zu erstellen, die an eine Zwischen- oder Stammzertifizierungsstelle gesendet werden kann.

- **Ausstellungsrichtlinien** Beim Einrichten der Organisationszertifizierungsstelle wird das standardmäßige Organisationsrichtlinienmodul für die Zertifizierungsstelle installiert und konfiguriert. Beim Einrichten der eigenständigen Zertifizierungsstelle wird das standardmäßige eigenständige Richtlinienmodul installiert und konfiguriert. Falls erforderlich, können benutzerdefinierte Richtlinienmodule verwendet werden.

Nach dem Einrichten einer Stammzertifizierungsstelle können Zwischen- oder ausstellende Zertifizierungsstellen unterhalb dieser Stammzertifizierungsstelle installiert werden. Der einzige bedeutsame Unterschied bei den Installationsrichtlinien liegt darin, dass eine Zertifizierungsanforderung an eine Stamm- oder eine Zwischenzertifizierungsstelle gestellt wird. Diese Anforderung kann automatisch an Onlinezertifizierungsstellen geleitet werden, die mit Hilfe des Active Directorys gefunden werden oder manuell in einem Offline-Szenario. In beiden Fällen muss das resultierende Zertifikat an der Zertifizierungsstelle installiert werden, bevor sie in Betrieb genommen werden kann.

Das Vertrauensmodell der Organisationszertifizierungsstellen kann dem der Windows 2000-Domänen entsprechen, dies ist jedoch keine Voraussetzung. Eine direkte Zuordnung zwischen Vertrauensbeziehungen von Zertifizierungsstellen und Domänen ist nicht erforderlich. Eine einzelne Zertifizierungsstelle kann Einheiten in mehreren Domänen oder sogar Einheiten außerhalb der Domänengrenzen dienen. Ähnlich kann eine bestimmte Domäne verschiedene Organisationszertifizierungsstellen enthalten.

Schützen einer Zertifizierungsstelle

Zertifizierungsstellen stellen hochwertige Ressourcen dar, und häufig ist es empfehlenswert, sie entsprechend zu schützen. Folgende Punkte müssen hierbei beachtet werden:

- **Physischer Schutz** Da Zertifizierungsstellen Einheiten mit hoher Vertrauensstellung innerhalb einer Organisation sind, sollten sie vor Manipulation geschützt werden.

Diese Anforderung hängt vom Eigenwert des von der Zertifizierungsstelle erstellten Zertifikats ab. Räumliche Isolation des Servers der Zertifizierungsstelle in einer Gebäudeeinrichtung, die nur für Sicherheitsadministratoren zugänglich ist, kann die Wahrscheinlichkeit solcher Attacken drastisch verringern.

- **Schlüsselverwaltung** Der private Schlüssel der Zertifizierungsstelle stellt die Vertrauensbasis im Zertifizierungsprozess dar und sollte vor Manipulation geschützt werden. Kryptographische Hardwaremodule (verfügbar für Zertifizierungsdienste über einen CryptoAPI-Kryptographiedienstanbieter) können eine vor Manipulation sichere Schlüsselspeicherung bieten und die kryptographischen Operationen von anderer Software, die auf dem Server ausgeführt wird, isolieren. Hiermit wird die Wahrscheinlichkeit, dass ein Zertifizierungsstellenschlüssel manipuliert werden kann, erheblich verringert.
- **Wiederherstellung** Der Verlust einer Zertifizierungsstelle (z. B. aufgrund eines Hardwareausfalls) kann eine Reihe von administrativen und betrieblichen Problemen verursachen und die Sperre bereits vorhandener Zertifikate verhindern. Die Zertifikatsdienste unterstützen die Sicherung einer Zertifizierungsstelleninstanz, damit diese zu einem späteren Zeitpunkt wiederhergestellt werden kann. Dies stellt einen wichtigen Teil des gesamten Verwaltungsprozesses von Zertifizierungsstellen dar.

Zertifikatsregistrierung

Der Erwerb eines digitalen Zertifikats wird als Zertifikatsregistrierung bezeichnet. Die Windows 2000 PKI unterstützt die Zertifikatsregistrierung für die Microsoft-Organisationszertifizierungsstelle, eine eigenständige Zertifizierungsstelle oder Zertifizierungsstellen von Fremdanbietern. Die Unterstützung für die Registrierung wird in einer transportunabhängigen Weise implementiert und basiert auf der Verwendung von standardisierten PKCS #10-Zertifikatsanforderungsnachrichten (Public Key Cryptography Standards) sowie PKCS #7-Antworten, die das resultierende Zertifikat oder eine Zertifikatskette enthalten. Zu dem Zeitpunkt, an dem dieses Buch geschrieben wurde, werden Zertifikate unterstützt, die RSA-Schlüssel und -Signaturen, DSA-Schlüssel und -Signaturen sowie Diffie-Hellman-Schlüssel unterstützen.

Mehrere Registrierungsmethoden

Die PKI unterstützt mehrere Registrierungsmethoden, dazu zählen die webbasierte Registrierung, der Registrierungs-Assistent und die richtliniengesteuerte automatische Registrierung, die als Teil des Anmeldeprozesses eines Benutzers durchgeführt wird. In Zukunft plant Microsoft, den Zertifizierungsregistrierungsprozess so weiterzuentwickeln, dass er mit dem CRS-Entwurf (Certificate Request Syntax) konsistent ist, der von der PKIX-Arbeitsgruppe der IETF (Internet Engineering Task Force) entwickelt wird.

Webbasierte Registrierung

Der webbasierte Registrierungsprozess beginnt mit dem Senden einer Zertifikatsanforderung durch einen Client und endet mit der Installation des Zertifikats in der Clientanwendung. Die Zertifikatsdienste enthalten ein HTTP-Registrierungssteuerelement (Hypertext Transfer Protocol) mit Formularen (siehe Abbildung 13.3) für die benutzerdefinierten Registrierungs- und -erneuerungsanwendungen von Zertifikaten für die Microsoft Zertifizierungsdienste. Auf das Registrierungssteuerelement und dessen Formulare kann über die Registrierungsseite der Zertifikatsdienste zugegriffen werden, die über die Webseite der Verwaltungstools für Zertifikatsdienste unter **http://<Servername>/certsrv/ default.asp** verfügbar ist. Sie können die Webseiten der Microsoft Zertifikatsdienste anpassen, um Benutzeroptionen zu ändern oder Verknüpfungen zur Onlinehilfe, Unterstützung oder Benutzeranweisungen bereitzustellen.

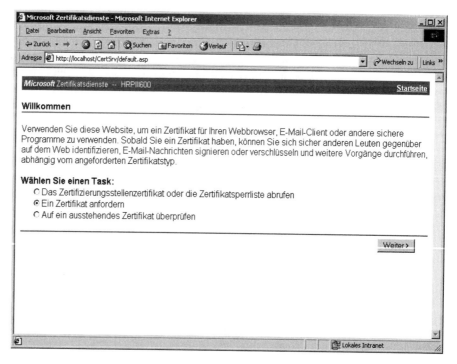

Abbildung 13.3 Webregistrierung des Zertifikatsservers

Registrierung von Clientzertifikaten

Die Zertifizierungsdienste unterstützen die Registrierung von Clientzertifikaten mit Hilfe von Internet Explorer 3.0 oder höher. Um mit diesen Browsern ein Clientzertifikat zu erhalten, öffnet der Benutzer die Clientauthentifizierungsseite und sendet Identifikationsinformationen. Nachdem die Zertifizierungsdienste das Clientzertifikat erstellt haben, wird dieses an den Browser zurückgegeben, der es auf dem Client installiert.

Automatische Registrierung

Der automatische Registrierungsprozess wird von zwei Hauptelementen gesteuert: Zertifikatstypen und automatische Registrierungsobjekte. Diese sind in das Gruppenrichtlinienobjekt integriert und können auf Standort-, Domänen-, Organisationseinheits-, Computer- oder Benutzerbasis definiert werden.

Zertifikatstypen bieten eine Vorlage für ein Zertifikat und verknüpfen diese mit einem allgemeinen Namen, um die Verwaltung zu vereinfachen. Mit der Vorlage werden Elemente wie Benennungsanforderungen, Gültigkeitsdauer, zulässige CSPs für die Erzeugung privater Schlüssel, Algorithmen sowie Erweiterungen definiert, die in das Zertifikat aufgenommen werden sollen. Die Zertifikatstypen sind logisch in Computer- und Benutzertypen unterteilt und werden entsprechend auf die Richtlinienobjekte angewendet. Sobald diese Zertifikatstypen definiert sind, können sie mit den automatischen Registrierungsobjekten und dem Zertifikatsregistrierungs-Assistenten eingesetzt werden.

Dieser Mechanismus ersetzt die Ausstellungsrichtlinien der Organisationszertifizierungsstelle nicht, ist jedoch in sie integriert. Der Zertifizierungsstellendienst erhält als Teil seines Richtlinienobjekts einen Satz mit Zertifikatstypen. Diese werden vom Organisationsrichtlinienmodul verwendet, um die Zertifikatstypen zu definieren, die die Zertifizierungsstelle ausstellen darf. Die Zertifizierungsstelle weist Anforderungen für Zertifikate zurück, die diese Kriterien nicht erfüllen.

Das automatische Registrierungsobjekt legt die Richtlinien für diejenigen Zertifikate fest, die eine Einheit in der Domäne aufweisen sollte. Diese können auf Computer- und Benutzerbasis angewendet werden. Die Zertifikatstypen werden mit einem Verweis auf die Zertifikatstypobjekte integriert und können jeden beliebigen definierten Typ aufweisen. Das automatische Registrierungsobjekt bietet ausreichende Informationen, um festzulegen, ob eine Einheit das erforderliche Zertifikat besitzt, und registriert diese Zertifikate in einer Organisationszertifizierungsstelle, wenn sie fehlen. Mit dem automatischen Registrierungsobjekt können auch Richtlinien für die Zertifikatserneuerung definiert werden. Ein Administrator kann sie so einrichten, dass sie vor dem Ablauf eines Zertifikats wirksam werden, wodurch ein langfristiger Betrieb ohne direkte Benutzeraktion gewährleistet wird. Die automatischen Registrierungsobjekte werden verarbeitet, und alle erforderlichen Maßnahmen werden durchgeführt, wenn eine Richtlinie aktualisiert wird (Anmeldezeit, Aktualisierung des Gruppenrichtlinienobjekts, usw.).

Übung: Installieren einer eigenständigen Stammzertifizierungsstelle

▶ **So installieren Sie eine eigenständige untergeordnete Zertifizierungsstelle**

1. Wählen Sie in der Systemsteuerung die Option **Software** aus.
2. Klicken Sie auf **Windows-Komponenten hinzufügen/entfernen**.

3. Aktivieren Sie das Kästchen neben **Zertifikatsdienste**, und klicken Sie dann auf **Weiter**.

4. Wählen Sie **Eigenständig: Stammzertifizierungsstelle** aus, und klicken Sie dann auf **Weiter**.

5. Geben Sie die Identifikationsinformationen der Zertifizierungsstelle ein.

   Geben Sie als Namen für die Zertifizierungsstelle **ComputernameCA** ein. Klicken Sie auf **Weiter**.

6. Verwenden Sie die standardmäßigen Datenspeicherungsorte, und klicken Sie dann auf **Weiter**.

7. Während des Installationsprozesses der Zertifizierungsstelle müssen Sie möglicherweise auf **OK** klicken, um den WWW-Publishingdienst anzuhalten, und Sie müssen den Speicherort der Windows 2000-Installationsdateien (insbesondere **Certsrv.***) angeben.

8. Klicken Sie auf **Fertig stellen**.

9. Schließen Sie das Fenster **Software**.

▶ **So fordern Sie ein Zertifikat von der lokalen Zertifizierungsstelle an und installieren es**

1. Starten Sie den Zertifizierungsstellenmanager.

   Beachten Sie, dass der Dienst gestartet ist (grünes Häkchen), wie in Abbildung 13.4 zu sehen.

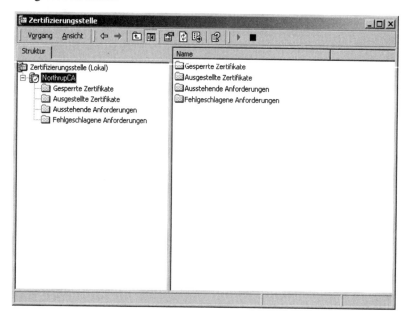

Abbildung 13.4 Zertifizierungsstellenmanager

2. Starten Sie den Internet Explorer, und stellen Sie eine Verbindung zu **http://<Ihr_Server>/certsrv/default.asp** her.
3. Fordern Sie ein Webbrowser-Zertifikat an. Die Anfrage erhält den Status **Ausstehend**.
4. Schließen Sie den Internet Explorer.
5. Öffnen Sie die Zertifizierungsstelle, und wählen Sie den Ordner **Ausstehende Forderungen** aus. Klicken Sie mit der rechten Maustaste auf die Anforderung, und wählen Sie aus dem Menü **Alle Tasks** den Eintrag **Ausstellen** aus.

   Wählen Sie im linken Teilbereich den Ordner **Ausgestellte Zertifikate** aus, und beachten Sie, dass Ihre Anforderung ausgestellt wurde.
6. Starten Sie den Internet Explorer, stellen Sie eine Verbindung zu **http://<Ihr_Server>/certsrv/default.asp** her, überprüfen Sie auf die Zertifikatsanforderung, und installieren Sie dann das Zertifikat.
7. Klicken Sie im Menü **Extras** auf **Internetoptionen**, dann auf **Inhalt** und schließlich auf **Zertifikate**.
8. Markieren Sie unter **Zertifikate** Ihr Zertifikat, und klicken Sie dann auf **Anzeigen**. Beachten Sie, dass das Zertifikat von Ihrem Computer ausgestellt wurde, und schließen Sie alle Fenster.

Speicherung kryptographischer Schlüssel

Innerhalb der Microsoft PKI werden kryptographische Schlüssel und zugehörige Zertifikate vom CryptoAPI-Subsystem gespeichert und verwaltet. Schlüssel werden von CSPs und Zertifikate von den CryptoAPI-Zertifikatsspeichern verwaltet. Bei den Zertifikatsspeichern handelt es sich um Repositories für Zertifikate zusammen mit den zugehörigen Eigenschaften. Konventionsgemäß sind durch die PKI fünf standardmäßige Zertifikatsspeicher definiert (siehe Tabelle 13.1).

Tabelle 13.1 Standardmäßige durch PKI definierte Zertifikatsspeicher

Speicher	Beschreibung
MY	In diesem Speicher befinden sich die Zertifikate eines Benutzers oder Computers, für die der zugehörige private Schlüssel verfügbar ist.
CA	In diesem Speicher befinden sich die Zertifikate der ausstellenden oder Zwischenzertifizierungsstellen, die beim Aufbau von Zertifikatsprüfketten verwendet werden sollen.
TRUST	In diesem Speicher befinden sich die Zertifikatsvertrauenslisten. Hierbei handelt es sich um einen alternativen Mechanismus, mit dem ein Administrator mehrere vertraute Zertifizierungsstellen angeben kann. Ein Vorteil ist, dass die Zertifikatsvertrauenslisten digital signiert sind und über nicht sichere Verbindungen übertragen werden können.

(Fortsetzung)

Speicher	Beschreibung
ROOT	In diesem Speicher befinden sich nur selbstsignierte Zertifikate für vertraute Stammzertifizierungsstellen.
UserDS	Dieser Speicher bietet eine logische Ansicht eines im Active Directory gespeicherten Zertifikatsrepository (z. B. die Eigenschaft **userCertificate** des Benutzerobjekts). Er soll den Zugriff auf diese externen Repositories vereinfachen.

Hierbei handelt es sich um logische Speicher, die eine konsistente, systemweite Ansicht der verfügbaren Zertifikate bieten, die sich auf mehreren physischen Speichern (Festplatten, Smartcards, usw.) befinden können. Durch die Nutzung dieser Dienste können Anwendungen Zertifikate gemeinsam nutzen. Zudem wird ein konsistenter Betrieb unter administrativen Richtlinien sichergestellt. Die Zertifikatsverwaltungsfunktionen unterstützen die Dekodierung von X.509 v3-Zertifikaten und bieten zahlreiche Funktionen zum Auffinden bestimmter Zertifikate.

Um die Anwendungsentwicklung zu vereinfachen, verwaltet der MY-Speicher Zertifikatseigenschaften, die den CSP und den Namen des Schlüsselsatzes für den zugehörigen privaten Schlüssel kennzeichnen. Sobald eine Anwendung ein zu verwendendes Zertifikat ausgewählt hat, kann es mit Hilfe dieser Informationen einen CSP-Kontext für den korrekten privaten Schlüssel erwerben.

Zertifikatserneuerung

Die Zertifikatserneuerung entspricht konzeptionell der Registrierung. Es wird dabei jedoch die in einem bereits vorhandenen Zertifikat enthaltene Vertrauensbeziehung genutzt. Bei einer Erneuerung wird davon ausgegangen, dass die anfordernde Einheit ein neues Zertifikat mit denselben Attributen wie das bereits vorhandene, gültige Zertifikat, jedoch mit einer verlängerten Gültigkeitsdauer, erwerben möchte. Hierbei kann der vorhandene öffentliche Schlüssel oder ein neuer öffentlicher Schlüssel verwendet werden.

Die Erneuerung ist in erster Linie für die Zertifizierungsstelle von Nutzen. Eine Erneuerungsanforderung kann wahrscheinlich schneller verarbeitet werden, da die vorhandenen Zertifikatsattribute nicht erneut überprüft werden müssen. Die Erneuerung wird momentan in der Windows 2000 PKI für automatisch registrierte Zertifikate unterstützt. Bei anderen Mechanismen wird eine Erneuerung wie eine neue Registrierungsanfrage behandelt.

Nachrichtenprotokolle nach Industriestandard für die Zertifikatserneuerung sind noch nicht definiert, jedoch im PKIX-Entwurf der IETF für die Certificate Request Syntax enthalten. Microsoft plant, die zugehörigen Nachrichtenformate zu implementieren, sobald diese Standards genehmigt sind.

Wiederherstellung von Zertifikaten und Schlüsseln

Öffentliche Schlüsselpaare und Zertifikate können einen hohen Wert haben. Gehen sie aufgrund eines Systemausfalls verloren, kann ihr Ersatz viel Zeit und sehr viel Geld kosten. Um dieses Problem zu lösen, unterstützt die Windows 2000 PKI die Sicherung und Wiederherstellung sowohl von Zertifikaten als auch von zugehörigen Schlüsselpaaren über die Zertifikatsverwaltungsprogramme.

Wenn ein Zertifikat mit der Zertifikatsverwaltung exportiert wird, muss der Benutzer angeben, ob auch das zugehörige Schlüsselpaar exportiert werden soll. Ist diese Option ausgewählt, werden die Informationen als verschlüsselte (basierend auf einem vom Benutzer angegebenen Kennwort) PKCS #12-Nachricht exportiert. Diese kann später in das System oder in ein anderes System importiert werden, um das Zertifikat und die Schlüssel wiederherzustellen.

Bei dieser Operation wird angenommen, dass der Kryptographiedienstanbieter das Schlüsselpaar exportieren kann. Dies ist dann bei Microsoft-basierten Kryptographiedienstanbietern der Fall, wenn zum Zeitpunkt der Schlüsselerzeugung ein entsprechendes Flag gesetzt wurde. Fremdanbieter-CSPs können, müssen aber nicht den Export privater Schlüssel unterstützen. Beispielsweise unterstützen Smartcard-CSPs im Allgemeinen diese Operation nicht. Bei Software-CSPs mit nicht exportierbaren Schlüsseln besteht die Alternative darin, eine vollständige Imagesicherung des Systems einschließlich sämtlicher Registrierungsinformationen vorzunehmen.

Mobile Benutzer

Unter mobilen Benutzern in diesem Kontext versteht man die Möglichkeit, dieselben auf öffentliche Schlüssel basierenden Anwendungen auf verschiedenen Computern innerhalb der Windows 2000-Umgebung der Organisation einzusetzen. Die Hauptvoraussetzung hierfür ist, dass die kryptographischen Schlüssel und Zertifikate von Benutzern bei deren Anmeldung verfügbar sind. Die Windows 2000 PKI unterstützt diese Funktion in zweierlei Hinsicht.

Zum einem werden bei Microsoft-basierten CSPs Schlüssel und Zertifikate mobiler Benutzer von dem auf servergespeicherten Profilen basierenden Mechanismus unterstützt. Dieser ist für den Benutzer transparent, sobald servergespeicherte Profile aktiviert werden. Es ist unwahrscheinlich, dass diese Funktionalität von Fremdanbieter-CSPs unterstützt wird, da diese im Allgemeinen eine andere Methode zum Speichern von Schlüsseldaten verwenden, häufig werden hierfür Hardwaregeräte genommen.

Geräte mit Hardwaretokens, wie z. B. Smartcards, unterstützen mobile Benutzer, vorausgesetzt, sie verfügen über einen physischen Zertifikatsspeicher. Die Smartcard-CSPs, die mit der Windows 2000-Plattform geliefert werden, unterstützen diese Funktionalität. Diese Unterstützung wird dadurch erreicht, dass das Hardwaretoken beim Benutzer verbleibt.

Sperre

Zertifikate sind im Allgemeinen langlebige, vertrauliche Informationen. Diese Informationen können aus verschiedenen Gründen bereits vor ihrem Ablauf nicht mehr vertrauenswürdig sein. Beispiele:

- Manipulation oder Verdacht auf Manipulation des privaten Schlüssels einer Einheit
- Betrug beim Erwerb des Zertifikats
- Änderung beim Status

Bei auf privaten Schlüsseln basierenden Funktionen wird davon ausgegangen, dass eine verteilte Überprüfung durchgeführt wird, bei der keine direkte Kommunikation mit einer zentralen vertrauten Einheit erforderlich ist, die für diese vertraulichen Informationen bürgt. Hier entsteht ein Bedarf für Sperrinformationen, die an Einzelpersonen verteilt werden können, die versuchen, Zertifikate zu überprüfen.

Dieser Bedarf und seine Aktualität hängt von der Anwendung ab. Um eine Vielzahl betrieblicher Szenarios zu unterstützen, unterstützt die Windows 2000 PKI Zertifikatssperrlisten nach Industriestandard. Organisationszertifizierungsstellen unterstützen Zertifikatssperren und die Veröffentlichung von Zertifikatssperrlisten unter administrativer Kontrolle im Active Directory. Domänenclients können diese Informationen abrufen und lokal zwischenspeichern, um sie beim Überprüfen von Zertifikaten zu nutzen. Derselbe Mechanismus unterstützt von kommerziellen Zertifizierungsstellen veröffentlichte Zertifikatssperrlisten oder Zertifikatsserverprodukte von Fremdanbietern, vorausgesetzt, der Zugriff auf veröffentlichte Zugriffssperrlisten ist für die Clients über das Netzwerk möglich.

Vertrauensstellungen

Die Zertifikatsprüfung ist von großer Bedeutung für Clients, die auf privaten Schlüsseln basierende Anwendungen nutzen. Wenn für ein bestimmtes Endeinheitszertifikat die „Kette" zu einer bekannten vertrauten Stammzertifizierungsstelle angezeigt werden kann, und wenn die beabsichtigte Zertifikatsnutzung konsistent zum Anwendungskontext ist, dann wird es als gültig angesehen. Trifft keine dieser Bedingungen zu, wird es als ungültig angesehen.

Innerhalb der PKI können Benutzer Vertrauensentscheidungen treffen, die nur sie betreffen. Dazu installieren oder löschen sie vertraute Stammzertifizierungsstellen und konfigurieren zugehörige Nutzungseinschränkungen mit den Zertifikatsverwaltungsprogrammen. Innerhalb der Organisation sollte dies die Ausnahme und nicht die Regel darstellen. Es wird erwartet, dass diese Vertrauensbeziehungen als Teil der Organisationsrichtlinie eingerichtet werden. Über Richtlinien hergestellte Vertrauensbeziehungen werden automatisch an Windows 2000-Clientcomputer übermittelt.

Vertraute Stammzertifizierungsstellen

Vertrauensstellungen in Stammzertifizierungsstellen können über Richtlinien eingerichtet werden, damit Domänenclients mit Hilfe von Vertrauensbeziehungen auf privaten Schlüsseln basierende Zertifikate überprüfen können. Die Gruppe vertrauter Zertifizierungsstellen wird mit dem Gruppenrichtlinien-Editor konfiguriert. Sie kann auf Computerbasis konfiguriert werden und gilt dann für alle Benutzer des entsprechenden Computers.

Neben dem Einrichten einer Stammzertifizierungsstelle als vertraute Stammzertifizierungsstelle kann der Administrator die zu dieser Zertifizierungsstelle gehörenden Nutzungseigenschaften festlegen. Falls angegeben, werden hiermit die Funktionen eingeschränkt, für die die von der Zertifizierungsstelle ausgestellten Zertifikate gültig sind. Einschränkungen werden basierend auf Objektkennungen angegeben, wie sie für ExtendedKeyUsage-Erweiterungen im ersten Teil des IETF PKIX-Entwurfs definiert sind. Momentan ist eine Nutzungseinschränkung einer beliebigen Kombination folgender Funktionen möglich:

- Serverauthentifizierung
- Clientauthentifizierung
- Signieren von Softwarecode
- E-Mail
- IPSec-Endsystem (IP Security Protocol)
- IPSec-Tunnel
- IPSec-Benutzer
- Zeitstempel
- Microsoft EFS (Encrypting File System, Verschlüsselndes Dateisystem)

Zusammenfassung der Lektion

In dieser Lektion haben Sie erfahren, wie eine Zertifizierungsstelle installiert und geschützt wird. Zertifizierungsstellen sind hochwertige Ressourcen, deshalb ist es wichtig, sie zu schützen. Sie haben zudem gelernt, wie Sie die Registrierung von Zertifikaten ermöglichen sowie die verschiedenen Möglichkeiten dazu. Um ein Clientzertifikat zu erwerben, öffnet der Benutzer die Clientauthentifizierungsseite und sendet Identifikationsinformationen. Nachdem die Zertifizierungsdienste das Clientzertifikat erstellt haben, wird dieses an den Browser zurückgegeben, der es auf dem Client installiert.

Lektion 3: Verwalten von Zertifikaten

Sobald Sie mit dem Ausstellen von Zertifikaten begonnen haben, oder Clients Sie aufgefordert haben, Zertifikate auszustellen, wird die Verwaltung der Zertifikate ein wichtiger Punkt. In dieser Lektion lernen Sie, wie Sie Zertifikate verwalten, ein Zertifikat sperren und eine EFS-Wiederherstellungsrichtlinie (Encrypting File System; Verschlüsselndes Dateisystem) implementieren.

Am Ende dieser Lektion werden Sie in der Lage sein, die folgenden Aufgaben auszuführen:

- Beschreiben, wie ein Zertifikat gesperrt wird
- Beschreiben, wie eine EFS-Wiederherstellungsrichtlinie ausgestellt wird

Veranschlagte Zeit für die Lektion: 30 Minuten

Gesperrte Zertifikate

Wenn ein Zertifikat als gesperrt markiert wird, wird es in den Ordner **Gesperrte Zertifikate** verschoben. Das gesperrte Zertifikat wird auf der Zertifikatssperrliste bei deren nächsten Veröffentlichung angezeigt. Bei Zertifikaten, die mit dem Grundcode „Zertifikat blockiert" gesperrt sind, kann die Sperre aufgehoben werden. Es besteht auch die Möglichkeit, den Status zu belassen, bis die Zertifikate ablaufen, oder den Grundcode für die Sperre zu ändern. Dies ist der einzige Grundcode, bei dem Sie den Status eines gesperrten Zertifikats ändern können. Er ist nützlich, wenn der Status des Zertifikats fragwürdig ist, und bietet dem Administrator der Zertifizierungsstelle einige Flexibilität.

Ausgestellte Zertifikate

Untersuchen Sie im Detailbereich die Zertifikatsanforderung, indem Sie den Namen des Antragsstellers, dessen E-Mail-Adresse sowie alle anderen Felder prüfen, die Sie für die Ausstellung des Zertifikats als wichtig erachten.

Ausstehende Anforderungen

Untersuchen Sie im Detailbereich die Zertifikatsanforderung, indem Sie den Namen des Antragsstellers, dessen E-Mail-Adresse sowie alle anderen Felder prüfen, die Sie für die Ausstellung des Zertifikats als wichtig erachten.

Fehlgeschlagene Anforderungen

Fehlgeschlagene Zertifikatsanforderungen sollten nur auftreten, wenn ein Mitglied der Gruppe „Zertifikatsherausgeber" oder „Administratoren" eine Zertifikatsanforderung ablehnt.

Wie ein Zertifikat ausgestellt wird

Wenn mit Hilfe eines Zertifikats gegenüber einer Einheit die Identität des Zertifikatseigners (Subjekt des Zertifikats) bestätigt wird, ist das Zertifikat nur dann nützlich, wenn die Einheit, die es erhält, der ausstellenden Zertifizierungsstelle vertraut. Folgende Schritte werden beim Ausstellen von Zertifikaten ausgeführt:

- **Schlüsselerzeugung** Die Einzelperson oder der Antragsteller, der die Zertifizierung anfordert, erzeugt Schlüsselpaare mit öffentlichen und privaten Schlüsseln. Die Ausnahme bilden hierbei persönliche digitale Zertifikate; in diesem Fall erzeugt die Zertifizierungsstelle die öffentlichen und privaten Schlüssel und sendet sie an den Endbenutzer.

- **Abstimmen der Richtlinieninformationen** Der Antragsteller verpackt zusätzliche Informationen, die die Zertifizierungsstelle zum Ausstellen des Zertifikats benötigt (z. B. Identitätsnachweis, Steueridentifikationsnummer, E-Mail-Adresse, usw.). Die genaue Definition dieser Informationen wird von der Zertifizierungsstelle festgelegt.

- **Senden von öffentlichen Schlüsseln und Informationen** Der Antragsteller sendet die öffentlichen Schlüssel und Informationen (häufig mit Hilfe des öffentlichen Schlüssels der Zertifizierungsstelle verschlüsselt) an die Zertifizierungsstelle.

- **Überprüfen der Informationen** Die Zertifizierungsstelle wendet alle erforderlichen Richtlinienregeln an, um zu überprüfen, ob der Antragsteller ein Zertifikat erhält.

- **Erstellen des Zertifikats** Die Zertifizierungsstelle erstellt ein digitales Dokument mit den entsprechenden Informationen (öffentliche Schlüssel, Ablaufdatum und andere Daten) und signiert es mit dem privaten Schlüssel der Zertifizierungsstelle.

- **Senden des Zertifikats** Die Zertifizierungsstelle kann das Zertifikat an den Antragsteller senden oder es öffentlich ablegen. Das Zertifikat wird auf das System der Einzelperson geladen.

Zertifikatssperre

Zertifizierungsstellen veröffentlichen Zertifikatssperrlisten, die Zertifikate enthalten, die von der Zertifizierungsstelle gesperrt wurden. Der private Schlüssel des Zertifikatseigners kann manipuliert werden, oder falsche Informationen können auf das Zertifikat angewandt werden. Zertifikatssperrlisten bieten eine Möglichkeit, ein Zertifikat nach dem Ausstellen zurückzuziehen. Zertifikatssperrlisten werden für den Download oder die Onlineanzeige in Clientanwendungen zur Verfügung gestellt.

Für die Überprüfung eines Zertifikats ist nur der öffentliche Schlüssel der Zertifizierungsstelle und eine Prüfung gegen die von dieser Zertifizierungsstelle veröffentlichten Sperrliste erforderlich. Zertifikate und Zertifizierungsstellen verringern das Problem mit der Verteilung öffentlicher Schlüssel, bei dem ein (oder mehrere) öffentliche(r) Schlüssel pro Einzelperson überprüft und diesem bzw. diesen vertraut wird. Stattdessen muss nur dem öffentlichen Schlüssel der Zertifizierungsstelle vertraut und dieser überprüft werden. Anschließend kann diesem vertraut werden, um die Überprüfung anderer Zertifikate zuzulassen.

Übung: Sperren eines Zertifikats

▶ **So sperren Sie das Zertifikat aus Lektion 2**

1. Öffnen Sie den Zertifizierungsstellenmanager.
2. Klicken Sie mit der rechten Maustaste auf Ihre Anforderung unter **Ausgestellte Zertifikate**, zeigen Sie auf **Alle Tasks**, und klicken Sie dann auf **Zertifikat sperren**.
3. Wenn Sie nach einem Grundcode gefragt werden, wählen Sie **Vorgangsende** aus. Klicken Sie auf **Ja**.
4. Klicken Sie im linken Fensterausschnitt auf **Zertifikat sperren**.

   Beachten Sie, dass Ihre Anforderung gesperrt wurde (siehe Abbildung 13.5).

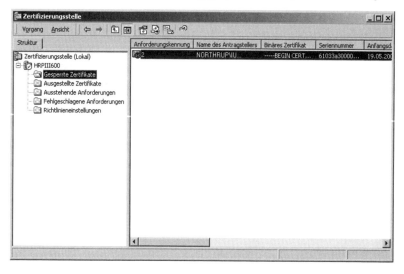

Abbildung 13.5 Gesperrte Zertifikate in Zertifizierungsstelle

EFS-Wiederherstellungsrichtlinie

Die Datenwiederherstellung ist für das verschlüsselte Dateisystem als Teil der Systemsicherheitsrichtlinien verfügbar. Wenn Sie beispielsweise jemals Ihr Dateiverschlüsselungszertifikat und den zugehörigen privaten Schlüssel verlieren sollten (aufgrund eines Festplattenausfalls oder aus einem anderen Grund), können die Daten von der Person, die für die Wiederherstellung bestimmt wird, wiederhergestellt werden. In einer Unternehmensumgebung kann eine Organisation die von einem Mitarbeiter verschlüsselten Daten wiederherstellen, wenn dieser nicht vor Ort ist oder das Unternehmen verlassen hat.

Mit Hilfe der EFS-Wiederherstellungsrichtlinie werden die Konten von Datenwiederherstellungsagenten angegeben, die innerhalb der Richtlinie verwendet werden. EFS erfordert eine Richtlinie für den Agenten für Wiederherstellung von verschlüsselten Daten, bevor es eingesetzt werden kann, und verwendet das standardmäßige Konto des Wiederherstellungsagenten (Administrator), wenn kein anderes ausgewählt wurde. In einer Domäne können nur Mitglieder der Gruppe „Domänen-Admins" ein anderes Konto als Konto des Wiederherstellungsagenten festlegen. In einer kleinen Firma oder im Privatbereich, wo keine Domänen vorhanden sind, ist das lokale Administratorkonto des Computers das standardmäßige Konto des Wiederherstellungsagenten. Nur dieses Konto kann die lokale Wiederherstellungsrichtlinie für einen Computer ändern.

Mit einem Konto des Wiederherstellungs-Agenten werden Daten für alle von der Richtlinie betroffenen Computer wiederhergestellt. Geht der private Schlüssel eines Benutzers verloren, kann eine von diesem Schlüssel geschützte Datei gesichert und diese Sicherung in einer sicheren E-Mail an einen Wiederherstellungsagent-Administrator gesendet werden. Der Administrator stellt die Sicherungskopie wieder her, öffnet sie, um die Datei zu lesen, kopiert die Datei in Klartext und sendet die Klartextdatei in einer sicheren E-Mail an den Benutzer zurück.

Als Alternative kann der Administrator an dem Computer, auf dem die verschlüsselte Datei gespeichert ist, sein Wiederherstellungsagent-Zertifikat und seinen privaten Schlüssel importieren und die Datei vor Ort wiederherstellen. Diese Vorgehensweise ist jedoch möglicherweise nicht sicher und wird wegen der Vertraulichkeit des Wiederherstellungsschlüssels nicht empfohlen. Der Administrator darf den Wiederherstellungsschlüssel nicht auf einem anderen Computer gespeichert lassen.

Übung: Ändern einer Wiederherstellungsrichtlinie

In dieser Übung ändern Sie die Wiederherstellungsrichtlinie für den lokalen Computer. Bevor Sie die Änderung vornehmen, sollten Sie die Wiederherstellungsschlüssel auf einer Diskette sichern. In einer Domäne wird beim Einrichten des ersten Domänencontrollers eine Standard-Wiederherstellungsrichtlinie für die Domäne implementiert.

Dem Domänenadministrator wird das selbstsignierte Zertifikat ausgestellt, das ihn als Wiederherstellungs-Agenten festlegt. Um die Standard-Wiederherstellungsrichtlinie für eine Domäne zu ändern, melden Sie sich als Administrator am ersten Domänencontroller an.

Anmerkung Um diese Übung durchzuführen, müssen Sie über die entsprechenden Berechtigungen verfügen, um das Zertifikat anzufordern, und die Zertifizierungsstelle muss so konfiguriert sein, dass Sie diesen Zertifikatstyp ausstellt.

▶ **So ändern Sie die Wiederherstellungsrichtlinie für den lokalen Computer**

1. Klicken Sie auf **Start** und dann auf **Ausführen**. Geben Sie **mmc/a** ein, und klicken Sie auf **OK**.

2. Klicken Sie im Menü **Konsole** auf **Snap-In hinzufügen/entfernen** und dann auf **Hinzufügen**.

3. Klicken Sie unter **Snap-In** auf **Gruppenrichtlinie** und dann auf **Hinzufügen**.

4. Stellen Sie unter **Gruppenrichtlinienobjekt** sicher, dass **Lokaler Computer** angezeigt wird. Klicken Sie auf **Fertig stellen**, dann auf **Schließen** und **OK**.

5. Klicken Sie in **Richtlinien für lokale Computer\Computerkonfiguration\ Windows-Einstellungen\Sicherheitseinstellungen\Richtlinien öffentlicher Schlüssel** mit der rechten Maustaste auf **Agenten für Wiederherstellung von verschlüsselten Daten** und dann auf eine der folgenden Optionen:

    Mit dem Befehl **Hinzufügen** wird über den Assistenten für das Hinzufügen eines Wiederherstellungsagenten ein Benutzer als zusätzlicher Wiederherstellungsagent festgelegt. Mit dem Befehl **Richtlinie löschen** wird diese EFS-Richtlinie und jeder Wiederherstellungsagent gelöscht. Dadurch können Benutzer keine Dateien mehr auf diesem Computer verschlüsseln. Der Computer stellt ein standardmäßiges, selbstsigniertes Zertifikat aus, das den lokalen Administrator als Standard-Wiederherstellungsagenten festlegt. Wenn Sie dieses Zertifikat löschen, ohne dass eine weitere Richtlinie vorhanden ist, ist die Wiederherstellungsrichtlinie des Computers leer. Dies bedeutet, dass niemand die Funktion des Wiederherstellungsagenten innehat. Hiermit wird EFS deaktiviert, womit Benutzer keine Dateien mehr auf diesem Computer verschlüsseln können.

6. Um Änderungen an dem Dateiwiederherstellungszertifikat vorzunehmen, wählen Sie im linken Fensterausschnitt **Agenten für Wiederherstellung von verschlüsselten Daten** aus (siehe Abbildung 13.6). Klicken Sie mit der rechten Maustaste auf das Zertifikat im rechten Fensterausschnitt und dann auf **Eigenschaften**. Beispielsweise können Sie dem Zertifikat einen beschreibenden Namen geben und eine Textbeschreibung eingeben.

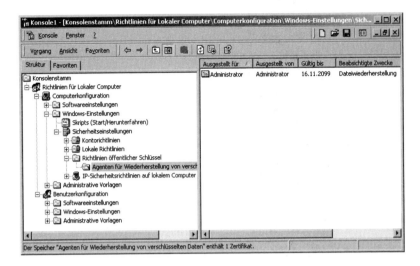

Abbildung 13.6 Gruppenrichtlinie für EFS-Wiederherstellung

Zusammenfassung der Lektion

Sie können Zertifikate über das Zertifizierungsstellen-Snap-In in der Microsoft Management Console verwalten. Bei Zertifikaten, die mit dem Grundcode „Zertifikat blockiert" gesperrt sind, kann die Sperre aufgehoben werden. Es besteht auch die Möglichkeit, den Status zu belassen, bis die Zertifikate ablaufen, oder den Grundcode für die Sperre zu ändern. Die Datenwiederherstellung ist für das verschlüsselte Dateisystem als Teil der Systemsicherheitsrichtlinien verfügbar.

Lernzielkontrolle

Mit den folgenden Fragen können Sie überprüfen, ob Sie die in diesem Kapitel vermittelten Lehrinhalte verstanden haben. Wenn Sie eine Frage nicht beantworten können, wiederholen Sie den entsprechenden Abschnitt, bevor Sie mit dem nächsten Kapitel fortfahren. Die Antworten zu den Fragen finden Sie in Anhang A, „Fragen und Antworten".

1. Was sind Zertifikate, und was ist ihr Zweck?

   _____
   _____
   _____

2. Was ist eine Zertifizierungsstelle, und welche Funktionen hat sie?

   _____
   _____
   _____

3. Wie lauten die vier Typen der Microsoft Zertifizierungsstellen?

   _____
   _____
   _____

4. Nennen Sie einen Grund für eine Zertifikatssperre.

   _____
   _____
   _____

5. Wie lauten die fünf Standard-PKI-Speicher für Zertifikate?

   _____
   _____
   _____

KAPITEL 14

Implementieren unternehmensweiter Netzwerksicherheit

Lektion 1: Implementieren der Netzwerksicherheit ... 410

Lektion 2: Konfigurieren der Routing- und RAS-Sicherheit ... 418

Lektion 3: Überwachen von Sicherheitsereignissen ... 425

Lernzielkontrolle ... 434

Über dieses Kapitel

In diesem Kapitel geht es um die Planung und Implementierung angemessener Netzwerksicherheit. Sie erfahren auch, wie Sie Remotezugriffe für Ihr Netzwerk einrichten und sichern. Problembehandlung und die Überwachung von Netzwerkressourcen und Remotezugriffen sind ebenfalls Gegenstand dieses Kapitels.

Bevor Sie beginnen

Zur Bearbeitung dieses Kapitels müssen die folgenden Voraussetzungen erfüllt sein.

- Microsoft Windows 2000 Server muss installiert sein.
- Sie müssen die Kapitel 2 bis 10 bearbeitet haben.

Lektion 1: Implementieren der Netzwerksicherheit

Bei der Planung Ihres Netzwerks müssen Sie angemessene Sicherheitsmaßnahmen einbeziehen. Sie sollten diese Fragen frühzeitig in Ihre Windows 2000-Einsatzplanung aufnehmen, damit Sie Sicherheitsverstöße ausschließen und sichere Netzwerkeinrichtungen dann zur Verfügung stellen können, wenn sie gebraucht werden. In dieser Lektion erfahren Sie, wie Sie Netzwerksicherheit implementieren.

> **Am Ende dieser Lektion werden Sie in der Lage sein, die folgenden Aufgaben durchzuführen:**
> - Beschreiben der Komponenten eines Netzwerksicherheitsplans
> - Identifizieren von Netzwerksicherheitsrisiken
> - Beschreiben der Windows 2000-Sicherheitsfunktionen
> - Beschreiben, wie Verbindungen zwischen lokalem Netzwerk und Internet gesichert werden
>
> **Veranschlagte Zeit für diese Lektion: 35 Minuten**

Planen der Netzwerksicherheit

Auch wenn Sie der Überzeugung sind, eine sichere Netzwerkumgebung zu haben, sollten Sie Ihre Sicherheitsstrategien unter Berücksichtigung der Windows 2000-Funktionalität neu beurteilen. Einige der neuen Sicherheitstechnologien von Windows 2000 könnten ein guter Grund sein, Ihren Sicherheitsplan zu überarbeiten. Beim Entwerfen Ihres Netzwerksicherheitsplans sollten Sie die folgenden Aufgaben durchführen:

- Analysieren der Netzwerksicherheitsrisiken
- Festlegen der Anforderungen hinsichtlich Servergröße und -platzierung
- Vorbereiten Ihrer Mitarbeiter
- Erstellen und Veröffentlichen von Sicherheitsrichtlinien und -maßnahmen
- Erstellen eines Einsatzplans für Sicherheitstechnologien nach formalen Methoden
- Identifizieren der Benutzergruppen sowie deren Anforderungen und Sicherheitsrisiken

Analysieren von Netzwerksicherheitsrisiken

Während die Fähigkeit, Informationen freizugeben und abzurufen, viele Vorteile bietet, birgt sie auch eine Reihe von Sicherheitsrisiken, die in Tabelle 14.1 aufgelistet sind.

Tabelle 14.1 Netzwerksicherheitsrisiken

Sicherheitsrisiko	Beschreibung
Abfangen von Benutzer-Anmeldeinformationen	Der Eindringling findet den Benutzernamen und das Kennwort eines gültigen Benutzers heraus, und zwar entweder über das soziale Umfeld oder unter Verwendung technischer Methoden.
Maskierung	Ein nicht autorisierter Benutzer gibt vor, ein gültiger Benutzer zu sein. Ein Benutzer nimmt z. B. die IP-Adresse eines vertrauenswürdigen Systems an und verschafft sich mit ihrer Hilfe die Zugriffsrechte des benutzten Geräts oder Systems.
Replay-Angriff (Wiedergabe aufgezeichneter Informationen)	Der Eindringling zeichnet die Netzwerkkommunikation zwischen einem Benutzer und einem Server auf und spielt sie zu einem späteren Zeitpunkt ab, um sich für den Benutzer auszugeben.
Abfangen von Daten	Wenn Daten als Klartext über das Netzwerk ausgetauscht werden, können unbefugte Personen die Daten überwachen und aufzeichnen.
Manipulation	Der Eindringling löst Änderungen oder die Zerstörung von Netzwerkdaten aus. Unverschlüsselte Finanztransaktionen über das Netzwerk sind anfällig für Manipulationen. Auch Viren können Netzwerkdaten zerstören.
Zurückweisung	Netzwerkbasierte geschäftliche und finanzielle Transaktionen sind gefährdet, wenn der Empfänger der Transaktion nicht mit Sicherheit weiß, wer die Nachricht gesendet hat.
Makroviren	Anwendungsspezifische Viren können die Makrosprache intelligenter Dokumente und Tabellen missbrauchen.
Blockieren des Betriebs	Der Eindringling überschwemmt einen Server mit Anfragen, die Systemressourcen verbrauchen und entweder zu einem Zusammenbruch des Servers führen oder den normalen Betrieb erheblich behindern. Ein Zusammenbruch des Servers bietet manchmal die Gelegenheit, in das System einzudringen.
Böswilliger mobiler Softwarecode	Dieser Begriff bezeichnet böswilligen Softwarecode, der als selbstausführendes ActiveX-Steuerelement oder Java-Applet aus dem Internet auf einen Webserver geladen wird.
Missbrauch von Privilegien	Ein Administrator eines Computersystems benutzt wissentlich oder unwissentlich seine Privilegien für das Betriebssystem, um auf private Daten zuzugreifen.

(Fortsetzung)

Sicherheitsrisiko	Beschreibung
Trojanisches Pferd	Dies ist der Oberbegriff für böswillige Programme, die sich als nützliches und harmloses Dienstprogramm ausgeben.
Angriff aus dem sozialen Umfeld	Manchmal gelangt ein Eindringling in ein Netzwerk, indem er einfach bei neuen Mitarbeitern anruft, sich als Mitarbeiter der IT-Abteilung ausgibt und sie bittet, für seine Unterlagen ihr Kennwort zu verifizieren.

Wettbewerber könnten versuchen, Zugang zu proprietären Produktinformationen zu erlangen. Nicht autorisierte Benutzer könnten böswillig Webseiten ändern oder Computer so überlasten, dass sie unbrauchbar werden würden. Außerdem könnten Angestellte auf vertrauliche Informationen zugreifen. Diese Arten von Sicherheitsrisiken gilt es abzuwehren, um den reibungslosen Geschäftsbetrieb Ihres Unternehmens zu garantieren.

Netzwerkauthentifizierung

Die Identifizierung der Benutzer, die versuchen, sich mit einem Netzwerk zu verbinden, wird als Authentifizierung bezeichnet. Im Netzwerk authentifizierte Benutzer können Netzwerkressourcen nach Maßgabe ihrer Zugriffsberechtigungen nutzen. Die Authentifizierung der Netzwerkbenutzer wird über Benutzerkonten realisiert. Dies ist ein entscheidender Bestandteil der Sicherheitsverwaltung. Ohne Authentifizierung sind Ressourcen wie Dateien auch für nicht autorisierte Benutzer zugänglich.

Netzwerksicherheitsplan

Um sicherzustellen, dass nur die vorgesehenen Personen auf Ressourcen und Daten zugreifen können, sollten Sie Ihre Sicherheitsstrategien für das Netzwerk sorgfältig planen. Auf diese Weise können Sie auch jederzeit Rechenschaft ablegen, weil Sie verfolgen können, wie Netzwerkressourcen genutzt werden. Abbildung 14.1 zeigt die ersten Schritte zur Festlegung Ihrer Netzwerksicherheitsstrategie.

Vorbereiten Ihrer Mitarbeiter

Sicherheitstechnologien müssen von sehr fähigen und vertrauenswürdigen Personen eingerichtet werden. Sie müssen das gesamte Netzwerk mit der Sicherheitsinfrastruktur verzahnen, um Schwachstellen zu reduzieren oder völlig zu eliminieren. Nachdem sich Umgebung und Anforderungen kontinuierlich verändern, müssen sie die Integrität der Netzwerksicherheitsinfrastruktur ständig im Auge behalten.

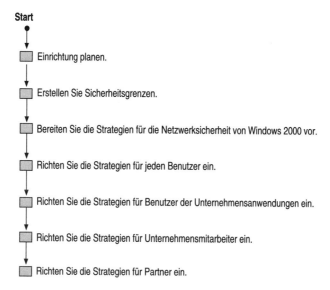

Abbildung 14.1 Erste Schritte zur Festlegung von Netzwerksicherheitsstrategien

Ein wesentlicher Faktor für den Erfolg der Netzwerksicherheitsstrategie ist ein gut ausgebildetes Team, das in der Lage ist, mit dem technologischen Wandel Schritt zu halten. Das Personal braucht Zeit, um sich intensiv mit Windows 2000, insbesondere den integrierten Netzwerksicherheitstechnologien, auseinanderzusetzen, und Gelegenheit, seine Kenntnisse durch Übung und praktische Anwendung zu vertiefen. Die Windows 2000-Sicherheitsfunktionen sind in Tabelle 14.2 beschrieben.

Tabelle 14.2 Sicherheitsfunktionen von Windows 2000

Funktion	Beschreibung
Sicherheitsvorlagen	Administratoren können verschiedene globale und lokale Sicherheitseinstellungen, beispielsweise sicherheitsrelevante Registrierungswerte, Zugangskontrollen für Dateien und die Registrierung sowie Sicherheit bei Systemdiensten festlegen.
Kerberos-Authentifizierung	Das primäre Sicherheitsprotokoll für den Zugriff innerhalb von Windows 2000 Domänen bzw. domänenübergreifenden Zugriff enthält gegenseitige Authentifizierung von Clients und Servern und unterstützt Delegierung und Autorisierung über Proxymechanismen.
Infrastruktur für öffentliche Schlüssel (PKI)	Sie können die integrierte PKI für erhöhte Sicherheit bei mehreren Unternehmens- und Internetdiensten von Windows 2000 verwenden, beispielsweise für die extranetbasierte Kommunikation.

(Fortsetzung)

Funktion	Beschreibung
Smartcardinfrastruktur	Windows 2000 enthält ein Standardmodell zur Verbindung von Smartcard-Lesern und Karten mit Computern und geräteunabhängigen APIs für Anwendungen, die Smartcards unterstützen.
Unterstützung für IP-Sicherheit (IPSec)	IPSec unterstützt Authentifizierung auf Netzwerkebene, Datenintegrität und Verschlüsselung, um die Kommunikation im Intranet, Extranet und Internet zu schützen.
NTFS-Verschlüsselung	Auf öffentlichen Schlüsseln basierendes NTFS kann auf Datei- oder (NTFS-) Verzeichnisbasis aktiviert werden.

Auch wenn die Wirksamkeit der Sicherheitstechnologien an sich gewährleistet ist, lässt sich echte Sicherheit nur in Verbindung mit richtigem Verhalten im geschäftlichen und sozialen Umfeld herstellen. Jede Technologie, so fortgeschritten und gut implementiert sie auch sein mag, ist immer nur so gut wie die Methoden, die beim praktischen Einsatz und der Verwaltung angewendet werden.

Planen der verteilten Netzwerksicherheit

Bei verteilter Sicherheit werden die verschiedenen Sicherheitsfunktionen in einem Computernetzwerk zu einer alle Aspekte umfassenden Sicherheitsrichtlinie zusammengefasst. Die verteilte Sicherheit ermöglicht es Benutzern, sich bei den vorgesehenen Computersystemen anzumelden, die gewünschte Information zu finden und zu verwenden. Der Großteil der Informationen in Computernetzwerken steht allen Benutzern für Lesezugriffe zur Verfügung, kann jedoch nur von einer kleinen Personengruppe aktualisiert werden. Wenn es sich um sicherheitskritische oder private Informationen handelt, ist es nur autorisierten Personen oder Gruppen erlaubt, die Dateien zu lesen. Auch der Schutz und die Vertraulichkeit von Informationen, die über öffentliche Telefonnetze, das Internet und selbst Segmente von internen Unternehmensnetzwerken übertragen werden, sind zu berücksichtigen. Diese Themen werden weiter unten in diesem Kapitel und in Lektion 2 behandelt.

Ein typischer Netzwerksicherheitsplan enthält beispielsweise die in Tabelle 14.3 aufgeführten Abschnitte. Natürlich kann Ihr Einsatzplan für Netzwerksicherheit zusätzliche Rubriken enthalten. Dies sind nur die empfohlenen Mindestanforderungen an Ihren Sicherheitsplan.

Tabelle 14.3 Bestandteile eines Netzwerksicherheitsplans

Abschnitte	Beschreibung
Sicherheitsrisiken	Listet die Arten von Sicherheitsrisiken in Ihrem Unternehmen auf.

(Fortsetzung)

Abschnitte	Beschreibung
Sicherheitsstrategien	Beschreibt die allgemein erforderlichen Sicherheitsstrategien gegen diese Risiken.
PKI-Richtlinien	Enthält die Pläne für den Einsatz von Zertifizierungsstellen für interne und externe Sicherheitsfunktionen.
Beschreibungen von Sicherheitsgruppen	Enthält Beschreibungen von Sicherheitsgruppen und der Beziehungen zwischen diesen Gruppen. Dieser Abschnitt verbindet Gruppenrichtlinien mit Sicherheitsgruppen.
Gruppenrichtlinie	Beschreibt die Konfiguration von Sicherheitseinstellungen der Gruppenrichtlinie, wie beispielsweise Richtlinien für Netzwerkkennwörter.
Strategien zur Netzwerkanmeldung und Authentifizierung	Enthält Authentifizierungsstrategien für die Anmeldung im Netzwerk einschließlich der Verwendung von Remotezugriff und Smartcards. Weitere Informationen dazu erhalten Sie in Lektion 2.
Strategien zur Informationssicherheit	Beschreibt die Implementierung von Lösungen zur Informationssicherheit, wie sichere E-Mail und sichere Kommunikation im Web.
Verwaltungsrichtlinien	Enthält Richtlinien für das Delegieren von Administrationsaufgaben und das Überprüfen von Überwachungsprotokollen zur Erkennung verdächtiger Aktivitäten.

Darüber hinaus benötigt Ihre Organisation möglicherweise mehrere Sicherheitspläne. Die Anzahl der erforderlichen Pläne hängt vom geplanten Einsatzbereich ab. Eine internationale Organisation benötigt möglicherweise separate Pläne für alle größeren Niederlassungen oder Standorte, während für eine regional tätige Organisation nur ein Plan erforderlich ist. Organisationen mit besonderen Richtlinien für unterschiedliche Benutzergruppen benötigen möglicherweise einen Netzwerksicherheitsplan für jede Gruppe.

Testen Ihres Sicherheitsplans

Testen und revidieren Sie Ihre Netzwerksicherheitspläne mit Hilfe von Testlabors, die die Computerumgebung Ihrer Organisation widerspiegeln. Führen Sie auch Pilotprogramme durch, um Ihre Netzwerksicherheitspläne noch weiter zu testen und zu verbessern.

Überlegungen zur Internetverbindung

Die meisten Unternehmen sind heute an einer Verbindung der eigenen Systemumgebung zum Internet interessiert, das Angestellten wie Kunden wertvolle Dienste leisten kann.

Eine Verbindung zum Internet erlaubt es Mitarbeitern Ihrer Organisation, über E-Mail mit Menschen in aller Welt zu kommunizieren und Informationen und Dateien aus einer Vielzahl von Quellen zu beziehen. Kunden können Informationen und Dienste Ihres Unternehmens zu jeder Zeit abrufen, Mitarbeiter können Firmenressourcen zu Hause, im Hotel und an jedem anderen Aufenthaltsort nutzen, und Partnern stehen besondere Funktionen zur Verfügung, die eine effiziente Zusammenarbeit mit Ihrem Unternehmen ermöglichen. Die missbräuchliche Verwendung der im Internet verfügbaren Dienste kann nie ganz ausgeschlossen werden und macht deshalb den Einsatz von Netzwerksicherheitsstrategien erforderlich.

Implementieren einer Firewall

Um Ihrem Unternehmensnetzwerk eine sichere Internetanbindung zu ermöglichen, müssen Sie eine Firewall zwischen Netzwerk und Internet schalten. Das Prinzip ist in Abbildung 14.2 verdeutlicht. Die Firewall ermöglicht Mitarbeitern den Zugang zum Internet und reduziert die damit verbundenen Risiken. Gleichzeitig werden Zugriffe aus dem Internet auf Computer Ihres Netzwerks verhindert; ausgenommen sind nur die Computer, die für Zugriffe autorisiert wurden.

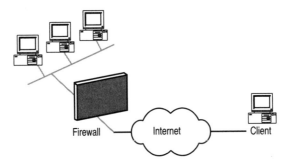

Abbildung 14.2 Firewall

Eine Firewall filtert Pakete, um bestimmte Arten von Netzwerkverkehr zuzulassen oder zu verhindern. Mit der IP-Paketfilterung können Sie genau festlegen, welcher IP-Datenverkehr über die Firewall zulässig ist. Filter spielen eine entscheidende Rolle, wenn Sie private Intranets an öffentliche Netzwerke wie das Internet anschließen. Viele Firewalls sind auch in der Lage, komplexe Attacken aufzuspüren und abzuwehren.

Firewalls dienen häufig als Proxyserver oder Router, weil sie den Datenverkehr zwischen dem privaten und dem öffentlichen Netzwerk weiterleiten. Die Firewall- oder Proxyserversoftware prüft sämtliche Netzwerkpakete an allen Schnittstellen, um die Zieladresse zu ermitteln. Stimmen die Pakete mit den definierten Kriterien überein, werden sie an den Empfänger in einem anderen Netzwerksegment weitergeleitet. Manche Firewalls leiten die Pakete nur weiter, während andere als Proxyserver dienen und die IP-Adressen im privaten Netzwerk übersetzen.

Microsoft Proxy Server

Microsoft Proxy Server stellt Proxyserver- und einige Firewallfunktionen zur Verfügung. Proxy Server wird unter Windows 2000 ausgeführt; um vollständige Netzwerksicherheit zu gewährleisten, müssen beide richtig konfiguriert sein. Wenn Sie Proxy Server noch nicht in der Version 2.0 mit Service Pack 1 einsetzen, müssen Sie bei der Umstellung der Server auf Windows 2000 aus Kompatibilitätsgründen auch Proxy Server aktualisieren.

Vielfach ist das Datenaufkommen zwischen dem Unternehmensnetzwerk und dem Internet höher, als ein Proxyserver bewältigen kann. In diesem Fall können Sie mehrere Proxyserver einsetzen, wobei der Datenverkehr zwischen den Proxyservern automatisch koordiniert wird. Internet- und Intranetbenutzern stellt sich dieser Verbund als einzelner Proxyserver dar.

Anmerkung Hinweise zur Verwendung von Microsoft Proxy Server sind im Lieferumfang des Produkts enthalten. Weitere Informationen zu Microsoft Proxy Server sowie Einzelheiten zu Sicherheitstechnologien von Microsoft finden Sie auf der Seite für Webressourcen, wenn Sie auf den Hyperlink „Microsoft Security Advisor" klicken: **http://windows.microsoft.com/windows2000/reskit/ webresources.**

Wenn Sie den Proxyserver komplett mit Überwachungsfunktionen eingerichtet haben und über gut geschultes Personal verfügen, können Sie das lokale Netzwerk mit einem externen Netzwerk verbinden. Sie müssen dabei absolut sicher sein, dass nur die autorisierten Dienste verfügbar sind und jegliche Missbrauchsmöglichkeit so gut wie ausgeschlossen ist. Eine solche Umgebung setzt umfangreiche Überwachungs- und Wartungsmaßnahmen voraus, aber Sie sind bestens vorbereitet, wenn Sie auch andere sichere Netzwerkdienste anbieten möchten.

Zusammenfassung der Lektion

Um sicherzustellen, dass nur die vorgesehenen Personen auf Ressourcen und Daten zugreifen können, sollten Sie Ihre Sicherheitsstrategien für das Netzwerk sorgfältig planen. Bei der Planung Ihres Netzwerks müssen Sie angemessene Sicherheitsmaßnahmen einbeziehen. Testen und revidieren Sie Ihre Netzwerksicherheitspläne mit Hilfe von Testlabors, die die Computerumgebung Ihrer Organisation widerspiegeln. Sie können eine Firewall einrichten, um das Unternehmensnetzwerk für Zugriffe auf und aus dem Internet zu sichern. Microsoft Proxy Server stellt Proxyserver- und Firewallfunktionen unter Windows 2000 zur Verfügung.

Lektion 2: Konfigurieren der Routing- und RAS-Sicherheit

RAS ermöglicht Clients an Remotestandorten die Verbindung zu Ihrem Netzwerk über verschiedene Geräte wie Netzwerkkarten und Modems. Sobald Clients eine RAS-Verbindung erstellt haben, können sie auf Netzwerkressourcen wie Dateien genauso zugreifen, wie von einem direkt mit Ihrem LAN verbundenen Netzwerk. In dieser Lektion erfahren Sie, wie Sie RAS-Sicherheit für Ihr Netzwerk implementieren.

Am Ende dieser Lektion werden Sie in der Lage sein, die folgenden Aufgaben durchzuführen:

- Erstellen einer RAS-Richtlinie
- Konfigurieren der RAS-Sicherheit
- Konfigurieren von Verschlüsselungsprotokollen
- Konfigurieren von Authentifizierungsprotokollen
- Konfiguration und Problembehandlung der Netzwerkprotokollsicherheit.

Veranschlagte Zeit für diese Lektion: 60 Minuten

RAS – Überblick

Wie in Kapitel 11 beschrieben, ermöglicht der Routing- und RAS-Dienst Remotebenutzern, Verbindungen zum lokalen Netzwerk über das Telefonnetz herzustellen. Remotezugriff ermöglicht auch Eindringlingen den Zugriff auf Ihr Netzwerk. Windows 2000 bietet daher mehrere Sicherheitsfunktionen, um autorisierten Zugriff zu gestatten und dabei die Gelegenheiten für den Missbrauch einzuschränken. Ein Client, der sich über einen RAS-Server in Ihr Netzwerk einwählt, erhält Netzwerkzugriff, wenn die folgenden Bedingungen erfüllt sind:

- Die Anforderung entspricht einer der RAS-Richtlinien, die für den Server definiert wurden.
- Das Konto des Benutzers ist für Remotezugriff aktiviert.
- Die Client/Serverauthentifizierung ist erfolgreich.

Nachdem der Client identifiziert und autorisiert wurde, kann der Zugriff auf das Netzwerk auf bestimmte Server, Subnetze oder Protokolltypen eingeschränkt werden, je nach dem RAS-Profil des Clients. Andernfalls werden alle Dienste, die Netzwerkbenutzern normalerweise zur Verfügung stehen (wie Datei- und Druckerfreigaben, Webserverzugriff und Messaging), über die RAS-Verbindung bereitgestellt.

Konfigurieren der Protokollsicherheit

Denken Sie daran, dass Benutzernamen und Kennwörter durch bestimmte Abhörtechniken abgefangen werden können, während Benutzer versuchen, sich bei einem RAS-Server einzuwählen. Um solche Angriffe zu verhindern, stellt der Routing- und RAS-Dienst sichere Benutzerauthentifizierungsverfahren zur Verfügung. Dazu zählen die folgenden Protokolle:

- **CHAP (Challenge Handshake Authentication Protocol)** Das CHAP-Protokoll ist die Lösung für das Problem der Weitergabe von Kennwörtern im Klartext. CHAP wird bis heute als häufigstes Authentifizierungsprotokoll für DFÜ-Verbindungen eingesetzt. Da der Algorithmus zur Berechnung von CHAP-Antworten allgemein bekannt ist, müssen Sie darauf achten, dass Kennwörter sorgfältig ausgewählt werden und ausreichend lang sind. Wörter allgemeiner Art oder Namen als CHAP-Kennwörter sind anfällig für so genannte „Wörterbuchangriffe", weil sie durch Vergleich der Antworten auf die CHAP-Abfrage mit sämtlichen Einträgen eines beliebigen Wörterbuchs ermittelt werden könnten. Zu kurze Kennwörter sind anfällig für simple Gewaltattacken, bei denen die CHAP-Antwort mit einer riesigen Anzahl von Versuchskennwörtern verglichen wird, bis eine Übereinstimmung mit der Rückmeldung des Benutzers gefunden wird.

- **MS-CHAP (Microsoft Challenge Handshake-Protokoll)** MS-CHAP ist eine CHAP-Variante, die auf dem authentifizierenden Server keine Klartextversion des Kennworts erfordert. Auf dem Server gespeicherte MS-CHAP-Kennwörter sind etwas sicherer; sie sind jedoch genau so anfällig für Wörterbuch- und Gewaltattacken wie CHAP. Bei MS-CHAP wird die Antwort auf die CHAP-Aufforderung mit einer MD4-gehashten Version des Kennworts und der NAS-Aufforderung berechnet. Dies ermöglicht die Authentifizierung über das Internet bei einem Windows 2000-Domänencontroller (oder einem Windows NT 4.0-Domänencontroller, auf dem das Update nicht installiert wurde).

- **PAP (Password Authentication Protocol)** Das PAP-Protokoll übermittelt ein Kennwort als Zeichenfolge vom Computer des Benutzers an den NAS-Server. Wenn der NAS das Kennwort weiterleitet, wird es verschlüsselt, indem der gemeinsame RADIUS-Schlüssel als Verschlüsselungsschlüssel eingesetzt wird. PAP ist das offenste Protokoll, da der Server durch die Übergabe des Klartextkennworts an den Authentifizierungsserver die Möglichkeit hat, das Kennwort mit nahezu jedem beliebigen Speicherformat zu vergleichen. Beispielsweise werden UNIX-Kennwörter als Strings mit Einwegverschlüsselung gespeichert, die nicht mehr entschlüsselt werden können. PAP-Kennwörter können mit diesen Strings verglichen werden, indem das Verschlüsselungsverfahren reproduziert wird. Da PAP die Klartextversion des Kennworts verwendet, tun sich eine Reihe von Sicherheitslücken auf. Zwar wird das Kennwort mit dem RADIUS-Protokoll verschlüsselt, aber über die DFÜ-Verbindung wird es im Klartext übertragen.

- **SPAP (Shiva Password Authentication Protocol)**   SPAP ist ein reversibler Verschlüsselungsmechanismus, der von Shiva-RAS-Servern verwendet wird. Unter Windows 2000 kann ein RAS-Client SPAP einsetzen, um sich bei einem Shiva-RAS-Server zu authentifizieren. Ein RAS-Client, auf dem ein 32-Bit-Windwos-Betriebssystem ausgeführt wird, kann SPAP einsetzen, um sich bei einem Windows 2000-RAS-Server zu authentifizieren. SPAP ist sicherer als PAP, jedoch nicht so sicher wie CHAP oder MS-CHAP. SPAP bietet keinen Schutz vor einem Identitätswechsel des RAS-Servers.

    SPAP ist – genau wie PAP – ein einfacher Austausch von Meldungen. Zuerst sendet der RAS-Client die SPAP-Meldung „Authenticate-Request" an den RAS-Server. Die Meldung enthält den Benutzernamen des RAS-Clients sowie ein verschlüsseltes Kennwort. Der RAS-Server entschlüsselt das Kennwort, überprüft das Kennwort und den Benutzernamen und sendet entweder die SPAP-Meldung „Authenticate-Ack" (wenn die Anmeldeinformationen des Benutzers korrekt sind) oder die SPAP-Meldung „Authenticate-Nak" (wenn die Anmeldeinformationen nicht korrekt sind) zurück.

- **EAP (Extensible Authentication Protocol)**   EAP ist eine Erweiterung des PPP-Protokolls, das beliebige Authentifizierungsmechanismen bei der Gültigkeitsprüfung einer PPP-Verbindung zulässt. Bei PPP-Authentifizierungsprotokollen wie MS-CHAP und SPAP wird in der Phase des Verbindungsaufbaus ein spezieller Authentifizierungsmechanismus verwendet. Während der Authentifizierung der Verbindung wird dann das ausgehandelte Authentifizierungsprotokoll verwendet, um die Verbindung zu überprüfen. Das Authentifizierungsprotokoll an sich besteht aus einer festen Anzahl von Meldungen, die in einer bestimmten Reihenfolge gesendet werden. Die EAP-Architektur ist so ausgelegt, dass sowohl auf Seiten des Servers als auch auf Seiten des Clients Plug-In-Module eingesetzt werden können. Durch Installation einer Bibliotheksdatei des Typs EAP auf dem RAS-Client und dem RAS-Server ist es möglich, einen neuen EAP-Typ zu unterstützen. Auf diese Weise haben Hersteller die Möglichkeit, jederzeit ein neues Authentifizierungsschema zu liefern. EAP ist das Protokoll mit der höchsten Flexibilität in Bezug auf Eindeutigkeit und Variabilität.

Übung: Verwenden von Sicherheitsprotokollen für VPN-Verbindungen

▶ So konfigurieren Sie einen VPN-Server für das CHAP-Authentifizierungsverfahren

1. Klicken Sie auf **Start**, zeigen Sie auf **Programme**, dann auf **Verwaltung**, und klicken Sie anschließend auf **Routing und RAS**.

2. Klicken Sie mit der rechten Maustaste auf den Namen des Servers, auf dem Sie das Authentifizierungsprotokoll aktivieren möchten, und klicken Sie anschließend auf **Eigenschaften**.

Kapitel 14 Implementieren unternehmensweiter Netzwerksicherheit

Das Dialogfeld **Servereigenschaften** wird angezeigt.

3. Klicken Sie auf der Registerkarte **Sicherheit** auf **Authentifizierungsmethoden**.

Das Dialogfeld **Authentifizierungsmethoden** wird angezeigt.

4. Wählen Sie im Dialogfeld **Authentifizierungsmethoden** die Option **Verschlüsselte Authentifizierung**, wie in Abbildung 14.3 demonstriert, und klicken Sie dann auf **OK**.

5. Klicken Sie auf **OK**, um das Dialogfeld **Servereigenschaften** zu schließen.

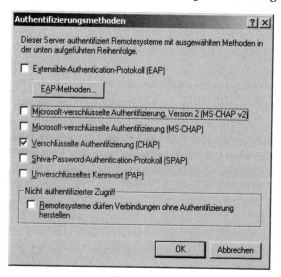

Abbildung 14.3 Aktivieren der CHAP-Authentifizierungsmethode

Erstellen von RAS-Richtlinien

Windows 2000 Routing und RAS und der Windows 2000-Internetauthentifizierungsdienst (IAS) verwenden RAS-Richtlinien, um festzulegen, ob Verbindungsversuche angenommen oder zurückgewiesen werden. In beiden Fällen werden die RAS-Richtlinien lokal gespeichert. Die Richtlinie wird nun auf Einzelanrufbasis vorgeschrieben.

Mit Hilfe von RAS-Richtlinien können Autorisierungen nach bestimmten Uhrzeiten oder Wochentagen, nach der Windows 2000-Gruppe, der der RAS-Benutzer angehört, nach Art der angeforderten Verbindung (DFÜ-Netzwerk- oder VPN-Verbindung) usw. gewährt oder verweigert werden.

Lokale und zentrale Richtlinienverwaltung

Da RAS-Richtlinien lokal auf einem RAS- oder einem IAS-Server gespeichert werden, sind folgende Schritte auszuführen, damit eine zentrale Verwaltung eines einzigen Richtlinienwerks für mehrere RAS- oder VPN-Server möglich ist:

1. Installieren Sie den Windows 2000-IAS als RADIUS-Server auf einem Computer.
2. Konfigurieren Sie IAS mit RADIUS-Clients, die jedem einzelnen Windows 2000-RAS- bzw. VPN-Server entsprechen.
3. Definieren Sie auf dem IAS-Server ein zentrales Richtliniengerüst, das für alle RAS-Server unter Windows 2000 gilt.
4. Konfigurieren Sie jeden der RAS-Server als RADIUS-Client für den IAS-Server.

Nach dem Konfigurieren eines RAS-Servers unter Windows 2000 als RADIUS-Client für einen IAS-Server werden die auf dem RAS-Server lokal gespeicherten RAS-Richtlinien nicht mehr verwendet. Die zentrale Verwaltung der RAS-Richtlinien wird auch bei der Verwendung von RAS-Servern unter Windows NT 4.0 mit dem Routing- und RAS-Dienst (RRAS) eingesetzt. Sie können den Server, auf dem Windows NT 4.0 ausgeführt wird, als RADIUS-Client eines IAS-Servers konfigurieren. Bei einem RAS-Server unter Windows NT 4.0 ohne RRAS kann die zentrale RAS-Richtlinienverwaltung jedoch nicht ausgenutzt werden.

Verwenden von Verschlüsselungsprotokollen

Sie können Datenverschlüsselung zum Schutz der Daten einsetzen, die zwischen RAS-Client und RAS-Server ausgetauscht werden. Datenverschlüsselung ist für Finanzinstitute, Vollzugsorgane und Regierungsinstitutionen, die auf sichere Datenübertragung angewiesen sind, von entscheidender Bedeutung. In Umgebungen, in denen die Vertraulichkeit der Daten gewährleistet sein muss, kann der Netzwerkadministrator den RAS-Server für verschlüsselte Kommunikation konfigurieren. Benutzer, die sich mit diesem Server verbinden, müssen ihre Daten verschlüsseln, oder die Verbindung wird verweigert.

Bei VPN-Verbindungen werden die Daten von Endpunkt zu Endpunkt des VPNs verschlüsselt. Sie sollten Datenverschlüsselung bei VPN-Verbindungen grundsätzlich dann verwenden, wenn private Daten über ein öffentliches Netzwerk wie das Internet übertragen werden, bei dem sich das Risiko unbefugter Zugriffe nie ausschließen lässt.

Bei DFÜ-Verbindungen schützen Sie Ihre Daten durch Verschlüsselung über die Kommunikationsverbindung zwischen RAS-Client und RAS-Server. Sie sollten Datenverschlüsselung immer dann einsetzen, wenn die Gefahr besteht, dass Daten bei der Übertragung über die Kommunikationsverbindung zwischen RAS-Client und RAS-Server durch Unbefugte abgefangen werden.

Für bei Bedarf herzustellende Wählverbindungen stehen zwei Verschlüsselungsverfahren zur Verfügung: Microsoft Punkt-zu-Punkt-Verschlüsselung (MPPE) und IP-Sicherheit (IPSec).

- **MPPE** Alle PPP-Verbindungen einschließlich PPTP (Point-to-Point Tunneling Protocol) mit Ausnahme von L2TP (Layer Two Tunneling Protocol) können MPPE verwenden. MPPE nutzt den RSA RC4-„Stream"-Schlüssel (nach Rivest-Shamir-Adleman) und wird lediglich bei Verwendung der Authentifizierungsmethoden EAP-TLS bzw. MS-CHAP (Version 1 oder Version 2) eingesetzt. MPPE kann 40-Bit-, 56-Bit- oder 128-Bit-Verschlüsselungsschlüssel verwenden. Der 40-Bit-Schlüssel wurde aus Gründen der Abwärtskompatibilität und für den internationalen Einsatz entwickelt. Der 56-Bit-Schlüssel wurde für den internationalen Einsatz entwickelt und entspricht den US-amerikanischen Exportvorschriften für Verschlüsselungsprogramme. Der 128-Bit-Schlüssel wird nur in Nordamerika eingesetzt. Die vom anrufenden und antwortenden Router unterstützte maximale Schlüsselstärke wird standardmäßig beim Verbindungsaufbau ausgehandelt. Unterschreitet die vom antwortenden Router geforderte Schlüsselstärke diejenige, die vom anrufenden Router unterstützt wird, schlägt der Verbindungsaufbau fehl.

Anmerkung Bei DFÜ-Netzwerkverbindungen verwendet Windows 2000 MPPE.

- **IPSec** Bei bedarfsorientiert herzustellenden Wählverbindungen, die L2TP-über-IPSec verwenden, wird die Verschlüsselung durch das Einrichten der IPSec-Sicherheitszuordnung festgelegt. Zu den verfügbaren Verschlüsselungsalgorithmen gehören DES (Data Encryption Standard) mit einem 56-Bit-Schlüssel und 3DES („Triple DES"), bei dem drei 56-Bit-Schlüssel verwendet werden. 3DES wurde für Umgebungen mit hohen Sicherheitsanforderungen entwickelt. Die ersten Verschlüsselungsschlussel werden vom IPSec-Authentifizierungsprozess abgeleitet.

Bei VPN-Verbindungen verwendet Windows 2000 MPPE mit PPTP und IPSec-Verschlüsselung mit L2TP.

▶ **So konfigurieren Sie die Verschlüsselung für DFÜ-Verbindungen**

1. Klicken Sie auf **Start**, zeigen Sie auf **Programme**, dann auf **Verwaltung**, und klicken Sie anschließend auf **Routing und RAS**.

2. Klicken Sie unter dem Servernamen auf **RAS-Richtlinien**.

3. Klicken Sie im Detailfenster mit der rechten Maustaste auf die RAS-Richtlinie, die Sie konfigurieren möchten, und klicken Sie anschließend auf **Eigenschaften**.

4. Klicken Sie auf **Profil bearbeiten**.

5. Nehmen Sie auf der Registerkarte **Verschlüsselung** (Abbildung 14.4) die gewünschten Einstellungen vor, und klicken Sie dann auf **OK**.
6. Klicken Sie auf **OK**, um die Richtlinieneigenschaften zu schließen.

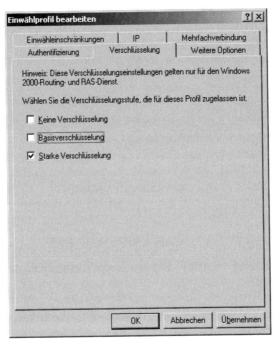

Abbildung 14.4 Einstellen der Verschlüsselungsstärke

Zusammenfassung der Lektion

RAS ermöglicht Clients an Remotestandorten die Verbindung zu Ihrem Netzwerk über verschiedene Geräte wie Netzwerkkarten und Modems. Sobald Clients eine RAS-Verbindung erstellt haben, können sie auf Netzwerkressourcen wie Dateien genauso zugreifen, wie von einem direkt mit Ihrem LAN verbundenen Computer. In Windows 2000 können Sie RAS-Richtlinien erstellen und mit den geeigneten Sicherheitseinstellungen konfigurieren. Sie können die Verschlüsselungsstärke einstellen und DFÜ-Zugriffsberechtigungen für Remotezugriffe zuweisen.

Lektion 3: Überwachen von Sicherheitsereignissen

In Lektion 1 haben Sie verschiedene Abschnitte eines Netzwerksicherheitsplans kennen gelernt. Zu den Verwaltungsrichtlinien gehören das Delegieren von Administrationsaufgaben und das Überprüfen von Überwachungsprotokollen zur Erkennung verdächtiger Aktivitäten. In dieser Lektion erfahren Sie, wie Sie Sicherheitsereignisse in Windows 2000 überwachen, um Angriffe auf Ihr Netzwerk und unbefugtes Eindringen zu verhindern.

Am Ende dieser Lektion werden Sie in der Lage sein, die folgenden Aufgaben durchzuführen:

- Verwalten und Überwachen des Netzwerkverkehrs
- Verwalten und Überwachen von Remotezugriffen

Veranschlagte Zeit für diese Lektion: 45 Minuten

Überwachen der Netzwerksicherheit

Die im Netzwerk implementierten Sicherheitstechnologien wie Microsoft Proxy Server können ihre Aufgabe nur erfüllen, wenn Sie bei der Planung und Konfiguration Sorgfalt walten lassen. Gründliche Vorbereitung ist der Schlüssel zum Erfolg. Aus den folgenden Gründen lassen sich allerdings kaum alle potenziellen Risiken vorhersehen:

- Neue Gefahren entstehen.
- Systeme können ausfallen, und die Systemumgebung verändert sich im Laufe der Zeit.

Sie können die Sicherheitsrisiken reduzieren, wenn Sie Ihre Strategien zur Netzwerksicherheit kontinuierlich überprüfen. Darüber hinaus sollten Sie die aktuelle Netzwerkaktivität beobachten, um Schwachstellen ausfindig zu machen, bevor Andere sie ausnutzen, und um unerlaubtes Eindringen zu unterbinden, bevor Schaden angerichtet wird.

Zur Überwachung sicherheitsrelevanter Netzwerkaktivitäten benötigen Sie Programme, die detaillierte Informationen zu diesen Aktivitäten festhalten und die aufgezeichneten Daten analysieren. Microsoft Proxy Server ermöglicht Protokollierung auf zwei Ebenen – normal und ausführlich. Windows 2000 verfügt ebenfalls über eine Ereignisprotokollierung, die sich durch Aktivieren der Sicherheitsüberwachung erweitern lässt. IAS verfügt über umfassende Berichtsoptionen. Produkte anderer Hersteller können ebenfalls zur Überwachung von Sicherheitsservern und -anwendungen herangezogen werden.

Anmerkung Für welche Sicherheitsserver und -anwendungen Sie sich auch entscheiden, lesen Sie die Dokumentation des eingesetzten Systems aufmerksam durch, und wählen Sie die Protokolloptionen aus, die Ihren Anforderungen am besten entsprechen.

Verwenden der Ereignisanzeige zur Sicherheitsüberwachung

Die Ereignisanzeige ermöglicht die Überwachung von Systemereignissen. Sie protokolliert Programm-, Sicherheits- und Systemereignisse auf Ihrem Computer. Sie können die Ereignisanzeige zum Anzeigen und Verwalten von Ereignisprotokollen, zum Sammeln von Informationen über Hardware- und Softwareprobleme und zum Überwachen von Windows 2000-Sicherheitsereignissen verwenden. Der Dienst wird beim Start von Windows 2000 automatisch gestartet. Alle Benutzer können die Anwendungs- und Systemprotokolle einsehen. Sie können das Windows-Betriebssystem auch so einrichten, dass Zugriffe auf bestimmte Ressourcen überwacht und im Sicherheitsprotokoll aufgezeichnet werden. Tabelle 14.4 listet verschiedene Ereignisse auf, die überwacht werden müssen, sowie die spezielle Sicherheitsbedrohung, die das Überwachungsereignis überprüft.

Tabelle 14.4 Bedrohungen, die durch die Überwachung erkannt werden

Überwachungsereignis	Erkannte Bedrohung
Fehlversuchüberwachung bei An-/Abmeldung.	Versuch, mit einem zufällig gewählten Kennwort einzudringen
Erfolgsüberwachung bei An-/Abmeldung.	Eindringen mit gestohlenem Kennwort
Erfolgsüberwachung bei Benutzerrechten, Verwaltung von Benutzern und Gruppen, Richtlinien für die Revisionskontrolle der Sicherheit, Neustart, Herunterfahren und Systemereignissen.	Missbrauch von Privilegien
Erfolgs- und Fehlerüberwachung bei Datei- und Objektzugriffsereignissen. Erfolgs- und Fehlerüberwachung im Datei-Manager bei Lese-/Schreibzugriffen von verdächtigen Benutzern oder Gruppen auf sicherheitskritische Dateien.	Unbefugter Zugriff auf sicherheitskritische Dateien
Erfolgs- und Fehlerüberwachung bei Datei- und Objektzugriffsereignissen. Erfolgs- und Fehlerüberwachung im Druck-Manager bei Zugriff von verdächtigen Benutzern oder Gruppen auf Drucker.	Unbefugter Zugriff auf Drucker

(Fortsetzung)

Überwachungsereignis	Erkannte Bedrohung
Erfolgs- und Fehlerüberwachung bei Schreibzugriff auf Programmdateien (.exe- und .dll-Erweiterungen). Erfolgs- und Fehlerüberwachung bei der Prozessverfolgung. Ausführen verdächtiger Programme, Prüfen des Sicherheitsprotokolls für unerwartete Versuche, Programmdateien zu ändern, oder Erstellen unerwarteter Prozesse. Nur ausführen, wenn die Systemprotokollierung aktiv überwacht wird.	Virusattacke

Übung: Aufzeichnen fehlgeschlagener Anmeldeversuche

Die Sicherheitsüberwachung ist nicht standardmäßig aktiviert. Sie müssen die von Ihnen benötigten Überwachungsarten aktivieren, indem Sie das Gruppenrichtlinien-Snap-In für MMC verwenden. Sie müssen die Überwachung auch für allgemeine Bereiche oder bestimmte Themen aktivieren, die Sie verfolgen möchten.

▶ **So aktivieren Sie die Sicherheitsüberwachung für fehlgeschlagene Anmeldeversuche**

1. Klicken Sie zunächst auf **Start**, dann auf **Ausführen**, geben Sie **mmc** ein, und klicken Sie auf **OK**.

2. Wählen Sie im Menü **Konsole** den Befehl **Snap-In hinzufügen/entfernen** aus, und klicken Sie auf **Hinzufügen**.

    Das Dialogfeld **Snap-In hinzufügen/entfernen** wird angezeigt.

3. Klicken Sie auf **Hinzufügen**.

    Das Dialogfeld **Eigenständiges Snap-In hinzufügen** wird angezeigt.

4. Wählen Sie **Gruppenrichtlinie** aus, und klicken Sie dann auf **Hinzufügen**.

    Das Dialogfeld **Gruppenrichtlinienobjekt auswählen** wird angezeigt.

5. Klicken Sie auf **Fertig stellen**, um den lokalen Computer hinzuzufügen.

    Sie können auch auf **Durchsuchen** klicken und einen anderen Computer in diesem Netzwerk auswählen.

6. Klicken Sie im Dialogfeld **Eigenständiges Snap-In hinzufügen** auf **Schließen**.

7. Klicken Sie im Dialogfeld **Snap-In hinzufügen/entfernen** auf **OK**.

8. Unter **Richtlinie für Lokaler Computer\Computerkonfiguration\Windows-Einstellungen\Sicherheitseinstellungen\Lokale Richtlinien** klicken Sie dann auf **Überwachungsrichtlinien**, wie in Abbildung 14.5 demonstriert.

9. Klicken Sie im Detailfenster mit der rechten Maustaste auf **Anmeldeereignisse überwachen** und anschließend auf **Sicherheit**.

Das Dialogfeld **Lokale Sicherheitsrichtlinie** wird angezeigt.

10. Wählen Sie unter **Diese Versuche überwachen** die Option **Fehlgeschlagen** aus, und klicken Sie dann auf **OK**.

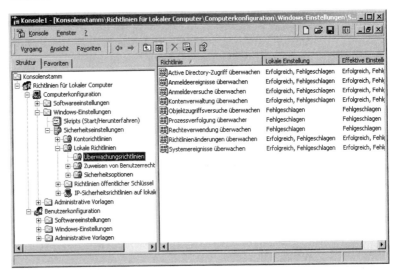

Abbildung 14.5 Auswählen einer Überwachungsrichtlinie für die lokale Computerrichtlinie

Anzeigen des Sicherheitsereignisprotokolls

Sie können festlegen, dass bestimmte Aktionen oder Zugriffe auf bestimmte Dateien in jedem Einzelfall als Überwachungseintrag im Sicherheitsereignisprotokoll vermerkt werden. Der Überwachungseintrag zeigt die durchgeführte Aktion, den Benutzer, der sie durchgeführt hat, sowie Datum und Uhrzeit der Aktion. Sie können sowohl erfolgreiche als auch fehlgeschlagene Versuche überwachen; anschließend können Sie in der Überwachungsliste feststellen, welcher Benutzer Aktionen im Netzwerk durchgeführt hat und wer versucht hat, unzulässige Aktionen durchzuführen. Sie können das Sicherheitsprotokoll in der Ereignisanzeige überprüfen.

Die Aufzeichnung von Sicherheitsereignissen ist eine Form der Angriffserkennung durch Überwachung. Die Überwachung und Sicherheitsprotokollierung von Netzwerkaktivitäten sind wichtige Schutzvorkehrungen. Windows 2000 ermöglicht es Ihnen, eine Vielzahl unterschiedlicher Ereignisse zu überwachen, mit deren Hilfe die Aktivitäten eines Eindringlings verfolgt werden können.

Das Sicherheitsprotokoll zeichnet Sicherheitsereignisse auf, z. B. gültige und ungültige Anmeldeversuche, und Ereignisse, die sich auf Ressourcenzugriffe beziehen, beispielsweise das Erstellen, Öffnen oder Löschen von Dateien oder Objekten. Anhand des Sicherheitsprotokolls können Sie Änderungen im Sicherheitssystem aufspüren und mögliche Sicherheitsverletzungen erkennen. So können beispielsweise Versuche, sich am System anzumelden, im Sicherheitsereignis aufgezeichnet werden, sofern die Überwachung von An- und Abmeldeereignissen aktiviert ist. Wenn das Sicherheitsprotokoll regelmäßig geprüft wird, können manche Angriffsarten, wie z. B. Kennwortangriffe, entdeckt werden, bevor sie erfolgreich sind. Nach einem Eindringen kann Ihnen das Sicherheitsprotokoll dabei behilflich sein, zu bestimmen, wie der Eindringling sich Zugang verschaffen konnte und welche Aktionen er ausgeführt hat. Die Einträge der Protokolldatei können als Beweismaterial herangezogen werden, wenn ein Eindringling identifiziert wurde.

Anmerkung Bei der höchsten Sicherheitsstufe müssen Sie die Protokolle ständig überwachen.

Übung: Anzeigen des Sicherheitsprotokolls

Ereignisprotokolle bestehen aus einem Header, einer Beschreibung des Ereignisses (auf Grundlage des Ereignistyps) und ggf. zusätzlichen Daten. Die meisten Protokolleinträge weisen den Header und eine Beschreibung auf. Die Ereignisanzeige listet die Einträge der verschiedenen Protokolle getrennt auf. Jede Zeile entspricht einem einzelnen Ereignis und enthält Informationen zu Datum, Uhrzeit, Kategorie, Ereigniskennung, Benutzerkonto und Computername. In der folgenden Übung überprüfen Sie das Sicherheitsereignisprotokoll, um unbefugte Netzwerkzugriffe aufzuspüren. Damit Sie diese Übung durchführen können, müssen Sie die Schritte in der vorangegangenen Übung ausgeführt haben.

▶ **So zeigen Sie das Sicherheitsereignisprotokoll an**

1. Versuchen Sich, sich mit einem ungültigen Benutzernamen und ungültigen Kennwort an dem Windows 2000-Computer anzumelden, auf dem Sie die Sicherheitsüberwachung für fehlgeschlagene Anmeldeversuche aktiviert haben.

2. Nachdem die Anmeldung fehlgeschlagen ist, melden Sie sich mit gültigem Benutzernamen und Kennwort an.

3. Klicken Sie auf **Start**, zeigen Sie auf **Programme**, dann auf **Verwaltung**, und klicken Sie anschließend auf **Ereignisanzeige**.

   Die Ereignisanzeige wird geöffnet.

4. Klicken Sie auf **Sicherheitsprotokoll** im linken Fenster.

   Der fehlgeschlagene Anmeldeversuch ist im rechten Fensterausschnitt der Ereignisanzeige zu sehen, wie in Abbildung 14.6 demonstriert.

5. Doppelklicken Sie auf das Element **Fehlerüberwachung** in der Ereignisanzeige, um das Eigenschaftenfenster zu öffnen.

In der Beschreibung sind Fehlerursache und Benutzername angegeben, nicht aber das eingegebene Kennwort.

6. Klicken Sie auf **OK**, um das Eigenschaftenfenster zu schließen.

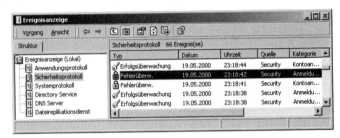

Abbildung 14.6 Ungültiger Anmeldeeintrag im Sicherheitsereignisprotokoll

Systemmonitor

Mit Hilfe des Systemmonitors können Sie die Verwendung von Systemressourcen verfolgen. Sie können den Systemmonitor beispielsweise einsetzen, um zu erfahren, welche Systemressourcen eine Anwendung in Anspruch nimmt. Häufig untersuchte Objekte sind Arbeitsspeicher, CPU, Netzwerk und Festplattenaktivität. Zusätzliche Leistungsindikatoren, die allerdings nicht leistungsbezogen sind, liefern wertvolle Hinweise zur Serversicherheit. Hierzu gehören:

- Server\Zugriffsberechtigungsfehler
- Server\Zugriffsfehler
- Server\Anmeldefehler
- IIS-Sicherheit

▶ **So überwachen Sie Sicherheitsereignisse mit dem Systemmonitor**

1. Klicken Sie auf **Start**, zeigen Sie auf **Programme**, dann auf **Verwaltung**, und klicken Sie anschließend auf **Systemmonitor**.

    Der Systemmonitor wird in der MMC geöffnet.

2. Klicken Sie im rechten Fenster auf **Hinzufügen**.

    Das Dialogfeld **Leistungsindikatoren hinzufügen** wird angezeigt (siehe Abbildung 14.7).

3. Wählen Sie im Dropdown-Listenfeld **Datenobjekt** den Eintrag **Server** aus.

4. Klicken Sie auf **Leistungsindikatoren wählen**.

5. Wählen Sie einen Leistungsindikator in der Liste aus, und klicken Sie auf **Hinzufügen**.

6. Klicken Sie auf **Schließen**, um das Dialogfeld **Leistungsindikatoren hinzufügen** zu schließen.

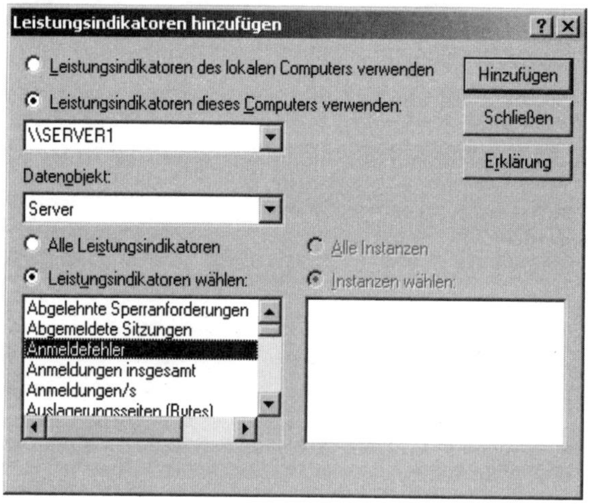

Abbildung 14.7 Hinzufügen des Leistungsindikators für fehlgeschlagene Anmeldeversuche

IP-Sicherheitsüberwachung

Die IP-Sicherheitsüberwachung kann feststellen, ob Ihre sichere Kommunikation erfolgreich hergestellt wurde. Dazu werden die aktiven Sicherheitszuordnungen auf lokalen oder Remotecomputern angezeigt. Mit dieser Überwachung können Sie beispielsweise ermitteln, ob ein Muster von Authentifizierungs- oder SA-Fehlern vorliegt. Dies lässt möglicherweise auf nicht kompatible Einstellungen der Sicherheitsrichtlinien schließen. Die IP-Sicherheitsüberwachung kann auf einem lokalen Computer oder mit Remotefunktionen ausgeführt werden, wenn eine Netzwerkverbindung zum Remotecomputer besteht.

▶ **So starten Sie die IP-Sicherheitsüberwachung**

1. Klicken Sie auf **Start** und anschließend auf **Ausführen**.

2. Geben Sie im Dialogfeld **Ausführen** den Befehl **ipsecmon <computername>** ein, und klicken Sie auf **OK**.

   Das Dialogfeld **IP-Sicherheitsüberwachung** wird angezeigt (siehe Abbildung 14.8). Für jede aktive Sicherheitszuordnung wird ein Eintrag angezeigt. Jeder Eintrag enthält folgende Informationen: den Namen der aktiven IPSec-Richtlinie, die aktive Filteraktion sowie die IP-Filterliste (einschließlich der Details des aktiven Filters) und gegebenenfalls den Tunnelendpunkt.

3. Klicken Sie auf die Schaltfläche **Optionen**, um die Aktualisierungsrate einzustellen.

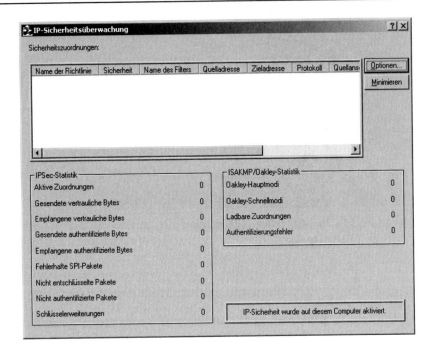

Abbildung 14.8 Die IP-Sicherheitsüberwachung

Außerdem werden Statistiken angegeben, um die Leistungsoptimierung und die Problembehandlung zu vereinfachen. Dazu gehören auch folgende Statistiken:

- Anzahl und Typ der aktiven Sicherheitszuordnungen.
- Die Gesamtzahl der Haupt- und Sitzungsschlüssel. Erfolgreiche IPSec-Sicherheitszuordnungen generieren zuerst einen Haupt- und einen Sitzungsschlüssel. Schlüssel, die zu einem späteren Zeitpunkt neu erstellt wurden, werden als zusätzliche Sitzungsschlüssel angezeigt.
- Die Gesamtzahl der gesendeten oder empfangenen vertraulichen (ESP) oder authentifizierten (ESP oder AH) Byte.

Überwachen der Sicherheitsleistung

Sicherheit lässt sich nur unter Verzicht auf Leistung erzielen. Wenn Sie die Leistung einer Sicherheitsstrategie messen möchten, ist es nicht damit getan, einen separaten Prozess oder Thread zu überwachen. Die Funktionen des Windows 2000-Sicherheitsmodells und anderer Sicherheitsdienste sind in verschiedene Betriebssystemdienste integriert. Sie können die Sicherheitsfunktionen nicht unabhängig von anderen Aspekten der Dienste überwachen. Das übliche Verfahren der Leistungsmessung besteht darin, Vergleichstests durchführen und die Serverleistung mit und ohne Sicherheitsfunktion zu messen.

Die Tests sollten mit festgelegter Arbeitsbelastung und Serverkonfiguration durchgeführt werden, so dass die Sicherheitsfunktion die einzige Variable darstellt. Während der Tests sollten Sie die folgenden Leistungsindikatoren messen:

- Prozessoraktivität und Prozessorwarteschlange,
- den verfügbaren realen Speicher,
- den Netzwerkverkehr,
- Wartezeiten und Verzögerungen.

Zusammenfassung der Lektion

Sie sollten Aktivitäten, die die Netzwerksicherheit betreffen, überwachen, um Schwachstellen auszumachen, bevor sie ausgenutzt werden. In der **Ereignisanzeige** können Sie die Fehlermeldungen der Windows 2000-Sicherheitsereignisse überprüfen und verwalten. Der Überwachungseintrag zeigt die durchgeführte Aktion, den Benutzer, der sie durchgeführt hat, sowie Datum und Uhrzeit der Aktion. System- und Netzwerkmonitor liefern wertvolle Informationen über die Serversicherheit. Die IP-Sicherheitsüberwachung kann feststellen, ob Ihre sicheren Verbindungen erfolgreich sind. Darüber hinaus können Sie in Windows 2000 Routing und RAS zum Überwachen und Protokollieren des Remotenetzwerkverkehrs einsetzen und die Daten später überprüfen.

Lernzielkontrolle

Mit den folgenden Fragen können Sie überprüfen, ob Sie die in diesem Kapitel vermittelten Lehrinhalte verstanden haben. Wenn Sie eine Frage nicht beantworten können, wiederholen Sie den entsprechenden Abschnitt, bevor Sie mit dem nächsten Kapitel fortfahren. Die Antworten zu den Fragen finden Sie in Anhang A, „Fragen und Antworten".

1. Welche potenziellen Sicherheitsrisiken sollten Sie in Ihrem Sicherheitsplan berücksichtigen?

2. Was ist Authentifizierung, und wie wird sie eingerichtet?

3. Nennen Sie einige Sicherheitsfunktionen von Windows 2000.

4. Wie können Sie eine Verbindung zwischen Ihrem Netzwerk und dem Internet sichern?

5. Nennen Sie einige Protokolle, die Sie zur Sicherung von Remotezugriffen einsetzen können.

6. Nennen Sie zwei Verschlüsselungsformen für bei Bedarf herzustellende Wählverbindungen.

7. Wie können Sie Systemmonitor und Netzwerkmonitor zur Überwachung der Sicherheit in Ihrem Netzwerk einsetzen?

   _____

   _____

   _____

8. Wie wird die Ereignisanzeige zur Sicherheitsüberwachung eingesetzt?

   _____

   _____

   _____

9. Wie aktivieren Sie die RAS-Protokollierung in Windows 2000?

   _____

   _____

   _____

ANHANG A

Fragen und Antworten

Kapitel 1

Fragen zur Lernzielkontrolle

Seite 22

1. Sie sind dabei, TCP/IP auf neuen Computern und auf Computern, die in ein anderes Subnetz verlagert werden, manuell zu konfigurieren. Sie möchten die Verwaltung der TCP/IP-Adressen durch automatische Zuweisung vereinfachen. Welchen Windows 2000-Netzwerkdienst sollten Sie verwenden?

   Verwenden Sie DHCP, um TCP/IP-Adressen zu automatisieren und zentral zu verwalten.

2. Sie haben einen Intel-kompatiblen Server mit 8 GB RAM und 8 CPUs. Sie möchten mehr als 400 Personen in Ihrem Unternehmen Dateidienste zur Verfügung stellen. Welches Windows 2000-Betriebssystem eignet sich hier am besten und warum?

   Richten Sie in diesem Fall Windows 2000 Advanced Server ein, weil Netzwerklastenausgleich und die Speicherarchitektur für Großunternehmens geboten werden. Windows 2000 Server unterstützt nur 4 GB RAM. Deshalb werden die Anforderungen nicht erfüllt.

3. Sie möchten in AppleTalk-basierten Macintosh-Netzwerken Verbindungen und Routing über einen Windows 2000-Server ermöglichen. Welches Protokoll sollten Sie installieren?

   Windows 2000 unterstützt einen AppleTalk-Protokollstapel und AppleTalk-Routingsoftware, damit der Windows 2000-basierte Server die Verbindung zu AppleTalk-basierten Macintosh-Netzwerken herstellen und für diese Routing ermöglichen kann.

Kapitel 2

Fragen zur Lernzielkontrolle

Seite 56

1. Was ist TCP/IP?

   TCP/IP eine Protokollgruppe, die Routing in WANs und die Verbindung zu verschiedenen Hosts im Internet unterstützt.

2. Mit welchen TCP/IP-Dienstprogrammen wird eine TCP/IP-Konfiguration überprüft und getestet?

   MIt PING und Ipconflg.

3. Welchen Zweck hat eine Subnetzmaske?

   Einen Bestandteil der IP-Adresse so zu maskieren, dass IP die Netzwerkkennung von der Hostkennung unterscheiden kann.

4. Wie viele Bereiche enthält ein OSPF-Netzwerk mindestens?

   Ein OSPF-Netzwerk, ob in Bereiche unterteilt oder nicht, besitzt immer mindestens einen Bereich, der als Backbone bezeichnet wird.

5. Was ist ein interner Router?

   Hierbei handelt es sich um einen Router, dessen Schnittstellen alle mit demselben Bereich verbunden sind.

6. Was ist ein Grenzrouter?

   Hierbei handelt es sich um einen Router, dessen Schnittstellen mit verschiedenen Bereichen verbunden sind.

7. Mit welchem Verwaltungsprogramm von Windows 2000 können Sie interne Router und Border Router verwalten?

   Mit Routing und RAS.

Kapitel 3

Fragen zur Lernzielkontrolle

Seite 88

1. Was ist NWLink und welche Beziehung hat es zu Windows 2000?

   Bei NWLink handelt es sich um die Implementierung von IPX/SPX durch Microsoft. Sie müssen dieses Protokoll verwenden, wenn Sie über Gateway Service für NetWare oder Client Service für NetWare eine Verbindung mit NetWare-Servern herstellen möchten.

2. Was ist SPX?

   SPX ist ein Übertragungsprotokoll, das verbindungsorientierte Dienste über IPX bereitstellt. SPX eignet sich am besten für Dienstprogramme, die eine fortlaufende Verbindung benötigen. SPX sorgt durch Sequenzierung und Bestätigungen für eine zuverlässige Zustellung und überprüft, ob die Pakete an die Netzwerkziele übermittelt wurden. Dazu fordert SPX beim Empfang der Daten eine Bestätigung vom Ziel an. SPX unterstützt außerdem Packet Burst. Packet Burst, auch Burstmodus genannt, ermöglicht die Übertragung mehrerer Datenpakete, wobei die Pakete nicht einzeln sequenziert und bestätigt werden müssen.

3. Was ist Gateway Service für NetWare?

   Mit Gateway Service für NetWare können Sie ein Gateway erstellen, über das Microsoft-Clientcomputer ohne Novell NetWare-Clientsoftware auf NetWare-Datei- und Druckressourcen zugreifen können.

4. Welche Aspekte sollten bei der Auswahl zwischen Client Service für NetWare und Gateway Service für NetWare berücksichtigt werden?

   Wenn Sie beabsichtigen, eine heterogene Umgebung aus Windows 2000- und NetWare-Servern zu erstellen oder auf unbestimmte Zeit zu unterhalten, sollten Sie erwägen, Client Service für NetWare zu verwenden. Wenn Sie beabsichtigen, allmählich von NetWare zu Windows 2000 zu migrieren, oder wenn Sie den Verwaltungsaufwand verringern möchten, sollten Sie überlegen, Gateway Service für NetWare einzusetzen.

5. Wozu dient die Funktion **Automatische Erkennung** von NWLink?

   Die NWLink-Funktion Automatische Erkennung von Windows 2000 erkennt dann den Rahmentyp und die Netzwerknummer, die auf den NetWare-Servern des gleichen Netzwerks konfiguriert wurden. Die automatische Erkennung durch NWLink wird zur Konfiguration der Netzwerknummer und des Rahmentyps empfohlen. Wenn die Funktion Automatische Erkennung nicht die richtige Kombination von Rahmentyp und Netzwerknummer für einen bestimmten Adapter auswählt, können Sie einen NWLink-Rahmentyp bzw. eine Netzwerknummer für den betreffenden Adapter manuell zurücksetzen.

Kapitel 4

Fragen zur Lernzielkontrolle

Seite 111

1. Welchen Zweck hat die Analyse von Rahmen mit Netzwerkmonitor?

   Sie können z. B. Probleme bei Verbindungen zwischen Client und Server lokalisieren, einen Computer suchen, der übermäßig viele Anfragen stellt, und Probleme mit der Anwendungsschicht ermitteln.

2. Welche Daten enthält ein Rahmen?

   Jeder Rahmen enthält die Quelladresse des Computers, der die Meldung gesendet hat, und die Zieladresse des Computers, an den der Rahmen gesendet wurde. Außerdem enthält ein Rahmen Header von allen Protokollen, die innerhalb des Rahmens verwendet wurden, und die gesendete Nutzlast.

3. Was ist ein Sammlungsfilter, und wofür wird er verwendet?

   Ein Sammlungsfilter funktioniert wie eine Datenbankabfrage. Sie können mit diesem Filter die Typen der Netzwerkinformationen angeben, die überwacht werden sollen. Um beispielsweise nur eine bestimmte Untermenge von Computern oder Protokollen anzuzeigen, können Sie eine Adressdatenbank erstellen, über diese Datenbank dem Filter Adressen hinzufügen, und anschließend den Filter in eine Datei speichern. Durch Namensfilterung sparen Sie Pufferressourcen und verringern den Zeitaufwand für die Analyse. Sie können gegebenenfalls später die Datei für den Sammlungsfilter laden und den Filter erneut verwenden.

Kapitel 5

Fragen aus dem Übungsteil

Lektion 3: Anpassen von IPSec-Richtlinien und -regeln

Übung: Erstellen einer benutzerdefinierten IPSec-Richtlinie

Zu diesem Zeitpunkt haben Sie Ihre benutzerdefinierte Regel noch nicht konfiguriert. Es wurden lediglich die Eigenschaften für die Standardantwortregel konfiguriert.

Seite 147

Wozu dient die Standardantwortregel?

Die Standardantwortregel ermöglicht die Verhandlung mit Computern, die eine IPSec anfordern. Sie wird zu jeder neu erstellten Richtlinie hinzugefügt, jedoch nicht automatisch aktiviert. Die Standardantwortregel kann für jeden Computer verwendet werden, für den keine Sicherheit erforderlich ist, der jedoch in der Lage sein muss, entsprechend zu antworten, wenn ein anderer Computer eine sichere Kommunikation anfordert. Sie können die Regel auch als Vorlage zum Definieren von benutzerdefinierten Regeln verwenden.

Fragen zur Lernzielkontrolle

Seite 158

1. Von welchen Standardgruppen wird IPSec definiert?

   Von der Arbeitsgruppe der Internet Engineering Task Force (IETF)

2. Definieren Sie den Unterschied zwischen der Kryptographie mit geheimen und mit öffentlichen Schlüsseln.

   Die Kryptographie mit geheimen Schlüsseln verwendet einen vorinstallierten Schlüssel. Bei der Kryptographie mit öffentlichen Schlüsseln wird ein Schlüsselpaar verwendet. Ein Schlüssel verschlüsselt die Daten und validiert die digitalen Signaturen. Der zweite Schlüssel entschlüsselt die Daten und erstellt die digitalen Signaturen.

3. Welche Funktionalität bietet ISAKMP/Oakley?

   ISAKMP/Oakley richtet für die Kommunikation einen sicheren Kanal zwischen zwei Computern ein und stellt eine Sicherheitszuordnung her.

4. Wie setzen sich Regeln zusammen?

   Regeln bestehen aus IP-Filtern, Richtlinien für die Aushandlung, Authentifizierungsmethoden, IP-Tunnelattributen und Adaptertypen.

5. Wann wird ein auf öffentlichem Schlüssel basierendes Zertifikat verwendet?

   Ein auf öffentlichem Schlüssel basierendes Zertifikat ermöglicht einem Computer einer nicht vertrauenswürdigen Domäne, IPSec für die Kommunikation mit einem Computer einer vertrauenswürdigen Domäne zu verwenden.

6. Für welche Zwecke wird ein IP-Filter verwendet?

   IP-Filter überprüfen Datagramme anhand der jeweiligen Filterspezifikationen. Dadurch kann der Filter auf der Quell- und Zieladresse, auf dem DNS-Namen, dem Protokoll oder den Protokollports basieren.

Kapitel 6

Fragen aus dem Übungsteil

Lektion 3: Die HOSTS-Datei

Übung: Arbeiten mit der HOSTS-Datei und DNS

Seite 171

▶ So senden Sie ein Ping-Signal an den Hostnamen

1. Geben Sie **ping Server1** ein (wobei Server1 für den Namen Ihres Computers steht), und drücken Sie die EINGABETASTE.

   Welche Antwort haben Sie bekommen?

   Vier Meldungen über eine erfolgreiche Antwort von der IP-Adresse („Antwort von IP-Adresse").

Seite 171 ▶ **So senden Sie ein Ping-Signal an einen lokalen Computernamen**

1. Geben Sie **ping computertwo** ein, und drücken Sie die EINGABETASTE.

   Welche Antwort haben Sie bekommen?

   „Falsche IP-Adresse: computertwo".

Seite 172 ▶ **So verwenden Sie die HOSTS-Datei zur Namensauflösung:**

1. Geben Sie **ping computertwo** ein, und drücken Sie die EINGABETASTE.

   Welche Antwort haben Sie bekommen?

   Vier Meldungen über eine erfolgreiche Antwort von der IP-Adresse („Antwort von IP-Adresse").

Fragen zur Lernzielkontrolle

Seite 173
1. Was ist ein Hostname?

   Ein Alias, der einem TCP/IP-Host zugewiesen wird, um den Zugriff auf den Host zu vereinfachen.

2. Wozu dient ein Hostname?

   Der Hostname vereinfacht die Referenzierung des Hosts. Hostnamen werden in PING- und anderen TCP/IP-Anwendungen verwendet.

3. Woraus besteht ein Eintrag in der HOSTS-Datei?

   Der Eintrag besteht aus den Hostnamen und der entsprechenden IP-Adresse.

4. Welcher Schritt erfolgt bei der Namensauflösung zuerst: ARP-Auflösung oder Auflösung des Hostnamens?

   Die Auflösung des Hostnamens.

Kapitel 7

Fragen aus dem Übungsteil

Lektion 3: Planung einer DNS-Implementierung

Seite 193
Szenario 1: DNS-Entwurf für ein kleines Netzwerk

1. Wie viele DNS-Domänen müssen konfiguriert werden?

   Eine (oder keine, wenn der Namenserver von einem ISP verwaltet wird).

2. Wie viele untergeordnete Domänen müssen konfiguriert werden?

   Keine.

3. Wie viele Zonen müssen konfiguriert werden?

   Eine (oder keine, wenn der Namenserver von einem ISP verwaltet wird).

4. Wie viele primäre Namenserver müssen konfiguriert werden?

Eine (oder keine, wenn der Namenserver von einem ISP verwaltet wird).

5. Wie viele sekundäre Namenserver müssen konfiguriert werden?

Eine (oder keine, wenn der Namenserver von einem ISP verwaltet wird).

6. Wie viele DNS-Cacheserver müssen konfiguriert werden?

Keine.

Seite 194

Szenario 2: DNS-Entwurf für ein Netzwerk mittlerer Größe

1. Wie viele DNS-Domänen müssen konfiguriert werden?

Sie benötigen mindestens eine DNS-Domäne, die sowohl Hosts (Computer oder Dienste) als auch untergeordnete Domänen enthalten kann.

2. Wie viele untergeordnete Domänen müssen konfiguriert werden?

Drei. Ihre DNS-Domäne enthält mehrere Standorte. Sie sollten daher die Domäne unterteilen und drei untergeordnete Domänen erstellen, die diesen Gruppierungen entsprechen.

3. Wie viele Zonen müssen konfiguriert werden?

Vier. Sie können Verwaltungsaufgaben auf verschiedene Gruppen an den Hauptstandorten verteilen, indem Sie vier Zonen konfigurieren. Dadurch wird auch die Datenverteilung optimiert.

4. Wie viele primäre Namenserver müssen konfiguriert werden?

Vier. Die Hauptstandorte verwalten ihre eigenen Systeme, wobei die Systeme der Zweigstellen daran angeschlossen sind. Deshalb müssen Sie vier primäre Namenserver konfigurieren.

5. Wie viele sekundäre Namenserver müssen konfiguriert werden?

Zweigstellen haben zwischen 25 und 250 Benutzer, die Zugriff auf alle vier Hauptstandorte benötigen. Wenn ein sekundärer Server für eine Zone konfiguriert ist, können Clients auch dann weiterhin Namen auflösen, wenn der primäre Server der Zone ausfällt. Deshalb sollten Sie vier sekundäre Namenserver konfigurieren.

6. Wie viele DNS-Cacheserver müssen konfiguriert werden?

Sie sollten 10 Cacheserver (einen pro Zweigstelle) konfigurieren. Das steigert die Leistung der DNS-Auflösung, reduziert DNS-bezogenen Abfrageverkehr und erhöht die Zuverlässigkeit.

7. Verwenden Sie das folgende Diagramm, um eine Konfiguration der Zonen/Zweigstellen für die Entfernung zwischen dem jeweiligen primären Standort und den Zweigstellen in Kilometern anzugeben. Zweigstellen sollten sich in der gleichen Zone wie der nächstgelegene primäre Standort befinden.

Zone für jede Zweigstelle (auf Grundlage der geographischen Entfernung in Kilometern):

Portland	Boston	Chicago	Atlanta
Los Angeles	Montreal	Denver	Dallas
Salt Lake City	Washington, DC	Kansas City	Miami
San Francisco			New Orleans

Entfernungsdiagramm (Kilometer)	Atlanta	Boston	Chicago	Portland
Dallas	1.299	2.924	1.503	3.395
Denver	2.253	3.197	1.632	2.092
Kansas City	1.302	2.339	800	2.896
Los Angeles	3.532	4.907	3.368	1.839
Miami	1.070	2.478	2.185	5.310
Montreal	1.982	519	1.361	4.336
New Orleans	795	2.468	1.492	4.035
Salt Lake City	3.060	3.866	2.299	1.287
San Francisco	4.063	5.088	3.519	1.126
Washington, DC	1.017	700	1.102	4.344

Seite 197

Szenario 3: DNS-Entwurf für ein großes Netzwerk

1. Wie viele DNS-Domänen müssen konfiguriert werden?

    Keine. (Die Domäne für dieses Unternehmen ist in Genf.)

2. Wie viele untergeordnete Domänen müssen konfiguriert werden?

    Elf. Jede Tochtergesellschaft soll ihr eigenes System steuern können. Außerdem soll jede Tochtergesellschaft über eine Ressourcendomäne verfügen.

3. Wie viele Zonen müssen konfiguriert werden?

    Alle Tochtergesellschaften der regionalen Hauptverwaltungen steuern ihre Benutzer innerhalb der jeweiligen Bereiche. Deshalb sollten Sie 11 Zonen konfigurieren.

4. Wie viele primäre Namenserver müssen konfiguriert werden?

    Eine der Anforderungen für dieses Szenario besteht darin, dass die Unternehmensanwendungen auf Ihren Computern als Server innerhalb der Domänen konfiguriert werden müssen. Deshalb sollten Sie 11 primäre Namenserver konfigurieren.

5. Wie viele sekundäre Namenserver müssen konfiguriert werden?

Sie können Server für beliebig viele primäre oder sekundäre Zonen konfigurieren. In diesem Fall benötigen Sie Zugriff auf Unternehmensanwendungen, die allen Standorten innerhalb der Regionen und den anderen regionalen Hauptverwaltungen zur Verfügung stehen müssen. Deshalb sollten Sie 11 sekundäre Namenserver für die Redundanz konfigurieren. Wenn ein sekundärer Server für eine Zone konfiguriert ist, können Clients auch dann weiterhin Namen auflösen, wenn der primäre Server der Zone ausfällt.

6. Wie viele DNS-Cacheserver müssen konfiguriert werden?

Mindestens drei. Mindestens ein Server pro regionaler Hauptverwaltung.

Fragen zur Lernzielkontrolle

Seite 214

1. Nennen Sie die drei DNS-Komponenten.

Auflösungsdienste, Namenserver und Domänennamespace.

2. Beschreiben Sie den Unterschied zwischen primären, sekundären und Masternamenservern.

Ein primärer Namenserver hat Zonendaten in lokal verwalteten Zonendateien. Ein sekundärer Namenserver lädt Zonendaten. Ein Masternamenserver ist die Downloadquelle für einen sekundären Namenserver (bei dem es sich um einen primären oder sekundären Namenserver handeln kann).

3. Geben Sie die drei Gründe für den Einsatz von sekundären Namenservern an.

- Der Server fungiert als redundanter Namenserver. (Sie sollten mindestens einen redundanten Namenserver für jede Zone haben.)
- Wenn Sie Clients an Remotestandorten verwenden, sollten Sie einen sekundären Namenserver einsetzen, um die Kommunikation über langsame Verbindungen zu vermeiden.
- Sekundäre Namenserver verringern die Last des primären Servers.

4. Erläutern Sie den Unterschied zwischen einer Domäne und einer Zone.

Eine Domäne ist eine Teilstruktur des DNS-Namespace. Eine Zone ist der Bestandteil einer Domäne, der als separate Datei auf dem Datenträger mit den Ressourceneinträgen vorhanden ist.

5. Erläutern Sie den Unterschied zwischen rekursiven und iterativen Abfragen.

In einer rekursiven Abfrage weist der Client den DNS-Server an, entweder die angeforderten Informationen oder eine Fehlermeldung zurückzugeben, die besagt, dass die Informationen nicht ermittelt werden konnten. In einer iterativen Abfrage gibt der DNS-Server die beste vorhandene Antwort zurück. In der Regel wird dabei auf einen anderen Namenserver verwiesen, der die Anforderung auflösen kann.

6. Listen Sie die Dateien auf, die für eine DNS-Implementierung unter Windows 2000 erforderlich sind.

   Datenbankdatei, Cachedatei und Reverse-Lookupdatei.

7. Erläutern Sie den Zweck der Startdatei.

   Die Startdatei ist in der BIND-Implementierung für den Start und die Konfiguration des DNS-Servers zuständig.

Kapitel 8

Fragen zur Lernzielkontrolle

Seite 231

1. Wie viele Zonen kann ein einzelner DNS-Server verwalten?

   Ein einzelner DNS-Server kann als Host für keine, eine oder mehrere Zonen konfiguriert werden.

2. Welche Vorteile können DNS-Clients aus der dynamischen Aktualisierungsfunktion von Windows 2000 ziehen?

   Bei dynamischer Aktualisierung erhalten bei einem DNS-Server registrierte DNS-Clients geänderte Ressourceneinträge automatisch. Dadurch erübrigt sich weitgehend die manuelle Verwaltung von Zoneneinträgen, insbesondere für Clients, die häufig verschoben oder an verschiedenen Orten eingesetzt werden und ihre IP-Adresse über DHCP beziehen.

3. Nennen Sie einen Vorteil und einen Nachteil eines Servers für Zwischenspeicher.

   Server für Zwischenspeicherungen bieten folgenden Vorteil: Sie generieren keinen Netzwerkverkehr aufgrund von Zonenübertragungen, da sie keine Zonen enthalten. Ein Nachteil: Wenn der Server erstmalig gestartet wird, verfügt er nicht über zwischengespeicherte Daten. Diese werden erst im Laufe der Zeit durch die Bearbeitung von Anforderungen gesammelt.

4. Zählen Sie drei DNS-Leistungsindikatoren auf, und beschreiben Sie diese.

   - **Leistungsindikatoren für dynamische und sichere dynamische Aktualisierung zur Messung von Registrierungs- und Aktualisierungsprozessen, die von dynamischen Clients erzeugt werden.**

   - **Die Speichernutzung betreffende Leistungsindikatoren zur Messung der Auslastung des Systemspeichers und Speicherzuordnungsmuster, die durch den Betrieb des Servers als Windows 2000-DNS-Server entstehen.**

   - **Rekursive Lookup-Leistungsindikatoren zur Messung von Abfragen und Antworten, wenn der DNS-Serverdienst Rekursion verwendet, um DNS-Namen im Auftrag von Clients zu identifizieren und aufzulösen.**

Anhang A Fragen und Antworten   447

Kapitel 9

Fragen zur Lernzielkontrolle

Seite 265

1. Was sind zwei Vorteile von WINS?

   - **Automatische Namensregistrierung und Auflösung von NetBIOS-Namen.**
   - **Bietet Suchfunktionen für den Netzwerkverbund und Domänen.**
   - **Die LMHOSTS-Datei wird nicht mehr benötigt.**

2. Mit welchen beiden Methoden kann WINS auf einem Clientcomputer aktiviert werden?

   Manuell und automatisch mit DHCP.

3. Wie viele WINS-Server werden in einem Intranet mit 12 Subnetzen benötigt?

   Es ist nur ein Server erforderlich. Aus Redundanzgründen wird empfohlen, mehrere Server einzusetzen.

4. Welche Arten von Namen werden in der WINS-Datenbank gespeichert?

   Eindeutige NetBIOS-Namen und NetBIOS-Gruppennamen.

Kapitel 10

Fragen zur Lernzielkontrolle

Seite 305

1. Was ist DHCP?

   DHCP (Dynamic Host Configuration Protocol) erleichtert die Verwaltung der IP-Adresskonfiguration durch Automatisierung der Adresskonfiguration für Netzwerkclients.

2. Beschreiben Sie die Integration von DHCP mit DNS.

   Ein DHCP-Server kann dynamische Aktualisierungen im DNS-Namespace für jeden DHCP-Client ermöglichen, der diese Aktualisierungen unterstützt. Bereichsclients können dann DNS mit dynamischen Aktualisierungen verwenden, um die Zuordnung des Computernamens zur IP-Adresse immer dann zu aktualisieren, wenn Änderungen an der durch DHCP zugewiesenen Adresse eintreten.

3. Was ist ein DHCP-Client?

   Der Begriff *Client* bezeichnet einen vernetzten Computer, der die von einem DHCP-Server angebotenen DHCP-Dienste anfordert und verwendet.

4. Was versteht man unter der IP-Autokonfiguration in Windows 2000?

   Windows 2000-basierte Clients können automatisch eine IP-Adresse und eine Subnetzmaske konfigurieren, wenn beim Systemstart kein DHCP-Server verfügbar ist.

5. Warum ist das Planen der Implementierung von DHCP für ein Netzwerk wichtig?

   WINS oder DNS (oder beide Dienste) werden für die Registrierung dynamischer Zuordnungen von Namen zu Adressen im Netzwerk verwendet. Wenn Sie Dienste für die Namensauflösung bereitstellen möchten, müssen Sie die Interoperabilität von DHCP mit diesen Diensten planen. Die meisten mit der Implementierung von DHCP befassten Netzwerkadministratoren entwickeln auch eine Strategie für die Implementierung von DNS- und WINS-Servern.

6. Mit welchem Tool werden DHCP-Server in Windows 2000 verwaltet?

   Das primäre Tool für die Verwaltung von DHCP-Servern ist der DHCP-Manager. Es handelt sich dabei um eine Komponente der Microsoft Management Console (MMC), die bei der Installation des DHCP-Dienstes im Menü Verwaltung hinzugefügt wird.

7. Welches Symptom ist für die meisten DHCP-Probleme charakteristisch?

   Die meisten DHCP-Probleme werden durch einen Ausfall der IP-Clientkonfiguration hervorgerufen. Diese Ausfälle werden von den Clients in der Regel folgendermaßen ermittelt:

   - Der Client wird möglicherweise für die Verwendung einer IP-Adresse konfiguriert, die nicht durch den Server bereitgestellt wurde.
   - Der Server sendet eine negative Bestätigungsantwort an den Client. Auf dem Client wird daraufhin eine Fehlermeldung oder eine Popupmeldung mit der Information angezeigt, dass der DHCP-Server nicht gefunden werden konnte.
   - Der Server least dem Client eine Adresse, der Client hat jedoch offensichtlich andere Probleme, die auf der Netzwerkkonfiguration basieren. Möglicherweise kann er keine DNS- oder NetBIOS-Namen registrieren oder auflösen bzw. keine Computer außerhalb seines Subnetzes erkennen.

Kapitel 11

Fragen zur Lernzielkontrolle

Seite 353

1. Was ist VPN?

   Eine simulierte Punkt-zu-Punkt-Verbindung mit Einkapselung. Diese Verbindung kann jedes zugrunde liegende Netzwerk (einschließlich des Internets) umfassen. Die Sicherheit oder eine bestimmte Form der Verschlüsselung wird in der Regel benötigt, um den „privaten" Bestandteil zu gewährleisten.

2. Auf Grundlage welcher Felder können Filter für Wählen bei Bedarf den Datenverkehr eines Pakets überwachen?

IP-Quell- und IP-Zieladresse, IP-Protokollkennung, Quell- und Zielports, ICMP-Typ und ICMP-Code.

3. Richtig oder falsch? Wenn Sie die Benutzerberechtigungen zum Einwählen (**Zugriff erlauben, Zugriff verweigern**) über die Eigenschaftenseite für den Benutzer festlegen, werden keine RAS-Richtlinien verwendet.

Falsch. Auf der Benutzeroberfläche wird nicht angegeben, dass die RAS-Richtlinie verwendet wird. Tatsächlich hängen die Benutzereinstellungen für das Einwählen mit der RAS-Richtlinie zusammen.

4. Richtig oder falsch? DHCP-Pakete werden nie über Routing- und RAS-Verbindungen gesendet.

Falsch. Routing- und RAS-Client verwenden kein DHCP zum Aufrufen von Adressen, können jedoch DHCPINFORM-Pakete für andere Konfigurationsoptionen verwenden. Hierzu muss der DHCP-Relay-Agent installiert sein und die „interne" Schnittstelle verwenden.

5. Worin besteht der Zweck von BAP?

BAP kann Modem- oder ISDN-Verbindungen für eine bedarfsgesteuerte Bandbreite herstellen bzw. trennen.

Kapitel 12

Fragen zur Lernzielkontrolle

Seite 381

1. Worin besteht der Zweck von NAT?

NAT ermöglicht Computern in einem kleinen Netzwerk, beispielsweise in einem Heimbüro, die gemeinsame Nutzung eines einzigen Internetanschlusses.

2. Aus welchen Komponenten besteht NAT?

Die Übersetzungskomponente ist der Router, auf dem NAT aktiviert ist. Die Adressierungskomponente liefert anderen Computern im Heimnetzwerk Informationen zur IP-Adresskonfiguration. Die Komponente für die Namensauflösung wird der DNS-Server für die anderen Computer im Heimnetzwerk. Wenn der NAT-Computer Anforderungen zur Auflösung von Namen erhält, leitet er diese an den Internet-basierten DNS-Server weiter, für den er konfiguriert wurde, und gibt die Antworten an den Computer im Heimnetzwerk zurück.

3. Wenn ein kleines Unternehmen das private Netzwerk 10.0.0.0 für sein Intranet verwendet und ihm von seinem ISP die öffentliche IP-Adresse 198.200.200.1 zugewiesen wurde, ordnet NAT alle im Netzwerk 10.0.0.0 verwendeten privaten IP-Adressen welcher öffentlichen IP-Adresse zu?

Der NAT-Computer ordnet (über statische oder dynamische Zuordnungen) allen privaten IP-Adressen des Netzwerks 10.0.0.0 die öffentliche IP-Adresse 198.200.200.1 zu.

4. Welche Schritte sind erforderlich, damit Internetbenutzer auf Ressourcen in einem privaten Netzwerk zugreifen können?

Sie müssen eine statische IP-Adresskonfiguration auf dem Ressourcenserver konfigurieren. Hierzu gehören die IP-Adresse, die Subnetzmaske, das Standardgateway und der DNS-Server. Schließen Sie die vom Ressourcencomputer verwendete IP-Adresse aus dem Bereich der IP-Adressen aus, die vom NAT-Computer zugewiesen werden. Anschließend konfigurieren Sie einen speziellen Port. Hierbei handelt es sich um eine statische Zuordnung einer öffentlichen Adresse und Portnummer zu einer privaten Adresse und Portnummer.

Kapitel 13

Fragen zur Lernzielkontrolle

Seite 407

1. Was sind Zertifikate, und was ist ihr Zweck?

Ein Zertifikat (digitales Zertifikat, Zertifikat für öffentliche Schlüssel) ist ein digitales Dokument, das die Echtheit der Bindung eines öffentlichen Schlüssels zu einer Einheit gewährleistet. Der Hauptzweck eines Zertifikats besteht darin, Vertrauen darüber zu schaffen, dass der im Zertifikat enthaltene öffentliche Schlüssel zu der im Zertifikat genannten Einheit gehört.

2. Was ist eine Zertifizierungsstelle, und welche Funktionen hat sie?

Zertifikate werden von einer Zertifizierungsstelle ausgestellt. Dies kann ein vertrauter Dienst oder eine Einheit sein, die die Identität derjenigen, für die sie Zertifikate ausstellt, sowie deren Zugehörigkeit zu bestimmten Schlüsseln überprüfen und bestätigen möchte.

3. Wie lauten die vier Typen der Microsoft Zertifizierungsstellen?

Die Stammzertifizierungsstelle und die untergeordnete Zertifizierungsstelle auf Organisationsebene sowie die eigenständige Stammzertifizierungsstelle und die untergeordnete Zertifizierungsstelle.

4. Nennen Sie einen Grund für eine Zertifikatssperre.

- **Manipulation oder Verdacht auf Manipulation des privaten Schlüssels einer Einheit**
- **Betrug beim Erwerb des Zertifikats**
- **Änderung beim Status**

5. Wie lauten die fünf Standard-PKI-Speicher für Zertifikate?

MY, CA, TRUST, ROOT und UserDS.

Kapitel 14

Fragen zur Lernzielkontrolle

Seite 434

1. Welche potenziellen Sicherheitsrisiken sollten Sie in Ihrem Sicherheitsplan berücksichtigen?

Wettbewerber könnten versuchen, Zugang zu proprietären Produktinformationen zu erlangen; nicht autorisierte Benutzer könnten böswillig Webseiten ändern oder Computer so überlasten, dass sie unbrauchbar werden.

2. Was ist Authentifizierung, und wie wird sie eingerichtet?

Die Identifizierung der Benutzer, die versuchen, sich mit einem Netzwerk zu verbinden, wird als Authentifizierung bezeichnet. In Ihrem Netzwerk authentifizierte Benutzer können Netzwerkressourcen nach Maßgabe Ihrer Zugriffsberechtigungen nutzen. Die Authentifizierung der Netzwerkbenutzer wird über Benutzerkonten verwirklicht.

3. Nennen Sie einige Sicherheitsfunktionen von Windows 2000.

- **Sicherheitsvorlagen**
- **Kerberos-Authentifizierung**
- **Infrastruktur für öffentliche Schlüssel (PKI)**
- **IPSec-Verwaltung**
- **NTFS-Verschlüsselung**

4. Wie können Sie eine Verbindung zwischen Ihrem Netzwerk und dem Internet sichern?

Um Ihrem Unternehmensnetzwerk eine sichere Internetanbindung zu ermöglichen, müssen Sie eine Firewall zwischen Netzwerk und Internet schalten. Die Firewall ermöglicht Netzwerkbenutzern den Zugang zum Internet und reduziert die damit verbundenen Risiken. Gleichzeitig werden Zugriffe aus dem Internet auf Computer Ihres Netzwerks verhindert; ausgenommen sind nur die Computer, die für Zugriffe autorisiert wurden.

5. Nennen Sie einige Protokolle, die Sie zur Sicherung von Remotezugriffen einsetzen können.

   Der Routing- und RAS-Dienst kann ein sicheres Benutzerauthentifizierungsverfahren verwenden. Dazu zählen die folgenden Protokolle:
   - **CHAP (Challenge Handshake Authentication Protocol)**
   - **MS-CHAP (Microsoft Challenge Handshake-Protokoll)**
   - **PAP (Password Authentication Protocol)**
   - **SPAP (Shiva Password Authentication Protocol)**
   - **EAP (Extensible Authentication Protocol)**

6. Nennen Sie zwei Verschlüsselungsformen für bei Bedarf herzustellende Wählverbindungen.

   Microsoft Punkt-zu-Punkt-Verschlüsselung (MPPE) und Internetprotokollsicherheit (IPSec).

7. Wie können Sie Systemmonitor und Netzwerkmonitor zur Überwachung der Sicherheit in Ihrem Netzwerk einsetzen?

   Der Systemmonitor überwacht alles von der Hardware bis zur Software und kann außerdem Sicherheitsereignisse wie Zugriffsberechtigungsfehler, Zugriffsfehler, Anmeldefehler und die IIS-Sicherheit überwachen. Der Netzwerkmonitor fokussiert ausschließlich die Netzwerkaktivität, um Ihnen einen Überblick über den Datenverkehr und das Verhalten Ihrer Netzwerkkomponenten zu verschaffen. Wenn Sie die Vollversion über den Systems Management Server (SMS) installieren, können Sie jedes Paket im Netzwerk erfassen und anzeigen.

8. Wie wird die Ereignisanzeige zur Sicherheitsüberwachung eingesetzt?

   Sie können über die Ereignisanzeige nicht nur Informationen zu Hardware- und Softwareproblemen erfassen, sondern auch die Windows 2000-Sicherheitsereignisse, beispielsweise gültige und ungültige Anmeldungsversuche, überwachen. Das Sicherheitsprotokoll kann auch Ereignisse zur Ressourcennutzung, beispielsweise das Erstellen, Öffnen oder Löschen von Dateien oder anderen Objekten, enthalten.

9. Wie aktivieren Sie die RAS-Protokollierung in Windows 2000?

   Die Ereignisprotokollierung aktivieren Sie bei Routing und RAS im Dialogfeld für die Eigenschaften eines RAS-Servers auf der Registerkarte Ereignisprotokollierung.

Glossar

100VG (Voice Grade) AnyLAN (100VGAnyLAN)
Eine aufkommende Netzwerktechnologie, die Elemente von Ethernet und Token Ring kombiniert.

A

Abschnitt Beim Routing durch eine Netzwerkumgebung entspricht ein Abschnitt der Übertragung eines Datenpakets durch einen bestimmten Router.

Active Directory Service Interfaces (ADSI) Ein COM-basiertes Verzeichnisdienstmodell, das ADSI-konformen Clientanwendungen über eine Standardgruppe von Schnittstellen den Zugriff auf eine breite Palette unterschiedlicher Verzeichnisprotokolle gestattet, einschließlich des Windows-Verzeichnisdienstes und des LDAP-Protokolls (Lightweight Directory Access Protocol). ADSI schirmt die Clientanwendung von den Details der Implementierung und den Arbeitsschritten des zugrunde liegenden Datenspeichers oder Protokolls ab.

Active Directory-Dienst Der Verzeichnisdienst von Windows 2000 Server. Dieser Dienst speichert Informationen zu Objekten in einem Netzwerk und stellt diese Daten Benutzern und Netzwerkadministratoren zur Verfügung. Der Active Directory-Dienst erteilt Benutzern über einen einzigen Anmeldeprozess Zugriff auf alle zulässigen Ressourcen im gesamten Netzwerk. Netzwerkadministratoren erhalten durch diesen Dienst eine intuitive hierarchische Ansicht des Netzwerks und einen Administrationspunkt für alle Netzwerkobjekte.

Address Resolution Protocol (ARP) Bestimmt Hardwareadressen (MAC-Adressen), die einer IP-Adresse entsprechen.

Administrator Ein Netzwerkadministrator ist für das Einrichten und Verwalten von Domänencontrollern oder lokalen Computern und den zugehörigen Benutzer- und Gruppenkonten zuständig. Außerdem weist der Administrator Kennwörter und Berechtigungen zu und unterstützt Benutzer bei der Problembehandlung.

ADSL *Siehe* Asymmetric Digital Subscriber Line (ADSL – Asymmetrischer digitaler Teilnehmeranschluss)

Advanced program-to-program communication (APPC) Eine Spezifikation, die als Bestandteil des SNA-Modells (Systems Network Architecture) von IBM entwickelt wurde und es auf unterschiedlichen Computern ausgeführten Anwendungsprogrammen ermöglichen soll, direkt miteinander zu kommunizieren und Daten auszutauschen. *Siehe auch* Systems Network Architecture (SNA).

AFP *Siehe* AppleTalk Filing Protocol (AFP).

Agent Ein Programm, das für einen Benutzer eine Aufgabe im Hintergrund ausführt und dem Benutzer mitteilt, wann die Aufgabe erledigt ist oder wann ein erwartetes Ereignis eingetreten ist.

American National Standards Institute (ANSI) Eine Organisation der amerikanischen Industrie und amerikanischer Firmengruppen, die sich der Entwicklung von Handels- und Kommunikationsstandards widmet. ANSI ist der amerikanische Vertreter bei der Internationalen Organisation für Normung (ISO – International Organization for Standardization). *Siehe auch* International Organization for Standardization (ISO).

Analog Bezeichnet kontinuierlich variable physische Eigenschaften, beispielsweise Spannung, Druck oder Drehung. Ein analoges Gerät kann innerhalb seines Arbeitsbereichs eine unendliche Zahl an Werten darstellen. *Siehe auch* Analogverbindung, digital.

Analogverbindung Eine Kommunikationsverbindung, z. B. eine Telefonleitung, die Informationen in analoger (kontinuierlich variabler) Form überträgt. Um Verzerrungen und Störungen durch Rauschen zu minimieren, wird das Signal von Analogverbindungen während der Übertragung von Zeit zu Zeit verstärkt.

ANSI *Siehe* American National Standards Institute (ANSI).

APPC *Siehe* Advanced Program-to-Program Communication (APPC).

AppleShare AppleShare ist das Netzwerkbetriebssystem von Apple. Es verfügt über Möglichkeiten zur Freigabe von Dateien, eine Clientsoftware, die in jeder Kopie des Apple-Betriebssystems enthalten ist, sowie den AppleShare-Druckserver, einen serverbasierten Druckspooler.

AppleTalk Die Apple-Netzwerkarchitektur, die im Macintosh-Betriebssystem enthalten ist. Es handelt sich um eine Gruppe von Protokollen, die nach dem OSI-Modell arbeiten. Daher sind in jeden Macintosh-Computer Netzwerkfähigkeiten integriert. AppleTalk-Protokolle unterstützen LocalTalk, Ethernet (EtherTalk) und Token Ring (TokenTalk).

AppleTalk Filing Protocol (AFP) Dieses Protokoll bestimmt, wie Dateien im Netzwerk gespeichert werden und wie auf sie zugegriffen wird. AFP ist verantwortlich für die hierarchische Dateistruktur von Datenträgern, Ordnern sowie Dateien und ermöglicht die Freigabe von Dateien zwischen Macintosh-Rechnern und MS-DOS-Computern. Es enthält eine Schnittstelle für die Kommunikation zwischen AppleTalk und anderen Netzwerkbetriebssystemen, so dass Macintosh-Computer in jedes Netzwerk mit einem Betriebssystem integriert werden können, das AFP erkennt.

Application Programming Interface (API – Anwendungsprogrammierschnittstelle) Eine Gruppe von Routinen, die von einem Anwendungsprogramm verwendet wird, um allgemeine Dienste des Betriebssystems anzufordern und auszuführen.

Arbeitsgruppe Eine Gruppe von Computern, die zur gemeinsamen Nutzung von Ressourcen wie Daten und Peripheriegeräten in einem LAN zusammengefasst sind. Jede Arbeitsgruppe wird durch einen eindeutigen Namen gekennzeichnet.

Arbeitsstation Jeder vernetzte Macintosh-Computer oder PC, der Serverressourcen im Netzwerk verwendet.

ArcNet (Attached Resource Computer Network) Eine von der Datapoint Corporation im Jahr 1977 entwickelte Basisband-Busarchitektur, die mit der Übergabe von Token arbeitet und Übertragungen mit 2,5 Mbps ermöglicht. Der Nachfolger von ArcNet, ArcNetplus, unterstützt Datenübertragungsraten von 20 Mbps. Diese einfache, kostengünstige, flexible Netzwerkarchitektur ist für LANs in Arbeitsgruppengröße vorgesehen, kann über Koax-, Twistedpair- sowie Glasfaserkabel ausgeführt werden und unterstützt bis zu 255 Knoten. Die ArcNet-Technologie ist ein Vorläufer der IEEE Project 802-Standards, entspricht aber in etwa dem 802.4-Dokument. *Siehe auch* IEEE Project 802.

ARP *Siehe* Address Resolution Protocol (ARP).

ARPANET (Advanced Research Projects Agency Network) Ein bahnbrechendes Weitverkehrsnetz (WAN – Wide Area Network), das vom US-Verteidigungsministerium in Auftrag gegeben wurde. ARPANET sollte den Informationsaustausch zwischen Universitäten und anderen Forschungseinrichtungen erleichtern. ARPANET, das in den sechziger Jahren einsatzfähig wurde, ist das Netzwerk, aus dem sich das Internet entwickelte.

ASCII (American Standard Code for Information Interchange) Ein Codierungsschema, das Buchstaben, Zahlen, Satzzeichen und bestimmten anderen Zeichen Zahlenwerte zuordnet. Durch eine Standardisierung der für diese Zeichen verwendeten Werte ermöglicht ASCII den Austausch von Informationen über Computer und Computerprogramme.

Asymmetric Digital Subscriber Line (ADSL – asymmetrischer digitaler Teilnehmeranschluss) Eine junge Modemtechnologie, bei der über die vorhandenen Telefonleitungen mit verdrilltem Leiterpaar eine Multimedia- und Hochgeschwindigkeitsdatenübertragung abgewickelt werden kann. Über diese neuen Verbindungen können mehr als 8 Mbps an den Teilnehmer und bis zu 1 Mbps vom Teilnehmer übertragen werden. ADSL ist als Übertragungsprotokoll der physikalischen Schicht für nicht abgeschirmte Twistedpair-Medien anerkannt.

Asynchrone Übertragung Eine Form der Datenübertragung, bei der Informationen zeichenweise gesendet werden, wobei das Intervall zwischen den Zeichen variabel ist. Die asynchrone Übertragung arbeitet nicht mit einem gemeinsam genutzten Zeitgeber, der den sendenden und empfangenden Geräten ermöglicht, die Zeichen durch feste Abstände zu trennen. Daher besteht jedes übertragene Zeichen aus einer Reihe von Datenbits (aus denen sich das Zeichen selbst zusammensetzt), denen ein Startbit vorangeht und die mit einem optionalen Paritätsbit enden, auf das wiederum ein 1-, 1,5- oder 2-Stoppbit folgt.

Asynchronous Transfer Mode (ATM) Eine erweiterte Implementierung der Paketvermittlungstechnologie mit hohen Datenübertragungsgeschwindigkeiten, bei der Zellen fester Größe über LANs oder WANs gesendet werden. Die Zellen haben eine Datengröße von 53 Byte – 48 Datenbyte und 5 zusätzliche Adressbytes. ATM ermöglicht die Übertragung von Sprache, Daten, Fax, Echzeitvideo, Audio in CD-Qualität, Bildverarbeitung und Datenübertragung mit mehreren Megabit. ATM verwendet Switches als Multiplexer, so dass mehrere Computer gleichzeitig Daten in das Netzwerk einspeisen können. Bei den meisten kommerziellen ATM-Implementierungen werden Daten mit einer Geschwindigkeit von 155 Mbps übertragen, theoretisch sind jedoch 1,2 Gigabit pro Sekunde möglich.

ATM *Siehe* Asynchronous Transfer Mode (ATM).

Ausfallzeit Die Zeit, während der ein Computersystem oder daran angeschlossene Hardware nicht funktioniert. Zwar können Ausfallzeiten durch unerwartete Hardwarefehler auftreten, eine Ausfallzeit kann jedoch auch geplant werden, z. B. wenn ein Netzwerk heruntergefahren wird, um Zeit für die Wartung des Systems, den Austausch von Hardware oder das Archivieren von Dateien zu schaffen.

Authentifizierung Eine Bestätigung, die in der Regel auf dem Benutzernamen, dem Kennwort sowie Zeit- und Kontenbeschränkungen beruht.

Autorisierung Ein Prozess, mit dem überprüft wird, ob der Benutzer für den Zugriff auf eine Ressource über die entsprechenden Rechte und Berechtigungen verfügt.

B

Backbone Das Hauptkabel, auch Anschlusssegment genannt, von dem aus Transceiverkabel an Computer, Verstärker und Bridges angeschlossen werden.

Backend In einer Client/Server-Anwendung der Teil des Programms, der auf dem Server ausgeführt wird.

Backup Domain Controller (BDC – Reservedomänencontroller oder Sicherungsdomänen-Controller) In einer Windows NT Server-Domäne ein Computer, der eine Kopie der Sicherheitsrichtlinie der Domäne erhält und der die Netzwerkanmeldungen authentifiziert. Der BDC stellt ein Backup bereit, wenn der primäre Domänencontroller (PDC) nicht mehr verfügbar ist. Eine Domäne muss nicht unbedingt einen BDC haben, für die Sicherung des PDC ist ein BDC jedoch empfehlenswert. *Siehe auch* Domäne, Domänencontroller, primärer Domänencontroller (PDC).

Bandbreite In der Kommunikationsterminologie der Unterschied zwischen der höchsten und der niedrigsten Frequenz eines Bereichs. Ein Telefon verfügt beispielsweise über eine Bandbreite von 3000 Hz, die sich aus der Differenz der niedrigsten (300 Hz) und höchsten (3300 Hz) Frequenz ergibt. In Computernetzwerken gibt eine größere Bandbreite eine schnellere oder größere Datenübertragungsleistung an.

Basic Input/Output System (BIOS) Bei PC-kompatiblen Computern die fundamentalen Softwareroutinen, welche die Hardware beim Start testen, das Betriebssystem starten und die Übertragung von Daten zwischen Hardwaregeräten unterstützen. Das BIOS wird im Read-Only Memory (ROM) gespeichert, so dass es beim Einschalten des Computers ausgeführt werden kann. Obwohl das BIOS für die Systemleistung von entscheidender Bedeutung ist, ist es in der Regel für die Computerbenutzer nicht sichtbar.

Basisband Ein System, mit dem die codierten Signale über ein Kabel übertragen werden. Das Basisband arbeitet mit digitaler Signalisierung über eine Frequenz. Die Signale fließen dabei in Form diskreter elektrischer Impulse oder Lichtimpulse. Bei der Basisbandübertragung wird die gesamte Leistung des Kommunikationskanals für die Übertragung eines Datensignals verwendet.

Baud Ein Maß für die Datenübertragungsgeschwindigkeit, benannt nach dem französischen Ingenieur und Telegrafisten Jean-Maurice-Emile Baudot. Es ist ein Maß für die Oszillationsgeschwindigkeit der Tonwelle, auf der ein Datenbit über Telefonleitungen übertragen wird. Da Baud ursprünglich als Maß für die Übertragungsgeschwindigkeit von Telegrafen verwendet wurde, bezieht sich der Begriff manchmal auch auf die Datenübertragungsgeschwindigkeit eines Modems. Weil die heutigen Modems jedoch mit einer höheren Geschwindigkeit als 1 Bit pro Oszillation senden können, wird Baud als Maß der Modemgeschwindigkeit durch die genauere Angabe von bps (Bit pro Sekunde) ersetzt.

Baudrate Bezeichnet die Geschwindigkeit, mit der ein Modem Daten übertragen kann. Die Baudrate, die häufig mit bps (der Anzahl der pro Sekunde übertragenen Bit) verwechselt wird, misst eigentlich die Anzahl der Ereignisse oder Signalwechsel pro Sekunde. Da ein Ereignis bei der digitalen Hochgeschwindigkeitskommunikation tatsächlich mehr als ein Bit umfassen kann, sind Baudrate und bps nicht immer gleichbedeutend. Im Zusammenhang mit Modems ist daher der Begriff bps vorzuziehen. Das 9600-Baud-Modem beispielsweise, das vier Bit pro Ereignis codiert, arbeitet tatsächlich mit 2400 Baud, aber überträgt mit 9600 bps (2400 Ereignisse mal 4 Bit pro Ereignis) und sollte daher als 9600-bps-Modem bezeichnet werden.

BDC *Siehe* Reservedomänencontroller (BDC – Backup Domain Controller).

Benutzergruppen Gruppen von Benutzern, die sich online oder persönlich zur Besprechung von Installations-, Verwaltungs- und andere Netzwerkproblemen treffen, um ihr Fachwissen untereinander auszutauschen und bei der Entwicklung von Ideen und Lösungen davon zu profitieren.

Benutzerkonto Umfasst alle Informationen, die einen Benutzer in einem Netzwerk definieren. Hierzu gehören der Benutzername und das Kennwort für die Anmeldung, die Gruppen, denen das Benutzerkonto angehört, sowie die Rechte und Berechtigungen für das System und den Zugriff auf dessen Ressourcen.

Benutzername Ein eindeutiger Name für ein Benutzerkonto von Microsoft Windows 2000. Der Benutzername eines Kontos muss im Hinblick auf die anderen Gruppen- und Benutzernamen innerhalb der eigenen Domäne oder Arbeitsgruppe eindeutig sein.

Binden Das Verknüpfen zweier Informationen miteinander.

Bindung Ein Prozess, bei dem der Kommunikationskanal zwischen einem Protokolltreiber und einem NIC-Treiber eingerichtet wird.

BIOS (Basic Input/Output System) *Siehe* Basic Input/Output System (BIOS).

BISDN *Siehe* Breitband-ISDN (BISDN).

Bisync (binäres synchrones Kommunikationsprotokoll) Ein von IBM entwickeltes Kommunikationsprotokoll. Bisync-Übertragungen sind entweder in ASCII oder EBCDIC codiert. Die Meldungen können eine beliebige Länge haben und werden in so genannten Rahmen versendet. Optional kann ein Meldungsvorspann vorangestellt werden. Da Bisync ein synchrones Übertragungsverfahren ist, bei dem die Nachrichtenelemente durch ein bestimmtes Zeitintervall getrennt sind, werden jedem Rahmen spezielle Zeichen vor- bzw. nachgestellt, die es den Sende- und Empfangssystemen ermöglichen, ihre Uhren zu synchronisieren.

Bit Kurzform für „binary digit – Binärzeichen": im binären Zahlensystem entweder 1 oder 0. Bei der Verarbeitung und Speicherung ist ein Bit die kleinste Dateneinheit, die von einem Computer verarbeitet werden kann. Physisch wird es z. B. durch einen einzelnen über eine Schaltung gesendeten Impuls oder einen kleinen Fleck auf einem Magnetdatenträger dargestellt, auf dem eine 1 oder eine 0 gespeichert werden kann. Acht Bit ergeben ein Byte.

Bit pro Sekunde (bps) Ein Maß für die Geschwindigkeit, mit der ein Gerät Daten übertragen kann. *Siehe auch* Baudrate.

Bittakt Die Zeit, die eine Station benötigt, um ein Bit zu empfangen und zu speichern.

Bootpartition Die Partition, die das Betriebssystem Microsoft Windows 2000 und weitere unterstützende Dateien enthält. Die Bootpartition muss nicht unbedingt mit der Systempartition identisch sein.

bps *Siehe* Bit pro Sekunde (bps).

Breitband-ISDN (BISDN) Ein Beratungskomitee für das CCITT, das Definitionen für die Sprach-, Daten- und Videoübertragung im Megabit-Gigabitbereich empfiehlt. BISDN ist gleichzeitig eine ISDN-Netzwerk, das Sprache, Daten und Videodienste verarbeiten kann. BISDN arbeitet mit einem Übertragungsnetz, das optische Kabel verwendet, dem so genannten Synchronous Optical Network (SONET – synchrones optisches Netzwerk), und einem ATM-Vermittlungsdienst. Switched Multimegabit Data Services (SMDS – vermittelte Multimegabit-Datendienste) ist ein BISDN-Dienst, der WANs eine hohe Bandbreite zur Verfügung stellt. *Siehe auch* Synchronous Optical Network (SONET), Asynchronous Transfer Mode (ATM).

Breitbandnetzwerk Ein LAN-Typ, bei dem die Übertragung in Form analoger (Funkfrequenz-) Signale über separate Eingangs- und Ausgangskanäle erfolgt. Die Geräte in einem Breitbandnetzwerk werden über koaxiale Kabel oder Glasfaserkabel angeschlossen, und die Signale fließen in Form elektromagnetischer oder optischer Wellen über das physische Medium. Ein Breitbandsystem verwendet einen großen Teil des elektromagnetischen Spektrums. Die Frequenzen reichen von 50 Mbps bis 600 Mbps. Diese Netzwerke können über mehrere Übertragungskanäle gleichzeitig Fernsehen, Sprache, Daten und andere Dienste bereitstellen.

Byte Eine aus acht Bit bestehende Dateneinheit. Bei der Datenverarbeitung oder -speicherung entspricht ein Byte einem einzelnen Zeichen, z. B. einem Buchstaben, einer Zahl oder einem Satzzeichen. Da ein Byte nur eine geringe Menge an Informationen darstellt, wird die Größe des Computerspeichers in der Regel in Kilobyte (1024 Byte oder 2 hoch 10), Megabyte (1.048.576 Byte oder 2 hoch 20), Gigabyte (1024 Megabyte), Terabyte (1024 Gigabyte), Petabyte (1024 Terabyte) oder Exabyte (1024 Petabyte) angegeben.

C

CA (Certificate Authority) *Siehe* Zertifizierungsstelle (CA).

CCEP *Siehe* Commercial COMSEC Endorsement Program (CCEP).

CCITT (Comité Consultatif International de Télégraphie et Téléphonie) Eine in Genf (Schweiz) angesiedelte Organisation, die als Teil der Internationalen Fernmeldeunion der Vereinten Nationen (ITU) eingerichtet wurde. Das CCITT empfiehlt die Verwendung von Kommunikationsnormen, die weltweit anerkannt sind. Die vom CCITT festgelegten Protokolle gelten für Modems, Netzwerke und Faxübertragung.

Cellular Digital Packet Data (CDPD) Ein Kommunikationsstandard, der ein sehr schnelles Verfahren ähnlich dem von Mobilfunktelefonen verwendet. Dabei können zwischen Sprachanrufen, wenn das System also nicht mit der Sprachkommunikation beschäftigt ist, Computerdaten übertragen werden.

Codec (Compression/Decompression) Komprimierungs- und Dekomprimierungstechnologie für digitale Video- und Stereoaudiodaten.

Commercial COMSEC Endorsement Program (CCEP) Eine von der National Security Agency eingeführte Norm zur Verschlüsselung von Daten. Anbieter, die über die entsprechende Sicherheitsfreigabe verfügen, können sich dem CCEP anschließen und das Recht erhalten, klassifizierte Algorithmen in Kommunikationssysteme zu integrieren. *Siehe auch* Verschlüsselung.

CRC *Siehe* Cyclic Redundancy Check (CRC – zyklische Redundanzprüfung).

CSMA/CA-Zugriffsmethode (Carrier-Sense Multiple Access with Collision Avoidance) Eine Zugriffsmethode, bei der jeder Computer eine bevorstehende Übertragung signalisiert, bevor Daten tatsächlich übertragen werden. So werden mögliche Übertragungskollisionen vermieden.

CSMA/CD-Zugriffsmethode (Carrier-Sense Multiple Access with Collision Detection) Eine Zugriffsmethode, die im Allgemeinen bei Bustopologien verwendet wird. Wird CSMA/CD verwendet, überwacht eine Station das physische Medium, um festzustellen, ob eine andere Station zurzeit einen Datenrahmen überträgt. Wenn keine andere Station überträgt, sendet die Station ihre Daten. Eine Station überwacht das Medium, indem es überprüft, ob im Medium ein Trägersignal bzw. ein bestimmtes Spannungs- oder Lichtniveau vorhanden ist.

Deshalb wird der Begriff „carrier-sense – Trägererkennung" verwendet. „Multiple access – Mehrfachzugriff" bedeutet, dass mehrere Stationen gleichzeitig versuchen, auf Daten im Kabel zuzugreifen bzw. Daten in das Kabel einzuspeisen. „Collision detection – Kollisionserkennung" bedeutet, dass die Stationen auch Kollisionen erfassen. Wenn zwei Stationen versuchen, zum gleichen Zeitpunkt Daten zu übertragen, und eine Kollision erfolgt, müssen die Stationen bis zum neuen Übertragungsversuch einen per Zufall bestimmten Zeitraum verstreichen lassen.

Cyclic Redundancy Check (CRC – zyklische Redundanzprüfung) Bei der Datenübertragung eine Form der Fehlerüberprüfung. Das abgesendete Paket enthält eine Zahl, die an der Übertragungsquelle durch eine mathematische Berechnung erzeugt wurde. Wenn das Paket sein Ziel erreicht, wird die Berechnung erneut ausgeführt. Stimmen die beiden Zahlen überein, bedeutet dies, dass die Daten im Paket unversehrt sind. Weicht die Berechnung am Ziel von der Berechnung an der Quelle ab, so haben sich die Daten während der Übertragung geändert. In diesem Fall verwirft die CRC-Routine die Pakete oder signalisiert dem Quellcomputer, die Daten erneut zu übertragen.

D

Dämpfung Die Schwächung oder Verzerrung eines übertragenen Signals, während es sich von seinem Ausgangspunkt entfernt. Dabei kann es sich um ein digitales Signal in einem Kabel oder um die Verkleinerung der Amplitude eines elektrischen Signals handeln, ohne dass sich die Wellenform nennenswert ändert. Die Dämpfung wird in der Regel in Dezibel gemessen. Die Dämpfung eines über ein langes Kabel übertragenen Signals wird durch einen Verstärker beseitigt, der ein eingehendes Signal verstärkt und reinigt, bevor es über das Kabel weitergesendet wird.

Data Communications Equipment (DCE – Datenfernübertragungseinrichtung) Eine von zwei Arten von Geräten, die über eine serielle RS-232-Verbindung angeschlossen werden; die andere Geräteart wird als Data Terminal Equipment (DTE – Datenendeinrichtung) bezeichnet. Ein DCE-Gerät empfängt Daten von einem DTE-Gerät und fungiert häufig als Zwischengerät. Dabei wandelt es das Eingangssignal vor der Übertragung an den eigentlichen Empfänger auf eine bestimmte Weise um. Ein externes Modem ist z. B. ein DCE-Gerät, das Daten von einem Mikrocomputer (DTE) empfängt, diese moduliert und über eine Telefonverbindung sendet. Bei der Datenübertragung empfängt ein RS-232-DCE-Gerät Daten über Leitung 2 und überträgt sie über Leitung 3. Eine DTE dagegen empfängt über Leitung 3 und sendet über Leitung 2. *Siehe auch* Data Terminal Equipment (DTE – Datenendeinrichtung).

Data Encryption Standard (DES – Datenverschlüsselungsstandard) Ein weit verbreiteter, hoch entwickelter Algorithmus, der vom U.S. National Bureau of Standards zur Verschlüsselung und Codierung von Daten entwickelt wurde. *Siehe auch* Verschlüsselung.

Data Terminal Equipment (DTE – Datenendeinrichtung) Nach dem RS-232-Hardwarestandard ein Gerät, beispielsweise ein Mikrocomputer oder ein Terminal, das Daten in digitaler Form über ein Kabel oder eine Kommunikationsverbindung senden kann. Ein DTE-Gerät ist eines von zwei Arten von Geräten, die über eine serielle RS-232-Verbindung angeschlossen werden; die andere Geräteart ist ein DCE-Gerät (Data Communications Equipment – Datenfernübertragungseinrichtung), z. B. ein Modem, über das das DTE-Gerät an die Kommunikationsverbindung selbst angeschlossen wird. Bei der Datenübertragung sendet ein RS-232-DTE-Gerät Daten über Leitung 2 und empfängt sie über Leitung 3. Ein DCE-Gerät dagegen empfängt über Leitung 2 und sendet über Leitung 3. *Siehe auch* Data Communications Equipment (DTE – Datenfernübertragungseinrichtung).

Datenbankdatei der primären Zone Die Datenbankdatei der Masterzone. Änderungen an einer Zone, zum Beispiel das Hinzufügen von Domänen oder Hosts, werden auf dem Server ausgeführt, der die Datenbankdatei der primären Zone enthält.

Datenbankverwaltungssystem (DBMS – Database Management System) Eine Softwareschicht zwischen der physischen Datenbank und dem Benutzer. Das DBMS verwaltet alle Datenbankabfragen des Benutzers, erfasst die physischen Einzelheiten der Dateispeicherorte und -formate, Indizierungsschemata usw. Außerdem ermöglicht ein DBMS die zentrale Steuerung der Anforderungen an Sicherheit und Datenintegrität.

Datenrahmen Logische, strukturierte Pakete, in die Daten aufgenommen werden können. Übertragene Daten werden in kleine Einheiten aufgeteilt und mit Steuerinformationen kombiniert, beispielsweise mit Indikatoren für den Beginn und das Ende einer Nachricht. Jedes Informationspaket wird als eine Einheit, als Rahmen, übertragen. Die Datensicherungsschicht „verpackt" die Bits der physischen Schicht zu Rahmen. Das genaue Format des vom Netzwerk verwendeten Rahmen richtet sich nach der Netzwerktopologie. *Siehe auch* Rahmen.

Datenstrom Ein nicht differenzierter, byteweise übertragener Fluss von Daten.

Datenverschlüsselung *Siehe* Verschlüsselung.

DBMS *Siehe* Database Management System (DBMS – Datenbankverwaltungssystem).

DCE *Siehe* Data Communications Equipment (DCE – Datenfernübertragungseinrichtung).

DECnet Hardware- und Softwareprodukte der Digital Equipment Corporation, welche DNA (Digital Network Architecture) implementieren. DECnet definiert Kommunikationsnetzwerke über Ethernet-LANs, FDDI-MANs (Fiber Distributed Data Interface Metropolitan Area Networks) und WANs, die private oder öffentliche Datenübertragungseinrichtungen verwenden. Unter DECnet können die TCP/IP- und OSI-Protokolle sowie die DECnet-Protokolle von Digital eingesetzt werden. *Siehe auch* Fiber Distributed Data Interface (FDDI – verteilte Lichtwellenleiter-Netzschnittstelle), Metropolitan Area Network (MAN – Hauptstadtnetzwerk).

Dedizierter Server Ein Computer in einem Netzwerk, der nur als Server arbeitet und nicht zugleich als Client verwendet wird.

DES *Siehe* Data Encryption Standard (DES – Datenverschlüsselungsstandard).

Dfs (Distributed File System) *Siehe* Distributed File System (Dfs – verteiltes Dateisystem).

DFÜ-Verbindung Die Verbindung mit dem Netzwerk, wenn Sie ein Gerät verwenden, das an das Telefonnetz angeschlossen ist. Dazu gehören Modems mit einer normalen Telefonverbindung, ISDN-Karten mit ISDN-Hochgeschwindigkeitsverbindungen oder X.25-Netzwerke. Als typischer Benutzer haben Sie möglicherweise eine oder zwei DFÜ-Verbindungen, eine für das Internet und die andere für das Unternehmensnetz. Bei einer komplexeren Serverkonfiguration werden unter Umständen mehrere Modemverbindungen mit dem Netzwerk verwendet, so dass ein erweitertes Routing implementiert werden kann.

DHCP *Siehe* Dynamic Host Configuration Protocol (DHCP).

DHCP-Bereich Ein Bereich von IP-Adressen, die vom DHCP-Dienst geleast oder DHCP-Clients zugewiesen werden können.

DHCP-Client Jedes netzwerkfähige Gerät, das die Kommunikation mit einem DHCP-Server unterstützt, um Informationen über die dynamische geleaste IP-Konfiguration und entsprechende optionale Parameter zu beziehen.

DHCP-Server In Microsoft Windows 2000 Server handelt es sich beim DHCP-Server um einen Computer, auf dem der Microsoft DHCP-Dienst ausgeführt wird, der DHCP-fähigen Clients eine dynamische Konfiguration von IP-Adressen und weitere entsprechende Informationen bietet.

Dienst Ein Programm, eine Routine oder ein Prozess, mit dem eine bestimmte Systemfunktion ausgeführt wird, um andere Programme, insbesondere auf der Hardwareebene, zu unterstützen. Werden Dienste in einem Netzwerk bereitgestellt, können sie in Active Directory veröffentlicht werden. Dies erleichtert die dienstzentrierte Verwaltung und Verwendung der Dienste. Beispiele für Dienste von Microsoft Windows 2000 sind Security Accounts Manager, der Dateireplikationsdienst sowie der Routing- und RAS-Dienst.

Dienstressourceneintrag (SRV) Dieser Ressourceneintrag wird in einer Zone verwendet, um bekannte TCP/IP-Dienste zu registrieren und zu ermitteln. Der SRV-Eintrag wird in RFC 2052 beschrieben und von Microsoft Windows 2000 oder höher verwendet, um Domänencontroller für den Active Directory-Dienst zu ermitteln.

Dienstzugriffspunkt (SAP – Service Access Point) Die Schnittstelle jeweils zwischen den sieben Schichten des OSI-Protokollstapels, die über Verbindungspunkte – vergleichbar mit Adressen – verfügt, die für die Kommunikation zwischen den Schichten verwendet werden. In jede Protokollschicht können gleichzeitig mehrere SAPs aktiv sein.

Digital Eigenschaft eines Systems, das Informationen numerisch codiert, in einem binären Kontext also z. B. als 0 und 1. Die Datenverarbeitung in Computern erfolgt digital codiert. Ein digitales Signal hat einen diskreten binären Status: entweder an oder aus. *Siehe auch* analog.

Digitale Signatur Ein Mittel für die Verfasser einer Nachricht, einer Datei oder anderen digital codierten Informationen, ihre Identität mit den Informationen zu verknüpfen. Beim Signieren der Informationen werden diese umgewandelt und einige geheime Informationen des Absenders in ein Tag, die so genannte Signatur, eingefügt. Digitale Signaturen werden in Umgebungen mit öffentlichem Schlüssel verwendet und bieten Zulassungs- und Integritätsdienste.

Digitale Verbindung Eine Kommunikationsverbindung, bei der Informationen nur binär codiert (digital) übertragen werden. Um Verzerrungen und Störungen durch Rauschen zu minimieren, wird das Signal von Digitalleitungen während der Übertragung von Zeit zu Zeit durch Verstärker regeneriert. *Siehe auch* Analogverbindung.

Distributed File System (Dfs – verteiltes Dateisystem) Ein zusammenhängendes, logisches, hierarchisches Dateisystem. Dfs ordnet die freigegebenen Ordner auf verschiedenen Computern eines Netzwerks in einer logischen Baumstruktur von Dateisystemressourcen an.

DNS *Siehe* Domain Name System (DNS).

Domain Name System (DNS) Ein verteilter, replizierter Mehrzweck-Datenabfragedienst, der vorwiegend im Internet zur Übersetzung von Hostnamen in Internetadressen verwendet wird.

Domäne In Microsoft-Netzwerken eine Sammlung von Computern und Benutzern mit gemeinsamen Datenbank- und Sicherheitsrichtlinien, die auf einem Windows NT Server-Domänencontroller gespeichert sind. Jede Domäne hat einen eindeutigen Namen. *Siehe auch* Arbeitsgruppe.

Domänencontroller In Microsoft-Netzwerken der Server-Computer, der die Domänenanmeldungen authentifiziert und die Sicherheitsrichtlinie und die Masterdatenbank für eine Domäne verwaltet. *Siehe auch* Backup Domain Controller (BDC – Reservedomänencontroller), primärer Domänencontroller (PDC).

Domänenmodell Eine Gruppierung von einer oder mehreren Domänen mit Verwaltungs- und Kommunikationsverbindungen zwischen den Domänen; die Gruppierung erfolgt zum Zweck der Benutzer- und Ressourcenverwaltung.

Domänennamespace Die Datenbankstruktur von DNS (Domain Name System).

DTE *Siehe* Data Terminal Equipment (DTE – Datenendeinrichtung).

Duplexübertragung Wird auch als Vollduplexübertragung bezeichnet. Eine Kommunikation, die zwischen dem Sender und dem Empfänger in beiden Richtungen gleichzeitig erfolgt. Alternativen dazu sind die Simplexübertragung, die nur in einer Richtung stattfindet, und die Halbduplexübertragung, wobei zwar in beide Richtungen, jedoch nicht gleichzeitig übertragen wird.

Durchsatz Ein Maß für die Datenübertragungsrate einer Komponente, Verbindung oder eines Systems. In der Netzwerktechnik ist der Durchsatz ein guter Indikator der Gesamtleistung des Systems, weil er angibt, wie gut die Komponenten bei der Übertragung von Daten von einem Computer zum anderen zusammenarbeiten. In diesem Fall gibt der Durchsatz an, wie viele Byte oder Pakete das Netzwerk pro Sekunde verarbeiten kann.

Dynamic Host Configuration Protocol (DHCP) Ein Protokoll für die automatische TCP/IP-Konfiguration mit statischer und dynamischer Adresszuordnung und -verwaltung. *Siehe auch* Transmission Control Protocol/Internet Protocol (TCP/IP).

E

EBCDIC *Siehe* Extended Binary Coded Decimal Interchange Code (EBCDIC – erweiterter binärverschlüsselter Dezimalcode).

EFS (Encrypting File System) *Siehe* Encrypting File System (EFS – verschlüsselndes Dateisystem).

Eigenständiger Computer Ein Computer, der nicht mit anderen Computern verbunden ist und keinem Netzwerk angehört.

Eigenständiger Server Ein Computer, auf dem Microsoft Windows 2000 Server ausgeführt wird, der aber keiner Domäne angehört. Ein eigenständiger Server besitzt nur seine eigene Benutzerdatenbank und verarbeitet Anmeldeanforderungen selbst. Er verwendet Konteninformationen nicht zusammen mit anderen Computern und kann keinen Zugriff auf Domänenkonten geben.

Encrypting File System (EFS – verschlüsselndes Dateisystem) Ein Dateisystem von Windows 2000, das den Benutzern die Möglichkeit gibt, Dateien und Ordner auf einem NTFS-Datenträger zu verschlüsseln, um sie vor Eindringlingen zu schützen, die auf den Datenträger zugreifen können.

Engpass Der begrenzende Faktor für die Leistung eines Systems oder Netzwerks. Eine schlechte Leistung ergibt sich, wenn ein Gerät beträchtlich mehr CPU-Zeit verwendet, als es sollte, wenn es eine Ressource zu stark in Anspruch nimmt oder nicht die Kapazität hat, die Last zu verarbeiten. Mögliche Engpässe sind CPU, Speicher, Netzwerkkarte und andere Komponenten.

Ereignis Ein Vorgang oder Vorfall, auf den ein Programm eventuell reagiert. Beispiele für Ereignisse sind Mausklicks, Tastaturanschläge und Mausbewegungen. Ereignisse sind auch alle bedeutenden Geschehnisse im System oder in einen Programm, auf die Benutzer aufmerksam gemacht werden, bzw. die Einträge eines Protokolls.

Erweiterte Partition Ein Abschnitt einer Basisfestplatte, die logische Laufwerke enthalten kann. Verwenden Sie eine erweiterte Partition, wenn die Basisfestplatte mehr als vier Datenträger enthalten soll. Nur eine der vier pro physischer Festplatte zulässigen Partitionen kann eine erweiterte Partition sein. Für eine erweiterte Partition muss jedoch keine primäre Partition vorhanden sein. Erweiterte Partitionen können nur auf Basisfestplatten erstellt werden.

Ethernet Ein von Xerox im Jahr 1976 entwickeltes LAN. Ethernet wurde zu einem häufig implementierten Netzwerk, aus dem die Norm IEEE 802.3 für Netzwerke mit Konkurrenzbetrieb entwickelt wurde. Es arbeitet mit einer Bustopologie. Das ursprüngliche Ethernet reguliert den Verkehr auf der Hauptkommunikationsverbindung per CSMA/CD.

EtherTalk Bietet die Möglichkeit, die AppleTalk-Netzwerkprotokolle auf dem Ethernet-Koaxialkabel auszuführen. Eine EtherTalk-Karte ermöglicht einem Macintosh-Computer, eine Verbindung mit einem 802.3-Ethernet-Netzwerk herzustellen. *Siehe auch* AppleTalk.

Extended Binary Coded Decimal Interchange Code (EBCDIC – erweiterter binärverschlüsselter Dezimalcode) Ein von IBM entwickeltes Codierungsschema, das auf IBM-Großrechnern und PCs als Standardverfahren für die Zuordnung binärer (numerischer) Werte zu alphabetischen und numerischen Zeichen, Satzzeichen sowie Übertragungssteuerzeichen verwendet wird.

F

FAT (File Allocation Table) *Siehe* File Allocation Table (FAT – Dateizuordnungstabelle).

Fehlertoleranz Die Fähigkeit eines Computers oder Betriebssystems, auf ein Ereignis, beispielsweise einen Stromausfall oder einen Hardwarefehler, so zu reagieren, dass keine Daten verloren gehen und laufende Arbeiten nicht beschädigt werden.

Fiber Distributed Data Interface (FDDI – verteilte Lichtwellenleiter-Netzschnittstelle) Ein vom ANSI entwickelter Standard für Hochgeschwindigkeits-LANs mit Glasfasertechnik. FDDI enthält Spezifikationen für Übertragungsraten von 100 Mbps in Netzwerken mit dem Token Ring-Standard.

File Allocation Table (FAT – Dateizuordnungstabelle) Eine Tabelle oder Liste, die von einigen Betriebssystemen verwaltet wird, um den Status der verschiedenen Speicherplatzsegmente zu überwachen, die zum Speichern von Dateien verwendet werden.

File Replication Service (FRS – Dateireplikationsdienst) Ermöglicht eine Multimaster-Dateireplikation für bestimmte Verzeichnisbäume zwischen verschiedenen Windows 2000-Servern. Die Verzeichnisbäume müssen sich auf Festplattenpartitionen befinden, die mit der von Windows 2000 verwendeten Version von NTFS formatiert wurden. FRS wird vom verteilten Dateisystem von Microsoft für die automatische Synchronisierung von Inhalten zwischen zugeordneten Replikaten verwendet; Active Directory verwendet FRS für die automatische Synchronisierung der Inhalte der Systemdatenträger verschiedener Domänencontroller.

File Transfer Protocol (FTP) Ein Prozess, der die Dateiübertragung zwischen lokalen Computern und Remotecomputern ermöglicht. FTP unterstützt verschiedene Befehle, die eine bidirektionale Übertragung binärer Dateien und ASCII-Dateien zwischen Computern zulassen. Der FTP-Client wird unter Windows 2000 zusammen mit den TCP/IP-Dienstprogrammen installiert. *Siehe auch* ASCII (American Standard Code for Information Interchange), Transmission Control Protocol/Internet Protocol (TCP/IP).

Firewall Ein Sicherheitssystem, in der Regel eine Kombination aus Hardware und Software, die ein Netzwerk gegen Bedrohungen aus anderen Netzwerken einschließlich des Internets verhindern sollen. Firewalls verhindern, dass die Netzwerkcomputer einer Organisation direkt mit Computern außerhalb des Netzwerks kommunizieren und umgekehrt. Stattdessen wird die gesamte eingehende und ausgehende Kommunikation über einen Proxyserver außerhalb des Netzwerks der Organisation geleitet. Firewalls überwachen außerdem die Netzwerkaktivität, protokollieren den Umfang des Verkehrs sowie Informationen über unbefugte Zugriffsversuche. *Siehe auch* Proxyserver.

FQDN (Fully Qualified Domain Name) *Siehe* Fully Qualified Domain Name (FQDN – vollqualifizierter Domänenname).

Frontend In einer Client/Server-Anwendung bezeichnet das Frontend den Teil des Programms, der auf dem Clientcomputer ausgeführt wird.

FRS (File Replication Service) *Siehe* File Replication Service (FRS – Dateireplikationsdienst).

FTP *Siehe* File Transfer Protocol (FTP).

Fully Qualified Domain Name (FQDN – vollqualifizierter Domänenname) Ein DNS-Domänenname, der den genauen Standort in der Namespacestruktur für Domänen angibt. Vollqualifizierte Domänennamen unterscheiden sich von relativen Namen darin, dass sie mit einem nachgestellten Punkt (.) angegeben werden können, z. B. **host.beispiel.microsoft.com**, um ihre Stellung am Stamm des Namespace zu bezeichnen.

G

Gemischter Modus Der Standardmodus für Domänen auf Domänencontrollern von Microsoft Windows 2000. Im gemischten Modus können Backup-Domänencontroller von Windows NT sowie Windows 2000 in einer Domäne nebeneinander existieren. Der gemischte Modus unterstützt nicht die Optimierungen von Windows 2000 für universale und verschachtelte Gruppen. Die Einstellung für den Domänenmodus kann in den einheitlichen Modus von Windows 2000 geändert werden, wenn alle Windows NT-Domänencontroller aus der Domäne entfernt wurden.

Gesamtbetriebskosten (TCO – Total Cost of Ownership) Der gesamte Geld- und Zeitaufwand, der mit dem Kauf von Computerhardware und -software sowie der Einrichtung, Konfiguration und Wartung der Hardware und Software verknüpft ist. Zu den Gesamtbetriebskosten gehören auch Hardware- und Softwareaktualisierungen, Schulung, Wartung, Verwaltung und technische Unterstützung.

Glasfaserkabel Ein Kabel aus Glasfasern, das digitale Datensignale als modulierte Lichtimpulse überträgt.

Globale Gruppe Eine der vier Arten von Gruppenkonten, die von Microsoft Windows NT und Windows NT Server verwendet werden. Globale Gruppen werden in der gesamten Domäne verwendet und auf einem primären Domänencontroller (PDC) in der Domäne erstellt, in der sich die Benutzerkonten befinden. Globale Gruppen können jedoch nur Benutzerkonten der Domäne enthalten, in der die globale Gruppe erstellt wurde. Mitglieder globaler Gruppen erhalten Ressourcenberechtigungen, wenn die globale Gruppe zu einer lokalen Gruppe hinzugefügt wird. *Siehe auch* Gruppe, primärer Domänencontroller (PDC).

Gruppe Bei Netzwerken ein Konto, das andere Konten, die so genannten Mitglieder, enthält. Die Berechtigungen und Rechte, die einer Gruppe erteilt werden, gehen auch auf deren Mitglieder über. Gruppen bieten damit eine elegante Möglichkeit, einer Reihe von Benutzerkonten gemeinsame Fähigkeiten zuzuweisen.

Gültigkeitsdauer (TTL – Time to Live) Ein Timerwert in Paketen, die über TCP/IP-basierte Netzwerke gesendet werden. Dieser Wert teilt den Routern mit, ob ein Paket zu oft weitergeleitet wurde. Bei DNS werden TTL-Werte in Ressourceneinträgen innerhalb der Zone verwendet. Diese Werte bestimmen, wie lange anfragende Clients diese Informationen zwischenspeichern und verwenden sollen, wenn sie in einer Abfrageantwort von einem DNS-Server für die Zone erscheinen.

H

Halbduplexübertragung Bidirektionale Kommunikation, die nur in eine Richtung gleichzeitig erfolgt.

Handshaking Ein Begriff, der auf die Kommunikation zwischen Modems angewendet wird. Er bezeichnet den Vorgang, bei dem zwischen dem sendenden und empfangenden Gerät Daten übertragen werden, die den Datenfluss zwischen den Geräten steuern und koordinieren. Ein einwandfreier Handshakingbetrieb stellt sicher, dass das empfangende Gerät bereit ist, Daten anzunehmen, bevor das sendende Gerät die Daten überträgt.

Hauptleitung Ein einzelnes Kabel, auch Backbone oder Segment genannt.

HDLC *Siehe* High-Level Data Link Control (HDLC).

Hierarchischer Namespace Ein Namespace wie DNS (Domain Name System) und Active Directory mit einer Schichtstruktur, in der Namen und Objekte ineinander verschachtelt werden können.

High-Level Data Link Control (HDLC) HDLC ist ein weit verbreitetes internationales Protokoll, das von der International Organization for Standardization (ISO) entwickelt wurde und die Datenübertragung steuert. HDLC ist ein bitorientiertes, synchrones Protokoll, das auf der Datensicherungsschicht (Aufteilung in Datenpakete) des OSI-Referenzmodells arbeitet. Nach dem HDLC-Protokoll werden die Daten in Rahmen übertragen. Jeder Rahmen kann eine variable Datenmenge enthalten, er muss jedoch auf bestimmte Weise aufgebaut sein. *Siehe auch* Datenrahmen, Rahmen.

Hostname Der Name eines Geräts in einem Netzwerk. Bei einem Gerät in einem Windows 2000-Netzwerk kann dieser Name mit dem Computernamen identisch sein.

HTML *Siehe* Hypertext Markup Language (HTML).

Hypertext Markup Language (HTML) Eine Sprache, die zum Erstellen von Seiten für das World Wide Web entwickelt wurde. In HTML können Codes (so genannte Tags) eingefügt werden, die Schriftarten, Layout, eingebettete Grafiken und Hypertext-Verknüpfungen angeben. Mit Hypertext lassen sich Text, Bilder, Ton- und Videodaten präsentieren, die nicht sequenziell, sondern assoziativ miteinander verknüpft sind.

Hypertext Transfer Protocol (HTTP) Das Protokoll, nach dem Webseiten über ein Netzwerk übertragen werden.

I

IAB *Siehe* Internet Architecture Board (IAB).

IBM-Kabelsystem Dieses System wird in einer Token Ring-Umgebung verwendet. Es wurde 1984 von IBM vorgestellt und definiert Kabelstecker, Abschirmungsträger, Verteilertafeln und Kabeltypen. Viele Parameter sind mit IBM-fremden Spezifikationen vergleichbar. Das einzigartig geformte IBM-Verbindungsstück ist ein so genannter Zwitterstecker.

ICMP *Siehe* Internet Control Message Protocol (ICMP).

IEEE *Siehe* Institute of Electrical and Electronics Engineers (IEEE).

IEEE Project 802   Ein vom IEEE entwickeltes Netzwerkmodell. Das Projekt wurde nach dem Jahr und Monat benannt, in dem es begann (Februar 1980) und definiert LAN-Standards für die physische Schicht und die Datensicherungsschicht des OSI-Referenzmodells. Project 802 teilt die Datensicherungsschicht in zwei Teilschichten: Media Access Control (MAC) und Logical Link Control (LLC).

Infrarotübertragung   Elektromagnetische Strahlung mit Frequenzen im Bereich direkt unter dem des sichtbaren roten Lichts. In der Netzwerkkommunikation bietet die Infrarottechnologie bei Sichtverbindungen sehr hohe Übertragungsraten und eine große Bandbreite.

Infrastruktur für öffentliche Schlüssel (PKI – Public Key Infrastructure)   Mit diesem Begriff werden im Allgemeinen die Gesetze, Richtlinien, Standards und Software bezeichnet, mit denen Zertifikate sowie öffentliche und private Schlüssel geregelt oder geändert werden. In der Praxis handelt es sich um ein System digitaler Zertifikate, Zertifizierungsstellen und anderen Registrierungsstellen, die die Gültigkeit der Parteien einer elektronischen Transaktion prüfen und authentifizieren. Die Standards für PKI werden weiter entwickelt, sind jedoch bereits weitgehend als erforderliches Element beim elektronischen Handel implementiert.

Inkrementelle Sicherung   Sichert nur die Dateien, die seit der letzten normalen (oder inkrementellen) Sicherung erstellt oder geändert wurden und markiert die Dateien als gesichert.

Institute of Electrical and Electronics Engineers (IEEE)   Eine Organisation von Ingenieuren und Elektronikspezialisten, die im Zusammenhang mit Netzwerksystemen für die Entwicklung der IEEE 802.x-Standards für die physische Schicht und die Datensicherungsschicht des OSI-Referenzmodells bekannt wurden. Diese Standards werden in einer Vielzahl von Netzwerkkonfigurationen angewendet.

Integrated Services Digital Network (ISDN)   Ein weltweites digitales Kommunikationsnetz, das aus den vorhandenen Telefondiensten entstanden ist. ISDN zielt darauf ab, die bestehenden Telefonnetze, bei denen eine Digital-Analog-Wandlung erforderlich ist, durch vollständig digitale Vermittlungs- und Übertragungseinrichtungen zu ersetzen, die in der Lage sind, verschiedene Daten zu übertragen, seien es Sprache, Computerdaten, Musik oder Video. ISDN umfasst zwei Arten von Kommunikationskanälen: B-Kanäle, die Sprache, Daten oder Bilder mit einer Geschwindigkeit von 64 Kbps übertragen, und einen D-Kanal, der Steuerinformationen, Signalisierungsdaten und Daten für die Verwaltung der Verbindung mit einer Geschwindigkeit von 16 Kbps überträgt. Der Desktopdienst Standard-ISDN wird als 2B+D bezeichnet. Computer und andere Geräte stellen ISDN-Verbindungen über einfache, standardisierte Schnittstellen her.

Integrierte Gruppen   Eines von mehreren Gruppenkonten, die von Microsoft Windows NT und Windows 2000 verwendet werden. Wie der Name besagt, sind integrierte Gruppen im Netzwerkbetriebssystem enthalten. Den integrierten Gruppen wurde jeweils eine sinnvolle Zusammenstellung von Rechten und Fähigkeiten erteilt. In der Regel bietet eine integrierte Gruppe alle Fähigkeiten, die ein bestimmter Benutzer benötigt. Wenn ein Benutzerkonto einer Domäne zum Beispiel der integrierten Gruppe der Administratoren angehört und der Benutzer sich mit diesem Konto anmeldet, erhält er administrative Fähigkeiten für die Domäne und die Server der Domäne. *Siehe auch* Benutzerkonto.

International Organization for Standardization (ISO – Internationale Organisation für Normung)   Eine Organisation, die normsetzende Gruppen aus verschiedenen Ländern umfasst. Das US-amerikanische Mitglied ist zum Beispiel das American National Standards Institute (ANSI). Die ISO legt globale Normen für die Kommunikationstechnik und den Informationsaustausch fest.

Eine ihrer herausragenden Leistungen ist die Entwicklung des OSI-Referenzmodells, das breite Anerkennung genießt. Die ISO wird häufig fälschlicherweise als International Standards Organization bezeichnet, vermutlich wegen der Abkürzung ISO. ISO ist jedoch kein Akronym, sondern wird von *isos* abgeleitet, das im Griechischen „gleich" bedeutet.

International Telecommunications Union (ITU – Internationale Fernmeldeunion) Die Organisation, die verantwortlich ist für die Festlegung von Normen für das internationale Fernmeldewesen.

International Telecommunications Union-Telecommunications (ITU-T) Die Abteilung der ITU, die für die Fernmeldenormen verantwortlich ist. Zu ihren Aufgaben gehören die Standardisierung der Konstruktion und des Betriebs von Modems sowie die Standardisierung von Protokollen für Netzwerke und Faxübertragung. Die ITU ist eine internationale Organisation, in der Regierungen und der private Sektor globale Fernmeldenetze und -dienste koordinieren.

Internet Architecture Board (IAB) Ein Gremium, das als Mitglied der Internet Society (ISOC) Normen für die Internetarchitektur entwickelt und pflegt. Es übernimmt bei einem Streit im Normungsprozess auch die Schiedsrichterrolle.

Internet Control Message Protocol (ICMP) Dieses Protokoll wird von IP und Protokollen höherer Ebenen zum Senden und Empfangen von Statusberichten über die übertragenen Informationen verwendet.

Internet Information Services (IIS) Softwaredienste unter Windows 2000, die unter anderem das Erstellen sowie die Konfiguration und Verwaltung von Websites unterstützen. Zu diesen Diensten gehören NNTP (Network News Transfer Protocol), FTP (File Transfer Protocol) und SMTP (Simple Mail Transfer Protocol).

Internetprotokoll (IP) Das TCP/IP-Protokoll für die Weiterleitung von Paketen. *Siehe auch* Transmission Control Protocol/Internet Protocol (TCP/IP).

Internetwork Packet Exchange/Sequenced Packet Exchange (IPX/SPX) Ein Protokollstapel, der in Novell-Netzwerken verwendet wird. IPX ist das NetWare-Protokoll für die Weiterleitung und das Routing von Paketen. Es ist ein relativ kleines und schnelles Protokoll in einem LAN, ist ein Ableger von Xerox Network System (XNS) und unterstützt das Routing. SPX ist ein verbindungsorientiertes Protokoll, das die Zustellung der gesendeten Daten garantiert. NWLink ist die Microsoft-Implementierung des IPX/SPX-Protokolls.

Internetworking Die Kommunikation in einem Netzwerk, das aus kleineren Netzwerken besteht.

IP *Siehe* Internetprotokoll (IP). *Siehe auch* Transmission Control Protocol/Internet Protocol (TCP/IP).

IP-Adresse Eine 32-Bit-Adresse, die einen Knoten in einem IP-Netzwerk bezeichnet. Jeder Knoten im IP-Netzwerk muss eindeutig sein. Eine IP-Adresse besteht aus einer Netzwerkkennung und einer Hostkennung. IP-Adressen werden in der Regel in der punktierten Dezimalschreibweise dargestellt, bei der der Dezimalwert der jeweiligen Oktette durch einen Punkt getrennt wird, z. B. 192.168.7.27. Die IP-Adresse kann unter Microsoft Windows 2000 statisch oder dynamisch über DHCP konfiguriert werden.

Ipconfig Ein Diagnosebefehl, der dazu dient, alle Werte der aktuellen TCP/IP-Netzwerkkonfiguration anzuzeigen. Auf Systemen, auf denen DHCP ausgeführt wird, ist dieser Befehl besonders sinnvoll, weil der den Benutzern die Möglichkeit gibt festzustellen, welche TCP/IP-Konfigurationswerte vom DHCP-Server konfiguriert wurden. *Siehe auch* winipcfg.

IPX/SPX *Siehe* Internetwork Packet Exchange/Sequenced Packet Exchange (IPX/SPX).

ISDN *Siehe* Integrated Services Digital Network (ISDN).

ISO *Siehe* International Organization for Standardization (ISO – Internationale Organisation für Normung).

ITU *Siehe* International Telecommunications Union (ITU – Internationale Fernmeldeunion).

ITU-T *Siehe* International Telecommunications Union-Telecommunication (ITU-T).

K

Kerberos V5 Ein Standardsicherheitsprotokoll im Internet, das die Authentifizierung der Benutzer- oder Systemidentität übernimmt. Mit Kerberos V5 werden über Netzwerkverbindungen gesendete Kennworte verschlüsselt und nicht als normaler Text übertragen. Kerberos V5 enthält außerdem weitere Sicherheitsfunktionen.

Konkurrenz Wettbewerb zwischen den Stationen eines Netzwerks um die Möglichkeit, eine Kommunikationsverbindung oder eine Netzwerkressource zu verwenden. Zwei oder mehr Computer versuchen gleichzeitig, Daten über dieselbe Leitung zu senden, und verursachen so einen Konflikt in der Leitung. Ein solches System muss reguliert werden, damit Datenkollisionen in der Leitung beseitigt werden. Bei solchen Kollisionen können Daten zerstört und der Netzwerkverkehr blockiert werden. *Siehe auch* CSMA/CD-Zugriffsmethode (carrier-sense multiple access with collision detection).

Konsole Sammlungen von Verwaltungsprogrammen.

Konto *Siehe* Benutzerkonto.

Kontorichtlinie Steuert, wie Kennwörter von allen Benutzerkonten in einer Domäne oder auf einem einzelnen Computer verwendet werden müssen.

Kontosperre Eine Sicherheitsfunktion von Windows 2000, die ein Benutzerkonto auf Grundlage der entsprechenden Einstellungen der Sicherheitsrichtlinie sperrt, wenn innerhalb eines festgelegten Zeitraums eine bestimmte Anzahl an Fehlversuchen bei der Anmeldung unternommen wurde. Benutzer von gesperrten Konten können sich nicht mehr anmelden.

Kryptographie Die Verfahren und die Wissenschaft der Sicherung von Nachrichten und Daten. Die Kryptographie dient dazu, Vertraulichkeit von Daten, Datenintegrität, Authentifizierung (Entität und Datenursprung) und Zulassung zu ermöglichen und sicherzustellen.

Kryptographie mit öffentlichem Schlüssel Ein Kryptographieverfahren, bei dem zwei verschiedene Schlüssel verwendet werden: ein öffentlicher Schlüssel zum Verschlüsseln von Daten und ein privater Schlüssel für die Entschlüsselung.

L

LAN *Siehe* Local Area Network (LAN – lokales Netzwerk).

LAN Requester *Siehe* Requester (LAN requester).

Lastenausgleich Ein Verfahren, um die Leistung eines serverbasierten Programms (beispielsweise eines Webservers) zu skalieren, indem die Anforderungen seiner Clients über mehrere Server im Cluster verteilt werden. In der Regel kann jeder Host den Prozentsatz der von ihm verarbeiteten Last bestimmen; die Last kann aber auch gleichmäßig über alle Hosts verteilt werden. Wenn ein Host ausfällt, wird die Last dynamisch auf die übrigen Hosts verteilt.

LAT *Siehe* Local Area Transport (LAT).

Layer 2 Tunneling Protocol (L2TP) Ein Internet-Tunnelingprotokoll, das als Industriestandard verwendet wird. Anders als das Point-to-Point-Tunneling-Protokoll (PPTP) benötigt L2TP zwischen der Clientarbeitsstation und dem Server keine IP-Konnektivität. L2TP verlangt lediglich, dass das Tunnelmedium eine paketorientierte Punkt-zu-Punkt-Konnektivität bietet. Das Protokoll kann in Medien wie ATM (Asynchronous Transfer Mode), Rahmen Relay und X.25 eingesetzt werden. L2TP bietet die gleiche Funktionalität wie PPTP. L2TP beruht auf den Spezifikationen von L2F (Layer 2 Forwarding) und PPTP und gibt Clients die Möglichkeit, netzwerkübergreifende Tunnel einzurichten.

Leistungsindikator Ein Datenelement im Systemmonitor, das einem Leistungsobjekt zugeordnet ist. Systemmonitor weist jedem ausgewählten Indikator einen Wert zu, der einem bestimmten Aspekt der für das Leistungsobjekt definierten Leistung entspricht.

Leistungsobjekt Eine logische Auflistung der Leistungsindikatoren des Systemmonitors, die mit Ressourcen oder Diensten verknüpft sind, die überwacht werden können.

Local Area Network (LAN – lokales Netzwerk) Computer, die in einem geografisch begrenzten Netzwerk miteinander verbunden sind, beispielsweise in demselben Gebäude oder Bürokomplex oder derselben Universität.

Local Area Transport (LAT) Ein Protokoll der Digital Equipment Corporation ohne Routingfähigkeiten.

LocalTalk In einem AppleTalk-Netzwerk verwendete Kabelkomponenten; dazu gehören Kabel, Stecker und Kabelverlängerungen. Diese Komponenten werden normalerweise in einer Bus- oder Baumtopologie eingesetzt. Ein LocalTalk-Segment unterstützt maximal 32 Geräte. Aufgrund der begrenzten Möglichkeiten von LocalTalk wenden sich die Kunden häufig an andere Hersteller als Apple, wenn sie AppleTalk-Kabel benötigen. Farallon PhoneNet kann z. B. 254 Geräte aufnehmen.

Lokale Gruppe Eine der vier Arten von Gruppenkonten, die von Microsoft Windows NT und Windows NT Server verwendet werden. Lokale Gruppen sind in der Kontendatenbank jedes lokalen Computers implementiert und enthalten Benutzerkonten und andere globale Gruppen, denen Zugriffsrechte und Berechtigungen für Ressourcen auf einem lokalen Computer erteilt sein müssen. Lokale Gruppen können keine anderen lokalen Gruppen enthalten.

M

MAN (Metropolitan Area Network) *Siehe* Metropolitan Area Network (MAN – Hauptstadtnetz).

Medien LANs werden heute überwiegend mit einem bestimmten Kabeltyp aufgebaut, der als LAN-Übertragungsmedium fungiert und die Daten zwischen den Computern überträgt. Die Kabel werden häufig als Medien bezeichnet.

Metropolitan Area Network (MAN – Hauptstadtnetz) Ein für eine Stadt angelegtes Datennetz. In geografischer Hinsicht sind MANs größer als LANs, aber kleiner als WANs. MANs zeichnen sich in der Regel durch Hochgeschwindigkeitsverbindungen aus, für die Glasfaserkabel oder andere digitale Medien verwendet werden.

Microsoft Management Console (MMC) Ein Gerüst für administrative Programme unter Windows 2000, so genannte Konsolen. Eine Konsole kann Anwendungen, Ordner oder andere Container, Webseiten sowie weitere administrative Elemente enthalten. Diese Elemente werden im linken Fenster der Konsole in einer Konsolenstruktur angezeigt. Eine Konsole hat ein oder mehrere Fenster mit Ansichten der Konsolenstruktur. Das MMC-Hauptfenster enthält Befehle und Tools zum Erstellen von Konsolen. Die Erstellfunktionen von MMC und die Konsolenstruktur selbst sind im Benutzermodus gegebenenfalls ausgeblendet.

Microsoft Technical Information Network (TechNet)
Enthält Informationen zu allen Aspekten der Netzwerktechnik, wobei Microsoft-Produkte den Schwerpunkt bilden.

MMC (Microsoft Management Console) *Siehe* Microsoft Management Console (MMC).

N

Namensauflösung Die Übersetzung eines Namens in ein Objekt oder in Informationen, die der Name darstellt. Ein Telefonbuch bildet einen Namespace, in dem die Namen der Telefonteilnehmer in Telefonnummern aufgelöst werden können. Das Dateisystem von Microsoft Windows NT (NTFS) bildet einen Namespace, in dem der Name einer Datei in die Datei selbst aufgelöst werden kann. Active Directory bildet einen Namespace, in dem der Name eines Objekts im Verzeichnis in das Objekt selbst aufgelöst werden kann.

Namespace Eindeutige Namen für Ressourcen oder Elemente in einer gemeinsam genutzten Computerumgebung. Bei MMC wird der Namespace durch die Konsolenstruktur dargestellt, die alle Snap-Ins und Ressourcen anzeigt, die einer Konsole zur Verfügung stehen. *Siehe auch* Microsoft Management Console (MMC), Ressource, Snap-In. Bei DNS ist der Namespace die vertikale oder hierarchische Struktur der Domänennamenstruktur. Jede Domänenspezifikation, beispielsweise „host1" oder „example", eines vollqualifizierten Domänennamens, beispielsweise „host1.example.microsoft.com", gibt eine Teilstruktur der Domänennamespacestruktur an.

NAS (Network Access Server) *Siehe* Network Access Server (NAS – Netzwerkzugriffsserver).

nbtstat Ein Diagnosebefehl, der mit Hilfe von NBT (NetBIOS über TCP/IP) eine Protokollstatistik und die aktuellen TCP/IP-Verbindungen anzeigt. Dieser Befehl ist nur verfügbar, wenn das TCP/IP-Protokoll installiert wurde. *Siehe auch* netstat.

NDIS *Siehe* Network Device Interface Specification (NDIS).

Nebensprechen Signalüberlauf von einem benachbarten Draht. Wenn während eines Telefongesprächs im Hintergrund schwach ein zweites Telefongespräch zu hören ist, spricht man von Nebensprechen.

NetBEUI (NetBIOS Enhanced User Interface) Ein in allen Netzwerkprodukten von Microsoft enthaltenes Protokoll. Die Vorteile von NetBEUI sind die kleine Stapelgröße (wichtig bei MS-DOS-Computern), schnelle Datenübertragung über das Netzwerkmedium und die Kompatibilität mit allen Microsoft-Netzwerken. Der Hauptnachteil von NetBEUI besteht darin, dass es ein LAN-Übertragungsprotokoll ist und daher kein Routing unterstützt. Außerdem ist es auf Microsoft-Netzwerke beschränkt.

NetBIOS (Network Basic Input/Output System) Eine Schnittstelle für die Anwendungsprogrammierung (API), die von Anwendungen in einem LAN verwendet werden kann, das aus IBM-kompatiblen Computern unter MS-DOS, OS/2 oder einem UNIX-System besteht. Für Programmierer ist dabei hauptsächlich von Interesse, dass NetBIOS den Anwendungsprogrammen einen einheitlichen Befehlssatz für die Anforderung allgemeiner Netzwerkdienste zur Verfügung stellt, die für Sitzungen zwischen Netzwerkknoten und die Datenübertragung zwischen diesen Knoten benötigt werden.

netstat Ein Diagnosebefehl, der Protokollstatistiken und aktuelle TCP/IP-Netzwerkverbindungen anzeigt. Dieser Befehl ist nur verfügbar, wenn das TCP/IP-Protokoll installiert wurde. *Siehe auch* nbtstat.

Network Access Server (NAS) Dieses Gerät akzeptiert PPP-Verbindungen und platziert Clients in dem Netzwerk, das der NAS versorgt.

Network Device Interface Specification (NDIS) Ein Standard, der eine Schnittstelle für die Kommunikation zwischen der MAC-Teilschicht und den Protokolltreibern definiert. NDIS ermöglicht eine flexible Umgebung für den Datenaustausch. Es definiert die Softwareschnittstelle, die so genannte NDIS-Schnittstelle, die von den Protokolltreibern für die Kommunikation mit der Netzwerkkarte verwendet wird. NDIS bietet den Vorteil des Protokoll-Multiplexing, d. h., dass mehrere Protokollstapel gleichzeitig verwendet werden können.

Network News Transfer Protocol (NNTP) Ein in RFC 977 definiertes Protokoll. Es handelt sich um einen De-Facto-Protokollstandard im Internet, der für Verteilung, Abfrage, Abruf und Veröffentlichen von Usenet-Nachrichten im Internet verwendet wird.

Netzwerkmonitore Monitore, die den gesamten oder einen ausgewählten Teil des Netzwerkverkehrs überwachen. Die Monitore prüfen Pakete auf Rahmen-Ebene und sammeln Informationen über Pakettypen, Fehler und Paketverkehr zwischen den Computern.

NNTP *Siehe* Network News Transfer Protocol (NNTP).

Novell NetWare Eine der führenden Netzwerkarchitekturen.

NSLOOKUP Ein Befehlszeilenprogramm für DNS-Abfragen zu Test- und Problembehandlungszwecken bei DNS-Installationen.

NTFS *Siehe* NTFS-Dateisystem.

NTFS-Dateisystem Ein leistungsfähiges Dateisystem, das speziell für den Einsatz im Betriebssystem Microsoft Windows 2000 konzipiert wurde. Es unterstützt die Wiederherstellung des Dateisystems, sehr große Speichermedien, lange Dateinamen und verschiedene Funktionen des POSIX-Teilsystems (Portable Operating System Interface for UNIX). Darüber hinaus unterstützt es objektorientierte Anwendungen, indem es alle Dateien als Objekte mit benutzerdefinierten und systemdefinierten Attributen behandelt.

O

Objekt Eine Entität, beispielsweise ein Datei-, ein Ordner-, ein Freigabeordner-, ein Drucker- oder ein Active Directory-Objekt, die von einer eigenen, benannten Attributgruppe beschrieben wird. Die Attribute eines Dateiobjekts enthalten den Namen, den Speicherort und die Größe. Die Attribute eines Active Directory-Benutzerobjekts können den Vor- und Nachnamen sowie die E-Mail-Adresse des Benutzers enthalten.

Öffentlicher Schlüssel Der nicht geheime Teil eines kryptographischen Schlüsselpaars, das mit einem Algorithmus für öffentliche Schlüssel verwendet wird. Öffentliche Schlüssel werden in der Regel zur Überprüfung digitaler Datensignaturen und zum Verschlüsseln eines Sitzungsschlüssels sowie von Daten verwendet, die mit dem entsprechenden privaten Schlüssel entschlüsselt werden können.

Öffentliches Datennetzwerk (PDN – Public Data Network) Ein kommerzieller paketvermittelter oder leitungsvermittelter WAN-Dienst, der von örtlichen und überregionalen Telefongesellschaften bereitgestellt wird.

Open Shortest Path First (OSPF) Ein Routingprotokoll für IP-Netzwerke, beispielsweise das Internet, das einem Router ermöglicht, für die Übertragung von Nachrichten den kürzesten Pfad zu jedem Knoten zu berechnen.

Open Systems Interconnection (OSI)-Referenzmodell Eine siebenschichtige Architektur, die Dienstebenen und Interaktionsarten von Computern standardisiert, die Informationen über ein Netzwerk austauschen. Das Modell beschreibt den Datenfluss zwischen der physischen Netzwerkverbindung und der Anwendung des Endbenutzers. Es ist das bekannteste und am weitesten verbreitete Modell für die Beschreibung von Netzwerkumgebungen.

OSI *Siehe* Open Systems Interconnection (OSI)-Referenzmodell.

OSPF *Siehe* Open Shortest Path First (OSPF).

P

Packet Internet Groper (ping) Ein einfaches Dienstprogramm, das überprüft, ob eine Netzwerkverbindung zwischen dem Server und der Arbeitsstation vollständig ist. Dazu wird an den Remotecomputer eine Nachricht gesendet. Wenn der Remotecomputer die Nachricht empfängt, sendet er eine Antwort. Die Antwort enthält die IP-Adresse der Remotearbeitsstation, die Byteanzahl der Nachricht, die für die Antwort benötigte Zeit (in Millisekunden) und die Gültigkeitsdauer (TTL – Time to Live) in Sekunden. Ping arbeitet auf IP-Ebene und übermittelt häufig eine Antwort, wenn TCP-Dienste höherer Ebenen nicht antworten können.

Paket Eine Informationseinheit, die komplett von einem Gerät an ein anderes Gerät in einem Netzwerk gesendet wird. In paketvermittelten Netzwerken wird ein Paket genauer als Übertragungseinheit fester Maximalgröße definiert, die aus folgenden Elementen besteht: binären Zahlen, die Daten darstellen, einem Vorspann, der eine ID-Nummer enthält, Quell- sowie Zieladresse und manchmal auch aus Daten für die Fehlersteuerung. *Siehe auch* Rahmen.

Paketvermittlung Ein Nachrichtenübermittlungsverfahren, bei dem kleine Informationseinheiten (Pakete) auf der besten zwischen der Quelle und dem Ziel verfügbaren Route über Stationen in einem Computernetzwerk geleitet werden. Die Daten werden in kleinere Einheiten zerlegt und anschließend in einem Prozess der Paketbildung und -zerlegung erneut gepackt. Obwohl jedes Paket einen anderen Weg nehmen kann und die Pakete, aus denen sich die Nachricht zusammensetzt, zu unterschiedlichen Zeiten oder außer der Reihe eintreffen können, setzt der empfangende Computer die ursprüngliche Nachricht wieder zusammen. Paketvermittelte Netzwerke gelten als schnell und effizient. Die Normen für die Paketvermittlung in Netzwerken sind in der CCITT-Empfehlung X.25 dokumentiert.

PBX Private Branch Exchange – Nebenstellenanlage (PABX – Private Automated Branch Exchange = Wählnebenstellenanlage) Ein vermittelndes Telefonnetz, das Anrufern in einer Organisation gestattet, Teilnehmer innerhalb der Organisation anzurufen, ohne das öffentliche Telefonnetz in Anspruch zu nehmen.

PDC *Siehe* Primärer Domänencontroller (PDC).

PDL *Siehe* Seitenbeschreibungssprache (PDL – Page Description Language).

PDN *Siehe* Öffentliches Datennetzwerk (PDN – Public Data Network).

Ping *Siehe* Packet Internet Groper (ping).

PKI (Public Key Infrastructure) *Siehe* Infrastruktur für öffentliche Schlüssel (PKI – Public Key Infrastructure).

Pointerressourceneintrag (PTR) Dieser Ressourceneintrag wird in einer Reverse-Lookupzone verwendet, die in der Domäne **in-addr.arpa** erstellt wurde, um ein Reverse Mapping einer Host-IP-Adresse zu einem Host-DNS-Domänennamen zu bestimmen.

Point-to-Point Protocol (PPP) Ein Datensicherungsprotokoll für die Übertragung von TCP/IP-Paketen über DFÜ-Telefonverbindungen, z. B. zwischen einem Computer und dem Internet. PPP wurde im Jahr 1991 von der Internet Engineering Task Force entwickelt.

Point-to-Point Tunneling Protocol (PPTP) PPTP ist eine Erweiterung des Point-to-Point-Protokolls, das für die Kommunikation im Internet verwendet wird. Es wurde von Microsoft für virtuelle private Netzwerke (VPN) entwickelt, über die Privatpersonen und Organisationen das Internet als sicheres Kommunikationsmittel nutzen können. PPTP unterstützt die Einkapselung verschlüsselter Pakete in sichere Wrapper, die über eine TCP/IP-Verbindung übertragen werden können *Siehe auch* virtuelles privates Netzwerk (VPN).

PPP *Siehe* Point-to-Point Protocol (PPP).

PPTP *Siehe* Point-to-Point Tunneling Protocol (PPTP).

Primärer Domänencontroller (PDC) Der Windows NT Server, der die Masterkopie der Benutzerkontendatenbank der Domäne verwaltet und Anmeldeanforderungen überprüft. Jede Netzwerkdomäne muss einen und nur einen PDC haben. *Siehe auch* Domäne, Domänencontroller.

Privater Schlüssel Der geheime Teil eines kryptographischen Schlüsselpaars, das mit einem Algorithmus für öffentliche Schlüssel verwendet wird. Private Schlüssel werden in der Regel für die digitale Datensignatur und zum Entschlüsseln eines symmetrischen Sitzungsschlüssels sowie von Daten verwendet, die mit dem entsprechenden öffentlichen Schlüssel verschlüsselt wurden.

Protokoll Das System von Regeln und Verfahren, das die Kommunikation zwischen mindestens zwei Geräten bestimmt. Es gibt viele unterschiedliche Protokolle, die nicht alle kompatibel sind. Verwenden zwei Geräte jedoch das gleiche Protokoll, können sie Daten austauschen. Protokolle gibt es auch als Untergruppe von anderen Protokollen, wobei sie dann unterschiedliche Aspekte der Kommunikation steuern. Manche Protokolle, beispielsweise der RS-232-Standard, beziehen sich auf Hardwareverbindungen. Andere Standards steuern die Datenübertragung einschließlich der Parameter und Quittungssignale wie XON/OFF, die bei der asynchronen Kommunikation (in der Regel bei Modems) verwendet werden, sowie Datencodierungsverfahren wie bit- und byteorientierte Protokolle. Wieder andere Protokolle, beispielsweise das weit verbreitete Protokoll XMODEM, steuern die Übertragung von Dateien, während andere Protokolle wie CSMA/CD die Verfahren definieren, nach denen Nachrichten von Station zu Station eines LANs weitergegeben werden. Protokolle stellen Versuche dar, den komplexen Vorgang der Kommunikation zwischen Computern verschiedener Hersteller und Modelle zu vereinfachen. Weitere Beispiele für Protokolle sind das OSI-Modell, SNA von IBM und die Gruppe der Internetprotokolle, zu denen auch TCP/IP gehört. *Siehe auch* Systems Network Architektur (SNA), Transmission Control Protocol/Internet Protocol (TCP/IP).

Protokollstapel Eine schichtweise geordnete Gruppe von Protokollen, die zusammen eine Reihe von Netzwerkfunktionen zur Verfügung stellen.

Protokolltreiber Der Treiber, der anderen Schichten im Netzwerk vier oder fünf Basisdienste zur Verfügung stellt und die Details der Implementierung dieser Dienste gleichzeitig „verbirgt". Zu den Diensten gehören die Sitzungsverwaltung, der Datagrammdienst, die Datensegmentierung und -sequenzierung, Bestätigungen und eventuell Routing in einem WAN.

Proxyserver Eine Firewallkomponente, die den ein- und ausgehenden Internetverkehr eines LANs verwaltet. Der Proxyserver entscheidet, ob es sicher ist, eine bestimmte Nachricht oder Datei in das Netzwerk einer Organisation durchzulassen, übernimmt also die Zugriffssteuerung für das Netzwerk. Er filtert und verwirft Anforderungen entsprechend den Angaben des Eigentümers, z. B. auch Anforderungen für den unberechtigten Zugriff auf proprietäre Daten. *Siehe auch* Firewall.

Punkt-zu-Punkt-Konfiguration Dedizierte Verbindungen, die auch als private oder gemietete Verbindungen bezeichnet werden. Es handelt sich dabei um die heute am weitesten verbreiteten WAN-Kommunikationsverbindungen. Der Träger garantiert durch Einrichten einer permanenten Verbindung von jedem Endpunkt eine Vollduplexbandbreite und verbindet LANs über Bridges und Router miteinander. *Siehe auch* Point-to-Point Protocol (PPP), Point-to-Point Tunneling Protocol (PPTP), Duplexübertragung.

Q

QoS (Quality of Service) *Siehe* Quality of Service (QoS).

Quality of Service (QoS) Eine unter Windows 2000 implementierte Gruppe von Qualitätssicherungsnormen sowie Mechanismen für die Datenübertragung.

R

RADIUS (Remote Authentication Dial-In User Service) *Siehe* Remote Authentication Dial-In User Service (RADIUS).

Rahmen Ein Informationspaket, das in einem Netzwerk als eine Einheit übertragen wird. Der Begriff Rahmen wird häufig bei Ethernet-Netzwerken verwendet. Ein Rahmen ist mit den Paketen vergleichbar, die bei anderen Netzwerken verwendet werden. *Siehe auch* Datenrahmen, Paket.

Rahmen Relay Eine leistungsfähige, digitale Paketvermittlungstechnologie mit schneller Weiterleitung von Paketen variabler Länge. Es handelt sich um ein Punkt-zu-Punkt-System, das in der Datensicherungsschicht des OSI-Referenzmodells über einen PVC (Private Virtual Circuit) Rahmen variabler Länge überträgt. Rahmen Relay-Netzwerke können den Teilnehmern je nach Bedarf Bandbreite zur Verfügung stellen, so dass die Benutzer nahezu jede Übertragungsart ausführen können.

Rahmenvorspann Headerdaten, die in der physischen Schicht des OSI-Referenzmodells an den Anfang eines Datenrahmen gestellt werden.

RAS *Siehe* Remote Access Server (RAS).

Redirector Netzwerksoftware, die E/A-Anforderungen für Remotedateien, Named Pipes oder Mailslots annimmt und die Anforderungen an einen Netzwerkdienst auf einem anderen Computer sendet (umleitet).

Remote Access Server (RAS) Jeder Computer unter Microsoft Windows 2000, der für die Annahme von RAS-Verbindungen konfiguriert ist.

Remote Authentication Dial-In User Service (RADIUS) Ein Authentifzierungsprotokoll, das auf Clients und Servern beruht und vielfach von Internetdienstanbietern (ISPs) auf Remoteservern ohne Microsoft-Betriebssystem verwendet wird. RADIUS ist heute das beliebteste Mittel zur Authentifizierung und Autorisierung von DFÜ-Benutzern und getunnelten Netzwerkbenutzern.

Remotebenutzer Ein Benutzer, der sich über Modems und Telefonleitungen von einem Remotestandort aus in den Server einwählt.

Remotecomputer Ein Computer, auf den nur über eine Kommunikationsverbindung oder ein Kommunikationsgerät, beispielsweise über eine Netzwerkkarte oder ein Modem, zugegriffen werden kann.

Request for Comments (RFC) Die offiziellen Dokumente der Internet Engineering Task Force (IETF), in denen die Details der in der TCP/IP-Familie enthaltenen Protokolle festgelegt sind.

Requester (LAN requester) Software eines Computers, die Netzwerkdienstanforderungen der Anwendungen des Computers an den entsprechenden Server weiterleitet. *Siehe auch* Redirector.

Ressource Ein beliebiger Teil eines Computersystems. Netzwerkbenutzer können Computerressourcen gemeinsam verwenden, beispielsweise Festplatten, Drucker, Modems, CD-ROM-Laufwerke und sogar den Prozessor.

Ressourceneintrag In Zonen verwendete Standard-Datenbankeintragstypen, die dazu dienen, DNS-Domänennamen für einen bestimmten Netzwerkressourcentyp, beispielsweise die IP-Adresse eines Hosts, mit entsprechenden Daten zu verknüpfen. Die meisten grundlegenden Ressourceneintragstypen sind in RFC 1035 definiert. Zusätzliche Ressourceneintragstypen sind jedoch in anderen RFCs definiert und für den Einsatz im DNS zugelassen.

Reverse Lookup Ein Abfrageprozess im DNS, bei dem die IP-Adresse eines Hostcomputers gesucht wird, um seinen benutzerfreundlichen DNS-Domänennamen zu finden.

RFC *Siehe* Request for Comments (RFC).

RIP *Siehe* Routing Information Protocol (RIP).

Routing Information Protocol (RIP) Ein Protokoll, das Routen mit Hilfe von Distanzvektoralgorithmen ermittelt. Mit RIP übertragen Router Informationen untereinander, um ihre internen Routingtabellen zu aktualisieren. Anhand dieser Informationen bestimmen sie die besten Routen, die sich durch die Anzahl der Abschnitte zwischen den Routern ergeben. TCP/IP und IPX unterstützen RIP.

S

SAP (Service Access Point) *Siehe* Dienstzugriffspunkt (SAP – Service Access Point).

SAP (Service Advertising Protocol) *Siehe* Service Advertising Protocol (SAP).

Schichtung Die Koordination verschiedener Protokolle in einer spezifischen Architektur, die sicherstellt, dass die Protokolle zusammenwirken, damit die Daten vorbereitet, übertragen und empfangen werden und darauf wie gewünscht reagiert wird.

SDLC *Siehe* Synchronous Data Link Control (SDLC).

Segment Die Kabelstrecke in einem Netzwerk zwischen zwei Endsystemen. Als Segment werden auch Nachrichten bezeichnet, die vom Protokolltreiber in kleinere Einheiten zerlegt wurden.

Seitenbeschreibungssprache (PDL – Page Description Language) Eine Sprache, die einem Drucker mitteilt, wie die gedruckte Ausgabe dargestellt werden soll. Der Drucker erstellt den Text und die Grafiken mit Hilfe der PDL und erzeugt so das Seitenbild. PDLs ähneln Blaupausen insofern, als sie Parameter und Eigenschaften wie Schriftgrößen und Schriftarten festlegen, das Zeichnen jedoch dem Drucker überlassen.

Sekundärer Masterserver Ein für eine Zone autorisierter DNS-Server, der als Quelle für die Replikation der Zone auf anderen Servern verwendet wird. Sekundäre Masterserver aktualisieren die Daten ihrer Zone nur, indem sie die Zonendaten von anderen DNS-Servern übertragen. Sie sind nicht in der Lage, Zonenaktualisierungen vorzunehmen.

Sequenced Packet Exchange (SPX) Teil der IPX/SPX-Protokollgruppe von Novell für sequenzierte Daten. *Siehe auch* Internetwork Packet Exchange/Sequenced Packet Exchange (IPX/SPX).

Serial Line Internet Protocol (SLIP) Dieses Protokoll wird in RFC 1055 definiert. SLIP wird normalerweise für Ethernet über serielle Verbindungen verwendet, z. B. für einen seriellen RS-232-Port, der mit einem Modem verbunden ist.

Serielle Übertragung Datenübertragung in eine Richtung. Die Daten werden bitweise über das Netzwerkkabel gesendet.

Server Message Block (SMB) Ein von Microsoft, Intel und IBM entwickeltes Protokoll, in dem eine Reihe von Befehlen definiert sind, mit denen Daten zwischen Netzwerkcomputern weitergeleitet werden. Der Redirector packt SMB-Anforderungen in eine NCB-Struktur (Network Control Block), die über das Netzwerk an ein Remotegerät gesendet werden kann. Der Netzwerkanbieter wartet auf für ihn bestimmte SMB-Nachrichten und entfernt den Datenabschnitt der SMB-Anforderung, so dass diese von einem lokalen Gerät verarbeitet werden kann.

Service Advertising Protocol (SAP) Gibt Knoten, die Dienste bereitstellen (einschließlich Datei-, Drucker-, Gateway- und Anwendungsservern), die Möglichkeit ihre Dienste und Adressen anzukündigen.

Shell Eine Software, in der Regel ein eigenes Programm, das für eine direkte Kommunikation zwischen dem Benutzer und dem Betriebssystem sorgt. Eine Shell hat normalerweise, wenn auch nicht immer, eine Befehlszeilenoberfläche. Beispiele für Shells sind Macintosh Finder und das MS-DOS-Befehlszeilenprogramm **COMMAND.COM**.

Sicherheit Schützen von Computern und der auf diesen gespeicherten Daten vor Beschädigungen oder unbefugtem Zugriff.

Sicherheitskennung *oder* **Sicherheits-ID (SID)** Eine eindeutige Zahl, die Benutzer-, Gruppen- und Computerkonten kennzeichnet. Jedem Konto im Netzwerk wird eine eindeutige SID zugeteilt, wenn das Konto erstellt wird. Interne Prozesse in Windows 2000 beziehen sich auf die SID eines Kontos, und nicht auf den Benutzer- oder Gruppennamen des Kontos. Wenn Sie ein Konto erstellen, es löschen und anschließend ein Konto mit demselben Benutzernamen erstellen, erhält das neue Konto nicht die gleichen Rechte und Berechtigungen, die Sie zuvor dem alten Konto erteilt haben, weil die Konten unterschiedliche SIDs haben.

Simple Mail Transfer Protocol (SMTP) Ein TCP/IP-Protokoll zur Übertragung von E-Mail. *Siehe auch* Transmission Control Protocol/Internet Protocol (TCP/IP).

Simple Network Management Protocol (SNMP) Ein TCP/IP-Protokoll zur Überwachung von Netzwerken. SNMP arbeitet mit Anforderungen und Antworten. Im SNMP überwachen kleine Dienstprogramme, so genannte Agenten, den Netzwerkverkehr und das Verhalten wichtiger Netzwerkkomponenten und sammeln statistische Daten in einer MIB (Management Information Base). Um die Informationen in einer verwendbaren Form zu sammeln, fragt ein spezielles Verwaltungskonsolenprogramm die Agenten regelmäßig ab und kopiert die in deren MIBs enthaltenen Informationen per Download. Liegen Datenwerte über oder unter den vom Verwalter festgelegten Parametern, kann das Verwaltungskonsolenprogramm Signale auf dem Monitor anzeigen, die den Ort der Schwierigkeiten angeben, und bestimmte Supportmitarbeiter automatisch über eine Pagernummer benachrichtigen.

Sitzungsverwaltung Das Herstellen, Steuern und Beenden von Verbindungen zwischen Stationen im Netzwerk.

SLIP *Siehe* Serial Line Internet Protocol (SLIP).

Smartcard Eine Karte von Kreditkartengröße, auf der Zertifikate, öffentliche und private Schlüssel, Kennwörter und andere persönliche Informationen sicher gespeichert werden können. Um eine Smartcard verwenden zu können, benötigen Sie ein entsprechendes Lesegerät, das an den Computer angeschlossen wird, und eine PIN. Unter Windows 2000 können Sie mit Smartcards die zertifikatbasierte Authentifizierung und die einmalige Anmeldung am Unternehmensnetz aktivieren.

Smartcard-Lesegerät Ein Standardgerät im Smartcard-Teilsystem. Ein Smartcard-Lesegerät ist ein Schnittstellengerät, das die bidirektionale Eingabe/Ausgabe für Smartcards unterstützt.

SMB *Siehe* Server Message Block (SMB).

SMTP *Siehe* Simple Mail Transfer Protocol (SMTP).

SNA *Siehe* Systems Network Architecture (SNA).

Snap-In Ein Tool, das zu einer Konsole hinzugefügt werden kann, die von MMC (Microsoft Management Console) unterstützt wird. Ein eigenständiges Snap-In kann für sich hinzugefügt werden, ein Erweiterungs-Snap-In kann nur hinzugefügt werden, um die Funktion eines anderen Snap-Ins zu erweitern.

SNMP *Siehe* Simple Network Management Protocol (SNMP).

SOA-Ressourceneintrag (Start of Authority – Autoritätsursprung) Ein Eintrag, der den Autoritätsursprung für Informationen angibt, die in einer Zone gespeichert sind. Der SOA-Ressourceneintrag ist der beim Hinzufügen einer neuen Zone zuerst erstellte Datensatz. Der Eintrag enthält außerdem verschiedene Parameter, die von anderen mit DNS arbeitenden Computern verwendet werden, und die bestimmen, wie lange diese Computer die Informationen für die Zone verwenden und wie oft Aktualisierungen erforderlich sind.

SONET *Siehe* Synchronous Optical Network (SONET).

SPX *Siehe* Sequenced Packet Exchange (SPX).

SQL *Siehe* Structured Query Language (SQL).

Structured Query Language (SQL) Eine Teilsprache für Datenbanken, die zum Abfragen, Aktualisieren und Verwalten von relationalen Datenbanken eingesetzt wird. Zwar handelt es sich nicht um eine Programmiersprache im gleichen Sinn wie C oder Pascal, dennoch können mit SQL interaktive Abfragen formuliert oder Anweisungen für die Verarbeitung von Daten in eine Anwendung eingebettet werden. Der SQL-Standard enthält außerdem Komponenten zum Definieren, Ändern, Steuern und Sichern von Daten.

Subdomäne Eine DNS-Domäne, die in der Namespacestruktur direkt unter einem anderen Domänennamen (der übergeordneten Domäne) angeordnet ist. Beispielsweise wäre **beispiel.Microsoft.com** eine Subdomäne der Domäne **Microsoft.com**.

Eine Subdomäne wird auch als untergeordnete Domäne bezeichnet.

Subnetz Ein Teil eines Netzwerks, z. B. auch ein physisch unabhängiges Netzwerksegment, das eine Klassennetzwerkadresse mit anderen Teilen des Netzwerks gemein hat und durch eine Subnetznummer unterschieden wird.

Subnetzmaske Ein 32-Bit-Wert, anhand dessen der Empfänger von IP-Paketen die Netzwerkennung in der IP-Adresse von der Hostkennung unterscheiden kann.

SVC-Verbindung (Switched Virtual Circuit) Eine logische Verbindung zwischen Endcomputern, bei der eine spezielle Route im Netzwerk verwendet wird. Netzwerkressourcen werden für die Verbindung reserviert, und die Route wird aufrecht erhalten, bis die Verbindung beendet wird. Diese Verbindungen werden auch als Punkt-zu-Multipunkt-Verbindungen bezeichnet.

Synchron Eigenschaft einer Kommunikationsform, die mit einem Taktschema arbeitet, das zwischen zwei Geräten koordiniert wird und das Bitgruppen trennt. Diese Gruppen werden dann in Blöcken, so genannten Rahmen, übertragen. Mit Sonderzeichen wird die Synchronisierung gestartet und die Genauigkeit der Synchronisierung von Zeit zu Zeit überprüft. Da die Bits zeitlich gesteuert (synchronisiert) gesendet und empfangen werden, ist kein Start- und Stoppbit erforderlich. Die Übertragung stoppt am Ende einer Übertragung und beginnt erneut mit einer neuen Übertragung. Es handelt sich also um eine Start/Stopp-Vorgehensweise, die effizienter ist als eine asynchrone Übertragung. Tritt ein Fehler auf, löst das synchrone Fehlererkennungs- und -behebungsschema eine erneute Übertragung aus. Da synchronisierte Übertragungen eine leistungsfähigere Technologie und Ausrüstung benötigen, sind sie teurer als asynchrone Übertragungen.

Synchronous Data Link Control (SDLC) Das Datenübertragungsprotokoll, das in Netzwerken mit der SNA-Architektur von IBM weit verbreitet ist. SDLC ist eine Kommunikationsrichtlinie, die das Format definiert, in dem Informationen übertragen werden. Wie der Name besagt, gilt SDLC für synchrone Übertragungen. SDLC ist außerdem ein bitorientiertes Protokoll, das Informationen in strukturierten Einheiten, so genannten Rahmen, organisiert.

Synchronous Optical Network (SONET) Eine Glasfasertechnologie, die Datenübertragungen mit einer Geschwindigkeit von über einem Gigabit pro Sekunde ermöglicht. Netzwerke, die auf dieser Technologie beruhen, können Sprache, Daten und Video übermitteln. SONET ist ein Standard für die optische Übertragung, der von der Exchange Carriers Standards Association (ECSA) für das ANSI formuliert wurde.

Systemmonitor 1. Ein Tool, das Ihnen die Möglichkeit gibt, zahlreiche Daten über die Verwendung von Hardwareressourcen und die Aktivität von Systemdiensten auf den von Ihnen verwalteten Computern zu erfassen und anzuzeigen.

2. Ein Tool zur Überwachung der Netzwerkleistung, das Statistiken anzeigen kann, z. B. die Anzahl der gesendeten und empfangenen Pakete, die Auslastung des Serverprozessors sowie die Menge der an den und vom Server übertragenen Daten.

Systems Network Architecture (SNA) Ein weit verbreitetes Kommunikationsgerüst von IBM, das Netzwerkfunktionen definiert und Standards für den Austausch und die Verarbeitung von Daten durch die verschiedenen Computer im Netzwerk erstellt. SNA gliedert die Netzwerkkommunikation in fünf Schichten. Die einzelnen Schichten stellen ähnlich den Schichten im vergleichbaren ISO/OSI-Modell gestaffelte Funktionsebenen dar, die von der physischen Verbindung bis zur Anwendungssoftware reichen.

SYSVOL Ein freigegebenes Verzeichnis, in dem die Serverkopie der öffentlichen Dateien der Domäne gespeichert wird. Diese Dateien werden auf allen Domänencontrollern der Domäne repliziert.

T

TCO *Siehe* Gesamtbetriebskosten (TCO – Total Cost of Ownership).

TCP *Siehe* Transmission Control Protocol (TCP).

TCP/IP *Siehe* Transmission Control Protocol/Internet Protocol (TCP/IP).

TDI *Siehe* Transport Driver Interface (TDI).

Technet *Siehe* Microsoft Technical Information Network (TechNet).

Telnet Der Befehl und das Programm, der/das für die Anmeldung an einer Internetsite verwendet wird. Mit dem Telnet-Befehl und -Programm gelangt der Benutzer zur Anmeldeaufforderung für einen anderen Host.

Terminaldienste Diese Softwaredienste machen es möglich, dass Clientanwendungen auf einem Server ausgeführt werden können. Die Clientcomputer fungieren somit als Terminals und nicht als unabhängige Systeme. Der Server stellt eine Mehrfachsitzungsumgebung zur Verfügung und führt die unter Microsoft Windows laufenden Programme aus, die auf den Clients verwendet werden.

TokenTalk Eine Erweiterungskarte, die es einem Macintosh II-Computer ermöglicht, eine Verbindung mit einem 802.5-Token Ring-Netzwerk herzustellen.

Tracert Ein befehlszeilenorientiertes Verfolgungsdienstprogramm, das alle Routerschnittstellen anzeigt, die ein TCP/IP-Paket auf seinem Weg an ein Ziel passiert.

Transmission Control Protocol (TCP) Das TCP/IP-Protokoll für sequenzierte Daten. *Siehe auch* Transmission Control Protocol/Internet Protocol (TCP/IP).

Transmission Control Protocol/Internet Protocol (TCP/IP) Eine Protokollgruppe nach Industriestandard für die Kommunikation in einer heterogenen Umgebung. Darüber hinaus stellt TCP/IP ein Protokoll mit Routingfähigkeiten für Unternehmensnetzwerke dar, das Zugriff auf das Internet und dessen Ressourcen bietet.

Es handelt sich um ein Protokoll der Transportschicht, das eigentlich mehrere andere Protokolle umfasst, die in einem Stapel enthalten sind, der auf der Sitzungsschicht arbeitet. Das TCP/IP-Protokoll wird von den meisten Netzwerken unterstützt.

Transport Driver Interface (TDI) Eine Schnittstelle, die zwischen dem Dateisystemtreiber und den Transportprotokollen arbeitet und allen Protokollen, die für TDI geschrieben wurden, die Kommunikation mit den Treibern des Dateisystems ermöglicht.

Transportprotokolle Protokolle, die Kommunikationssitzungen zwischen Computern einrichten und sicherstellen, dass die Daten zuverlässig zwischen den Computern ausgetauscht werden.

Transportschicht Die vierte Schicht des OSI-Referenzmodells. Sie stellt sicher, dass Nachrichten fehlerfrei, der Reihe nach und ohne Verluste oder Verdoppelungen zugestellt werden. Von dieser Schicht werden die Nachrichten für die effiziente Übertragung über das Netzwerk neu gepackt. Beim Empfänger entpackt die Transportschicht die Nachrichten, setzt die ursprünglichen Nachrichten wieder zusammen und sendet eine Empfangsbestätigung. *Siehe auch* Open Systems Interconnection (OSI)-Referenzmodell.

Treiber Eine Softwarekomponente, die es einem Computersystem ermöglicht, mit einem Gerät zu kommunizieren. Ein Druckertreiber ist beispielsweise ein Gerätetreiber, der Computerdaten in eine Form übersetzt, die vom Zieldrucker verstanden werden. In der Regel steuert der Treiber auch die Hardware, welche die Daten an das Gerät überträgt.

TTL (Time to Live) *Siehe* Gültigkeitsdauer (TTL – Time to Live).

U

Überwachen Ein Prozess, bei dem Netzwerkaktivitäten nach Benutzerkonten erfasst werden. Ein solcher Prozess ist ein üblicher Bestandteil der Netzwerksicherheit. Die Überwachung kann Datensätze zu eingetragenen Benutzern erzeugen, die auf bestimmte Ressourcen zugegriffen bzw. die versucht haben, auf bestimmte Ressourcen zuzugreifen. Administratoren können mit Hilfe der Überwachung unberechtigte Aktivitäten erkennen und Vorgänge wie Anmeldeversuche, Herstellen und Trennen von Verbindungen mit bestimmten Ressourcen, Änderungen an Dateien und Verzeichnissen, Serverereignisse und -änderungen, Kennwortänderungen und Änderungen von Anmeldeparametern erfassen.

UDP *Siehe* User Datagram Protocol (UDP).

UNC (Universal Naming Convention) *Siehe* Universal Naming Convention (UNC).

Universal Naming Convention (UNC) Der Standard, der für einen vollständigen Windows 2000-Namen einer Netzwerkressource verwendet wird. Der Standard folgt der Syntax **\\servername\freigabename**, bei der „servername" der Name des Servers und „freigabename" der Name der freigegebenen Ressource ist. UNC-Namen von Verzeichnissen oder Dateien können auch den Verzeichnispfad unter dem Namen für die freigegebene Ressource mit folgender Syntax enthalten: **\\server\freigabe\verzeichnis\dateiname**.

Unterbrechungsfreie Stromversorgung (USV) Ein Gerät, das zwischen einen Computer oder ein anderes elektronisches Gerät und eine Stromquelle, z. B. eine Steckdose, geschaltet wird. Die USV stellt sicher, dass die Stromversorgung des Computers nicht aufgrund eines Stromausfalls unterbrochen wird, und schützt den Computer in der Regel gegen möglicherweise schädigende Ereignisse wie Überspannung und Spannungsabfall. Die verschiedenen USV-Geräte bieten ein unterschiedliches Schutzniveau. Alle USV-Geräte verfügen über eine Batterie und einen Stromausfallsensor. Wenn der Sensor einen Stromausfall erkennt, aktiviert er sofort die Batterie, so dass die Benutzer genügend Zeit haben, ihre Arbeit zu speichern und den Computer auszuschalten. Die meisten höherwertigen Modelle haben Funktionen wie Netzfilterung, einen hochentwickelten Überspannungsschutz und eine serielle Schnittstelle, so dass ein Betriebssystem, das mit einer USV kommunizieren kann (beispielsweise Windows NT), im Zusammenspiel mit der USV das automatische Herunterfahren des Systems erleichtern kann.

Untergeordnete Domäne Bei DNS eine Domäne, die in der Namespacestruktur direkt unter einem anderen Verzeichnisnamen (der übergeordneten Domäne) angeordnet ist. Beispielsweise wäre **beispiel.Microsoft.com** eine untergeordnete Domäne der übergeordneten Domäne **Microsoft.com**. Eine untergeordnete Domäne wird auch als Subdomäne bezeichnet.

User Datagram Protocol (UDP) Ein verbindungsloses Protokoll, das für eine durchgehende Datenübertragung sorgt.

USV *Siehe* unterbrechungsfreie Stromversorgung (USV).

V

Verschlüsselung Das Verfahren, mit dem Daten undechiffrierbar gemacht werden, um ein unberechtigtes Anzeigen oder Verwenden der Daten zu verhindern, insbesondere während der Übertragung oder bei der Speicherung der Daten auf einem transportierbaren magnetischen Medium. Zur Entschlüsselung der Daten wird ein Schlüssel benötigt. *Siehe auch* Commercial COMSEC Endorsement Program (CCEP), Data Encryption Standard (DES – Datenverschlüsselungsstandard).

Vertrauensstellung Vertrauensstellungen sind Verbindungen zwischen Domänen, die eine Pass-Through-Authentifizierung ermöglichen; ein Benutzer verfügt dabei nur über ein Benutzerkonto in einer Domäne, kann jedoch auf das gesamte Netzwerk zugreifen. Die in einer vertrauenswürdigen Domäne definierten Benutzerkonten und globalen Gruppen können die Rechte und Berechtigungen in einer vertrauenden Domäne auch dann erhalten, wenn diese Konten in der Datenbank der vertrauenden Domäne nicht vorhanden sind. Eine vertrauende Domäne akzeptiert die Anmeldeauthentifizierung einer vertrauenswürdigen Domäne.

Verzeichnisdienst Enthält die Methoden, die verwendet werden, um Verzeichnisdaten zu speichern und um Netzwerkbenutzern und Administratoren diese Daten zur Verfügung zu stellen. Active Directory speichert beispielsweise Informationen über Benutzerkonten wie Namen, Kennwörter, Telefonnummern usw. und ermöglicht anderen autorisierten Benutzern im gleichen Netzwerk den Zugriff auf diese Informationen.

Virtuelles privates Netzwerk (VPN) Eine Gruppe von Computern in einem öffentlichen Netzwerk wie dem Internet, die mit Hilfe von Verschlüsselungsverfahren untereinander kommunizieren. So können ihre Nachrichten nicht abgefangen und von unbefugten Benutzern gelesen werden. VPN arbeiten so, als wären die Computer über private Verbindungen vernetzt.

Vollduplexübertragung Wird auch als Duplexübertragung bezeichnet. Die Kommunikation findet in beiden Richtungen gleichzeitig statt. *Siehe auch* Duplexübertragung.

Vorspann Bei der Datenübertragung im Netzwerk einer von drei Abschnitten eines Pakets. Der Vorspann enthält ein Alarmsignal, um anzugeben, dass das Paket übertragen wird, die Quelladresse, die Zieladresse sowie Taktinformationen zur Synchronisierung der Übertragung.

W

WAN *Siehe* Wide Area Network (WAN – Weitverkehrsnetz).

Webserver Ein Computer, der von einem Systemadministrator oder Internetdienstanbieter (ISP) verwaltet wird und auf Anforderungen eines Webbrowsers eines Benutzers antwortet.

Wide Area Network (WAN – Weitverkehrsnetz) Ein Computernetzwerk, das über Weitverkehrsverbindungen Computer miteinander vernetzt.

Windows 2000 Advanced Server Ein leistungsstarker Abteilungs- und Anwendungsserver mit reichhaltigen Netzwerkbetriebssystem- und Internetdiensten. Advanced Server unterstützt große physische Speicher, Clustering und Lastenausgleich.

Windows 2000 Datacenter Server Das leistungsstärkste und funktionellste Serverbetriebssystem der Microsoft Windows 2000-Familie. Es ist für umfangreiche Datawarehouses, ökonometrische Analysen, Großsimulationen in Wissenschaft und Technik und Serverkonsolidierungsprojekte optimiert.

Windows 2000 Professional Ein leistungsstarker, sicherer Netzwerkclientcomputer und ein Desktopbetriebssystem für Unternehmen, das die besten Leistungsmerkmale von Microsoft Windows 98 umfasst und gleichzeitig die Verwaltbarkeit, Zuverlässigkeit, Sicherheit und Leistung von Windows NT Workstation 4.0 erweitert. Windows 2000 Professional kann als Desktopbetriebssystem, im Netzwerk in einer Peer-To-Peer-Arbeitsgruppenumgebung oder als Arbeitsstation in einer Windows 2000 Server-Domänenumgebung eingesetzt werden.

Windows 2000 Server Ein Datei-, Druck- und Anwendungsserver sowie eine Webserverplattform, die alle Leistungsmerkmale von Microsoft Windows 2000 Professional und zusätzlich zahlreiche neue serverspezifische Funktionen enthält. Dieses Produkt eignet sich ideal für Anwendungseinrichtungen in kleinen bis mittleren Unternehmen, für Webserver, Arbeitsgruppen und Zweigstellen.

Windows Internet Name Service (WINS) Ein Softwaredienst, der IP-Adressen dynamisch Computernamen (NetBIOS-Namen) zuordnet. Dadurch können Benutzer auf Ressourcen über den Namen zugreifen, anstatt komplizierte IP-Adressen zu verwenden. WINS-Server unterstützen Clients unter Microsoft Windows NT 4.0 und früheren Versionen von Windows-Betriebssystemen.

winipcfg Ein Diagnosebefehl von Microsoft Windows 95 und 98. Obwohl dieses Dienstprogramm mit grafischer Benutzeroberfläche dieselben Funktionen bietet wie ipconfig, ist es dank seiner grafischen Benutzeroberfläche einfacher zu bedienen. *Siehe auch* ipconfig.

WINS *Siehe* Windows Internet Name Service (WINS).

World Wide Web (das Web, WWW) Der Multimediadienst des Internet mit einem riesigen Bestand an in HTML geschriebenen Hypertextdokumenten. *Siehe auch* Hypertext Markup Language (HTML).

X

X.25 Eine vom CCITT veröffentlichte Empfehlung, welche die Verbindung zwischen einem Terminal und einem paketvermittelten Netzwerk definiert. Ein solches Netzwerk leitet Pakete weiter, deren Inhalt und Format bestimmten Standards folgen, z. B. solchen, die in der X.25-Empfehlung beschrieben werden. X.25 enthält drei Definitionen: die elektrische Verbindung zwischen dem Terminal und dem Netzwerk, das Übertragungs- oder Zugriffsprotokoll und die Implementierung virtueller Verbindungen zwischen Netzwerkbenutzern. Zusammengenommen wird damit eine asynchrone Vollduplexverbindung zwischen Terminals und Netzwerk definiert. Die in einem solchen Netzwerk übertragenen Pakete können Daten oder Steuerbefehle enthalten. Paketformat, Fehlersteuerung und andere Eigenschaften entsprechen Teilen des von der ISO definierten HDLC-Protokolls. Die X.25-Standards beziehen sich auf die drei unteren Ebenen des OSI-Referenzmodells.

X.400 Ein CCITT-Protokoll für die internationale E-Mail-Übertragung.

X.500 Ein CCITT-Protokoll für die mehrere Systeme übergreifende Datei- und Verzeichnisverwaltung.

XNS (Xerox Network System) Ein von Xerox entwickeltes Protokoll für seine Ethernet-LANs.

Z

Zertifikat Eine Sammlung von Daten, die für die Authentifizierung und den sicheren Austausch von Informationen in ungesicherten Netzwerken wie dem Internet verwendet werden. Mit einem Zertifikat wird ein öffentlicher Schlüssel sicher an eine Entität gebunden, die den entsprechenden privaten Schlüssel besitzt. Zertifikate werden digital von der ausstellenden CA signiert und können für einen Benutzer, einen Computer oder einen Dienst verwaltet werden. Das am weitesten verbreitete Format für Zertifikate wird durch die internationale Norm ITU-T X509 definiert.

Zertifizierungsstelle (CA) Eine Rechtspersönlichkeit, die für die Echtheit der öffentlichen Schlüssel, die Benutzern oder anderen CAs gehören, verantwortlich ist. Aufgabe einer CA ist es u. a., öffentliche Schlüssel durch signierte Zertifikate mit eindeutigen Namen zu verknüpfen, Seriennummern von Zertifikaten zu verwalten und Zertifikate zu sperren.

Zone In einer DNS-Datenbank ist eine Zone eine Teilstruktur der DNS-Datenbank. Diese Teilstruktur wird als separate Entität von einem DNS-Server verwaltet. Diese Verwaltungseinheit kann aus einer einzigen Domäne oder einer Domäne mit untergeordneten Domänen bestehen. Ein DNS-Zonenadministrator richtet einen oder mehrere Namenserver für die Zone ein.

Zonen Logische Gruppierungen von Benutzern und Ressourcen in einem AppleTalk-Netzwerk.

Zonendatenbankdatei Die Datei, in der Zuordnungen von Namen und IP-Adressen für eine Zone gespeichert sind.

Zonenübertragung Ein Prozess, in dem DNS-Server interagieren, um autorisierende Namensdaten zu verwalten und zu synchronisieren. Wenn ein DNS-Server als sekundärer Master für eine Zone konfiguriert wird, fragt dieser Server regelmäßig andere DNS-Server ab, die als Quelle für die Zone konfiguriert sind. Wenn die Version der von der Quelle verwalteten Zone sich von der Version auf dem sekundären Server unterscheidet, entnimmt der sekundäre Server die Zonendaten von seinem DNS-Quellserver, um diese zu synchronisieren.

Zugriffsberechtigungen Funktionen, die den Zugriff auf Freigaben in Windows NT Server steuern. Berechtigungen können für die folgenden Zugriffsstufen festgelegt werden: Kein Zugriff – Verhindert den Zugriff auf das freigegebene Verzeichnis, dessen Unterverzeichnisse und Dateien. Lesen – Gestattet die Anzeige von Datei- und Verzeichnisnamen, das Wechseln in ein Unterverzeichnis eines freigegebenen Verzeichnisses, das Anzeigen von Daten in Dateien und das Ausführen von Anwendungen. Ändern – Gestattet die Anzeige von Datei- und Verzeichnisnamen, das Wechseln in ein Unterverzeichnis eines freigegebenen Verzeichnisses, das Anzeigen von Daten in Dateien und das Ausführen von Anwendungen, das Hinzufügen von Dateien und Unterverzeichnissen zu einem freigegebenen Verzeichnis, das Ändern von Daten in Dateien sowie das Löschen von Unterverzeichnissen und Dateien. Vollzugriff – enthält die gleichen Berechtigungen wie „Ändern", gibt jedoch gleichzeitig die Möglichkeit, Berechtigungen zu ändern und Dateien sowie Verzeichnisse in Besitz zu nehmen.

Index

A

Abfangen von Benutzeridentitäten 411
Abfangen von Daten 411
Abfragetypen
  Inverse Abfragen 184
  Iterative Abfragen 183
  Namensauflösung 183
  Rekursive Abfragen 183
Ablaufdatum fehlerhaft 301
Active Directory
  Autorisieren von DHCP-Servern 281
  DHCP (Dynamic Host Configuration Protocol) 293
  Gruppenrichtlinien verwenden mit 17
  Rogue-DHCP-Servererkennung 294
Adressierungskomponente 356
Adressklassen 36
Adressleases fehlerhaft 302
Adresszuweisung 293
AH und Router 141
Aktivieren dynamischer Aktualisierungen 223
Aktivieren eines Gateways für eine NetWare-Dateiressource 73
Aktivieren von Gateways in Windows 2000 72
Aktualisieren von Routingtabellen 52
Analysieren von Netzwerksicherheitsrisiken 410
Anpassen von IPSec-Richtlinien und -Regeln 138
Anruferkennung 321
Anwendungsproxies 143
Anwendungsschicht, TCP/IP (Transmission Control Protocol/Internet Protocol) 27
Anwendungsservermodus 103
Anzeigefilter verwenden 98
Anzeigefiltertypen 99
Anzeigen des Sicherheitsprotokolls 429
Anzeigen von Daten 95
APIs für Netzwerkanwendungen 28
AppleTalk 20
Architektur der TCP/IP-Protokollgruppe
  Anwendungsschicht 27
  APIs für Netzwerkanwendungen 28
  Internetschicht 29
  Netzwerkschnittstellenschicht 29
  TCP/IP-WAN-Technologien 29

Architektur der TCP/IP-Protokollgruppe *(Fortsetzung)*
  Transportschicht 28
  Überblick 26
Asynchrones NetBEUI (AsyBEUI) 6
Auflösen von Netzwerk-Hostnamen 159
Auflösungsdienste 177, 178
Aufzeichnen fehlgeschlagener Anmeldeversuche 427
Authentifizierung 323
Authentifizierungsmethode 128
Automatische Konfiguration 288
  Mit DHCP 269
  Problembehandlung 297
Automatische private IP-Adressvergabe 44
Automatische Schlüsselverwaltung 118
Automatische Sicherheitsaushandlung 118
Autoritätsursprung *Siehe* SOA
Autoritätszonen 180

B

BAP (Bandwidth Allocation Protocol) konfigurieren 324
BAP-Telefonnummern 326
Befehlszeilenoptionen, Ipconfig 276
Befehlszeilenorientiertes Dienstprogramm 349
Benutzerauthentifizierungen 346
Benutzerdefinierte IPSec-Richtlinie 146
Bereicherstellung 284
Bereichoptionen 286
Bindungsreihenfolge von NWLink ändern 86
Blockieren des Betriebs 411
Böswilliger mobiler Softwarecode 411
Broadcast-Knotentyp 236
Broadcasts
  Funktionsweise von DHCP (Dynamic Host Configuration Protocol) 270
  Problembehandlung 301

C

CACHE.DNS 188
CAs (Certificate Authorities) *Siehe* Zertifizierungsstellen
CHAP (Challenge Handshake Authentication Protocol) 419
Client Service für NetWare
  Eigenschaften 20
  Installieren 80

Index

Client Service für NetWare *(Fortsetzung)*
   Konfigurieren 78, 79
   Nachteile 77
   Verwenden 76
   Vorteile 77
Clientkonfiguration (DHCP) 270
Clientzertifikate 393
CNAME-Eintrag 187

D

Data Link Control *Siehe* DLC
Datei HOSTS 169
   Namensauflösung der Hostnamen 163, 165
   Vorteile 170
   Wissenswertes 169
Datenbankreplikation 260
Datenbanksicherung 263
Datenverkehr im Klartext 154
Delegieren von Zonen 218
DFÜ-RAS-Verbindung 5
DHCP (Dynamic Host Configuration Protocol)
   Active Directory und 293
   Adresszuweisung 293
   Bereicherstellung 284
   Bereichoptionen 286
   Clientkonfiguration 270
   Definition 3
   DNS (Domain Name System) und 288
   DNS-Aktualisierung 288, 290
   Einführung 268
   Funktionsweise 270
   Implementieren 267
   Installieren und Konfigurieren des Servers 281
   Installieren 268
   Ipconfig 275
   IP-Leaseanforderung 273
   IP-Leaseerkennung 271
   Konfigurieren 269
   Mit TCP/IP (Transmission Control Protocol/Internet Protocol) 269
   Namensdienste integrieren 288
   Namensdienste 293
   Netzwerkserver 279
   Optionale Daten 280
   Problembehandlung Client
      Automatische Konfiguration 297
      Fehlende IP-Adressen 299
      Fehlende Konfigurationsdetails 298
      Ungültige IP-Adresskonfiguration 297
   Problembehandlung Server
      Ablaufdatum fehlerhaft 301
      Adressleases fehlerhaft 302
      Broadcasts 301
      Relay-Agenten-Dienst 300
      Serverleistung 302
   Problembehandlung 295, 300
   Relay-Agent 277, 300

DHCP (Dynamic Host Configuration Protocol) *(Fortsetzung)*
   Rogue-Servererkennung 294
   Schutz vor nicht autorisierten Servern 283
   Server autorisieren 281
   Server installieren 274
   Server konfigurieren 279
   Serverdatenbank 303
   Servervielzahl 286
   Überblick 268
DHCP-Implementierung
   Kombinieren mit WINS und DNS 4
DHCP-Lease 366
DHCP-Server 3
DHCP-Serverdienst für Windows 2000 3
Diagnose von Hardware- und Softwareproblemen 90
Diagnosetools 156
Dienstprogramme, TCP/IP (Transmission Control Protocol/Internet Protocol) 26
Digitale Zertifikate
   Definition 8
   Sicherheitsfunktionen 9
DLC 21
DNS (Domain Name System) 288
   Aktualisierung 288
      Interaktion für Windows 2000-DHCP-Clients 291
      Vermeiden fehlerhafter Aufrufe 289
   Arbeiten mit DNS-Servern 225
   Arbeiten mit DNS-Zonen 218
   Auflösungsdienste 178
   CNAME-Eintrag 187
   Definition 3, 28
   Delegieren von Zonen 218
   DNS-Dienst 217
   Einführung 176
   Entwurf für ein großes Netzwerk 197
   Entwurf für ein kleines Netzwerk 193
   Entwurf für ein Netzwerk mittlerer Größe 194
   Funktionsweise 177
   Hosteintrag 186
   Implementieren 175
   Implementierungsszenarios 192
   Installieren 200
   Konfigurationsdateien 185
   Konfigurieren 206
   Manuelles Konfigurieren 207
   Masternamenserver 181
   Mit DHCP (Dynamic Host Configuration Protocol) 288
   Namenserver 178
   Namenserverfunktionen 180
   NS-Eintrag 186
   NSLOOKUP 202
   Planen einer DNS-Implementierung 191
   Primäre Namenserver 181
   Problembehandlung mit NSLOOKUP 202
   Remoteverwaltung von DNS-Servern 229
   Reverse-Lookupdatei 187
   Sekundäre Namenserver 181
   SOA-Ressourceneintrag 186

Index

DNS (Domain Name System) *(Fortsetzung)*
   Überwachen der DNS-Serverleistung 227
   Ursprünge 176
DNS-Datenbankdateien *Siehe* DNS-Zonen
DNS-Proxy 366
DNS-Server
   Arbeiten mit 225
   Konfigurieren für Zwischenspeicherungen 226
   Konfigurieren 210
   Leistungsindikatoren für die DNS-Serverleistung 228
   Namensauflösung der Hostnamen 163, 166
   Remoteverwaltung 229
   Testen einer einfachen Abfrage 227
   Überwachen der DNS-Serverleistung 227
   Zwischenspeicherung 225
DNS-Serverdienst installieren 200
DNS-Servereigenschaften konfigurieren 206
DNS-Struktur 178
   Domänen der zweiten Ebene 179
   Hostnamen 179
   Stammdomänen 178
   Topleveldomänen 179
DNS-Zonen 179
   Aktivieren dynamischer Aktualisierungen 223
   Arbeiten mit 218
   Autoritätszonen 180
   Delegieren 218
   Hinzufügen von primären und sekundären 208
   Konfigurieren für dynamische Aktualisierungen 221
   Wissenswertes 220
   Zonendelegierung 220
   Zonenübertragung 180
Domain Name System *Siehe* DNS
Domänen der zweiten Ebene 179
Domänennamespace 178
Dynamic Host Configuration Protocol *Siehe* DHCP
Dynamische Adresszuordnung 360
Dynamische Aktualisierungen
   Aktivieren 223
   DNS-Zonen 221
Dynamische Konfiguration, TCP/IP (Transmission Control Protocol/Internet Protocol) 41

E

EAP (Extensible Authentication Protocol) 420
Editoren 361
EFS-Wiederherstellungsrichtlinie 404
Eigenständige Zertifizierungsstellen
   Definition 388
   Installieren untergeordneter 394
   Untergeordnete 394
Eingehende Verbindungen 378
Einwähleinschränkungen 322
Ereignisanzeige zur Sicherheitsüberwachung 426
Erkennen von Netzwerkmonitor 102
Erstellen einer benutzerdefinierten IPSec-Richtlinie 146
Erstellen eines Gateways 72

Erstellen von RAS-Richtlinien 421
Erweiterungen des TCP/IP-Stapels 26
ESP und Router 141
Ethernetnetzwerk, Protokoll für 14

F

Fehlgeschlagene Anmeldeversuche 427
File Transfer Protocol *Siehe* FTP
Filteraktionen 133
Filterspezifikationen 129, 140
Firewalls 141
   Implementieren 416
Forwarder
   Definition 66
   NWLink 66
FTP 27
Funktionsweise von DNS 177

G

Gateway
   Aktivieren 72
   Erstellen 72
   Für eine NetWare-Dateiressource aktivieren 73
   Für einen NetWare-Drucker 73
Gateway Service für NetWare 14
   Eigenschaften 20
   Installieren 69
   Konfigurieren 70
   Überblick 68
   Verwenden 68
   Wissenswertes 68
Gatewayressourcen, Sicherheit 74
Generic Quality of Service *Siehe* GQoS
Gesperrte Zertifikate 401
GQoS (Generic Quality of Service)
   API 18
   Definition 18
   QoS-Dienstanbieter 19
GQoS-API 18
Gültigkeitsdauer 185

H

Hardware- und Softwarekompatibilität 13
Headerfelderübersetzung 360
Hinauswählzeiten 333
Hinzufügen von DNS-Zonen 208
Hinzufügen von Domänen 208
Hinzufügen von primären oder sekundären Zonen 208
Hinzufügen von Ressourceneinträgen 211
Hosteintrag 186
Hostkennung 33
Hostnamen 179
   Microsoft-Methoden 164, 167
   Namensauflösung mit der Datei HOSTS 165
   Namensauflösung mit einem DNS-Server 166

Index

Hostnamen *(Fortsetzung)*
   Standardmethoden 164
   TCP/IP-Namensschemas 160
   Wissenswertes 162
   Zweck 162
HOSTS, Datei 169
HTTP 27
Hybrid-Knotentyp 236
HyperText Transfer Protocol *Siehe* HTTP

I

IAS (Internet Authentication Service) 311
ICMP *Siehe* RAS
ICS 362, 367
Implementieren
   DHCP (Dynamic Host Configuration Protocol) 267
   DNS (Domain Name System) 175
   Firewall 416
   IP-Paketfilter 47
   NWLink 59
   Planen einer DNS-Implementierung 191
   TCP/IP (Transmission Control Protocol) 23
   Unternehmensweite Netzwerksicherheit 409
   WINS (Windows Internet Name Service) 233, 248
   Zertifikatsdienste 383
Infrared Data Association *Siehe* IrDA
Infrastruktur für öffentliche Schlüssel (PKI) 413
Installieren
   Client Service für NetWare 80
   DHCP (Dynamic Host Configuration Protocol) 268
   DHCP (Dynamic Host Configuration Protocol)-Server 281
   DNS (Domain Name System) 200
   DNS-Serverdienst 200
   Eigenständige untergeordnete Zertifizierungsstelle 394
   Gateway Service für NetWare 69
   Microsoft TCP/IP 39
   Netzwerkadapter 106
   Netzwerkadressübersetzung (NAT) 374
   Netzwerkmonitor 90
   NWLink 79
   SNMP-Dienst 108
   TCP/IP 39
   TCP/IP-Protokoll 39
   Zertifizierungsstellen 390
Integrieren von NetWare 5.0- und Windows 2000-Servern 61
Interaktion mit Legacysystemen 14
Interne Netzwerknummer 81
Internet Protocol Security *Siehe* IPSec (Internet Protocol Security)
Internet Protocol *Siehe* IP
Internet Security Association and Key Management Protocol *Siehe* ISAKMP
Internetauthentifizierungsdienst (Internet Authentication Service, IAS) 311
Internetoptionen 370

Internetprotokolladressierung, TCP/IP (Transmission Control Protocol/Internet Protocol) 32
Internetprotokollsicherheit *Siehe* IPSec (Internet Protocol Security)
Internetschicht, TCP/IP (Transmission Control Protocol/Internet Protocol) 29
Internetverbindung 367
Internetverkehr 363
InterNIC (Internet Network Information Center) 8
Interoperabilität mit NetWare 60
Inverse Abfragen 184
IP (Internetprotokoll) 30, 322
IP-Adressen
   Definition 32
   Richtlinien 37
IP-Adressen fehlerhaft 299
IP-Adresskonfiguration ungültig 297
IP-Adresskonvertierung
   TCP/IP (Transmission Control Protocol/Internet Protocol) 35
Ipconfig 275
IP-Datagramm 18
IP-Filter 140
IP-Header 330
IP-Leaseanforderung 273
IP-Leaseerkennung 271
IP-Paketfilter implementieren 47
IP-Paketfilterung 129
IP-Port 500 142
IP-Protokollkennung 50 142
IP-Protokollkennung 51 141
IP-Routing 327
   Definition 49
   Statisch und dynamisch 51
IPSec (Internet Protocol Security)
   Active Directory-Ebene 117
   AH und Router 141
   Architektur 119
   Authentifizierungsmethode 128
   Einführung 114
   Einrichten 117
   ESP und Router 141
   Filteraktionen 133
   Filterspezifikationen 129, 140
   Firewalls 141
   Implementieren
      Überblick 116
      Voraussetzungen 125
   Integration mit der Sicherheitsumgebung von Windows 2000 117
   IP-Paketfilterung 129
   IPSec-Modell 121
   IPSec-Monitor 156
   IPSec-Richtlinien 138
   IPSec-Richtlinienfluss 122
   IPSec-Richtlinienverwaltung 117
   IPSec-Statistiken 151

Index

IPSec-Treiber 121
IPSec-Verwaltung 151
IP-Sicherheitsprozess 118
ISAKMP/Oakley-Schlüssel-Verwalter 120
ISAKMP/Oakley-Statistik 153
Konfigurieren 125, 126
NAT und Proxies 142
Netzwerkschutz 115
Protokollfilterung 131
Richtlinien 125
Richtlinien-Agentendienst 119
Richtlinienbasierte Sicherheit 138
Schicht 3-Schutz 117
SNMP 143
TCP/IP-Eigenschaften 145
Testen 135
Tools zur Problembehandlung 151
Transparenz für Benutzer und Anwendungen 117
Überlegungen 122
Überwachen 151
Unterbinden von Netzwerkangriffen 115
Verbindungstypen 127
Verschlüsselungsprotokoll 423
Voraussetzungen für das Implementieren 125
Vorteile 116
Zusätzliche IPSec-Aufgaben 134
IPSec-Architektur 119
   IPSec-Modell 121
   IPSec-Treiber 121
   ISAKMP/Oakley-Schlüssel-Verwalter 120
   Richtlinien-Agent 119
IP-Sicherheitsprozess 118
IP-Sicherheitsüberwachung 431
IP-Verwaltung 293
IPX
   Definition 63
   NWLink 63
IrDA (Infrared Data Association) 21
ISAKMP (Internet Security Association and Key Management Protocol) 118
ISAKMP/Oakley-Statistik 153
Iterative Abfragen 183

K

Kerberos 128
Kerberos-Authentifizierung 413
Kommunikationsprotokolle, TCP/IP (Transmission Control Protocol/Internet Protocol) 25
Konfigurationsdateien 185
Konfigurationsdetails fehlerhaft 298
Konfigurieren
   Client Service für NetWare 78, 79
   DHCP (Dynamic Host Configuration Protocol) 269
   DHCP (Dynamic Host Configuration Protocol)-Server 281
   DNS (Domain Name System) 206
   DNS-Server für Zwischenspeicherungen 226

Konfigurieren *(Fortsetzung)*
   DNS-Server 210
   DNS-Servereigenschaften 206
   DNS-Zonen für dynamische Aktualisierungen 221
   Gateway Service für NetWare 70
   IPSec (Internet Protocol Security) 125
   IPSec-Richtlinien 126
   Manuelles Konfigurieren von DNS 207
   Microsoft TCP/IP 39
   Netzwerkadressübersetzung (NAT) 374
   NWLink 79, 84
   Paketfilter 46
   RAS 317
   Reverse-Lookup 213
   Routing- und RAS-Server 6
   Routing- und RAS-Sicherheit 418
   TCP/IP (Transmission Control Protocol/Internet Protocol) 40
   Zoneneigenschaften 209
   Zusätzliche IP-Adressen und Standardgateways 43
Konnektivität, NetWare 76
Kontoführung 349
Kontoführungsanforderungen 346
Kryptographiesicherheitsdienste 114
Kryptographische Schlüssel speichern 396

L

L2TP *Siehe* RAS
LAN-Protokolle 6
Legacysysteme 14
Leistungsindikatoren für die DNS-Serverleistung 228
Leistungsprobleme von Netzwerkmonitor 101
LMHOSTS
   Datei 236
   Schlüsselwörter 237
Lokale Richtlinienverwaltung 422
Lokale Verwaltung 103

M

Makroviren 411
Manipulation 411
Manuelles Konfigurieren
   DNS (Domain Name System) 207
   TCP/IP (Transmission Control Protocol/Internet Protocol) 42
Maskierung 411
Masternamenserver 181
Mehrfachverbindungen 323, 342
Microsoft Proxy Server 417
Microsoft RAS-Protokoll 6
Mindestsystemanforderungen
   Windows 2000 Professional 11
   Windows 2000 Server 11
Missbrauch von Privilegien 411
Mixed = gemischt-Knotentyp 236

Index

Mobile Benutzer 398
MPPE 423
MS-CHAP (Microsoft Challenge Handshake-Protokoll) 419
Multicastrouting 310
Multilink PPP 342

N

Namensabfrage 246
Namensauflösung mit der Datei HOSTS 165
Namensauflösung mit einem DNS-Server 166
Namensauflösung 246
  Abfragetypen 183
  Definition 4
  Microsoft-Methoden 164, 167
  Mit der Datei HOSTS 163
  Mit einem DNS-Server 163
  Standardmethoden 164
  Verschiedene Arten 160
Namensauflösungskomponente 357
Namensdienste 288, 293
Namenserneuerung 244
Namenserver 177, 178
Namenserverfunktionen 180
Namensfreigabe 245
Namensregistrierung 242
NAT und Proxies 142
NAT *Siehe* Netzwerkadressübersetzung
NetBEUI 20
NetBIOS
  B-Knoten (Broadcast) 236
  H-Knoten (Hybrid) 236
  Knotentypen 236
  M-Knoten (mixed = gemischt) 236
  Namen 235
  Namensabfrage und -auflösung 246
  Namensabfrage 242
  Namensauflösung mit WINS 241
  Namensauflösung 163, 164, 234, 235, 242
  Namenserneuerung 242, 244
  Namensfreigabe 242, 245
  Namensregistrierung 241, 242
  P-Knoten (Peer-Peer) 236
  Überblick 234
NetBIOS Enhanced User Interface *Siehe* NetBEUI
NetBIOS über IPX 66
NetBIOS 62
Netsh 349
NetWare
  Direktes Zugreifen auf Netware-Ressourcen 74
  Integrieren von Netware 5.0- und Windows 2000-Server 61
  Interoperabilität 60
  Konnektivität 76
NetWare-Konnektivität
  Windows 2000 Professional 79

Netzwerkadressübersetzung (NAT)
  Adressierungskomponente 356
  Aktivieren der gemeinsamen Nutzung der Internetverbindung 368
  Anzahl öffentlicher Adressen 377
  Ausgehender Internetverkehr 363
  Definition 356
  DHCP-Zuweisung 365
  DNS-Proxy 366
  Editoren 361
  Einführung 356
  Eingehender Internetverkehr 364
  Funktionalität mit ICS 371
  Funktionsweise 359
  Gemeinsame Nutzung der Internetverbindung 367, 370
  Geroutete und übersetzte Internetverbindungen 357
  Installieren der gemeinsamen Verbindungsnutzung 369
  Installieren und Konfigurieren 374
  IP-Adressierung 374
  Konfigurieren von Anwendungen und Diensten 379
  Konfigurieren von Internetoptionen für die gemeinsame Nutzung der Internetverbindung 370
  Namensauflösungskomponente 357
  Öffentliche und private Adressen 358
  Prozesse in Windows 2000 Routing und RAS 362
  Routingprotokoll 361, 365
  Statische und dynamische Adresszuordnung 360
  Überlegungen zum Entwurf 374
  Übersetzung von Headerfeldern 360
  Übersetzungskomponente 356
  Unterstützen 355
  Virtuelle private Netzwerke (VPN) und 379
  Zulassen von eingehenden Verbindungen 378
Netzwerkaktivität überwachen 89
Netzwerkangriffe 115
Netzwerkauthentifizierung 412
Netzwerkdienste
  Überblick 2
  Von Windows 2000 2
  Windows 2000 Active Directory-Dienst einsetzen 2
Netzwerkkennung 33
Netzwerkmonitor 350
  Anzeigefilter verwenden 98
  Anzeigefiltertypen 99
  Anzeigen von Daten 95
  Datenverkehr im Klartext 154
  Einführung 90
  Erfassen von Netzwerkdaten 92
  Erkennen 102
  Grundlegendes 90
  Installieren 90
  Leistungsprobleme 101
  Netzwerkrahmen 94
  Prüfen von Rahmen 94
  Sammeln von Rahmen 101
  Sammlungsauslöser 97
  Sammlungsfenster 96

Netzwerkmonitor *(Fortsetzung)*
  Sammlungsfilter 96
  TCP-Sequenzierung 101
  Treiber 92
  Verschlüsselter Datenverkehr 155
  Verwenden 94, 154
Netzwerknummer
  Ändern 84
  Intern 81
  NWLink 82
Netzwerkprotokoll 14
Netzwerkrahmen 94, 101
Netzwerkschnittstellenschicht
  TCP/IP (Transmission Control Protocol/Internet Protocol) 29
Netzwerkschnittstellenschicht, TCP/IP (Transmission Control Protocol/Internet Protocol) 29
Netzwerkschutz 115
Netzwerkserver mit DHCP (Dynamic Host Configuration Protocol) 279
Netzwerksicherheit
  Analysieren von Risiken 410
  Implementieren 409
  IP-Sicherheitsüberwachung 431
  Netzwerkauthentifizierung 412
  Planen 410
  Risiken 410
  Sicherheitsfunktionen 413
  Systemmonitor 430
  Testen des Sicherheitsplans 415
  Überwachen 425
  Verschlüsselungsprotokolle 422
  Verteilte 414
  Vorbereiten der Mitarbeiter 412
  VPN-Verbindungen 420
Netzwerksicherheitsplan 412
NS-Eintrag 186
NSLOOKUP-Modi 202
NSLOOKUP-Syntax 203
NTFS-Verschlüsselung 414
NWLink IPX/SPX/NetBIOS-kompatibles Übertragungsprotokoll 80
NWLink und Windows 2000 62
NWLink 19
  Ändern der Bindungsreihenfolge 86
  Einführung 60
  Forwarder 66
  Implementieren 59
  Installieren 79
  IPX 63
  Konfigurieren 79, 84
  Netzwerknummern 82
  Rahmentypen 82
  RIP (Routing Information Protocol) 65
  SAP (Service Advertising Protocol) 66
  SPX 64
  SPXII 65
NWLink-Architektur 62

O

Öffentliche IP-Adressen 7, 358
Optionale Daten 280
Organisationszertifizierungsstellen 387
OSPF (Open Shortest Path First) 53

P

Paketfilter konfigurieren 46
Peer-Peer-Knotentyp 236
PKI (Infrastruktur für öffentliche Schlüssel) 413
Planen der Netzwerksicherheit 410
Planen einer DNS-Implementierung 191
Point-to-Point Protocol (PPP) 6, 342
Primäre Namenserver 181
Private IP-Adressen 7, 358
Problembehandlung von DNS mit NSLOOKUP 202
Protokolldateieinträge 348
Protokollfilterung 131
Protokollsicherheit 419
Prüfen von Rahmen 94
PTR-Eintrag 187
Pull-Partner 259
Punktierte Dezimalschreibweise 34
Punkt-zu-Punkt-RAS-Verbindungen 5
Push-Partner 259

Q

QoS-Dienstanbieter 19
QoS-Komponenten von Windows 2000 18

R

Rahmen prüfen 94
Rahmen sammeln 101
Rahmentyp ändern 84
RAS 307
  Aktivieren des Routingdienstes 311
  Aktualisieren von Routingtabellen 328
  Anruferkennung 321
  Auswirkungen einer Windows-Aktualisierung 314
  Authentifizierung 323
  BAP (Bandwidth Allocation Protocol) 324
  BAP-Telefonnummern 326
  Bereitstellen des RAS-Dienstes für Clients 307
  DFÜ-RAS-Verbindung 5
  DHCP-Relay-Agent 344
  Einführung 308
  Einwähleinschränkungen 322
  Erstellen von RAS-Richtlinien 318, 421
  Erstellen von VPN-Schnittstellen 339
  Erteilen oder Verweigern des Zugriffs 321
  Hinauswählzeiten 333
  IAS (Internetauthentifizierungsdienst/Internet Authentication Service) 311
  ICMP 331

RAS *(Fortsetzung)*
 Implementieren eines VPN 335
 Implementieren von IP-Routing 327
 Implementieren von Routing für Wählen bei Bedarf 330
 Installieren des Servers 312
 Integrieren von VPNs in einer gerouteten Umgebung 337
 Integrieren von VPN-Servern mit dem Internet 338
 Internetauthentifizierungsdienst (Internet Authentication Service, IAS) 311
 IP 322
 IP-Header 330
 Konfigurieren des DHCP-Relay-Agenten für Routing und RAS 345
 Konfigurieren eines Profils 322
 Konfigurieren von BAP (Bandwidth Allocation Protocol) 324
 Konfigurieren 317
 Kontoführung 349
 L2TP (Layer Two Tunneling Protocol) 310
 Lokale und zentrale Richtlinienverwaltung 422
 Mehrfachverbindung 323
 Multicastrouting 310
 Multilink PPP 342
 NAT (Übersetzer für Netzwerkadressen) 310
 Netsh (Befehlszeilenorientiertes Dienstprogramm) 349
 Netzwerkmonitor 350
 Point-to-Point Protocol (PPP) 342
 Protokolldateieinträge 348
 Protokollieren von Benutzerauthentifizierungen und Kontoführungsanforderungen 346
 RASLIST.EXE 350
 RASSRVMON.EXE 351
 RASUSERS.EXE 351
 RAS-Zugriff über VPN 5
 Remotezugriff und Remotesteuerung 314
 Richtlinien 311
 Richtlinienfilter 324
 Routersuche 309
 Routing und Funktionen 309
 Routing und RAS mit DHCP 344
 Server 314
 TCP-Header 331
 TRACEENABLE.EXE 351
 Tunneling im Überblick 336
 Überblick 5, 308, 418
 Übersetzer für Netzwerkadressen (NAT) 310
 Unterstützen von Mehrfachverbindungen 342
 Unterstützen von virtuellen privaten Netzwerken (VPN) 335
 UPD-Header 331
 Verschlüsselung 323
 Verwalten und Überwachen 346
RASLIST.EXE 350
RAS-Protokolle 6
RASSRVMON.EXE 351
RASUSERS.EXE 351
Registrieren bei übergeordneter Domäne 192

Registrierung
 Automatisch 394
 Clientzertifikate 393
 Webbasiert 393
Registrierungsmethoden
 Automatische Registrierung 394
 Webbasierte Registrierung 393
 Zertifikatsregistrierung 392
Rekursive Abfragen 183
Relay-Agent 277
 Konfigurieren für Routing und RAS 345
 Mit RAS 344
 Problembehandlung 300
Remotebenutzer 13
Remotesteuerung 314
Remoteverwaltung von DNS-Servern 229
Remoteverwaltung 103
Remoteverwaltungsmodus 103
Remotezugriff *Siehe* RAS
Replay-Angriff 411
Replikation 258
Replikationspartner 263
Ressourceneinträge 185, 211
Reverse-Lookupdatei 187
Richtlinien für die Aushandlung 140
Richtlinien für IP-Adressen 37
Richtlinien für RAS 311
Richtlinien-Agentendienst 119
Richtlinienbasierte Sicherheit 138
Richtlinienfilter 324
RIP (Routing Information Protocol)
 Definition 53
 NWLink 65
Rogue-Servererkennung 294
Router verwalten 54
Routersuche 309
Routing- und RAS-Server konfigurieren 6
Routing- und RAS-Sicherheit konfigurieren 418
Routing 49, 309
Routingdienstaktivierung 311
Routingprotokolle 53, 361
Routingtabellen 52, 328

S

Sammeln von Rahmen 101
Sammlungsauslöser 97
Sammlungsfenster 96
Sammlungsfilter 96
Sammlungspuffer 101
SAP (Service Advertising Protocol), NWLink 66
Schätzung der Umlaufzeiten 16
Schicht 3-Schutz 117
Security Parameters Index (SPI) 142
Sekundäre Namenserver 181
Selektive Bestätigungen 16

Server
    Installieren mit DHCP (Dynamic Host Configuration
        Protocol) 274
    Konfigurieren mit DHCP (Dynamic Host Configuration
        Protocol) 279
Serveranzahl 262
Serverautorisierung 281
    Schutz vor nicht autorisierten DHCP-Servern 283
Serverdatenbank 303
Serverleistung 302
Serverstatistiken 257
Servervielzahl 286
Sicherheit für Gatewayressourcen 74
Sicherheitsereignisprotokolle *Siehe* Sicherheitsprotokolle
Sicherheitsereignisse 425
Sicherheitsfunktionen 413
Sicherheitskonfiguration 118
Sicherheitsleistung 432
Sicherheitsmethoden 140
Sicherheitsparameterindex 142
Sicherheitsprotokolle
    Anzeigen 429
    VPN-Verbindungen 420
Sicherheitsrisiken *Siehe* Netzwerksicherheitsrisiken. *Siehe*
    Netzwerksicherheitsrisiken
Sicherheitsvorlagen 413
Sichern von SNMP 143
Simple Network Management Protocol *Siehe* SNMP
SLIP-Protokoll (Serial Line Internet Protocol) 6
Smartcardinfrastruktur 414
SMTP 27
SNMP 103
    Agenten 108
    Definition 28, 108
    Sichern 143
    SNMP-Dienst installieren 108
    Verwaltungssysteme 108
    Vorteile 109
SOA (Start of Authority) 186, 218
SOA-Ressourceneintrag 186, 218
SOHO-Netzwerke, Verbindung zum Internet 8
SPAP (Shiva Password Authentication Protocol) 420
Speicherung kryptographischer Schlüssel 396
Spiegeln 132
SPX
    Definition 64
    NWLink 64
SPXII
    Definition 65
    NWLink 65
Stammdomänen 178
Stammzertifizierungsstelle 388
    Eigenständige 389
    Vertraute 400
Startdatei 188
Startdateibefehle 188
Statische Adresszuordnung 360

Statische Zuordnungen 250
Statisches und dynamisches IP-Routing 51
Systemmonitor 430

T

TCP 30
TCP/IP (Transmission Control Protocol/Internet Protocol)
    Adressklassen 36
    Anwendungsschicht 27
    APIs für Netzanwendungen 28
    Architektur der TCP/IP-Protokollgruppe 26
    Definition 2, 15
    Dienstprogramme 26
    Dynamische Konfiguration 41
    Erweiterungen des TCP/IP-Stapels 26
    Implementieren 23
    Installieren 39
    Internetschicht 29
    IP-Adresskonvertierung 35
    Kommunikationsprotokolle 25
    Konfigurieren 40
    Manuelle Konfiguration 42, 269
    Mit DHCP (Dynamic Host Configuration Protocol) 269
    Namensschemas 160
    Punktierte Dezimalschreibweise 34
    Selektive Bestätigungen 16
    Transportschicht 28
    Überblick 24
    Unterstützung großer Empfangsfenster 16
    Vorteile 16, 24
    WAN-Technologien 29
TCP-basierte Kommunikation 16
TCP-Header 331
TCP-Sequenzierung 101
Telnet 27
Terminal Server 105
Terminaldienste 103
Testen Ihres Sicherheitsplans 415
Testen von IPSec 135
Testen von TCP/IP mit Ipconfig und PING 44
Topleveldomänen 179
TRACEENABLE.EXE 351
Transmission Control Protocol/Internet Protocol *Siehe* TCP/IP
Transportschicht, TCP/IP(Transmission Control
    Protocol/Internet Protocol) 28
Treiber, Netzwerkmonitor 92
Trojanisches Pferd 412
Tunneling 336

U

Übergriffe aus dem sozialen Umfeld 412
Überprüfen der DNS-Clienteinstellungen 201
Überprüfen gesammelter Daten 99
Übersetzer für Netzwerkadressen (NAT) *Siehe*
    Netzwerkadressübersetzung

Übersetzungskomponente 356
Übertragungsprotokoll NWLink IPX/SPX/NetBIOS-kompatibel 80
Überwachen der DNS-Serverleistung 227
Überwachen der Netzwerkaktivität 89
Überwachen der Netzwerksicherheit 425
Überwachen der Sicherheitsleistung 432
Überwachen von IPSec 151
Überwachen von Sicherheitsereignissen 425
UDP 31
UNIX-Systeme, Interaktion mit Legacysystemen 14
Untergeordnete Zertifizierungsstelle 388, 389
Unternehmensweite Netzwerksicherheit 409
Unterstützung für IP-Sicherheit (IPSec) 17, 414
UPD-Header 331
User Datagram Protocol *Siehe* UDP

V

Verbindungsnutzung 369
Verbindungstypen 127
Verschlüsselter Datenverkehr 155
Verschlüsselung 323
Verschlüsselungsprotokolle 422
Verteilte Netzwerksicherheit 414
Vertrauensstellungen, Zertifikate 399
Vertraute Stammzertifizierungsstellen 400
Verwalten eines Routers 54
Verwaltungssysteme 108
Verwaltungstools 103
Vordefinierte Schlüsselwörter (LMHOSTS) 237
Vorinstallierte Schlüssel 129
Vorteile von IPSec 116
Vorteile von TCP/IP (Transmission Control Protocol/Internet Protocol) 24
VPN (Virtuelles Privates Netzwerk) *Siehe* RAS
VPN und RAS 335
VPN-Schnittstellen 339
VPN-Verbindungen 420

W

Wählen bei Bedarf 330
Wählen zwischen Client Service für NetWare und Gateway Service für NetWare 77
WAN-Technologien, TCP/IP (Transmission Control Protocol/Internet Protocol) 29
Wiedergabe aufgezeichneter Informationen 411
Wiederherstellung von Schlüsseln 398
Wiederherstellung von Zertifikaten 398
Wiederherstellungsrichtlinien ändern 404
Windows Internet Name Service *Siehe* WINS
Windows 2000
    Einsatzplanung 10
    Hardware- und Softwarekompatibilität 13
    Netzwerkimplementation 10
    QoS-Komponenten 18

Windows 2000 Advanced Server 10
    Eigenschaften 12
    Funktionen 12
Windows 2000 Datacenter Server
    Eigenschaften 12
    Installation zur Unterstützung von OLTP-Anwendungen, Datawarehouses, ISPs und ASPs 12
Windows 2000 Server
    Eigenschaften 11
    Funktionen 11
    Gatewaydienste 14
    Mindestsystemanforderungen 11
Windows 2000 Professional
    Eigenschaften 10
    Mindestsystemanforderungen 11
    NetWare-Konnektivität 79
Windows 2000-Betriebssysteme 10
Windows 2000-Namensschemas 160
Windows 2000-Netzwerk planen 10
Windows 2000-Netzwerkeinrichtung
    Bewerten des Windows 2000-Infrastrukturkonzepts 13
    Einrichtungsphasen 12
    Festlegen der IT-Zielsetzungen 12
    Pilotprojekt 13
    Produktionsphase 13
WINS (Windows Internet Name Service)
    Anforderungen 249
    Client konfigurieren 253
    Datenbankreplikation 260
    Datenbanksicherung 263
    Definition 4
    Einführung 234
    Implementieren 233, 248
    LMHOSTS 236
    Namensauflösungsprozess 241
    NetBIOS 234
    Problembehandlung 254
    Push-Partner oder Pull-Partner 259
    Replikation 258
    Replikationspartner 263
    Server 249
    Serveranzahl 262
    Serverstatistiken 257
    Statische Zuordnungen 250
    Überblick 238
    Verwaltung und Überwachung 256
    Vorbedingungen für den Einsatz 248
    Windows 2000 und 239
    Zuordnungstypen 252

Z

Zentrale Richtlinienverwaltung 422
Zertifikate wiederherstellen 398
Zertifikate 128
    Ausgestellte 401
    Ausstellen 402
    EFS-Wiederherstellungsrichtlinie 404

Zertifikate *(Fortsetzung)*
    Einführung 384
    Erneuern 397
    Erstellungsweise 385
    Gesperrte 401
    Mobile Benutzer 398
    Sperren 399, 402
    Überblick 384
    Vertrauenstellungen 399
    Verwalten 401
    Verwendungsweise 386
Zertifikatsdienste
    Implementieren 383
    Zweck 8
Zertifikatserneuerung 397
Zertifikatsregistrierung
    Automatische Registrierung 394
    Clientzertifikate 393
    Definition 392
    Registrierungsmethoden 392
    Webbasierte Registrierung 393
Zertifikatssperre 402

Zertifizierungsstellen
    Eigenständige 387
    Einrichten 390
    Installieren 390
    Organisationszertifizierungsstellen 387
    Schützen 391
    Stammzertifizierungsstelle 388
    Typen 388
    Untergeordnete 388
Zertifizierungsstellen (CAs, Certificate Authorities) 8
Zonendelegierung 220
Zoneneigenschaften 209
Zonenübertragung 180
Zugriffserteilung 321
Zugriffsverweigerung 321
Zuordnungstypen 252
Zurückweisung 411
Zusätzliche IP-Adressen und Standardgateways
    konfigurieren 43
Zwischenspeicherung bei DNS-Servern 225
Zwischenspeicherung und Gültigkeitsdauer 185

Systemanforderungen

Wenn Sie die Übungsaufgaben in diesem Buch durchführen und die ergänzenden Kursmaterialien der beigelegten CD-ROM nutzen möchten, benötigen Sie zwei Computer mit der folgenden Mindestausstattung:

- Pentium-kompatible 32-Bit-CPU mit 166 MHz oder höher
- Microsoft Windows 95, Microsoft Windows 98, Windows NT 4.0 oder höher
- 64 MB RAM
- 2 GB Festplatte mit mindestens 500 MB freiem Speicher
- CD-ROM-Laufwerk mit mindestens 12-facher Geschwindigkeit
- Microsoft Maus oder kompatibles Zeigegerät (empfohlen)
- 3,5-Zoll-HD-Diskettenlaufwerk; nicht erforderlich, wenn Ihr CD-ROM-Laufwerk bootfähig ist und Setup von der CD-ROM gestartet wird
- SVGA-Monitor mit einer Auflösung von mindestens 800 x 600 (1024 x 768 empfohlen)

Möchten Sie die Onlineversion dieses Buchs auf der Kurs-CD nutzen, benötigen Sie zusätzlich die folgende Ausstattung:

- CD-ROM-Laufwerk mit 24-facher Geschwindigkeit
- Microsoft Internet Explorer 5.0

MICROSOFT-LIZENZVERTRAG

Begleit-CD zum Buch

WICHTIG - BITTE SORGFÄLTIG LESEN: Dieser Microsoft-Endbenutzer-Lizenzvertrag („EULA") ist ein rechtsgültiger Vertrag zwischen Ihnen (entweder als natürlicher oder als juristischer Person) und Microsoft Corporation für das oben bezeichnete Microsoft-Produkt, das Computersoftware sowie möglicherweise dazugehörige Medien, gedruckte Materialien und Dokumentation im „Online"- oder elektronischen Format umfasst („SOFTWAREPRODUKT"). Jede im SOFTWAREPRODUKT enthaltene Komponente, der ein separater Endbenutzer-Lizenzvertrag beiliegt, wird von einem solchen Vertrag und nicht durch die unten aufgeführten Bestimmungen geregelt. Indem Sie das SOFTWAREPRODUKT installieren, kopieren oder anderweitig verwenden, erklären Sie sich damit einverstanden, durch die Bestimmungen dieses EULAs gebunden zu sein. Falls Sie den Bestimmungen dieses EULAs nicht zustimmen, sind Sie nicht berechtigt, das SOFTWAREPRODUKT zu installieren, zu kopieren oder anderweitig zu verwenden. Sie können jedoch das SOFTWAREPRODUKT zusammen mit allen gedruckten Materialien und anderen Elementen, die Teil des Microsoft-Produkts sind, das das SOFTWAREPRODUKT enthält, gegen eine volle Rückerstattung des Kaufpreises der Stelle zurückgeben, von der Sie es erhalten haben.

SOFTWAREPRODUKTLIZENZ

Das SOFTWAREPRODUKT ist sowohl durch US-amerikanische Urheberrechtsgesetze und internationale Urheberrechtsverträge als auch durch andere Gesetze und Vereinbarungen über geistiges Eigentum geschützt. Das SOFTWAREPRODUKT wird lizenziert, nicht verkauft.

1. LIZENZEINRÄUMUNG. Durch dieses EULA werden Ihnen die folgenden Rechte eingeräumt:

  a. Softwareprodukt. Sie sind berechtigt, eine Kopie des SOFTWAREPRODUKTS auf einem einzigen Computer zu installieren und zu verwenden. Die Hauptbenutzerin oder der Hauptbenutzer des Computers, auf dem das SOFTWAREPRODUKT installiert ist, ist berechtigt, eine zweite Kopie für die ausschließliche Verwendung durch sie oder ihn selbst auf einem tragbaren Computer anzufertigen.

  b. Speicherung/Netzwerkverwendung. Sie sind außerdem berechtigt, eine Kopie des SOFTWAREPRODUKTS auf einer Speichervorrichtung, wie z.B. einem Netzwerkserver, zu speichern oder zu installieren, wenn diese Kopie ausschließlich dazu verwendet wird, das SOFTWAREPRODUKT über ein internes Netzwerk auf Ihren anderen Computern zu installieren oder auszuführen. Sie sind jedoch verpflichtet, für jeden einzelnen Computer, auf dem das SOFTWAREPRODUKT von der Speichervorrichtung aus installiert oder ausgeführt wird, eine Lizenz zu erwerben, die speziell für die Verwendung auf diesem Computer gilt. Eine Lizenz für das SOFTWAREPRODUKT darf nicht geteilt oder auf mehreren Computern gleichzeitig verwendet werden.

  c. Lizenzpaket. Wenn Sie dieses EULA in einem Lizenzpaket von Microsoft erworben haben, sind Sie berechtigt, die auf der gedruckten Kopie dieses EULAs angegebene Anzahl zusätzlicher Kopien des Computersoftwareanteils des SOFTWAREPRODUKTS anzufertigen und in der oben angegebenen Weise zu verwenden. Sie sind außerdem berechtigt, wie oben beschrieben eine entsprechende Anzahl zweiter Kopien für die Verwendung auf tragbaren Computern anzufertigen.

  d. Beispielcode. Einzig und allein in Bezug auf Teile des SOFTWAREPRODUKTS (sofern vorhanden), die innerhalb des SOFTWAREPRODUKTS als Beispielcode („BEISPIELCODE") gekennzeichnet sind:

  i. Verwendung und Änderung. Microsoft räumt Ihnen das Recht ein, die Quellcodeversion des BEISPIELCODES zu verwenden und zu ändern, *vorausgesetzt*, Sie halten Unterabschnitt (d)(iii) weiter unten ein. Sie dürfen den BEISPIELCODE oder eine geänderte Version davon nicht in Quellcodeform vertreiben.

  ii. Weitervertreibbare Dateien. Unter der Voraussetzung, dass Sie Unterabschnitt (d)(iii) weiter unten einhalten, räumt Ihnen Microsoft ein nicht ausschließliches, lizenzgebührenfreies Recht ein, die Objektcodeversion des BEISPIELCODES und von geändertem BEISPIELCODE zu vervielfältigen und zu vertreiben, sofern es sich nicht um BEISPIELCODE oder eine geänderte Version von BEISPIELCODE handelt, der in der Info.txt-Datei, die Teil des SOFTWAREPRODUKTS ist, als nicht für den Weitervertrieb bestimmt bezeichnet ist (der „Nicht weitervertreibbare Beispielcode"). Jeder andere BEISPIELCODE als der Nicht weitervertreibbare Beispielcode wird zusammengefasst als die „WEITERVERTREIBBAREN DATEIEN" bezeichnet.

  iii. Weitervertriebsbedingungen. Wenn Sie die Weitervertreibbaren Dateien weitervertreiben, erklären Sie sich mit Folgendem einverstanden: (i) Sie vertreiben die WEITERVERTREIBBAREN DATEIEN in Objektcodeform einzig und allein in Verbindung mit und als Teil Ihres Softwareanwendungsprodukts; (ii) Sie verwenden weder den Namen, noch das Logo oder die Marken von Microsoft, um Ihr Softwareanwendungsprodukt zu vermarkten; (iii) Sie nehmen einen gültigen Copyright-Vermerk in Ihr Softwareanwendungsprodukt auf; (iv) Sie stellen Microsoft frei und entschädigen und schützen Microsoft von und vor allen Ansprüchen oder Rechtsstreitigkeiten, inklusive Anwaltsgebühren, zu denen es aufgrund der Verwendung oder dem Vertrieb Ihres Softwareanwendungsprodukts kommt; (v) Sie lassen keinen weiteren Vertrieb der WEITERVERTREIBBAREN DATEIEN durch Ihre Endbenutzer/innen zu. Fragen Sie Microsoft nach den anwendbaren Lizenzgebühren und sonstigen Lizenzbedingungen, falls Sie die WEITERVERTREIBBAREN DATEIEN anders einsetzen und/oder vertreiben.

2. BESCHREIBUNG ANDERER RECHTE UND EINSCHRÄNKUNGEN.

- **Einschränkungen im Hinblick auf Zurückentwicklung (Reverse Engineering), Dekompilierung und Disassemblierung.** Sie sind nicht berechtigt, das SOFTWAREPRODUKT zurückzuentwickeln, zu dekompilieren oder zu disassemblieren, es sei denn, dass und nur insoweit, wie das anwendbare Recht, ungeachtet dieser Beschränkung, dies ausdrücklich gestattet.
- **Trennung von Komponenten.** Das SOFTWAREPRODUKT wird als einheitliches Produkt lizenziert. Sie sind nicht berechtigt, seine Komponenten für die Verwendung auf mehr als einem Computer zu trennen.
- **Vermietung.** Sie sind nicht berechtigt, das SOFTWAREPRODUKT zu vermieten, zu verleasen oder zu verleihen.
- **Supportleistungen.** Microsoft bietet Ihnen möglicherweise Supportleistungen in Verbindung mit dem SOFTWAREPRODUKT („Supportleistungen"), ist aber nicht dazu verpflichtet. Die Supportleistungen können entsprechend den Microsoft-Bestimmungen und -Programmen, die im Benutzerhandbuch, der Dokumentation im „Online"-Format und/oder anderen von Microsoft zur Verfügung gestellten Materialien beschrieben sind, genutzt werden. Jeder ergänzende Softwarecode, der Ihnen als Teil der Supportleistungen zur Verfügung gestellt wird, wird als Bestandteil des SOFTWAREPRODUKTS betrachtet und unterliegt den Bestimmungen dieses EULAs. Microsoft ist berechtigt, die technischen Daten, die Sie Microsoft als Teil der Supportleistungen zur Verfügung stellen, für geschäftliche Zwecke, einschließlich der Produktunterstützung und -entwicklung, zu verwenden. Microsoft verpflichtet sich, solche technischen Daten ausschließlich anonym zu verwenden.
- **Softwareübertragung.** Sie sind berechtigt, alle Ihre Rechte aus diesem EULA dauerhaft zu übertragen, vorausgesetzt, Sie behalten keine Kopien zurück, Sie übertragen das vollständige SOFTWAREPRODUKT (einschließlich aller Komponenten, der Medien und der gedruckten Materialien, aller Updates, dieses EULAs und, sofern anwendbar, des Certificates of Authenticity (Echtheitsbescheinigung)), **und** die/der Empfänger/in stimmt den Bedingungen dieses EULAs zu.
- **Kündigung.** Unbeschadet sonstiger Rechte ist Microsoft berechtigt, dieses EULA zu kündigen, sofern Sie gegen die Bestimmungen dieses EULAs verstoßen. In einem solchen Fall sind Sie verpflichtet, sämtliche Kopien des SOFTWAREPRODUKTS und alle seine Komponenten zu vernichten.

3. URHEBERRECHT.
Alle Rechte und Urheberrechte an dem SOFTWAREPRODUKT (einschließlich, aber nicht beschränkt auf Bilder, Fotografien, Animationen, Video, Audio, Musik, Text, BEISPIELCODE, WEITERVERTREIBBARE DATEIEN und „Applets", die in dem SOFTWAREPRODUKT enthalten sind) und jeder Kopie des SOFTWAREPRODUKTS liegen bei Microsoft oder deren Lieferanten. Das SOFTWAREPRODUKT ist durch Urheberrechtsgesetze und Bestimmungen internationaler Verträge geschützt. Aus diesem Grund sind Sie verpflichtet, das SOFTWAREPRODUKT wie jedes andere durch das Urheberrecht geschützte Material zu behandeln, **mit der Ausnahme**, dass Sie berechtigt sind, das SOFTWAREPRODUKT auf einem einzigen Computer zu installieren, vorausgesetzt, Sie bewahren das Original ausschließlich für Sicherungs- und Archivierungszwecke auf. Sie sind nicht berechtigt, die das SOFTWAREPRODUKT begleitenden gedruckten Materialien zu vervielfältigen.

4. AUSFUHRBESCHRÄNKUNGEN.
Hiermit versichern Sie, dass Sie das SOFTWAREPRODUKT, einen Teil davon oder einen Prozess oder Dienst, der das direkte Ergebnis des SOFTWAREPRODUKTS ist (Vorgenanntes zusammen als „beschränkte Komponenten" bezeichnet) in kein Land exportieren oder reexportieren und keiner Person, juristischen Person oder Endbenutzern durch Export oder Reexport zukommen lassen werden, das/die den US-Ausfuhrbeschränkungen unterliegt/unterliegen. Sie stimmen insbesondere zu, dass Sie keine der beschränkten Komponenten (i) in eines der Länder, die den US-Exportbeschränkungen und -Exportembargos für Waren oder Dienstleistungen unterliegen (zur Zeit einschließlich, aber nicht notwendigerweise beschränkt auf Kuba, Iran, Irak, Libyen, Nordkorea, Sudan und Syrien) oder einem wo auch immer sich aufhaltenden Bürger eines dieser Länder, der beabsichtigt, die Produkte in ein solches Land zurück zu übertragen oder zu befördern, (ii) an Endbenutzer, von denen Sie wissen oder vermuten, dass sie die beschränkten Komponenten zum Entwurf, zur Entwicklung oder zur Produktion nuklearer, chemischer oder biologischer Waffen verwenden, oder (iii) an Endbenutzer, denen von einer Bundesdienststelle der US-Regierung die Beteiligung an US-Ausfuhrtransaktionen verboten wurde, exportieren oder reexportieren werden. Sie sichern hiermit zu, dass weder das BXA noch eine andere US-Bundesbehörde Ihre Exportrechte ausgesetzt, widerrufen oder abgelehnt hat.

AUSSCHLUSS DER GEWÄHRLEISTUNG

KEINE GEWÄHRLEISTUNG ODER BEDINGUNGEN. MICROSOFT LEHNT AUSDRÜCKLICH JEDE GEWÄHRLEISTUNG ODER BEDINGUNG FÜR DAS SOFTWAREPRODUKT AB. DAS SOFTWAREPRODUKT UND DIE DAZUGEHÖRIGE DOKUMENTATION WIRD „WIE BESEHEN" ZUR VERFÜGUNG GESTELLT, OHNE GEWÄHRLEISTUNG ODER BEDINGUNG JEGLICHER ART, SEI SIE AUSDRÜCKLICH ODER KONKLUDENT, EINSCHLIESSLICH, OHNE EINSCHRÄNKUNG, JEDE KONKLUDENTE GEWÄHRLEISTUNG IM HINBLICK AUF HANDELSÜBLICHKEIT, EIGNUNG FÜR EINEN BESTIMMTEN ZWECK ODER NICHTVERLETZUNG DER RECHTE DRITTER. DAS GESAMTE RISIKO, DAS BEI DER VERWENDUNG ODER LEISTUNG DES SOFTWAREPRODUKTS ENTSTEHT, VERBLEIBT BEI IHNEN.

HAFTUNGSBESCHRÄNKUNG. IM GRÖSSTMÖGLICHEN DURCH DAS ANWENDBARE RECHT GESTATTETEN UMFANG SIND MICROSOFT ODER DEREN LIEFERANTEN IN KEINEM FALL HAFTBAR FÜR IRGENDWELCHE FOLGE-, ZUFÄLLIGEN, INDIREKTEN ODER ANDEREN SCHÄDEN WELCHER ART AUCH IMMER (EINSCHLIESSLICH, ABER NICHT BESCHRÄNKT AUF SCHÄDEN AUS ENTGANGENEN GEWINN, GESCHÄFTSUNTERBRECHUNG, VERLUST VON GESCHÄFTLICHEN INFORMATIONEN ODER SONSTIGE VERMÖGENSSCHÄDEN), DIE AUS DER VERWENDUNG DES SOFTWAREPRODUKTS ODER DER TATSACHE, DASS ES NICHT VERWENDET WERDEN KANN, ODER AUS DER BEREITSTELLUNG VON SUPPORTLEISTUNGEN ODER DER TATSACHE, DASS SIE NICHT BEREIT GESTELLT WURDEN, RESULTIEREN, SELBST WENN MICROSOFT AUF DIE MÖGLICHKEIT SOLCHER SCHÄDEN HINGEWIESEN WURDE. IN ALLEN FÄLLEN IST MICROSOFTS GESAMTE HAFTUNG UNTER ALLEN BESTIMMUNGEN DIESES EULAS BESCHRÄNKT AUF DEN HÖHEREN DER BEIDEN BETRÄGE: DEN TATSÄCHLICH FÜR DAS SOFTWAREPRODUKT GEZAHLTEN BETRAG ODER US-$ 5,00. FALLS SIE JEDOCH EINEN MICROSOFT-SUPPORTLEISTUNGSVERTRAG ABGESCHLOSSEN HABEN, WIRD MICROSOFTS GESAMTE HAFTUNG IN BEZUG AUF SUPPORTLEISTUNGEN DURCH DIE BESTIMMUNGEN DIESES VERTRAGS GEREGELT. WEIL IN EINIGEN STAATEN/RECHTSORDNUNGEN DER AUSSCHLUSS ODER DIE BEGRENZUNG DER HAFTUNG NICHT GESTATTET IST, GILT DIE OBIGE EINSCHRÄNKUNG MÖGLICHERWEISE NICHT FÜR SIE.

VERSCHIEDENES

Dieses EULA unterliegt den Gesetzen des Staates Washington, USA, es sei denn, dass und nur insoweit, wie anwendbares Recht die Anwendung von Gesetzen einer anderen Rechtsprechung verlangt.

Falls Sie Fragen zu diesem EULA haben oder aus irgendeinem sonstigen Grund mit Microsoft Kontakt aufnehmen möchten, wenden Sie sich bitte an eine Microsoft-Niederlassung in Ihrem Land, oder schreiben Sie an: Microsoft Sales Information Center, One Microsoft Way, Redmond, WA 98052-6399, USA.

(Wissen aus erster Hand)

Lernen Sie in modularen Übungen im Selbststudium Microsoft Windows 2000 Professional kennen. Dieses Trainings-Kit liefert Ihnen Informationen direkt von der Quelle und bietet eine ökonomische Alternative zu klassischen Schulungen. Sie erarbeiten selbständig, Windows 2000 Professional zu installieren, zu konfigurieren und zu administrieren. Die Verwaltung von Systemressourcen wie Dateien, Druckern und Anwendungen steht ebenfalls in klaren Schritt-für-Schritt Übungen im Vordergrund. IT Profis bereiten sich mit diesem Training gleichzeitig auf die MCP Prüfung 70-210 vor: Implementation, Konfiguration und Wartung von Windows 2000 Professional – diese Prüfung ist eine der 4 Pflichtprüfungen für den neuen Windows 2000 Microsoft Certified Systems Engineer Track.

Autor	Microsoft Corporation
Umfang	830 Seiten, 1 CD-ROM
Reihe	Original Microsoft Training
Preis	DM 149,00
ISBN	3-86063-276-0

Microsoft Press-Titel erhalten Sie im Buchhandel, PC-Fachhandel und in den Fachabteilungen der Warenhäuser

Microsoft Press

> **Wissen aus erster Hand**

Als praktisches Selbststudium zu Installation, Konfiguration und Administration von Windows 2000 Server richtet sich dieses Buch an Netzwerkarchitekten und -administratoren. Das Training bietet Information über Installation, Konfiguration und Problembehandlung von Windows 2000 Server in Netzwerken unterschiedlichster Größe. Es liefert einen umfassenden Überblick über Neuerungen wie Active Directory, DNS Dynamic Update und die verbesserten Sicherheitsmechanismen des Windows NT 4.0 Server Nachfolgers. Mit diesem Trainings-Kit lernen Sie im Selbststudium Microsoft Windows 2000 Server zu installieren und zu konfigurieren und bereiten sich gleichzeitig auf die MCP Prüfung 70-215 vor: Implementation, Konfiguration und Wartung von Windows 2000 Server. Diese Prüfung ist eine der 4 neuen Pflichtprüfungen für den Windows 2000 MCSE Track.

Autor	Microsoft Corporation
Umfang	1.100 Seiten, 1 CD-ROM
Reihe	Original Microsoft Training
Preis	DM 149,00
ISBN	3-86063-278-7

Microsoft Press-Titel erhalten Sie im Buchhandel, PC-Fachhandel und in den Fachabteilungen der Warenhäuser

Microsoft Press

Wissen aus erster Hand

Mit diesem *Original Microsoft Training* erlernen Sie die Grundlagen der aktuellen Netzwerktechnologien einschließlich Microsoft Windows NT. Und Sie werden vollständig auf die Microsoft Certified Professional-Prüfung 70-058 vorbereitet. Zusätzlich - im Gegensatz zu anderen Produkten - bietet Ihnen dieses Paket auch ein echtes Training für die Praxis: nicht zuletzt durch praktische Übung mit Netzwerksimulationen auf der Begleit-CD (englische Originalversion). Und nachdem Sie die Prüfung bestanden haben, besitzen Sie mit dem Buch eine ausführliche und leicht zugängliche Referenz: ein unverzichtbares Werkzeug zum Lernen und Arbeiten. Und nur das *Original Microsoft Training* enthält den „Microsoft Official Curriculum".

Autor	Microsoft Corporation
Umfang	1.200 Seiten, 1 CD-ROM
Reihe	Original Microsoft Training
Preis	DM 129,00
ISBN	3-86063-279-5

Microsoft Press-Titel erhalten Sie im Buchhandel, PC-Fachhandel und in den Fachabteilungen der Warenhäuser

Microsoft Press

Wissen aus erster Hand

TCP/IP erweist sich als wichtiger denn je! In diesem Buch finden Sie vertiefende technische Informationen zur Implementierung und Wartung der TCP/IP Protokollfamilie unter Windows 2000. Schritt für Schritt werden die Schichten des OSI-Modells vorgestellt und ihre Verbindung zu den jeweiligen TCP/IP Protokollen und dem TCP/IP-eigenen Schichtenmodell. Neben diesen theoretischen Grundlagen gehen die Autoren auch auf Details ein, die die tägliche Arbeit mit diesen Protokollen erläutern und erleichtern, und es ermöglichen, die maximale Netzwerk-Leistung in LAN und WAN Umgebungen zu erreichen. IT-Profis erhalten die technischen Informationen in der notwendigen Tiefe und gleichzeitig eine komplette Referenz für die tägliche Arbeit mit den TCP/IP Protokollen.

Autor	Thomas Lee, Joseph Davies
Umfang	600 Seiten, 1 CD-ROM
Reihe	Fachbibliothek
Preis	DM 98,00
ISBN	3-86063-620-0

Microsoft Press-Titel erhalten Sie im Buchhandel, PC-Fachhandel und in den Fachabteilungen der Warenhäuser

Microsoft Press

Wissen aus erster Hand

Der Microsoft Active Directory Verzeichnisdienst ist ein Quantensprung in der effizienteren Verwaltung der Unternehmensressourcen unter Windows 2000. Active Directory ist das zentrale Tool des Administrators zur Organisation von Netzwerkressourcen, Benutzer-, Computer- und Anwendungsverwaltung sowie zur Implementierung der verteilten Netzwerksicherheit. Die Microsoft Consulting Services haben durch umfangreiche Beta-Programme und -tests in Unternehmen verschiedenster Größe mehr Erfahrung auf dem Gebiet der Active Directory-Architektur und Implementierung als irgendjemand sonst. Diese Erfahrungen und Praxislösungen werden Ihnen in diesem Buch vorgestellt, so dass Sie das Know-how direkt von der Quelle für Ihre eigene Windows 2000 Implementierung nutzen können.

Autor	Microsoft Corporation
Umfang	600 Seiten, 1 CD-ROM
Reihe	Fachbibliothek
Preis	DM 89,00
ISBN	3-86063-621-9

Microsoft Press-Titel erhalten Sie im Buchhandel, PC-Fachhandel und in den Fachabteilungen der Warenhäuser

Microsoft Press

Wissen aus erster Hand

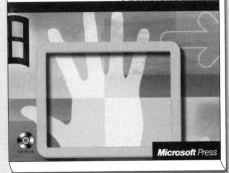

Der Windows Scripting Host geht in die zweite Runde. Vom Exoten bis zum täglich verwendetem Tool hat sich der WSH in seiner Version 2.0 gewandelt. Power-User, Programmierer und Systemadministratoren haben den Nutzen und die Power des WSH entdeckt! Die zweite Auflage des ersten zum Windows Scripting Host erschienen Buchs trägt dieser Entwicklung Rechnung und überzeugt durch Profiwissen und viele nützliche Detailinformationen. Klar verständlich, mit vielen Beispielen und Hintergrundinformationen zeigt es Ihnen Schritt für Schritt, wie Sie den WSH für eigene Zwecke nutzen, auf Automatisierungsobjekte zugreifen und unter Windows Anwendungen realisieren, die in ihrer Leistungsfähigkeit an VBA oder VB heranreichen. Automatisieren Sie Windows mit gänzlich neuen Funktionen!

Autor	Günter Born
Umfang	650 Seiten, 1 CD-ROM
Reihe	Fachbibliothek
Preis	DM 79,00
ISBN	3-86063-616-2

Microsoft Press-Titel erhalten Sie im Buchhandel, PC-Fachhandel und in den Fachabteilungen der Warenhäuser

Microsoft Press